Outros livros da série Use a Cabeça publicados internacionalmente e também pela Alta Books:

Use a Cabeça Desenvolvendo Para Android

Use a Cabeça C#

Use a Cabeça Padrões de Projeto

Head First Git

Head First Go

Use a Cabeça HTML e CSS

Use a Cabeça Programação JavaScript

Head First Kotlin

Use a Cabeça Aprenda a Programar

Use a Cabeça Análise e Projeto Orientado a Objeto

Use a Cabeça PMP

Head First Programming

Use a Cabeça Python

Use a Cabeça Desenvolvimento de Software

Use a Cabeça SQL

Head First Swift

Head First Design

Elogios ao *Use a Cabeça Java*, Tradução da 3ª Edição

"Que livro divertido e peculiar! Ensinei Java por muitos anos e posso dizer com toda sinceridade que este é o recurso mais empolgante que já vi para aprender a programar. Me dá vontade de aprender Java do zero novamente!"

— Angie Jones, Java Champion

"O *Use a Cabeça Java* tem a explicação mais clara sobre Streams e Lambdas que já li — sem exageros! Ensina conceitos importantes de programação funcional com humor e estilo. E foi tão divertido que me deu vontade de aprender Java de novo. Ah, se todo mundo programasse em Java do jeito que ensinam neste livro!"

— Eric Normand, instrutor de Clojure e autor do livro *Grokking Simplicity*

"Como eu gostaria de ter lido este livro quando estava aprendendo Java! É tão engraçado de ler que a gente até esquece que é um livro sério para aprender Java. A terceira edição é um progresso gigante. Aborda tudo que um programador Java precisa saber em 2022+ para dominar a linguagem. Para mim, o melhor são as figuras, que me fizeram cair na risada muitas vezes. Meus parabéns aos autores, Java Champion: Kathy, Bert e Trisha!"

— Dr. Heinz M. Kabutz (*The Java Specialists' Newsletter*, www.javaspecialists.eu)

"Adoro o estilo de ensino do *Use a Cabeça Java*. É um livro 'técnico', mas parece uma ficção — difícil parar de ler assim que você começa qualquer capítulo. Tem imagens divertidas e não convencionais, ótimas analogias, conversas descontraídas entre um desenvolvedor e o compilador/runtime, entre outras características incríveis. Apresenta uma forma completamente diferente e fantástica de ensinar conceitos, fazendo com que os leitores questionem suas suposições e crenças, o que, a meu ver, é essencial para fazer qualquer aprendiz perceber o poder da própria curiosidade. Os autores deste livro são praticamente mágicos. Esta é uma obra fundamental para todos os desenvolvedores Java, seja para começar a aprender Java ou para aprimorar suas habilidades de maneira divertida."

— Mala Gupta, developer advocate @ JetBrains, Autor e Java Champion

"Em geral, pessoas que são iniciantes no ecossistema de programação Java me perguntam: 'Com qual livro eu deveria começar?' Sempre respondo: *Use a Cabeça Java!* As edições de Kathy Sierra e Bert Bates revolucionaram o jeito antigo de aprender uma linguagem de programação, introduzindo uma abordagem centrada no aprendiz. Foi simplesmente revolucionário. Trisha Gee é uma das melhores engenheiras e educadoras Java do mundo e é a pessoa a quem recorro quando preciso que algo complexo da linguagem seja explicado com clareza! A terceira edição me fez sorrir, não apenas pela nostalgia, mas porque, novamente, aprendi coisas novas sobre o Java, mesmo depois de mais de 20 anos trabalhando com ele :-)."

— Maritjn Verburg conhecido como "The Diabolical Developer"; Java Champion e Principal Group Manager de Java na Microsoft

"O livro *Use a Cabeça Java* é lendário e não consigo pensar em alguém melhor do que Trisha Gee para atualizá-lo. Eu já sabia que a Trisha era maravilhosa, mas não sabia que era tão engraçada. Agora eu sei! A terceira edição é altamente confiável, divertida, clara e atual. Se existe um jeito melhor de aprender Java, eu desconheço."

— Holly Cummins, engenheira de software sênior da equipe Quarkus, Red Hat

"Este livro é um estouro! Tem chaves, piadas, objetos, metáforas, sintaxe, diversão, código, e reconhece que lida com pessoas reais na hora da aprendizagem. Valoriza o processo de aprender de forma séria, mas o aborda de um jeito lúdico e inesquecível. Adoro as dicas metacognitivas, os convites para desempenhar o papel de um compilador, as histórias, as ilustrações e a ideia de que aprender uma linguagem de programação — como qualquer aprendizado — é algo ao alcance de todos."

— Kevlin Henney, coeditor do livro *97 Things Every Java Programmer Should Know*

"Quem dera eu ter conhecido este livro quando estava aprendendo Java! Para aqueles que querem aprender Java de forma divertida, engraçada e envolvente (quem diria que isso era possível?) e, sobretudo, para aqueles que, como eu, não vêm de um background tradicional em ciência da computação, este é definitivamente o livro. Nunca na minha vida eu ri tanto com um livro de programação. É escrito de modo genial, inteligente, envolvente, interativo, fácil de entender e altamente educativo."

— Grace Jansen, developer advocate, IBM

"Caso esteja começando sua jornada para aprender a programar em Java, você precisa escolher entre uma enxurrada de livros e cursos prontos. O problema é que a maioria foca apenas as informações técnicas, fazendo você se perguntar com frequência: 'é isso mesmo?' O *Use a Cabeça Java* adota uma abordagem completamente diferente, fazendo com que a aventura de aprendizado seja divertida e instrutiva. Usando arrays de dogs, quebra-cabeças na piscina, Sherlock Holmes por Cinco Minutos e a seção "Aponte seu Lápis" (quem diria que você precisaria de um lápis para programar?), este livro torna o aprendizado leve e engraçado, garantindo que os leitores absorvam todos os detalhes essenciais. Queria que ele estivesse disponível quando comecei a aprender Java!"

— Simon Ritter, vice-CTO da Azul e Java Champion

"Esta obra nunca decepciona. Ainda me lembro dela quando comecei na universidade e fico muito feliz em ver esta nova versão aprimorada. O *Use a Cabeça Java* é muito bem estruturado e simples, com exemplos de código fáceis de entender. Recomendo este livro a todos os desenvolvedores."

— Nelson Djalo, empreendedor tech, fundador da plataforma de aprendizado Amigoscode.com e do canal Amigoscode no YouTube

"O *Use a Cabeça Java* foi o primeiro livro que dei para meu filho ler quando ele quis aprender Java. E não foi à toa: eu sabia que as ilustrações engraçadas iriam prender a atenção dele como nenhum outro livro sobre o tema. Ler o *Use a Cabeça Java* é mais como brincar no parquinho do que ficar preso em sala de aula."

— Kevin Nilson, engenheiro de software no Google e líder do grupo Silicon Valley Java User

"Sinto inveja dos programadores que querem aprender Java hoje, pois eles têm este livro incrível à disposição. Aprendi Java vinte anos atrás e foi um processo entediante. Mas com este livro é impossível ficar entediado. Nunca vi um livro sobre Java que retratasse um discussão entre o compilador Java e a máquina virtual.

É simplesmente surpreendente!"

— Tagir Valeev, Java Champion e líder técnico no IntelliJ IDEA, JetBrains

"Há vinte anos, li o *Use a Cabeça Java*, 1ª edição, quando era um desenvolvedor júnior entrando no universo Java. Ainda fico impressionado com a terceira edição. Muita coisa mudou desde então, inclusive a forma como os tutorias são apresentados. O *Use a Cabeça Java*, 3ª edição, é excelente alternativa aos vídeos tutoriais de hoje: possibilita que aprendizes, tanto juniores quanto experientes, compreendam conceitos rapidamente sem se perderem em detalhes e sem simplificar demais o conteúdo, fornecendo as referências certas para se aprofundarem. Gostei bastante do material sobre Java Streams, concorrência e NIO."

— Michael Simons, Java Champion e engenheiro na Neo4j, autor do livro de referência *Spring Boot Buch*

"Se quer desenvolver software usando Java, este livro é para você. O *Use a Cabeça Java* apresenta muitos exemplos diretos e elegantes para ajudar os leitores a entender e aprender como usar Java a fim de desenvolver softwares. É o livro ideal para quem quer se tornar um programador Java."

— Sanhong Li, Alibaba Cloud

"O *Use a Cabeça Java* é um livro técnico que não parece um livro técnico: é divertido, despojado e repleto de analogias pertinentes que introduzem conceitos complexos de maneira leve. É a introdução perfeita para o vasto e rico ecossistema Java."

— Abraham Marin-Perez, consultor principal, equipe Cosota

"Para quem gosta de um toque humorístico com o "trabalho", não consigo pensar em um livro melhor para aprender Java do que o *Use a Cabeça Java*, 3ª edição. Prático e lúdico, instrutivo e envolvente, é o guia perfeito para novos desenvolvedores começarem com o pé direito."

— Marc Loy, instrutor, autor do livro *Smaller C* e coautor dos livros *Learning Java* e *Java Swing*

Elogios às edições anteriores do *Use a Cabeça Java*, e a outros livros de coautoria de Kathy e Bert

"O *Use a Cabeça Java* de Kathy e Bert transforma a página impressa na coisa mais próxima de uma GUI que já vimos. Com um estilo irônico e descolado, os autores tornam o aprendizado de Java uma experiência envolvente do tipo 'o que eles vão fazer agora?'"

— Warren Keuffel, da *Software Development Magazine*

"... A única forma de mensurar se um tutorial vale a pena é determinar seu nível de qualidade de ensino. O *Use a Cabeça Java* é excelente em ensinar. Confesso que achei um pouco bobo no começo... mas então percebi que estava aprendendo os tópicos profundamente à medida que avançava na leitura... O estilo do *Use a Cabeça Java* facilitou muito meu aprendizado."

— slashdot (avaliação do honestpuck)

"Além do estilo cativante, que nos transforma de mero novato em um mestre Java, o *Use a Cabeça Java* aborda uma vasta quantidade de questões práticas que outros livros deixam como o temido 'exercício para o leitor...' É inteligente, irônico, descolado e prático — não existem muitos livros que fazem isso, ao passo que também ensina sobre serialização de objetos e protocolos de rede."

— Dr. Dan Russell, diretor de ciências do usuário e pesquisa de experiência do IBM Almaden Research Center (e leciona inteligência artificial na Universidade de Stanford)

"Livro ágil, irreverente, engraçado e envolvente. Tome cuidado — você pode acabar aprendendo algo!"

— Ken Arnold, ex-engenheiro sênior da Sun Microsystems e coautor (com James Gosling, criador do Java) do livro *The Java Programming Language*

"A tecnologia Java é onipresente. Se você desenvolve software e ainda não aprendeu Java, definitivamente é hora de mergulhar no *Use a Cabeça Java*!"

— Scott McNealy, ex-Chairman, Presidente e CEO, Sun Microsystems

"O *Use a Cabeça Java* é como se o Monty Python encontrasse a galera da Gang of Four... O texto é tão bem intercalado com quebra-cabeças, histórias, quizzes e exemplos que você aprende como nunca aprendeu."

— Douglas Rowe, grupo de usuários de Java da Columbia

"Leia o *Use a Cabeça Java* e redescubra o prazer em aprender... Para pessoas que gostam de aprender novas linguagens de programação e que não têm formação em ciência da computação ou programação, este livro é um tesouro... é um livro que faz com que aprender uma linguagem computacional complexa seja divertido."

— Judith Taylor, Grupo de Usuários Macromedia do Sudeste de Ohio

"Se quiser aprender Java, pode parar de procurar: bem-vindo ao primeiro livro técnico baseado em GUI! O formato perfeito e inovador da obra fornece vantagens que outros livros Java simplesmente não conseguem... prepare-se para uma jornada excepcional pelo universo Java."

— Neil R. Bauman, Capitão e CEO, Geek Cruises

"Fiquei VICIADO nas historinhas, códigos comentados, entrevistas simuladas e exercícios da seção Supino Mental."

— Michael Yuan, autor do livro *Enterprise J2ME*

"O *Use a Cabeça Java* ressignifica o slogan da O'Reilly 'Existe um livro O'Reilly para isso'. Comprei este livro porque muitas pessoas que respeito o consideram 'revolucionário' e falaram de uma abordagem totalmente diferente para um livro de programação. Elas tinham razão... Com o típico estilo O'Reilly, adotaram uma abordagem científica e embasada. O resultado é engraçado, irreverente, atual, interativo e genial... Ler este livro é como estar no lounge dos palestrantes em uma conferência, aprendendo e rindo com colegas... Se você quer ENTENDER Java, compre agora."

— Andrew Pollack, www.thenorth.com

"Esta obra é tão absurda de boa que me faz querer CHORAR! Estou em choque."

— Floyd Jones, escritor técnico sênior/ Poolboy, BEA

"Sinto como se uma biblioteca inteira tivesse saído da minha cabeça."

— Ward Cunningham, criador da Wiki e fundador do Hillside Group

"Ri, chorei, fiquei emocionado."

— Dan Steinberg, editor-chefe, java.net

"Minha primeira reação foi cair na risada. Depois que parei, percebi que, além de tecnicamente preciso, é a introdução sobre padrões de projeto mais fácil de entender que já vi."

— Dr. Timothy A. Budd, professor adjunto de Ciência da Computação na Oregon State University; autor de mais de uma dúzia de livros, incluindo *C++ for Java Programmers*

"Tem o tom adequado para o guru programador descontraído e para o nerd que existe dentro de todos nós. A referência certa para estratégias práticas de desenvolvimento — desperta minha curiosidade sem um monte de blá-blá-blá cansativo e ultrapassado de professor."

— Travis Kalanick, fundador da Scour and Red Swoosh, membro do MIT TR100

Use a Cabeça Java™

Tradução da 3ª Edição

Kathy Sierra
Bert Bates
Trisha Gee

ALTA BOOKS
GRUPO EDITORIAL
Rio de Janeiro, 2024

Use a Cabeça Java - Tradução da 3ª Edição

ISBN: 978-85-508-1988-4

Impresso no Brasil — 1ª Edição, 2024 — Edição revisada conforme o Acordo Ortográfico da Língua Portuguesa de 2009.

Dados Internacionais de Catalogação na Publicação (CIP)
(BENITEZ Catalogação Ass. Editorial, MS, Brasil)

G263u
1.ed. Gee, Trisha
Use a cabeça Java : Guia do Aprendiz Para Programação no Mundo Real / Trisha Gee, Kathy Sierra, Bert Bates ; tradução Cibelle Ravaglia. - 3.ed - Rio de Janeiro : Alta Books, 2024.
736 p.; 16 x 23 cm.

Título original: Head first Java 3E.
ISBN 978-85-508-1988-4

1. Ciência da computação. 2. Dados - Códigos (Processamento). 3. Java (Linguagem de programação para computador). I. Sierra, Kathy.
II. Bates, Bert. III. Ravaglia, Cibelle. IV. Título.

05-2024/57 CDD 005.133

Índice para catálogo sistemático:

1. Java : Linguagem de programação: Computadores : Processamento de dados 005.133

Aline Graziele Benitez - Bibliotecária - CRB-1/3129

Produção Editorial: Grupo Editorial Alta Books
Diretor Editorial: Anderson Vieira
Vendas Governamentais: Cristiane Mutüs
Gerência Comercial: Claudio Lima
Gerência Marketing: Andréa Guatiello

Produtora Editorial: Isabella Gibara
Tradução: Cibelle Ravaglia
Copidesque: Rafael Surgek
Revisão: Denise Himpel
Diagramação: Joyce Matos
Revisão Técnica: William Pereira
(Analista/Desenvolvedor de Sistemas)

ALTA BOOKS
GRUPO EDITORIAL

Rua Viúva Cláudio, 291 — Bairro Industrial do Jacaré
CEP: 20.970-031 — Rio de Janeiro (RJ)
Tels.: (21) 3278-8069 / 3278-8419
www.altabooks.com.br — altabooks@altabooks.com.br
Ouvidoria: ouvidoria@altabooks.com.br

Editora **afiliada à:**

ASSOCIADO

De Kathy e Bert:

Aos nossos cérebros, sempre a postos

(mesmo quando duvidamos)

De Trisha:

Para Isra, sempre ao meu lado

(com uma abundância de evidências)

Autores do *Use a Cabeça Java* e Criadores da Série Use a Cabeça

Kathy Sierra

Bert Bates

Kathy é interessada em teoria desde quando era designer de jogos para Virgin, MGM, Amblin' e professora de criação de novas mídias na UCLA. Ela foi a principal instrutora de Java na Sun Microsystems e fundou o JavaRanch.com (agora CodeRanch.com), que ganhou os prêmios Jolt Cola Productivity em 2003 e em 2004.

Em 2015, ganhou o Pioneer Award da Electronic Frontier Foundation por seu trabalho em treinar usuários habilidosos e por criar comunidades sustentáveis.

O foco recente de Kathy tem sido em ciência do movimento de ponta e treinamento de aquisição de habilidades, conhecido como dinâmica ecológica, ou "Eco-D". Seu trabalho com Eco-D para treinar cavalos está inaugurando uma abordagem muito mais humana em relação à equitação, provocando alegria para alguns (e, infelizmente, temor para outros). Os cavalos sortudos (autônomos!) cujos proprietários usam a abordagem de Kathy são mais felizes, mais saudáveis e mais atléticos do que seus companheiros que recebem treinamento tradicional.

Você pode seguir Kathy no Instagram: @pantherflows.

Antes de ser autor, **Bert** era desenvolvedor, especializado em IA tradicional (principalmente sistemas especialistas), sistemas operacionais em tempo real e sistemas de agendamento complexos.

Em 2003, Bert e Kathy escreveram o *Use a Cabeça Java* e lançaram a série Use a Cabeça. Desde então, ele escreveu mais livros sobre Java, foi consultor da Sun Microsystems e da Oracle e tirou muitas certificações Java. Hoje em dia, trabalha com coaches, instrutores e professores universitários, autores e editores, ajudando-os a criar treinamentos mais radicais para seus alunos.

Bert é jogador de Go e, em 2016, assistiu com espanto e fascínio Lee Sedol ser derrotado pelo AlphaGo. Recentemente, tem usado Eco-D para melhorar suas jogadas de golfe e treinar seu papagaio Bokeh. Bert teve o privilégio de conhecer Trisha Gee há mais de oito anos, e a série Use a Cabeça tem muita sorte de contar com Trisha como uma de suas autoras.

Você pode enviar um e-mail para Bert: bertbates.hf@gmail.com.

Coautora do *Use a Cabeça Java*, 3.ª Edição

Trisha Gee

Trisha trabalha com Java desde 1997, quando a universidade em que estudava, pensando no futuro, propôs-se a adotar a linguagem "novinha em folha" para ensinar ciência da computação. Desde então, trabalhou como desenvolvedora e consultora, desenvolvendo aplicações Java em diversos setores, incluindo bancos, empresas de manufatura, organizações sem fins lucrativos e no ramo de negociações financeiras de baixa latência.

Já que sua paixão é compartilhar tudo o que aprendeu do jeito mais difícil durante os anos trabalhando como desenvolvedora, Trisha se tornou Developer Advocate. Desse modo, tinha a desculpa perfeita para escrever postagens em blogs, palestrar em conferências e criar vídeos, fomentando alguns de seus conhecimento. Passou cinco anos como Java Developer Advocate na JetBrains e outros dois anos liderando a equipe JetBrains Java Advocacy. Durante esse tempo, aprendeu muito sobre os tipos de problemas que os desenvolvedores Java enfrentam.

Nos últimos oito anos, Trisha conversou com Bert (de vez em quando) sobre a atualização do *Use a Cabeça Java*. Ela se lembra com muito carinho daqueles telefonemas semanais para Bert; o contato regular com uma pessoa erudita e afável como Bert ajudou a mantê-la sã. A abordagem de Bert e Kathy para incentivar a aprendizagem estabeleceu os alicerces do que ela vem tentando fazer há quase dez anos.

Você pode seguir Trisha no Twitter: @trisha_gee.

Sumário

Conteúdo (o papo sério)

i Introdução

Seu cérebro no modo Java. Aí está *você*, tentando *aprender* algo novo, mas seu *cérebro* parece ter outras ideias, evitando que você *absorva* o conteúdo. Ele tá tipo: "Melhor guardar espaço para coisas mais urgentes, tipo quais animais selvagens evitar ou se fazer snowboard peladão é má ideia". Então, como *fazer* seu cérebro acreditar que sua vida depende de dominar o Java?"

1 Águas Javônicas

O Java eleva você a novos patamares. Desde o singelo lançamento da (frágil) versão 1.02 ao público, o Java enfeitiçou os programadores com sua sintaxe amigável, recursos orientados a objetos, gerenciamento de memória e o melhor de tudo — a promessa de portabilidade. Daremos um breve mergulho, escreveremos um pouco de código, e vamos compilá-lo e executá-lo. Estamos falando de sintaxe, loops, branches e o que torna o Java tão legal. Tchibum!

---

2 Um Passeio a Objetópolis

"Vai ter objetos", eles disseram. No Capítulo 1, inserimos nosso código no método main(). Não é exatamente uma abordagem orientada a objetos. Agora, temos que deixar esse universo procedural para trás, tirar o main() da jogada, e começar a criar alguns objetos. Veremos o que torna o desenvolvimento orientado a objetos (OO) no Java tão divertido. Analisaremos a diferença entre uma classe e um objeto, e como os objetos podem melhorar sua vida.

3 Conheça Suas Variáveis

Variáveis podem armazenar valores e ser de dois tipos: primitivas e de referência. Mas nem tudo na vida se resume a números inteiros, Strings e arrays. E se tivermos um objeto PetOwner com uma variável de instância Dog? Ou um objeto Car com Engine? Neste capítulo, desvendaremos os mistérios dos tipos Java (como a diferença entre variáveis primitivas e de referências) e analisaremos o que podemos *declarar* como uma variável, o que podemos *inserir* em uma variável e o que é possível *fazer* com uma variável. Por último, veremos como as coisas funcionam na Garbage-Collectible Heap.

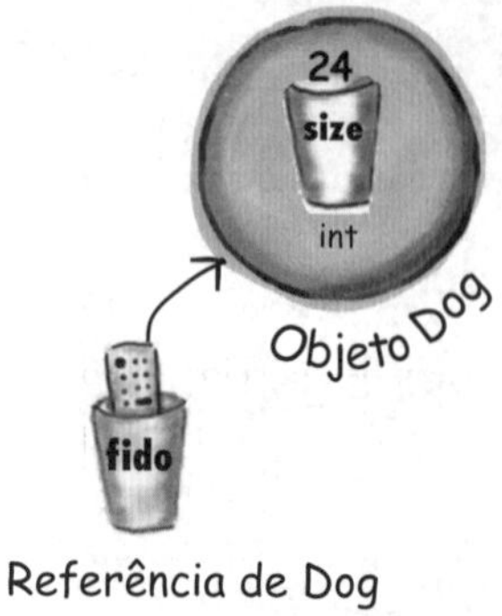

---

4 Como os Objetos Se Comportam

O estado influencia o comportamento, o comportamento influencia o estado. Sabemos que os objetos têm **estado** e **comportamento**, representados pelas **variáveis de instância** e pelos **métodos.** Mas até agora não vimos como estado e comportamento estão *relacionados*. O comportamento de um objeto usa o estado único de um objeto. Ou seja, ***os métodos utilizam os valores das variáveis de instância***. Tipo, "se um cachorro pesar menos que 6 quilos, gere um latido agudo, caso contrário..." ***Bora mudar alguns estados!***

5 Métodos Extrafortes

Nossos métodos precisam de whey protein. Nos aventuramos pelas variáveis, brincamos com alguns objetos e escrevemos um pouco de código. Precisamos de mais ferramentas, como **operadores**. E **loops**. Talvez sejam úteis para **gerar números aleatórios**. E **transformar uma String em int** seria maneiro. E por que não aprender tudo *criando* algo real para sabermos como escrever (e testar) um programa do zero? **Talvez um jogo**, como um Sink a Startup (estilo Batalha Naval).

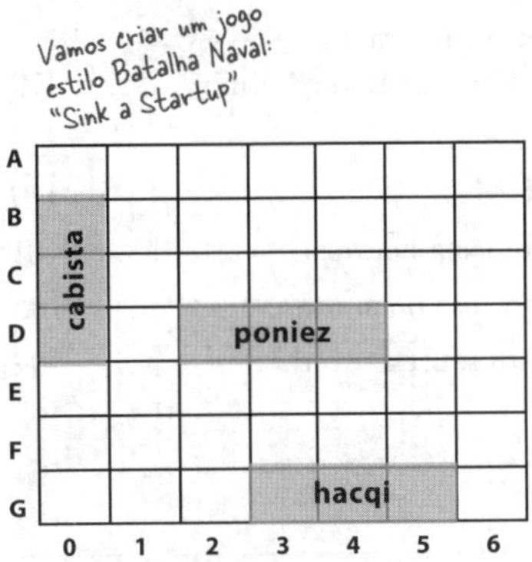

---

6 Usando a biblioteca Java

O Java disponibiliza centenas de classes pré-criadas.
Não é necessário reinventar a roda se soubermos como encontrar o que precisamos na biblioteca Java, conhecida como **Java API**. *Temos coisas melhores para fazer.* Se você for escrever código, pode escrever *somente* as partes realmente personalizadas para sua aplicação. A principal biblioteca do Java é uma pilha gigantesca de classes esperando para ser usada como blocos de construção.

*"Bom saber que existe um ArrayList no pacote java.util. Mas como **eu** saberia disso sozinha?"*

— Julia, 31, modelo de mão

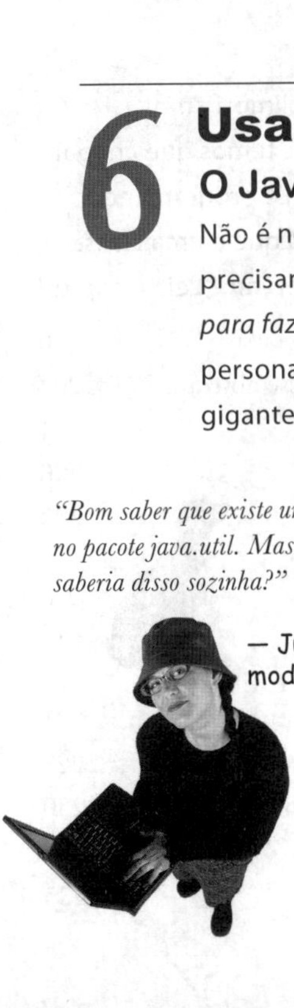

7 Vivendo Melhor em Objetópolis

Planeje seus programas pensando no futuro. E se fosse possível escrever um código que *outra* pessoa conseguisse estender **facilmente**? Seria interessante escrever um código flexível, bem útil naquelas irritantes mudanças de especificação de última hora? Quando entrar no plano do polimorfismo, vai aprender as cinco etapas para um melhor design de classe, os três truques do polimorfismo, as oito maneiras de deixar seu código mais flexível e, se começar agora mesmo, ganhará uma lição bônus sobre as quatro dicas para explorar a herança.

Fixe na Memória

Rosas são vermelhas, violeta é cor de xale
***Quadrado** É-UMA **forma**, o contrário já não vale.*

Rosas são vermelhas, mas não brota uma cereja
Cerveja** É-UMA **bebida**, nem toda **bebida** é **cerveja.

Ok, sua vez. Faça um poema que mostre a unidirecionalidade do relacionamento É-UM. Não se esqueça de que, se X ***estende*** Y, X ***É-UM*** Y deve fazer sentido.

8 Polimorfismo Levado a Sério

A herança é apenas o começo. Para explorar o polimorfismo, precisamos de interfaces. Precisamos ir além da herança simples: temos que chegar a um nível de flexibilidade que só conseguimos criando o design e programando interfaces. O que é uma interface? É uma classe 100% abstrata. O que é uma classe abstrata? É uma classe que não pode ser instanciada. Para que servem? Leia o capítulo.

```
Object o = al.get(id);
Dog d = (Dog) o;
d.bark();
```

9 Vida e Morte de Um Objeto

Objetos nascem e morrem. Você é responsável pelo ciclo de vida de um objeto. Você decide quando e como *construí-lo*. E decide quando *destruí-lo*. O **Garbage Collector** (gc) recupera a memória. Veremos como os objetos são criados, onde vivem enquanto estão vivos e como mantê-los ou abandoná-los com eficiência. Ou seja, falaremos sobre heap, stack [pilha], escopo, construtores, construtores de superclasse, referências null e elegibilidade do gc.

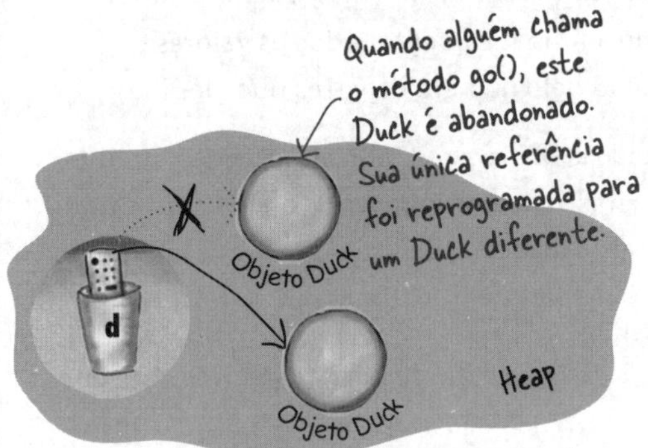

10 Os Números Importam

Faça as contas. A Java API tem métodos para valor absoluto, arredondamento, mínimo/máximo etc. Mas e a formatação? Talvez você queira que seus números sejam exibidos com exatamente duas casas decimais ou mesmo com vírgula. E você também pode querer exibir e manipular datas. E que tal parsear uma String em um número? Começaremos aprendendo o que significa uma variável ou método ser *estático*.

Variáveis estáticas são compartilhadas por todas as instâncias de uma classe.

11 Estruturas de Dados

No Java, ordenar as coisas é fácil. Temos todas as ferramentas para coletar e para manipular dados sem termos que escrever nossos próprios algoritmos de ordenação. O Java Collections Framework tem uma estrutura de dados que funciona em praticamente qualquer coisa que você precise fazer. Quer manter uma lista à qual pode continuar adicionando valores facilmente? Quer encontrar algo pelo nome? Quer criar uma lista que elimine automaticamente todos os valores duplicados? Quer ordenar seus colegas de trabalho pelo número de vezes que eles lhe deram uma rasteira?

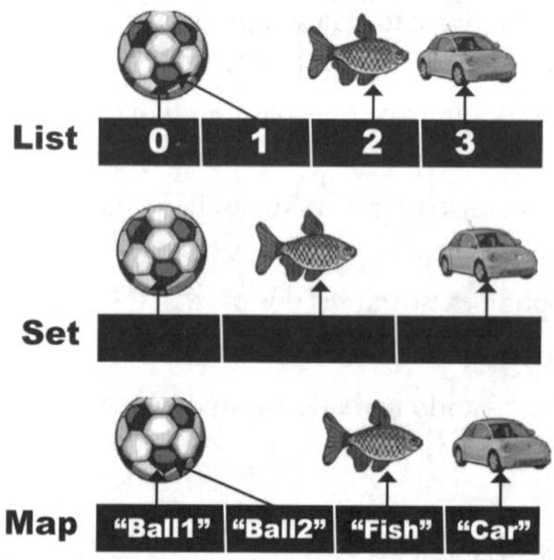

12 Lambdas e Streams: O Que, Não Como

E se... você não precisasse instruir o computador de COMO fazer alguma coisa? Neste capítulo, veremos a Streams API e como as expressões lambda podem ser úteis ao usar streams e você aprenderá como usar a Streams API para consultar e transformar os dados em uma coleção.

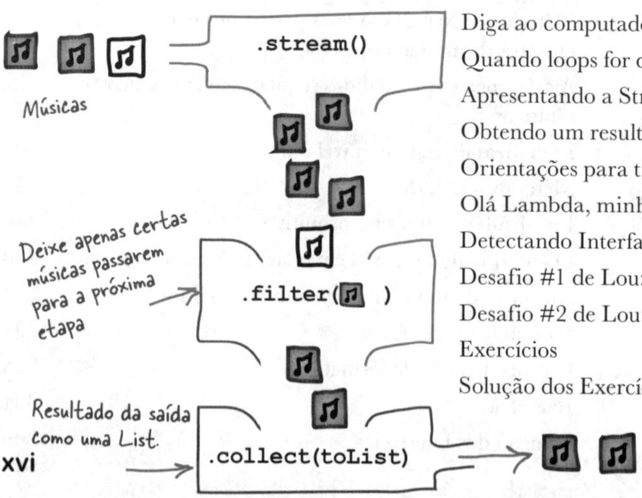

13 Comportamento Arriscado

As coisas dão errado. O arquivo não está lá. O servidor está fora do ar. Não importa seu nível de habilidade como programador, não se pode controlar *tudo*. Ao criar um método arriscado, você precisa de um código para tratar as eventualidades desastrosas que possam ocorrer. Mas como *sabemos* se um método é arriscado? E onde inserir o código para *tratar* essa situação ***excepcional***? *Neste* capítulo, vamos criar um MIDI Music Player que usa a arriscada API JavaSound, então é melhor descobrirmos.

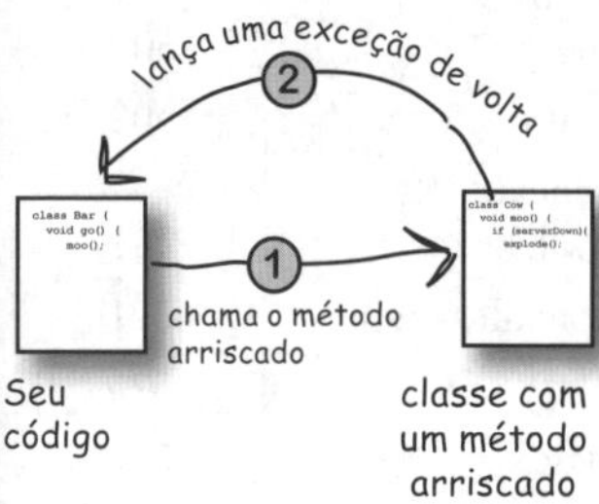

14 Uma História Muito Gráfica

Vamos encarar a realidade: é necessário criar GUIs.

Ainda que você acredite que passará o resto da vida escrevendo códigos para servidores, mais cedo ou mais tarde, será preciso criar uma interface gráfica. Passaremos dois capítulos criando GUIs e aprenderemos os principais recursos da linguagem Java, incluindo **event handling** [tratamento de eventos], **classes internas** e lambdas. Inseriremos um botão na tela, pintaremos formas na tela, exibiremos uma imagem JPEG e até criaremos uma animação.

```
class MyOuter  {

    class MyInner {
       void go() {
       }
    }
}
```

15 Trabalhando seu Swing

Swing é fácil. A menos que você realmente *se importe* com onde as coisas vão parar. Apesar de, *aparentemente*, o código Swing ser fácil, basta compilá-lo e executá-lo para vermos que determinadas coisas não deveriam acontecer. O que *facilita* o código é o que *dificulta* o controle: o **Layout Manager**. Mas com um pouco de trabalho, você pode fazer com que os gerentes de layout se submetam à sua vontade. Neste capítulo, trabalharemos em nosso Swing e aprenderemos mais sobre componentes gráficos.

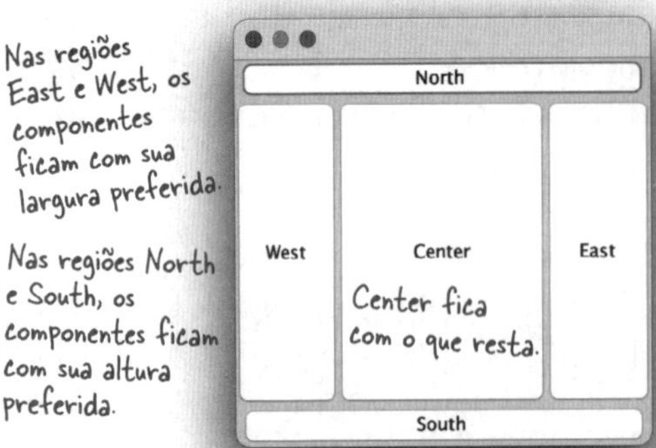

---

16 Salvando Objetos (e Texto)

Objetos podem ser serializados e desserializados.

Eles têm estado e comportamento. O comportamento é definido na classe, mas o *estado* reside em cada *objeto* individual. Caso seu programa precise salvar o estado, *terá que fazer isso do jeito mais difícil*, interrogando cada objeto, e registrando o valor de cada variável de instância. Ou **pode fazer isso do jeito mais fácil, o jeito OO**: congelar/achatar/persistir o objeto e depois reconstituí-lo/desachatá-lo/recuperá-lo.

17 Faça uma Conexão

Conecte-se com o mundo exterior. É fácil. Todos os detalhes de rede de baixo nível são gerenciados pelas classes da biblioteca java.net. Uma das grandes vantagens do Java reside em sua capacidade de conexão: enviar e receber dados por meio de uma rede é semelhante às operações convencionais de E/S, mas ao final da cadeia de E/S, as conexões são ligeiramente distintas. Neste capítulo, criaremos sockets de cliente e de servidor. Criaremos clientes e servidores. Antes de terminar o capítulo, você terá um chat de cliente multithread totalmente funcional. Acabamos de dizer *multithread*?

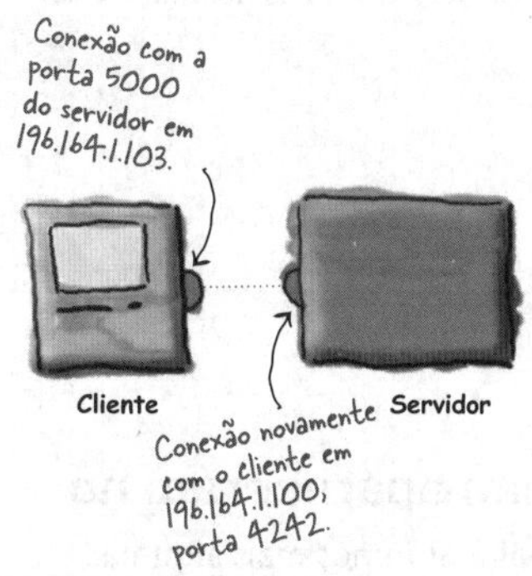

18 Lidando Com Problemas de Concorrência

Fazer duas ou mais coisas ao mesmo tempo é difícil. Escrever código multithread é fácil. Mas escrever código multithread que rode como se espera pode ser mais desafiador. Neste último capítulo, veremos algumas das complicações que podem surgir quando duas ou mais threads estão trabalhando simultaneamente. Você conhecerá algumas das ferramentas em java.util.concurrent que podem ajudá-lo a escrever código multithread que execute adequadamente. Além disso, aprenderá como criar objetos imutáveis, que são seguros para uso por múltiplas threads. Ao final do capítulo, você terá uma variedade de ferramentas à disposição para lidar com a concorrência.

Apêndice A

Receita Final de Código. Todo o código completo para o Beat Box do chat cliente-servidor. Sua chance de ser uma estrela do rock.

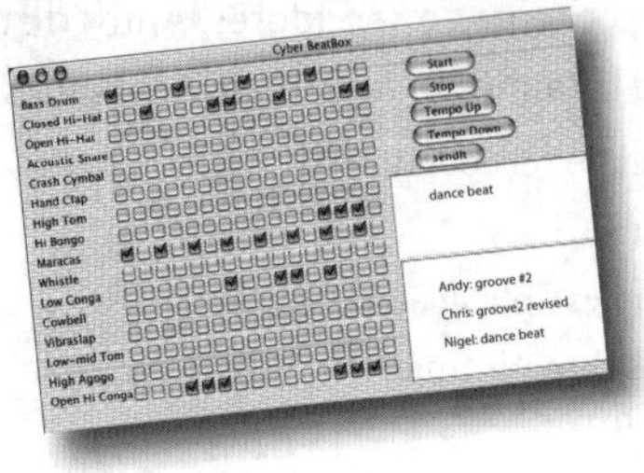

Apêndice B

Os onze principais tópicos que não apareceram no livro. Não podemos soltar você nesse mundão ainda! Temos mais algumas coisinhas para você, mas esse é o fim do livro. E dessa vez é pra valer!

Índice

Introdução

Nesta seção respondemos à pergunta:
"Então, POR QUE colocaram isso em um livro de programação Java?"

Para quem é este livro?

Se você responder "sim" a ***todas*** essas perguntas:

1. **Já programou um pouco?**
2. **Você quer aprender Java?**
3. **Você prefere conversas estimulantes em festas a aulas acadêmicas chatas e fúteis?**

este livro é para você.

Este NÃO é um livro de referência Java. O *Use a Cabeça Java* é um livro criado para *aprendizagem*, não uma enciclopédia de fatos sobre Java.

Quem deveria evitar este livro?

Se você responder "sim" a qualquer ***uma*** dessas perguntas:

1. **Sua experiência em programação está limitada apenas a HTML, sem nenhuma experiência em linguagem de script?** (Caso já tenha usado loop ou lógica if/then, você vai mandar bem com este livro, mas HTML por si só pode não ser suficiente.)
2. **Você é um programador C++ incrível e está procurando um livro de *referência*?**
3. **Você tem medo de tentar algo novo? Preferiria tratar um canal a misturar listras e xadrez? Acredita que um livro técnico não pode ser sério se houver a imagem de um pato na seção de gerenciamento de memória?**

este livro ***não*** é para você.

[Nota do marketing: este livro é para qualquer pessoa com um cartão de crédito. E aquela promoção de Natal, sai ou não sai?]

Sabemos o que está pensando

"Esse é um livro *sério* de programação Java?"

"Por que todas essas figuras?"

"Eu posso *mesmo* aprender assim?"

"Sou uma piada para você? Esse cheiro é de pizza?"

E sabemos o que seu cérebro está pensando

Seu cérebro está sedento por novidade. Ele está sempre buscando, pesquisando, *esperando* por algo fora do comum — foi programado assim, e isso o ajuda a sobreviver. Hoje, é menos provável que você vire comida de tigre, mas seu cérebro ainda está em alerta, vai que...

Desse modo, o que seu cérebro faz com todas as coisas rotineiras, comuns e normais que encontra? Tudo o que *pode* para evitar que elas interfiram no trabalho *real* do cérebro — registrar as coisas *importantes*. Ele não quer nem saber de memorizar as coisas chatas; elas nunca passam do filtro "isso obviamente não é importante".

Como seu cérebro *sabe* o que é importante? Suponha que você saia para uma caminhada e um tigre pule na sua frente — O que acontece dentro da sua cabeça?

Os neurônios disparam. As emoções ficam mais intensas. Os hormônios *explodem*. É assim que seu cérebro funciona...

Isso deve ser importante! Não se esqueça!

Imagine a cena: você está em casa ou em uma biblioteca. É uma zona segura e sem tigres. Você está estudando para uma prova ou tentando aprender algum assunto técnico difícil que seu chefe acha que levará uma semana ou, no máximo, dez dias.

Só tem um problema: seu cérebro está tentando lhe fazer um favor. Está tentando garantir que esse conteúdo *obviamente* importante não bagunce os recursos escassos. Recursos que são mais bem usados armazenando coisas *grandes*. Como tigres. Como o perigo de um incêndio. Como nunca mais fazer snowboarding de shorts.

E não há um jeito simples de dizer ao seu cérebro: "Ei, cérebro, muito obrigado, mas não importa o quanto este livro é chato, e o pouco registrado na escala Richter emocional agora, eu *quero mesmo* guardar essas informações."

Consideramos o leitor do *Use a Cabeça Java* um aprendiz.

Então, o que é preciso para *aprender* alguma coisa? Primeiro, você precisa *entender*; depois, garantir que *não esquecerá*. Não é só colocar os fatos na cabeça. Com base nas últimas pesquisas em ciência cognitiva, neurobiologia e psicologia educacional, o *aprendizado* exige muito mais do que texto em uma página. Sabemos como instigar seu cérebro.

Alguns princípios de aprendizado de Use a Cabeça:

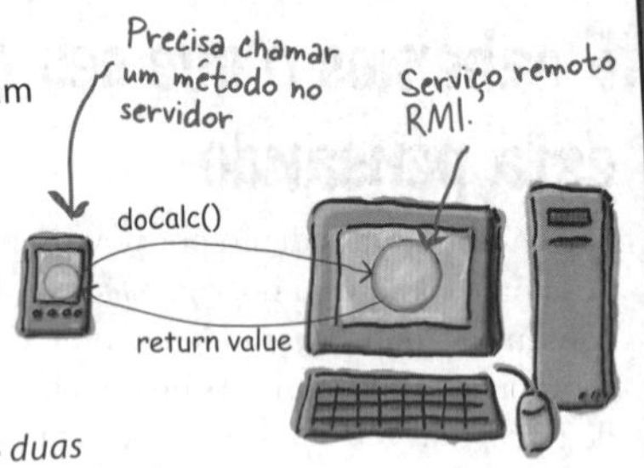

Visual. Imagens são muito mais fáceis de memorizar do que apenas palavras, e tornam o aprendizado muito mais eficaz (até 89% de melhoria em estudos de memória e transferência). Isso faz com que as coisas fiquem mais compreensíveis. **Coloque palavras dentro ou ao lado de imagens** relacionadas, em vez de embaixo ou em outra página, e os alunos serão *duas* vezes mais propensos a resolver problemas relacionados ao conteúdo.

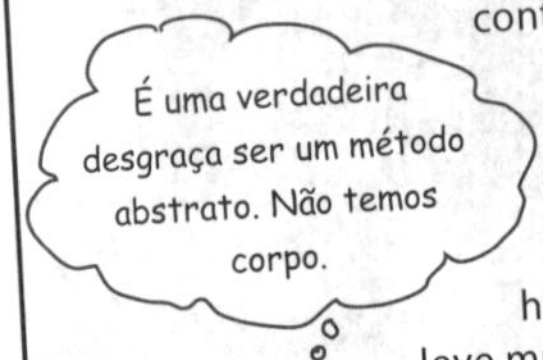

Use um estilo coloquial e personalizado. Em estudos recentes, os alunos se saíram 40% melhor em testes se o conteúdo era falado diretamente ao leitor usando um estilo coloquial em primeira pessoa ao invés de um tom formal. Conte histórias em vez de dar uma palestra. Use linguagem casual. Não se leve muito a sério. Você prestaria mais atenção em quê: uma companhia animada em uma festa ou em uma palestra?

Faça o aluno pensar a fundo. Em outras palavras, a não ser que você exercite ativamente seus neurônios, nada de mais acontece na sua cabeça. Um leitor precisa ser motivado, envolvido, curioso e inspirado a resolver problemas, tirar conclusões e adquirir novos conhecimentos. E para isso você precisa de desafios, exercícios e perguntas provocadoras, bem como atividades que envolvam ambos os lados do cérebro e vários sentidos.

Consiga — e prenda — a atenção do leitor. Todos já tivemos a experiência "eu quero muito aprender isso, mas não consigo me manter acordado além da página um". Seu cérebro presta atenção a coisas fora do comum, interessantes, estranhas, chamativas, inesperadas. Aprender um assunto novo, difícil e técnico não precisa ser chato. Seu cérebro aprenderá muito mais se não for.

Apele para as emoções. Sabemos que sua habilidade de lembrar algo é grande dependendo do conteúdo emocional. Você se lembra do que é importante quando sente alguma coisa. Não, não estamos falando de histórias devastadoras sobre um menino e seu cachorro. Estamos falando de emoções como surpresa, curiosidade, diversão, espanto e o sentimento de "sou demais" que surge quando você resolve um enigma, aprende algo que todo mundo acha difícil ou percebe que sabe de algo que o Bob "sou melhor do que você" da engenharia *não* sabe.

Metacognição: pensando sobre pensar

Se você quer mesmo aprender, mais rápido e a fundo, preste atenção a como presta atenção. Pense sobre como você pensa. Aprenda sobre como você aprende.

A maioria de nós não fez cursos de metacognição ou teoria da aprendizagem quando crianças. *Esperavam* que aprendêssemos, mas raramente nos *ensinavam* a aprender.

Mas supomos que, se você está segurando este livro, de fato, quer aprender Java. E provavelmente não quer gastar muito tempo. Para entender a maioria do *conteúdo* deste livro, ou de *qualquer* livro ou experiência de aprendizado, assuma o controle do *seu* cérebro.

O truque é fazer seu cérebro ver o novo material como algo fundamental. Crucial para o seu bem-estar. Tão importante quanto um tigre. Caso contrário, você estará em uma batalha constante contra seu cérebro, que faz o melhor que pode para que todo o conteúdo se evapore.

Então, COMO fazer seu cérebro pensar no Java como tão importante quanto um tigre?

Tem o jeito lento e entediante ou o mais rápido e eficaz. O lento é com repetição pura. Você obviamente sabe que *é* capaz de aprender e se lembrar de assuntos bem chatos se continuar repetindo a mesma coisa. Com repetição suficiente, seu cérebro diz: "Isso *não* parece importante, mas ele continua vendo a mesma coisa *repetidamente*, então acho que deve ser."

A forma mais rápida é fazer ***qualquer coisa que potencialize a atividade cerebral***, sobretudo os *tipos* diferentes de atividade cerebral. As coisas nas páginas anteriores eram uma grande parte da solução e foi comprovado que ajudam seu cérebro a trabalhar em seu favor. Por exemplo, estudos demonstram que colocar palavras *dentro* de imagens que elas descrevem (ao contrário de qualquer outro lugar da página, como uma legenda ou no corpo do texto) faz seu cérebro tentar entender como as palavras e a imagem se relacionam e isso bota os neurônios para trabalhar. Mais neurônios disparados = mais chances de seu cérebro *compreender* que vale a pena prestar atenção e, possivelmente, gravar o assunto.

Um estilo coloquial ajuda, pois as pessoas tendem a prestar mais atenção quando percebem que estão em uma conversa, já que se espera que sigam até o fim. O incrível é que seu cérebro não se *importa* com a "conversa" entre você e um livro! Por outro lado, se o estilo de escrita for formal e entendiante, ele age como se você estivesse em uma aula em uma sala lotada. Para que ficar acordado?

No entanto, as imagens e o estilo coloquial são apenas o começo.

Veja o que NÓS fizemos:

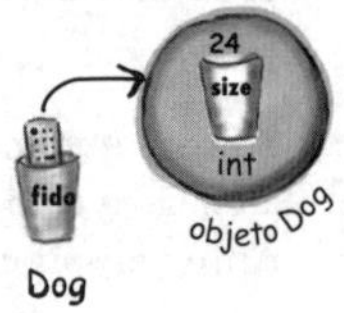

Usamos ***imagens***, porque seu cérebro está programado para responder a visualizações, não a texto. Para ele, uma imagem *vale* mais que mil palavras. E quando o texto e as imagens trabalham juntos, incorporamos o texto *nas* imagens, pois seu cérebro trabalha melhor quando o texto está *dentro* da coisa à qual ele se refere, ao contrário de uma legenda ou quando o texto está escondido sabe-se lá onde.

Utilizamos a ***repetição***, dizendo a mesma coisa de formas diferentes e com tipos de suporte diferentes, e *sentidos múltiplos* para maximizar as chances de que o conteúdo seja gravado em mais de uma área do seu cérebro.

Usamos conceitos e imagens de maneiras ***inesperadas***, porque seu cérebro está sintonizado às novidades, e usamos imagens e ideias com, no mínimo, um *pouco* de ***conteúdo emocional***, pois seu cérebro está adaptado para prestar atenção à bioquímica das emoções. Aquilo que o faz *sentir* algo tem mais probabilidade de ser lembrado, mesmo que esse sentimento não seja nada mais do que um bocado de ***humor***, ***surpresa*** ou ***interesse***.

Utilizamos um estilo ***informal*** personalizado, porque seu cérebro está programado para prestar mais atenção quando acredita que você está em uma conversa do que quando acha que está escutando passivamente a uma apresentação. Seu cérebro faz isso até quando você está *lendo*.

PONTOS DE BALA

Incluímos mais de cinquenta ***exercícios***, porque seu cérebro está habituado a aprender e lembrar mais quando você ***faz*** coisas do que quando *lê* sobre elas. E elaboramos exercícios desafiadores, mas resolvíveis, porque é o que a maioria das *pessoas* prefere.

Usamos ***diversos estilos de aprendizado***, pois *você* pode preferir procedimentos passo a passo, enquanto outra pessoa quer entender primeiro o geral, e outra só quer ver um exemplo. Mas, independentemente de sua preferência de aprendizagem, *todos* se beneficiam vendo o mesmo conteúdo apresentado de formas diferentes.

Incluímos conteúdo para ***ambos os lados do seu cérebro***, porque quanto mais exercitar o seu cérebro, mais você aprenderá e lembrará, e conseguirá ficar focado por mais tempo. Já que trabalhar com um lado do cérebro muitas vezes significa dar um descanso ao outro lado, você pode ser mais produtivo ao aprender por um período maior de tempo.

E incluímos ***histórias*** e exercícios que apresentam ***mais de um ponto de vista***, pois seu cérebro aprende mais quando é forçado a fazer avaliações e julgamentos. Incluímos ***desafios***, fornecendo exercícios e fazendo ***perguntas*** que nem sempre têm uma resposta direta, porque seu cérebro está adaptado a aprender e lembrar quando precisa *trabalhar* em algo. Pense nisso — você não pode entrar em *forma* apenas vendo as pessoas malharem. Fizemos o melhor para garantir que quando estiver trabalhando duro será nas coisas *certas*. Ou seja, ***você não gastará nenhum neurônio extra*** processando um exemplo difícil de entender ou analisando textos exageradamente concisos, difíceis ou carregados de jargões.

Usamos a abordagem ***80/20***. Presumimos que se você estiver fazendo doutorado em Java, este não será o único livro que lerá. Então não falamos sobre tudo. Apenas as coisas que você *usará*.

Veja o que VOCÊ pode fazer para que seu cérebro lhe obedeça

Já fizemos nossa parte. O resto é com você. As dicas a seguir são seu pontapé inicial, escute o seu cérebro e descubra o que funciona ou não para você. Experimente coisas novas.

Recorte aqui e coloque na porta da sua geladeira.

---

1 Desacelere. Quanto mais você entender, menos terá que memorizar.

Não leia *apenas*. Pare e pense. Quando o livro fizer uma pergunta, imagine que há alguém realmente perguntando aquilo. Quanto mais você forçar o seu cérebro a pensar, melhores serão suas chances de aprender e lembrar.

2 Faça os exercícios. Anote.

Nós colocamos anotações aqui, mas se as fizéssemos para você, seria como ter alguém fazendo seu dever de casa. Não *olhe* para os exercícios, **use um lápis**. Há muitas evidências de que a atividade física *durante* o aprendizado pode maximizá-lo.

3 Leia os "Não Existem Perguntas Idiotas"

É para ler tudo. Não são opcionais — fazem parte do conteúdo principal! Não os ignore.

4 Não faça todas as suas leituras em um só lugar.

Levante-se, estique-se, mova-se, troque de cadeira, mude de cômodo. Isso ajudará seu cérebro a *sentir* algo e evitará que seu aprendizado fique muito conectado a um lugar específico.

5 Faça disso a última coisa que lerá antes de dormir. Ou, pelo menos, a última coisa *desafiadora*.

Parte do aprendizado (especialmente a transferência para a memória de longo prazo acontece *depois* de você fechar o livro. Seu cérebro precisa de um tempo para processar as informações. Se incluir alguma coisa nova antes desse processamento, perderá o que acabou de aprender.

6 Beba água. Muita água.

Seu cérebro funciona melhor hidratado. A desidratação (que pode ocorrer antes de você ficar com sede) diminui suas funções cognitivas.

7 Fale sobre isso. E em voz alta.

Falar ativa uma parte diferente do cérebro. Caso esteja tentando entender algo ou queira aumentar suas chances de se lembrar mais tarde, fale em voz alta. Melhor ainda, tente explicar isso em voz alta para outra pessoa. Você aprenderá mais rápido e pode descobrir novas ideias que nem sabia que estavam ali enquanto lia sobre elas.

8 Ouça seu cérebro.

Preste atenção se seu cérebro está ficando sobrecarregado. Se você se pegar lendo por alto ou se esquecendo do que acabou de ler, é hora de fazer uma pausa. Após determinado ponto, você não aprende mais rápido tentando enfiar tudo de uma vez na sua cabeça e pode até se prejudicar no processo.

9 Sinta!

Seu cérebro precisa saber que o que está aprendendo é *importante*. Envolva-se nas histórias. Faça as próprias legendas para as imagens. Reclamar sobre uma piada ruim *ainda* é melhor do que não sentir nada.

10 Digite e execute o código.

Digite e execute os exemplos de código. Depois, tente alterar e melhorar o código (ou quebrá-lo, às vezes é a melhor forma de descobrir o que está rolando.) A maior parte do código, principalmente os exemplos longos e Códigos Pré-definidos, está disponível em *https://oreil.ly/hfJava_3e_examples*.

O que você precisa para este livro:

Você *não* precisa de nenhuma outra ferramenta de desenvolvimento, como um Ambiente de Desenvolvimento Integrado (IDE). Recomendamos que *não* use nada além de um editor de texto básico até concluir este livro. Com um IDE, você pode perder alguns detalhes importantes. Por isso, é melhor aprender com a linha de comando e, depois de entender o que está acontecendo, mude para uma ferramenta que automatiza parte do processo.

Este livro pressupõe que você esteja usando o Java 11 (com exceção do Apêndice B). No entanto, se estiver usando o Java 8, descobrirá que a maior parte do código ainda funciona. Se falarmos sobre um recurso de uma versão do Java superior ao Java 8, a versão necessária será mencionada.

CONFIGURANDO O JAVA

- Como as versões mudam rapidamente e as recomendações sobre o JDK certo a ser usado podem mudar também, disponibilizamos instruções detalhadas sobre como instalar o Java no projeto online de exemplos de código:

  https://oreil.ly/hfJava_install

  É uma versão simplificada.

- Caso não saiba de qual versão do Java fazer download, recomendamos o Java 17.
- Existem muitas versões gratuitas do OpenJDK disponíveis (a versão open-source do Java). Sugerimos o Eclipse Adoptium JDK, com suporte da comunidade, disponível em: *https://adoptium.net.*
- O JDK tem tudo que você precisa para compilar e executar o Java. O JDK não inclui a documentação da API e você precisa dela! Faça o download da documentação da Java SE API. Você também pode acessar a documentação da API online sem baixá-la, mas acredite, vale a pena fazer o download.

- Você precisa de um editor de texto. Praticamente, qualquer um serve (vi, emacs), incluindo as GUI que acompanham a maioria dos sistemas operacionais. Bloco de notas, Wordpad, TextEdit etc., todos funcionam, desde que esteja usando texto simples (não rich text). Certifique-se de que eles não anexem um ".txt" no final do arquivo de código-fonte (".java").
- Após fazer download e descompactar/instalar/seja o que for (depende de qual versão e para qual sistema operacional), é necessário adicionar uma entrada à sua variável de ambiente PATH, que aponta para o diretório *bin* dentro do diretório principal Java. O diretório *bin* é aquele para o qual você precisa de um PATH, para que quando você digitar:

```
% javac
```

  na linha de comando, seu terminal saberá como encontrar o compilador javac.

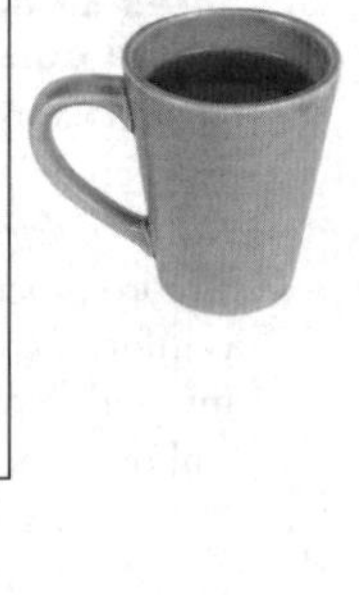

- Observação: caso tenha problemas com a instalação, recomendamos que acesse javaranch.com e participe do fórum Java-Beginning! Na verdade, você deve fazer isso, quer tenha problemas ou não.

O código deste livro está disponível em: *https://oreil.ly/hfJava_3e_examples.*

Coisas de última hora que você precisa saber:

Esta é uma experiência de aprendizagem, não um livro de referência. Retiramos de propósito tudo o que poderia atrapalhar o aprendizado, independentemente se estávamos trabalhando nesse tudo em determinado ponto do livro. E, quando abrir o livro pela primeira vez, precisa começar do início, pois o livro faz suposições sobre o que você já viu e aprendeu.

Usamos uma UML fake modificada e mais simples

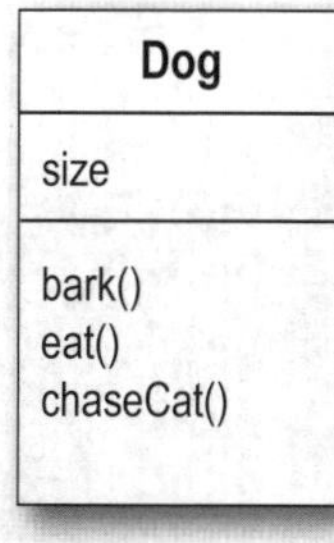

Usamos diagramas simples do *tipo* UML.

Se tivéssemos usado *puramente* UML, você veria algo *parecido* com Java, mas com uma sintaxe totalmente *errada*. Por isso, usamos uma versão simplificada da UML que não entra em conflito com a sintaxe Java. Se ainda não conhece UML, não precisará se preocupar em aprender Java *e* UML ao mesmo tempo.

Não quisemos nem saber de organizar e empacotar seu código.

Neste livro, prossiga aprendendo Java sem se preocupar com alguns detalhes organizacionais ou administrativos do desenvolvimento de programas Java. Claro que, no mundão aí fora, você *precisará* conhecer — e usar — esses detalhes. No entanto, como o build e o deploy de aplicações Java geralmente dependem de ferramentas build de terceiros, como Maven e Gradle, presumimos que você aprenderá essas ferramentas depois.

Faça TODAS as atividades das seções "Aponte o seu lápis".

Aponte o seu lápis

Os exercícios de final de capítulo são obrigatórios; quebra-cabeças são opcionais. As respostas para ambos estão no final de cada capítulo.

Você precisa saber uma coisa sobre quebra-cabeças: eles são *quebra-cabeças*, como quebra-cabeças lógicos, desafios mentais, palavras cruzadas etc. Os exercícios deste livro têm como intuito ajudá-lo a praticar o que aprendeu e você deve fazer todos eles. Os quebra-cabeças são outra história, e alguns são bastante *desafiadores*. Os quebra-cabeças servem para pessoas que gostam de *desafios* e de *quebrar a cabeça*, provavelmente você já sabe se é uma pessoa dessa ou não. Caso não tenha certeza, sugerimos que tente fazer alguns deles. E, aconteça o que acontecer, não desanime se não *conseguir* resolvê-los ou se não tem tempo o bastante para resolvê-los.

As atividades com Exercício (tênis de corrida) são obrigatórias! Não as ignore, caso queira mesmo aprender Java.

Exercício

Nem todos os exercícios "Aponte o seu Lápis" têm respostas.

Não nas páginas do livro. Para alguns deles, não *existe* uma resposta correta e, para outros, parte da experiência de aprendizagem das atividades é sobre decidir *se* e *quando* as *suas* respostas estão corretas.

Os exemplos de código são tão enxutos quanto possível.

É frustrante percorrer 200 linhas de código para procurar as duas linhas que você precisa entender. Neste livro, a maioria dos exemplos é o menor possível, de modo que a parte que você está tentando aprender seja clara e simples. Ou seja, nem espere que os códigos Java sejam robustos ou completos, já que *sua* tarefa, após terminar o livro, é justamente essa. Nos livros, os exemplos são escritos especificamente para *aprendizagem* e nem sempre são totalmente funcionais.

Se você vir esta figura aqui, a atividade é opcional e, se não gosta de lógica complicada ou de palavras cruzadas, também não vai gostar de quebra-cabeças.

Revisores Técnicos da 3.ª Edição

Marc Loy

Abraham Marin-Perez

Marc começou aprender Java lá na Sun Microsystems (um salve para o HotJava!) e nunca mais parou. Escreveu diversos livros e ministrou cursos de treinamento sobre Java, além de trabalhar com um amplo leque de empresas nos EUA, na Europa e na Ásia. Recentemente, Marc escreveu o livro *Smaller C* e é coautor da quinta edição do livro *Learning Java*. Atualmente, em Ohio, Marc trabalha como desenvolvedor de software, com especialização em microcontroladores.

Abraham é programador Java, consultor, autor e palestrante com mais de dez anos de experiência em diversos setores. Nascido em Valência, na Espanha, Abraham construiu boa parte de sua vida profissional em Londres, Reino Unido, trabalhando com entidades como a JP Morgan ou com Home Office do Reino Unido, colaborando sempre com a Equal Experts. Pensando que suas experiências poderiam ajudar outras pessoas, tornou-se editor Java na InfoQ, é autor do livro *Real-World Maintainable Software* e coautor do livro *Continuous Delivery in Java*. Ele também ajuda a administrar a London Java Community. Aprendiz eterno, Abraham está cursando física.

Outras pessoas a agradecer pela 3.ª Edição

Na O'Reilly:

Muito obrigado a **Zan McQuade** e a **Nicole Taché** por nos possibilitarem finalmente lançar esta edição! Zan, obrigado por trazer Trisha de volta ao mundo Use a Cabeça. Nicole, obrigado pelo trabalho fantástico que nos levou a concluir tudo. Obrigado a **Meghan Blanchette**, que, apesar de ter saído da O'Reilly há tempos, foi quem apresentou Bert e Trisha em 2014.

Trisha gostaria de agradecer:

A **Helen Scott**, por fornecer feedback constante sobre os novos tópicos abordados. Ela sempre me impediu de me aprofundar muito ou de passar muito conhecimento, sendo uma defensora ferrenha dos alunos e estudantes. Mal posso esperar para começar a trabalhar ainda mais próxima dela em nosso próximo projeto.

À minha equipe da JetBrains, pela paciência e incentivo: **Dalia Abo Sheasha**, pelo test-drive do capítulo sobre lambdas e streams, e a **Mala Gupta**, por me fornecer exatamente as informações de que eu precisava sobre as certificações Java modernas. Agradecimentos muito especiais a **Hadi Hariri** por todo o seu apoio, sempre.

À The Friday Pub Lunch *informaticos*, por tolerarem conversas na hora do almoço sobre qualquer aspecto de Java que eu estava tentando explicar naquele dia ou semana, e a **Alys**, **Jen** e **Clare** por me ajudarem a descobrir quando priorizar este livro em vez da família. Obrigada a **Holly Cummins** por encontrar um bug de última hora. Obrigada a **Evie** e a **Amy** pelas sugestões sobre como melhorar os exemplos de sorvete para o tipo Opcional do Java. Sou grata por demonstrarem interesse genuíno em meu progresso e pelos cumprimentos espontâneos quando souberam que eu havia terminado.

Nada disso teria sido possível sem **Israel Boza Rodriguez**. Você teve paciência comigo quando desviava conversas importantes, como "o que devemos jantar?", com perguntas do tipo "você acha que CountDownLatch é muito específico para ensinar desenvolvedores iniciantes?". Fundamentalmente, você me ajudou a ter espaço e tempo para trabalhar no livro e me lembrou regularmente por que eu queria assumir o projeto desde o início.

Obrigada a **Bert** e a **Kathy** por me incluírem nesta jornada. Foi uma honra aprender como ser autora do Use a Cabeça diretamente da fonte, por assim dizer.

Bert e Kathy gostariam de agradecer:

A **Beth Robson** e a **Eric Freeman**, pelo apoio geral, contínuo e inestimável à série Use a Cabeça. Queremos agradecer especialmente a Beth pelas muitas conversas que tivemos discutindo quais novos tópicos de Java ensinar e como ensiná-los.

A **Paul Wheaton** e aos incríveis moderadores do CodeRanch.com (também conhecido como JavaRanch), por manterem o CodeRanch um lugar amigável para iniciantes em Java. Um agradecimento especial a **Campbell Ritchie**, **Jeanne Boyarsky**, **Stephan van Hulst**, **Rob Spoor**, **Tim Cooke**, **Fred Rosenberger** e **Frits Walraven** por suas contribuições indispensáveis sobre quais foram as adições importantes ao Java desde a 2.ª edição.

A **Dave Gustafson**, por nos ensinar tanto sobre desenvolvimento de software e escalada, E pelas ótimas discussões sobre o estado da programação. A **Eric Normand**, por nos ensinar um pouco de FP e nos ajudar a descobrir como viabilizar algumas das melhores ideias de FP em um livro OO. A **Simon Roberts**, por ensinar contínua e apaixonadamente Java para estudantes de todo o mundo. Obrigado a **Heinz Kabutz** e a **Venkat Subramaniam** por nos ajudar a explorar cada detalhe da Java Streams. A **Laura Baldwin** e a **Mike Loukides**, pelo apoio incansável ao Use a Cabeça durante todos esses anos. A **Ron Bilodeau e** a **Kristen Brown**, pelo excepcional apoio, sempre pacientes e amigáveis.

Editores Técnicos da 2.ª Edição

Agradecimentos infinitos a Jéssica e Val pelo trabalho árduo da 2.ª edição.

Jess trabalha na Hewlett-Packard, na equipe de serviços de self-healing. Ela é formada em engenharia da computação pela Villanova University, tem certificações SCJP 1.4 e SCWCD e está prestes a concluir seu mestrado em engenharia de software na Drexel University (Aí, sim!).

Quando não está trabalhando, estudando ou viajando com seu MINI Cooper S, Jess briga com seu gato por causa de novelos de lã enquanto finaliza seu último projeto de tricô ou crochê (alguém quer um chapéu?). Ela é de Salt Lake City, Utah (não, ela não é mórmon, apesar de lá ter um monte deles) e atualmente mora perto da Filadélfia com o marido, Mendra, e dois gatos: Chai e Sake.

Jess modera fóruns técnicos no *javaranch.com*.

Valentin tem mestrado em ciência da informação e da computação pelo Swiss Federal Institute of Technology in Lausanne (EPFL). Já trabalhou como engenheiro de software na SRI International (Menlo Park, CA) e como engenheiro principal no Laboratório de Engenharia de Software da EPFL.

Valentin é cofundador e CTO da Condris Technologies, empresa especializada no desenvolvimento de soluções de arquitetura de software.

Seus interesses de pesquisa e desenvolvimento incluem tecnologias orientadas a aspectos, padrões de design e arquitetura, serviços web e arquitetura de software. Além de curtir com sua esposa, fazer jardinagem, ler e praticar esportes, Valentin modera os fóruns SCBCD e SCDJWS no Javaranch.com. Tem as certificações SCJP, SCJD, SCBCD, SCWCD e SCDJWS. Ele também teve a oportunidade de atuar como coautor do Whizlabs SCBCD Exam Simulator.

(Ainda estamos perplexos ao vê-lo de *gravata*.)

Outras pessoas para ~~colar~~ dar crédito pela 2.ª Edição

Alguns de nossos revisores especialistas em Java...

Corey McGlone

Jef Cumps

Na O'Reilly:

Nossos agradecimentos a **Mike Loukides**, da O'Reilly, por se arriscar e ajudar a transformar o conceito Use a Cabeça em um livro (e uma *série*). Quando esta terceira edição for impressa, já existem cinco livros Use a Cabeça, e ele esteve conosco o tempo todo. A **Tim O'Reilly**, pela sua disposição em abraçar algo *completamente* novo e diferente. Obrigado ao inteligente **Kyle Hart** por descobrir como o Use a Cabeça se encaixa no mundo e por lançar a série. Por último, a **Edie Freedman** por desenhar a capa do Use a Cabeça "destacando *bem* a cabeça".

Nossa intrépida equipe de testadores beta e revisores:

Nossas maiores homenagens e agradecimentos vão para **Johannes de Jong,** diretor de nossa equipe de revisão de tecnologia do javaranch. É a quinta vez que ele trabalha com a gente em um livro Use a Cabeça e ficamos contentes por ele ainda falar conosco. **Jeff Cumps** já fez três livros com a gente e é incansável em identificar áreas em que precisávamos ser mais claros ou corretos.

Johannes de Jong

Corey McGlone, você detona. Achamos que você explica melhor as coisas no JavaRanch. Provavelmente, você perceberá que roubamos uma ou duas de suas explicações. **Jason Menard** nos salvou de erros técnicos diversas vezes, e **Thomas Paul**, como sempre, nos deu um feedback de especialista, identificando problemas sutis de Java que o resto de nós sequer percebeu. **Jane Griscti** é bastante habilidosa em Java (e entende bem de escrita), e foi ótimo contar com a ajuda dela na nova edição, com o veterano do javaranch, **Barry Gaunt**.

Jason Menard

Thomas Paul

Marilyn de Queiroz nos ajudou absurdamente nas *duas* edições do livro. **Chris Jones**, **John Nyquist**, **James Cubeta**, **Terri Cubeta** e **Ira Becker** nos ajudaram bastante na primeira edição. Agradecimentos especiais a alguns dos Head Firsters que têm nos ajudado desde o início: **Angelo Celeste**, **Mikalai Zaikin** e **Thomas Duff** (twduff.com). E obrigado ao nosso incrível agente, **David Rogelberg** do StudioB (mas, falando sério, e os direitos do *filme*?)

Marilyn de Queiroz

Chris Jones

Rodney J. Woodruff

James Cubeta

Terri Cubeta

Ira Becker

John Nyquist

Quando você pensou que os agradecimentos tinham acabado*

Mais especialistas técnicos em Java que ajudaram na primeira edição (em ordem pseudo-aleatória):

Emiko Hori, Michael Taupitz, Mike Gallihugh, Manish Hatwalne, James Chegwidden, Shweta Mathur, Mohamed Mazahim, John Paverd, Joseph Bih, Skulrat Patanavanich, Sunil Palicha, Suddhasatwa Ghosh, Ramki Srinivasan, Alfred Raouf, Angelo Celeste, Mikalai Zaikin, John Zoetebier, Jim Pleger, Barry Gaunt e Mark Dielen.

A equipe do quebra-cabeças da primeira edição:

Dirk Schreckmann, Mary "JavaCross Champion" Leners, Rodney J. Woodruff, Gavin Bong e Jason Menard. O Javaranch tem sorte de contar com todos vocês.

Outros comparsas a agradecer:

A **Paul Wheaton**, o javaranch Trail Boss, por apoiar milhares de alunos de Java. **A Solveig Haugland**, dona do J2EE e autora do livro *Dating Design Patterns.* Autores **Dori Smith** e **Tom Negrino (backupbrain.com)**, por ajudar a nos nortearmos no mundão dos livros de tecnologia.

Aos nossos cúmplices no universo Use a Cabeça, **Eric Freeman e Beth Freeman** (autores do Use a Cabeça Padrões de Projeto), por nos darem os Bawls™ para terminar isso a tempo.

A Sherry Dorris, pelas coisas importantíssimas.

Os primeiros corajosos a adotar a Série Use a Cabeça:

Joe Litton, Ross P. Goldberg, Dominic Da Silva, honestpuck, Danny Bromberg, Stephen Lepp, Elton Hughes, Eric Christensen, Vulinh Nguyen, Mark Rau, Abdulhaf, Nathan Oliphant, Michael Bradly, Alex Darrow, Michael Fischer, Sarah Nottingham, Tim Allen, Bob Thomas e Mike Bibby (o primeiro).

*Os agradecimentos são grandes assim porque estamos testando a teoria de que todo mundo mencionado nos agradecimentos de um livro comprará pelo menos uma cópia dele, talvez mais, contando parentes e tal. Se você quiser uma vaguinha nos agradecimentos do nosso *próximo* livro e tiver uma família grande, entre em contato.

1 mergulhe: um breve tchibum

Águas Javônicas

O Java eleva você a novos patamares. Desde o singelo lançamento da (frágil) versão 1.02 ao público, o Java enfeitiçou os programadores com sua sintaxe amigável, recursos orientados a objetos, gerenciamento de memória e, o melhor de tudo — a promessa de portabilidade. O atrativo de **escrever uma vez/executar em qualquer lugar** é forte demais. Uma comunidade devotada deslanchou, enquanto os programadores se debatiam contra bugs, limitações e, ah sim, o fato de que a linguagem era lentíssima. Mas isso foi há muito tempo. Se estiver começando a programar em Java, **você tem sorte**. Alguns de nós arrancaram todos os fios de cabelo até fazer com que uma simples aplicação rodasse. Mas *você*, veja só, *você* pode usar o Java atual: **elegantíssimo, rápido e fácil de ler e escrever**.

Como o Java funciona

O objetivo é escrever uma aplicação (neste exemplo, um convite de festa interativo) e fazê-la rodar em qualquer dispositivo que seus amigos tenham.

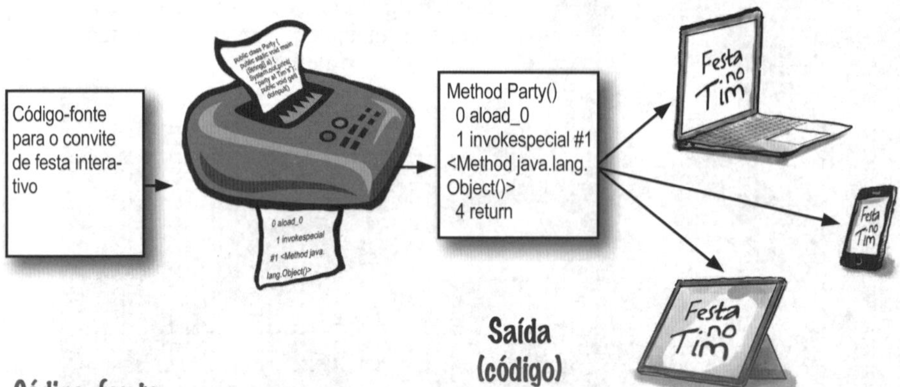

Código-fonte

1

Crie um documento para o código-fonte. Use um protocolo estabelecido (nesse caso, a linguagem Java).

Compilador

2

Rode seu documento por meio de um compilador de código-fonte. O compilador verifica se há erros e não permite que você compile nada até que esteja convencido de que tudo executará corretamente.

Saída (código)

3

O compilador cria um documento novo, codificado em ***bytecode*** Java. Qualquer dispositivo capaz de rodar Java poderá interpretar/converter esse arquivo em algo que possa ser processado. O bytecode compilado independe de plataforma.

Máquinas virtuais

4

Todos os seus amigos têm uma máquina ***virtual*** Java (JVM), implementada em software, rodando dentro de seus dispositivos eletrônicos. Quando seus amigos executam seu programa, a máquina virtual lê e executa o bytecode.

O que você fará no Java

Você criará um arquivo de código-fonte, o compilará com o compilador javac e, em seguida, executará o bytecode compilado em uma máquina virtual Java.

```
import java.awt.*;
import java.awt.event.*;

class Party {
 public void buildInvite() {
  Frame f = new Frame();
  Label l = new Label("Party at Tim's");
  Button b = new Button("You bet");
  Button c = new Button("Shoot me");
  Panel p = new Panel();
  p.add(l);
 } // Masi código aqui...
}
```

Código-fonte

1

Digite seu código-fonte.

Salve como: ***Party.java***

```
File  Edit  Window  Help  Plead
%javac Party.java
```

Compilador

2

Compile o arquivo ***Party.java*** rodando o `javac` (o aplicativo do compilador). Se não der nenhum erro, você receberá um segundo documento chamado ***Party.class***.

O arquivo Party.class gerado pelo compilador é composto de *bytecodes*.

```
Method Party()
 0 aload_0
 1 invokespecial #1 <Method java.lang.Object()>
 4 return
Method void buildInvite()
 0 new #2 <Class java.awt.Frame>
 3 dup
 4 invokespecial #3 <Method java.awt.Frame()>
```

Saída (código)

3

Código compilado: ***Party.class***

Máquina virtual

4

Execute o programa iniciando a Java Virtual Machine (JVM) com o arquivo ***Party.class***. A JVM converte o *bytecode* em algo que a plataforma subjacente entende para rodar seu programa

(Observação: isso **NÃO** é um tutorial... Logo mais, você escreverá código real, mas por ora, queremos apenas que tenha uma ideia de como tudo se encaixa.

Em outras palavras, o código dessa página não é real; nada de tentar compilá-lo.)

Uma breve história do Java

A princípio, o Java foi lançado (boatos diriam que "escapou"), em 23 de janeiro de 1996. A linguagem tem mais de 25 anos! Nos primeiros 25 anos, o Java evoluiu, e a API Java progrediu bastante. A melhor estimativa que temos é que, nos últimos 25 anos, mais de 17 zilhões de linhas de código Java foram escritas. À medida que você dedica tempo programando em Java, com certeza vai se deparar com códigos Java antiquíssimos e com outros mais recentes. A linguagem Java é famosa por sua compatibilidade com versões anteriores, ou seja, códigos antigos podem ser executados tranquilamente com as novas JVMs.

Neste livro, começaremos usando estilos mais antigos de programação (lembre-se, é provável que você se depare com códigos assim no "mundo real") e, em seguida, apresentaremos um estilo de código mais novo. Do mesmo modo, às vezes mostraremos classes mais antigas na API Java e, depois, alternativas mais recentes.

Velocidade e uso de memória

Da primeira vez que foi lançado, o Java era lento. Mas logo depois, a VM do HotSpot foi criada, assim como outras melhorias de desempenho. Mesmo sendo verdade que o Java não é lá a linguagem mais rápida que existe, é considerada bastante rápida — quase tanto quanto C e Rust, e ***bem*** mais rápida do que a maioria das linguagens existentes.

O Java tem um superpoder mágico — a JVM. A Java Virtual Machine consegue otimizar seu código *enquanto está em execução*, assim é possível criar aplicações muito rápidas sem ter que escrever código de alto desempenho especializado.

Mas — sinceridade total — em comparação com C e Rust, o Java usa bastante memória.

Aponte o seu lápis

→ Respostas na página 6.

Veja como é fácil programar em Java

Tente adivinhar o que cada linha de código faz... (as respostas estão na próxima página).

Código	O que faz
`int size = 27;`	declara uma variável com um inteiro chamada 'size' e lhe atribui o valor 27
`String name = "Fido";`	
`Dog myDog = new Dog(name, size);`	
`x = size - 5;`	
`if (x < 15) myDog.bark(8);`	se x (valor de 22) for menor que 15, diz a dog para latir 8 vezes
`while (x > 3) {`	
`  myDog.play();`	
`}`	
`int[] numList = {2, 4, 6, 8};`	
`System.out.print("Hello");`	exibe "Hello"... provavelmente na linha de comando
`System.out.print("Dog: " + name);`	
`String num = "8";`	
`int z = Integer.parseInt(num);`	
`try {`	
`  readTheFile("myFile.txt");`	
`}`	
`catch (FileNotFoundException ex) {`	
`  System.out.print("File not found.");`	
`}`	

P: As convenções de nomenclatura para as versões do Java são confusas. Existem JDK 1.0, 1.2, 1.3 e 1.4. Daí, do nada, temos o J2SE 5.0, que mudou para Java 6, Java 7, e da última vez que verifiquei, existia versão do Java até o Java 18. O que está rolando?

R: Os números das versões variaram bastante nos últimos 25 anos! Podemos ignorar as letras (J2SE/SE), já que atualmente não são mais usadas. Quanto aos números, as coisas são um pouco mais complicadas. Tecnicamente, o Java SE 5.0 era na verdade o Java **1.**5. O mesmo vale para o Java 6 (1.6), Java 7 (1.7) e Java 8 (1.8). Em teoria, o Java ainda está na versão 1.x, já que as versões novas são compatíveis com as versões anteriores, todas remontam à versão 1.0. Contudo, era um tanto confuso ter um número de versão diferente do nome que todos usavam. Logo, o número de versão oficial do Java 9 em diante é apenas o número, sem o prefixo "1"; ou seja, o Java 9 realmente é a versão 9, não a versão 1.9. Neste livro, usaremos a convenção comum de 1.0–1.4 e, a partir de 5, descartaremos o prefixo "1". Além disso, desde que o Java 9 foi lançado em setembro de 2017, a cada seis meses um Java era lançado, cada um com um novo número de versão "principal". Por isso, passamos bem rápido do 9 para o 18!

Aponte o seu lápis respostas

Veja como é fácil programar em Java

Não se preocupe se ainda não entendeu nada com coisa alguma! Neste livro, explicamos tudo nos mínimos detalhes (principalmente nas 40 primeiras páginas). Caso o Java seja parecido com alguma linguagem que você já tenha usado, será mais fácil. Caso contrário, não se preocupe. *Chegaremos lá…*

`int size = 27;`	declara a variável 'size' com um inteiro e lhe atribui o valor 27
`String name = "Fido";`	declara a variável 'name' com uma string de caracteres e lhe atribui o valor "Fido"
`Dog myDog = new Dog(name, size);`	declara uma variável nova 'myDog' e a faz usar 'name' and 'size'
`x = size - 5;`	subtrai 5 de 27 (valor de 'size') e a atribui a uma variável chamada 'x'
`if (x < 15) myDog.bark(8);`	se x (valor de 22) for menor que 15, diz a dog para latir 8 vezes
`while (x > 3) {`	o loop continua enquanto x for maior que 3...
`myDog.play();`	diz ao dog para brincar (seja lá o QUE isso signifique para um dog...)
`}`	isso se parece com o final do loop -- tudo em {} é feito no loop
`int[] numList = {2, 4, 6, 8};`	declara uma lista de variáveis de inteiros 'numList' e insere 2,4,6,8 na lista.
`System.out.print("Hello");`	exibe "Hello"... provavelmente na linha de comando
`System.out.print("Dog: " + name);`	exibe "Dog: Fido" (o valor de 'name' é "Fido") na linha de comando
`String num = "8";`	declara variável 'num' com uma string de caracteres e lhe atribui o valor de "8"
`int z = Integer.parseInt(num);`	converte a string de caracteres "8" em um valor numérico real 8
`try {`	o try tenta fazer algo... talvez o que estamos tentando não funcione...
`readTheFile("myFile.txt");`	lê o arquivo de texto chamado "myFile.txt" (pelo menos, TENTA ler o arquivo...)
`}`	talvez seja o fim do "tentar fazer algo", acho que você pode tentar outra coisa...
`catch (FileNotFoundException ex) {`	talvez seja aqui que você descubra se o que tentou não funcionou...
`System.out.print("File not found.");`	se o que tentamos falhou, exibe "File not found" na linha de comando
`}`	parece que tudo dentro das { } é o que temos que fazer se o "try" não funcionar...

Estrutura do código Java

O que tem dentro de um arquivo-FONTE?

```
public class Dog {

}
```

classe

Um arquivo de código-fonte (com a extensão *.java*) contém uma definição de ***classe***. A classe representa uma *parte* do seu programa, mesmo que uma aplicação pequena precise de uma única classe. A classe deve ficar dentro de um par de chaves.

No arquivo-fonte, insira uma classe.

Na classe, insira os métodos.

No método, insira as instruções.

O que tem dentro de uma classe?

Uma classe tem um ou mais ***métodos***. Na classe Dog, o método ***bark*** conterá instruções sobre como um cachorro deve latir. Seus métodos devem ser declarados *dentro* de uma classe (ou seja, dentro de um par de chaves).

```
public class Dog {
    void bark() {

    }
}
```

método

O que tem dentro de um método?

Dentro das chaves de um método, escreva as instruções sobre como esse método deve ser executado. O *código* do método é basicamente um conjunto de instruções, e, por ora, considere um método como uma função ou procedimento.

```
public class Dog {
    void bark() {
        instrução1;
        instrução2;
    }
}
```

instruções

Estrutura anatômica de uma classe

Assim que começa a rodar, a JVM procura a classe que você imputou na linha de comando. Em seguida, começa a procurar um método expressamente escrito que se pareça exatamente com:

```
public static void main (String[] args) {
    // Seu código entra aqui
}
```

Depois, a JVM executa tudo que estiver entre as chaves { } do seu método principal. Toda aplicação Java deve ter, pelo menos, uma **classe** e um método **main** (não um método main por *classe*; somente um por *aplicação*).

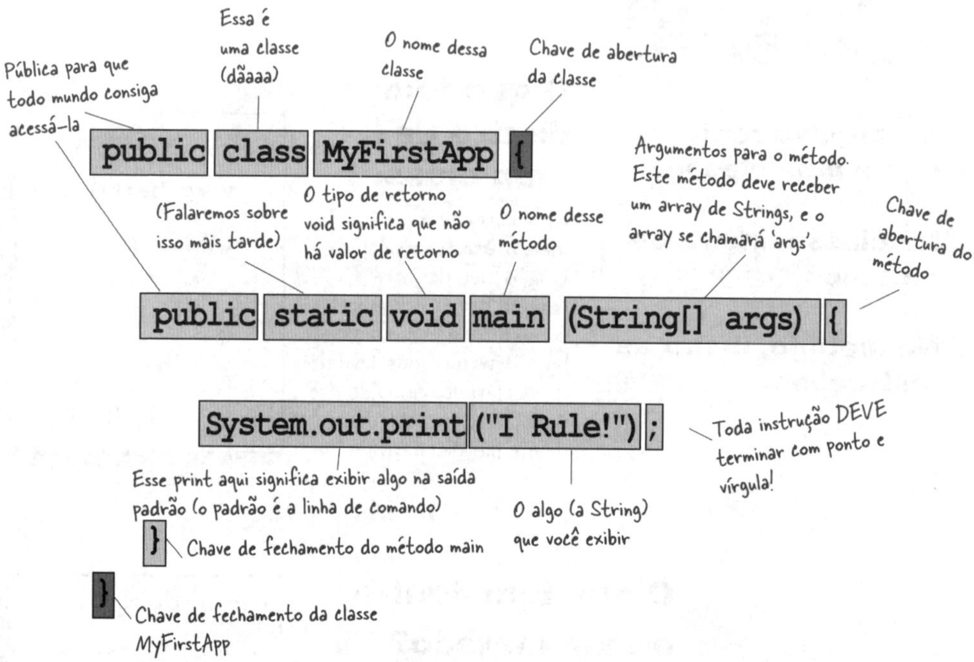

Não se preocupe em memorizar tudo de imediato... Você está apenas no começo.

Escrevendo uma classe com o método main()

No Java, inserimos tudo em uma **classe**. Você cria um arquivo de código-fonte (com a extensão *.java*) e, depois, o compila dentro de um novo arquivo de classe (com a extensão *.class*). Ao executar seu programa, na realidade está executando uma classe.

Executar um programa é o mesmo que dizer à Java Virtual Machine (JVM): "Carregue a classe **`MyFirstApp`** e, em seguida execute seu método **`main()`**. Não pare de executar até que todo o código main termine."

No Capítulo 2, *Um Passeio a Objetópolis*, nos aprofundaremos no conceito de *classe*, mas por ora, a única pergunta que precisa fazer é***, como escrevo um código Java que execute sem problemas?*** Tudo começa com o método **main()**.

O método **main()** é onde seu programa começa a ser executado.

Independentemente do tamanho de seu programa (dito de outro modo, não importa quantas *classes* seu programa use), é necessário um método **main()** para dar o pontapé inicial.

1 Salve

`MyFirstApp.java`

2 Compile

`javac MyFirstApp.java`

3 Execute

`java MyFirstApp`

```
public class MyFirstApp {

   public static void main (String[] args) {
     System.out.println("I Rule!");
     System.out.println("The World");
   }

}
```

Conversa da noite: **O compilador e a JVM debatem a questão: "Quem é mais importante?"**

A Máquina Virtual Java

Pera, você tá de brincadeira? ***Fala sério!*** Eu sou a linguagem Java. Sou eu quem executa um programa. O compilador apenas fornece um arquivo e acabou. Só um arquivo. Podemos imprimi-lo para usá-lo como papel de parede, fazer uma fogueira, forrar uma gaiola, o que for. O arquivo não faz nada, a menos que eu esteja lá para rodá-lo.

O compilador

Não estou gostando nada desse tom.

A Máquina Virtual Java

E tem mais isso, o compilador não tem senso de humor. Mas também, né? Se eu tivesse que passar o dia todo catando violaçõezinhas insignificantes de sintaxe...

O compilador

Como é? Sem *mim*, você executaria o quê? Pois fique sabendo que existe um *motivo* para o Java ter sido arquitetado com um compilador de bytecode. Se fosse uma linguagem puramente interpretativa, em que — no tempo de execução — a máquina virtual tivesse que converter diretamente o código-fonte de um editor de texto, um programa Java seria executado em uma velocidade absurdamente lenta.

A Máquina Virtual Java

Não estou dizendo que você é um inútil *completo*. Mas, sério, o que você faz? Sério mesmo. Não faço ideia. Se um programador escrever bytecode à mão eu consigo rodar. Talvez você fique desempregado em breve, parça.

O compilador

Isso é uma visão bem ignorante (para não dizer *arrogante*). Mesmo que *seja* verdade que — *teoricamente* — possamos executar qualquer bytecode formatado de modo adequado, ainda que não venha de um compilador Java, na prática, isso é absurdo. Escrever bytecode manualmente é como pintar as fotos de suas férias em vez de fotografá-las com seu celular — mesmo se tratando de arte, a maioria das pessoas prefere dedicar seu tempo a outras coisas. Inclusive, eu agradeceria se você *não* se dirigisse a mim como "parça".

A Máquina Virtual Java

(Depois dessa, não tenho nem mais o que falar sobre teu senso de humor.) Mas você ainda não respondeu minha pergunta: o que você faz *de verdade*?

A Máquina Virtual Java | **O Compilador**

O Compilador: Não se esqueça de que o Java é uma linguagem fortemente tipificada. Ou seja, não posso permitir que variáveis armazenem dados do tipo errado. É um recurso de segurança fundamental, e posso barrar a grande maioria das violações antes mesmo de chegarem até você. Além do mais...

A Máquina Virtual Java: Mas algumas ainda chegam! Posso lançar umas exceções ClassCastExceptions, fora que às vezes as pessoas tentam inserir o tipo errado de coisa em um array declarado para armazenar uma coisa diferente, e...

O Compilador: Com licença, ainda não terminei. E, sim, *existem* algumas exceções de tipo de dados que aparecem no tempo de execução, mas algumas precisam de permissão para suportar a vinculação dinâmica [dynamic binding]. No tempo de execução, um programa Java pode incluir novos objetos que nem eram *conhecidos* pelo programador, assim, tenho que permitir certa flexibilidade. Minha função é barrar qualquer coisa que nunca — nunca *mesmo* — poderia funcionar no tempo de execução. Em geral, consigo saber quando algo não vai rodar. Por exemplo, se um programador tentar usar sem querer um objeto Button como uma conexão socket, eu detectaria isso, evitando danos no tempo de execução.

A Máquina Virtual Java: Aham, tá bom. Mas como fica a *segurança*? Eu faço uma penca de bagulhos de segurança, e você fica, tipo, verificando *ponto e vírgula*? Noooossa, que perigo, hein! Ainda bem que você tá de olho nisso!

O Compilador: Sou a primeira linha de defesa, como dizem. As violações do tipo de dados que falei anteriormente poderiam instaurar o caos em um programa se pudessem se revelar. Também sou eu que paro violações de acesso, como um código tentando invocar um método privado ou alterar um método que, por motivos de segurança, nunca deve ser alterado. Impeço as pessoas de mexerem em códigos que não deveriam ver, códigos que tentam acessar dados críticos de outra classe. Levaria horas, talvez até dias, para descrever a importância do meu trabalho.

A Máquina Virtual Java: Tanto faz. Eu também tenho que fazer as *mesmas coisas*, só pra ter certeza de que ninguém passou escondido por você e mudou o bytecode antes de executar.

O Compilador: Como eu disse antes, se eu não barrasse o que equivale a talvez 99% dos problemas em potencial, você nem funcionaria. E parece que não temos mais tempo, teremos que debater isso em um bate-papo posterior.

A Máquina Virtual Java: Pode contar com isso, *parça*.

O que podemos inserir no método main?

Uma vez dentro do main (ou de *qualquer* método), a diversão começa. Podemos inserir tudo que é usado na maioria das linguagens de programação ***a fim de que o computador faça alguma coisa.***

Seu código pode instruir a JVM a:

❶ fazer alguma coisa

Instruções: declarações, atribuições, chamar métodos etc.

```
int x = 3;
String name = "Dirk";
x = x * 17;
System.out.print("x is " + x);
double d = Math.random();
// Este é um comentário
```

❷ fazer alguma coisa reiteradamente

Loops: *for* e *while*

```
while (x > 12) {
  x = x - 1;
}

for (int i = 0; i < 10; i = i + 1) {
  System.out.print("i is now " + i);
}
```

❸ fazer alguma coisa em determinadas condições

Branching: testes *if/else*

```
if (x == 10) {
  System.out.print("x must be 10");
} else {
  System.out.print("x isn't 10");
}
if ((x < 3) && (name.equals("Dirk"))) {
  System.out.println("Gently");
}
System.out.print("this line runs no matter what");
```

Sintaxe Divertida

* Cada instrução deve terminar com ponto e vírgula.

```
x = x + 1;
```

* Um comentário com uma linha começa com duas barras.

```
x = 22;
// Esta linha me preocupa
```

* A maioria dos espaços em branco não importa.

```
x      =      3   ;
```

* Variáveis são declaradas com um **nome** e um **tipo** (no Capítulo 3, você aprenderá sobre todos os tipos Java).

```
int weight;
// Tipo: int, name: weight
```

* Classes e métodos devem ser definidos dentro de um par de chaves.

```
public void go() {
   // Código espetacular aqui
}
```

Loops e iterações e loops e...

O Java tem muitas estruturas de loop: while, do-while e *for*, o mais antigo. Mais adiante neste livro, você saberá mais informações sobre os loops. Por ora, vejamos o loop while.

A sintaxe (sem falar da lógica) é tão simples que você provavelmente já deve ter caído no sono. Desde que alguma condição seja true, você faz tudo dentro do *bloco* de loop. O bloco de loop é delimitado por um par de chaves; seja lá o que queira repetir, precisa estar dentro desse bloco. O segredo de um loop é o *teste condicional*. No Java, um teste condicional é uma expressão que resulta em um valor *booleano* — ou seja, algo que é no código ***true*** ou ***false***.

Se disser algo como: "While (enquanto) *sorveteNoPote for true*, continue consumindo", você terá um nítido teste booleano. Ou *tem* sorvete no pote ou *não tem*. Mas se dissesse: "While *Bob* continua consumindo", você não teria um teste. Para tê-lo, seria preciso criar algo como "While Bob ronca..." ou "While Bob *não* vestir xadrez..."

Testes booleanos simples

Podemos criar um teste booleano simples para verificar o valor de uma variável com um operador de comparação como:

< (menor que)

> (maior que)

== (igualdade) (sim, *dois* sinais de igualdade)

Veja a diferença entre o operador de *atribuição* (um *único* sinal de igual) e o operador de *igualdade* (*dois* sinais de igual).

Muitos programadores digitam sem querer **=** quando *querem* digitar **==**. (Você não.)

```
int x = 4; // Atribui 4 a x
enquanto (x > 3) {
  // O código do loop vai rodar
  // porque x é maior que 3
  x = x - 1; // ou ficaríamos
presos pra sempre no loop
}
int z = 27; //
while (z == 17) {
  // O código do loop não vai
  // executar porque z não é
  // maior que 17
}
```

não existem Perguntas Idiotas

P: Por que tudo deve estar em uma classe?

R: O Java é uma linguagem orientada a objetos (OO). Não é como nos velhos tempos, quando tínhamos compiladores arcaicos e escrevíamos um arquivo-fonte monolítico com uma pilha de procedimentos. No Capítulo 2, *Um Passeio a Objetópolis*, você aprenderá que uma classe é um modelo para um objeto e que quase tudo em Java é um objeto.

P: Tenho que inserir um método main em todas as classes que escrevo?

R: Não. Um programa Java pode usar dezenas de classes (até centenas), mas você pode ter apenas *uma* com um método main. Ou seja, aquela que inicia a execução do programa.

P: Na outra linguagem que uso, consigo fazer um teste booleano com um tipo inteiro. No Java, posso fazer como:

```
int x = 1;
while (x){ }
```

R: Não. Um *booleano* e um *inteiro* não são tipos compatíveis em Java. Como o resultado de um teste condicional *deve* ser um booleano, a única variável que você pode testar diretamente (sem usar um operador de comparação) é um ***booleano***. Por exemplo:

```
boolean isHot = true;
while(isHot) { }
```

Exemplo de um loop while

```
public class Loopy {
  public static void main(String[] args) {
    int x = 1;
    System.out.println("Before the Loop");
    while (x < 4) {
      System.out.println("In the loop");
      System.out.println("Value of x is " + x);
      x = x + 1;
    }
    System.out.println("This is after the loop");
  }
}
```

Esta é a saída

```
% java Loopy
Before the Loop
In the loop
Value of x is 1
In the loop
Value of x is 2
In the loop
Value of x is 3
This is after the loop
```

PONTOS DE BALA

- Instruções terminam em ponto e vírgula ;
- Blocos de código são definidos por um par de chaves **{ }**
- Declare uma variável *int* com um nome e um tipo: **int x;**
- O operador de **atribuição** é *um* sinal de igual **=**
- O operador de **igualdade** usa *dois* sinais de igual **==**
- Um loop *while* executa tudo dentro de um bloco (definido por chaves), desde que o *teste condicional* seja ***true***.
- Se o teste condicional for ***false***, o bloco de código do loop *while* não será executado, e a execução passará para o código imediatamente *após* o bloco do loop.
- Insira um teste booleano entre parênteses: `while (x == 4) { }`

Branching Condicionais

No Java, um teste *if* é basicamente igual a um teste booleano em um loop *while* — exceto que, em vez de dizer "***while*** ainda tiver chocolate," você diz, "***if*** ainda tiver chocolate..."

```
class IfTest {
  public static void main (String[] args) {
    int x = 3;
    if (x == 3) {
      System.out.println("x must be 3");
    }
    System.out.println("This runs no matter what");
  }
}
```

```
% java IfTest
x must be 3
This runs no matter what
```

← Saída do código

O código anterior executa a linha que exibe "x must be 3 [x deve ser 3]" somente se a condição (*x* for igual a 3) for true. Independentemente de ser true, a linha que exibe "This runs no matter what [Executa de qualquer jeito]" será executada. Assim, dependendo do valor de *x*, uma ou duas instruções serão exibidas.

Mas podemos adicionar *else* à condição para que possamos dizer algo como: "*If* ainda tiver chocolate, continue programando, *else* (caso contrário) pegue mais chocolate e continue..."

```
class IfTest2 {
  public static void main(String[] args) {
    int x = 2;
    if (x == 3) {
      System.out.println("x must be 3");
    } else {
      System.out.println("x is NOT 3");
    }
    System.out.println("This runs no matter what");
  }
}
```

```
% java IfTest2
x is NOT 3
This runs no matter what
```

← Saída nova

System.out.print vs. System.out.println

Caso esteja prestando atenção (é claro que está), você deve ter reparado que alternamos entre **print** e **println.**

Você percebeu a diferença?

System.out.***println*** insere uma linha nova (pense em print***ln*** como **print*newline***), ao passo que System.out.***print*** continua exibindo a *mesma* linha. Se quiser que cada coisa exibida fique na mesma linha, use print**ln**. Se quiser que tudo fique junto em uma linha, use print.

Aponte o seu lápis

Dada a saída:

```
% java DooBee
DooBeeDooBeeDo
```

Preencha o código que falta:

```
public class DooBee {
  public static void main(String[] args) {
    int x = 1;
    while (x < _____ ) {
      System.out._________("Doo");
      System.out._________("Bee");
      x = x + 1;
    }
    if (x == ______ ) {
      System.out.print("Do");
    }
  }
}
```

→ Respostas na página 25.

Programando um importante app de negócios

Usaremos todas as suas recém-habilidades em Java criando algo prático. Precisamos de uma classe com um *main()*, um *int* e uma variável *String*, um loop *while* e um teste *if*.

Basta ajustar um pouco mais e você estará rapidamente construindo esse back-end de negócios. Mas *antes* de analisar o código desta página, pense por um momento em como programaria a clássica canção infantil "10 green bottles".

```
public class BottleSong {
  public static void main(String[] args) {
    int bottlesNum = 10;
    String word = "bottles";

    while (bottlesNum > 0) {

      if (bottlesNum == 1) {
        word = "bottle"; // No singular, UMA garrafa (bottle).
      }

      System.out.println(bottlesNum + " green " + word + ", hang-
ing on the wall");
      System.out.println(bottlesNum + " green " + word + ", hang-
ing on the wall");
      System.out.println("And if one green bottle should acciden-
tally fall,");
      bottlesNum = bottlesNum - 1;

      if (bottlesNum > 0) {
        System.out.println("There'll be " + bottlesNum +
                           " green " + word + ", hanging on the
wall");
      } else {
        System.out.println("There'll be no green bottles, hanging
on the wall");
      } // Fim do else
    } // Fim do loop while
  } // Fim do método main
} // Fim da classe
```

Nosso código ainda tem uma pequena falha. Apesar de compilar e executar, a saída não está 100% perfeita. Veja se consegue identificar e corrigir a falha.

Não existem Perguntas Idiotas

P: Mas a canção original não era *99 Bottles of Beer*?

R: Sim, mas Trisha queria a versão britânica da música. Caso prefira a versão norte-americana ou canadense *99 Bottes of Beer*, pode usá-la em seu código!

Segunda-feira de manhã na casa de Bob

O despertador de Bob toca às 8h30 da manhã de segunda-feira, como sempre acontece todo santo dia. Mas Bob teve um fim de semana agitado e aperta o botão SONECA. É aí que os dispositivos em Java despertam para começar o dia.

Primeiro, o despertador envia uma mensagem para a cafeteira "O geek voltou a dormir, atrase o café 12 minutos."

A cafeteira envia uma mensagem para a torradeira Motorola™: "Não faça a torrada, Bob está roncando".

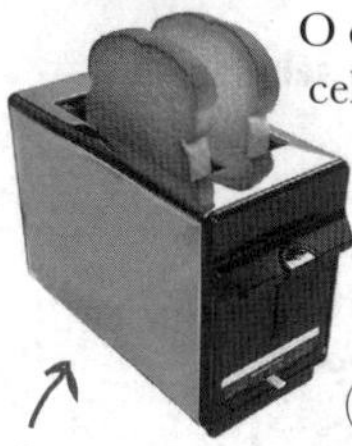

O despertador então envia uma mensagem para o celular Android de Bob: "Desperte Bob às 9h e diga que estamos um pouco atrasados".

Por último, o despertador envia uma mensagem para a coleira wireless de Sam (Sam é o cachorro), com o sinal familiar que significa: "Pegue o jornal, mas não ache que vai passear".

Após alguns minutos, o alarme toca novamente. E *de novo*, Bob pressiona o botão SONECA e os aparelhos começam a tagarelar. Finalmente, o alarme toca pela terceira vez. Mas, assim que Bob pressiona o botão SONECA, o relógio envia o sinal "pule e lata" para a coleira de Sam. Desperto, Bob se levanta, grato por suas habilidades em Java e compras espontâneas pela internet terem otimizado as rotinas diárias de sua vida.

A torrada de Bob está pronta.

Seu café está quentinho.

Seu jornal o espera.

Apenas mais uma manhã espetacular na ***Casa Otimizada em Java***

Essa história poderia ser verdade? Mais ou menos. *Existem* versões do Java rodando em dispositivos, celulares (*especialmente* em celulares), caixas eletrônicos, cartões de crédito, sistemas de segurança residencial, parquímetros, consoles de jogos e muito mais — mas talvez você não consiga encontrar uma coleira de cachorro Java... Ainda. O Java pode usar uma pequena parte da plataforma Java para rodar dispositivos menores (dependendo da versão do Java que você está usando) de diversas formas. É muito popular no desenvolvimento IoT (Internet das Coisas). E, claro, muito do desenvolvimento Android se dá com as linguagens Java e JVM.

Use meu novo programa de frases e você se tornará um orador habilidoso como o chefe ou os figurões do marketing.

Então, o app da canção inglesa *não era* um app importante de negócio. Ainda precisa de algo prático para mostrar ao chefe? Veja o código que gera frases.

Observação: quando digitar essas palavras em um editor, deixe o código fazer a própria quebra de linha/palavra! Nunca pressione a tecla Enter quando estiver digitando uma String (uma coisa entre "aspas") ou ela não será compilada. Ou seja, os hifens que você vê nesta página são reais e você pode digitá-los, mas não pressione a tecla Enter até ANTES de terminar uma String.

```
public class PhraseOMatic {
  public static void main (String[] args) {

1     // Crie três conjuntos de palavras que serão selecionadas.
     //Adicione as palavras que bem entender!
      String[] wordListOne = {"agnostic",
"opinionated","voice activated", "haptically
driven", "extensible","reactive", "agent based",
"functional", "AI enabled","strongly typed"};

      String[] wordListTwo = {"loosely coupled",
"six sigma","asynchronous", "event driven", "pub-
sub", "IoT", "cloudnative", "service oriented",
"containerized", "serverless","microservices",
"distributed ledger"};

      String[] wordListThree = {"framework",
"library","DSL", "REST API", "repository",
"pipeline", "servicemesh", "architecture",
"perspective", "design","orientation"};

2     // Descubra quantas palavras estão em cada lista
      int oneLength = wordListOne.length;
      int twoLength = wordListTwo.length;
      int threeLength = wordListThree.length;

3     // Gere três números aleatórios
      java.util.Random randomGenerator = new java.util.
Random();
      int rand1 = randomGenerator.nextInt(oneLength);
      int rand2 = randomGenerator.nextInt(twoLength);
      int rand3 = randomGenerator.nextInt(threeLength);

4     // Crie uma frase
      String phrase = wordListOne[rand1] + " " +
wordListTwo[rand2] + " " + wordListThree[rand3];

5     // Exiba a frase
      System.out.println("Precisamos de " + phrase);
  }
}
```

Gerador de frases

Como funciona

Em resumo, o programa cria três listas de palavras. Em seguida, seleciona aleatoriamente uma palavra de cada uma das três listas e exibe o resultado. Não se preocupe se não compreender *exatamente* o que está acontecendo em cada linha. Afinal de contas, temos um livro inteiro para ler! Fique tranquilo, porque estamos apenas tendo o primeiro contato com um paradigma mais abrangente.

1. O primeiro passo é criar três arrays String — os contêineres que armazenarão todas as palavras. Veja como é fácil declarar e criar um array:

```
String[] pets = {"Fido", "Zeus", "Bin"};
```

Cada palavra está entre aspas (como todas as Strings devem estar) e separadas por vírgulas.

2. O objetivo é selecionar uma palavra aleatória em cada uma das três listas (arrays). Ou seja, temos que saber quantas palavras cada lista tem. Se uma lista tiver 14 palavras, precisamos de um número aleatório entre 0 e 13 (no Java, os arrays começam em 0, assim a primeira palavra fica na posição 0, a segunda fica na posição 1 e a última palavra fica na posição 13 em um array com 14 elementos). Com bastante facilidade, um array Java informa seu comprimento. Basta perguntar. Vejamos o array pets:

```
int x = pets.length;
```

e, agora, **x** armazenaria o valor de 3.

3. Precisamos de três números aleatórios. O Java integra diversas formas de gerar números aleatórios, incluindo o java.util.Random (mais tarde, veremos porque esse nome de classe é prefixado com java.util). O método **nextInt()** retorna um número aleatório entre 0 e algum número fornecido, *não incluindo* o número que fornecemos. Assim, vamos lhe fornecer o número de elementos (o tamanho do array) na lista que estamos usando. Depois, atribuímos cada resultado a uma variável nova. Poderíamos ter solicitado um número aleatório entre 0 e 5, sem incluir 5:

```
int x = randomGenerator.nextInt(5);
```

4. Agora podemos criar a frase, selecionando uma palavra de cada uma das três listas e as juntando (também inserindo espaços entre as palavras). Usamos o operador "**+**", que *concatena* (preferimos um termo mais técnico) os objetos String. Para obter um elemento de um array, forneça ao array o número de índice (posição) do elemento que quer acessar:

```
        String s = pets[0]; // s agora é a String
"Fido"
        s = s + " " + "is a dog"; // s agora é
"Fido is a dog"
```

5. Por último, exibimos a frase na linha de comando e... voilà! *Viramos marqueteiros.*

Precisamos de...

pipeline de microsserviços extensíveis

REST API dogmático com baixo acoplamento

biblioteca de microsserviços baseada em agente

Orientação de serviço com inteligência artificial

DSL pub-sub agnóstico

perspectiva funcional de IoT

Ímãs de Código

Um programa Java funcional está todo embaralhado na porta da geladeira. Você consegue reorganizar os trechos de código para criar um programa Java funcional que gere a saída abaixo? Algumas chaves caíram no chão e eram muito pequenas para pegarmos. Ou seja: fique à vontade para adicionar quantas chaves precisar!

```
if (x == 1) {
  System.out.print("d");
  x = x - 1;
}
```

```
if (x == 2) {
  System.out.print("b c");
}
```

```
class Shuffle1 {
  public static void main(String
[] args) {
```

```
if (x > 2) {
  System.out.print("a");
}
```

```
int x = 3;
```

```
x = x - 1;
System.out.print("-");
```

```
while (x > 0) {
```

Saída:

```
File Edit Window Help Sleep
% java Shuffle1
a-b c-d
```

Respostas na página 25.

Exercício

SEJA o Compilador

Nesta página, cada um dos arquivos Java representa um arquivo-fonte completo. Seu trabalho é representar o compilador e determinar se cada um desses arquivos será compilado. Se não forem, como você os corrigiria?

→Respostas na página 25.

A

```
class Exercise1a {
  public static void main(String[] args) {
    int x = 1;
    while (x < 10) {
      if (x > 3) {
        System.out.println("big x");
      }
    }
  }
}
```

B

```
public static void main(String [] args) {
  int x = 5;
  while ( x > 1 ) {
    x = x - 1;
    if ( x < 3) {
      System.out.println("small x");
    }
  }
}
```

C

```
class Exercise1c {
  int x = 5;
  while (x > 1) {
    x = x - 1;
    if (x < 3) {
      System.out.println("small x");
    }
  }
}
```

Palavras Javacruzadas

Vamos ocupar seu cérebro.

São palavras cruzadas normais, e quase todas as soluções são do Capítulo 1. Apenas para você não pegar no sono, também incluímos algumas palavras (não Java) do universo ultratecnológico.

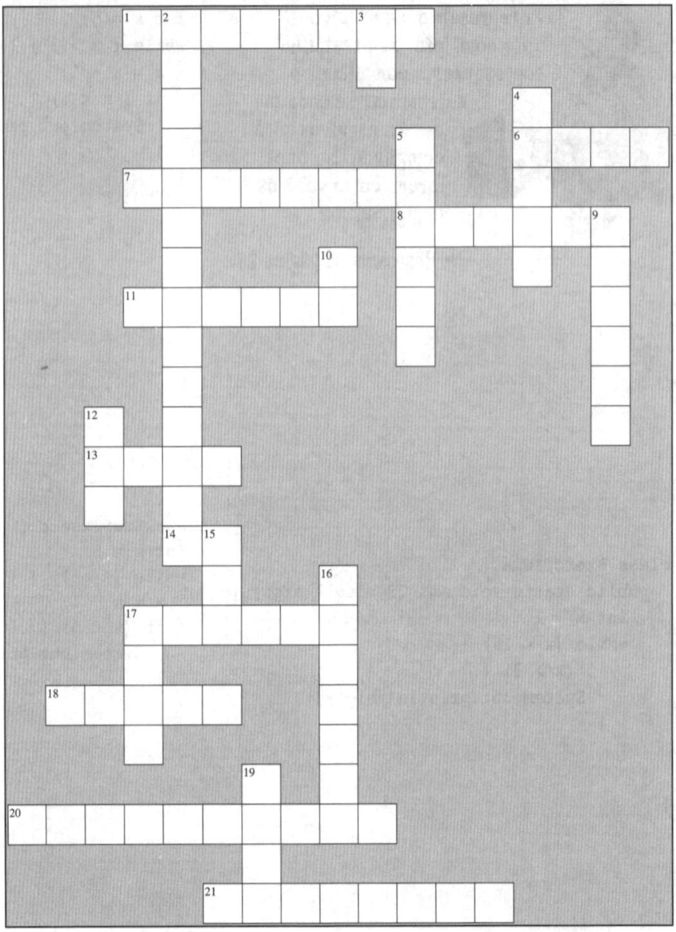

Verticais

2. Solicitar algo
3. Acrônimo para chip
4. Não é um inteiro
5. Não pode seguir dois sentidos
9. Quase um conjunto de caracteres
10. Acrônimo da corrente do seu laptop
12. Consome Bytecode
15. Tipo de variável de número
16. Para que serve um prompt?
17. Basta um
19. Linha que invoca comando

Horizontais

1. Modificador surpreendente
6. Roda mais de uma vez?
7. Criar classe ou método novos
8. Armazena "coisas"
11. Portas abertas
13. Vazio em inglês
14. Departamento de programadores e operações
17. Como fazer as coisas
18. Loop com 5 letras
20. Consome código-fonte
21. Não ser fixa

→ Respostas na página 26.

Mensagens Misturadas

A seguir, temos um pequeno programa Java. Falta um bloco do programa. Seu desafio é **comparar possíveis blocos de código** (à esquerda) **com a saída** que o bloco geraria caso estivesse no código. Nem todas as linhas de saída serão usadas e algumas podem ser usadas mais de uma vez. Desenhe linhas conectando os possíveis blocos de código com sua saída de linha de comando correspondente.

```
class Test {
  public static void main(String [] args) {
    int x = 0;
    int y = 0;
    while (x < 5) {
      [                                  ]

      System.out.print(x + "" + y +" ");
      x = x + 1;
    }
  }
}
```

Possíveis blocos entram aqui

Possíveis blocos:

Compare cada possível bloco com uma das possíveis saídas

```
y = x - y;
```

```
y = y + x;
```

```
y = y + 2;
if( y > 4 ) {
  y = y - 1;
}
```

```
x = x + 1;
y = y + x;
```

```
if ( y < 5 ) {
  x = x + 1;
  if ( y < 3 ) {
    x = x - 1;
  }
}
y = y + 2;
```

Possíveis saídas

```
22 46
```

```
11 34 59
```

```
02 14 26 38
```

```
02 14 36 48
```

```
00 11 21 32 42
```

```
11 21 32 42 53
```

```
00 11 23 36 410
```

```
02 14 25 36 47
```

Respostas na página 26.

Quebra-cabeças na Piscina

Sua ***tarefa*** é pegar os trechos de código da piscina e inseri-los nas linhas em branco ao lado. **Não** use o mesmo trecho de código mais de uma vez e não precisa usar todos os trechos. Seu ***objetivo*** é criar uma classe que compilará, executará e gerará a saída listada. Não se iluda — este exercício é mais difícil do que parece.

→ Respostas na página 26.

Saída

```
File Edit Window Help Cheat
%java PoolPuzzleOne
a noise
annoys
an oyster
```

```
class PoolPuzzleOne {
  public static void main(String [] args) {
    int x = 0;

    while ( __________ ) {

      ____________________________
      if ( x < 1 ) {
        ___________________________
      }
      ____________________________

      if ( __________ ) {

        ____________________________

        __________
      }
      if ( x == 1 ) {

        ____________________________
      }
      if ( __________ ) {

        ____________________________
      }
      System.out.println();

      __________
    }
  }
}
```

Observação: Cada trecho aqui só pode ser usado uma vez!

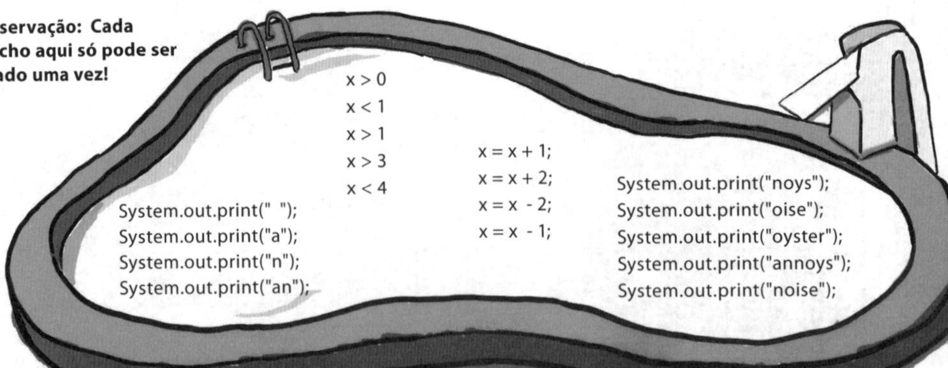

Exercício Solução

Aponte seu lápis (página 15)

```
public class DooBee {
  public static void main(String[] args) {
    int x = 1;
    while (x < 3) {
      System.out.print("Doo");
      System.out.print("Bee");
      x = x + 1;
    }
    if (x == 3) {
      System.out.print("Do");
    }
  }
}
```

Ímãs de Código (página 20)

```
class Shuffle1 {
  public static void main(String[] args) {

    int x = 3;
    while (x > 0) {

      if (x > 2) {
        System.out.print("a");
      }

      x = x - 1;
      System.out.print("-");

      if (x == 2) {
        System.out.print("b c");
      }

      if (x == 1) {
        System.out.print("d");
        x = x - 1;
      }
    }
  }
}
```

```
% java Shuffle1
a-b c-d
```

SEJA o Compilador (página 21)

A

```
class Exercise1a {
  public static void main(String [] args) {
    int x = 1;
    while ( x < 10 ) {
      x = x + 1;
      if ( x > 3) {
        System.out.println("big x");
      }
    }
  }
}
```

Adicione essa linha para evitar que seja executada para sempre.

Este código vai compilar e executar (sem saída, mas se você não adicionar uma linha ao programa, o código executaria para sempre em um loop while infinito!

B

```
class Exercise1b {
  public static void main(String [] args) {
    int x = 5;
    while ( x > 1 ) {
      x = x - 1;
      if ( x < 3) {
        System.out.println("small x");
      }
    }
  }
}
```

Precisa de uma declaração de classe

Este arquivo não compilará sem uma declaração de classe, e não se esqueça das chaves!

C

```
class Exercise1c {
  public static void main(String [] args) {
    int x = 5;
    while ( x > 1 ) {
      x = x - 1;
      if ( x < 3) {
        System.out.println("small x");
      }
    }
  }
}
```

Precisa do "main"

O código do loop while deve estar dentro de um método. Não pode apenas ficar dentro da classe.

Javacruzadas (página 22)

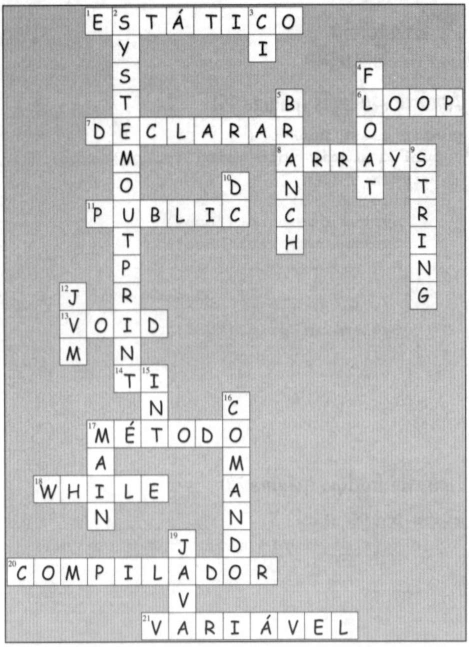

Quebra-cabeça na Piscina

(página 24)

```
class PoolPuzzleOne {
  public static void main(String [] args) {
    int x = 0;

    while ( x<4 ) {

      System.out.print("a");
      if ( x < 1 ) {
         System.out.print(" ");
      }
      System.out.print("n");

      if ( x>1 ) {
         System.out.print(" oyster");
            x=x+2;
      }
      if ( x == 1 ) {
         System.out.print("noys");
      }
      if ( x<1 ) {
         System.out.print("oise");
      }
      System.out.println();

      x=x+1;
    }
  }
}
```

```
File Edit Window Help Cheat
%java PoolPuzzleOne
a noise
annoys
an oyster
```

Mensagens Misturadas

```
class Test {
  public static void main(String [] args) {
    int x = 0;
    int y = 0;
    while ( x < 5 ) {

      System.out.print(x + "" + y +" ");
      x = x + 1;
    }
  }
}
```

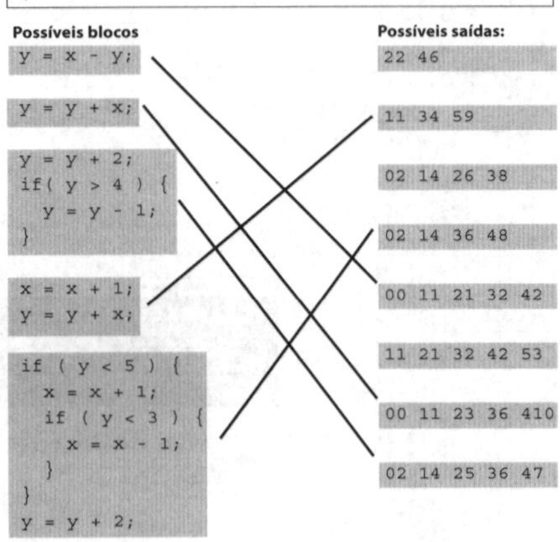

(página 23)

2 classes e objetos

Um Passeio a Objetópolis

"Vai ter objetos", eles disseram. No Capítulo 1, inserimos nosso código no método main(). Não é exatamente uma abordagem orientada a objetos, aliás, de orientada a objetos, essa abordagem não tem nada. Até usamos alguns objetos, como arrays de String para nosso Gerador de Frases, mas não criamos nenhum tipo de objeto nosso. Agora, temos que deixar esse universo procedural para trás, tirar o main() da jogada, e começar a criar alguns objetos. Veremos o que torna o desenvolvimento orientado a objetos (OO) no Java tão divertido. Analisaremos a diferença entre uma classe e um objeto, e como os objetos podem melhorar sua vida (pelo menos, a parte dedicada à programação. Não podemos fazer nada quanto ao jeito que você se veste). Aviso: pode ser que você nunca mais volte de Objetópolis. Nos mande um cartão-postal.

Guerra das Cadeiras

(ou Como Objetos Podem Mudar Sua Vida)

Era uma vez em uma fábrica de software, dois programadores que receberam as mesmas especificações e a ordem “desenvolvam”. O Sr. Gerente Insuportável de Projeto forçou os dois programadores a competir, prometendo que quem entregasse primeiro ganharia uma cadeira irada da Aeron™ e uma mesa com regulagem de altura, como a de todos os caras de TI do Vale do Silício. Laura, a programadora procedural, e Brad, o desenvolvedor OO, sabiam que a tarefa seria mamão com açúcar.

Especificação

Laura, sentada em sua mesa (não ajustável), pensou consigo mesma: “O que esse programa precisa *fazer*? De quais ***procedimentos*** precisamos?” E ela mesmo respondeu:“**rotate** e **playSound**”. Então lá foi ela criar os procedimentos. Afinal, o que *é* um programa senão uma pilha de procedimentos?

Nesse ínterim, Brad relaxava na cafeteria e pensava consigo mesmo: “Quais são as ***coisas*** que esse programa... Quem são os principais *envolvidos*?” Ele pensou primeiro nas **Formas Geométricas**. Claro que Brad pensou em outras coisas, como o Usuário, o Som e o Evento de Clicar. Mas como ele já tinha uma biblioteca de código para esses itens, focou a criação das Formas. Continue lendo para ver como Brad e Laura desenvolveram seus programas e para saber a resposta a pergunta que não quer calar: ***“Quem ganhou a Aeron e a mesa?”***

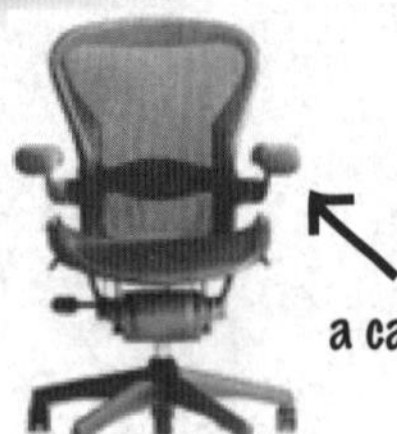

a cadeira

Na mesa de Laura

Como já havia feito um zilhão de vezes antes, Laura começou a escrever seus **Procedimentos Importantes**. Ela escreveu **rotate** e **playSound** rapidão.

```
rotate(shapeNum) {
  // Faz a forma girar 360°
}
playSound(shapeNum) {
  // Usa shapeNum para pesquisar qual
  // Som AIF reproduzir, e o reproduz
}
```

No laptop de Brad, na cafeteria

Brad escreveu uma **classe** para cada uma das três formas.

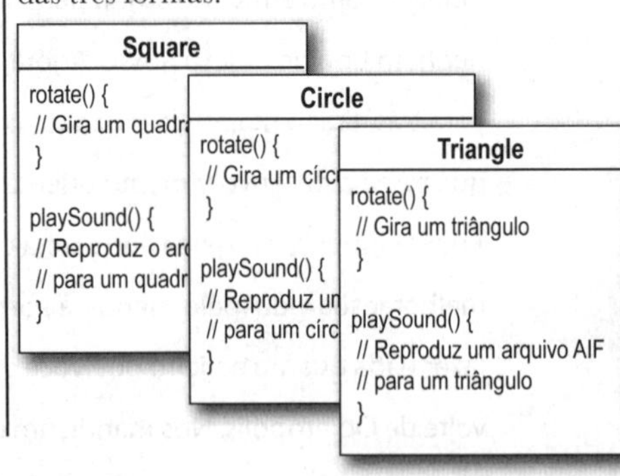

Laura achou que tinha arrasado. Quase podia ouvir o barulho das rodinhas da cadeira Aeron...

Mas espera! A especificação teve uma mudança.

"Okay, *tecnicamente*, você venceu, Laura", disse o gerente, "mas temos que acrescentar uma coisinha ao programa. Não será um problema para programadores excelentes como vocês dois."

"Seu eu ganhasse um real cada vez que ouço isso", pensou Laura, sabendo que essa história de mudar a especificação sem problemas era ilusão. *"E Brad parece calmo. O que tá rolando?"* Mesmo assim, Laura acreditava piamente que o jeito orientado a objetos de ser, embora uma graça, era demorado. E, se alguém quisesse que ela mudasse de ideia, seria a contragosto, relutantemente.

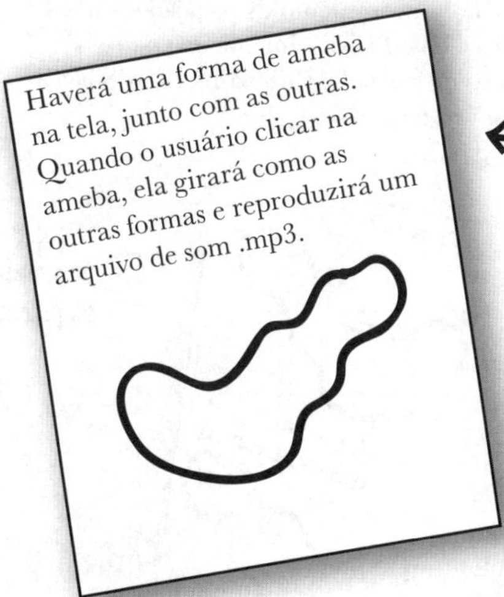

o que foi adicionado à especificação

De volta à mesa de Laura

O procedimento de rotação/girar ainda funcionava; o código usava uma tabela lookup para comparar um shapeNum como uma forma real. Mas ***playSound teria que mudar.***

```
playSound(shapeNum) {
  // Se a forma não for uma ameba,
    // Usa shapeNum para pesquisar qual
    // som AIF reproduzir, e o executa
  // else
    // Reproduz o som .mp3 da ameba
}
```

Não era lá grande coisa, mas ***ela ficava apreensiva em mudar um código já testado***. *Mais* do que ninguém, *ela* sabia que, independentemente do que o gerente de projeto disse, ***as especificações sempre teriam mudanças***.

No laptop de Brad, na praia

Brad sorriu, bebeu um gole de seu frapê de frutas, e *escreveu uma classe nova*. Às vezes, o que mais amava no OO era que não precisava mexer no código que já havia testado e entregue. "Flexibilidade, extensibilidade..." pensava ele ao refletir sobre as vantagens da OO.

Amoeba

```
rotate() {
 // Gira uma amoeba
}
playSound() {
 // Reproduz o som
 // .mp3 para uma amoeba
}
```

Laura entregou instantes antes de Brad

(Aff! Tanta coisinha por causa dessa coisa de OO.) Mas o sorriso no rosto de Laura desapareceu quando o Sr. Gerente de Projeto Insuportável disse (com aquele tom de frustração): "Ah, não, não é assim que a ameba deve girar..."

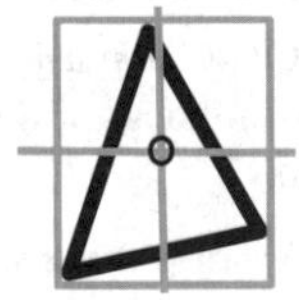

Ambos os programadores escreveram seu código de rotação assim:

1. define o retângulo que circunda a forma.

2. calcula o centro desse retângulo e gira a forma em torno desse ponto.

Mas a forma da ameba deveria girar em torno de um ponto em uma *extremidade*, como o ponteiro de um relógio. "Estou frita", pensou Laura, lembrando-se da lagosta que se jogou no óleo quente. "Espera aí, hmmmm. Basta adicionar outra instrução if/else ao procedimento de rotação e, em seguida, fixar o código do eixo para a ameba. Provavelmente isso não quebraria nenhum código. Mas as vozes de sua cabeça diziam: *"Vai dar muito ruim. Acha mesmo que a especificação não vai mudar de novo?"*

O que a especificação convenientemente se esqueceu de mencionar

De volta à mesa de Laura

Ela achou melhor adicionar eixos como argumentos ao procedimento de rotação. ***Boa parte do código foi afetada***. Testar, recompilar, tudo que se possa imaginar. O que antes dava certo, agora não dava mais.

```
rotate(shapeNum, xPt, yPt) {
  // Se a forma não for uma ameba,
    // calcula o ponto central
    // com base no retângulo,
    // e, em seguida, gira
  // else
    // Usa xPt e yPt como
    // offset do ponto central
    // e, depois, gira
}
```

Laptop do Brad, deitado no convés do cruzeiro Emoções em Alto Mar

Sem hesitar, Brad alterou o **método** de rotação, mas só na classe Amoeba. ***Ele nem mexeu no código*** das outras partes do programa. Para fornecer à classe Amoeba um ponto de rotação, ele adicionou um **atributo** que toda Amoeba teria. Ele alterou, testou e entregou (via WiFi grátis do cruzeiro) o programa revisado durante o show do Roberto Carlos.

```
Amoeba
----------
int xPoint
int yPoint
rotate() {
  // Gira uma ameba
  // Usa o x e o y da ameba
}
playSound() {
  // Reproduz o som
  // .mp3 para uma ameba
}
```

Então, Brad, o cara do Java, ganhou a cadeira e a mesa?

Vamos com calma. Laura identificou uma falha na abordagem de Brad. E, como tinha certeza de que, se ganhasse a cadeira e a mesa, também seria a próxima a ser promovida, tinha que virar o jogo.

LAURA: O código está duplicado! O procedimento de rotação aparece em todos os elementos Shape.

BRAD: É um ***método***, não um *procedimento*. E são ***classes***, não *elementos*.

LAURA: Tanto faz. É um projeto ridículo. Você deve ter quatro "métodos" diferentes de rotação. Isso é bom onde?

BRAD: Não viu o projeto final, né? Vou mostrar como a **herança** em OO funciona, Laura.

O que Laura queria

(ela achava que a cadeira a deixaria a um passo de ser promovida e que ganharia dinheiro a rodo)

1 Analisei o que as quatro classes tinham em comum.

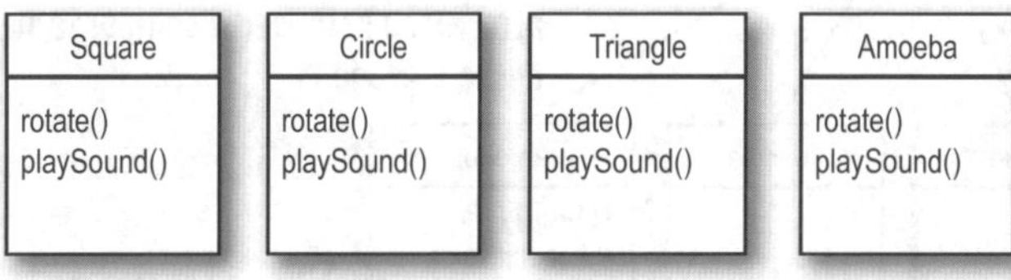

2 São formas, giram e reproduzem um som. Abstraí as características comuns e as inseri em uma classe nova chamada Shape.

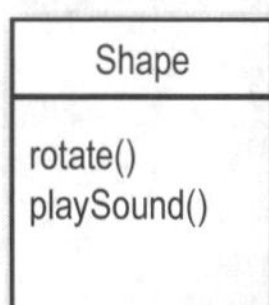

3 Depois, vinculei as outras quatro classes de formas à classe nova Shape, em um relacionamento chamado herança.

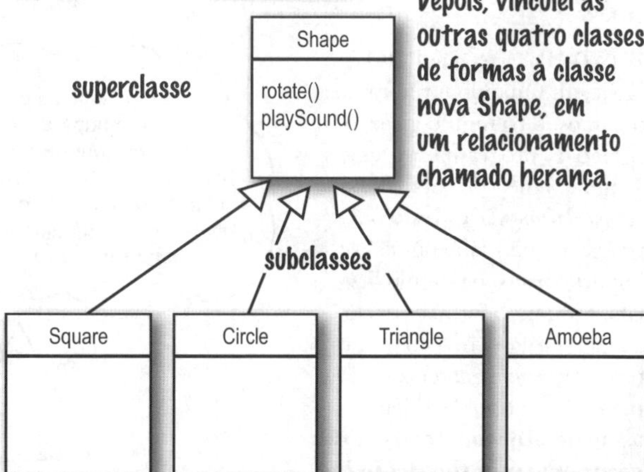

Podemos ler isso como, **"Square herda de Shape"**, **"Circle herda de Shape"**, e assim por diante. Removi rotate() e playSound() das outras formas, então agora há apenas uma cópia para manter.

A classe Shape é chamada de **superclasse** das outras quatro, que são as **subclasses** de Shape. As subclasses herdam os métodos da superclasse. Dito de outro modo, *se a classe Shape tiver a funcionalidade, as subclasses também a terão automaticamente.*

E quanto ao método rotate() de Amoeba?

LAURA: Não era esse o problema — a forma da ameba não tinha um procedimento de rotação e reprodução de som completamente diferentes?

BRAD: Método.

LAURA: Tanto faz. Como a classe Amoeba pode fazer algo diferente se "herdar" sua funcionalidade da classe Shape?

BRAD: Essa é a última etapa. A classe Amoeba **sobrescreve** os métodos da classe Shape. Assim, no tempo de execução, a JVM sabe exatamente qual método rotate() executar quando alguém solicita a classe Amoeba que gire.

4

Fiz com que a classe Amoeba sobrescrevesse os métodos rotate() e playSound() da superclasse Shape.

Sobrescrever significa apenas que uma subclasse redefine um de seus métodos herdados quando precisa alterar ou estender o comportamento desse método.

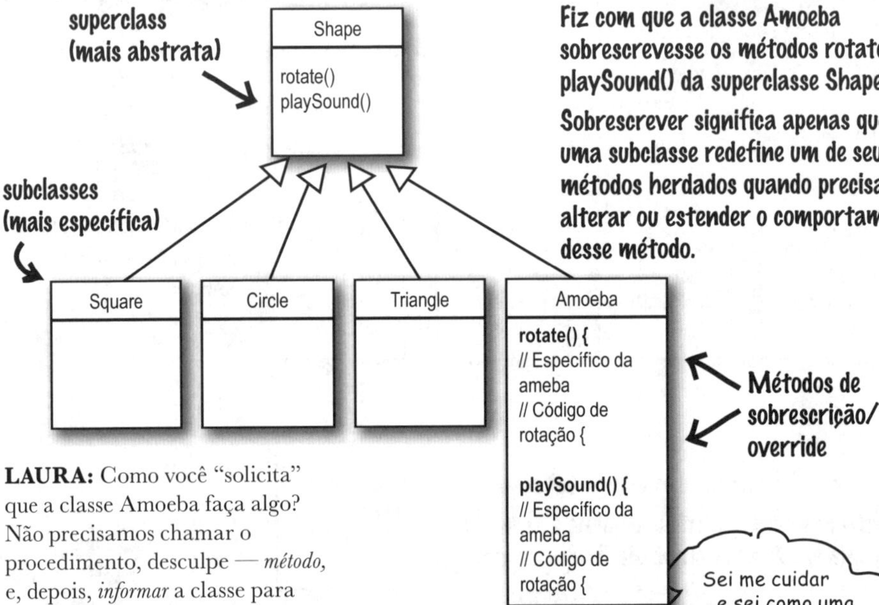

LAURA: Como você "solicita" que a classe Amoeba faça algo? Não precisamos chamar o procedimento, desculpe — *método*, e, depois, *informar* a classe para girar?

BRAD: Por isso que POO é tão legal. Quando for hora de, digamos, o triângulo girar, o código do programa invoca (chama) o método rotate() *no objeto triângulo*. O resto do programa não sabe ou não se importa *como* o triângulo faz isso. E quando for necessário adicionar algo novo ao programa, basta escrever uma classe nova para o novo tipo de objeto, assim **os objetos novos terão comportamentos próprios.**

O suspense está me matando. Quem ganhou a cadeira e a mesa?

A Amy, do segundo andar.

(Sem que ninguém soubesse, o gerente de projeto havia passado a especificação para *três* programadores. Amy concluiu o projeto mais rápido, pois começou a programar OO sem ficar debatendo com seus colegas de trabalho).

O que você gosta na OO?

"Ela me ajuda a programar de forma mais natural. As coisas evoluem de um certo modo."
- Joy, 27 anos, arquiteta de software

"Não preciso ficar mexendo em código que já testei, basta adicionar um recurso novo."
- Brad, 32 anos, programador

"Gosto que os dados e os métodos que operam nesses dados fiquem juntos em uma classe."
- Jess, 22 anos, campeã de pebolim

"Reutilizar o código em outras aplicações. Quando escrevo uma classe nova, posso torná-la flexível a ponto de ser usada em algo novo depois."
- Chris, 39 anos, gerente de projeto

"Sério que o Chris disse isso? Inacreditável, ele não programa uma linha de código tem 5 anos."
- Daryl, 44 anos, trabalha para o Chris

"Além da cadeira?"
- Amy, 34 anos, programadora

PODER DO CÉREBRO

Hora de exercitar os neurônios

Acabamos de ler uma história sobre uma programadora procedural competindo com um programador orientado a objetos. Vimos breve e rapidamente alguns conceitos-chave da OO, como classes, métodos e atributos. Passaremos o resto do capítulo analisando classes e objetos (nos próximos capítulos, vamos retornar à herança e sobrescrição).

Com base no que vimos até agora (e, talvez, no que você saiba sobre alguma linguagem orientada a objetos com a qual já trabalhou) tire um tempinho para pensar sobre as seguintes questões:

Quais são as coisas fundamentais que devemos considerar quando criamos uma classe Java? O que precisamos nos perguntar? Se tivesse um checklist de classes, o que você incluiria nele?

dica metacognitiva

Caso tenha empacado em um exercício, tente analisá-lo em voz alta. Falar (e ouvir) ativa uma parte diferente do seu cérebro. Ainda que isso dê mais certo se você tiver outra pessoa com quem conversar, funciona com animais de estimação. Foi assim que nosso cachorro aprendeu polimorfismo.

Ao criar uma classe, pense nos objetos que serão criados a partir desse tipo de classe. Considere o seguinte:

- coisas que o objeto **conhece**
- coisas que o objeto **faz**

ShoppingCart	
conteúdoCarrinho	conhece
addCarrinho() removeDoCarrinho() checkOut()	faz

Button	
rótulo cor	conhece
setCor() setRótulo() push() release()	faz

Alarm	
horaAlarme modoAlarme	conhece
sethoraAlarme() gethoraAlarme() isAlarmeSet() soneca()	faz

Coisas que um objeto conhece sobre si mesmo são chamadas

- variáveis de instância

Coisas que um objeto pode fazer são chamadas

- métodos

	Song	
variáveis de instância (métodos)	título artista	conhece
métodos (comportamento)	setTítulo() setArtista() play()	faz

Coisas que um objeto ***conhece*** sobre si mesmo são chamadas de **variáveis de instância.** Representam o estado de um objeto (os dados) e podem ter valores exclusivos para cada objeto desse tipo.

Imagine uma instância como outra forma de dizer objeto.

Coisas que um objeto pode ***fazer*** são chamadas de **métodos.** Ao criar uma classe, pense nos dados que um objeto precisará conhecer sobre si, e também crie os métodos que operam nesses dados. É comum um objeto ter métodos que leem ou escrevem os valores das variáveis de instância. Por exemplo, os objetos Despertador têm uma variável de instância que armazena horaAlarme, a hora de acordar, e dois métodos para receber e definir horaAlarme. Ou seja, os objetos têm variáveis e métodos de instância, mas essas variáveis de instância e métodos são projetados como parte da classe.

Aponte o seu lápis

Preencha o que um objeto televisão precisa conhecer e fazer.

Television	
	variáveis de instância
	métodos

→ Resolve aí.

Qual a diferença entre uma classe e um objeto?

Uma classe não é um objeto

(mas é usada para criá-los)

Uma classe é um *modelo* para um objeto. Ela informa à máquina virtual *como* criar um objeto desse tipo específico. Cada objeto criado a partir dessa classe pode ter os próprios valores para as variáveis de instância dessa classe. Por exemplo, é possível usar a classe Botão para criar dezenas de botões diferentes, e cada um pode ter a própria cor, tamanho, forma, rótulo e assim por diante. Cada um desses botões diferentes seria um *objeto* do botão.

Enxergue assim...

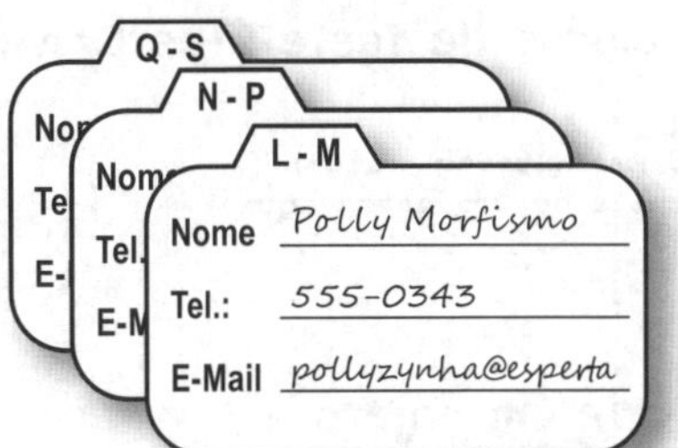

Um objeto é como uma entrada em sua lista de contatos no celular.

Podemos usar uma analogia para classes e objetos: sua lista de contatos do celular. Cada contato tem os mesmos campos em branco (as variáveis de instância). Ao criar um novo contato, você está criando uma instância (objeto) e as entradas inseridas para esse contato representam seu estado.

Os métodos da classe são as coisas que fazemos para um contato específico; obterNome( ), mudarNome( ), definirNome( ) podem ser métodos para a classe Contato.

Ou seja, cada contato pode fazer as mesmas coisas (obterNome( ), mudarNome( ) etc.), mas cada um conhece coisas exclusivas de um contato específico.

Criando seu primeiro objeto

Mas o que é necessário para criar e usar um objeto? *Duas* classes. Uma para o tipo de objeto que queremos usar (Dog, AlarmClock, Television etc.) e outra para *testar* a classe nova. Inserimos o método main() na classe de *teste* e, dentro do método main(), criamos e acessamos os objetos do novo tipo de classe. A classe de teste tem apenas uma tarefa: *testar* os métodos e variáveis do seu novo tipo de objeto.

Daqui por diante, veremos duas classes em muitos exemplos. Uma será a *real* — a classe cujos objetos queremos usar, e a outra classe será a de *teste*, que chamamos de *<SejaQualForNomeSuaClasse>*`TestDrive`. Por exemplo, se criarmos uma classe `Bungee`, precisaremos também de uma classe `BungeeTestDrive`. Apenas a classe *<AlgumNomeClasse>*`TestDrive` terá um método main(), e seu único propósito é criar objetos a partir de sua classe nova (a classe que não for de teste) e, em seguida, usar o operador ponto (.) para acessar os métodos e variáveis dos objetos novos. Tudo isso ficará absolutamente claro com os próximos exemplos. *Confia.*

> ### O operador ponto (.)
>
> **O operador ponto (.) fornece acesso ao estado e comportamento de um objeto (variáveis de instância e métodos).**
>
> **// Cria um objeto novo**
> **Dog d = new Dog();**
>
> **// Solicita o latido usando**
> **// o operador ponto na**
> **// variável *d* para chamar bark()**
> **d.bark();**
>
> **// Define seu tamanho usando**
> **// o operador ponto**
> **d.size = 40;**

1 Escreva sua classe

```
class Dog {
  int size;
  String breed;
  String name;

  void bark() {
    System.out.println("Ruff! Ruff!");
  }
}
```

Variáveis da instância.

Um método.

2 Escreva a classe de teste (TestDrive)

```
class DogTestDrive {
  public static void main(String[] args) {
    // O código de teste de Dog entra aqui
  }
}
```

Apenas o método main() (vamos inserir o código na próxima etapa).

3 Em sua classe de teste, crie um objeto e acesse as variáveis e métodos do objeto

```
class DogTestDrive {
  public static void main(String[] args) {
    Dog d = new Dog();
    d.size = 40;
    d.bark();
  }
}
```

Cria um objeto Dog

Usa o operador ponto (.) para definir o tamanho de Dog.

E chama seu método bark().

Operador ponto.

Se você já sabe um pouco de OO, saberá que não estamos usando encapsulamento. Chegaremos lá no Capítulo 4, Como Os Objetos Se Comportam.

Criando e testando objetos Movie

```
class Movie {
  String title;
  String genre;
  int rating;

  void playIt() {
    System.out.println("Playing the movie");
  }
}

public class MovieTestDrive {
  public static void main(String[] args) {
    Movie one = new Movie();
    one.title = "Gone with the Stock";
    one.genre = "Tragic";
    one.rating = -2;
    Movie two = new Movie();
    two.title = "Lost in Cubicle Space";
    two.genre = "Comedy";
    two.rating = 5;
    two.playIt();
    Movie three = new Movie();
    three.title = "Byte Club";
    three.genre = "Tragic but ultimately uplifting";
    three.rating = 127;
  }
}
```

Aponte o seu lápis

MOVIE
title genre rating
playIt()

A classe MovieTestDrive cria objetos (instâncias) da classe Movie e usa o operador ponto (.) para definir as variáveis de instância para um valor específico. A classe MovieTestDrive também invoca (chama) um método em um dos objetos. Preencha as fichas à direita com os valores que os três objetos têm no final de main().

objeto 1

title

genre

rating

objeto 2

title

genre

rating

objeto 3

title

genre

rating

→ Resolve aí.

Rápido! Saia agora do método main()!

Se você estiver no método main (), não está em Objetópolis. É bom que um programa de teste seja executado dentro do método main(), mas em uma aplicação real OO, precisamos de objetos que se comuniquem com outros, ao contrário de um método main() estático que cria e testa objetos.

Os dois usos do método main()

- **testar** sua classe real
- **inicializar/iniciar** sua **aplicação** Java

Uma aplicação Java real nada mais é do que objetos se comunicando com outros. Aqui, *comunicar-se* significa objetos chamando métodos uns dos outros. Já vimos na página anterior e analisaremos no Capítulo 4, *Como Os Objetos Se Comportam*, o uso de um método main() de uma classe TestDrive separada a fim de criar e testar os métodos e as variáveis de outra classe. No Capítulo 6, *Usando a Biblioteca Java*, examinaremos o uso de uma classe com um método main() para iniciar uma aplicação Java real (criar objetos e, em seguida, os deixando interagir com outros objetos etc.).

Vejamos uma prévia, um breve exemplo de como uma aplicação Java pode se comportar. Como ainda estamos engatinhando no Java, recorreremos a um singelo conjunto de ferramentas [toolkit]. Ou seja, talvez você ache esse programa um pouco complexo e ineficiente e talvez fique pensando no que poderia fazer para melhorá-lo. Nos próximos capítulos, faremos justamente isso. Não se preocupe se trechos do código forem confusos; o importante desse exemplo é demonstrar os objetos se comunicando com outros.

Jogo de adivinhação

Resumo:

O jogo de adivinhação tem um objeto chamado game e três objetos chamados player. O jogo gera um número aleatório entre 0 e 9, e os três objetos player tentam adivinhá-lo. (Nunca dissemos que era um jogo *divertido.*)

Classes:

`GuessGame.class` `Player.class`
`GameLauncher.class`

A lógica:

1. A aplicação é inicializada na classe GameLauncher, que tem o método main().

2. No método main(), um objeto GuessGame é criado e seu método startGame() é chamado.

3. O jogo acontece no método startGame() do objeto GuessGame. Ele cria três players e "pensa" em um número aleatório (que os jogadores têm que adivinhar). Depois, solicita que cada jogador adivinhe, verifica o resultado e exibe informações sobre o(s) jogador(es) vencedor(es) ou solicita que adivinhem mais uma vez.

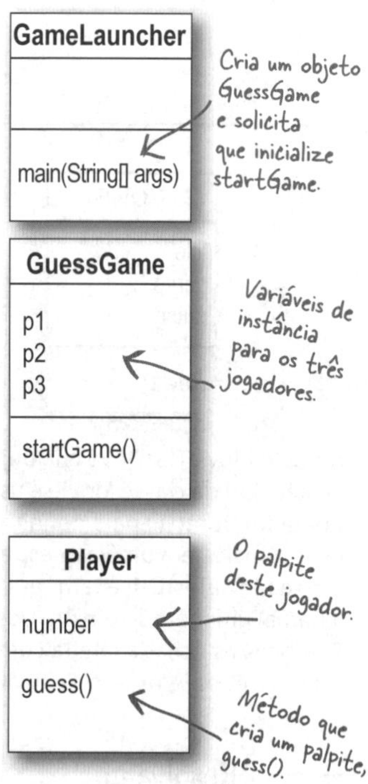

```
public class GuessGame {
  Player p1;
  Player p2;
  Player p3;

  public void startGame() {
    p1 = new Player();
    p2 = new Player();
    p3 = new Player();

    int guessp1 = 0;
    int guessp2 = 0;
    int guessp3 = 0;

    boolean p1isRight = false;
    boolean p2isRight = false;
    boolean p3isRight = false;

    int targetNumber = (int) (Math.random() * 10);
    System.out.println("I'm thinking of a number between 0 and 9...");

    while (true) {
      System.out.println("Number to guess is " + targetNumber);

      p1.guess();
      p2.guess();
      p3.guess();

      guessp1 = p1.number;
      System.out.println("Player one guessed " + guessp1);

      guessp2 = p2.number;
      System.out.println("Player two guessed " + guessp2);

      guessp3 = p3.number;
      System.out.println("Player three guessed " + guessp3);

      if (guessp1 == targetNumber) {
        p1isRight = true;
      }
      if (guessp2 == targetNumber) {
        p2isRight = true;
      }
      if (guessp3 == targetNumber) {
        p3isRight = true;
      }

      if (p1isRight || p2isRight || p3isRight) {

        System.out.println("We have a winner!");
        System.out.println("Player one got it right? " + p1isRight);
        System.out.println("Player two got it right? " + p2isRight);
        System.out.println("Player three got it right? " + p3isRight);
        System.out.println("Game is over.");
        break; // Fim de jogo, acabou o loop
      } else {
        // Temos que continuar porque ninguém acertou!
        System.out.println("Players will have to try again.");
      } // Fim das instruções if/else
    } // Fim do loop
  } // Fim do método
} // Fim da classe
```

O GuessGame tem três variáveis de instância para os três objetos Player.

Cria três objetos Player e os atribui às três variáveis de instância Player.

Declara três variáveis para armazenar os três palpites feitos pelos jogadores.

Declara três variáveis para armazenar um valor verdadeiro ou falso com base na resposta do jogador.

Cria um número 'alvo' que os jogadores têm que adivinhar.

Chama o método guess() de cada jogador.

Recebe o palpite de cada jogador (o resultado da execução do método guess()) acessando a variável do palpite de cada jogador.

Verifica o palpite de cada jogador para ver se corresponde ao "alvo". Se um jogador acertar, define a variável desse jogador como verdadeira (lembre-se, definimos como falsa por padrão).

Se o jogador um OU o jogador dois OU o jogador três acertar (o operador || significa OR).

Caso contrário, continua executando o loop e solicita aos jogadores outro palpite.

Rodando o Jogo de Adivinhação

O Java faz a coleta de lixo

No Java, sempre que um objeto é criado, ele vai para uma área da memória conhecida como **Heap.** Todos os objetos — não importa quando, onde ou como foram criados — habitam a heap. Mas não se trata de uma simples e velha memória heap. Na verdade, a memória heap do Java se chama **Garbage-Collectible Heap**. Ao criarmos um objeto, o Java aloca espaço de memória na heap, conforme a necessidade de memória desse objeto específico. É mais provável que um objeto com, digamos, 15 variáveis de instância precise de mais espaço do que um objeto com apenas duas. Mas o que acontece quando precisamos desse espaço? Como você tira um objeto da heap quando não precisar mais dele? O Java gerencia essa memória para você! Quando a JVM "percebe" que um objeto nunca mais será usado, esse objeto se torna *elegível para o garbage collection*, a coleta de lixo. E se estiver com pouca memória, o garbage collector será executado, jogará fora os objetos inacessíveis e liberará espaço para que possa ser reutilizado. Nos próximos capítulos, veremos como isso funciona.

Saída (será diferente sempre que você executar)

```
File Edit Window Help Explode
%java GameLauncher
I'm thinking of a number between 0 and 9...
Number to guess is 7
I'm guessing 1
I'm guessing 9
I'm guessing 9
Player one guessed 1
Player two guessed 9
Player three guessed 9
Players will have to try again.
Number to guess is 7
I'm guessing 3
I'm guessing 0
I'm guessing 9
Player one guessed 3
Player two guessed 0
Player three guessed 9
Players will have to try again.
Number to guess is 7
I'm guessing 7
I'm guessing 5
I'm guessing 0
Player one guessed 7
Player two guessed 5
Player three guessed 0
We have a winner!
Player one got it right? true
Player two got it right? false
Player three got it right? false
Game is over.
```

não existem Perguntas Idiotas

P: E se eu precisar de variáveis e métodos globais? Como posso criá-los se tudo deve estar em uma classe?

R: Em um programa Java orientado a objetos não existe o conceito de variáveis e métodos "globais". Na prática, existem situações em que queremos usar um método (ou uma constante) no código de qualquer parte do programa. Por exemplo, o método `random()` do nosso Gerador de Frases pode ser chamado de qualquer lugar. E uma constante, como o número *pi*? No Capítulo 10, aprenderemos que marcar um método como `public` e `static` faz com que esse método assuma um comportamento parecido a de um método "global". Qualquer código, em qualquer classe da sua aplicação, pode acessar um método estático público. Se marcarmos uma variável como `public`, `static` e `final`, criamos uma *constante* disponível globalmente.

P: Mas como chamar isso de orientado a objeto se ainda podemos criar funções e dados globais?

R: Primeiro, no Java, tudo tem que estar em uma classe. Assim, a constante para *pi* e o método para `random()`, embora sejam públicos e estáticos, são definidos na classe `Math`. E lembre-se de que, no Java, essas coisas estáticas (do tipo global) são exceção e não regra, pois representam um caso muito especial, em que não se tem várias instâncias/objetos.

P: O que *é* um programa Java? O que é *entregar*?

R: Um programa Java é uma pilha de classes (ou, pelo menos, uma classe). Em uma aplicação Java, uma das classes deve ter um método main, utilizado para iniciar o programa. Ou seja, como programador, você escreve uma ou mais classes. E essas classes são o que você entrega. Se o usuário final não tiver uma JVM, também é necessário incluí-la nas classes da aplicação para que os usuários possam rodar seu programa. Existem diversos programas que possibilitam agrupar classes com uma JVM e criar uma pasta ou arquivo que podemos compartilhar como quisermos (por exemplo, via internet). Assim, o usuário final pode instalar a versão correta da JVM (supondo que ainda não a tenha em sua máquina).

P: E se eu tiver cem classes? Ou mil? Não seria uma chatice entregar todos esses arquivos? Consigo agrupá-los em *alguma coisa*?

R: Sim, seria uma chatice entregar um monte de arquivos aos usuários finais, mesmo porque não precisamos fazer isso. É possível inserir todos os arquivos de sua aplicação em um **J**ava **AR**chive — *um arquivo* ***.jar*** — baseado no formato pkzip. No arquivo jar, você pode incluir um arquivo de texto simples formatado como algo chamado *manifest*, que define qual classe nesse jar armazena o método `main()` que deve ser executado.

PONTOS DE BALA

- A programação orientada a objetos possibilita que incrementemos um programa sem ter que mexer no código que já funciona e que já foi testado.
- Todo e qualquer código Java é definido em uma **classe**.
- Uma classe descreve como criar um objeto desse tipo de classe. **Uma classe é como um modelo**.
- Um objeto é responsável por si mesmo; não precisamos saber ou nos preocupar *como* o objeto faz isso.
- Um objeto **conhece** coisas e **faz** coisas.
- Coisas que um objeto sabe sobre si mesmo se chamam **variáveis de instância.** Elas representam o *estado* de um objeto.
- Coisas que um objeto faz se chamam **métodos**. Eles representam o *comportamento* de um objeto.
- Ao criar uma classe, talvez você também queira criar uma classe de teste separada que usará para criar objetos de seu novo tipo de classe.
- Uma classe pode **herdar** variáveis de instância e métodos de uma **superclasse** abstrata.
- No tempo de execução, um programa Java nada mais é do que objetos "se comunicando" com outros.

SEJA o compilador

Cada um dos arquivos Java nesta página representa um arquivo-fonte completo. Seu trabalho é representar o compilador e determinar se cada um desses arquivos será compilado. Se não compilarem, como você os corrigiria e, se compilarem, qual seria a saída?

A

```
class StreamingSong {

  String title;
  String artist;
  int duration;

  void play() {
    System.out.println("Playing song");
  }

  void printDetails() {
    System.out.println("This is " + title +
                       " by " + artist);
  }
}

class StreamingSongTestDrive {
  public static void main(String[]
args) {

    song.artist = "The Beatles";
    song.title = "Come Together";
    song.play();
    song.printDetails();
  }
}
```

B

```
class Episode {

  int seriesNumber;
  int episodeNumber;

  void skipIntro() {
    System.out.println("Skipping intro...");
  }

  void skipToNext() {
    System.out.println("Loading next
episode...");
  }
}

class EpisodeTestDrive {
  public static void main(String[] args)
  {

    Episode episode = new Episode();
    episode.seriesNumber = 4;
    episode.play();
    episode.skipIntro();
  }
}
```

→ Respostas na página 46.

Exercício

Ímãs de Código

Respostas na página 46.

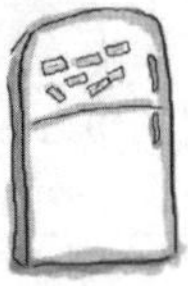

Um programa Java está todo embaralhado na porta da geladeira. Você consegue reorganizar os trechos de código para criar um programa Java funcional que gere a saída abaixo? Algumas chaves caíram no chão e eram muito pequenas para pegarmos. Ou seja: fique à vontade para adicionar quantas chaves precisar.

```
d.playSnare();
```

```
DrumKit d = new DrumKit();
```

```
boolean topHat = true;
boolean snare = true;
```

```
void playSnare() {
  System.out.println("bang bang ba-bang");
}
```

```
public static void main(String [] args) {
```

```
if (d.snare == true) {
  d.playSnare();
}
```

```
d.snare = false;
```

```
class DrumKitTestDrive {
```

```
d.playTopHat();
```

```
class DrumKit {
```

```
void playTopHat () {
  System.out.println("ding ding da-ding");
}
```

File Edit Window Help Dance

```
% java DrumKitTestDrive
bang bang ba-bang
ding ding da-ding
```

Quebra-cabeças na Piscina

Sua ***tarefa*** é pegar os trechos de código da piscina e inseri-los nas lacunas ao lado. **Não** use o mesmo trecho de código mais de uma vez e não precisa usar todos os trechos. Seu ***objetivo*** é criar uma classe que compilará, executará e gerará a saída listada. Neste livro, alguns dos exercícios e quebra-cabeças podem ter mais de uma resposta correta. Se você encontrar outra resposta correta, ganha pontos de bônus!

```
public class EchoTestDrive {
  public static void main(String [] args) {
    Echo e1 = new Echo();
    _________________________
    int x = 0;
    while ( ________________ ) {
      e1.hello();
      _________________________
      if ( ________________ ) {
        e2.count = e2.count + 1;
      }
      if ( ________________ ) {
        e2.count = e2.count + e1.count;
      }
      x = x + 1;
    }
    System.out.println(e2.count);
  }
}
```

```
class ________________ {
  int ________________ = 0;
  void ________________ {
    System.out.println("helloooo... ");
  }
}
```

Saída

```
File Edit Window Help Implode
%java EchoTestDrive
helloooo...
helloooo...
helloooo...
helloooo...
10
```

Pergunta Bônus!

Se a última linha de saída fosse **24** em vez de **10**, como você completaria o quebra-cabeça?

Observação: Cada trecho aqui só pode ser usado uma vez!

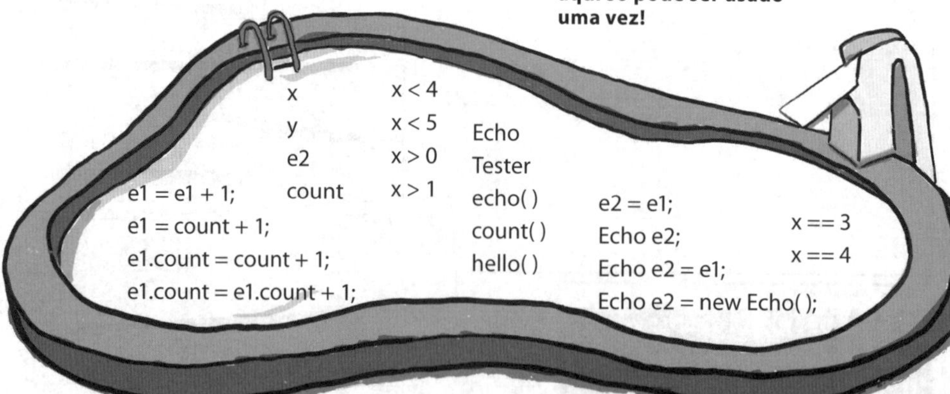

Respostas na página 47.

Quem Sou Eu?

Um grupo de componentes Java fantasiados estão jogando um jogo em uma festa, "Quem sou eu?" Eles lhe dão uma pista e você tenta adivinhar quem são, com base no que dizem. Suponha que sempre digam a verdade sobre si mesmos. Caso digam algo que possa ser verdade para mais de um deles, selecione a frase que se aplica a todos. Preencha as lacunas ao lado da frase com os nomes de um ou mais participantes. A primeira é por nossa conta.

Participantes desta noite:

Classe Método Objeto Variáveis de instância

Sou compilada em um arquivo .java. classe

Os valores da minha variável de instância podem ser diferentes dos valores do meu parça. ____________

Me comporto como um template. ____________

Gosto de fazer coisas. ____________

Posso ter muitos métodos. ____________

Represento um "estado". ____________

Tenho comportamentos. ____________

Fico em objetos. ____________

Vivo na heap. ____________

Costumo criar instâncias de objetos. ____________

Meu estado pode mudar. ____________

Declaro métodos. ____________

Posso mudar no tempo de execução. ____________

Respostas na página 47.

SEJA o Compilador (página 42)

A

```
class StreamingSong {
  String title;
  String artist;
  int duration;

  void play() {
    System.out.println("Playing song");
  }

  void printDetails() {
    System.out.println("This is " + title +
                       " by " + artist);
  }
}

class StreamingSongTestDrive {
  public static void main(String[] args) {

    StreamingSong song = new StreamingSong();
    song.artist = "The Beatles";
    song.title = "Come Together";
    song.play();
    song.printDetails();
  }
}
```

Já temos o template, agora temos que criar um objeto.

B

```
class Episode {
  int seriesNumber;
  int episodeNumber;

  void play() {
    System.out.println("Playing episode " +
episodeNumber);
  }

  void skipIntro() {
    System.out.println("Skipping intro...");
  }

  void skipToNext() {
    System.out.println("Loading next
episode...");
  }
}

class EpisodeTestDrive {
  public static void main(String[] args) {
    Episode episode = new Episode();
    episode.seriesNumber = 4;
    episode.play();
    episode.skipIntro();
  }
}
```

A linha: episode.play(); não compilaria sem um método play na classe Episode!

Ímãs de Código (página 43)

```
class DrumKit {
  boolean topHat = true;
  boolean snare = true;

  void playTopHat() {
    System.out.println("ding ding
da-ding");
  }

  void playSnare() {
    System.out.println("bang bang
ba-bang");
  }
}

class DrumKitTestDrive {
  public static void main(String[]
args) {
    DrumKit d = new DrumKit();
    d.playSnare();
    d.snare = false;
    d.playTopHat();

    if (d.snare == true) {
      d.playSnare();
    }
  }
}
```

```
File Edit Window Help Dance
% java DrumKitTestDrive
bang bang ba-bang
ding ding da-ding
```

Solução dos Quebra-cabeças

Quebra-cabeça na Piscina (página 44)

```
public class EchoTestDrive {
  public static void main(String[] args) {
    Echo e1 = new Echo();
    Echo e2 = new Echo();      // Resposta correta
     - ou -
    Echo e2 = e1; // Resposta da pergunta bônus "24"
    int x = 0;
    while (x < 4) {
      e1.hello();
      e1.count = e1.count + 1;
      if (x == 3) {
        e2.count = e2.count + 1;
      }
      if (x > 0) {
        e2.count = e2.count + e1.count;
      }
      x = x + 1;
    }
    System.out.println(e2.count);
  }
}
```

```
class Echo {
  int count = 0;

  void hello() {
    System.out.println("helloooo... ");
  }
}
```

```
File Edit Window Help Assimilate
%java EchoTestDrive
helloooo...
helloooo...
helloooo...
helloooo...
10
```

Quem Sou Eu? (página 45)

Sou compilada em um arquivo .java.
classe

Os valores da minha variável de instância podem ser diferentes dos valores do meu parça.
objeto

Me comporto como um template.
classe

Gosto de fazer coisas
objeto, método

Posso ter muitos métodos.
classe, objetos

Represento um "estado."
variável de instância

Tenho comportamentos.
objeto, classe

Fico em objetos.
método, variável de instância

Vivo na heap.
objeto

Costumo criar instância de objetos.
classe

Meu estado pode mudar.
objeto, variável de instância

Declaro métodos.
classe

Posso mudar no tempo de execução.
objeto, variável de instância

Observação: diz-se que ambas as classes e objetos têm estado e comportamento. Eles são definidos na classe, mas também se diz que o objeto os "têm". Por hora, não vamos nos preocupar onde *tecnicamente* vivem.

3 variáveis primitivas e de referência

Conheça Suas Variáveis

Variáveis podem armazenar valores e ser de dois tipos: primitivas e de referências. Até agora, usamos as variáveis de dois modos — como **estado do** objeto (variáveis de instância) e como variáveis **locais** (variáveis declaradas dentro de um *método*). Mais tarde, usaremos variáveis como **argumentos** (valores enviados para um método pela chamada do código) e como **tipos de retorno** (valores retornados ao código pelo chamador do método). Vimos variáveis declaradas como valores inteiros **primitivos** simples (tipo `int`) e variáveis declaradas de forma mais **complexa** como uma String ou um array. Mas **nem tudo na vida se resume** a números inteiros, Strings e arrays. E se tivermos um objeto PetOwner com uma variável de instância Dog? Ou um objeto Car com Engine? Neste capítulo, desvendaremos os mistérios dos tipos Java (como a diferença entre variáveis primitivas e de referências) e analisaremos o que podemos *declarar* como uma variável, o que podemos *inserir* em uma variável e o que é possível fazer com uma variável. Por último, veremos como as coisas funcionam na Garbage-Collectible Heap.

Declarando uma variável

Para o Java, o tipo importa. É impossível fazer algo bizarro ou perigoso como inserir a referência de uma girafa em uma variável Rabbit. O que aconteceria se alguém solicitasse que o suposto *coelho pulasse: Rabbit.hot()*? O Java também não permite inserir um número float em uma variável do tipo inteiro, a menos que *informemos ao compilador* que estamos cientes sobre a perda de precisão (como tudo após a vírgula decimal).

O compilador é capaz de identificar a maioria dos problemas:

```
Rabbit hopper = new Giraffe();
```

Nem espere que isso seja compilado. *Imagine se fosse.*

Para garantir essa segurança, devemos declarar o tipo de uma variável. É uma variável do tipo inteiro? Uma variável Dog? Com um único caractere? As variáveis são disponibilizadas em dois flavors (a grosso modo, sabores ou versões): ***primitivas*** e ***de referência de objeto***. As variáveis primitivas têm valores fundamentais (imagine padrões de bits simples), incluindo inteiros, booleanos e números floats. As variáveis de referências de objetos contêm *referências* a *objetos* (caramba, *que bela explicação!*) Primeiro, analisaremos as primitivas e, depois, veremos o que uma referência de objetos significa. Mas, independentemente do tipo, devemos seguir duas regras para declará-las:

Variáveis devem ter um tipo

Além de um tipo, uma variável precisa de um nome que será usado no código.

Variáveis devem ter um nome

```
int count;
```

tipo ↗   ↖ nome

Nota: quando se deparar com uma instrução como: "um objeto do **tipo** X", considere *tipo* e *classe* como sinônimos. (Nos próximos capítulos, entraremos em detalhes.)

"Gostaria de um café duplo, não, traga um inteiro."

Ao se deparar com variáveis Java, pense em xícaras ou copos. Xícaras de café, xícaras de chá, copos gigantes de caipirinha ou canecas enormes de cervejas, aqueles baldes enormes de pipoca do cinema, xícaras com alças maravilhosas ou xícaras e copos metálicos que nunca devemos levar ao micro-ondas.

Uma variável é apenas um copo. Um contêiner que *armazena* alguma coisa.

Variáveis têm um tamanho e um tipo. Neste capítulo, analisaremos primeiro as variáveis (copos) que armazenam tipos **primitivos**: mais tarde, veremos os copos que armazenam *referências a objetos*. Acompanhe a analogia dos copos: por mais que seja simples, essa analogia nos possibilitará enxergar as coisas de um jeito comum.

Variáveis primitivas são como copos (ou xícaras) que vemos em uma cafeteria. Se já foi a uma Starbucks, sabe do que estamos falando. Esses copos têm tamanhos diferentes e cada um tem um nome como "pequeno", "grande" e "eu gostaria de um mocha, 'grande' com metade de café e chantilly extra".

Em uma cafeteria, podemos ver os copos ou xícaras no balcão:

E em Java, variáveis de tipos primitivos têm tamanhos diferentes e esses tamanhos têm nomes. Ao declarar qualquer variável em Java, devemos declará-la com um tipo específico. Aqui do lado, os quatro copos mostrados são os quatro tipos primitivos inteiros do Java. Como cada copo armazena um valor, quando falamos em tipos primitivos Java, em vez de falarmos "gostaria de uma xícara grande de café francês torrado, dizemos ao compilador "gostaria de uma variável int com o número 90, por favor". Exceto por uma pequena diferença: no Java, devemos *nomear* nossa xícara ou copo. Assim, dizemos, "gostaria de um int, por favor, com o valor de 2486 e o nome da variável **height**". Cada variável primitiva tem um número fixo de bits (tamanho do copo). Vejamos os tamanhos das seis variáveis primitivas numéricas em Java:

Tipos Primitivos

Tipo	Bit Depth	Valor do intervalo
booleano e char		
booleano	(específico da JVM)	***true*** ou ***false***
char	16 bits	0 a 65535
numéricos (sinal em tudo)		
inteiro		
byte	8 bits	-128 a 127
short	16 bits	-32768 a 32767
int	32 bits	-2147483648 a 2147483647
long	64 bits	-enorme
float		
float	32 bits	varia
double	64 bits	varia

Declarações primitivas com atribuições:

```
int x;
x = 234;
byte b = 89;
boolean isFun = true;
double d = 3456.98;
char c = 'f';
int z = x;
boolean isPunkRock;
isPunkRock = false;
boolean powerOn;
powerOn = isFun;
long big = 3456789L;
float f = 32.5f;
```

Repare no 'f' e no 'L'. Com alguns tipos de números, precisamos dizer especificamente ao compilador o que queremos dizer, ou ele pode ficar confuso entre tipos numéricos semelhantes. Você pode usar letras maiúsculas ou minúsculas.

Derramar isso é *furada...*

Assegure-se de que o valor caiba na variável.

Um copo pequeno não consegue comportar uma quantidade grande.

Até consegue, mas você perderá uma parte dessa quantidade. Isso se chama *spillage* [vazamento, em tradução livre]. No código, se dissermos que algo não caberá no contêiner (variável/copo) que estamos usando, o compilador ajuda a tentar evitar isso.

Por exemplo, não é possível despejar um monte de int em um contêiner de tamanho byte, conforme podemos ver a seguir:

```
int x = 24;

byte b = x;

//Não funcionará!!
```

Talvez você esteja se perguntando por que não funciona. Afinal, o valor de *x* é 24, e 24 é definitivamente um valor pequeno o suficiente para caber em um byte. *Você* sabe disso, *nós* sabemos disso, mas tudo o que importa ao compilador é que houve uma tentativa de inserir um valor grande em uma variável pequena, havendo a *possibilidade* de vazamento. Não espere que o compilador saiba qual é o valor de *x*, mesmo que consiga vê-lo literalmente no código.

É possível atribuir um valor a uma variável de diversas formas:

- digitar um valor *literal* após o sinal de igualdade (x=***12***, isGood = ***true*** etc.)
- atribuir o valor de uma variável a outra (x = y)
- usar uma expressão combinando os dois (x = y + ***43***)

Nos exemplos abaixo, os valores literais estão em negrito e itálico:

`int size = 32;`	declara um int chamado *size*, atribuindo-lhe o valor de *32*
`char initial = 'j';`	declara um char chamado *initial*, atribuindo-lhe o valor de *'j'*
`double d = 456.709;`	declara um double chamado *d*, atribuindo-lhe o valor de *456.709*
`boolean isLearning;`	declara um booleano chamado *isLearning* (sem atribuição)
`isLearning = true;`	atribui o valor *true* ao *isLearning* declarado acima
`int y = x + 456;`	declara um int chamado *y*, atribuindo-lhe o valor, que é a soma de qualquer *x* mais *456*

Aponte o seu lápis

O compilador não permitirá inserir o valor de um copo grande em um pequeno. Mas e quanto ao contrário? Despejar o conteúdo de um copo pequeno em um grande? ***Sem problemas.***

Com base no que você sabe sobre o tamanho e o tipo das variáveis primitivas, veja se consegue descobrir quais delas são permitidas e quais não são. Ainda não vimos todas as regras, ou seja, em algumas opções, use o bom senso. ***Dica:*** O compilador erra em nome da segurança.

Na lista a seguir, ***circule*** as instruções que seriam permitidas se as linhas estivessem em um único método:

```
1. int x = 34.5;
2. boolean boo = x;
3. int g = 17;
4. int y = g;
5. y = y + 10;
6. short s;
7. s = y;
8. byte b = 3;
9. byte v = b;
10. short n = 12;
11. v = n;
12. byte k = 128;
```

→ Respostas na página 68.

Não use palavras-chave!

Você já sabe que precisa de um nome e de um tipo para suas variáveis e já aprendeu sobre os tipos primitivos.

Mas quais palavras usar como nome? As regras são simples. Podemos nomear uma classe, um método ou uma variável de acordo com as seguintes regras (as regras reais são um pouco mais flexíveis, mas essas consideram a segurança):

- **O nome deve começar com uma letra, underscore (_) ou cifrão ($). Não se pode começar um nome com um número.**
- **Após o primeiro caractere, pode-se usar números. Só não comece o nome com um número.**
- **O nome pode ser o que você quiser, sujeito a essas duas regras, e desde que não seja uma das palavras reservadas do Java.**

Palavras reservadas são palavras-chave (e outras coisas) que o compilador reconhece. Se quiser confundir um compilador, apenas *tente* usar uma palavra reservada como um nome.

Fixe na memória

O oito tipos primitivos são:

boolean **c**har **b**yte **s**hort **i**nt **l**ong **f**loat **d**ouble

Vejamos um mnemônico em inglês.

Be **C**areful! **B**ears **S**houldn't **I**ngest **L**arge **F**urry **D**ogs

Crie o próprio mnemônico em português para a memorizar os tipos primitivos:

B_ C_ B_ S_ I_ L_ F_ D_

Exemplo: **B**asta **C**odar **B**astante **S**em **I**nterferência **L**onga **F**ocando **D**indin.

Já vimos algumas palavras reservadas:

```
public   static   void
```

Não use nenhuma delas em nomes!

E os tipos primitivos são reservados também:

```
boolean char byte short int long float double
```

Mas ainda não analisamos outras palavras. Ainda que não saiba o que significam, é necessário saber que não pode usá-las. ***Não tente*** — *em nenhuma hipótese* — ***memorizá-las agora.*** Para memorizá-las, sua mente teria que ter espaço, provavelmente teria que se esquecer de outra coisa, como onde estacionou seu carro. Não se preocupe, até o final do livro, você terá memorizado a maioria delas.

Tabela de palavras reservadas

_	catch	double	float	int	private	super	true
abstract	char	else	for	interface	protected	switch	try
assert	class	enum	goto	long	public	synchronized	void
boolean	const	extends	if	native	return	this	volatile
break	continue	false	implements	new	short	throw	while
byte	default	final	import	null	static	throws	
case	do	finally	instanceof	package	strictfp	transient	

Palavras-chave do Java, palavras reservadas e identificadores especiais. Se você usá-los para nomes, o compilador *provavelmente* ficará *bem* chateado.

Controlando o objeto Dog

Você sabe como declarar uma variável primitiva e atribuir-lhe um valor. Mas e quanto às variáveis não primitivas? Em outras palavras, e quanto *aos objetos?*

```
Dog d = new Dog();
d.bark();
```

Pense nisso

- **Na verdade, não existe uma variável de objeto.**
- **Existe somente uma variável de referência de objeto**
- **Uma variável de referência de objeto armazena bits que representam uma forma de *acessar* um objeto.**
- **A variável não armazena o objeto propriamente dito, e sim um ponteiro. Ou um endereço. Em Java, não sabemos *o que* está dentro de uma variável de referência. Mas *Sabemos que,* seja lá o que for, representa um e apenas um objeto. E a JVM sabe como usar a referência para acessar o objeto.**

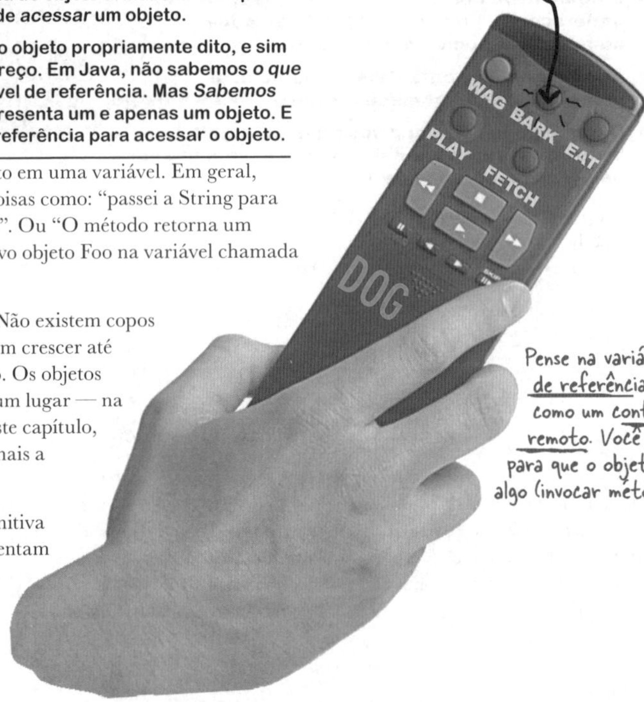

Não podemos inserir um objeto em uma variável. Em geral, pensamos assim... Dizemos coisas como: "passei a String para o método System.out.println()". Ou "O método retorna um objeto Dog" ou "inseri um novo objeto Foo na variável chamada myFoo".

Mas não é isso que acontece. Não existem copos expansíveis gigantes que podem crescer até o tamanho de qualquer objeto. Os objetos vivem em um lugar e apenas um lugar — na garbage-collectible heap! (Neste capítulo, mais adiante, aprenderemos mais a respeito.)

Mesmo que uma variável primitiva esteja cheia de bits que representam o ***valor*** real da variável, uma variável de referência de objeto está repleta de bits que representam ***uma maneira de acessar o objeto.***

Usamos o operador ponto (.) em uma variável de referência para dizer: "use o que está *antes* do ponto para obter o que está *depois* do ponto". Por exemplo:

```
myDog.bark();
```

significa "usar o objeto referenciado pela variável myDog para invocar o método bark ()". Quando usamos o operador ponto em uma variável de referência de objeto, pense que isso é como pressionar um botão no controle remoto para controlar esse objeto.

Uma referência de objeto é somente outro valor de variável

Algo é armazenado em um copo.

Só que desta vez, é um controle remoto.

Variável Primitiva

```
byte x = 7;
```

Os bits que representam 7 vão para a variável (00000111).

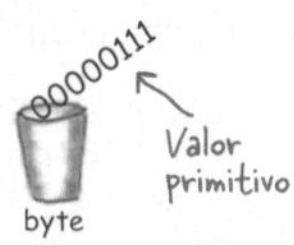

Variável de Referência

```
Dog myDog = new Dog();
```

Os bits que representam uma maneira de acessar o objeto Dog vão para a variável.

O próprio objeto Dog não entra na variável!

Com variáveis primitivas, o valor da variável é... o valor (5, -26.7, 'a').

Com variáveis de referência, o valor da variável são... os bits que representam uma forma de acessar um objeto específico.

Não sabemos (nem nos preocupamos) como uma JVM em particular implementa referências de objeto. Claro que podem ser um ponteiro para um ponteiro... mas mesmo que saibamos, ainda não podemos usar os bits que não seja para acessar um objeto.

Não nos preocupamos quantos 1s e 0s existem em uma variável de referência. Depende de cada JVM e da fase da lua.

As 3 etapas de declaração, criação e atribuição de objetos

```
      1          3       2
Dog myDog   =   new Dog();
```

1 Declare uma variável de referência

```
Dog myDog = new Dog();
```

Solicita à JVM que aloque espaço para uma variável de referência e nomeia essa variável como *myDog*. A variável de referência será sempre do tipo Dog. Dito de outro modo, um controle remoto com botões que controlam um objeto Dog, mas não um objeto Car, Buttom ou Socket.

2 Crie um objeto

```
Dog myDog = new Dog();
```

Solicita à JVM que aloque espaço para um objeto novo Dog na heap (aprenderemos mais sobre esse processo, sobretudo no Capítulo 9, *Vida e Morte de Um Objeto*).

3 Vincule o objeto e a referência

```
Dog myDog = new Dog();
```

Atribui o novo Dog à variável de referência myDog. Em outras palavras, ***programa o controle remoto***.

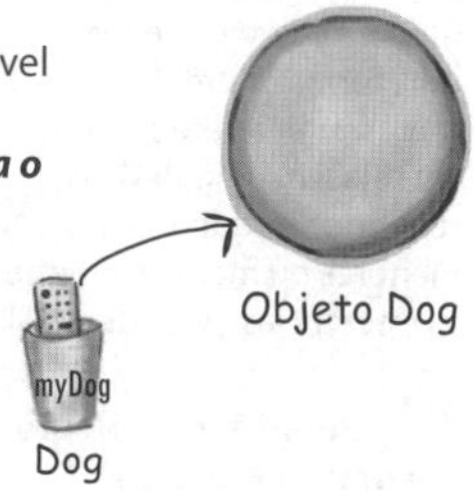

não existem Perguntas Idiotas

P: **Qual é o tamanho de uma variável de referência?**

R: Não sabemos. A menos que seja próximo de alguém da equipe de desenvolvimento da JVM, você não sabe como uma referência é representada. Em algum local, existem ponteiros, mas você não pode acessá-los. Não será necessário. (Ok, se insistir, é melhor imaginar um valor de 64 bits.) No entanto, quando se trata de problemas de alocação de memória, você deve ficar preocupado mesmo com quantos *objetos* (e não *referências de objeto*) está criando e qual o tamanho *deles*.

P: **Então, isso significa que todas as referências de objeto são do mesmo tamanho, independentemente do tamanho dos objetos reais aos quais se referem?**

R: Sim. Todas as referências de uma determinada JVM serão do mesmo tamanho, independentemente dos objetos que referenciam, mas cada JVM pode ter uma forma diferente de representar referências. Ou seja, em uma JVM, as referências podem ser menores ou maiores do que as referências em outra JVM.

P: **Posso fazer cálculos em uma variável de referência, incrementá-la? Sabe como é, fazer as operações que faço em C.**

R: Não. Repita comigo: Java não é C.

Tudo Sobre o Java

Entrevista desta semana: Referência de objeto

Use a Cabeça: Pode nos contar como é a vida de uma referência de objeto?

Referência: Muito simples. Sou um controle remoto e posso ser programada para controlar objetos diferentes.

Use a Cabeça: Você pode controlar objetos diferentes mesmo quando está em execução? Você consegue referenciar Dog e, cinco minutos depois, referenciar Car?

Referência: Claro que não. Assim que eu for declarada, acabou. Se eu for o controle remoto de Dog, nunca serei capaz de apontar (oops, desculpe, não devemos dizer *apontar*), quer dizer, referenciar qualquer coisa que não seja Dog.

Use a Cabeça: Ou seja, você só pode referenciar Dog?

Referência: Não. Posso referenciar Dog e, cinco minutos depois, referenciar outro Dog. Desde que seja um Dog, posso ser redirecionada (como reprogramar seu controle remoto para uma TV diferente) para ele. A menos que… Deixa pra lá.

Use a Cabeça: Deixo não, o que você ia falar?

Referência: Acho que não devemos entrar nesse assunto. Mas serei breve em minha explicação: se eu for marcada como `final`, quando me atribuírem Dog, nunca poderei ser reprogramada para outra coisa *senão* aquele único Dog. Em outras palavras, nenhum outro objeto pode ser atribuído a mim.

Use a Cabeça: Tem razão, não queremos falar sobre isso agora. Ou seja, a menos que seja `final`, você pode referenciar Dog e, em seguida, referenciar outro Dog diferente. Você consegue referenciar *nada*? É possível não estar programada para nada?

Referência: Sim, mas fico incomodada com esse assunto.

Use a Cabeça: Por quê?

Referência: Porque eu seria `null`, e isso me chateia.

Use a Cabeça: Você não teria valor, é isso?

Referência: Não, `null` *é* um valor. Eu ainda seria um controle remoto, mas é como comprar um controle remoto universal e não ter uma TV. Não estou programada para controlar nada. Meus botões poderiam ser pressionados o dia todo, mas nada aconteceria. Eu me sentiria muito… inútil. Um desperdício de bits. Na verdade, nem tanto, mas mesmo assim. E essa não é a pior parte. Se eu for a única referência a um objeto específico e for definida como `null` (desprogramada), isso significaria que ninguém poderia acessar determinado objeto que eu estivesse referenciando.

Use a Cabeça: E por que isso é ruim?

Referência: Precisa *perguntar*? Desenvolvi um relacionamento com esse objeto, uma conexão íntima, e então o vínculo é súbita e cruelmente rompido. Nunca mais verei esse objeto, porque agora ele é elegível para o [produção, toque a música trágica] *garbage collection*. Triste. Você acha que os programadores pensam *nisso*? Por que, *por que* não posso ser uma variável primitiva? *Odeio ser uma referência.* Tanta responsabilidade, todos os relacionamentos rompidos…

A vida na garbage-collectible heap

```
Book b = new Book();
Book c = new Book();
```

Declare duas variáveis de referência Book. Crie dois objetos novos Book. Atribua os objetos Book às variáveis de referência.

Agora os dois objetos Book vivem na heap.

Referências: 2

Objetos: 2

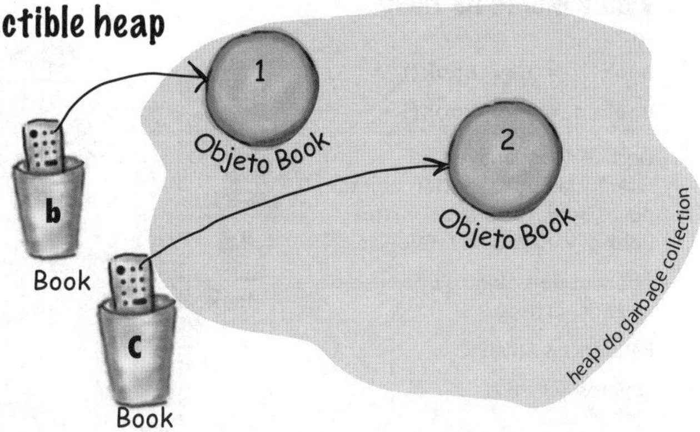

```
Book d = c;
```

Declare uma variável nova de referência Book. Em vez de criar um terceiro novo objeto Book, atribua o valor da variável ***c*** à variável ***d***. O que isso significa? É como dizer "pegue os bits de ***c***, faça uma cópia deles e insira essa cópia em ***d***."

Tanto *c* quanto *d* referenciam o mesmo objeto.

As variáveis c e d armazenam duas cópias diferentes do mesmo valor. Dois controles remotos programados para uma TV.

Referências: 3

Objetos: 2

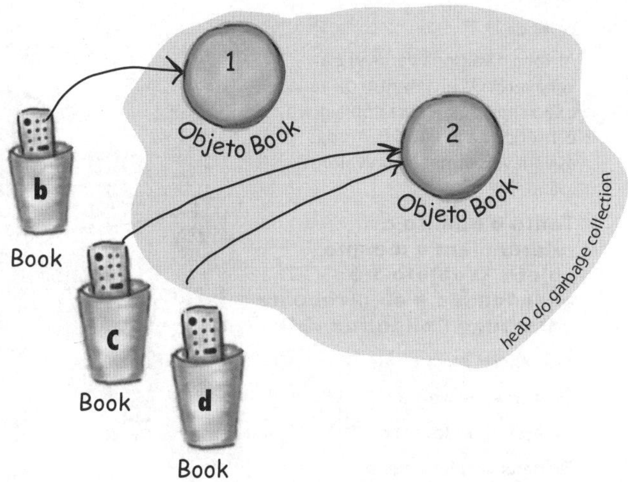

```
c = b;
```

Atribua o valor da variável ***b*** à variável ***c***. Agora você já sabe o que isso significa: os bits dentro da variável ***b*** são copiados, e essa cópia nova é inserida na variável ***c***.

Tanto b quanto c referenciam o mesmo objeto.

A variável c não referencia mais seu antigo objeto Book.

Referências: 3

Objetos: 2

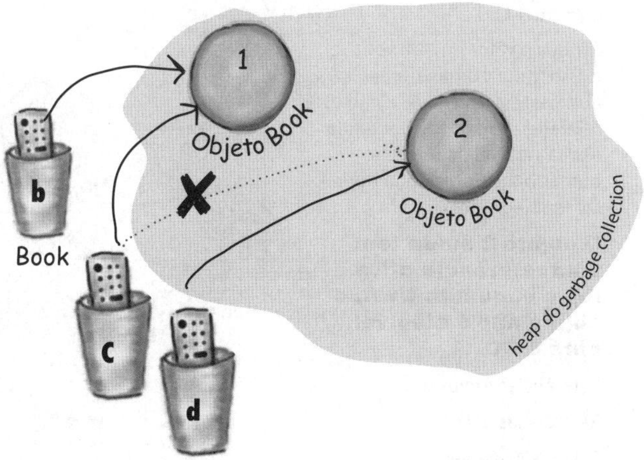

Vida e morte na heap

```
Book b = new Book();
Book c = new Book();
```

Declare duas variáveis de referência Book. Crie dois objetos novos Book. Atribua os objetos Book às variáveis de referência.

Agora os dois objetos Book estão vivendo na heap.

Referências Ativas: 2

Objetos Acessíveis: 2

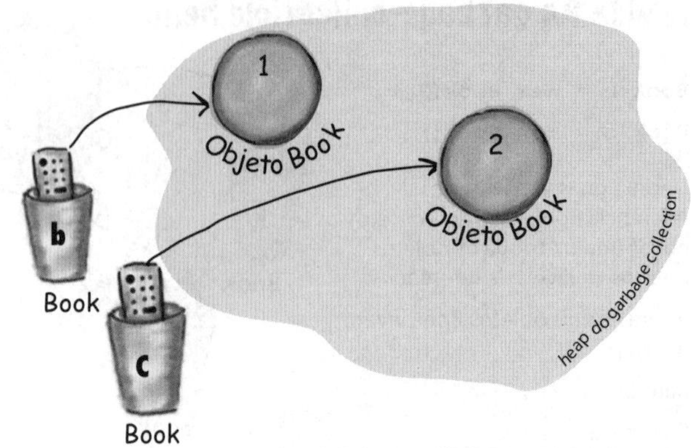

```
b = c;
```

Atribua o valor da variável ***c*** à variável ***b***. Os bits dentro da variável ***c*** são copiados, e essa cópia nova é inserida na variável ***b***. Ambas as variáveis armazenam valores idênticos.

Tanto b quanto c referenciam o mesmo objeto. O objeto 1 é abandonado e elegível para o Garbage Collection (GC).

Referências Ativas: 2

Objetos Acessíveis: 1

Objetos Abandonados: 1

O primeiro objeto que ***b*** referenciava, Objeto 1, não tem mais referências. Está *inacessível*.

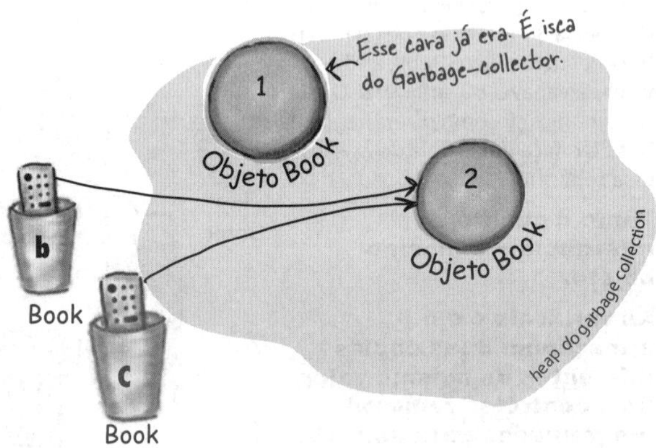

```
c = null;
```

Atribua o valor `null` à variável ***c***. Isso torna ***c*** uma referência *null*. Ou seja, a variável ***c*** não está referenciando nada. Mas ainda é uma variável de referência e outro objeto Book ainda pode ser atribuído a ela.

O objeto 2 ainda tem uma referência ativa (b), e enquanto tiver, o objeto não é elegível para 0 GC.

Referências Ativas: 1

Referências *null*: 1

Objetos Acessíveis: 1

Objetos Abandonados: 1

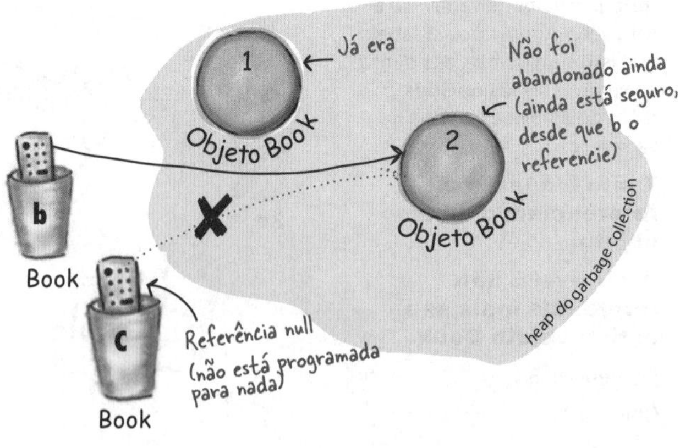

Um array é como uma bandeja de copos

A biblioteca padrão Java tem muitas estruturas de dados sofisticadas, incluindo mapas, árvores e conjuntos (confira o Apêndice B), porém os arrays são ótimos quando queremos apenas uma lista rápida, ordenada e eficiente de coisas. Arrays proporcionam acesso aleatório rápido, possibilitando usar uma posição de índice para acessar qualquer elemento no array.

Em um array, cada elemento é apenas uma variável. Dito de outro modo, um dos oito tipos de variáveis primitivas (lembre-se: **L**onga **F**ocando **D**indin) ou uma variável de referência. Qualquer coisa que você insira em uma variável desse tipo pode ser atribuída a um *elemento de array* desse tipo. Assim, em um array do tipo int (int[]), cada elemento pode armazenar um int. Em um array Dog (Dog[]) cada elemento pode armazenar... Um Dog? Não, lembre-se de que uma variável de referência armazena somente uma referência (um controle remoto), não o objeto em si. Portanto, em array Dog, cada elemento pode armazenar um *controle remoto* para Dog. Claro, ainda temos que criar os objetos Dog... Veremos tudo isso na próxima página. Observe uma coisa na imagem — ***o array é um objeto, mesmo com variáveis primitivas.***

Arrays são sempre objetos, sejam declarados para armazenar variáveis primitivas ou referências de objetos.

1. Declare uma variável int de array. Uma variável de array é um controle remoto para um objeto de array:

```
int[] nums;
```

2. Crie um array novo int com tamanho de 7, e o atribua à variável `int[] nums` declarada anteriormente.

```
nums = new int[7];
```

3. Atribua a cada elemento do array um valor int.

   Lembre-se, elementos em um *array* int são apenas *variáveis* int.

7 variáveis int

```
nums[0] = 6;
nums[1] = 19;
nums[2] = 44;
nums[3] = 42;
nums[4] = 10;
nums[5] = 20;
nums[6] = 1;
```

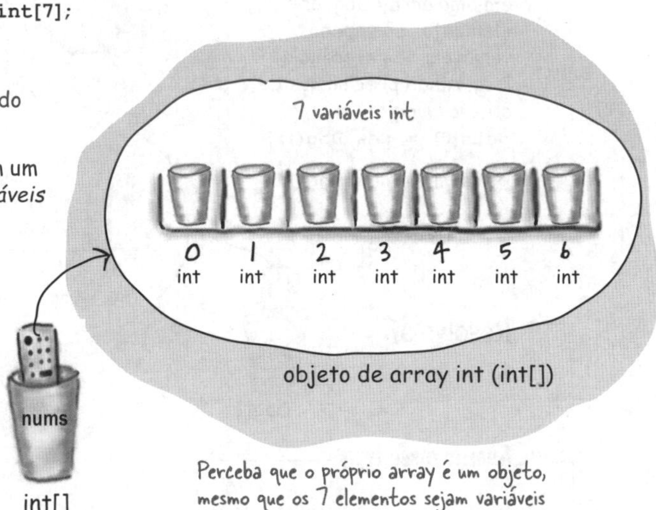

Perceba que o próprio array é um objeto, mesmo que os 7 elementos sejam variáveis primitivas.

Arrays também são objetos

Podemos ter um objeto array declarado para *armazenar* valores primitivos. Dito de outro modo, o objeto array pode ter *elementos* primitivos, mas o array em si *nunca* é um primitivo. **Independentemente do que o array armazena, o próprio array é sempre um objeto!**

Criando um array de objetos Dogs

1 Declare uma variável de array Dog

```
Dog[] pets;
```

2 Crie um array novo Dog de tamanho 7 e o atribua a variável `Dog[] pets` anteriormente declarada:

```
pets = new Dog[7];
```

O que faltou?

Dogs! Temos um array de *referências* Dog, mas nenhum *objeto* real Dog!

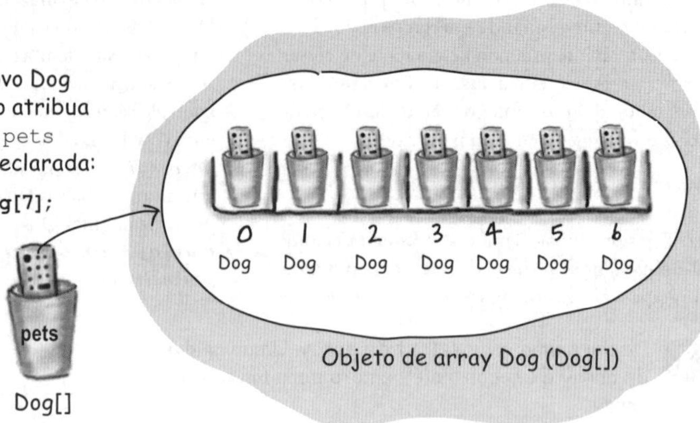

---

3 Crie novos objetos Dog e os atribua aos elementos do array. Lembre-se, em uma array Dog, os elementos são apenas variáveis de referência Dog. Ainda precisamos de objetos Dog!

```
pets[0] = new Dog();

pets[1] = new Dog();
```

→ Resolve aí.

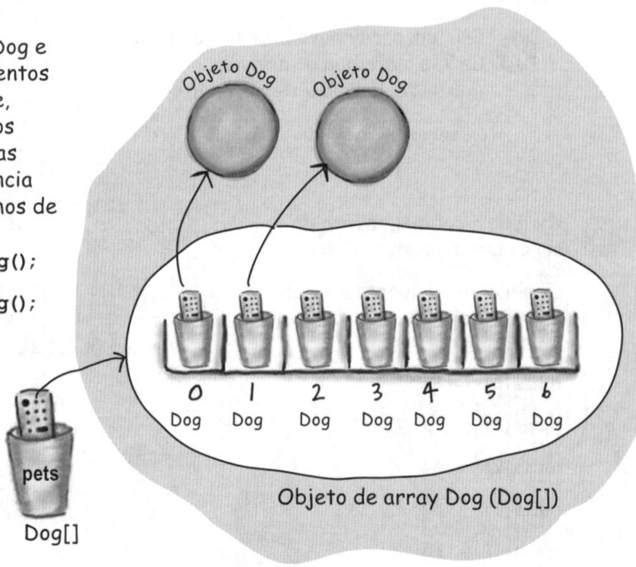

Aponte o seu lápis

Qual é o valor atual de pets[2]?

____

Qual código faria pets[3] referenciar um dos dois objetos Dog existentes?

____

Dog
name
bark() eat() chaseCat()

Controle seu objeto Dog

(com uma variável de referência)

```
Dog fido = new Dog();

fido.name = "Fido";
```

Criamos um objeto Dog e usamos o operador ponto na variável de referência ***fido*** para acessar a variável name.*

É possível usar a referência ***fido*** para fazer dog bark() ou eat() ou chaseCat().

```
fido.bark();

fido.chaseCat();
```

Para o Java, o tipo importa.

Após declarar um array, você não pode inserir nada nele, exceto coisas que sejam de um tipo de array compatível.

Por exemplo, não podemos inserir um objeto Cat em um array Dog (seria medonho se alguém achasse que só existem cachorros no array, e pedisse para que cada um deles latisse e descobrisse, para seu horror, que existe um gato à espreita). E você não pode inserir um `double` em um array `int` (vazamento, lembra?). No entanto, é possível inserir um `byte` em um array `int`, pois um `byte` sempre caberá em um copo de tamanho `int`. Isso é conhecido como conversão implícita. Mais tarde, entraremos em detalhes. Por ora, lembre-se de que o compilador não permitirá que você insira a coisa errada em um array, com base no tipo de array declarado.

O que acontece se o Dog estiver em um array Dog?

Sabemos que podemos acessar as variáveis e métodos de instância de Dog com operador ponto, mas *onde*?

Quando o objeto Dog estiver em um array, não teremos uma variável name real (como ***fido***). Em vez disso, usamos a notação de array e pressionamos o botão do controle remoto (operador ponto) do objeto em um determinado índice (posição) no array:

```
Dog[] myDogs = new Dog[3];

myDogs[0] = new Dog();

myDogs[0].name = "Fido";

myDogs[0].bark();
```

*Sim, sabemos que não estamos demonstrando encapsulamento aqui, mas estamos tentando simplificar por ora. No Capítulo 4, veremos o encapsulamento.

Um exemplo de Dog

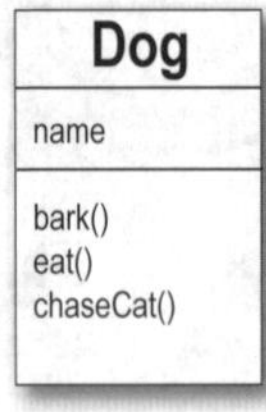


```
class Dog {
  String name;

  public static void main(String[] args) {
    // Cria um objeto Dog e o acessa
    Dog dog1 = new Dog();
    dog1.bark();
    dog1.name = "Bart";

    // Agora cria um array Dog
    Dog[] myDogs = new Dog[3];
    // e insere alguns dogs nele
    myDogs[0] = new Dog();
    myDogs[1] = new Dog();
    myDogs[2] = dog1;

    // Agora acessa Dogs usando as referências
    // do array
    myDogs[0].name = "Fred";
    myDogs[1].name = "Marge";

    // Hmmmm... qual é o nome de Dogs[2]?
    System.out.print("last dog's name is ");
    System.out.println(myDogs[2].name);

    // Agora itera com um loop o array
    // e instrui dogs a latir (bark)
    int x = 0;
    while (x < myDogs.length) {
      myDogs[x].bark();
      x = x + 1;
    }
  }

  public void bark() {
    System.out.println(name + " says Ruff!");
  }

  public void eat() {
  }

  public void chaseCat() {
  }
}
```

Strings são um tipo especial de objeto. Você pode criá-las e atribuí-las como se fossem variáveis primitivas (mesmo que sejam de referências).

Os arrays têm um 'tamanho' variável que fornece o número de elementos no array.

Saída

```
File Edit Window Help Howl
%java Dog
null says Ruff!
last dog's name is Bart
Fred says Ruff!
Marge says Ruff!
Bart says Ruff!
```

PONTOS DE BALA

- As variáveis são de dois tipos: primitivas e de referência.
- As variáveis sempre devem ser declaradas com um nome e com um tipo.
- O valor de uma variável primitiva são os bits que a representam (5, 'a', True, 3,1416 etc.).
- O valor de uma variável de referência são os bits que representam uma maneira de acessar um objeto na heap.
- Uma variável de referência é como um controle remoto. Usar o operador ponto (.) em uma variável de referência é como pressionar um botão no controle remoto para acessar um método ou uma variável de instância.
- Uma variável de referência tem valor `null` quando não está referenciando nenhum objeto.
- Um array é sempre um objeto, mesmo que seja declarado para armazenar variáveis primitivas. Não existe array primitivo, e sim um array que *armazena* variáveis primitivas.

SEJA o compilador

Nesta página, cada um dos arquivos representa um arquivo-fonte completo. Sua tarefa é passá-los ao compilador e determinar se cada um desses arquivos será compilado e executado sem exceção. Caso não sejam compilados, qual seria a sua solução?

A

```
class Books {
  String title;
  String author;
}

class BooksTestDrive {
  public static void main(String[] args) {
    Books[] myBooks = new Books[3];
    int x = 0;
    myBooks[0].title = "The Grapes of Java";
    myBooks[1].title = "The Java Gatsby";
    myBooks[2].title = "The Java Cookbook";
    myBooks[0].author = "bob";
    myBooks[1].author = "sue";
    myBooks[2].author = "ian";

    while (x < 3) {
      System.out.print(myBooks[x].title);
      System.out.print(" by ");
      System.out.println(myBooks[x].author);
      x = x + 1;
    }
  }
}
```

B

```
class Hobbits {
  String name;

  public static void main(String[] args) {
    Hobbits[] h = new Hobbits[3];
    int z = 0;

    while (z < 4) {
      z = z + 1;
      h[z] = new Hobbits();
      h[z].name = "bilbo";
      if (z == 1) {
        h[z].name = "frodo";
      }
      if (z == 2) {
        h[z].name = "sam";
      }
      System.out.print(h[z].name + " is a ");
      System.out.println("good Hobbit name");
    }
  }
}
```

Respostas na página 68.

Exercício

Ímãs de Código

Um programa Java funcional está todo embaralhado na porta da geladeira. Você consegue reconstruir os trechos de código para criar um programa Java funcional que gere a saída listada abaixo? Algumas chaves caíram no chão e eram muito pequenas para pegarmos. Ou seja: fique à vontade para adicionar quantas chaves precisar!

```
int y = 0;
```

```
ref = index[y];
```

```
islands[0] = "Bermuda";
islands[1] = "Fiji";
islands[2] = "Azores";
islands[3] = "Cozumel";
```

```
int ref;
while (y < 4) {
```

```
System.out.println(islands[ref]);
```

```
index[0] = 1;
index[1] = 3;
index[2] = 0;
index[3] = 2;
```

```
String [] islands = new String[4];
```

```
System.out.print("island = ");
```

```
int [] index = new int[4];
```

```
y = y + 1;
```

```
File Edit Window Help Sunscreen
% java TestArrays
island = Fiji
island = Cozumel
island = Bermuda
island = Azores
```

```
class TestArrays {

  public static void main(String [] args) {
```

Respostas na página 68.

Quebra-cabeças na Piscina

Sua ***tarefa*** é pegar os trechos de código da piscina e inseri-los nas linhas em branco ao lado. **Não** use o mesmo trecho de código mais de uma vez e não precisa usar todos os trechos. Seu ***objetivo*** é criar uma classe que compilará, executará e gerará a saída listada.

(Às vezes não usamos uma classe de teste separada porque estamos tentando economizar espaço na página.)

```
class Triangle {
  double area;
  int height;
  int length;

  public static void main(String[] args) {
    ____________________
    ____________________
    while ( ____________________ ) {
      ____________________
      _______.height = (x + 1) * 2;
      _______.length = x + 4;
      ____________________
      System.out.print("triangle " + x + ", area");
      System.out.println(" = " + _________.area);
      ____________________
    }
    ____________________
    x = 27;
    Triangle t5 = ta[2];
    ta[2].area = 343;
    System.out.print("y = " + y);
    System.out.println(", t5 area = " + t5.area);
  }
  void setArea() {
    ____________________ = (height * length) / 2;
  }
}
```

Saída

```
File Edit Window Help Bermuda
%java Triangle
triangle 0, area = 4.0
triangle 1, area = 10.0
triangle 2, area = 18.0
triangle 3, area = _____
y = ___________
```

Pergunta Bônus!

Para obter pontos extras de bônus, use trechos da piscina para preencher a saída ausente (acima).

Observação: Os trechos daqui podem ser usados mais de uma vez!

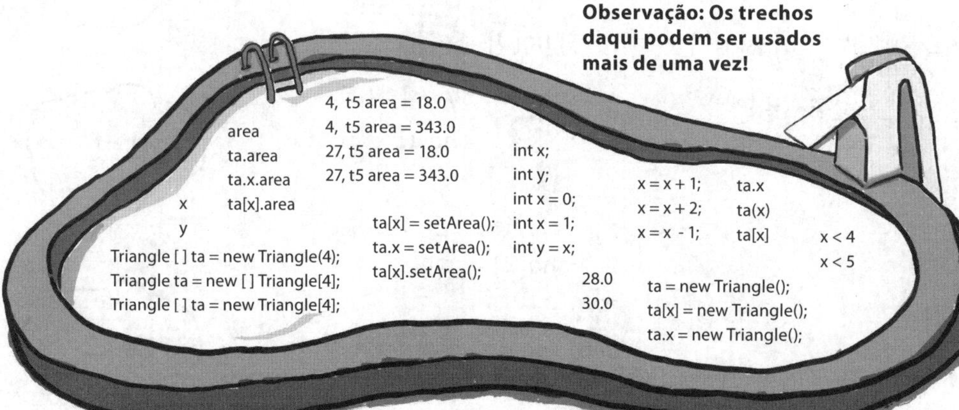

Respostas na página 69.

Uma Heap de Problemas

Um pequeno programa Java está listado à direita. Quando a linha "// Faz coisas" for alcançada, alguns objetos e algumas variáveis de referência terão sido criados. Sua tarefa é determinar quais variáveis de referência referenciam quais objetos. Nem todas as variáveis de referência serão usadas e alguns objetos podem ser referenciados mais de uma vez. Trace linhas conectando as variáveis de referência com seus objetos correspondentes.

Dica: A menos que você seja mais inteligente do que nós, provavelmente precisará desenhar diagramas como os das páginas 57–60 deste capítulo. Use um lápis para desenhá-los e, depois, apague o que conectou com as referências (as setas que vão de um controle remoto de referência a um objeto).

```
class HeapQuiz {
  int id = 0;

  public static void main(String[] args) {
    int x = 0;
    HeapQuiz[] hq = new HeapQuiz[5];
    while (x < 3) {
      hq[x] = new HeapQuiz();
      hq[x].id = x;
      x = x + 1;
    }
    hq[3] = hq[1];
    hq[4] = hq[1];
    hq[3] = null;
    hq[4] = hq[0];
    hq[0] = hq[3];
    hq[3] = hq[2];
    hq[2] = hq[0];
    // Faz coisas
  }
}
```

Combine cada variável de referência com o(s) objeto(s) correspondente(s). Talvez você não use todas as referências.

Variáveis de Referência:

Objetos HeapQuiz:

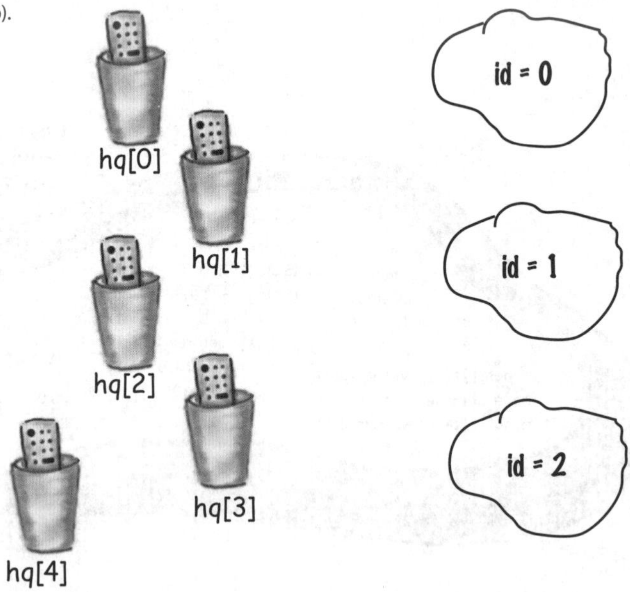

→ Respostas na página 69.

O caso das referências furtadas

Sherlock Holmes por Cinco Minutos

Era uma noite escura e chuvosa. Tawny entrou no cubículo dos programadores como se fosse a dona do escritório. Ela sabia que todos ainda estariam trabalhando arduamente e queria ajuda. Tawny precisava de um método novo adicionado à classe principal que deveria ser passada ao celular novo e ultrassecreto de um cliente, que rodava em Java. Na memória do celular, o espaço da heap era muito pequeno e todos já sabiam disso. No cubículo, a agitação frenética silenciou quando ela se encaminhou para o quadro branco. Tawny esboçou uma breve visão geral da funcionalidade do método novo e encarou lentamente a sala. "Bom, pessoal, estamos em uma fase crítica", resmungou. "Quem criar uma versão mais eficiente de memória desse método me acompanhará à festa de lançamento do cliente na Ilha de Maui, amanhã, no Havaí... Para me ajudar a instalar o novo software."

Na manhã seguinte, Tawny entrou no escritório. "Senhoras e senhores", sorriu, "o avião parte em algumas horas, mostrem-me o que vocês têm!" Bob foi primeiro; quando começou a esboçar seu projeto no quadro branco, Tawny disse: "Vamos direto ao ponto, Bob, me mostre como lidou com a atualização da lista de objetos Contact". Bob rapidamente mostrou um fragmento de código.

```
Contact [] contacts = new Contact[10];
while (x < 10 ) {   // Cria 10 objetos contact
  contacts[x] = new Contact();
  x = x + 1;
}
// Faz atualização complicada da lista Contact com contatos
```

"Tawny, sei que estamos com pouca memória, mas sua especificação elenca que tínhamos que ser capazes de acessar informações de contato individuais para todos os dez contatos permitidos; esse foi o melhor esquema que consegui criar", disse Bob. Kate foi a próxima, já imaginando coquetéis de coco na festa, "Bob, sua solução não é nada elegante, não é mesmo?" Kate sorriu, "Veja essa belezura":

```
Contact contactRef;
while ( x < 10 ) {   // Cria 10 objetos contact
  contactRef = new Contact();
  x = x + 1;
}
// Faz atualização complicada da lista Contacts com contactRef
```

"Não usei muitas variáveis de referência que poderiam comprometer a memória, caro Bob. Ou seja, pode guardar seu protetor solar", brincou Kate. "Muita calma nessa hora, Kate!" disse Tawny, "Você usou menos memória, mas é Bob quem vai me acompanhar."

Por que Tawny escolheu o método de Bob em vez do de Kate, já que o de Kate usava menos memória?

→ Respostas na página 69.

Aponte o seu lápis (página 52)

1. int x = 34.5; ✗
2. boolean boo = x; ✗
3. int g = 17; ✓
4. int y = g; ✓
5. y = y + 10; ✓
6. short s; ✓
7. s = y; ✗
8. byte b = 3; ✓
9. byte v = b; ✓
10. short n = 12; ✓
11. v = n; ✗
12. byte k = 128; ✗

Ímãs de Código (página 64)

```
class TestArrays {
  public static void main(String[] args) {
    int[] index = new int[4];
    index[0] = 1;
    index[1] = 3;
    index[2] = 0;
    index[3] = 2;
    String[] islands = new String[4];
    islands[0] = "Bermuda";
    islands[1] = "Fiji";
    islands[2] = "Azores";
    islands[3] = "Cozumel";
    int y = 0;
    int ref;
    while (y < 4) {
      ref = index[y];
      System.out.print("island = ");
      System.out.println(islands[ref]);
      y = y + 1;
    }
  }
}
```

```
File Edit Window Help Sunscreen
% java TestArrays
island = Fiji
island = Cozumel
island = Bermuda
island = Azores
```

SEJA o compilador (página 63)

A

```
class Books {
  String title;
  String author;
}

class BooksTestDrive {
  public static void main(String[] args) {
    Books[] myBooks = new Books[3];
    int x = 0;
    myBooks[0] = new Books();
    myBooks[1] = new Books();
    myBooks[2] = new Books();
    myBooks[0].title = "The Grapes of Java";
    myBooks[1].title = "The Java Gatsby";
    myBooks[2].title = "The Java Cookbook";
    myBooks[0].author = "bob";
    myBooks[1].author = "sue";
    myBooks[2].author = "ian";
    while (x < 3) {
      System.out.print(myBooks[x].title);
      System.out.print(" by ");
      System.out.println(myBooks[x].author);
      x = x + 1;
    }
  }
}
```

Lembre-se: temos que criar o objeto Book!

B

```
class Hobbits {
  String name;

  public static void main(String[] args) {
    Hobbits[] h = new Hobbits[3];
    int z = -1;
    while (z < 2) {
      z = z + 1;
      h[z] = new Hobbits();
      h[z].name = "bilbo";
      if (z == 1) {
        h[z].name = "frodo";
      }
      if (z == 2) {
        h[z].name = "sam";
      }
      System.out.print(h[z].name + " is a ");
      System.out.println("good Hobbit name");
    }
  }
}
```

Lembre-se: os arrays começam com o elemento 0!

Solução dos Quebra-cabeças

Quebra-cabeças na Piscina (página 65)

```
class Triangle {
  double area;
  int height;
  int length;

  public static void main(String[] args) {
    int x = 0;
    Triangle[] ta = new Triangle[4];
    while (x<4) {
      ta[x] = new Triangle();
      ta[x].height = (x + 1) * 2;
      ta[x].length = x + 4;
      ta[x].setArea();
      System.out.print("triangle " + x +
                       ", area");
      System.out.println(" = " + ta[x].area);
      x = x + 1;
    }
    int y = x;
    x = 27;
    Triangle t5 = ta[2];
    ta[2].area = 343;
    System.out.print("y = " + y);
    System.out.println(", t5 area = " +
                       t5.area);
  }

  void setArea() {
    area = (height * length) / 2;
  }
}
```

```
File Edit Window Help Bermuda
%java Triangle
triangle 0, area = 4.0
triangle 1, area = 10.0
triangle 2, area = 18.0
triangle 3, area = 28.0
y = 4, t5 area = 343.0
```

Sherlock Holmes por Cinco Minutos (página 67)

O caso das referências furtadas

Tawny percebeu que o método de Kate tinha uma falha grave. É verdade que ela não usou tantas variáveis de referência quanto Bob, mas não havia como acessar nenhuma, exceto o último dos objetos Contact que seu método criou. A cada passagem pelo loop, ela estava atribuindo um objeto novo a uma variável de referência, de modo que o objeto referenciado anteriormente era abandonado na heap — ficando *inacessível*. Sem acesso a nove dos dez objetos criados, o método de Kate não servia para nada.

(O software foi um tremendo sucesso e o cliente deu a Tawny e Bob uma semana extra no Havaí. Gostaríamos de lhe dizer que, ao terminar este livro, você também poderá conseguir coisas assim.)

Uma Heap de Problemas (página 66)

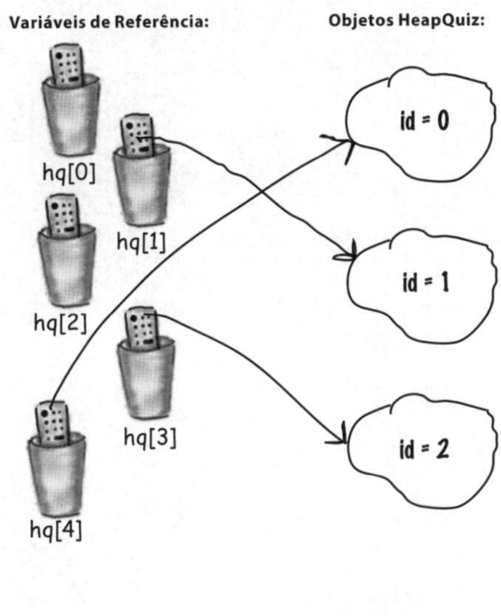

Solução dos Quebra-cabeças

4 métodos usam variáveis de instância

Como os Objetos Se Comportam

O estado influencia o comportamento, o comportamento influencia o estado. Sabemos que os objetos têm **estado** e **comportamento**, representados pelas **variáveis de instância** e pelos **métodos**. Mas até agora, não vimos como estado e comportamento estão *relacionados*. Já sabemos que cada instância de uma classe (cada objeto de um tipo específico) pode ter os próprios valores exclusivos para suas variáveis de instância. Dog A pode ter o *nome* "Fido" e o *peso* de 31 quilos. Dog B pode se chamar "Killer" e pesar 4 quilos. A classe Dog tem um método makeNoise(). Ou seja, você acha mesmo que um cachorro de 31 quilos latirá mais alto do que um de 4 quilos? (Assumindo que o som irritante de um grunhido possa ser considerado um *latido*.) Felizmente, esse é o propósito de um objeto: seu *comportamento* afeta *seu estado*. Ou seja, os ***métodos usam os valores das variáveis de instância.*** Tipo, "se um cachorro pesar menos que 6 quilos, gere um grunhido, caso contrário... Aumente o peso em 3 quilos". ***Bora mudar alguns estados!***

Lembre-se: uma classe descreve o que um objeto conhece e o que um objeto faz

Uma classe é o modelo de um objeto. Ao escrever uma classe, estamos descrevendo como a JVM deve criar um objeto desse tipo. Você já sabe que todo objeto desse tipo pode ter diferentes valores de variável de instância. Mas e os métodos?

Cada objeto desse tipo pode ter um método com comportamento diferente?

Então... ***Mais ou menos.****

Ainda que cada instância de uma determinada classe tenha os mesmos métodos, esses métodos podem se *comportar* de forma diferente com base no valor das variáveis de instância.

A classe Song tem duas variáveis de instância, *title* e *artist*. Ao chamar o método play() em uma instância, ele reproduz a música representada pelo valor das variáveis de instância *title* e *artist* dessa instância. Assim, se chamarmos o método play() em uma instância, ouviremos a música "Havana", de Camila Cabello, enquanto outra instância toca "Sing", de Travis. No entanto, o código do método é o mesmo.

```
void play() {
    soundPlayer.playSound(title, artist);
}
```

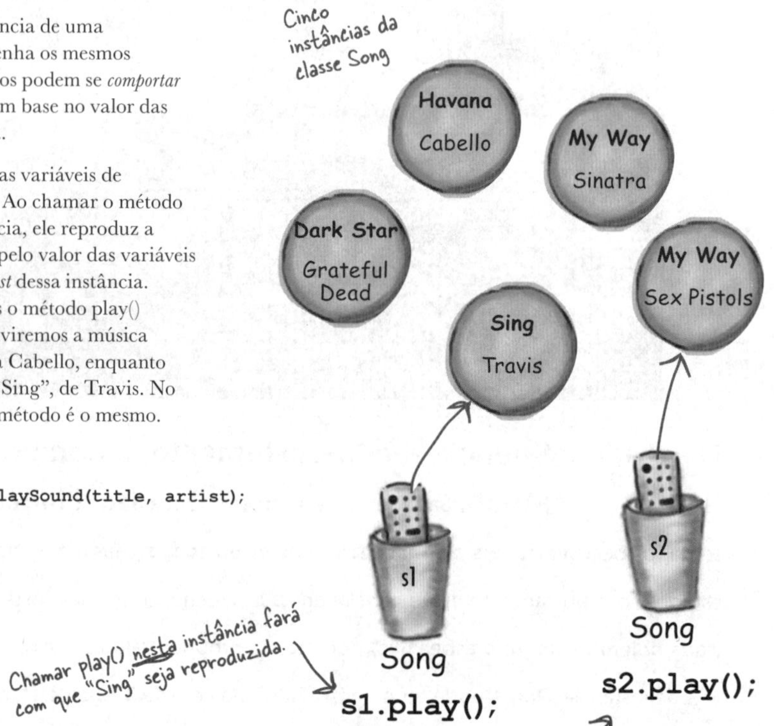

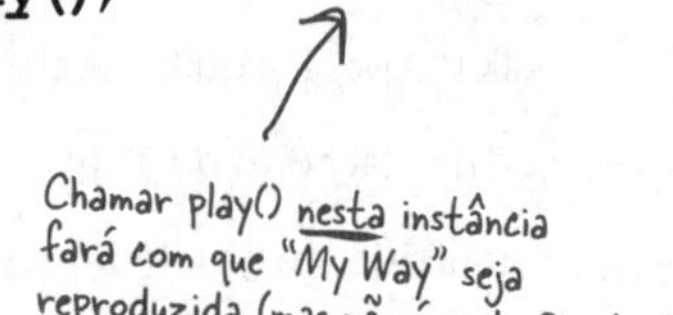


```
Song song1 = new Song();
song1.setArtist("Travis");
song1.setTitle("Sing");
Song song2 = new Song();
song2.setArtist("Sex Pistols");
song2.setTitle("My Way");
```

*Sim, outra resposta absurdamente "clara".

O tamanho influencia o latido

O latido de um cachorro de pequeno porte é diferente do latido de um cachorro grande. A classe Dog tem uma variável de instância *size* que o método *bark()* usa com o intuito de decidir que tipo de som de latido deve ser criado.

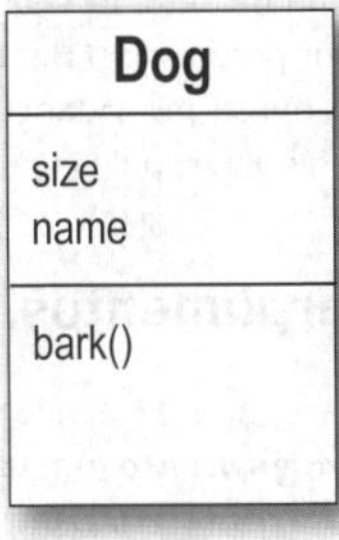


```
class Dog {
  int size;
  String name;

  void bark() {
    if (size > 60) {
      System.out.println("Wooof! Wooof!");
    } else if (size > 14) {
      System.out.println("Ruff!  Ruff!");
    } else {
      System.out.println("Yip! Yip!");
    }
  }
}
```

```
class DogTestDrive {

  public static void main(String[] args)
{
    Dog one = new Dog();
    one.size = 70;
    Dog two = new Dog();
    two.size = 8;
    Dog three = new Dog();
    three.size = 35;

    one.bark();
    two.bark();
    three.bark();
  }
}
```

```
File Edit Window Help Playdead
%java DogTestDrive
Wooof! Wooof!
Yip! Yip!
Ruff!  Ruff!
```

Podemos enviar valores para um método

Como se espera de qualquer linguagem de programação, podemos passar valores para nossos métodos. Por exemplo, talvez instruir um objeto Dog a quantas vezes latir ao chamar:

```
d.bark(3);
```

Dependendo da experiência em programação e das preferências pessoais, podemos usar o termo *argumentos* ou talvez *parâmetros* para os valores passados a um método. Em ciência de computação, mesmo que existam distinções tradicionais, elaboradas por pessoas extremamente técnicas e acadêmicas e que, sem dúvida, não lerão este livro, temos outras prioridades. Sendo assim, *você* pode usar o termo que bem entender (argumentos, donuts, bola de pelo etc.), desde que adote a seguinte convenção:

Uma chamada ou chamador passa argumentos. Um método recebe parâmetros.

Argumentos são valores que passamos aos métodos. Um ***argumento*** (um valor como 2, Foo ou uma referência a Dog) é inserido em um… Adivinhe só? ***Parâmetro***. E um parâmetro nada mais é do que uma variável local, com um tipo e um nome, que pode ser usada dentro do corpo do método.

Mas o importante é: **Se um método recebe um parâmetro, é *necessário* passar algo a ele ao chamá-lo.** Esse algo deve ser um valor com um tipo adequado.

1 Na variável de referência Dog, chame o método bark e passe o valor 3 (como argumento do método).

```
Dog d = new Dog();
d.bark(3);
```

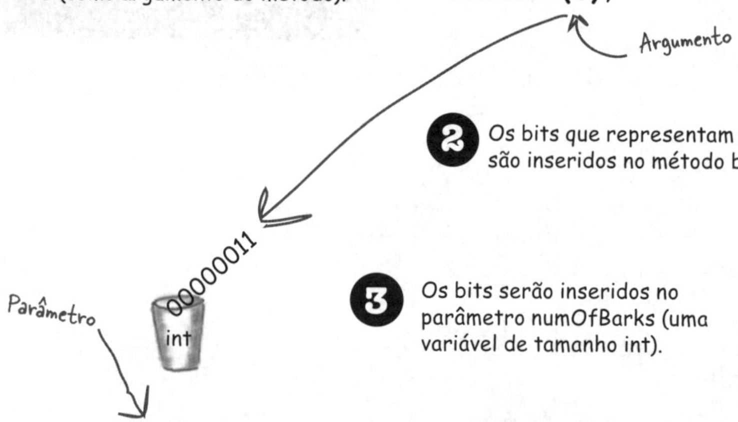

2 Os bits que representam o valor int 3 são inseridos no método bark.

3 Os bits serão inseridos no parâmetro numOfBarks (uma variável de tamanho int).

```
void bark(int numOfBarks) {
  while (numOfBarks > 0) {
    System.out.println("ruff");
    numOfBarks = numOfBarks - 1;
  }
}
```

4 No código do método, utilize o parâmetro numOfBarks como variável.

Um método pode *retornar* coisas

Métodos também podem *retornar* valores. Cada método é declarado com um tipo de retorno. Mas, até agora, criamos todos os nossos métodos com um tipo de retorno **void**. Ou seja, não retornam nada.

```
void go() {

}
```

No entanto, podemos declarar um método que retorne um tipo específico de valor ao chamador, como:

```
int giveSecret() {
  return 42;
}
```

Caso declare um método para retornar um valor, *deverá* retornar um valor do tipo declarado! (Ou um valor *compatível* com o tipo declarado. Nos Capítulos 7 e 8, falaremos mais a respeito quando aprendermos polimorfismo.)

Seja lá o que você declarou para retornar, é bom que retorne mesmo.

O compilador não permitirá que você retorne o tipo de valor errado.

```
int theSecret = life.giveSecret();

int giveSecret() {
  return 42;
}
```

Esses tipos devem ser compatíveis.

Esse valor precisa caber em um int!

Os bits que representam 42 são retornados do método giveSecret() e inseridos na variável chamada theSecret.

Podemos enviar mais de um valor para um método

Os métodos podem ter múltiplos parâmetros. Basta separá-los com vírgulas ao declará-los e separe os argumentos com vírgulas ao passá-los. Mais importante ainda, se um método tiver parâmetros, você *deve* passar argumentos do tipo e ordem corretos.

Chamando um método de dois parâmetros e enviando dois argumentos

```
void go() {
  TestStuff t = new TestStuff();
  t.takeTwo(12, 34);
}
```

Os argumentos passados ficam na mesma ordem em que você os passou. O primeiro argumento fica no primeiro parâmetro, o segundo no segundo parâmetro e assim por diante.

```
void takeTwo(int x, int y) {
  int z = x + y;
  System.out.println("Total is " + z);
}
```

Podemos passar variáveis para um método, desde que o tipo de variável corresponda ao tipo de parâmetro

```
void go() {
   int foo = 7;
   int bar = 3;
   t.takeTwo(foo, bar);
}
```

Os valores de foo e bar ficam nos parâmetros x e y. Então, agora os bits em x são idênticos aos bits em foo (o padrão de bits para o inteiro '7') e os bits em y são idênticos aos bits em bar.

```
void takeTwo(int x, int y) {
   int z = x + y;
   System.out.println("Total is " + z);
}
```

Qual é o valor de z? É o mesmo que você obteria se somasse foo + bar ao passá-los para o método takeTwo.

No Java, passagem por valor significa passagem por cópia.

Fixe na memória

Rosas são vermelhas
Esse poema causa dor
passagem por cópia
é passagem por valor.

Consegue fazer melhor? Tente. Substitua nosso segundo verso besta pelo seu. Melhor ainda, faça um com suas próprias palavras e nunca se esquecerá.

```
int x = 7;
```

1 Declare uma variável int e atribua a ela o valor '7'. O padrão de bits de 7 será inserido na variável chamada x.

```
void go(int z){ }
```

2 Declare um método com um parâmetro int chamado z.

```
foo.go(x);
void go(int z){ }
```

3 Chame o método go(), passando a variável x como argumento. Os bits em x são copiados e a cópia será inserida em z.

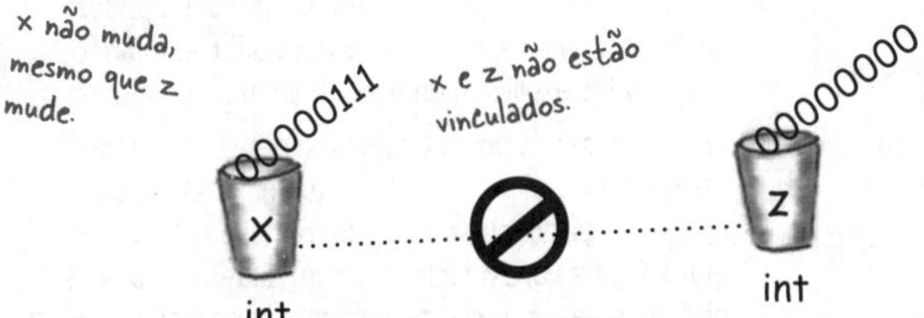


```
void go(int z){
   z = 0;
}
```

4 Dentro do método, altere o valor de z. O valor de x não muda! O argumento passado para o parâmetro z era apenas uma cópia de x.

O método não pode alterar os bits que estavam na variável que x chamou.

não existem Perguntas Idiotas

P: O que acontece se o argumento que quero passar for um objeto em vez de uma variável primitiva?

R: Nos próximos capítulos, aprenderemos mais a respeito, mas você já *sabe* a resposta. O Java passa *tudo* por valor. ***Tudo***. *Valor* significa *bits dentro da variável*. Lembre-se: não podemos inserir objetos em variáveis, pois a variável é um controle remoto, uma *referência a um objeto*. Logo, se passar uma referência a um objeto para um método, estará passando uma *cópia do controle remoto*. Fique atento, falaremos mais sobre isso.

P: Um método pode declarar múltiplos valores de retorno? Ou existe uma forma de retornar mais de um valor?

R: Mais ou menos. Um método pode declarar apenas um valor de retorno. MAS, se quiser retornar três valores int, o tipo de retorno declarado pode ser um *array* int. No array, insira esses ints e passe-os de volta. Retornar múltiplos valores com tipos diferentes é mais complicado. Mais adiante, veremos isso quando estudarmos ArrayList.

P: Devo retornar o tipo exato que declarei?

R: Pode-se retornar qualquer coisa *implicitamente* a esse tipo. Você pode passar um byte onde um int é esperado. O chamador não se importará, pois o byte se encaixa perfeitamente no int que usará para atribuir o resultado. Use um cast *explícito* quando o tipo declarado for *menor* do que o que você está tentando retornar (veremos isso no Capítulo 5).

P: Faço algo com o valor de retorno de um método? Posso ignorá-lo?

R: Não precisamos saber o valor de retorno. Você pode chamar um método com um tipo de retorno que não seja void, mesmo que não se importe com o valor de retorno. Ou seja, chamamos o método pela tarefa que executa *dentro* do método, e não pelo que o método *retorna*. Em Java, não precisamos atribuir ou usar o valor de retorno.

Lembre-se: Para o Java, o tipo importa!

Não podemos retornar uma Girafa quando o tipo de retorno é declarado como um Coelho. Mesma coisa com os parâmetros. Não podemos passar uma girafa para um método que aceita um coelho.

PONTOS DE BALA

- Classes definem o que um objeto conhece e o que um objeto faz.
- As coisas que um objeto conhece são suas **variáveis de instância** (estado).
- As coisas que um objeto faz são seus **métodos** (comportamento).
- Métodos podem usar variáveis de instância para que objetos do mesmo tipo possam se comportar de maneira diferente.
- Um método pode ter parâmetros, ou seja, é possível passar um ou mais valores para o método.
- O número e o tipo de valores que você passa devem corresponder à ordem e ao tipo dos parâmetros declarados pelo método.
- Valores passados dentro e fora dos métodos podem ser implicitamente promovidos para um tipo maior ou *convertidos* explicitamente (*cast*) em um tipo menor.
- O valor passado como argumento para um método pode ser um valor literal (2, 'c' etc.) ou uma variável do tipo de parâmetro declarado (por exemplo, *x* em que *x* é uma variável int). (Existem outras coisas que podemos passar como argumentos, mas ainda não chegamos lá.)
- Um método *deve* declarar um tipo de retorno. Um tipo de retorno void significa que o método não retorna nada.
- Se um método declara um tipo de retorno que não seja void, *deve* retornar um valor compatível com o tipo de retorno declarado.

Coisas legais que podemos fazer com parâmetros e com tipos de retorno

Agora que já vimos como parâmetros e tipos de retorno funcionam, é hora de usá-los devidamente: vamos criar métodos **Getters** e métodos **Setters**. Caso queira usar nomes formais, pode preferir chamá-los de *Acessadores* e *Mutadores*, mesmo sendo perda de tempo. Além do mais, os termos Getters e Setters estão de acordo com as convenções Java de nomenclatura, por isso, vamos chamá-los assim.

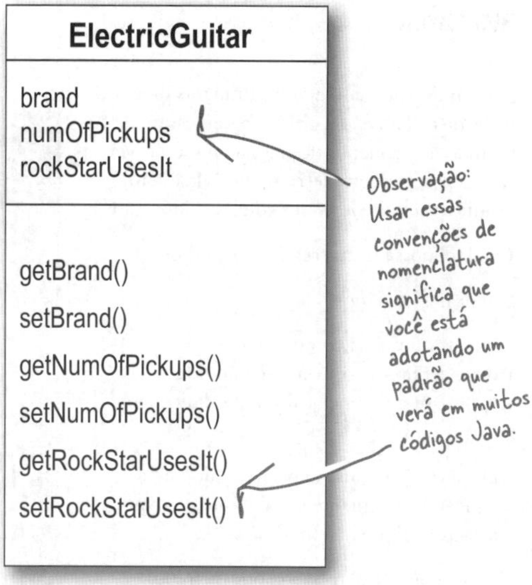

Os métodos Getter e Setter possibilitam *obter e definir coisas*, em geral, valores de variáveis de instância. O único propósito de um método Getter é retornar o valor de qualquer coisa que esteja obtendo como valor de retorno. Assim, provavelmente não é nenhuma surpresa que o papel do método Setter seja esperar a chance de receber um valor de argumento e usá-lo para *definir* o valor de uma variável de instância.

```
class ElectricGuitar {
  String brand;
  int numOfPickups;
  boolean rockStarUsesIt;

  String getBrand() {
    return brand;
  }

  void setBrand(String aBrand) {
    brand = aBrand;
  }

  int getNumOfPickups() {
    return numOfPickups;
  }

  void setNumOfPickups(int num) {
    numOfPickups = num;
  }

  boolean getRockStarUsesIt() {
    return rockStarUsesIt;
  }

  void setRockStarUsesIt(boolean yesOrNo) {
    rockStarUsesIt = yesOrNo;
  }
}
```

Encapsulamento

Faça ou corra o risco de ser humilhado e avacalhado.

Até o momento, cometemos uma das piores gafes de orientação a objeto (e não estamos falando de pequenos deslizes, como escrever Java sem a primeira letra maiúscula). Não, estamos falando de Gafes com G maiúsculo.

Qual foi nossa transgressão vergonhosa?

Expor nossos dados!

Aqui estamos nós, como se nada tivesse acontecido e como se não nos importássemos em expor nossos dados para *qualquer um* ver e até mesmo acessá-los.

Talvez você já tenha experimentado a sensação ligeiramente inquietante de expor suas variáveis de instância.

Exposto significa acessível por meio do operador ponto, como:

```
theCat.height = 27;
```

Considere usar nosso controle remoto para alterar diretamente o tamanho da variável de instância do objeto Cat. Nas mãos da pessoa errada, uma variável de referência (controle remoto) é uma arma perigosíssima, pois nada impediria que:

```
theCat.height = 0;
```

Minha Nossa Senhora da Bicicletinha, não podemos deixar isso acontecer!

Seria horrível. Precisamos criar métodos setter para todas as variáveis de instância e encontrar um modo de forçar outro código a chamar os setters em vez de acessar os dados diretamente.

Ao forçar todos a chamar um método setter, podemos proteger Cat contra mudanças inaceitáveis de tamanho.

```
public void setHeight(int
ht) {
    if (ht > 9) {
        height = ht;
    }
}
```

Inserimos verificações para assegurar a altura mínima (ht) de Cat.

Oculte os dados

Sim, é *muito* simples passar de uma implementação com dados inválidos para uma que protege seus dados *e* seu direito de modificar a implementação posteriormente.

Tá, mas como *ocultar* dados? Com os modificadores de acesso **`public`** e **`private`**. Você já está familiarizado com o **`public`** — o usamos com todos os métodos main.

Vejamos uma regra prática e *inicial* de encapsulamento (todas as isenções de responsabilidade relacionadas às regras práticas estão vigentes): marque suas variáveis de instância como ***private*** e forneça métodos getters e setters como ***public*** para controle de acesso. Quando você for mais experiente com design e programação Java, fará diferente, mas, por ora, essa abordagem o manterá seguro.

Marque as variáveis de instância como private.

Marque os métodos getter e setter como public.

"Infelizmente, Bill se esqueceu de encapsular a classe Cat e acabou com um gato achatado".

(No bebedouro, a fofoca edifica.)

Tudo Sobre o Java

Entrevista desta semana: Um objeto abre o jogo sobre o encapsulamento.

Use a Cabeça: Qual é o problema do encapsulamento?

Objeto: Já sonhou que estava palestrando para 500 pessoas e, do nada, percebe que está *sem roupa*?

Use a Cabeça: Sim, já sonhei. É igual ao sonho do Pilates em que... Esquece! Você se sente nu. Além de ficar um pouco exposto, é perigoso?

Objeto: Se é perigoso? *Perigoso*? [começa a rir] Ouviram isso, instâncias? [rolando de tanto rir]

Use a Cabeça: Qual é a graça? Me parece uma pergunta razoável.

Objeto: Tá, vou explicar. É que... [não consegue controlar o riso].

Use a Cabeça: Está tudo bem? Quer um copo de água?

Objeto: Eita! Ufa. Não, estou bem. Agora é sério. Prossiga.

Use a Cabeça: O encapsulamento o protege contra o quê?

Objeto: O encapsulamento gera um campo de força ao redor de minhas variáveis de instância. Assim, ninguém consegue definir algo *inapropriado*.

Use a Cabeça: Pode exemplificar?

Objeto: Com prazer. A maioria dos valores de variável de instância é programada com certas suposições sobre seus limites. Pense em coisas que não funcionam com números negativos: a quantidade de banheiros de um escritório. A velocidade de um avião. Aniversários. O peso de halteres. Os números de telefone. A potência do forno de micro-ondas.

Use a Cabeça: Entendi, mas como o encapsulamento define limites?

Objeto: Forçando outro código a passar por métodos setters. Assim, o método setter consegue validar o parâmetro e decidir se é viável. Talvez o rejeite e não faça nada, ou lance uma exceção (como se um cartão de crédito tivesse o CPF inválido). Ou, talvez, arredonde o parâmetro enviado para o valor aceitável mais próximo. A questão é: podemos fazer o que quisermos no método setter, mas não podemos fazer *nada* se as variáveis de instância forem públicas.

Use a Cabeça: Às vezes, vejo métodos setters que simplesmente definem o valor sem verificar nada. Se tivermos uma variável de instância sem limite, o método setter não cria sobrecarga desnecessária? Ou impacta o desempenho?

Objeto: A questão com os métodos setters (e getters) é que ***podemos mudar de ideia depois, sem quebrar o código de ninguém!*** Imagine se metade das pessoas de uma empresa usasse classes com variáveis de instância públicas e, um dia, você percebesse: "Opa, não planejei esse valor, terei que mudar e usar um método setter". O código de todo mundo quebraria. O legal do encapsulamento é *que podemos mudar de ideia* e ninguém se prejudica. O ganho de desempenho com o uso direto de variáveis é ínfimo e raramente — *ou nunca* — vale a pena.

Encapsulando a classe GoodDog

GoodDog
size
getSize( ) setSize( ) bark( )

Torne a variável de instância private.

Torne os métodos getter e setter public.

Mesmo que os métodos não adicionem novas funcionalidades, o bom é que você pode mudar de ideia depois. Pode voltar e tornar um método mais seguro, mais rápido e melhor.

```
class GoodDog {
  private int size;

  public int getSize() {
    return size;
  }

  public void setSize(int s) {
    size = s;
  }

  void bark() {
    if (size > 60) {
      System.out.println("Wooof! Wooof!");
    } else if (size > 14) {
      System.out.println("Ruff!  Ruff!");
    } else {
      System.out.println("Yip! Yip!");
    }
  }
}

class GoodDogTestDrive {

  public static void main(String[] args) {
    GoodDog one = new GoodDog();
    one.setSize(70);
    GoodDog two = new GoodDog();
    two.setSize(8);
    System.out.println("Dog one: " + one.getSize());
    System.out.println("Dog two: " + two.getSize());
    one.bark();
    two.bark();
  }
}
```

Em um local no qual determinado valor pode ser usado, uma chamada de método que retorna esse tipo pode ser aplicada.

Em vez de:

int x = 3 + 24;

use:

int x = 3 + one.getSize();

Como os objetos em um array se comportam?

Como qualquer outro objeto. A única diferença é como acessá-los. Em outras palavras, como obtemos o controle remoto. Vamos tentar chamar métodos em objetos Dog e em um array.

1 Declare e crie um array Dog para armazenar sete referências Dog.

```
Dog[] pets;
pets = new Dog[7];
```

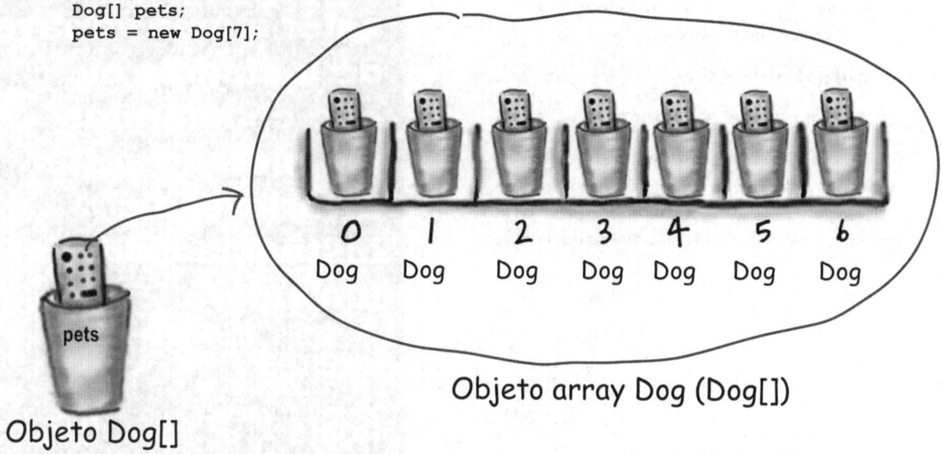

---

2 Crie dois novos objetos Dog e os atribua aos dois primeiros elementos do array.

```
pets[0] = new Dog();
pets[1] = new Dog();
```

3 Chame os métodos nos dois objetos Dog.

```
pets[0].setSize(30);
int x = pets[0].getSize();
pets[1].setSize(8);
```

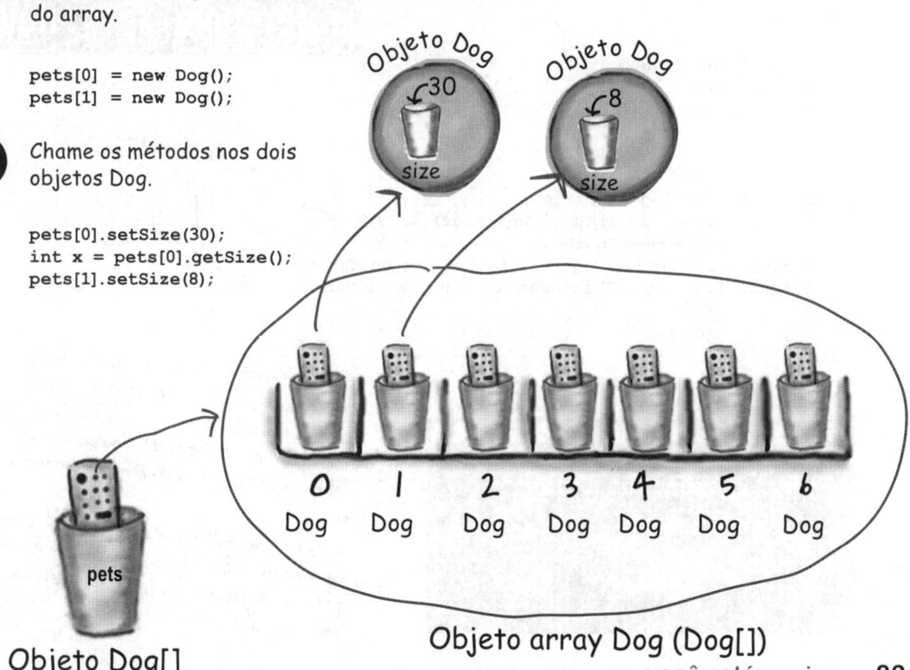

Declarando e inicializando variáveis de instância

Você já sabe que uma declaração de variável precisa de pelo menos um nome e um tipo:

```
int size;
String name;
```

E sabe que pode inicializar (atribuir um valor) a variável ao mesmo tempo:

```
int size = 420;
String name = "Donny";
```

Mas se você não inicializar uma variável de instância, o que acontece quando chamar um método getter? Dito de outro modo, qual é o *valor* de uma variável de instância *antes* de inicializá-la?

Variáveis de instância sempre obtêm um valor padrão. Se não atribuirmos explicitamente um valor a uma variável de instância ou não chamarmos um método setter, a variável de instância ainda terá um valor!

inteiros	0
floats	0.0
booleanos	false
referência	null

```
class PoorDog {
  private int size;
  private String name;

  public int getSize() {
    return size;
  }

  public String getName() {
    return name;
  }
}
```

Declara duas variáveis de instância, mas não atribui um valor.

O que será retornado?

```
public class PoorDogTestDrive {
  public static void main(String[] args) {
    PoorDog one = new PoorDog();
    System.out.println("Dog size is " + one.getSize());
    System.out.println("Dog name is " + one.getName());
  }
}
```

O que acha? Isso vai mesmo compilar?

```
File Edit Window Help CallVet
% java PoorDogTestDrive
Dog size is 0
Dog name is null
```

Não é necessário inicializar as variáveis de instância, porque elas sempre têm um valor padrão. Variáveis primitivas numéricas (incluindo char) obtêm 0, booleanos obtêm false e variáveis de referência de objeto obtêm null.

(Lembre-se, null significa apenas um controle remoto que não está controlando/programado para nada. Uma referência, mas nenhum objeto real.)

Diferença entre variáveis de instância e variáveis locais

1 Variáveis de **instância** são declaradas dentro de uma classe, não dentro de um método.

```
class Horse {
  private double height = 15.2;
  private String breed;
  // Mais código...
}
```

2 Variáveis **locais** são declaradas dentro de um método.

```
class AddThing {
  int a;
  int b = 12;

  public int add() {
    int total = a + b;
    return total;
  }
}
```

Variáveis de INSTÂNCIA.

Variáveis LOCAIS.

3 Variáveis **locais** devem ser inicializadas antes de serem usadas.

```
class Foo {
  public void go() {
    int x;
    int z = x + 3;
  }
}
```

Não vai compilar! Você pode declarar x sem um valor, mas assim que tentar USÁ-LA, o compilador surta.

```
File Edit Window Help Yikes
% javac Foo.java
Foo.java:4: variable x might
not have been initialized
      int z = x + 3;
1 error       ^
```

Variáveis locais NÃO recebem um valor padrão! O compilador reclama se você tentar usar uma variável local antes de inicializá-la.

não existem Perguntas Idiotas

P: **E os parâmetros do método? Como as regras sobre variáveis locais se aplicam a eles?**

R: Os parâmetros dos métodos são basicamente iguais às variáveis locais — são declarados *dentro* do método (tecnicamente são declarados na *lista de argumentos* do método e não no corpo do método, mas ainda são variáveis locais ao contrário das variáveis de instância). Mas os parâmetros do método nunca serão inicializados. Você nunca receberá um erro do compilador informando que uma variável de parâmetro pode não ter sido inicializada.

O compilador apresentará um erro se você tentar invocar um método sem fornecer os argumentos de que o método precisa. Assim, os parâmetros são *sempre* inicializados, porque o compilador garante que os métodos sejam sempre chamados com argumentos que correspondam aos parâmetros. Os argumentos são atribuídos (automaticamente) aos parâmetros.

Comparando variáveis (primitivas ou de referências)

Às vezes, você quer saber se duas variáveis *primitivas* são iguais; por exemplo, verificar um resultado int com algum valor inteiro esperado. É bem fácil: basta usar o operador ==. Outras vezes, quer saber se duas variáveis de referência referenciam um único objeto na heap; por exemplo, esse objeto Dog é exatamente o mesmo com o qual comecei? Fácil também: basta usar o operador ==. Mas às vezes, queremos saber se dois *objetos* são iguais. Para isso, precisamos do método .equals().

Use == para comparar duas variáveis primitivas ou para verificar se duas variáveis de referência referenciam o mesmo objeto. Use o método equals() para ver se dois objetos diferentes são iguais.

(Por ex.: dois objetos String diferentes que contêm os caracteres "Fred")

A ideia de igualdade relacionada a objetos depende do tipo de objeto. Por exemplo, se dois objetos String diferentes tiverem os mesmos caracteres (por exemplo, "my name"), são significativamente equivalentes, independentemente de serem dois objetos distintos na heap. Mas e um objeto Dog? Deve-se tratar dois objetos Dog como iguais se tiverem o mesmo tamanho e peso? Provavelmente não. Para dois objetos diferentes serem tratados como iguais, isso dependerá do que for pertinente para esse tipo específico de objeto. Nos próximos capítulos, exploraremos a noção de igualdade de objeto novamente. Por ora, precisamos entender que o operador == é usado *somente* para comparar bits em duas variáveis. *O que* esses bits representam não importa — são iguais ou não.

Compare duas variáveis primitivas, com o operador ==

O operador == pode ser usado para comparar duas variáveis de qualquer tipo, pois apenas compara os bits. A instrução if (a == b) {...} examina os bits em a e b, retornando true se o padrão de bits for o mesmo (embora todos os zeros extras à esquerda não importem).

```
int a = 3;

byte b = 3;

if (a == b) { // true }
```

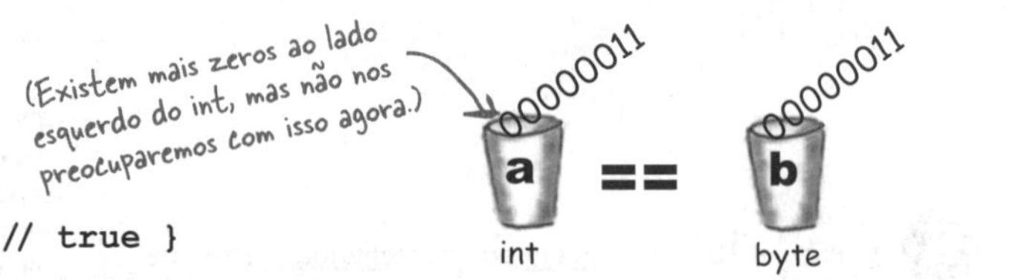

Verifique se duas variáveis de referência são iguais (ou seja, referenciam o mesmo objeto na heap) com o operador ==

Não se esqueça, o operador == considera somente como padrão os bits na variável. As regras são as mesmas se a variável é de referência ou primitiva. Portanto, o operador == retorna true se duas variáveis de referência referenciarem o mesmo objeto! Nesse caso, não sabemos qual é o padrão de bits (pois depende da JVM e está oculto para nós), mas sabemos que, seja lá qual for, *será o mesmo para duas variáveis de referência que referenciam um único objeto.*

```
Foo a = new Foo();
Foo b = new Foo();
Foo c = a;
if (a == b) { } // false
if (a == c) { } // true
if (b == c) { } // false
```

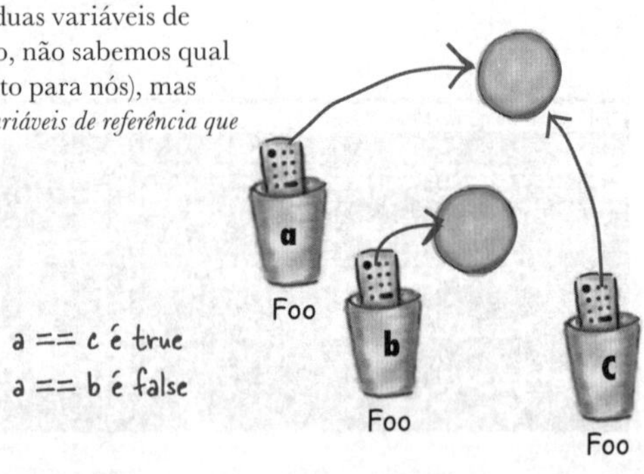

PONTOS DE BALA

- O encapsulamento fornece controle sobre quem altera os dados em sua classe e como.
- Torne uma variável de instância *private* para que não possa ser alterada acessando a variável diretamente.
- Crie um método mutador public, um setter, a fim de controlar como outro código interage com os dados. É possível adicionar um código de validação dentro de um setter, garantindo que o valor não seja alterado para algo inválido.
- Por padrão, variáveis de *instância* são atribuídas a valores, mesmo que você não os defina explicitamente.
- Variáveis *locais*, variáveis dentro de métodos, não são atribuídas a um valor por padrão. Sempre precisamos inicializá-las.
- Use == para verificar se duas variáveis primitivas têm o mesmo valor.
- Use == para verificar se duas variáveis de referências são iguais, ou seja, duas variáveis de objeto são na verdade o mesmo objeto.
- Use .equals() para verificar se dois objetos são equivalentes (mas não necessariamente o mesmo objeto), por exemplo, para verificar se dois valores String contêm os mesmos caracteres.

Aponte o seu lápis

O que é válido?

Considerando o método abaixo, quais das chamadas de método listadas à direita são válidas?

Insira uma marca de seleção próximo às chamadas válidas (Algumas instruções existem para atribuir valores usados nas chamadas de método.)

```
int a = calcArea(7, 12);
short c = 7;
calcArea(c, 15);

int d = calcArea(57);

calcArea(2, 3);

long t = 42;
int f = calcArea(t, 17);

int g = calcArea();

calcArea();

byte h = calcArea(4, 20);

int j = calcArea(2, 3, 5);
```

```
int calcArea(int height, int width) {
   return height * width;
}
```

Respostas na página 93.

Exercício

SEJA o compilador

Nesta página, cada um dos arquivos representa um arquivo-fonte completo. Sua tarefa é passá-los ao compilador e determinar se cada um deles será compilado. Caso não sejam, qual seria sua solução e, caso sejam, qual seria a saída?

A

```
class XCopy {

  public static void main(String[] args) {
    int orig = 42;
    XCopy x = new XCopy();
    int y = x.go(orig);
    System.out.println(orig + " " + y);
  }

  int go(int arg) {
    arg = arg * 2;
    return arg;
  }
}
```

B

```
class Clock {
  String time;

  void setTime(String t) {
    time = t;
  }

  void getTime() {
    return time;
  }
}

class ClockTestDrive {
  public static void main(String[] args) {
    Clock c = new Clock();

    c.setTime("1245");
    String tod = c.getTime();
    System.out.println("time: "+tod);
  }
}
```

Respostas na página 93.

Exercício

Quem sou eu?

Um grupo de componentes Java vestidos a caráter está jogando um jogo em uma festa, "Quem sou eu?" Eles dão uma pista e você tenta adivinhar quem são com base no que dizem. Suponha que sempre digam a verdade sobre si mesmos. Caso digam algo que possa ser verdade para mais de um deles, selecione a frase que se aplica a todos. Preencha os espaços em branco ao lado da frase com os nomes de um ou mais participantes.

Participantes desta noite:

Variáveis de instância, argumento, retorno, métodos getter, métodos setter, encapsulamento, público, privado, passagem por valor, método

Uma classe pode ter quantos quiser. ____________________

Um método pode ter somente um. ____________________

Pode ser implicitamente promovido. ____________________

Prefere variáveis de instância privada. ____________________

Significa "fazer uma cópia". ____________________

Apenas setters devem atualizá-los. ____________________

Um método pode ter quantos quiser. ____________________

Retorna algo por definição. ____________________

Não se usa com variáveis de instância. ____________________

Pode ter muitos argumentos. ____________________

Por definição, aceita um argumento. ____________________

Ajudam a criar encapsulamento. ____________________

Está sempre sozinho. ____________________

→ Respostas na página 93.

Mensagens Misturadas

À direita, temos um pequeno programa Java e nele falta um bloco. Seu desafio **é comparar possíveis blocos de código** (abaixo) **com a saída** que o bloco geraria caso estivesse no código.

Nem todas as linhas de saída serão usadas e algumas podem ser usadas mais de uma vez. Trace linhas ligando os possíveis blocos de código com a saída de linha de comando correspondente.

```
public class Mix4 {
  int counter = 0;

  public static void main(String[] args) {
    int count = 0;
    Mix4[] mixes = new Mix4[20];
    int i = 0;
    while (          ) {
      mixes[i] = new Mix4();
      mixes[i].counter = mixes[i].counter + 1;
      count = count + 1;
      count = count + mixes[i].maybeNew(i);
      i = i + 1;
    }
    System.out.println(count + " " +
                          mixes[1].counter);
  }

  public int maybeNew(int index) {
    if (          ) {
      Mix4 mix = new Mix4();
      mix.counter = mix.counter + 1;
      return 1;
    }
    return 0;
  }
}
```

Possíveis blocos:

```
i < 9

index < 5
```

```
i < 20

index < 5
```

```
i < 7

index < 7
```

```
i < 19

index < 1
```

Possíveis saídas:

```
14 7
```

```
9 5
```

```
19 1
```

```
14 1
```

```
25 1
```

```
7 7
```

```
20 1
```

```
20 5
```

Respostas na página 94.

Quebra-cabeças na Piscina

Sua ***tarefa*** é pegar os trechos de código da piscina e inseri-los nas linhas em branco ao lado. ***Não*** use o mesmo trecho de código mais de uma vez e não precisa usar todos os trechos. Seu ***objetivo*** é criar uma classe que compilará, executará e gerará a saída listada.

→ Respostas na página 94.

Output

```
File Edit Window Help BellyFlop
%java Puzzle4
result 543345
```

```
public class Puzzle4 {
  public static void main(String [] args) {
    ____________________
    int number = 1;
    int i = 0;
    while (i < 6) {
      ______________________
      ______________________
      number = number * 10;
      _____________
    }

    int result = 0;
    i = 6;
    while (i > 0) {
      _____________
      result = result + _____________
    }
    System.out.println("result " + result);
  }
}

class _____________{
  int intValue;
  _______ _______ doStuff(int _______) {
    if (intValue > 100) {
      return ______________________
    } else {
      return ______________________
    }
  }
}
```

Observação: Cada trecho da piscina pode ser usado apenas uma vez!

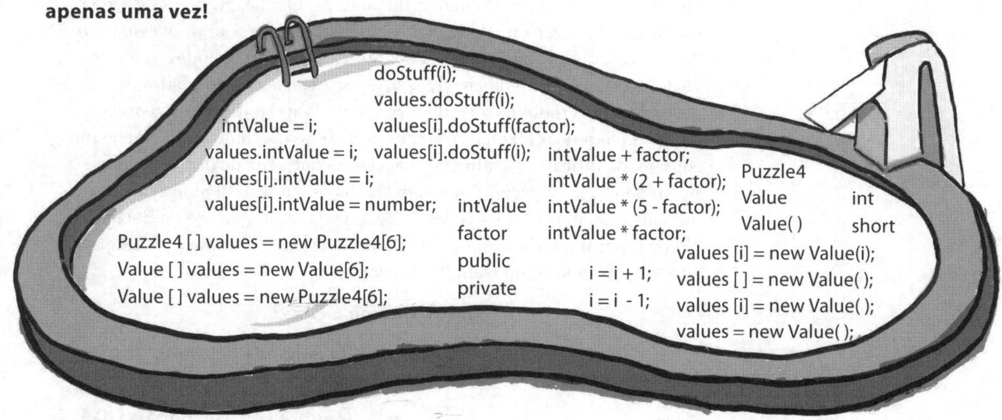

Sherlock Holmes por Cinco Minutos

Ritmo frenético em Stim-City

Ao ser emboscado por Buchanan, Jai congelou. Sabia que ele era tão estúpido quanto feio, e não queria alarmar o grandalhão. Buchanan ordenou que fosse ao escritório de seu chefe, mas como não havia feito nada de errado (ultimamente), Jai imaginou que uma conversa breve com Leveler, o chefe de Buchanan, não seria tão ruim. O rapaz estava fazendo uma boa quantidade de estimulantes circular na parte oeste da cidade recentemente e pensava que Leveler ficaria satisfeito com isso. No mercado proibido, os estimulantes não eram lá a melhor fonte de lucro, mas eram inofensivos. A maioria dos viciados em estimulantes com quem Jai teve contato sumia após um tempo e voltava a aparecer, talvez um pouco menos focados do que antes. O "escritório" de Leveler era um barco pequeno, sujo e desagradável, mas assim que Buchanan o empurrou para dentro, Jai percebeu que o veículo havia sido reformado para fornecer a velocidade e proteção necessárias a um chefe como Leveler.

"Jai, meu garoto, prazer em revê-lo", murmurou Leveler. "O prazer é todo meu...", disse Jai, sentindo o cumprimento malicioso de Leveler. "Fala aí, deixei escapar alguma coisa?" "Não, seu trabalho é bom, Jai. Sua produção está alta, mas sofri uma, vamos chamar assim, 'violação'", disse Leveler. Jai estremeceu sem querer; ele foi um excelente hacker no passado. Sempre que alguém descobria como burlar um sistema qualquer, Jai chamava a atenção, mesmo que indesejada. "Não fui eu, cara. O risco não compensa. Sou um hacker aposentado, cuido dos meu negócios e da minha vida", afirmou Jai. "Sim, sim", riu Leveler, "eu sei que não foi você, mas vou perder um bom lucro até esse hackerzinho novo rodar." "Vai dar bom, Leveler. Talvez eu fique aqui e consiga mais algumas 'unidades' para você antes de encerrar meu dia", disse Jay.

"Acho que não é tão simples assim, Jai. Eu e Buchanan ficamos sabendo que você manja do Java NE 37.3.2. NE de Neural Edition?", insinuou Leveler. "Ah, sim, eu brinco um pouco nele, o que é que tem?", respondeu Jai, sentindo-se um pouco desconfortável. "Eu uso a edição neural para indicar a próxima dose para os viciados", explicou Leveler. "O problema é que alguém ficou sem estimulante por um tempo e descobriu como hackear meu banco de dados Warehousing." "Jai, preciso de um moleque esperto que nem você para dar uma olhada na classe StimDrop do Java NE; os métodos, as variáveis de instância, tudo, e descobrir como hackearam meu sistema. Talvez..." "Como é que é? Que parada é esse de botar o Jai de olho no meu código?!", exclamou Buchanan. "Qual é, grandão", disse Jai, vendo sua chance, "Eu sei que você criou um modificador de acesso brab..." "Nem vem, rato de bit!", gritou Buchanan, "Todos os métodos usados pelos viciados estão como públicos. Eles só conseguem acessar os dados do site de doses! Marquei todos os métodos críticos do WareHousing como privados. Ninguém fora do ambiente consegue acessar, mano, ninguém!" "Acho que consigo identificar o vazamento, Leveler. O que acha de dar uma volta, Buchanan?", Jai sugeriu. Buchanan cerrou os punhos e tentou avançar em direção a Jai, mas Leveler já estava com a pistola no pescoço de Buchanan. "Pode ir parando, Buchanan", vociferou Leveler. "Saia com as mãos para o alto. Eu e Jai temos um trabalho a fazer."

Jai suspeitou de quê?

Ele conseguirá sair vivo do barco de Leveler?

→ Respostas na página 94.

Exercício Solução

Aponte seu lápis (página 87)

```
int a = calcArea(7, 12);
short c = 7;
calcArea(c, 15);          ✓

int d = calcArea(57);

calcArea(2, 3);           ✓

long t = 42;
int f = calcArea(t, 17);

int g = calcArea();

calcArea();

byte h = calcArea(4, 20);

int j = calcArea(2, 3, 5);
```

SEJA o compilador (página 88)

A A classe 'XCopy' compila e executa como está! A saída é: '42 84'. Lembre-se, o Java passa tudo por valor (ou seja, passagem por cópia), e a variável 'orig' não é alterada pelo método go( ).

B

```
class Clock {
  String time;

  void setTime(String t) {
    time = t;
  }

  String getTime() {
    return time;
  }
}

class ClockTestDrive {
  public static void main(String[] args) {
    Clock c = new Clock();
    c.setTime("1245");
    String tod = c.getTime();
    System.out.println("time: " + tod);
  }
}
```

Observação: Os métodos 'getter' têm um tipo de retorno por definição.

Quem Sou Eu ? (da página 89)

Uma classe pode ter quantos quiser.	**Variáveis de instância, métodos getter e setter**
Um método pode ter somente um.	**Retorno**
Pode ser implicitamente promovido.	**Retorno, argumento**
Prefere variáveis de instância privada.	**Encapsulamento**
Significado de "fazer uma cópia".	**Passagem por valor**
Apenas os setters devem atualizá-los.	**Variáveis de instância**
Um método pode ter quantos quiser.	**Argumento**
Retorna algo por definição.	**Método getter**
Não se usa com variáveis de instância.	**Público**
Pode ter muitos argumentos	**Métodos**
Por definição, aceita um argumento.	**Método setter**
Ajudam a criar encapsulamento.	**Métodos getter e setter, público e privado**
Está sempre sozinho.	**Retorno**

Solução dos Quebra-cabeças

Quebra-cabeças na Piscina (página 91)

```
public class Puzzle4 {
  public static void main(String[] args)
{
    Value[] values = new Value[6];
    int number = 1;
    int i = 0;
    while (i < 6) {
      values[i] = new Value();
      values[i].intValue = number;
      number = number * 10;
      i = i + 1;
    }

    int result = 0;
    i = 6;
    while (i > 0) {
      i = i - 1;
      result = result + values[i].doStuff(i);
    }
    System.out.println("result " +
result);
  }
}

class Value {
  int intValue;

  public int doStuff(int factor) {
    if (intValue > 100) {
      return intValue * factor;
    } else {
      return intValue * (5 - factor);
    }
  }
}
```

Saída

```
File Edit Window Help BellyFlop
%java Puzzle4
result 543345
```

Sherlock Holmes por Cinco Minutos (página 92)

Jai suspeita de quê?

Jai sabia que Buchanan não era tão inteligente. Ao falar sobre o código, o grandão não falou das variáveis de instância. Jai suspeitava que, embora tivesse manipulado os métodos corretamente, Buchanan não marcou as variáveis de instância como **private**. Por causa desse deslize, Leveler poderia ter perdido milhões facilmente.

Mensagens Misturadas (página 90)

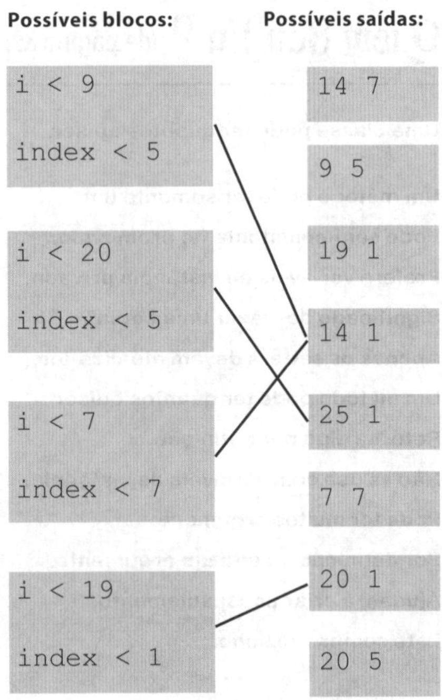

5 escrevendo um programa

Métodos Extrafortes

Nossos métodos precisam de whey protein. Nós nos aventuramos pelas variáveis, brincamos com alguns objetos e escrevemos um pouco de código. Mas ainda estamos vulneráveis. Precisamos de mais ferramentas, como **operadores.** Precisamos de mais operadores para fazermos coisas mais interessantes do que, por exemplo, fazer um objeto Dog *latir*. E **loops**. Precisamos de loops, mas o que há de errado com os franzinos loops *while*? Precisamos de loops ***for*** se quisermos ser levados a sério. Talvez sejam úteis para **gerar números aleatórios**. Melhor aprender também. E por que não aprender tudo *criando* algo real para sabermos como escrever (e testar) um programa do zero? **Talvez um jogo**, estilo Batalha Naval. Como é uma tarefa pesada, levaremos *dois* capítulos para finalizá-la. Neste Capítulo, criaremos uma versão simples e, no Capítulo 6, desenvolveremos uma versão deluxe mais poderosa *com a biblioteca Java*.

Vamos criar um jogo estilo Batalha Naval: "Sink a Startup"

Será um jogo contra o computador, mas ao contrário de uma Batalha Naval, neste jogo não se mobiliza nenhum navio. Sua tarefa é afundar os navios do computador com o menor número de tentativas. Ah é, não estamos afundando navios, estamos abatendo startups imprudentes do Vale do Silício (estabelecendo, assim, a relevância comercial para que você possa fazer valer o custo deste livro.)

Objetivo: afundar todas as startups do computador com o menor número de tentativas. Você receberá uma classificação ou nível com base em seu desempenho.

Setup: quando o programa do jogo é iniciado, o computador insere três startups em uma **grade virtual 7 x 7**. Após, o jogo solicitará seu primeiro palpite [**guess**, no código].

Como jogar: como ainda não aprendemos a criar uma GUI, essa versão roda via linha de comando. O computador solicitará que você digite um palpite (em uma célula), que, na linha de comando, será digitada como "A3", "C5" etc. Como resposta, na linha de comando, verá um resultado como "hit [acertou]", "miss [errou]" ou "You sunk poniez [Você afundou a startup poniez]" (ou seja lá qual for a sortuda do dia). Quando afundar todas as três, o jogo termina exibindo sua classificação.

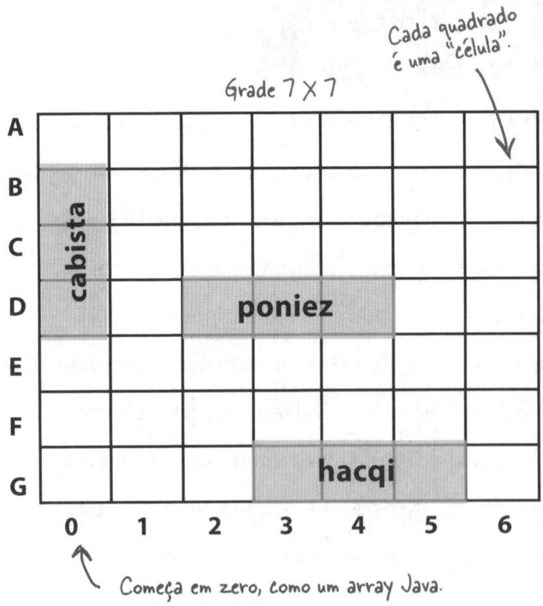

Você vai criar o jogo Sink a Startup, com uma grade 7 x 7 e três startups. Cada startup ocupa três células.

Parte de uma interação do jogo

File Edit Window Help Sell

```
%java StartupBust
Enter a guess  A3
miss
Enter a guess  B2
miss
Enter a guess  C4
miss
Enter a guess  D2
hit
Enter a guess  D3
hit
Enter a guess  D4
Ouch! You sunk poniez   : (
kill
Enter a guess  G3
hit
Enter a guess  G4
hit
Enter a guess  G5
Ouch! You sunk hacqi   : (
All Startups are dead! Your
stock is now worthless
Took you long enough. 62
guesses.
```

Primeiro, um design de alto nível

Sabemos que precisaremos de classes e métodos, mas como devem ser? Para responder a isso, temos que ter mais informações sobre o que o jogo deve fazer.

Primeiro, é necessário entendermos o fluxo geral do jogo. Vejamos a ideia básica:

1 O usuário inicia o jogo.

- **A** O jogo cria três Startups.
- **B** O jogo insere as três Startups em uma grade virtual.

2 O jogo começa

Repete o seguinte até que não haja mais Startups:

- **A** Solicita ao usuário um palpite ("A2", "C0" etc.)
- **B** Confronta o palpite do usuário com as Startups procurando erro, acerto ou abate. Toma a ação apropriada: se acertar, exclui a célula ("A2", "D4" etc.). Se afundar, exclui a Startup.

3 O jogo termina.

Classifica o usuário com base no número de palpites.

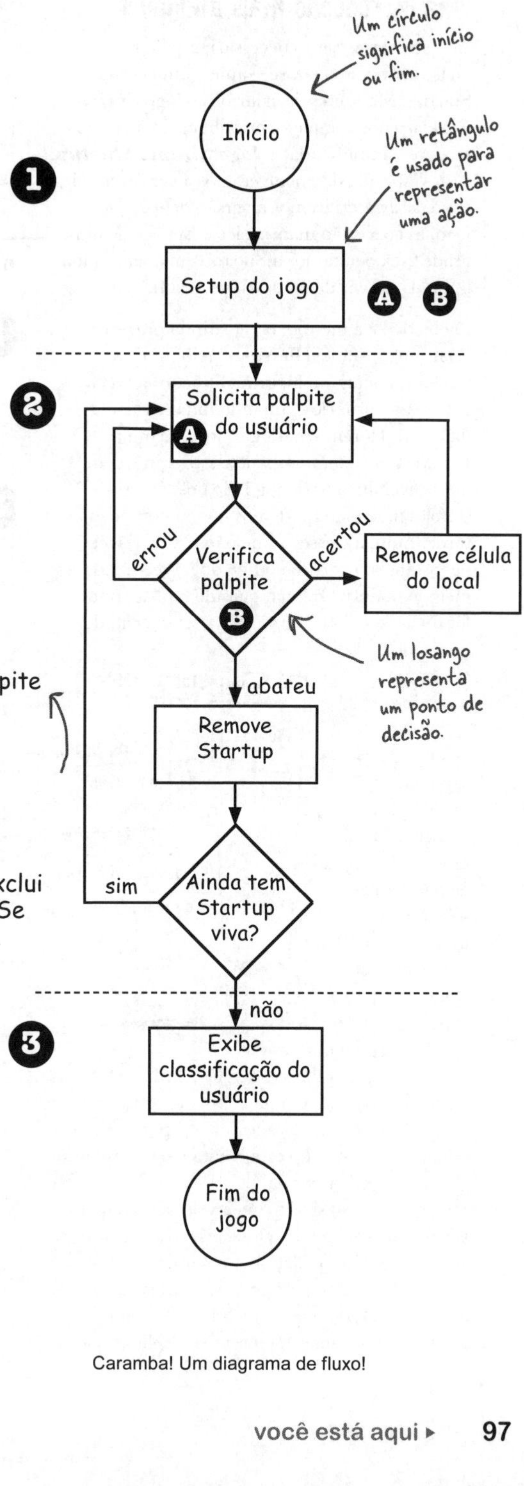

Caramba! Um diagrama de fluxo!

Agora temos uma ideia do que o programa precisa fazer. O próximo passo é entender que tipo de **objetos** precisaremos para fazer a tarefa. Lembre-se, pense como Brad, não como Laura (que conhecemos no Capítulo 2, *Um Passeio a Objetópolis*); foque primeiro as ***coisas*** do programa e não os ***procedimentos***.

O "Jogo Simple Startup"

uma introdução mais amigável

Ao que parece, serão necessárias, pelo menos, duas classes: uma classe Game e uma classe Startup. Mas antes de criarmos o jogo ***Sink a Startup*** por completo, criaremos uma versão enxuta e simplificada, o ***Jogo Simple Startup***. *Neste* Capítulo, desenvolveremos a versão simples e, no *próximo*, criaremos a versão deluxe. Neste jogo, as coisas são mais básicas. Em vez de uma grade 2-D, ocultamos a Startup em apenas uma linha. E em vez de *três* startups, usamos *uma*.

O objetivo é o mesmo: o jogo ainda precisa criar uma instância Startup, atribuir a ela um local em algum lugar na linha, obter a entrada do usuário e, quando todas as células da Startup forem abatidas, o jogo termina. Esta versão enxuta nos ajudará bastante com o desenvolvimento do jogo. Se nossa versão simples funcionar, podemos incrementá-la mais tarde. Aqui, a classe Game não tem variáveis de instância, e todo o código do jogo está no método main(). Ou seja, quando o programa for iniciado e main() começar a ser executado, o método criará uma única instância de Startup, escolherá um local para ela (três células consecutivas na única linha virtual de sete células), solicitará ao usuário um palpite, verificará esse palpite e repetirá essas ações até que todas as três células tenham sido adivinhadas. Lembre-se de que a linha virtual é… *Virtual.* Ela não existe em nenhum lugar do programa. Desde que o jogo e o usuário saibam que a Startup está oculta em três células consecutivas de um total de sete (começando em zero), a linha em si não precisa ser representada no código. Talvez você fique tentado a criar um array de sete ints e, depois, atribuir a Startup a três dos sete elementos do array, mas não é necessário. Tudo o que precisamos é de um array que armazene apenas as três células que a Startup ocupa.

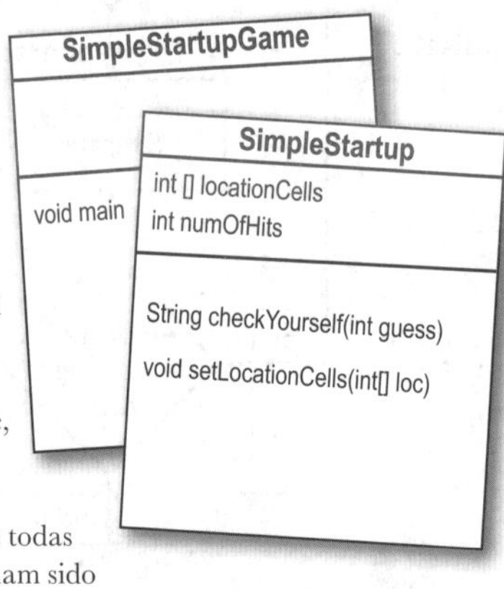

1. **O jogo é iniciado** e cria UMA classe Startup, atribuindo-lhe três células na única linha de sete células. Em vez de "A2", "C4" e assim por diante, os locais são apenas números inteiros (por exemplo: 1, 2, 3 são os locais das células nesta figura):

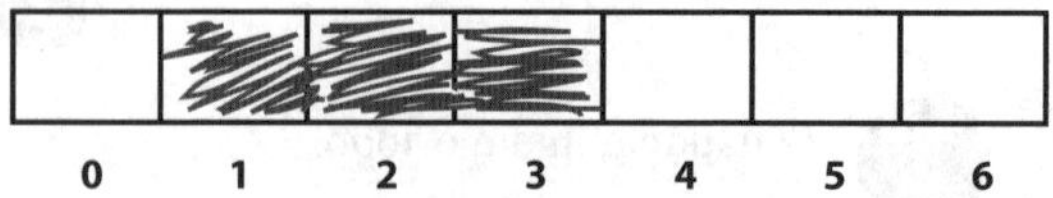

2. **O jogo começa.** Solicita um palpite ao usuário; em seguida, verifica se acertou alguma das três células da Startup. Se acertar, incrementa a variável numOfHits.

3. **O jogo termina** quando todas as três células forem adivinhadas (o valor da variável numOfHits é 3) e o usuário é informado de quantas tentativas foram necessárias para afundar a Startup.

Uma interação completa do jogo

```
File Edit Window Help Destroy
%java SimpleStartupGame
enter a number  2
hit
enter a number  3
hit
enter a number  4
miss
enter a number  1
kill
You took 4 guesses
```

Desenvolvendo uma classe

Como programador, você provavelmente tem uma metodologia/processo/abordagem para escrever código. Nós também. Nossa sequência foi projetada para ajudá-lo a entender (e a aprender) o que estamos pensando enquanto programamos uma classe. Não é necessariamente a forma como nós (ou você) escrevemos código no dia a dia. Na prática, você adotará sua abordagem pessoal ou estabelecida pelo projeto ou pelo empregador. Mas, aqui, podemos fazer praticamente o que quisermos. E quando criamos uma classe Java como "experiência de aprendizagem", fazemos assim:

- ☐ Definimos o que a classe deve *fazer*.
- ☐ Listamos as **variáveis de instância e métodos**
- ☐ Escrevemos o **código de preparação** para os métodos. (Veremos como daqui a pouco.)
- ☐ Escrevemos o **código de teste** para os métodos.
- ☐ **Implementamos** a classe.
- ☐ **Testamos** os métodos.
- ☐ **Debugamos** e **reimplementamos**, conforme necessário.
- ☐ Agradecemos por não termos que testar nossa aplicação de *experiência de aprendizagem* com usuários reais.

Três etapas para escrever uma classe

código de preparação	código de teste	código real

No próximo conjunto de páginas, essa barra será exibida para informar em qual parte você está trabalhando. Por exemplo, se vir esta imagem na parte superior de uma página, significa que está trabalhando no código de preparação para a classe SimpleStartup.

SimpleStartup class

código de preparação	código de teste	código real

código de preparação

A forma de pseudocódigo para ajudá-lo a se concentrar na lógica sem se preocupar com a sintaxe.

código de teste

Uma classe ou métodos que testarão o código real e validarão se você está fazendo a coisa certa.

código real

A implementação real da classe. É aqui que escrevemos o código Java real.

PODER DO CÉREBRO

Quebrando a cabeça

Como você decide qual classe ou classes criar *primeiro* quando escreve um programa? Supondo que todos, exceto programas pequenos, precisem de mais de uma classe (se estiver seguindo os bons princípios OO e não criar *uma* classe que faça muitas tarefas diferentes), por onde começar?

Tarefas:

classe SimpleStartup

- ☐ escreva o código de preparação
- ☐ escreva o código de teste
- ☐ escreva o código Java final

classe SimpleStartupGame

- ☐ escreva o código de preparação
- ☒ ~~escreva o código de teste~~ [não necessário]
- ☐ escreva o código Java final

código de preparação | **código de teste** | **código real**

SimpleStartup
int [] locationCells int numOfHits
String checkYourself(int guess) void setLocationCells(int[] loc)

Neste exemplo, você terá uma ideia de como o código de preparação (nossa versão de pseudocódigo) funciona. É um meio-termo entre o código Java real e uma descrição simples da classe. A maioria dos códigos de preparação inclui três partes: declarações de variável de instância, declarações de método e lógica de método. A parte imprescindível do código de preparação é a lógica do método, pois define *o que* tem que acontecer e, mais tarde, quando escrevermos o código real, converteremos esse *que* em *como*.

DECLARE um *array int* para armazenar os locais das células. Chame-o de *locationCells.*

DECLARE um *int* para armazenar o número de acertos. Chame-o de *numOfHits* e o **DEFINA** como 0.

DECLARE um método *checkYourself()* que receba um *int* para o palpite dos usuários (1, 3 etc.), que verifique esse palpite e retorne o resultado representando um "acertou," "errou" ou "abateu." No código, "hit", "miss" ou "kill".

DECLARE um método setter *setLocationCells()* que receba um *array int* (que armazene os três locais das células como *ints* (2, 3, 4 etc.)).

MÉTODO: *String checkYourself(int userGuess)*

```
    OBTÉM o palpite do usuário como um parâmetro int
┌── REPETE isso com cada uma das células de locais no array int
│           // COMPARA o palpite do usuário com a célula de locais
│     ┌──── SE o palpite do usuário estiver correto
│     │         INCREMENTA o número de acertos
│     │         // VERIFICA se foi a última célula de local:
│     │     ┌── SE o número de acertos for 3, RETORNA "kill" como resultado
│     │     │   SE NÃO for "kill", RETORNA "hit"
│     │     └── FIM DO SE
│     │     SE NÃO estiver correto o palpite, RETORNA "miss"
│     └──── FIM DO SE
└── FIM DA REPETIÇÃO
FIM DO MÉTODO
```

MÉTODO: *void setLocationCells(int[] cellLocations)*

GET (recupera a localização com um parâmetro *array* do tipo *int*)

ASSIGN (atribui a localização passada como parâmetro à variável instância da localização)

END METHOD

código de preparação | código de teste | código real

Escrevendo implementações do método

Vamos escrever o código do método real agora e fazer essa gracinha executar.

Antes de começarmos a programar os métodos, primeiro, escreveremos um pouco de código para *testá-los*. Isso mesmo, estamos escrevendo o código de teste *antes* de termos algo para testar!

O conceito de escrever o código de teste primeiro é uma das práticas do Desenvolvimento Orientado a Testes (TDD) e pode facilitar (e agilizar) a escrita do código. Não necessariamente estamos afirmando que você deve usar o TDD, mas gostamos da parte de escrever testes primeiro. E TDD é muito *legal*.

Desenvolvimento Orientado a Testes (TDD)

Em 1999, a Programação Extrema (XP) era novidade no mundo da metodologia de desenvolvimento de software. A ideia essencial era escrever o código de teste antes de escrever o código real. Desde então, o conceito XP de escrever o código de teste primeiro se tornou o cerne de um subconjunto mais novo e popular chamado TDD. (Sim, sabemos que estamos simplificando as coisas de forma grosseira, por favor, não pegue tão pesado.)

TDD é um assunto ABRANGENTE. Neste livro, apenas abordaremos o básico do básico. Esperamos que a forma como estamos desenvolvendo o jogo "Sink a Startup" lhe forneça uma noção do TDD.

Se quiser saber mais sobre o tema, confira o livro *Test Driven Development: By Example*, de Kent Beck.

Vejamos uma lista parcial das práticas TDD

- Escreva o código de teste primeiro.
- Desenvolva em ciclos de iteração.
- Mantenha o código simples.
- Refatore (melhore o código) quando e onde perceber a oportunidade.
- Não entregue nada até que passe em todos os testes.
- Não insira nada que não esteja na especificação (não importa o quanto fique tentado a inserir uma funcionalidade "para o futuro").
- Não se mate de trabalhar. Siga o horário normal de trabalho.

código de preparação | código de teste | código real

Escrevendo código de teste para a classe SimpleStartup

Precisamos escrever um código de teste que possa criar um objeto SimpleStartup e executar seus métodos. Para a classe SimpleStartup, nos preocupamos somente com o método *checkYourself()*, embora seja necessário implementar o método *setLocationCells()* a fim de que o método *checkYourself()* seja corretamente executado.

A seguir, analise o código de preparação para o método *checkYourself()* (como o método *setLocationCells*() é um método setter simples, não estamos preocupados com ele, mas em um aplicação "real" talvez seja melhor ter um método "setter" mais robusto, que *gostaríamos* de testar).

Em seguida, pergunte-se: "Se o método checkYourself() fosse implementado, que código de teste eu escreveria para provar que o método está funcionando corretamente?"

Com base neste código de preparação:

MÉTODO *String checkYourself(int userGuess)*

OBTÉM o palpite do usuário como um parâmetro int

REPETE isso com cada uma das células de locais no array *int*

*// **COMPARA*** o palpite do usuário com a célula de locais

SE o palpite do usuário estiver correto

INCREMENTA o número de acertos

*// **VERIFICA*** se foi a última célula de local:

SE o número de acertos for 3, **RETORNA** "kill" como resultado

SE NÃO for abateu, **RETORNA** "hit"

FIM DO SE

SE NÃO estiver correto o palpite, **RETORNA** "miss"

FIM DO SE

FIM DA REPETIÇÃO

FIM DO MÉTODO

Vejamos o que devemos testar:

1. Instancie o objeto SimpleStartup.
2. Atribua um local a ele (um array de 3 ints, como {2, 3, 4}).
3. Crie um int para representar um palpite do usuário (2, 0 etc.).
4. Invoque o método checkYourself() passando a ele um falso palpite do usuário.
5. Exiba o resultado para ver se está correto ("aprovado" ou "falhou", no código, "passed" ou "failed").

código de preparação | código de teste | **código real**

Código de teste para a classe SimpleStartup

```
public class SimpleStartupTestDrive {
  public static void main(String[] args) {
    SimpleStartup dot = new SimpleStartup();

    int[] locations = {2, 3, 4};
    dot.setLocationCells(locations);

    int userGuess = 2;
    String result = dot.checkYourself(userGuess);

    String testResult = "failed";
    if (result.equals("hit")) {
      testResult = "passed";
    }

    System.out.println(testResult);
  }
}
```

Instancia um objeto SimpleStartup.

Cria um array int para o local da Startup (3 ints consecutivos de 7 possíveis).

Invoca o método setter na Startup.

Cria um palpite fake de usuário.

Invoca o método checkYourself() no objeto Startup e passe a ele o palpite fake.

Se o palpite fake (2) retornar um "hit", está funcionando.

Printa o resultado do teste ("passed" ou "failed").

não existem Perguntas Idiotas

P: Talvez eu não esteja entendendo bem o que está rolando aqui. Como exatamente rodamos um teste para algo que ainda nem existe?

R: Não rodamos. Nunca dissemos que se começa *rodando* o teste, e sim, *escrevendo*. No momento em que você escreve o código de teste, não terá nada para executá-lo. Provavelmente não será capaz de compilá-lo até que escreva um código "stub" que possa compilar, mas isso sempre fará com que o teste falhe (retornando null, por exemplo).

P: Ainda não entendi. Por que não esperamos o código real ser escrito para depois escrevermos o código de teste?

R: O ato de pensar (e escrever) o código de teste ajuda a desanuviar seus pensamentos sobre o que o método precisa fazer.

Assim que seu código de implementação estiver pronto, já terá um código de teste esperando para validá-lo. Além disso, você *sabe* que se não testar agora, *nunca* mais testará. Sempre há algo mais interessante para fazer.

De preferência, escreva um código pequeno de teste e, em seguida, *apenas* o código de implementação necessário para passar no teste. Depois, escreva um pouco *mais* de código de teste e escreva somente o novo código de implementação necessário para passar *nesse* teste novo. Em cada iteração de teste, execute *todos* os testes escritos antes para provar que suas últimas adições de código não quebram o código testado anteriormente.

→ Resolve aí.

Aponte o seu lápis

Nas próximas páginas, implementaremos a classe SimpleStartup e, posteriormente, retornaremos à classe de teste. Se analisarmos o teste acima, o que mais podemos adicionar? Nesse código, o que *não* estamos testando, mas *deveríamos*? A seguir, registre suas ideias (ou linhas de código):

código de preparação | código de teste | **código real**

O método checkYourself()

Não existe um mapeamento perfeito do código de preparação para o código Java; você verá alguns ajustes. O código de preparação nos forneceu uma ideia melhor do *que* o código precisa fazer e agora precisamos desenvolver o código Java que converte o que em *como*.

Pense em que partes deste código podem (ou devem) ser melhoradas. Os números circulados (1) são para coisas (sintaxe ou funcionalidades da linguagem) ainda não vistas, explicadas na próxima página.

OBTÉM o palpite do usuário

REPETE isso com cada célula no array *int*

SE o palpite do usuário corresponder

INCREMENTA o número de acertos

*// **VERIFICA** se essa foi a última célula*

SE o número de acertos for 3,

RETORNA "kill" como resultado

SE NÃO for kill, **RETORNA**"hit"

SE NÃO

RETORNA "miss"

```
public String checkYourself(int guess) {

  String result = "miss";

  (1)
  for (int cell : locationCells) {

    if (guess == cell) {

      result = "hit";
          (2)
      numOfHits++;
         (3)
      break;

    } // Fim do if

  } // Fim do loop for

  if (numOfHits == locationCells.length) {

    result = "kill";

  } // Fim do if

  System.out.println(result);

  return result;

} // Fim do método
```

Cria uma variável para armazenar o resultado que retornaremos. Insere "miss" como padrão (ou seja, presume que haverá um "erro".)

Repete isso com cada célula no array locationCells (cada local de célula do objeto)

Compara o palpite do usuário com este elemento (célula) no array.

Temos um acerto!

Sai do loop, não há necessidade de testar as outras células.

Estamos fora do loop, mas vamos ver se agora estamos 'mortos' (acertar 3 vezes) e mudar o resultado String para "Kill"

Exibe o resultado para o usuário ("miss", a menos que tenha sido alterado para "hit" ou "kill")

Retorna o resultado para o método de chamada.

código de preparação	código de teste	código real

Novidades na área

Nesta página, veremos coisas que não vimos antes. Pare de se preocupar! Teremos mais detalhes adiante. Aqui veremos apenas o suficiente para que você consiga prosseguir com seu aprendizado.

Leia esta declaração de loop for assim: "repete cada elemento no array 'locationCells', extrai o próximo elemento no array e o atribui à variável int 'cell'."

Os dois-pontos (:) significam "em". Assim, "para cada valor int EM locationCells..."

1 O loop **for**

```
for (int cell : locationCells) { }
```

Declara uma variável que armazenará um elemento do array. Cada vez que o loop passar, esta variável (neste caso, uma variável int chamada "cell") armazenará um elemento diferente do array, até que não haja mais elementos (ou o código faça um "break"... veja o #4 abaixo).

O array que itera sobre o loop. Cada vez que passar pelo loop, o próximo elemento do array será atribuído à variável "cell". (No final deste Capítulo, veremos mais a respeito.)

2 O **operador pós-incremento**

O ++ significa adicionar 1 ao que estiver lá (em outras palavras, incrementar em 1).

```
numOfHits++
```

numOfHits++ é o mesmo (neste caso) que numOfHits = numOfHits + 1, com menos código.

3 Instrução **break**

```
break;
```

Tira você de um loop. Imediatamente. Agora. Sem iteração, sem teste booleano, apenas saia, agora!

código de preparação | código de teste | **código real**

não existem Perguntas Idiotas

P: No início do livro, havia um exemplo de loop *for* muito diferente desse — existem dois estilos diferentes de loops *for*?

R: Sim! Desde a primeira versão do Java, existe um único tipo de loop *for* (explicado mais adiante neste Capítulo) mais ou menos assim:

```
for (int i = 0; i < 10; i++)
{

    // Faz algo 10 vezes

}
```

Podemos usar esse formato para qualquer tipo de loop que precisarmos. Mas a partir do Java 5, podemos também usar o loop for *aprimorado* (essa é a descrição oficial) quando um loop precisar iterar sobre os elementos de um array (ou outro tipo de coleção, como veremos no *próximo* capítulo). Sempre podemos recorrer ao loop for antigo para iterar sobre um array, mas o loop for *aprimorado* facilita as coisas.

P: Se podemos adicionar 1 a um int usando ++, também podemos subtrair 1?

R: Sim, com certeza. Espero que não se surpreenda com a sintaxe -- (dois menos), assim:

```
countdown = i--;
```

Código final para SimpleStartup e SimpleStartupTestDrive

```
public class SimpleStartupTestDrive {
  public static void main(String[] args) {
    SimpleStartup dot = new SimpleStartup();
    int[] locations = {2, 3, 4};
    dot.setLocationCells(locations);
    int userGuess = 2;
    String result = dot.checkYourself(userGuess);
    String testResult = "failed";
    if (result.equals("hit")) {
      testResult = "passed";
    }
    System.out.println(testResult);
  }
}
```

```
class SimpleStartup {
  private int[] locationCells;
  private int numOfHits = 0;

  public void setLocationCells(int[] locs) {
    locationCells = locs;
  }

  public String checkYourself(int guess) {
    String result = "miss";
    for (int cell : locationCells) {
      if (guess == cell) {
        result = "hit";
        numOfHits++;
        break;
      } // Fim do if
    } // Fim do loop for
    if (numOfHits ==
        locationCells.length) {
      result = "kill";
    } // Fim do if
    System.out.println(result);
    return result;
  } // Fim do método
} // Fecha a classe
```

Aqui, há um pequeno bug nos espreitando. O código compila e roda, mas, por ora, não se preocupe, lidaremos com ele mais tarde.

O que devemos ver quando executarmos este código?

O código de teste cria um objeto SimpleStartup e lhe atribui um local em 2, 3, 4. Depois, envia um palpite fake do usuário de "2" para o método checkYourself(). Se o código rodar corretamente, devemos ver o seguinte resultado:

```
% java SimpleStartupTestDrive
hit
passed
```

código de preparação | código de teste | código real

Aponte o seu lápis

Criamos a classe de teste e a classe SimpleStartup. Mas ainda não criamos o *jogo* propriamente dito. Dado o código da página anterior e a especificação do jogo, escreva suas ideias pertinentes ao código de preparação para a classe do jogo. Demos algumas linhas para você começar. O código do jogo real está na próxima página, mas ***não vire a página até fazer este exercício!***

Seu código deve ter de 12 a 18 linhas (incluindo as que escrevemos, mas não as que contêm apenas chaves).

É necessário que a classe SimpleStartupGame:

1. Crie o único objeto SimpleStartup.
2. Crie um local para ele (três células consecutivas em uma única linha de sete células virtuais).
3. Solicite um palpite ao usuário.
4. Verifique esse palpite.
5. Repita isso até que uma Startup seja afundada.
6. Informe ao usuário quantos palpites foram necessários.

MÉTODO ***public static void main (String [] args)***

DECLARA uma variável int para armazenar o número de palpites do usuário, chamada *numOfGuesses*

CONTABILIZA um número aleatório entre 0 e 4 que será a posição inicial da célula de local

ENQUANTO a Startup ainda existir:

OBTÉM a entrada do usuário na linha de comando

Uma interação de jogo completa

File Edit Window Help Runaway

```
%java SimpleStartupGame
enter a number  2
hit
enter a number  3
hit
enter a number  4
miss
enter a number  1
kill
You took 4 guesses
```

→ Resolve aí.

Código de preparação para a classe SimpleStartupGame

Tudo acontece no método main()

É preciso que você confie em algumas coisas. Por exemplo, temos uma linha de código de preparação que "OBTÉM a entrada do usuário na linha de comando". Na prática, isso vai um pouco além do que queremos implementar do zero agora. Mas, felizmente, estamos usando OO. Ou seja, é possível solicitar que alguma *outra* classe/objeto faça algo, sem se preocupar em ***como*** será feito. Ao escrever o código de preparação, você deve presumir que, de *alguma forma*, será capaz de fazer o que for necessário. Assim, pode usar toda sua capacidade intelectual para elaborar a lógica.

public static void main (String [] args)

DECLARA uma variável int para armazenar o número de palpites do usuário, chamada *numOfGuesses*, e a define como 0

CRIA uma nova instância SimpleStartup

CONTABILIZA um número aleatório entre 0 e 4 que será a posição inicial da célula de local

CRIA um array int com 3 ints usando o número gerado aleatoriamente, incrementa esse número em 1 e em 2 (exemplo: 3, 4, 5)

INVOCA o método *setLocationCells()* na instância SimpleStartup

DECLARA uma variável booleana representando o estado do jogo, chamada *isAlive*, **DEFININDO-A** como true.

ENQUANTO a Startup existir (isAlive == true):

  OBTÉM a entrada do usuário na linha de comando

  *// **VERIFICA*** o palpite do usuário

  INVOCA o método *checkYourself()* na instância SimpleStartup

  INCREMENTA a variável *numOfGuesses*

  *// **VERIFICA*** se a Startup foi abatida

  SE o resultado for "kill"

    DEFINE *isAlive* como false (ou seja, não entraremos no loop de novo)

    PRINTA o número de palpites do usuário

  FIM DO SE

FIM DO ENQUANTO

FIM DO MÉTODO

dica metacognitiva

Não use uma parte do cérebro por muito tempo. Usar apenas o lado esquerdo do cérebro por mais de 30 minutos é como malhar apenas o *braço* esquerdo por 30 minutos. Faça uma pausa para cada lado do seu cérebro em intervalos regulares. Ao mudar para um lado, o outro descansa e se recupera. As atividades do lado esquerdo do cérebro incluem sequências passo a passo, resolução lógica de problemas e análise, enquanto o lado direito do cérebro se encarrega de metáforas, resolução criativa de problemas, correspondência de padrões e visualização.

PONTOS DE BALA

- Seu programa Java deve começar com um design de alto nível.
- Normalmente, seguimos três etapas ao criar uma classe nova:
  - ***código de preparação***
  - ***código de teste***
  - ***código real (Java)***
- O código de preparação deve descrever *o que* fazer, não *como*. A implementação vem depois.
- Use o código de preparação para ajudar a desenvolver o código de teste.
- Escreva o código de teste *antes* de implementar os métodos.
- Escolha loops *for* em vez de loops *while* quando souber quantas vezes quer repetir o código do loop.
- O loop for aprimorado é um modo fácil de iterar sobre um array ou uma coleção.
- Use o operador de *incremento* para adicionar 1 a uma variável (x++;).
- Use o operador de *decremento* para subtrair 1 de uma variável (x--;).
- Use *break* para sair antes de um loop (ou seja, mesmo se a condição de teste booleana ainda for true).

código de preparação | código de teste | **código real**

O método main() do jogo

Assim como fizemos com a classe SimpleStartup, pense nas partes desse código que podem (ou devem) ser melhoradas. Os números circulados (1) são coisas que queremos destacar, que serão explicadas na próxima página. Ah, caso esteja se perguntando por que pulamos a etapa de código de teste para essa classe, não precisamos de uma classe de teste para o jogo. Como há apenas um método, o que você faria em seu código de teste? Criaria uma classe separada que chamasse o método main() nessa classe? Não custa nada, vamos testar isso.

DECLARA uma variável para armazenar a contagem de palpites do usuário e a define como 0

CRIA um objeto SimpleStartup

CONTABILIZA um número aleatório entre 0 e 4

CRIA um array int com 3 células de local e

INVOCA setLocationCells no objeto Startup

DECLARA um booleano isAlive

ENQUANTO a Startup ainda existir

OBTÉM a entrada do usuário

// ***VERIFICA*** a entrada

INVOCA checkYourself() em Startup

INCREMENTA numOfGuesses

SE o resultado for "kill"

DEFINE isAlive como false

PRINTA o número de palpites do usuário

```
public static void main(String[] args) {

  int numOfGuesses = 0;

  GameHelper helper = new GameHelper();

  SimpleStartup theStartup = new SimpleStartup();
                                   (1)
  int randomNum = (int) (Math.random() * 5);

  int[] locations = {randomNum, randomNum + 1, randomNum + 2};

  theStartup.setLocationCells(locations);

  boolean isAlive = true;

  while (isAlive) {
                     (2)
    int guess = helper.getUserInput("enter a number");

    String result = theStartup.checkYourself(guess);

    numOfGuesses++;

    if (result.equals("kill")) {

      isAlive = false;

      System.out.println("You took " + numOfGuesses + " guesses");

    } // Fim da estrutura condicional if

  } // Fim do loop while
```

Crie uma variável para rastrear quantos palpites o usuário dá.

Esta é uma classe especial que escrevemos e que tem o método para obter a entrada do usuário. Por ora, finja que é parte do Java.

Cria o objeto Startup.

Cria um número aleatório para a primeira célula e o usa para criar o array das células de locais.

Fornece à Startup seus locais (o array).

Cria uma variável booleana para rastrear se o jogo ainda está ativo, para usar no teste de loop while. Repete enquanto o jogo ainda estiver ativo.

Obtém o palpite do usuário.

Solicita à Startup para verificar o palpite; salva o resultado retornado.

Incrementa a contagem de palpites em um.

Foi "kill"? Se sim, define isAlive como false (para que não entremos novamente no loop) e printa a contagem de palpites do usuário.

código de preparação | código de teste | **código real**

random() e getUserInput()

Precisamos explicar duas coisas nesta página, dar uma visão geral para que você consiga prosseguir. No final deste Capítulo, detalharemos mais a classe GameHelper.

Este é um 'cast' que força imediatamente o que vem a seguir a se tornar o tipo de cast (ou seja, o tipo entre os parâmetros). Como Math.random retorna um tipo double, temos que convertê-lo em um int (queremos um bom número inteiro entre 0 e 4). Neste caso, o cast corta a parte fracionária do double.

O método Math.random retorna um número zero e menor que um. Ou seja, esta fórmula (com o cast) retorna um número de 0 a 4 (ou seja, 0 - 4.999..., convertido em um int).

1 Gera um número aleatório.

```
int randomNum = (int) (Math.random() * 5)
```

Declaramos uma variável int para armazenar o número aleatório retornado.

Classe que vem com o Java.

Um método estático da classe Math.

Math.random() sempre existiu, ou seja, você verá códigos como esse no dia a dia. Atualmente, pode-se usar outro método, o java.util.Random's nextInt(), que é mais conveniente (não é necessário converter via cast o resultado em um int).

A classe Random está em um pacote diferente. Como ainda não aprendemos a importação de pacotes (aprenderemos no próximo capítulo), usamos Math.random().

2 Obtendo a entrada do usuário com a classe GameHelper

Uma instância que criamos anteriormente a partir de uma classe criada para ajudar o jogo. Chama-se GameHelper e você ainda não a viu (mas verá).

Esse método recebe um argumento String e o usa para solicitar entradas ao usuário na linha de comando. Tudo o que você passar aqui será exibido no terminal pouco antes de o método começar a procurar a entrada do usuário.

```
int guess = helper.getUserInput("enter a number");
```

Declaramos uma variável int para armazenar a entrada do usuário que retornamos (3, 5 etc.).

Um método da classe GameHelper que solicita ao usuário uma entrada na linha de comando a lê depois que o usuário pressiona RETURN e retorna o resultado como um int.

código de preparação	código de teste	código real

Última classe: GameHelper

Criamos a classe *Startup*.

Criamos a classe *game*.

Só falta a classe *auxiliar* — com o método getUserInput(). O código para obter a entrada na linha de comando foge ao escopo do que queremos explicar agora, pois suscita tópicos que é melhor explicarmos mais tarde (Mais tarde, no Capítulo 16, *Salvando Objetos*.)

Basta copiar* o código abaixo e compilá-lo em uma classe chamada GameHelper. Insira todos os três arquivos de classe (SimpleStartup, SimpleStartupGame, GameHelper) no mesmo diretório e torne-o seu diretório de trabalho.

Sempre que se deparar com esse logotipo, estará vendo um código que precisa digitar do jeito que se encontra e confiar em sua execução. Pode confiar. Você aprenderá como esse código funciona mais tarde.

```
import java.util.Scanner;

public class GameHelper {
  public int getUserInput(String prompt) {
    System.out.print(prompt + ": ");
    Scanner scanner = new Scanner(System.in);
    return scanner.nextInt();
  }
}
```

*Sabemos o quanto você gosta de digitar, mas para aqueles raros momentos em que prefere fazer outra coisa, disponibilizamos o Código Predefinido em *https://oreil.ly/hfJava_3e_examples*.

Bora jogar

Vejamos o que acontece quando executamos e inserimos os números 1, 2, 3, 4, 5, 6. Parece bom.

Uma interação de jogo completa

(sua pontuação pode variar)

```
File Edit Window Help Smile
%java SimpleStartupGame
enter a number  1
miss
enter a number  2
miss
enter a number  3
miss
enter a number  4
hit
enter a number  5
hit
enter a number  6
kill
You took 6 guesses
```

O que é isso? Um *bug*?

Aff!

Vejamos o que acontece quando inserimos 1, 1, 1.

Uma interação de jogo diferente

(aff!)

```
File Edit Window Help Faint
%java SimpleStartupGame
enter a number  1
hit
enter a number  1
hit
enter a number  1
kill
You took 3 guesses
```

Aponte o seu lápis

Estamos na corda bamba!

Encontramos o bug?

Corrigimos o bug?

Fique ligado no próximo capítulo, responderemos a essas perguntas e muito mais...

Enquanto isso, procure descobrir o que deu errado e como corrigir.

→ Resolve aí.

Mais sobre loops for

Falamos de todo o código do jogo *deste* Capítulo (no próximo, retornaremos para terminar a versão deluxe do jogo). Como não queríamos interromper seus estudos com alguns detalhes e informações básicas, retomaremos o tópico sobre os loops for. Começaremos detalhando-os e, caso já tenha visto esse tipo de sintaxe em outra linguagem de programação, apenas faça uma leitura superficial destas últimas páginas...

Loops for comuns (não aprimorados)

O código a ser repetido é inserido aqui (no corpo).

Operador pós-incremento

```
for(int i = 0; i < 100; i++){ }
```

Inicialização

Teste booleano

Expressão de iteração

Faça 100 repetições:

O que significa claramente:

"Faça 100 repetições"?

Como o compilador interpreta:

- Cria uma variável *i* e a define como 0.
- Repete enquanto *i* for menor que 100.
- Ao final de cada iteração do loop, adiciona 1 a variável *i*.

Parte Um: *inicialização*

Parte em que declaramos e inicializamos uma variável que será usada no corpo do loop. Na maioria das vezes, usaremos essa variável como um contador. Na verdade, é possível inicializar mais de uma aqui, porém é mais comum usar apenas uma.

Parte Dois: *teste booleano*

É nesta parte que o teste condicional entra em cena. Seja lá o que for inserido nele, o teste *deve* devolver um valor booleano (você sabe, ***true*** ou ***false***). Podemos ter um teste, como (x >= 4), ou podemos até invocar um método que retorne um booleano.

Parte Três: *expressão de iteração*

Nesta parte, inserimos uma ou mais coisas que queremos percorrer na passagem do loop. Lembre-se de que essas coisas acontecem no *final* de cada loop.

Percorrendo um loop

```
for (int i = 0; i < 8; i++) {
    System.out.println(i);
}
System.out.println("done");
```

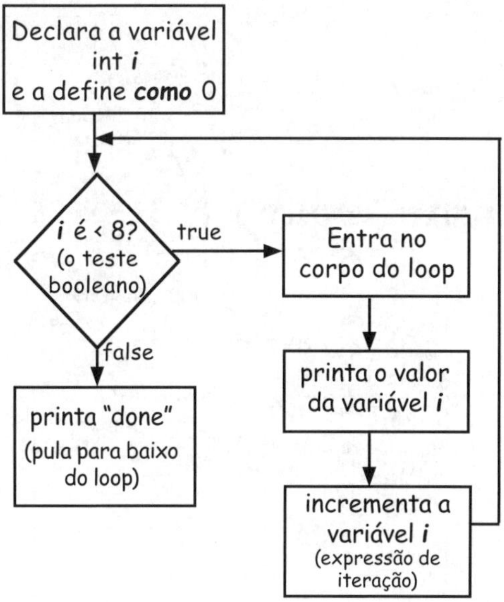

Saída:

```
File Edit Window Help Repeat
%java Test
0
1
2
3
4
5
6
7
done
```

Diferença entre loop for e loop while

Um loop *while* tem apenas o teste booleano; não tem uma expressão interna de inicialização ou de iteração. Um loop *while* é pertinente quando não sabemos quantas vezes repetir e queremos continuar sua execução enquanto alguma condição for true. Mas se *soubermos* quantas vezes repetir (por exemplo, o tamanho de um array, 7 vezes etc.), um loop *for* será mais limpo. Vejamos o loop anterior reescrito com *while:*

```
int i = 0;        <- Temos que declarar e inicializar o contador.
while (i < 8) {
    System.out.println(i);
    i++;          <- Temos que incrementar o contador.
}
System.out.println("done");
```

++ --

Operador pré e pós-incremento/decremento

O atalho para adicionar ou subtrair 1 de uma variável:

```
x++;
```

É o mesmo que:

```
x = x + 1;
```

Ambos significam a mesma coisa neste contexto:

"Adicione 1 ao valor atual de x" ou "***Incremente*** x em 1"

E:

```
x--;
```

É o mesmo que:

```
x = x - 1;
```

Claro que isso não é tudo. A inserção do operador (antes ou depois da variável) pode afetar o resultado. Inserir o operador *antes* da variável (por exemplo, ++x), significa, *"primeiro,* incremente x em 1 e, *depois*, use esse valor novo de x". Isso só importa quando ++x fizer parte de alguma expressão maior, e não de uma única expressão.

```
int x = 0;     int z = ++x;
```

gera: x é igual a 1, z é igual a1

Mas inserir ++ *depois* do x retorna um resultado diferente:

```
int x = 0;     int z = x++;
```

Quando rodamos esse código, x é igual a 1, mas ***z é igual a 0***! z obtém o valor de x e, *em seguida,* x é incrementado.

O loop for aprimorado

A partir do Java 5, a linguagem passou a ter um segundo loop *for* chamado de *loop for aprimorado* [enhanced for-loop]. Isso facilitou iterar sobre todos os elementos em um array ou em outros tipos de coleções (no próximo Capítulo, você aprenderá sobre outras coleções). É tudo o que o loop for aprimorado viabiliza: uma forma mais simples de percorrer todos os elementos de uma coleção. No próximo Capítulo, retomaremos o loop for aprimorado, quando falarmos sobre coleções que *não são* arrays.

Declara uma variável de iteração que armazenará um único elemento no array.

Os dois-pontos (:) significa "EM".

O código para repetir é inserido aqui (no corpo).

```
for (String name : nameArray) { }
```

Os elementos do array DEVEM ser compatíveis com o tipo declarado de variável.

A cada iteração, um elemento diferente do array será atribuído à variável "name".

A coleção de elementos que você quer iterar. Imagine que em algum lugar anterior, o código declarasse:

String[] nameArray = {"Fred", "Mary", "Bob"};

Na primeira iteração, a variável name tem o valor de "Fred", na segunda iteração, tem o valor de "Mary" etc.

O que significa claramente: "Para cada elemento em nameArray, atribua o elemento à variável 'name' e execute o corpo do loop".

Observação: dependendo da linguagem de programação usada anteriormente, algumas pessoas se referem ao for aprimorado como loop "for each" ou "for in", porque é assim que se lê: for EACH thing IN the collection. Tradução: para CADA coisa NA/EM coleção.

Como o compilador interpreta:

- Cria uma variável de String chamada name e a define como null.
- Atribui o primeiro valor em *nameArray* à variável name.
- Executa o corpo do loop (o bloco de código delimitado por chaves).
- Atribui o próximo valor em *nameArray* à variável name.
- Repete enquanto *ainda houver elementos no array.*

Parte Um: *declaração da variável de interação*

Parte em que declaramos e inicializamos uma variável a ser usada no corpo do loop. A cada iteração do loop, essa variável armazenará um elemento diferente da coleção. O tipo desta variável deve ser compatível com os elementos do array! Por exemplo, não podemos declarar uma variável *int* de iteração para usá-la com um array *String[]*.

Parte Dois: *a coleção atual*

Deve referenciar um array ou outra coleção. Mais uma vez, não se preocupe com os outros tipos de coleções que não são arrays — você os verá no próximo capítulo.

Casting de tipos primitivos

Antes de finalizarmos o Capítulo, precisamos tratar de um tema. Ao usarmos Math. random(), tivemos que fazer o *cast* do resultado para um int. O cast de um tipo numérico para outro pode alterar o próprio valor. É importante entender as regras para não ser surpreendido.

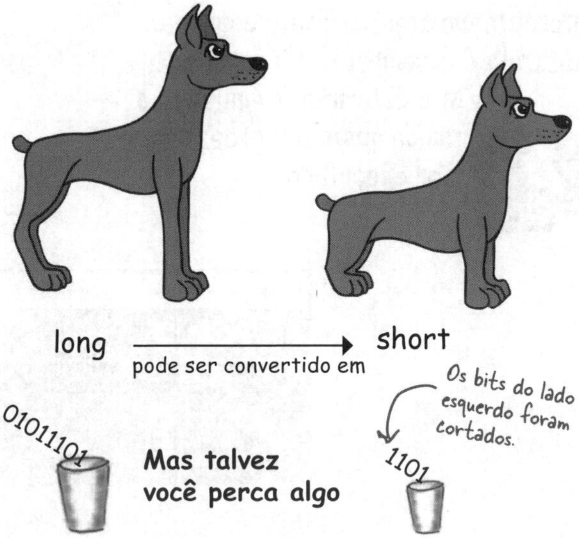

No Capítulo 3, *Conheça Suas Variáveis*, analisamos os tamanhos dos diversos tipos primitivos e como não podemos inserir um tipo primitivo grande diretamente em um tipo primitivo pequeno:

```
long y = 42;
int x = y;          // Não compilará
```

Como um tipo long é maior que um int, o compilador não tem certeza de onde saiu esse long. Talvez tenha tomado uma com outros tipos longs e bebido mais do que deveria. Para forçar o compilador a comprimir o valor de uma variável primitiva maior em uma menor, podemos usar o operador cast:

```
long y = 42;        // Até aqui, tudo certo.
int x = (int) y; // x = 42 legal!
```

Se inserirmos um cast, o compilador pega o valor de y, o converte em um int e define x igual a seja lá o que tenha sobrado. Se o valor de y for maior que o valor máximo de x, chegaremos a um número estranho (ainda que calculável*):

```
long y = 40002;         // 40002 excede o limite de 16 bits de um short
short x = (short) y;  // x agora é igual a -25534!
```

Ainda assim, o ponto é que o compilador permite que façamos isso. E digamos que você tenha um número float e queira apenas obter a parte inteira (int) dele:

```
float f = 3.14f;
int x = (int) f;   //  x será igual a 3
```

E nem pense em fazer um casting de algo para um booleano ou vice-versa — deixe isso pra lá.

* *Envolve bits de sinal, sistema binário, "complemento de dois" e outras coisas de nerdola.*

SEJA a JVM

Nesta página, cada um dos arquivos representa um arquivo-fonte completo. Sua tarefa é desempenhar o papel da JVM e determinar qual será a saída quando o programa for executado.

```
class Output {
  public static void main(String[] args) {
    Output output = new Output();
    output.go();
  }

  void go() {
    int value = 7;
    for (int i = 1; i < 8; i++) {
      value++;
      if (i > 4) {
        System.out.print(++value + " ");
      }
      if (value > 14) {
        System.out.println(" i = " + i);
        break;
      }
    }
  }
}
```

```
File Edit Window Help OM
% java Output
12 14
```

-ou-

```
File Edit Window Help Incense
% java Output
12 14 i = 6
```

-ou-

```
File Edit Window Help Believe
% java Output
13 15 i = 6
```

Respostas na página 122.

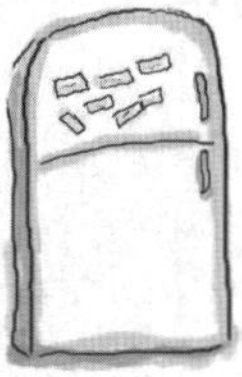

Ímãs de Código

Um programa Java funcional está todo embaralhado na porta da geladeira. Você consegue reconstruir os trechos de código para criar um programa Java funcional que gere a saída listada abaixo? Algumas chaves caíram no chão e não conseguimos pegar porque eram muito pequenas, então fique à vontade para adicionar quantas precisar!

```
i++;
```

```
if (i == 1) {
```

```
System.out.println(i + " " + j);
```

```
class MultiFor {
```

```
for(int  j = 4; j > 2; j--) {
```

```
for(int i = 0; i < 4; i++) {
```

```
public static void main(String[] args) {
```

File Edit Window Help Raid

```
% java MultiFor
0 4
0 3
1 4
1 3
3 4
3 3
```

Respostas na página 122.

Quebra-cabeças: Javacruzadas

JavaCruzadas

Como palavras cruzadas ajudam a aprender Java? Ora, ora, todas as palavras **são** relacionadas ao Java. Além disso, as pistas têm metáforas, trocadilhos e coisas do gênero. Essas palavras cruzadas fornecem rotas alternativas e mentais para seu cérebro aprender mais!

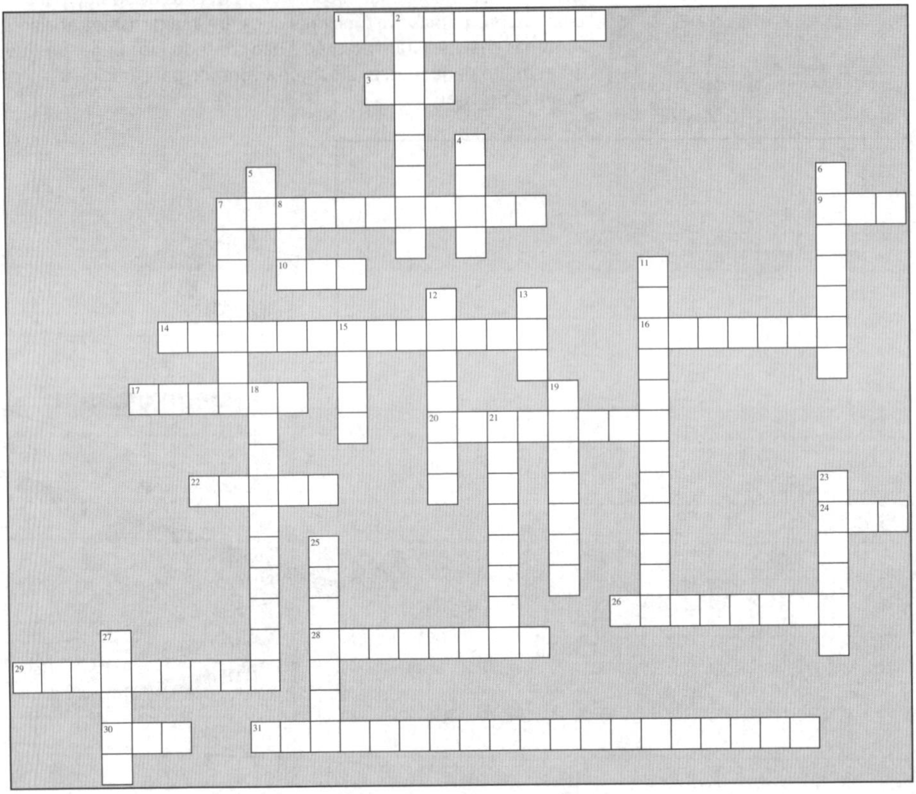

Horizontais

1. Toolkit automático
3. Tipo de incremento
7. Palavra chique de TI que significa criar
9. 32 bits
10. Atualiza uma variável de instância
14. Estabelece o primeiro valor
16. Compila e _____
17. Burro de carga da classe
20. Um ciclo
22. Itera sobre mim
24. O grande toolkit
26. Não pode fazer casting
28. Pré é um tipo de _____
29. Iteração do loop for _____
30. Mensageiro de método (abrev.)
31. Teste primeiro

Verticais

2. De instância ou local
4. A casa do Pi
5. Valor do operador ++
6. Como se
7. Parece um tipo primitivo, mas...
8. Adicionado depois
11. Código de preparação
12. Mudança
13. Loop com múltiplas partes
15. While ou for
18. Contagem regressiva
19. Pacote tagarela
21. Uma unidade de array
23. Método de Math
25. Resposta do método
27. Sai antes

Respostas na página 123.

Mensagens Misturadas

Abaixo, temos um programinha Java. Falta um bloco do programa. Seu desafio é **comparar possíveis blocos de código** (abaixo) **com a saída** que o bloco geraria caso estivesse no código. Nem todas as linhas de saída serão usadas e algumas podem ser usadas mais de uma vez. Trace linhas conectando os possíveis blocos de código com a saída de linha de comando correspondente.

Respostas na página 123.

```
public static void main(String[] args) {
  int x = 0;
  int y = 30;
  for (int outer = 0; outer < 3; outer++) {
    for (int inner = 4; inner > 1; inner--) {
      [                              ]
      y = y - 2;
      if (x == 6) {
        break;
      }
      x = x + 3;
    }
    y = y - 2;
  }
  System.out.println(x + " " + y);
}
```

Insira os possíveis blocos aqui

Possíveis blocos:

```
x = x + 3;
x = x + 6;
x = x + 2;
x++;
x--;
x = x + 0;
```

Possíveis saídas:

```
45 6
36 6
54 6
60 10
18 6
6 14
12 14
```

Compare cada bloco com uma das possíveis saídas

SEJA a JVM (página 118)

```
class Output {

  public static void main(String[] args) {
    Output output = new Output();
    output.go();
  }

  void go() {
    int value = 7;
    for (int i = 1; i < 8; i++) {
      value++;
      if (i > 4) {
        System.out.print(++value + " ");
      }
      if (value > 14) {
        System.out.println(" i = " + i);
        break;
      }
    }
  }
}
```

Lembrou-se de incluir a instrução break? Como isso afetou a saída?

```
File  Edit  Window  Help  MotorcycleMaintenance
% java Output
13 15 i = 6
```

Ímãs de Código (página 119)

```
class MultiFor {

  public static void main(String[] args) {
    for (int i = 0; i < 4; i++) {

      for (int j = 4; j > 2; j--) {
        System.out.println(i + " " + j);
      }

      if (i == 1) {
        i++;
      }
    }
  }
}
```

O que aconteceria se esse bloco de código viesse antes do loop for 'j'?

```
File  Edit  Window  Help  Monopole
% java MultiFor
0 4
0 3
1 4
1 3
3 4
3 3
```

Solução dos Quebra-cabeças

JavaCruzadas (página 120)

Mensagens Misturadas (página 121)

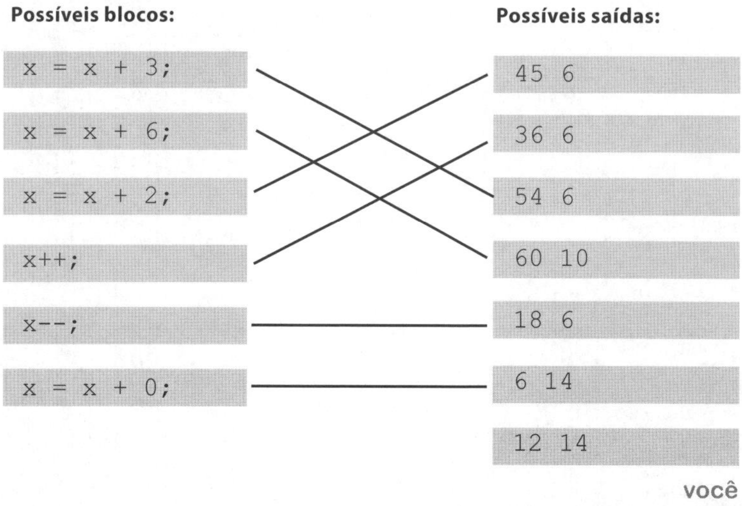

6 conheça a API Java

Usando a biblioteca Java

O Java disponibiliza centenas de classes pré-criadas. Não é necessário reinventar a roda se soubermos como encontrar o que precisamos na biblioteca Java, conhecida como **API Java**. *Temos coisas melhores para fazer.* Se for escrever código, você pode escrever somente as partes realmente personalizadas para sua aplicação. Sabe aqueles programadores que saem do trabalho todos os dias às 17h e que não *chegam* antes das 10h? **Eles usam a API Java.** Nas próximas oito páginas, também vamos usá-la. A principal biblioteca do Java é uma pilha gigantesca de classes esperando para ser usada como blocos de construção. É possível desenvolver o próprio programa com códigos basicamente predefinidos. Neste livro, os códigos predefinidos Java que usamos são trechos que não precisamos criar do zero, basta digitá-los. A API Java está repleta de códigos que nem precisamos digitar. Basta aprender a usá-la.

O desfecho do capítulo anterior tem uma surpresa: um bug!

Como o código deveria funcionar

Vejamos o que acontece quando executamos o código e inserimos os números 1, 2, 3, 4, 5, 6.
Parece funcionar.

Uma interação de jogo completa

(sua pontuação pode variar)

```
File Edit Window Help Smile
%java SimpleStartupGame
enter a number  1
miss
enter a number  2
miss
enter a number  3
miss
enter a number  4
hit
enter a number  5
hit
enter a number  6
kill
You took 6 guesses
```

Como o bug funciona

Vejamos o que acontece quando inserimos os números 2, 2, 2.

Uma interação de jogo diferente

(aff...)

```
File Edit Window Help Faint
%java SimpleStartupGame
enter a number  2
hit
enter a number  2
hit
enter a number  2
kill
You took 3 guesses
```

Na versão atual, após um acerto [hit], você pode simplesmente repetir esse acerto mais duas vezes para afundar [kill] uma startup!

O que rolou aqui?

```
public String checkYourself(int guess) {

    String result = "miss";

    for (int cell : locationCells) {

      if (guess == cell) {

        result = "hit";

        numOfHits++;

        break;

      } // Fim do if

    } // Fim do loop for

    if (numOfHits == locationCells.length) {

      result = "kill";

    } // Fim do if

    System.out.println(result);

    return result;

} // Fim do método
```

String result = "miss"; ← Cria uma variável para armazenar o resultado que retornaremos. Insere "miss" como padrão (ou seja, presumimos um "erro").

for (int cell : locationCells) { ← Repete isso para cada célula do array.

if (guess == cell) { ← Compara o palpite do usuário com este elemento (célula), no array.

result = "hit"; / numOfHits++; ← Temos um acerto!

break; ← Sai do loop; não é necessário testar outras células.

if (numOfHits == locationCells.length) { ← Mesmo fora do loop, veremos se fomos "abatidos [kill]" (3 acertos). Mudamos a String do resultado para "kill".

System.out.println(result); ← Exibe o resultado para o usuário ("miss", a menos que tenha sido alterado para "hit" ou "kill").

return result; ← Retorna o resultado para o método da chamada.

É aqui que tudo dá errado. Contamos um hit sempre que o usuário acerta o local da célula, *mesmo que esse local já tenha sido acertado!*

De alguma forma, precisamos resolver o seguinte: se um usuário conseguiu um acerto, em um segundo palpite essa mesma célula não pode ser contada como novo acerto.

Como corrigir isso?

Precisamos saber se uma célula já foi acertada. Vamos analisar algumas possibilidades, mas primeiro, vejamos o que sabemos até agora...

Temos uma linha virtual de sete células e uma startup ocupará três células consecutivas em algum local dessa linha. A linha virtual a seguir mostra uma startup inserida nas células de locais 4, 5 e 6.

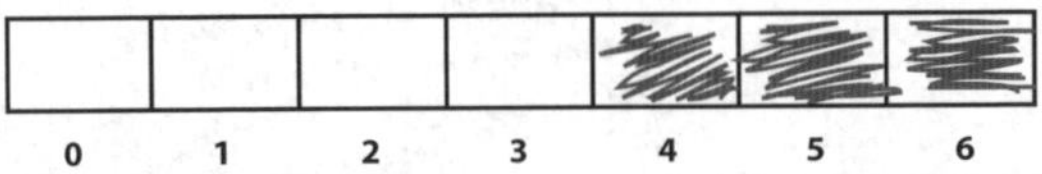

A Startup tem uma variável de instância — um array int — que armazena as células de locais do objeto Startup.

locationCells
(variável de instância do objeto Startup)

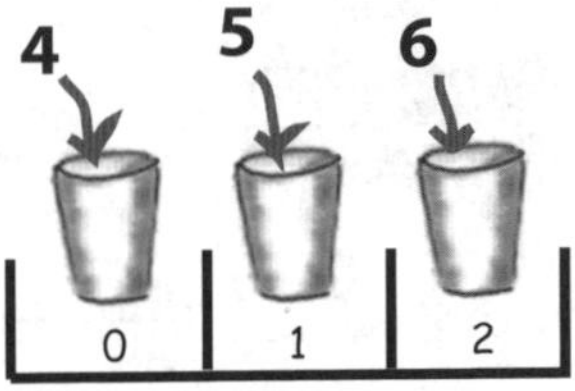

① Opção um

Criar um segundo array e, cada vez que o usuário acertar, armazenar esse acerto nele e, em seguida, verificar esse array a cada hit. Assim, saberíamos se aquela célula já foi acertada antes.

Em um índice específico deste array, um "true" significaria que a célula de local neste mesmo índice do OUTRO array (locationCells) foi acertada.

Array hitCells
(seria uma nova variável de instância de array booleano do objeto Startup).

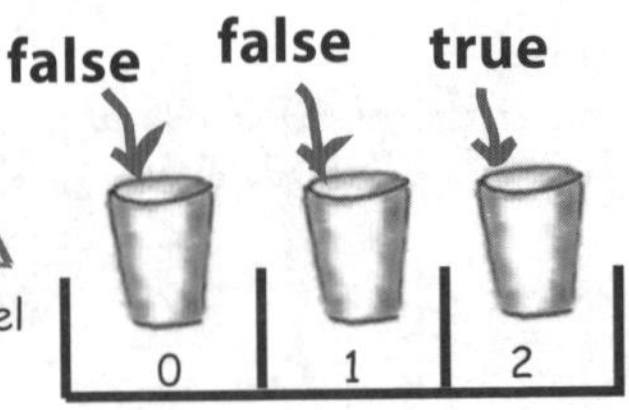

A opção um é muito travadona

Pelo visto, a opção um dá mais trabalho do que o esperado. Ou seja, sempre que o usuário acertar um palpite, teríamos que mudar o estado do segundo array (o array hitCells), ah — mas primeiro, seria necessário VERIFICARMOS o array hitCells para sabermos se a célula já foi acertada. Até funcionaria, mas precisamos de uma opção melhor...

② Opção dois

Manter o array original, mas alterar o valor de qualquer célula que fosse adivinhada para -1. Assim, só teríamos UM array para verificar e manipular.

locationCells
(variável de instância do objeto Startup).

A opção dois é um pouco melhor, mas ainda é travadinha

A opção dois é um pouco menos travada do que a opção um, mas não é lá muito eficiente. Ainda teríamos que percorrer todos os três slots (posições de índice) com um loop, mesmo que um ou mais já fossem inválidos por terem sido "acertados" (e com um valor -1). Precisamos de uma opção melhor...

código de preparação | código de teste | código real

③ Opção três

Deletar cada célula de local à medida que fosse acertada e, em seguida, alterar o array para que ficasse menor. No entanto, como os arrays não podem mudar de tamanho, teríamos que criar um array **novo** e copiar as células restantes do array antigo para o array novo menor.

Array locationCells ANTES de qualquer célula ser acertada

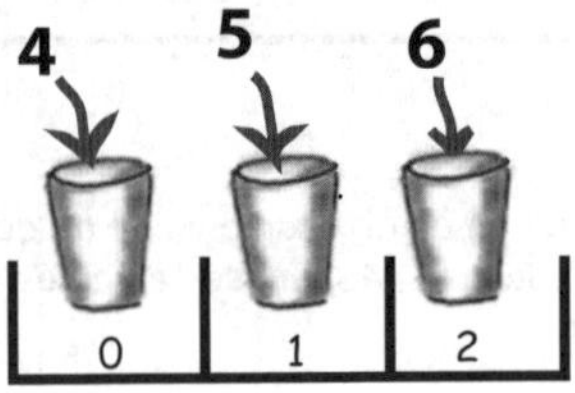

O array começa com o tamanho de 3, e percorremos com um loop todas as 3 células (posições no array) para procurar uma correspondência entre o palpite do usuário e o valor da célula (4,5, 6).

Array locationCells APÓS a célula '5', que estava no índice 1 no array, ser acertada.

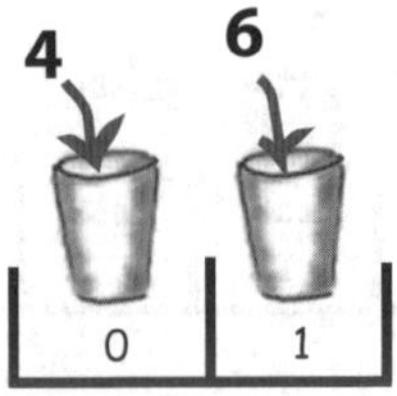

Quando a célula '5' for acertada, criamos um array novo menor, com apenas as células de locais, e o atribuímos à variável de referência original locationCells.

A opção três seria muito melhor se o array pudesse ser reduzido para que não tivéssemos que criar um novo array menor, copiar os valores restantes e reatribuir a referência.

O código de preparação original para parte do método checkYourself():

REPETE isso com cada uma das células de locais no array *int*

// COMPARA o palpite do usuário com a célula de locais

SE o palpite do usuário estiver correto

INCREMENTA o número de acertos

// VERIFICA se foi a última célula de local:

SE o número de acertos for 3, **RETORNA** "abateu"

SE NÃO for abateu, **RETORNA** "hit"

FIM DO SE

SE NÃO estiver correto o palpite, **RETORNA** "miss"

FIM DO SE

FIM DA REPETIÇÃO

Seria lindo se pudéssemos alterá-lo para:

REPETE isso com cada uma das céluas de locais ***restantes***

// COMPARA o palpite do usuário com a célula de locais

SE o palpite do usuário estiver correto

REMOVE essa célula do array

// VERIFICA se foi a última célula de local:

SE o array agora estiver vazio, **RETORNA** "abateu"

SE NÃO for abateu, **RETORNA** "hit"

FIM DO SE

SE NÃO estiver correto o palpite, **RETORNA** "miss"

FIM DO SE

FIM DA REPETIÇÃO

Ai, se ao menos existisse um array que pudesse ser **reduzido** quando eu **removesse** algo do código... Um que eu não tivesse que percorrer com um loop para verificar cada elemento. Um para o qual eu pudesse **perguntar se armazena algo** que eu estivesse procurando ou não. Um que possibilitasse **deletar** elementos sem ter que saber exatamente em que slots estão. Seria um sonho, mas sei que é ilusão...

Acorda, menina! Vem conhecer a biblioteca

Na verdade, como num passe de mágica, o Java tem uma classe que faz todas essas coisas. Mas não é um array, é um ArrayList. Uma classe da biblioteca Java principal (a API).

A plataforma Java, Standard Edition (Java SE), disponibiliza centenas de classes pré-criadas, como o código predefinido que usamos no capítulo anterior. A diferença é que essas classes built-in já estão compiladas.

Ou seja: nada de digitar.

É só usá-las.

ArrayList

add(E e)
Adiciona o elemento especificado ao final desta lista.

remove(int index)
Remove o elemento na posição especificada.

remove(Object o)
Remove a primeira ocorrência do elemento especificado.

contains(Object o)
Retorna "true" se esta lista contiver o elemento especificado.

isEmpty()
Retorna true se a lista não contiver elementos.

indexOf(Object o)
Retorna o primeiro índice do elemento ou -1.

size()
Retorna o número de elementos nesta lista.

get(int index)
Retorna o elemento na posição especificada.

ArrayList é uma das zilhões de classes na biblioteca Java. Pode usá-la em seu código como se você a tivesse escrito.

(Observação: o método add(E e) parece um pouco estranho... No Capítulo 11, falaremos sobre ele. Por ora, apenas o considere como um método add() que recebe o objeto que você quer adicionar.

Isso aqui é somente uma amostra de ALGUNS dos métodos do ArrayList.

Algumas coisas que podemos fazer com o ArrayList

Não se preocupe com essa nova sintaxe <Egg> entre colchetes angulares agora; significa apenas "crie uma lista de objetos Egg".

1. Criar um

```
ArrayList<Egg> myList = new ArrayList<Egg>();
```

Um objeto novo ArrayList é criado na heap. É pequeno porque está vazio.

2. Inserir algo nele

```
Egg egg1 = new Egg();

myList.add(egg1);
```

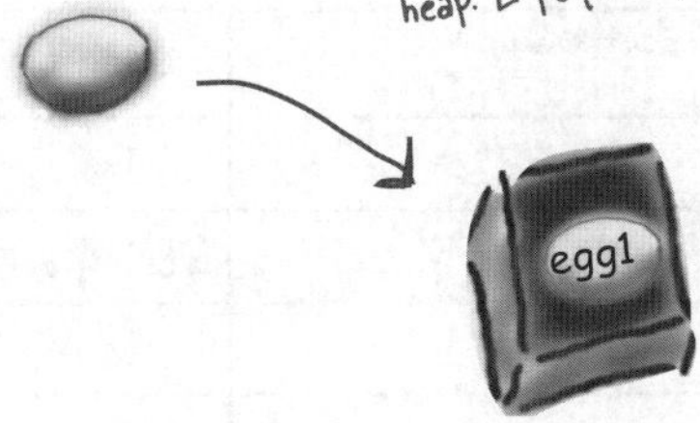

Agora, o ArrayList cria uma "caixa" para armazenar o objeto Egg.

3. Inserir outro algo nele

```
Egg egg2 = new Egg();

myList.add(egg2);
```

O ArrayList aumentou novamente para armazenar o segundo objeto Egg.

4. Descobrir quantos itens estão nele

```
int theSize = myList.size();
```

O ArrayList está armazenando 2 objetos. Logo, o método size() retorna 2.

5. Verificar se contém algo

```
boolean isIn = myList.contains(egg1);
```

O ArrayList CONTÉM o objeto Egg referenciado por 'egg1', então contains() retorna true.

6. Descobrir onde algo está (ou seja, seu índice)

```
int idx = myList.indexOf(egg2);
```

O ArrayList é baseado em zero (ou seja, o primeiro índice é 0), e como o objeto referenciado por 'egg2' era o segundo item na lista, indexOf() retorna 1.

7. Verificar se está vazio

```
boolean empty = myList.isEmpty();
```

Com certeza NÃO está vazio, então isEmpty() retorna false.

8. Remover algo dele

```
myList.remove(egg1);
```

Mas olha só — ele foi reduzido!

Aponte o seu lápis

Preencha o restante da tabela abaixo analisando o código à esquerda com ArrayList. À direita, insira o que acha que o código teria se você estivesse usando um array comum. Não esperamos que acerte tudo, apenas faça o possível.

ArrayList	Array comum
ArrayList<String> myList = new ArrayList<String>();	String [] myList = new String[2];
String a = "whoohoo";	String a = "whoohoo";
myList.add(a);	
String b = "Frog";	String b = "Frog";
myList.add(b);	
int theSize = myList.size();	
String str = myList.get(1);	
myList.remove(1);	
boolean isIn = myList.contains(b);	

Respostas na página 136.

não existem Perguntas Idiotas

P: Tá, legal o ArrayList, mas como raios eu ia saber da existência dele?

R: A pergunta certa seria, "Como *saber* o que tem na API?" Esse é o segredo para ser um programador Java bem-sucedido. Sem falar que também é o segredo para ser o mais preguiçoso possível e, ainda assim, conseguir desenvolver softwares. Talvez você se espante com quanto tempo pode economizar, visto que outra pessoa já fez todo o trabalho duro. Basta criar a parte divertida.

Mas estamos fugindo do assunto. Sendo curto e grosso, dedicando um bom tempo para aprender o que existe na API principal. Sendo pragmático, você *aprenderá* isso no final deste capítulo.

P: Mas aí é que tá o problema. Além de ter que saber que a biblioteca Java vem com o ArrayList, tenho que saber que o ArrayList pode fazer o que quero, e isso é o mais importante! Como saio da teoria para a prática?

R: Agora você chegou ao ponto certo. Ao terminar este livro, estará compreendendo a linguagem Java razoavelmente. O restante de sua curva de aprendizado será saber como passar do problema à solução, escrevendo a menor quantidade de código possível. Se tiver paciência, daqui há algumas páginas, no final deste capítulo, falaremos mais sobre isso.

Tudo Sobre o Java

Entrevista desta semana: ArrayList, tudo sobre arrays

Use a Cabeça: Então, ArrayLists são como arrays, certo?

ArrayList: Nem em sonho! ***Eu*** sou um *objeto*, ainda bem.

Use a Cabeça: Se não me engano, arrays também são objetos. Vivem na heap com todos os outros objetos.

ArrayList: Óbvio que os arrays ficam na heap, ***dã***, mas um array ainda é um aspirante a ArrayList. Um poser. Os objetos têm estado *e* comportamento, certo? Até aí, tudo bem. Mas você já tentou chamar um método em um array?

Use a Cabeça: Já que mencionou, acho que não. Qual método eu chamaria? Só chamo métodos nos elementos que insiro *no* array e não no array em si, pois uso a sintaxe dele para inserir e remover elementos.

ArrayList: Jura? Você está dizendo que *removeu* algo de um array? (Minha nossa, onde vocês *estudam*, gente?)

Use a Cabeça: *Claro* que sim. Por exemplo, Dog d = dogArray[1], obtenho o objeto Dog no índice 1 do array.

ArrayList: Ok, vou falar bem devagar para ver se você entende. Isso não é, repito, *não é* remover Dog do array, é somente fazer uma cópia *de referência* a Dog e a atribuir a outra variável Dog.

Use a Cabeça: Ah, agora entendi. Na verdade, não removi o objeto Dog do array, ele ainda está lá. Mas acho que posso definir sua referência como null.

ArrayList: Como sou um objeto de primeira classe, tenho métodos e *posso* remover coisas como a referência de Dog de mim mesmo, não apenas defini-la como null. Posso mudar meu tamanho *dinamicamente* (Pesquise sobre). Tente fazer isso como um *array* para você ver!

Use a Cabeça: Odeio tocar no assunto, mas dizem as más-línguas que você não passa de um array famosinho, mas menos eficiente. Apenas um wrapper para um array, com métodos extras como redimensionamento que eu mesmo teria que escrever. Inclusive, *você nem consegue armazenar tipos primitivos!* Uma grande limitação, não?

ArrayList: *Acredita* mesmo nessa lenda urbana? *Não* sou apenas um array menos eficiente, mas admito que, em algumas raras situações, um array pode ser *um pouco*, repito, um pouco mais rápido. Será que vale a pena abrir mão desse *poder* em troca de um ganho *irrisório* de desempenho? Ainda assim, pense em toda a *flexibilidade*. E quanto aos tipos primitivos, *claro* que podemos inseri-los em um ArrayList, desde que estejam em uma classe empacotadora primitiva (veremos isso no Capítulo 10). Se estiver usando o Java 5 ou superior, o empacotamento com um wrapper (e o desempacotamento quando removemos os tipos primitivos do array) é automático. E *reconheço* que usar um ArrayList com *tipos primitivos* é mais rápido por conta do empacotamento e do desempacotamento. Mas quem é que usa tipos primitivos *hoje em dia*? Nossa, a hora! *Estou atrasado para o Pilates.* Depois retomamos esse assunto.

Aponte o seu lápis Solução

(página 134)

ArrayList	Array comum
`ArrayList<String> myList = new ArrayList<String>();`	`String [] myList = new String[2];`
`String a = "whoohoo";`	`String a = "whoohoo";`
`myList.add(a);`	`myList[0] = a;`
`String b = "Frog";`	`String b = "Frog";`
`myList.add(b);`	`myList[1] = b;`
`int theSize = myList.size();`	`int theSize = myList.length;`
`String str = myList.get(1);`	`String str = myList[1];`
`myList.remove(1);`	`myList[1] = null;`

`boolean isIn = myList.contains(b);`	`boolean isIn = false;`
	`for (String item : myList) {`
	`  if (b.equals(item)) {`
	`    isIn = true;`
	`    break;`
	`  }`
	`}`

É aqui que as coisas começam a parecer **realmente** diferentes.

Repare que, com um ArrayList, estamos trabalhando com um objeto do tipo ArrayList. Ou seja, somente invocando métodos anteriores e comuns em um objeto anterior e comum, com o bom e velho operador de ponto.

Já com um *array*, recorremos à *sintaxe especial de array* (com myList[0] = foo), que não usaremos em nenhum outro lugar, a não ser com arrays. Embora *seja* um objeto, um array vive em seu próprio mundo especial. Não podemos invocar nenhum método nele, mesmo podendo acessar sua única variável de instância, *length*.

Comparando um ArrayList a um array comum

1 **Um array anterior e simples precisa saber seu tamanho assim que for criado**

Mas com um ArrayList, basta criar um objeto desse tipo. Toda vez. Um ArrayList nunca precisa saber seu tamanho porque cresce e diminui à medida que os objetos são adicionados ou removidos.

```
new String[2]
```

Precisa de um tamanho.

```
new ArrayList<String>()
```

O tamanho não é necessário (embora seja possível estabelecer um tamanho inicial, se quiser).

2 **Para inserir um objeto em um array comum, deve-se atribuí-lo a um local específico.**

(Um índice de 0 a um, menor que o tamanho do array.)

```
myList[1] = b;
```

Precisa de um índice.

Se esse índice estiver fora dos limites do array (como o array foi declarado com tamanho 2 e agora estamos tentando atribuir algo ao índice 3), ele estoura em tempo de execução.

Com o ArrayList, é possível especificar um índice usando o método *add(anInt, anObject)* ou podemos simplesmente continuar com *add(anObject)* e o ArrayList continuará crescendo, abrindo espaço para um item novo.

```
myList.add(b);
```

Sem índice.

3 **Arrays usam sintaxe de array que não é usada em nenhum outro lugar do Java.**

Mas como ArrayLists são simples e velhos objetos Java, não têm nenhuma sintaxe especial.

```
myList[1]
```

Os colchetes de array [ ] são sintaxes especiais usadas somente para eles.

4 **ArrayLists são parametrizados.**

Acabamos de afirmar que, ao contrário dos arrays, os ArrayLists não têm sintaxe especial, mas *usam* algo especial — ***tipos parametrizados.****

```
ArrayList<String>
```

A <String> entre colchetes angulares é um "tipo parametrizado". ArrayList<String> significa simplesmente "uma lista de Strings", ao contrário de ArrayList<Dog>, que significa "uma lista de Dogs".

Ao usar a sintaxe <OTipoEntraAqui>, podemos declarar e criar um ArrayList que conhece (e restringe) os tipos de objetos que pode armazenar. No Capítulo 11, *Estruturas de Dados*, analisaremos os detalhes dos tipos parametrizados em ArrayLists. Por ora, não quebre a cabeça com a sintaxe de colchete angular <> que vir quando usamos ArrayLists. Basta saber que se trata de um modo de forçar o compilador a permitir apenas um tipo específico de objeto (*o tipo entre colchetes angulares*) no ArrayList.

**Tipos parametrizados foram adicionados ao Java no Java 5, lançado há tanto tempo que muito provavelmente você está usando uma versão que os suporta!*

código de preparação | código de teste | **código real**

Bora corrigir o bug do código da Startup

Lembre-se, é assim que a versão com bugs é:

Renomeamos a classe Startup agora (em vez de SimpleStartup), para a nova versão avançada, mas é o mesmo código que você viu no último capítulo.

```
class Startup {

  private int[] locationCells;
  private int numOfHits = 0;

  public void setLocationCells(int[] locs) {
    locationCells = locs;
  }

  public String checkYourself(int guess) {
    String result = "miss";
    for (int cell : locationCells) {
      if (guess == cell) {
        result = "hit";
        numOfHits++;

        break;
      }
    } // Fim do loop for
    if (numOfHits == locationCells.length) {
      result = "kill";
    } // Fim do if
    System.out.println(result);
    return result;
  } // Fim do método
} // Fecha a classe
```

Foi aqui que tudo deu errado. Contamos cada palpite como um acerto (hit), sem verificar se a célula já havia sido acertada.

código de preparação | código de teste | **código real**

A nova classe Startup aprimorada

Agora, com o poder do ArrayList!

```
import java.util.ArrayList;

public class Startup {

  private ArrayList<String> locationCells;
  // int private de numOfHits;
  // Não precisa rastrear isso agora

  public void setLocationCells(ArrayList<String> locs) {
    locationCells = locs;
  }

  public String checkYourself(String userInput) {
    String result = "miss";
    int index = locationCells.indexOf(userInput);

    if (index >= 0) {

      locationCells.remove(index);

      if (locationCells.isEmpty()) {
        result = "kill";
      } else {
        result = "hit";
      } // Fim do if
    } // Fim do if externo
    return result;
  } // Fim do método
} // Fecha a classe
```

Por enquanto, ignore esta linha; falamos sobre ela no final do capítulo.

Altera o array int para um ArrayList que armazena Strings.

Agora é uma String — ela precisa aceitar um valor como "A3".

Nome do argumento novo e aprimorado.

Verifica se o palpite do usuário está no ArrayList, solicitando seu índice. Se não estiver na lista, indexOf() retorna -1.

Se o índice for maior ou igual a zero, o palpite do usuário está definitivamente na lista, então é removido.

Se a lista estiver vazia, foi dado o golpe de misericórdia!

Vamos desenvolver o jogo REAL: "Sink a Startup"

Até então trabalhamos na versão "simples", mas agora desenvolveremos a versão real. Em vez de uma única linha, usaremos uma grade. E em vez de uma Startup, usaremos três.

Objetivo: afundar todas as startups do computador com o menor número de tentativas. Você receberá uma classificação com base em seu desempenho.

Setup: quando o programa do jogo é iniciado, o computador aleatoriamente insere três startups em uma **grade virtual 7 x 7**. Após, o jogo solicitará seu primeiro palpite [guess, no código].

Como jogar: como ainda não aprendemos a criar uma GUI, essa versão roda via linha de comando. O computador solicitará que você digite um palpite (em uma célula), que na linha de comando será digitado como "A3", "C5" etc. Como resposta ao seu palpite, a linha de comando exibirá um resultado como "hit [acertou]", "miss [errou]" ou "You sunk poniez [Você afundou a startup poniez]" (ou seja lá qual for a startup felizarda). Quando afundar todas as três, o jogo termina exibindo sua classificação.

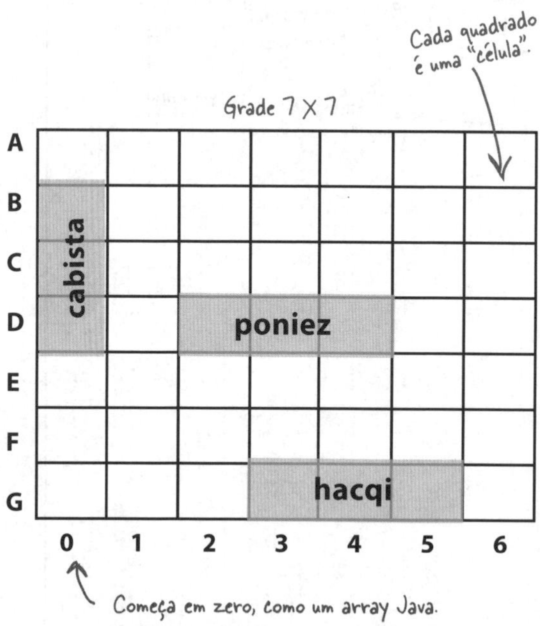

Você vai criar o jogo Sink a Startup, com uma grade 7 x 7 e três startups. Cada startup ocupa três células.

Parte de uma interação do jogo

File Edit Window Help Sell

```
%java StartupBust
Enter a guess  A3
miss
Enter a guess  B2
miss
Enter a guess  C4
miss
Enter a guess  D2
hit
Enter a guess  D3
hit
Enter a guess  D4
Ouch! You sunk poniez   : (
kill
Enter a guess  G3
hit
Enter a guess  G4
hit
Enter a guess  G5
Ouch! You sunk hacqi   : (
All Startups are dead! Your stock
is now worthless
Took you long enough. 62 guesses.
```

O que precisa ser alterado?

Temos três classes que precisam ser alteradas: a classe Startup (que agora é chamada de Startup em vez de SimpleStartup), a do jogo (StartupBust) e a auxiliar do jogo (com a qual não nos preocuparemos ainda).

A Classe Startup

- **Adiciona uma variável *name*** a fim de armazenar o nome da startup ("poniez," "cabista" etc.), de modo que cada startup possa exibir seu nome quando for abatida (veja a tela de saída na página ao lado).

B Classe StartupBust (o jogo)

- **Cria *três* Startups em vez de uma.**
- **Atribui um *nome* a cada uma das três Startups.** Chama um método setter em cada instância de Startup para que Startup possa atribuir o nome à sua variável de instância name.

Continuação da classe StartupBust...

- **Insere as startups em uma grade em vez de em uma única linha e faz isso com todas as três.**
  Essa etapa fica mais complexa do que antes, se formos inserir as Startups aleatoriamente. Como não estamos aqui para fazer cálculos matemáticos, inserimos o algoritmo para fornecer um local às Startups na classe GameHelper (Código predefinido).
- **Verifica cada palpite do usuário *com todas as três Startups*, em vez de apenas uma.**
- **Continua o jogo** (ou seja, aceita os palpites do usuário e os compara com as Startups restantes) ***até que não haja mais Startups ativas*.**
- **Sai do método main.** Mantivemos a versão simples no método main, pois não se tratava do jogo real. Não queremos isso no jogo *real*.

3 Classes:

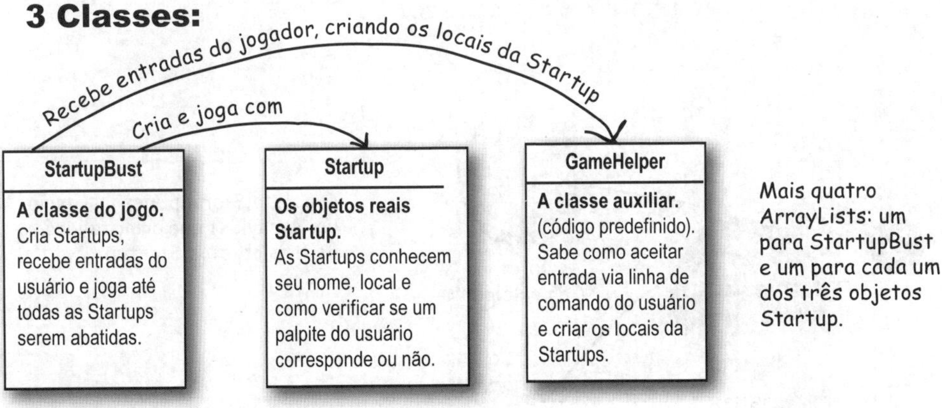

5 Objetos:

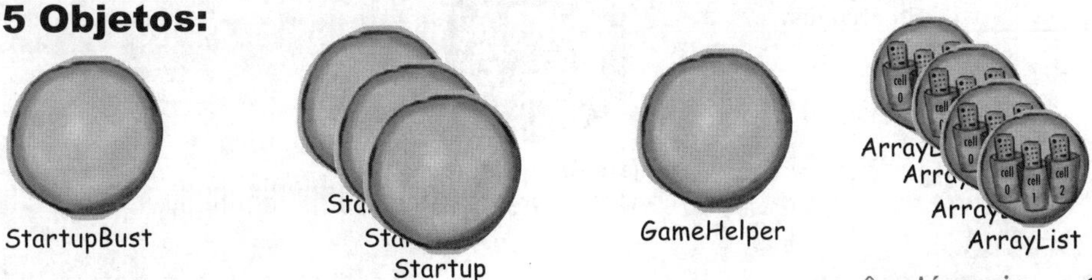

Quem faz o quê no jogo StartupBust (e quando)

1

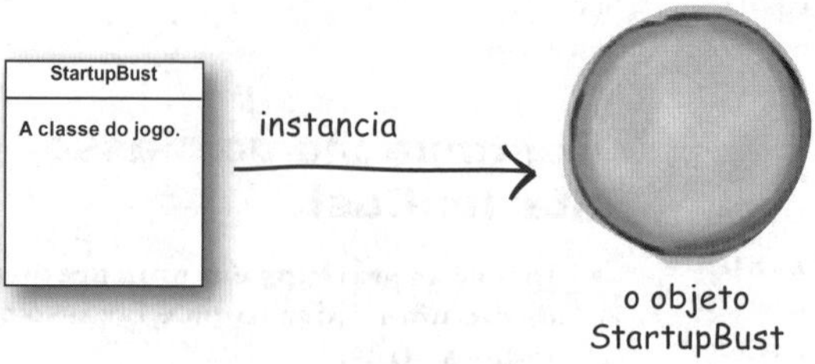

Na classe StartupBust, o método main() instancia o objeto StartupBust que faz todas as coisas do jogo.

2

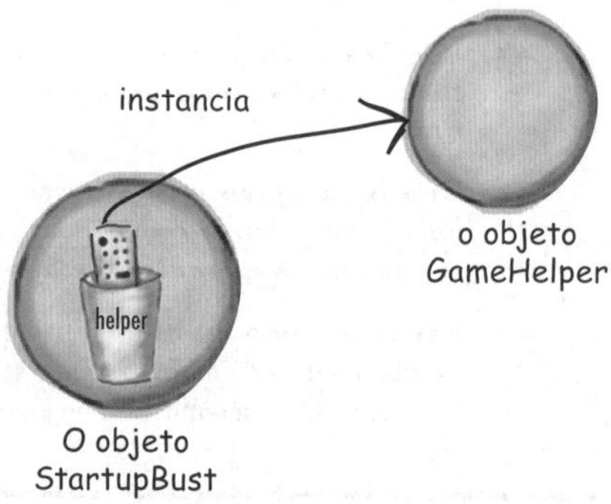

O objeto StartupBust (jogo) instancia uma instância de GameHelper, o objeto que auxiliará o jogo a fazer seu trabalho.

3

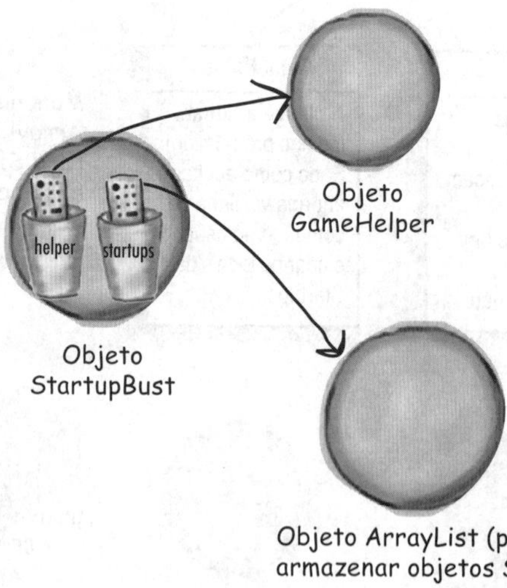

O objeto StartupBust instancia um ArrayList que armazenará os três objetos Startup.

4

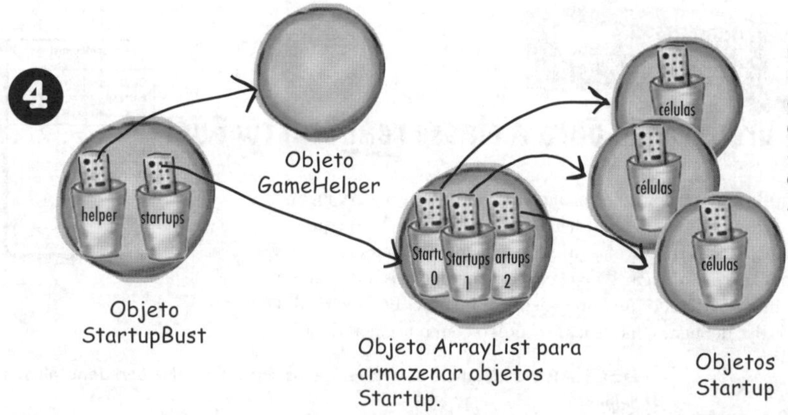

O objeto StartupBust solicita ao objeto auxiliar um local para uma Startup (faz isso três vezes, uma para cada startup).

O objeto StartupBust fornece a cada um dos objetos Startup um local (que o StartupBust obteve do objeto auxiliar) como "A2", "B2" etc. Cada objeto Startup insere as próprias três células de local em um ArrayList.

5

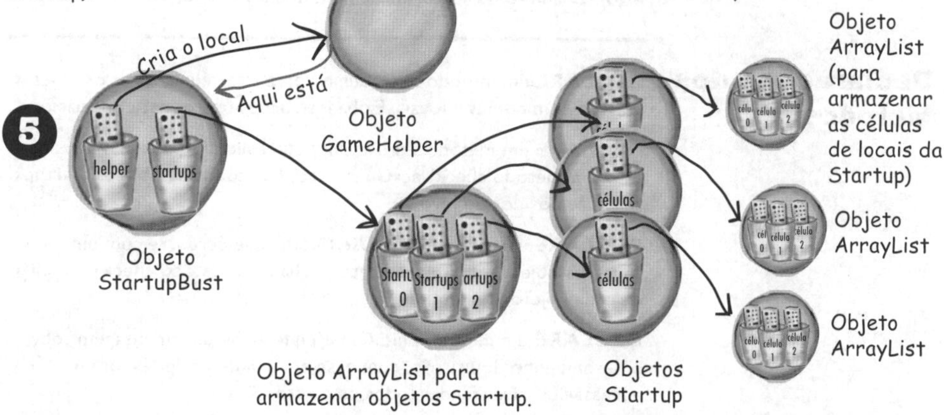

O objeto StartupBust solicita ao objeto auxiliar um palpite do usuário (o auxiliar/helper solicita ao usuário e recebe informações da linha de comando).

O objeto StartupBust percorre com um loop a lista de Startups e pede a cada uma para verificar o palpite do usuário em busca de uma correspondência. Cada Startup verifica seus locais no ArrayList e retorna um resultado ("hit", "miss" etc.).

6

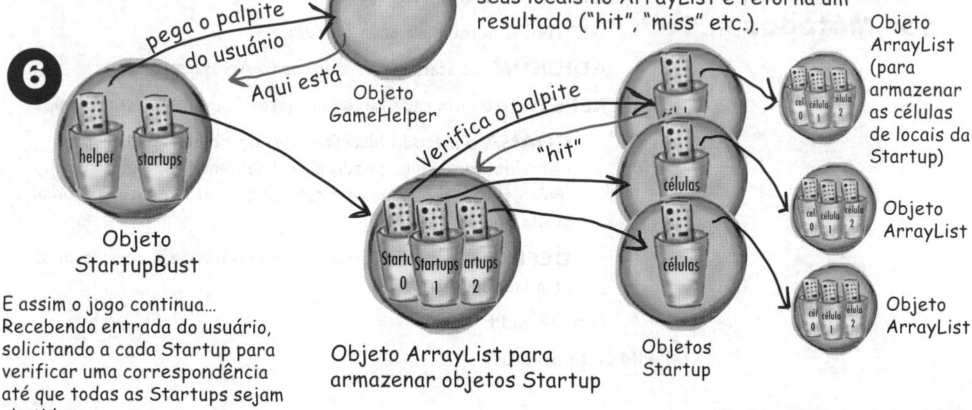

E assim o jogo continua... Recebendo entrada do usuário, solicitando a cada Startup para verificar uma correspondência até que todas as Startups sejam abatidas;

código de preparação | código de teste | código real

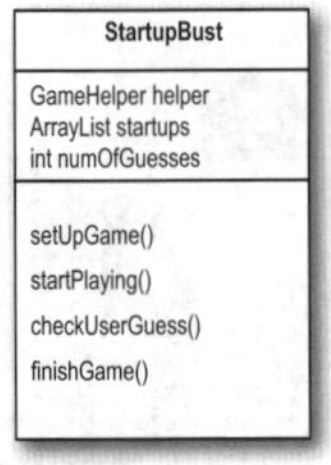

Código de preparação para a classe real StartupBust

A classe StartupBust tem três tarefas principais: configurar o jogo, jogar o jogo até que as Startups sejam abatidas e terminar o jogo. Ainda que pudéssemos mapear essas três tarefas diretamente em três métodos, dividimos a tarefa do meio (jogar o jogo) em dois métodos visando manter a granularidade menor. Métodos menores (pedaços menores de funcionalidade) nos ajudam a testar, debugar e modificar o código com mais facilidade.

Declarações das Variáveis

DECLARE e instancie a variável de instância *GameHelper*, denominada *helper*.

DECLARE e instancie um *ArrayList* para armazenar a lista de Startups (a princípio, três). Chame-o de *startups*.

DECLARE uma variável int para armazenar o número de palpites do usuário (para que possamos lhe fornecer uma pontuação no final do jogo). Chame-o de *numOfGuesses* e o defina como 0.

Declarações dos Métodos

DECLARE um método *setUpGame()* para criar e inicializar os objetos Startup com nomes e locais. Exiba instruções breves para o usuário.

DECLARE um método *startPlaying()* que solicita palpites ao jogador e chama o método checkUserGuess() até que todos os objetos Startup sejam removidos do jogo.

DECLARE um método *checkUserGuess()* que percorre com um loop todos os objetos Startup restantes e chama o método checkYourself() de cada objeto Startup.

DECLARE um método *finishGame()* que exibe uma mensagem sobre o desempenho do usuário, com base em quantos palpites foram necessários para afundar todos os objetos Startup.

Implementações dos Métodos

MÉTODO: ***void setUpGame()***

// Cria três objetos Startup e os nomeia

CRIA três objetos Startup.

DEFINE o nome para cada Startup.

ADICIONA as Startups ao *startups* (o ArrayList).

REPETE isso com cada um dos objetos Startup na lista *startups*:

CHAMA o método *placeStartup()* no objeto auxiliar, para obter um local selecionado aleatoriamente para esta startup (três células, alinhadas vertical ou horizontalmente, em uma grade de 7 X 7)

DEFINE o local para cada Startup com base no resultado da chamada *placeStartup()*.

FIM DA REPETIÇÃO

FIM DO MÉTODO

Continuação das implementações dos métodos:

MÉTODO: ***void startPlaying()***

REPETE enquanto existir Startups.

OBTÉM a entrada do usuário chamando o método auxiliar *getUserInput()*.

AVALIA o palpite do usuário pelo método *checkUserGuess()*.

FIM DA REPETIÇÃO

FIM DO MÉTODO

MÉTODO: ***void checkUserGuess(String userGuess)***

// Verifica se há um hit (e um kill) em qualquer Startup

INCREMENTA o número de palpites do usuário na variável *numOfGuesses* .

DEFINE a variável local *result* (um *String*) como "miss", assumindo que o palpite do usuário será um erro.

REPETE isso com cada objeto Startup objects na lista *startups*.

AVALIA o palpite do usuário chamando o método *checkYourself()*do objeto Startup.

DEFINE a variável de resultado como "hit" ou "kill", se cabível.

SE o resultado for "kill", **REMOVE** a startup da lista *startups*.

FIM DA REPETIÇÃO

EXIBE o valor de *result* para o usuário.

FIM DO MÉTODO

MÉTODO: ***void finishGame()***

EXIBE uma mensagem genérica de "game over" e, em seguida:

SE o número de palpites do usuário for pequeno,

EXIBE uma mensagem de parabéns.

SE NÃO

EXIBE uma mensagem provocativa.

FIM DO IF

FIM DO MÉTODO

→ Resolve aí.

Aponte o seu lápis

Como passamos do código de preparação para o código final? Primeiro, começamos com o código de teste e, em seguida, testamos e criamos nossos métodos pouco a pouco. A partir de agora, não mostraremos mais código de teste neste livro. Cabe a você pensar sobre o que precisa saber para testar esses métodos.

Qual método deve ser testado e escrito primeiro? Veja se consegue escrever um pouco de código de preparação para um conjunto de testes. O código de preparação ou mesmo os pontos de bala são suficientes para este exercício, mas caso queira tentar escrever o código de teste real (em Java), fique à vontade.

código de preparação | código de teste | **código real**

Aponte o seu lápis

Comente o código!

Compare as anotações na parte inferior de cada página com os números no código. Escreva o número no espaço na frente do comentário correspondente.

Você usará cada comentário apenas uma vez e precisará de todos eles.

```
import java.util.ArrayList;

public class StartupBust {
    private GameHelper helper = new GameHelper();                         (1)
    private ArrayList<Startup> startups = new ArrayList<Startup>();
    private int numOfGuesses = 0;

  private void setUpGame() {
    // Cria algumas Startups e lhes fornece locais.
    Startup one = new Startup();                                          (2)
    one.setName("poniez");
    Startup two = new Startup();
    two.setName("hacqi");
    Startup three = new Startup();
    three.setName("cabista");
    startups.add(one);
    startups.add(two);
    startups.add(three);

    System.out.println("Your goal is to sink three Startups.");          (3)
    System.out.println("poniez, hacqi, cabista");
    System.out.println("Try to sink them all in the fewest number of guesses");

    for (Startup startup : startups) {                                    (4)
      ArrayList<String> newLocation = helper.placeStartup(3);             (5)
      startup.setLocationCells(newLocation);                              (6)
    } // Fecha o loop
  } // Fecha o método setUpGame

  private void startPlaying() {                                           (7)
    while (!startups.isEmpty()) {
      String userGuess = helper.getUserInput("Enter a guess");            (8)
      checkUserGuess(userGuess);                                          (9)
    } // Fecha o loop while
    finishGame();                                                         (10)
  } // Fecha o método startPlaying
```

— Obtém a entrada do usuário.

— Solicita ao auxiliar um local para a Startup.

— Repete isso com cada Startup na lista.

— Declara e inicializa as variáveis necessárias.

— Chama o método setter nesta Startup para fornecer o local que acabou de ser obtido do auxiliar.

— Chama nosso método checkUserGuess.

— Printa breves instruções para o usuário.

— Desde que a lista de Startups NÃO esteja vazia.

— Chama nosso método finishGame.

— Cria três objetos Startup, lhes fornece nomes e os insere no ArrayList.

código de preparação | código de teste | **código real**

Independentemente do que esteja fazendo, NÃO vire a página!

Não até ter terminado este exercício.

Nossa versão está nela.

```
private void checkUserGuess(String userGuess) {
  numOfGuesses++;                                        (11)
  String result = "miss";                                (12)

  for (Startup startupToTest : startups) {               (13)
    result = startupToTest.checkYourself(userGuess);     (14)

    if (result.equals("hit")) {
      break;                                             (15)
    }
    if (result.equals("kill")) {
      startups.remove(startupToTest);                    (16)
      break;
    }
  } // Fecha o loop for

  System.out.println(result);                            (17)
} // Fecha o método


private void finishGame() {
  System.out.println("All Startups are dead! Your stock is now worthless");
  if (numOfGuesses <= 18) {
    System.out.println("It only took you " + numOfGuesses + " guesses.");
    System.out.println("You got out before your options sank.");
  } else {
    System.out.println("Took you long enough. " + numOfGuesses + " guesses.");
    System.out.println("Fish are dancing with your options");
  }
} // Fecha o método                                      (18)

public static void main(String[] args) {
  StartupBust game = new StartupBust();                  (19)
  game.setUpGame();                                      (20)
  game.startPlaying();                                   (21)
} // Fecha o método
}
```

__ Repete isso com todas as Startups na lista.

__ Exibe o resultado para o usuário.

__ Printa uma mensagem contando ao usuário como ele se saiu no jogo.

__ Esta foi abatida, então é removida da lista de Startups e sai do loop.

__ Solicita ao objeto game para configurar o jogo.

__ Incrementa o número de palpites que o usuário fez.

__ Assume que é um 'erro', a menos que seja dito o contrário.

__ Sai antes do loop, não adianta testar os outros.

__ Solicita ao objeto game para iniciar o loop principal do jogo (permanece solicitando a entrada do usuário e verificando o palpite).

__ Solicita à Startup para verificar o palpite do usuário, procurando por um acerto (ou abate).

__ Cria o objeto game.

código de preparação | **código de teste** | **código real**

```
import java.util.ArrayList;

public class StartupBust {

  private GameHelper helper = new GameHelper();
  private ArrayList<Startup> startups = new ArrayList<Startup>();
  private int numOfGuesses = 0;

  private void setUpGame() {
    // Cria algumas Startups e lhes fornece locais.
    Startup one = new Startup();
    one.setName("poniez");
    Startup two = new Startup();
    two.setName("hacqi");
    Startup three = new Startup();
    three.setName("cabista");
    startups.add(one);
    startups.add(two);
    startups.add(three);

    System.out.println("Your goal is to sink three Startups.");
    System.out.println("poniez, hacqi, cabista");
    System.out.println("Try to sink them all in the fewest number of guesses");

    for (Startup startup : startups) {
      ArrayList<String> newLocation = helper.placeStartup(3);
      startup.setLocationCells(newLocation);
    } // Fecha o loop
  } // Fecha o método setUpGame

  private void startPlaying() {
    while (!startups.isEmpty()) {
      String userGuess = helper.getUserInput("Enter a guess");
      checkUserGuess(userGuess);
    } // Fecha o loop while
    finishGame();
  } // Fecha o método startPlaying
```

Declara e inicializa as variáveis de que precisaremos.

Cria três objetos Startup, lhes fornece nomes e os insere no ArrayList.

Printa breves instruções para o usuário.

Repete isso com cada Startup na lista.

Solicita ao auxiliar um local para a Startup (um ArrayList de Strings).

Chama o método setter nesta Startup para fornecer o local que você acabou de obter do auxiliar.

Desde que a lista de Startup NÃO esteja vazia (o ! significa NÃO, é o mesmo que (startups.isEmpty() == false).

Obtém a entrada do usuário.

Chama nosso método checkUserGuess.

Chama nosso método finishGame.

código de preparação | código de teste | **código real**

```
private void checkUserGuess(String userGuess) {
  numOfGuesses++;  ← Incrementa o número de palpites que o usuário fez.
  String result = "miss";  ← Assume que é um 'erro', a menos que seja dito o contrário.

  for (Startup startupToTest : startups) {  ← Repete isso com todas as Startups na lista.
    result = startupToTest.checkYourself(userGuess);  ← Solicita à Startup para verificar
                                                        o palpite do usuário, procurando
                                                        por um acerto (ou abate).
    if (result.equals("hit")) {
      break;  ← Sai antes do loop, não adianta testar os outros.
    }
    if (result.equals("kill")) {
      startups.remove(startupToTest);  ← Esta foi abatida, então é removida da lista de
      break;                             Startups e sai do loop.
    }
  } // Fecha o loop for

  System.out.println(result);  ← Exibe o resultado para o usuário.
} // Fecha o método

                                   Printa uma mensagem contando ao
                                   usuário como ele se saiu no jogo.
private void finishGame() {
  System.out.println("All Startups are dead! Your stock is now worthless");
  if (numOfGuesses <= 18) {
    System.out.println("It only took you " + numOfGuesses + " guesses.");
    System.out.println("You got out before your options sank.");
  } else {
    System.out.println("Took you long enough. " + numOfGuesses + " guesses.");
    System.out.println("Fish are dancing with your options");
  }
} // Fecha o método

public static void main(String[] args) {
  StartupBust game = new StartupBust();  ← Cria o objeto game.
  game.setUpGame();  ← Solicita ao objeto game para configurar o jogo.
  game.startPlaying();  ← Solicita ao objeto game para iniciar o loop
                          principal do jogo (permanece solicitando a
                          entrada do usuário e verificando o palpite).
} // Fecha o método
}
```

A versão final da classe Startup

```
import java.util.ArrayList;

public class Startup {
  private ArrayList<String> locationCells;
  private String name;

  public void setLocationCells(ArrayList<String> loc) {
    locationCells = loc;
  }

  public void setName(String n) {
    name = n;
  }

  public String checkYourself(String userInput) {
    String result = "miss";
    int index = locationCells.indexOf(userInput);
    if (index >= 0) {
      locationCells.remove(index);

      if (locationCells.isEmpty()) {
        result = "kill";
        System.out.println("Ouch! You sunk " + name + "   : ( ");
      } else {
        result = "hit";
      } // Fim do if
    } // Fim do if externo
    return result;
  } // Fim do método

} // Fecha a classe
```

Variáveis de instância da classe Startup:
- um ArrayList de células de locais
- o nome da Startup.

Método setter que atualiza o local da Startup. (Local aleatório fornecido pelo método GameHelper placeStartup().)

Seu método setter básico.

O método ArrayList indexOf( ) em ação! Se o palpite do usuário for uma das entradas em ArrayList, indexOf( ) retornará seu local em ArrayList. Caso contrário, indexOf( ) retornará -1.

Usando o método remove() de ArrayList para excluir um item.

Usando o método isEmpty() para ver se todos os locais foram adivinhados.

Informa ao usuário quando uma Startup foi afundada.

Retorna: 'errou' ou 'acertou' ou 'abateu'. Mais uma vez, lembre-se, no código é: 'miss', 'hit' ou 'kill', como podemos ver. Traduzimos para melhor entendimento do leitor!

As expressões booleanas superpoderosas

Até agora, em nossos loops ou testes `if`, usamos expressões booleanas bem simples. Usaremos expressões booleanas mais poderosas em alguns dos códigos predefinidos que veremos em breve. E mesmo sabendo que você não vai espiar, achamos que é hora de analisar como lapidar suas expressões.

Operadores "And" e "Or" (&&, ||)

Digamos que você esteja escrevendo um método chooseCamera( ), com várias regras sobre qual câmera escolher. Talvez escolha câmeras que variem de U$$50 a U$$1.000, mas, em alguns casos, é melhor limitar o intervalo de preço com mais precisão:

"Se o *intervalo* de preço estiver entre U$$300 ***e*** US$400, escolha X."

```
if (price >= 300 && price < 400) {
  camera = "X";
}
```

Suponha que, das dez marcas de câmeras disponíveis, há uma lógica que se aplica a apenas algumas da lista:

```
if (brand.equals("A") || brand.equals("B")) {
  // Executa algo somente para a marca A ou
  // para a marca B
}
```

Expressões booleanas podem ficar muito grandes e complicadas:

```
if ((zoomType.equals("optical") &&
     (zoomDegree >= 3 && zoomDegree <= 8))
||
    (zoomType.equals("digital") &&
     (zoomDegree >= 5 && zoomDegree <=
12))) {
  // Executa algo relacionado ao zoom
}
```

Caso queira saber os detalhes *realmente* técnicos, a *precedência* desses operadores pode ser um fator a se pensar. Em vez de se tornar um especialista no misterioso mundo da precedência matemática, recomendamos que ***use parênteses*** para que seu código fique claro.

Igualdade e Diferença (!= e !)

Suponha uma lógica como "dos dez modelos de câmeras disponíveis, determinado item é *verdadeiro* para todos, *exceto um*".

```
if (model != 2000) {
  // Não aplicável ao modelo 2000
}
```

Ou para comparar objetos como Strings...

```
if (!brand.equals("X")) {
  // Não aplicável à marca X
}
```

Operadores de curto-circuito (&& , ||)

Os operadores vistos até agora, && e ||, são conhecidos como operadores de ***curto-circuito***. No caso de &&, a expressão será verdadeira somente se ambos os lados de && forem verdadeiros. Se perceber que o lado esquerdo de uma expressão && é falso, a JVM para na hora! Nem verifica o lado direito. Acontece o mesmo com ||, a expressão será verdadeira *se qualquer* um dos lados for verdadeiro. Se detectar que o lado esquerdo é verdadeiro, a JVM declara que toda a instrução é verdadeira e verifica o lado direito. Por que isso é bom? Imagine uma variável de referência que você não tem certeza se foi atribuída a um objeto. Se tentar chamar um método com esta variável de referência null (nenhum objeto foi atribuído), obterá uma NullPointerException. Então, tente o seguinte:

```
if (refVar != null &&
     refVar.isValidType()) {
   // Executa se o tipo for válido
}
```

Operadores de não curto-circuito (& , |)

Quando usado em expressões booleanas, & e | agem como seus homólogos && e ||, mas forçam a JVM a *sempre* verificar *ambos* os lados da expressão, sendo usados em outro contexto para manipulação de bits.

Código Predefinido: GameHelper

Esta é a classe auxiliar do jogo. Além do método de entrada do usuário (que solicita ao usuário e lê a entrada da linha de comando), a tarefa do auxiliar é criar as células de locais para as Startups. Tentamos mantê-la pequena para que você não precise digitar muito. E lembre-se, não será possível compilar a classe de jogo StartupBust até que tenha *essa* classe.

```
import java.util.*;

public class GameHelper {
  private static final String ALPHABET = "abcdefg";
  private static final int GRID_LENGTH = 7;
  private static final int GRID_SIZE = 49;
  private static final int MAX_ATTEMPTS = 200;
  static final int HORIZONTAL_INCREMENT = 1;          // Um jeito melhor de representar duas
  static final int VERTICAL_INCREMENT = GRID_LENGTH; // coisas em um enum (veja o Apêndice B)

  private final int[] grid = new int[GRID_SIZE];
  private final Random random = new Random();
  private int startupCount = 0;

  public String getUserInput(String prompt) {
    System.out.print(prompt + ": ");
    Scanner scanner = new Scanner(System.in);
    return scanner.nextLine().toLowerCase();
  } // Fim do getUserInput

  public ArrayList<String> placeStartup(int startupSize) {
    // Armazena o índice para a grade (0 - 48)
    int[] startupCoords = new int[startupSize];          // Atuais coordenadas do candidato
    int attempts = 0;                                    // Contador de tentativas atuais
    boolean success = false;                             // flag = achou um bom local?

    startupCount++;                                      // Inserindo a énesima Startup
    int increment = getIncrement();                      // Alinhamento vert/horiz alternativo

    while (!success & attempts++ < MAX_ATTEMPTS) {       // Loop de pesquisa principal
      int location = random.nextInt(GRID_SIZE);          // Obtém ponto de partida aleatório

      for (int i = 0; i < startupCoords.length; i++) {   // Cria array de coordenadas propostas
        startupCoords[i] = location;                     // Insere local atual no array
        location += increment;                           // Calcula o próximo local
      }
      // System.out.println("Trying: " + Arrays.toString(startupCoords));

      if (startupFits(startupCoords, increment)) {       // A startup cabe na grade?
        success = coordsAvailable(startupCoords);        // ... E os locais não foram ocupados?
      }                                                  // Fim do loop
    }                                                    // Fim do loop while
    savePositionToGrid(startupCoords);                   // Verificação de coordenadas, salva
    ArrayList<String> alphaCells = convertCoordsToAlphaFormat(startupCoords);
    // System.out.println("Placed at: "+ alphaCells);
    return alphaCells;
  } // Fim do placeStartup
```

Observação: Como exercício extra, você pode tentar "descomentar" o System.out.println, apenas para vê-lo funcionar! Apesar de essas instruções permitirem uma "trapaça" fornecendo o local das Startups, isso ajuda a testá-las.

Esta é a instrução que informa exatamente onde a Startup está localizada.

Código Predefinido

Continuação do código da classe GameHelper...

```
private boolean startupFits(int[] startupCoords, int increment) {
  int finalLocation = startupCoords[startupCoords.length - 1];
  if (increment == HORIZONTAL_INCREMENT) {
    // Verifica se o final está na mesma linha do início
    return calcRowFromIndex(startupCoords[0]) == calcRowFromIndex(finalLocation);
  } else {
    return finalLocation < GRID_SIZE;       // Verifica se a extremidade não excede a parte
                                            // inferior
  }
} // Fim do startupFits
private boolean coordsAvailable(int[] startupCoords) {
  for (int coord : startupCoords) {                 // Verifica todas as posições potenciais
    if (grid[coord] != 0) {                         // Esta posição já foi ocupada
      // System.out.println("position: " + coord + " already taken.");
      return false;                                 // SEM sucesso
    }
  }
  return true;                                      // Não houve conflitos, uhuu!
} // Fim de coordsAvailable
private void savePositionToGrid(int[] startupCoords) {
  for (int index : startupCoords) {
    grid[index] = 1;                          // Marca a posição da grade como 'used'
  }
} // Fim do savePositionToGrid
private ArrayList<String> convertCoordsToAlphaFormat(int[] startupCoords) {
  ArrayList<String> alphaCells = new ArrayList<String>();
  for (int index : startupCoords) {                    // Para cada coordenada de grade
    String alphaCoords = getAlphaCoordsFromIndex(index); // Transforma em um estilo "a0"
    alphaCells.add(alphaCoords);                       // Adiciona à lista
  }
  return alphaCells;                          // Retorna as coordenadas de estilo "a0"
} // Fim de convertCoordsToAlphaFormat
private String getAlphaCoordsFromIndex(int index) {
  int row = calcRowFromIndex(index);                   // Obtém o valor da linha
  int column = index % GRID_LENGTH;                    // Obtém o valor da coluna numérica
  String letter = ALPHABET.substring(column, column + 1); // Converte em letra
  return letter + row;
} // Fim de getAlphaCoordsFromIndex
private int calcRowFromIndex(int index) {
  return index / GRID_LENGTH;
} // Fim de calcRowFromIndex
private int getIncrement() {
  if (startupCount % 2 == 0) {                         // Se houve Startup
    return HORIZONTAL_INCREMENT;                       // Insere horizontalmente
  } else {                                             // else ODD
    return VERTICAL_INCREMENT;                         // Insere verticalmente
  }
} // Fim do getIncrement
} // Fim da classe
```

Este código e um teste básico estão disponíveis no repositório do GitHub, acesse: https://oreil.ly/hfJava_3e_examples. Lembrando que os comentários estão em inglês no GitHub e foram traduzidos aqui.

Usando a biblioteca (a API Java)

Você trilhou todas as etapas do desenvolvimento do jogo StartupBust, graças à ajuda do ArrayList. E agora, como prometido, é hora de aprender a brincar com a biblioteca Java.

Na API Java, as classes são agrupadas em pacotes.

Para usar uma classe na API, é necessário saber em qual pacote a classe está.

Na biblioteca Java, cada classe pertence a um pacote. O pacote tem um nome, como **javax.swing** (pacote com Java Swing, que contém componentes e classes para desenvolver uma GUI, que você aprenderá em breve). O ArrayList está no pacote chamado **java.util** que, olha só, armazena uma pilha de classes *utilitárias*. No Apêndice B, você aprenderá mais sobre pacotes, incluindo como inserir suas *próprias* classes em *seus* pacotes. No entanto, por ora, *usaremos* apenas algumas das classes que vêm com o Java.

É simples usar uma classe da API em seu código. Basta tratá-la como se você mesmo a tivesse criado... Como se a tivesse compilado, e lá estivesse a classe, esperando que você a use, com uma grande diferença: em algum lugar do seu código, é necessário indicar o nome *completo* da classe da biblioteca que deseja usar, ou seja, nome do pacote + nome da classe.

Mesmo sem saber, ***você já está usando classes de um pacote***. System (System.out.println), String, e Math (Math.random()) pertencem ao pacote **java.lang**.

É necessário saber o nome completo* da classe que você quer usar em seu código.

ArrayList não é o nome *completo* de ArrayList, assim como Kathy não é um nome completo (a menos que sejam nomes como Madonna ou Cher, mas não vamos entrar nesse assunto). Na verdade, o nome completo de ArrayList é:

```
java.util.ArrayList
```

Nome do pacote. Nome da classe.

É necessário solicitar ao Java qual ArrayList você quer usar. Temos duas opções:

A USAR UM IMPORT

Insira um import no início de seu arquivo do código-fonte:

```
import java.util.ArrayList;
public class MyClass {... }
```

OU

B DIGITE

Digite o nome completo. Sempre que usá-la. *Em qualquer lugar* que usá-la.

Quando declará-la ou instanciá-la:

```
java.util.ArrayList<Dog> list = new java.util.ArrayList<Dog>();
```

Quando usá-la com um tipo de argumento:

```
public void go(java.util.ArrayList<Dog> list) { }
```

Quando usá-la com um tipo de retorno:

```
public java.util.ArrayList<Dog> foo() {...}
```

* *A menos que a classe esteja no pacote java.lang.*

não existem Perguntas Idiotas

P: Por que temos que usar o nome completo? Esse é o único propósito de um pacote?

R: Os pacotes são importantes por três motivos principais. Primeiro, ajudam na organização geral de um projeto ou biblioteca. Em vez de termos uma pilha gigantesca de classes, todas são agrupadas em pacotes para tipos específicos de funcionalidade (como GUI, estruturas de dados, coisas relacionadas a banco de dados etc.).

Segundo, os pacotes fornecem um escopo de nome, para ajudar a evitar conflitos se você e outros doze programadores em sua empresa decidirem criar uma classe com o mesmo nome. Se você tiver uma classe chamada Set e outra pessoa (incluindo a API Java) tiver uma classe chamada Set, será necessário informar à JVM *qual* classe Set quer usar.

Terceiro, os pacotes fornecem nível de segurança, pois podemos restringir o código que escrevemos para que apenas outras classes no mesmo pacote possam acessá-lo. Para mais detalhes, confira o Apêndice B.

P: Ok, vamos retomar o conflito de nomes. Qual a utilidade do nome completo? O que impede que duas pessoas deem o mesmo nome de pacote a uma classe?

R: O Java tem uma convenção de nomenclatura que geralmente impede que isso aconteça, desde que os desenvolvedores a sigam.

PONTOS DE BALA

- **ArrayList** é uma classe na API Java.
- Para inserir algo em um ArrayList, use **add()**.
- Para remover algo de um ArrayList, use **remove()**.
- Para descobrir onde algo está (e se existe) em um ArrayList, use **indexOf()**.
- Para descobrir se um ArrayList está vazio, use **isEmpty()**.
- Para obter o tamanho (número de elementos) em um ArrayList, use o método **size()**.
- Para obter o **comprimento** (número de elementos) em um array comum e anterior, lembre-se de usar a variável **length**.
- Um ArrayList é **redimensionado dinamicamente** para qualquer tamanho necessário. Aumenta quando os objetos são adicionados e **reduz** quando os objetos são removidos.
- O tipo de ArrayList é declarado usando um **parâmetro de tipo**, um nome de tipo entre colchetes angulares. Exemplo: ArrayList<Button> significa que o ArrayList será capaz de armazenar somente objetos do tipo Button (ou subclasses Button, como aprenderemos nos próximos capítulos).
- Apesar de um ArrayList armazenar objetos e tipos não primitivos, o compilador irá automaticamente "empacotar" (e "desempacotar" quando ele for removido) um tipo primitivo em um objeto e inserir esse objeto no ArrayList em vez do tipo primitivo. (Veremos isso mais adiante neste livro.)
- As classes são agrupadas em pacotes.
- Uma classe tem um nome completo, uma combinação do nome do pacote e do nome da classe. Na verdade, a classe ArrayList se chama java.util.ArrayList.
- Para usar uma classe em um pacote diferente do java.lang, deve-se informar ao Java o nome completo da classe.
- Podemos usar uma instrução de import no início do código-fonte ou digitar o nome completo em todos os lugares em que usamos a classe no código.

não existem Perguntas Idiotas

P: A instrução `import` deixa a minha classe maior? Essa instrução realmente compila a classe importada ou o pacote em *meu* código?

R: Você é programador C? Um `import` não é a mesma coisa que um `include`. Ou seja, a resposta é não. Repita comigo: "uma instrução `import` fará com que você digite menos". É isso mesmo. Não precisa se preocupar com o fato de seu código ficar enorme ou mais lento em virtude de muitos imports. Uma instrução `import` é apenas um jeito de fornecer ao Java o *nome completo de uma classe.*

P: Ok, mas como é que nunca precisei importar a classe String? Ou System?

R: Lembre-se, o pacote java.lang é tipo um pacote "pré-importado". Como no java.lang as classes são imprescindíveis, não é preciso usar o nome completo. Existe somente uma classe java.lang.String e uma classe java.lang.System, e o Java sabe muito bem onde encontrá-las.

P: Tenho que inserir minhas classes em um pacote? Como faço isso? *Posso* fazer isso?

R: Na prática, (isso deve ser evitado), sim, é *bom* inserir suas classes em pacotes. No Apêndice B, veremos esse tema em detalhes. Por enquanto, nossos exemplos de código não serão inseridos em um pacote.*

** Mas quando conferir o código no repositório (https://oreil.ly/hfJava_3e_examples), você verá que inserimos as classes em pacotes.*

Fixe na memória

Rosas são vermelhas
E maçãs também
Se você não importar
Terá que digitar, meu bem

É necessário informar ao Java o nome completo de cada classe que usar, a menos que essa classe esteja no pacote java.lang. Inserir uma instrução `import` para a classe ou para pacote no início do código é o caminho mais fácil. Do contrário, deve digitar o nome completo da classe em todos os lugares em que a usar!

Mais uma vez, no caso improvável de você ainda não ter compreendido:

"Bom saber que existe um ArrayList no pacote java.util. Mas como ***eu*** *saberia disso sozinha?"*

- Julia, 31, modelo de mão

Como explorar a API

Duas coisas que você precisa saber:

1. **Quais funcionalidades estão disponíveis na biblioteca? (Quais classes?)**

2. **Como usar essas funcionalidades? (Depois de encontrar uma classe, como saber o que ela pode fazer?)**

1 Pesquise em um livro.

2 Use os documentos HTML da API

OVERVIEW MODULE PACKAGE CLASS USE TREE PREVIEW NEW DEPRECATED INDEX HELP

Java® Platform, Standard Edition & Java Development Kit Version 17 API Specification

This document is divided into two sections:

Java SE

The Java Platform, Standard Edition (Java SE) APIs define the core Java platform

JDK

The Java Development Kit (JDK) APIs are specific to the JDK and will not necessar

All Modules | Java SE | JDK | Other Modules

Module	Description
java.base	Defines the foundational APIs of the Java SE Platform.
java.compiler	Defines the Language Model, Annotation Processing, a
java.datatransfer	Defines the API for transferring data between and witl

https://docs.oracle.com/en/java/javase/17/docs/api/index.html

1 Pesquise em um livro

Ao pesquisar rapidamente em um livro de referência, você pode descobrir o que a biblioteca Java tem a oferecer. Talvez, ao folhear as páginas, você se depare com uma classe ou com um pacote úteis.

Lembre-se: a documentação oficial do Java está em inglês. Caso queira um livro de referência em português, você pode conferir a seguinte opção:

https://altabooks.com.br/produto/comecando-a-programar-em-java-para-leigos/

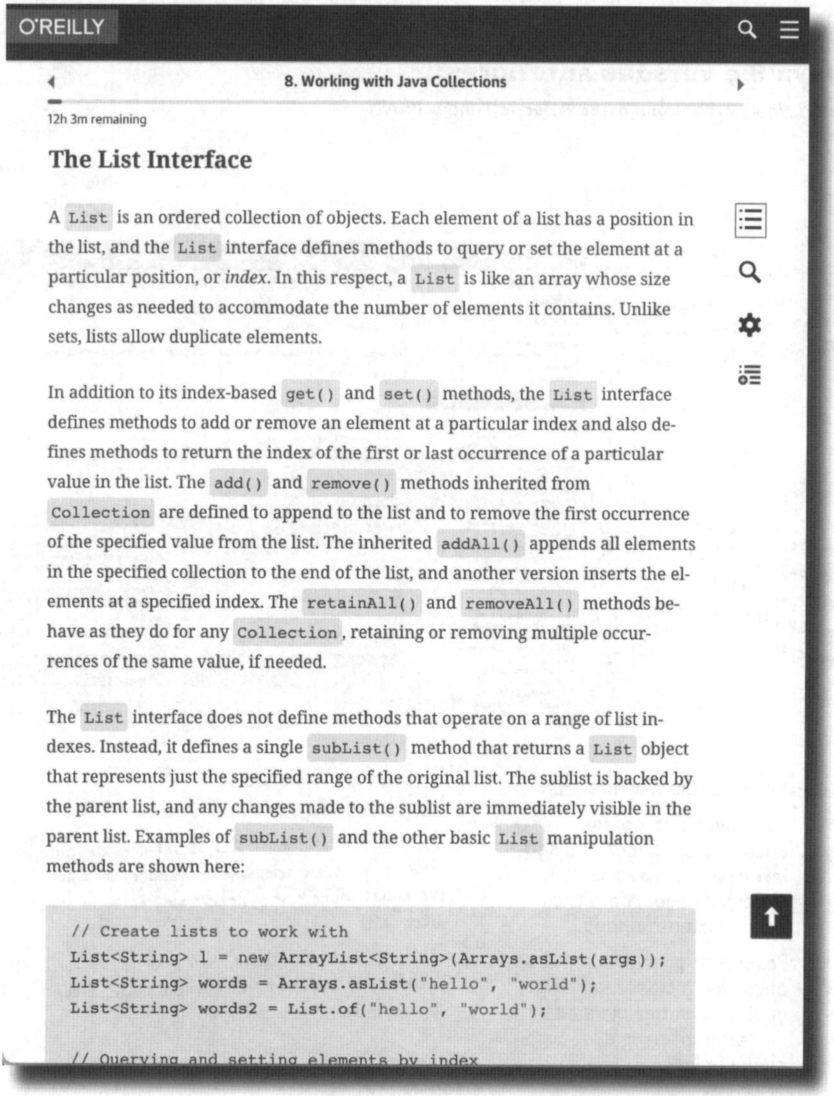

O'REILLY

8. Working with Java Collections

12h 3m remaining

The List Interface

A `List` is an ordered collection of objects. Each element of a list has a position in the list, and the `List` interface defines methods to query or set the element at a particular position, or *index*. In this respect, a `List` is like an array whose size changes as needed to accommodate the number of elements it contains. Unlike sets, lists allow duplicate elements.

In addition to its index-based `get()` and `set()` methods, the `List` interface defines methods to add or remove an element at a particular index and also defines methods to return the index of the first or last occurrence of a particular value in the list. The `add()` and `remove()` methods inherited from `Collection` are defined to append to the list and to remove the first occurrence of the specified value from the list. The inherited `addAll()` appends all elements in the specified collection to the end of the list, and another version inserts the elements at a specified index. The `retainAll()` and `removeAll()` methods behave as they do for any `Collection`, retaining or removing multiple occurrences of the same value, if needed.

The `List` interface does not define methods that operate on a range of list indexes. Instead, it defines a single `subList()` method that returns a `List` object that represents just the specified range of the original list. The sublist is backed by the parent list, and any changes made to the sublist are immediately visible in the parent list. Examples of `subList()` and the other basic `List` manipulation methods are shown here:

```
// Create lists to work with
List<String> l = new ArrayList<String>(Arrays.asList(args));
List<String> words = Arrays.asList("hello", "world");
List<String> words2 = List.of("hello", "world");

// Querying and setting elements by index
```

❷ Use os documentos HTML da API

O Java disponibiliza um conjunto fenomenal de documentos online que, curiosamente, é chamado de API Java. Você (ou seu IDE) também pode fazer o download desses documentos. Dessa forma, se tiver um problema com sua conexão à internet, pode acessá-los em sua máquina.

Para mais detalhes sobre o que os pacotes, as classes ou as interfaces fornecem (por exemplo, em termos de métodos e de funcionalidade), os documentos da API são a melhor referência.

Dependendo da versão do Java que está usando, os documentos são diferentes. Verifique se está consultando os documentos da sua versão do Java!

Java 8 e versões anteriores:

https://docs.oracle.com/javase/8/docs/api/index.html

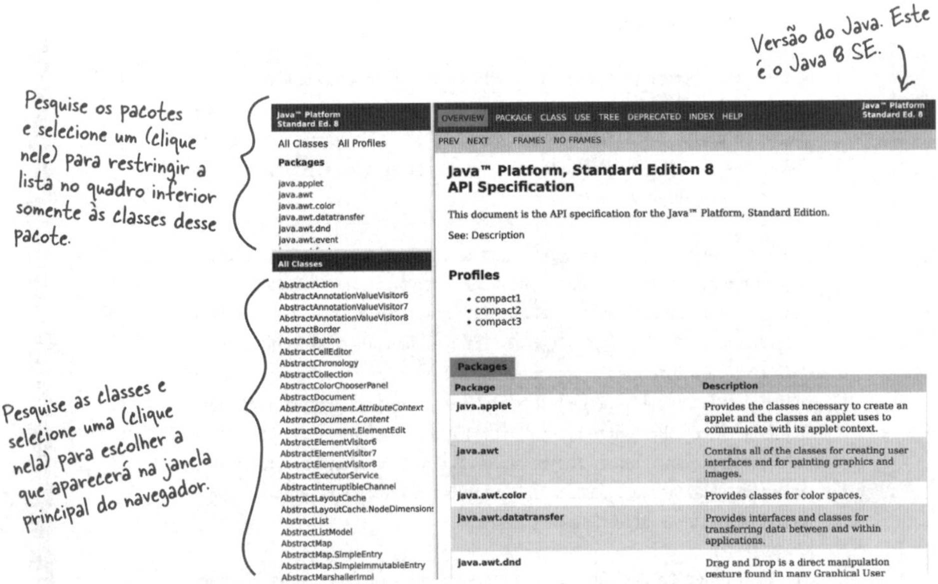

Navegando pelos documentos:

- **De cima para baixo:** encontre um pacote de seu interesse na lista no canto superior esquerdo e faça uma busca detalhada.
- **Pesquisar primeiro a classe:** encontre a classe sobre a qual quer saber mais na lista no canto inferior esquerdo e clique nela.

O painel principal mostrará os detalhes de tudo o que você está vendo. Caso selecione um pacote, verá as informações resumidas sobre esse pacote e uma lista de classes e interfaces.

Caso selecione uma classe, verá uma descrição da classe e detalhes de todos os métodos da classe, o que fazem e como usá-los.

Java 9 e versões posteriores

O Java 9 introduziu o Java Module System que não será abordado neste livro. O que você precisa saber para entender os documentos é que o JDK agora está dividido em *módulos*. Esses módulos agrupam pacotes relacionados, facilitando encontrar as classes de seu interesse, já que são agrupadas por função. Até agora, todas as classes que abordamos neste livro estão no módulo **java.base**, que contém os principais pacotes Java, como java.lang e java.util.

URL ligeiramente diferente dos documentos mais antigos.

https://docs.oracle.com/en/java/javase/17/docs/api/index.html

No momento em que escrevíamos este livro, o Java 17 era a versão LTS (Long Term Support) atual.

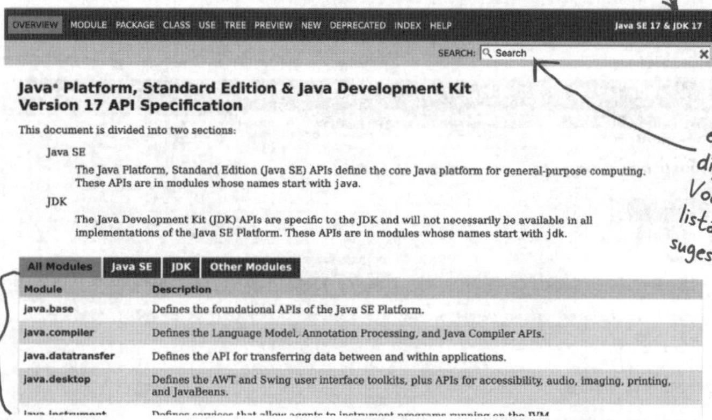

Pesquise um método/classe/pacote/módulo específico digitando aqui. Você verá uma lista suspensa de sugestões.

Agora, a plataforma Java está dividida em diversos módulos, listados na página inicial dos documentos. Estamos bastante interessados no java.base. Quando chegarmos à GUI do Swing, também nos preocuparemos com o java.desktop.

Navegando pelos documentos:

- **De cima para baixo:** encontre um módulo abrangendo a funcionalidade que você deseja, veja seus pacotes e faça uma busca detalhada de um pacote em suas classes.
- **Pesquisa:** Use a pesquisa no canto superior direito para acessar diretamente o método, a classe, o pacote ou o módulo sobre o qual deseja ler.

Ao selecionar um módulo, você verá uma lista de todos os seus pacotes e uma descrição da utilidade de cada pacote.

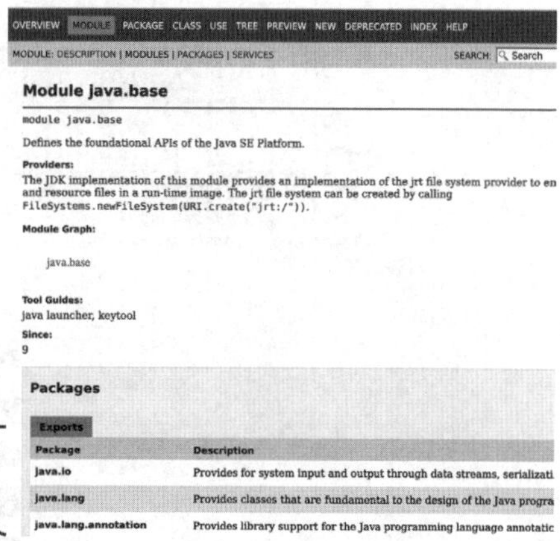

Usando a documentação da classe

Independentemente da versão dos documentos Java que estiver usando, todas têm um layout semelhante, já que o intuito é mostrar informações sobre uma classe específica. É aqui que os detalhes interessantes entram em cena.

Imagine que esteja pesquisando no livro de referência e encontre uma classe chamada ArrayList no pacote java.util. O livro fala um pouco desse assunto, o bastante para que você saiba que é esta mesma a classe que deve usar. No entanto, é necessário saber mais detalhes sobre os seus métodos. No livro de referência, haverá o método indexOf(). Mas se tudo que sabe é que existe um método chamado indexOf() que recebe um objeto e retorna o índice (um int) deste, ainda é preciso saber uma informação crucial: o que acontece se o objeto não estiver no ArrayList? Verificar somente a assinatura do método não possibilita saber essa informação, mas verificar os documentos da API, sim (na maioria das vezes, pelo menos). A documentação da API informa que o método indexOf() retorna -1 se o parâmetro do objeto não estiver no ArrayList. Ou seja, agora sabemos que podemos usá-lo tanto como uma forma de verificar se um objeto está no ArrayList quanto para obter seu índice ao mesmo tempo se o objeto estiver lá. Sem a documentação da API, poderíamos achar que o método indexOf() explodiria caso o objeto não estivesse no ArrayList.

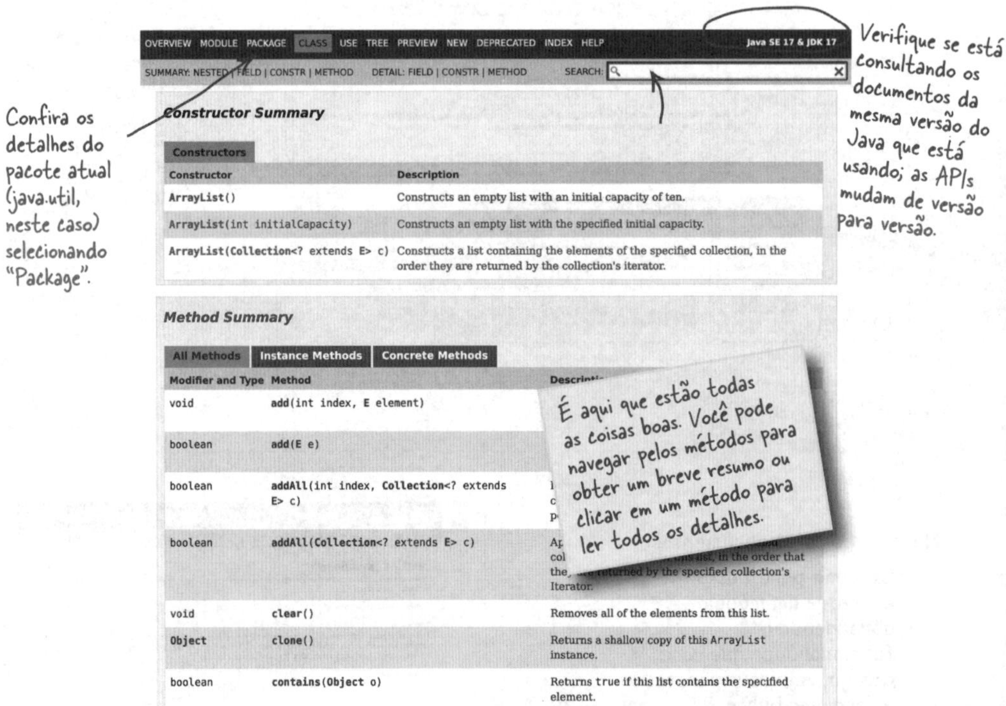

Nos Capítulos 11 e 12, você verá como consultar a documentação da API para descobrir como usar as Bibliotecas Java.

Ímãs de Código

Você consegue reconstruir os trechos de código para criar um programa Java funcional que gere a saída listada abaixo? **Observação:** para fazer este exercício, é necessária uma NOVA informação — se procurar na API por ArrayList, encontrará um segundo método add que aceita dois argumentos:

add(int index, Object o)

Eles permitem que se especifique ao ArrayList *onde* inserir o objeto.

```
printList(a);
```

```
a.remove(2);
```

```
a.add(0, "zero");
a.add(1, "one");
```

```
printList(a);
```

```
public static void printList(ArrayList<String> list) {
```

```
if (a.contains("two")) {
    a.add("2.2");
}
```

```
a.add(2, "two");
```

```
public static void main (String[] args) {
```

```
  System.out.print(element + "  ");
}
System.out.println();
```

```
if (a.contains("three")) {
    a.add("four");
}
```

```
public class ArrayListMagnet {
```

```
if (a.indexOf("four") != 4) {
    a.add(4, "4.2");
}
```

```
}
```

```
import java.util.ArrayList;
```

```
}
```

```
printList(a);
```

```
ArrayList<String> a = new ArrayList<String>();
```

```
for (String element : list) {
```

```
}
```

```
a.add(3, "three");
printList(a);
```

```
File  Edit  Window  Help  Dance

% java ArrayListMagnet
zero  one  two  three
zero  one  three  four
zero  one  three  four  4.2
zero  one  three  four  4.2
```

Respostas na página 165.

Como palavras cruzadas o ajudam a aprender Java? Ora, ora, todas as palavras **são** relacionadas ao Java (tirando uma, que está ali para confundi-lo).

Dica: Na dúvida, lembre-se do ArrayList.

Horizontais

3. Segundo menor
4. Onde estão as coisas interessantes
6. O maior da biblioteca
10. O que compras e arrays têm em comum
13. Um array bombado
14. Absurdamente extenso
15. Ciclo de repetição
18. Cópia do valor
19. Unidade endereçável
20. Aumenta um ArrayList
22. Contraparte do item acima
24. Está lá em algum lugar
25. Como se

Verticais

1. Onde a ação acontece no Java
2. Não consigo me comportar
5. Acrônimo da biblioteca
7. Petiscos espanhóis para geeks (Observação: isso não tem nada a ver com Java.)
8. Método ao contrário de cheio
9. Estende
11. Origem de bifurcações nas instruções
12. Onde os pacotes andam
16. Entidade com comportamento
17. Deve ser de baixa densidade
21. Padrão fracionário
23. Para dedos preguiçosos
26. Não é um objeto

Mais dicas:

Horizontais
1. Oito variedades
7. Pense em ArrayList
16. Tipo primitivo comum
21. Extensão do array
22. Aperitivos espanhóis

Verticais
2. O que é sobrescrito?
3. Pense em ArrayList
4. e 10. Primitivo
16. Pense em ArrayList
18. Cria um ______

Respostas na página 166.

Ímãs de Código

(página 163)

```
File  Edit  Window  Help  Dance
% java ArrayListMagnet
zero  one  two  three
zero  one  three  four
zero  one  three  four  4.2
zero  one  three  four  4.2
```

```
import java.util.ArrayList;

public class ArrayListMagnet {
  public static void main(String[] args) {
    ArrayList<String> a = new ArrayList<String>();
    a.add(0, "zero");
    a.add(1, "one");
    a.add(2, "two");
    a.add(3, "three");
    printList(a);

    if (a.contains("three")) {
      a.add("four");
    }
    a.remove(2);
    printList(a);

    if (a.indexOf("four") != 4) {
      a.add(4, "4.2");
    }
    printList(a);

    if (a.contains("two")) {
      a.add("2.2");
    }
    printList(a);
  }

  public static void printList(ArrayList<String> list) {
    for (String element : list) {
      System.out.print(element + "  ");
    }
    System.out.println();
  }
}
```

JavaCruzadas

(página 164)

Aponte o seu lápis

Escreva seu PRÓPRIO conjunto de dicas! Analise cada palavra e tente escrever as informações. Deixe-as mais fáceis, ou mais difíceis, ou mais técnicas do que as nossas.

Horizontais

1. __________
6. __________
7. __________
9. __________
12. __________
13. __________
14. __________
16. __________
17. __________
19. __________
21. __________
22. __________
23. __________
24. __________

Verticais

2. __________
3. __________
4. __________
5. __________
8. __________
10. __________
11. __________
15. __________
16. __________
18. __________
20. __________
21. __________

7 herança e poliformismo

Vivendo Melhor em Objetópolis

Planeje seus programas pensando no futuro. Escrever código Java de um jeito que permitisse tirar férias mais vezes valeria a pena, não é? E se fosse possível escrever um código que *outra pessoa* conseguisse estender **facilmente**? Seria interessante escrever um código flexível, bem útil naquelas irritantes mudanças de especificação de última hora? Então veja essa oferta: você pode ter tudo isso em apenas três parcelas de 60 minutos! Quando entrar no plano do polimorfismo, vai aprender as cinco etapas para um melhor design de classe, os três truques do polimorfismo, as oito maneiras de deixar seu código mais flexível e, se começar agora mesmo, ganhará uma lição bônus sobre as quatro dicas para explorar a herança. Não perca mais tempo, uma promoção tão boa como essa vai trazer a liberdade de design e a flexibilidade de programação que você merece. É rápido, fácil e está disponível agora mesmo! Comece já e enviaremos um nível extra de abstração!

Revisitando a Guerra das Cadeiras...

Lembra-se do Capítulo 2, quando Laura (programadora procedural) e Brad (desenvolvedor OO) estavam competindo pela cadeira Aeron? Vejamos algumas partes dessa história para revisar os conceitos básicos de herança.

LAURA: Seu código está duplicado! O procedimento de rotação aparece em todos os elementos Shape. É um projeto ridículo. Você deve ter quatro "métodos" diferentes de rotação. Isso é bom onde?

BRAD: Não viu o projeto final, né? Vou mostrar como a **herança** em OO funciona, Laura.

1

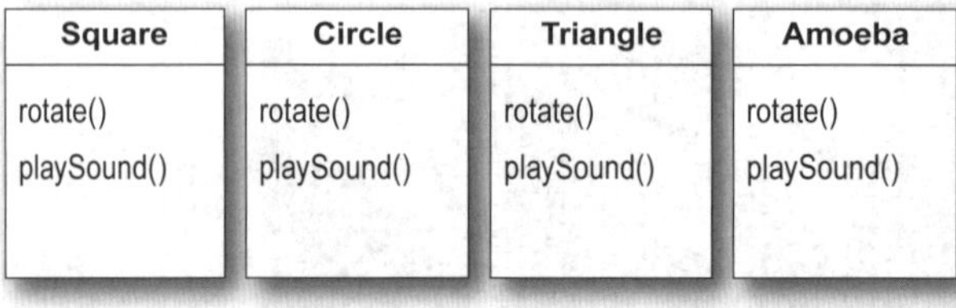

Analisei o que as quatro classes tinham em comum.

2

São formas, giram e reproduzem um som.

Abstraí as características comuns e as inseri em uma classe nova chamada Shape.

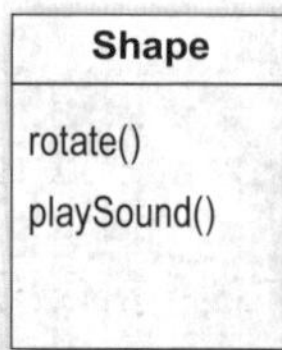

3

Podemos ler isso como, **"Square herda de Shape", "Circle herda de Shape"**, e assim por diante. Removi rotate() e playSound() das outras formas, então agora há apenas uma cópia para manter.

A classe Shape é chamada de **superclasse** das outras quatro, que são as **subclasses** de Shape. As subclasses herdam os métodos da superclasse. Dito de outro modo, *se a classe Shape tiver a funcionalidade, as subclasses também a terão automaticamente.*

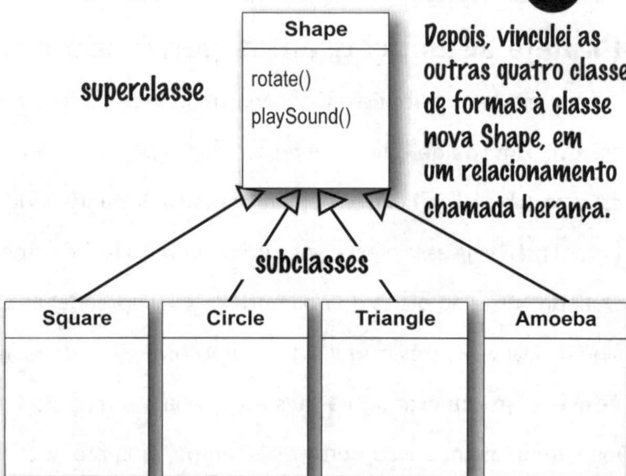

Depois, vinculei as outras quatro classes de formas à classe nova Shape, em um relacionamento chamada herança.

E quanto ao método rotate() de Amoeba?

Sobrescreva já, É só perguntar

LAURA: Não era esse o problema — a forma da ameba não tinha um procedimento de rotação e reprodução de som completamente diferentes? Como Amoeba pode fazer algo diferente se *herda* sua funcionalidade da classe Shape?

BRAD: Essa é a última etapa. A classe Amoeba **sobrescreve** quaisquer métodos da classe Shape que precisam de um comportamento específico de ameba. Assim, no tempo de execução, a JVM sabe exatamente qual método rotate() executar quando alguém solicita que a classe Amoeba gire.

4

Fiz com que a classe Amoeba sobrescrevesse os métodos rotate() e playSound() da superclasse Shape. Sobrescrever significa apenas que uma subclasse redefine um de seus métodos herdados quando precisa alterar ou estender o comportamento desse método.

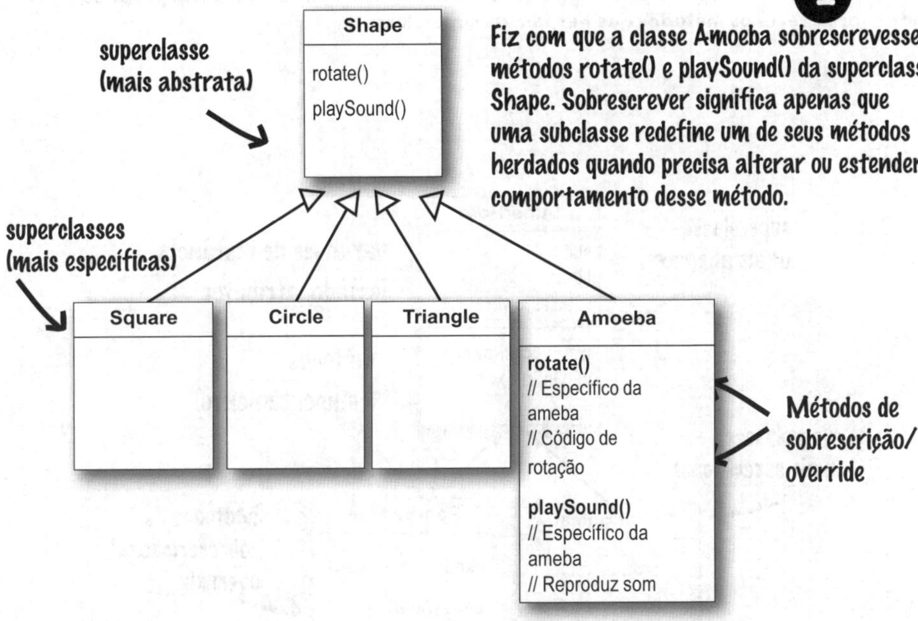

PODER DO CÉREBRO

Como você representaria um gato doméstico e um tigre em uma estrutura de herança? Um gato doméstico é uma versão especializada de um tigre? Quais seriam a subclasse e a superclasse? Ou ambas são subclasses de *outra* classe?

Como você criaria uma estrutura de herança? Quais métodos seriam sobrescritos?

Pense nisso *antes* de virar a página.

Entendendo a Herança

Ao programar com herança, inserimos o código comum em uma classe e depois informamos outras classes mais específicas que a classe comum (mais abstrata) é a superclasse. Quando uma classe herda de outra, **a subclasse herda da superclasse**.

No Java, falamos que a **subclasse *estende* a superclasse**. Um relacionamento de herança significa que a subclasse herda os **membros** da superclasse. Quando falamos "membros de uma classe", significa variáveis e métodos de instância. Por exemplo, se PantherMan é uma subclasse de SuperHero, a classe PantherMan herda automaticamente as variáveis de instância e métodos comuns a todos os super-heróis, incluindo `suit`, `tights`, `specialPower`, `useSpecialPower()`, e assim por diante. Mas a **subclasse** PantherMan **pode adicionar métodos novos e variáveis de instância próprias e pode sobrescrever os métodos que herdam da superclasse** SuperHero.

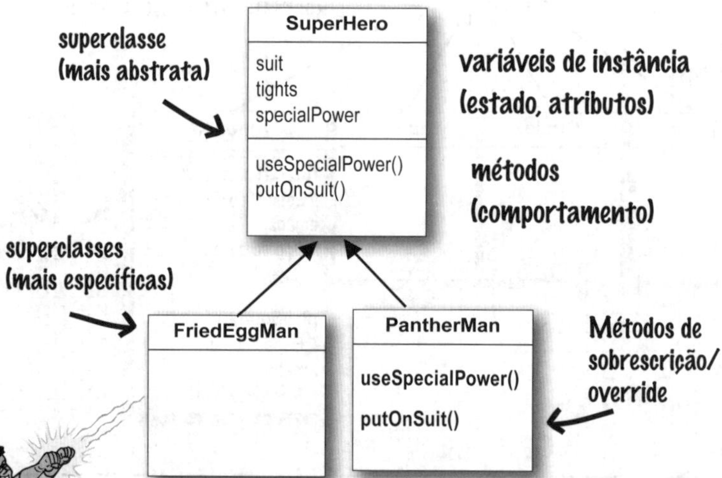

Como não precisa de nenhum comportamento único, FriedEggMan não sobrescreve nenhum método. Os métodos e variáveis de instância em SuperHero são suficientes. No entanto, como PantherMan tem requisitos específicos de traje e de poderes especiais, `useSpecialPower()` e `putOnSuit()` são sobrescritos na classe PantherMan.

As variáveis de instância não são sobrescritas, pois não precisam ser. Já que não definem nenhum comportamento especial, uma subclasse pode atribuir a uma variável de instância herdada qualquer valor que escolher. PantherMan pode definir seu `tights` herdado como roxo, ao passo que FriedEggMan pode definir o seu como branco.

Um exemplo de herança:

```
public class Doctor {

  boolean worksAtHospital;

  void treatPatient() {
    // Faz um check-up

  }
}
```

```
public class FamilyDoctor extends Doctor {

  boolean makesHouseCalls;

  void giveAdvice() {
    // Dá pitacos
  }

}
```

```
public class Surgeon extends Doctor {

  void treatPatient() {
    // Executa uma cirurgia
  }

  void makeIncision() {
    // Faz uma incisão (Credo!)
  }
}
```

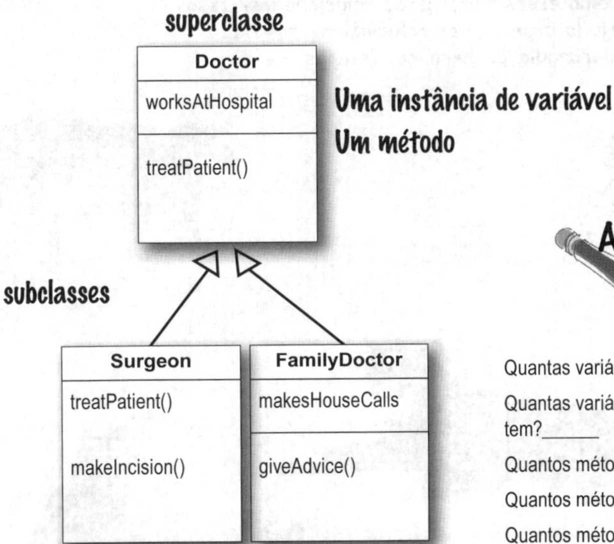

Sobrescreve o método treatPatient() herdado

Adiciona um método novo

Adiciona uma variável de instância nova

Adiciona um método novo

Aponte o seu lápis

Quantas variáveis de instância Surgeon tem?______

Quantas variáveis de instância FamilyDoctor tem?______

Quantos métodos Doctor tem? ______

Quantos métodos Surgeon tem? ______

Quantos métodos FamilyDoctor tem? ______

Uma classe FamilyDoctor pode usar o método treatPatient()? ______

Uma classe FamilyDoctor pode usar o método makeIncision()? ______

→ Resolve aí.

Vamos criar a hierarquia de herança para um programa de simulação de animais, chamado Animal

Suponha que tenham lhe solicitado o desenvolvimento de um programa de simulação que permita aos usuários interagir com diferentes animais em um ambiente e observar o que acontece. Não é necessário implementá-lo neste momento, nosso foco é o design.

Recebemos uma lista *parcial* dos animais que estarão no programa, embora não tenhamos todos os detalhes. Sabemos que cada animal será representado por um objeto e que esses objetos se deslocarão no ambiente executando as ações específicas programadas para cada tipo de animal.

E queremos que outros programadores possam adicionar novos tipos de animais ao programa a qualquer momento.

Primeiro, é necessário identificar as características comuns e abstratas que todos os animais compartilham. Em seguida, criaremos uma classe que servirá de base para todas as outras classes de animais, possibilitando que sejam estendidas a partir dela.

1 Identifique objetos que tenham atributos e comportamentos em comum

O que esses seis tipos de animais têm em comum? Isso ajuda a abstrair os comportamentos. (etapa 2)

Como esses tipos estão relacionados? Isso ajuda a definir os relacionamentos da hierarquia de herança. (etapas 4 e 5)

Usando herança para evitar a duplicação de código em subclasses

Temos cinco ***variáveis de instância:***

picture – o nome do arquivo que representa a figura JPEG do animal.

food – o tipo de alimento que o animal come. Por ora, só podemos ter dois valores: *meat* [carne] ou *grass* [grama]

hunger – um int que representa o nível de fome do animal. Esse valor muda dependendo de quando (e quanto) o animal come.

boundaries – valores que representam a altura e a largura do "espaço" (por exemplo, 640 x 480) que os animais percorrerão.

location – as coordenadas X e Y da localização espacial do animal.

Temos quatro ***métodos:***

makeNoise() – comportamento para quando o animal deve emitir ruídos.

eat() – comportamento para quando o animal encontra sua fonte de alimento preferida, *meat* ou *grass*.

sleep() – comportamento para quando considerarmos que o animal precisa dormir.

roam() – comportamento para quando o animal não está comendo nem dormindo (apenas vagando até encontrar uma fonte de alimento ou esbarrar em um limite de espaço).

2

Crie uma classe que represente o estado e o comportamento comuns.

Como esses objetos são todos animais, vamos criar uma superclasse comum chamada Animal.

Além disso, inserir métodos e variáveis de instância que podem ser necessários a todos os animais.

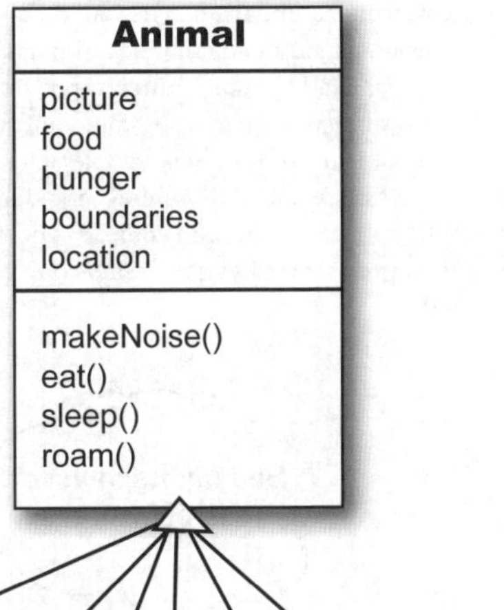

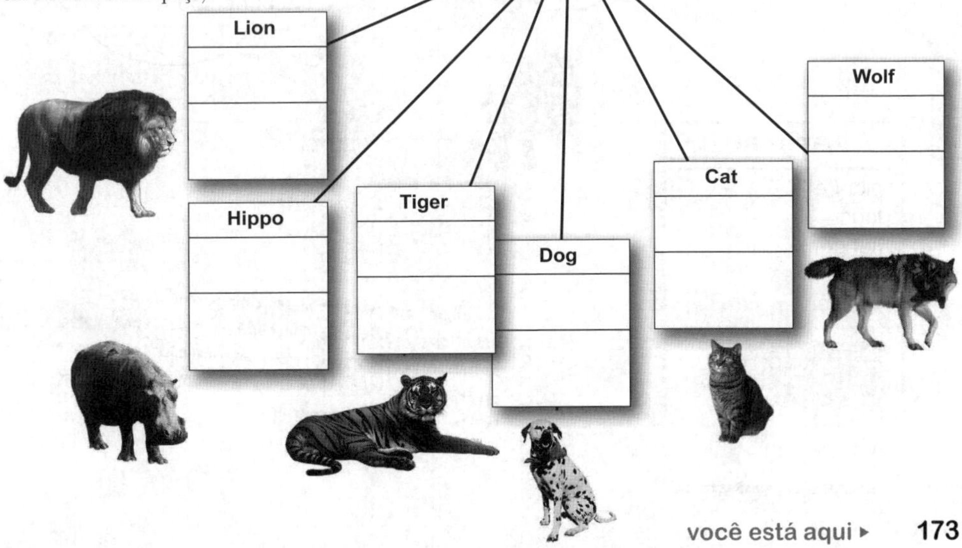

Todos os animais se alimentam do mesmo jeito?

Suponha que todos concordemos em uma coisa: as variáveis de instância funcionarão para *todos* os tipos de Animal. Um leão terá o próprio valor para as variáveis de instância ***picture***, ***food*** (estamos pensando em *meat*), ***hunger***, ***boundaries*** e ***location***. Já um hipopótamo terá valores diferentes para suas variáveis de instância, mas ainda terá as mesmas variáveis que os outros tipos de Animal. O mesmo com cachorro, tigre e assim por diante. Mas e quanto ao *comportamento*?

Quais métodos devemos sobrescrever?

Um leão faz o mesmo **ruído** que um cachorro? Um gato **come** como um hipopótamo? Na *sua* versão, talvez sim, na nossa, comer e emitir ruídos são ações específicas do tipo Animal. No entanto, não sabemos como programar esses métodos para funcionarem com qualquer animal. Ok, não é verdade. Por exemplo, podemos criar um método makeNoise() que reproduza um arquivo de som definido em uma variável de instância para cada tipo de animal, mas isso não seria muito especializado. Alguns animais podem emitir diferentes ruídos em situações específicas, como um ruído ao comer e outro ao atacar um inimigo, por exemplo. Assim como vimos com a classe Amoeba sobrescrevendo o método rotate() da classe Shape, para obter um comportamento mais específico e *exclusivo* precisamos fazer o mesmo com as nossas subclasses Animal.

3 Decida se uma subclasse precisa de comportamentos (implementações de método) que sejam específicos desse tipo de subclasse específico.

Analisando a classe Animal, decidimos que eat() e makeNoise() devem ser sobrescritos pelas subclasses individuais.

Sou um herbívoro ANIMAL.

Na comunidade canina, latir é parte determinante da nossa identidade cultural. O ruído de nosso latido é único e queremos que essa diversidade seja reconhecida e respeitada.

Animal
picture food hunger boundaries location
makeNoise() eat() sleep() roam()

É melhor sobrescrever esses dois métodos, eat() e makeNoise(), a fim de que cada tipo de animal possa definir o próprio comportamento específico para comer e para emitir ruído. Por ora, parece que sleep() e roam() podem permanecer genéricos.

Onde aplicar sua herança

A hierarquia de classes está tomando forma. Cada subclasse sobrescreve os métodos *makeNoise()* e *eat()* para evitar confusão, garantindo que um cachorro não mie e um gato não lata (seria bastante ofensivo para ambos). Além disso, um hipopótamo não vai comer como um leão.

Mas podemos ir além. Precisamos analisar as subclasses de Animal e identificar se existem semelhanças entre duas ou mais subclasses que possam ser agrupadas de alguma forma, com um código que seja exclusivo para *esse* grupo novo. Um lobo e um cachorro têm algumas similaridades, assim como um leão, um tigre e um gato.

4

Identificando mais oportunidades para usar a abstração, duas ou mais subclasses que possam compartilhar um comportamento em comum.

Analisando nossas classes, percebemos que Wolf e Dog podem ter comportamentos em comum, o mesmo vale para as classes Lion, Tiger e Cat.

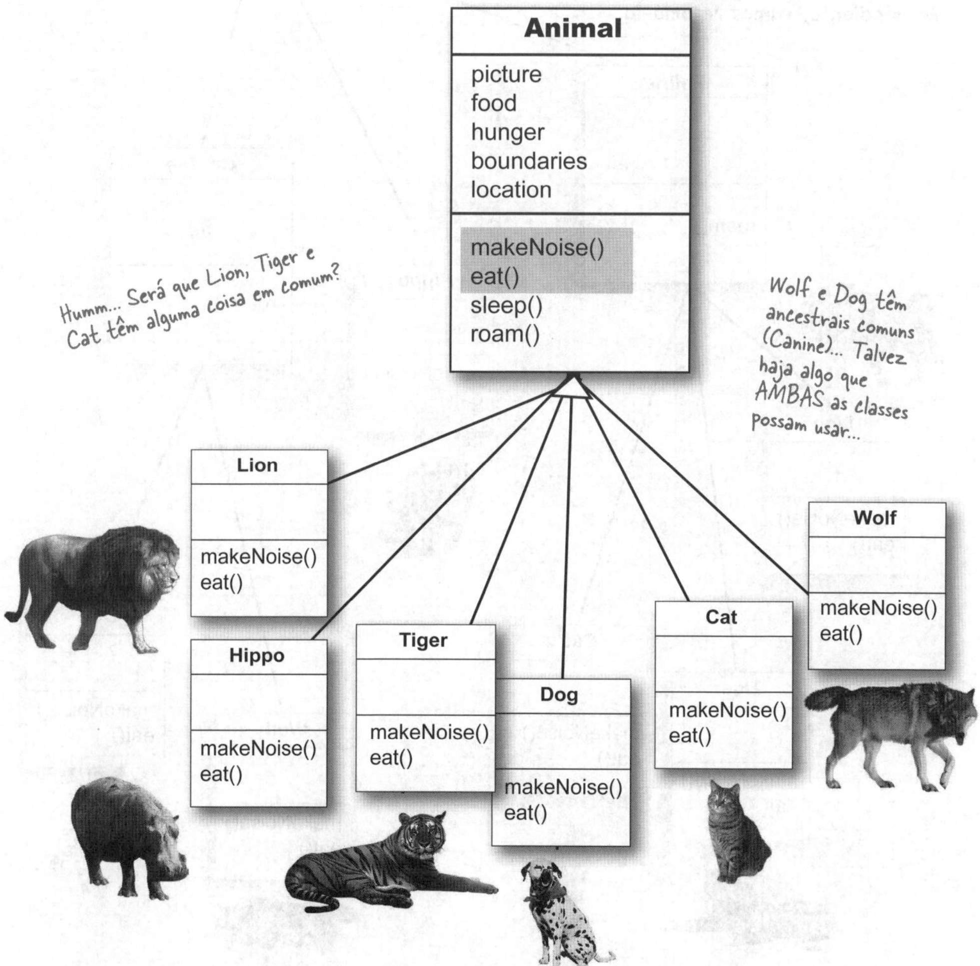

5 Termine de criar a hierarquia de classes

Dado que os animais já têm uma hierarquia organizacional (reino, gênero, filo), é possível utilizar o nível que faz mais sentido para o design da classe. Vamos usar as "famílias" biológicas para organizar os animais, criando uma classe chamada Feline e uma classe chamada Canine.

Decidimos que a classe Canine poderia usar um método comum roam(), pois caninos tendem a andar em matilhas. A classe Feline pode usar um método roam() comum, porque felinos tendem a evitar outros de sua própria espécie. Já a classe Hippo continuará utilizando o método roam() herdado, que é o método genérico herdado da classe Animal. Por ora, concluímos o design. Mais adiante, vamos retomá-lo.

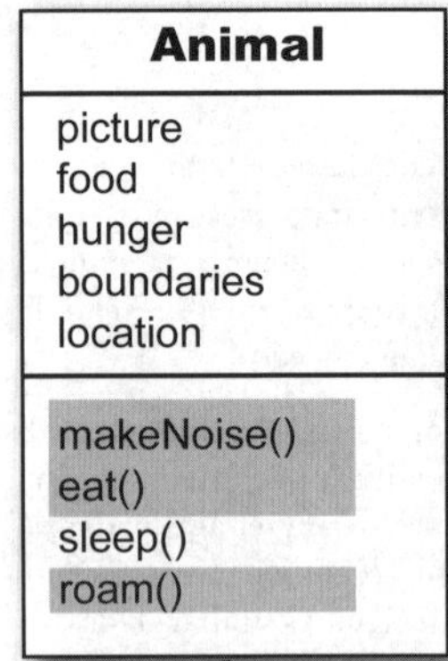

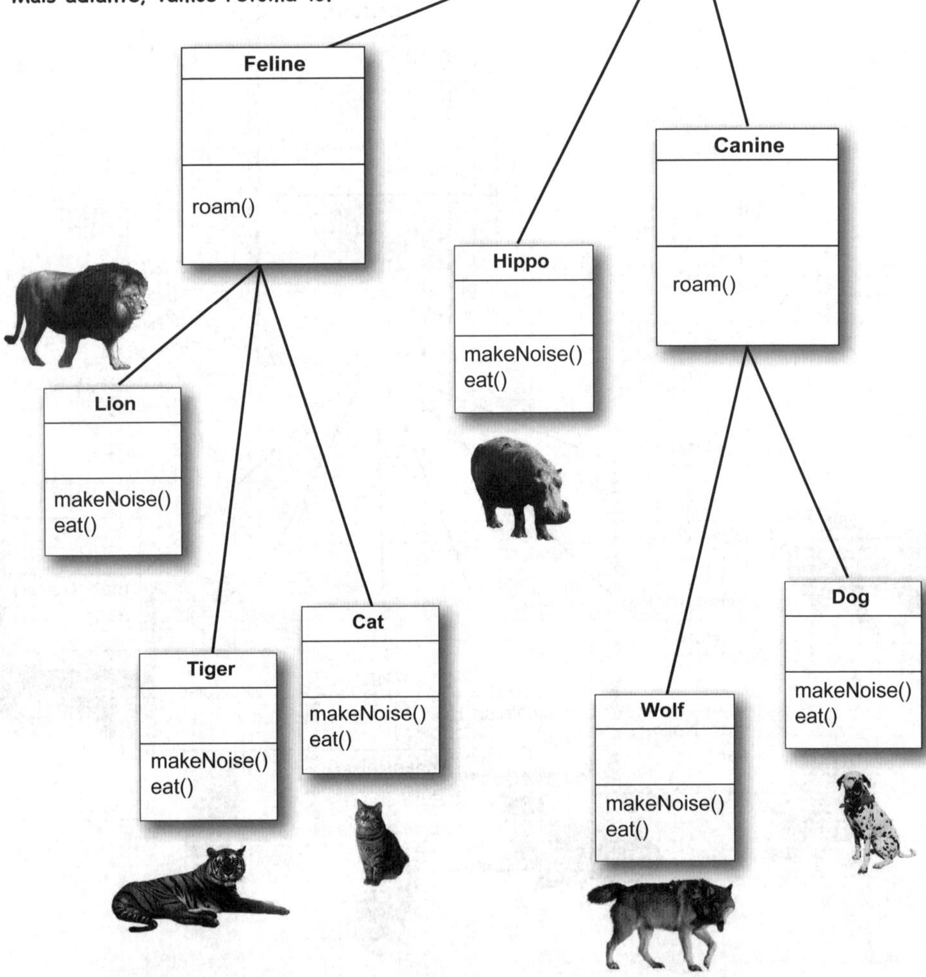

Qual método será chamado?

A classe Wolf tem quatro métodos: um herdado de Animal, um herdado de Canine (que, na verdade, é uma versão sobrescrita de um método na classe Animal) e dois sobrescritos na classe Wolf. Ao criar um objeto Wolf e atribuí-lo a uma variável, é possível usar o operador ponto nessa variável de referência para invocar todos os quatro métodos. Mas qual *versão* desses métodos será chamada?

Cria um novo objeto Wolf
```
Wolf w = new Wolf();
```
Chama a versão em Wolf
```
w.makeNoise();
```
Chama a versão em Canine
```
w.roam();
```
Chama a versão em Wolf
```
w.eat();
```
Chama a versão em Animal
```
w.sleep();
```

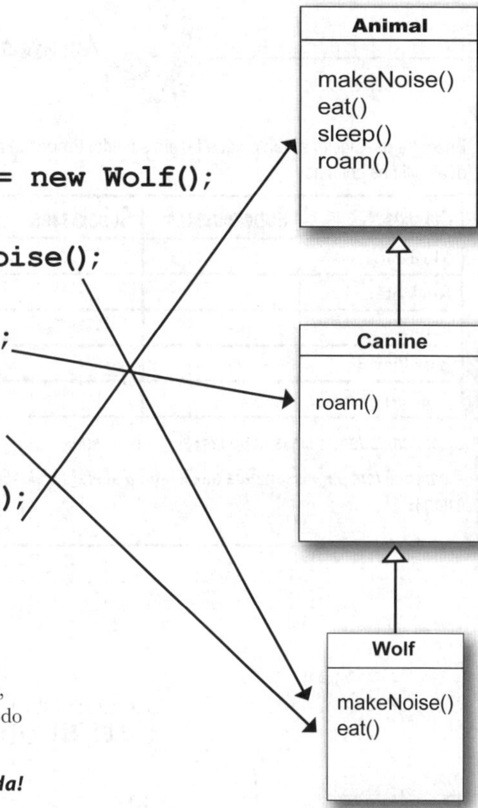

Ao chamar um método em uma referência de objeto, estamos chamando a versão mais específica do método para o tipo de objeto.

Dito de outro modo, ***a menor versão será chamada!***

"Menor" significa o nível mais baixo na hierarquia de herança. Como Canine é menor que Animal, e Wolf é menor que Canine, ao invocar um método em uma referência a um objeto Wolf, a JVM começa a procurar primeiro na classe Wolf. Se não encontrar uma versão do método na classe Wolf, a JVM começa a retroceder na hierarquia de herança até encontrar uma correspondência.

Criando uma Hierarquia de Herança

Classes	Superclasses	Subclasses
Clothing	---	Boxers, Shirt
Boxers	Clothing	
Shirt	Clothing	

Tabela de Herança

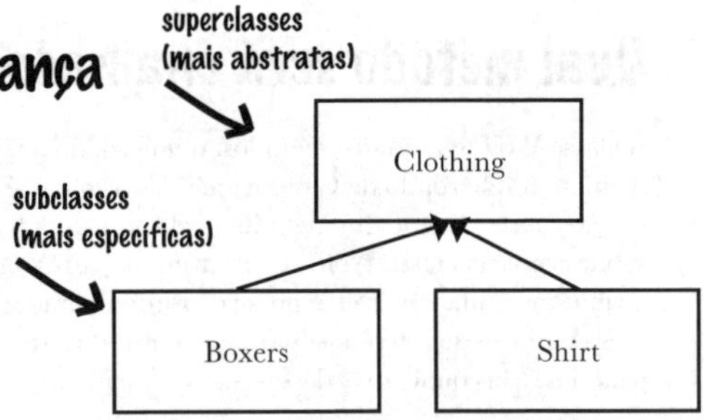

Diagrama de Classe de Herança

Aponte o seu lápis

Encontre os relacionamentos que fazem sentido. Preencha as duas últimas colunas.

Classes	Superclasses	Subclasses
Musician		
Rock Star		
Fan		
Bass Player		
Concert Pianist		

Dica: nem todas as classes podem ser relacionadas

Dica: você tem permissão para adicionar ou alterar as classes listadas.

Desenhe um diagrama de herança aqui.

→ Resolve aí.

não existem Perguntas Idiotas

P: Você disse que a JVM começa subindo na hierarquia de herança a partir do tipo de classe em que invocamos o método (como o exemplo Wolf na página anterior). Mas o que acontece se a JVM nunca encontrar uma correspondência?

R: Boa pergunta! Mas não precisa se preocupar com isso. O compilador garante que um determinado método possa ser chamado para um tipo específico de referência, mas não informa (nem se importa) de qual classe esse método vem no tempo de execução. No exemplo Wolf, o compilador verifica se há um método sleep(), mas não se importa se sleep() está definido na classe Animal (ou é herdado). Lembre-se, se uma classe *herdar* um método, ela o *terá*.

Onde o método herdado é definido (ou seja, em qual superclasse é definido) não faz diferença para o compilador. Mas no tempo de execução **a JVM sempre escolherá o método certo.** E por método certo queremos dizer ***a versão mais específica para aquele objeto em particular.***

Usando Testes É-UM e TEM-UM

Lembre-se de que quando uma classe herda de outra, dizemos que a subclasse *estende* a superclasse. Quando você quiser saber se uma coisa deve estender outra, aplique o teste É-UM.

Triângulo É-UMA Forma Geométrica, sim, é isso mesmo.

Gato É-UM Felino, sim, faz sentido.

Cirugião É-UM Médico, continua fazendo sentido.

Banheira estende Banheiro, parece razoável, pois Banheira é uma extensão de Banheiro. *Até que se aplique o teste É-UM.*

Para saber se criou devidamente seus tipos, pergunte: "Faz sentido dizer que tipo X É-UM tipo Y?" Se não fizer, há algo de errado com o design. Ou seja, o teste É-UM, Banheira É-UM Banheiro, definitivamente não faz sentido.

E se revertermos para Banheiro estende Banheira? Não funciona, não faz sentido Banheiro É-UMA Banheira.

Banheira e Banheiro *estão* relacionados, mas não por meio de herança. Banheira e Banheiro estão associados por um relacionamento chamado TEM-UM. Faz sentido dizer "Banheiro TEM-UMA Banheira"? Se sim, significa que Banheiro tem uma variável de instância Banheira. Ou seja, Banheiro tem uma *referência* à Banheira, mas Banheiro não *estende* Banheira e vice-versa.

No código a seguir, Banheiro é **Bathroom**, Banheira é **Tub** e Bolhas de Espuma são **Bubbles**.

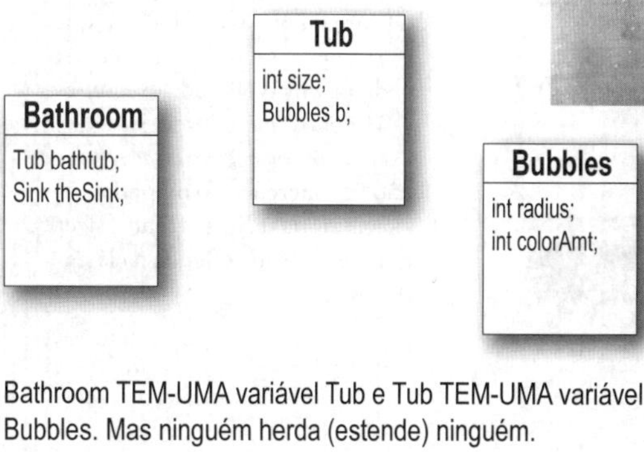

Bathroom TEM-UMA variável Tub e Tub TEM-UMA variável Bubbles. Mas ninguém herda (estende) ninguém.

Calma aí que tem mais!

O teste É-UM funciona em *qualquer lugar* da hierarquia de herança. Se sua hierarquia de herança for bem projetada, o teste É-UM deve fazer sentido quando você perguntar a *qualquer* subclasse se ela É-UM *de seus* supertipos.

Se a classe B estende a classe A, a classe B É-UMA classe A.

Isso vale para qualquer lugar na hierarquia de herança. Se a classe C estende a classe B, a classe C passa no teste É-UM *para* a classe B e para a classe A.

Canine estende Animal

Wolf estende Canine

Wolf estende Animal

Canine É-UM Animal

Wolf É-UM Canine

Wolf É-UM Animal

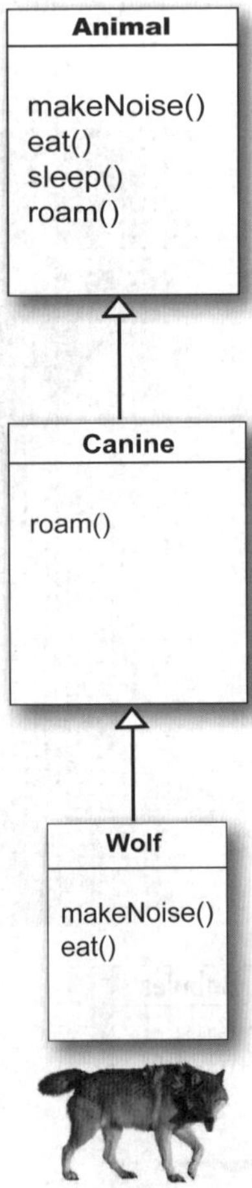

Em uma hierarquia de herança como esta, *sempre* podemos dizer que **"Wolf estende Animal"** ou **"Wolf É-UM Animal".** Não faz diferença se Animal é a superclasse da superclasse de Wolf. Na prática, **desde que Animal esteja em *algum lugar* na hierarquia de herança acima de Wolf, Wolf É-UM Animal sempre será verdadeiro.**

A estrutura de hierarquia de herança de Animal deixa muito claro que:

"Wolf É-UM Canine, então Wolf pode fazer qualquer coisa que um Canine pode fazer. E Wolf É-Um Animal, então Wolf pode fazer qualquer coisa que um Animal pode fazer."

Não faz diferença se Wolf sobrescreve alguns dos métodos de Animal ou de Canine. No que diz respeito ao mundo (ou a outro código), um Wolf pode executar esses quatro métodos. *Como* os executa ou *em que classe são sobrescritos*, não faz diferença. Wolf pode executar makeNoise(), eat(), sleep(), e roam() porque estende a classe Animal.

Fixe na Memória

Rosas são vermelhas, violeta é cor de xale
Quadrado É-UMA **forma**, o contrário já não vale.

Rosas são vermelhas, mas não brota uma cereja
Cerveja É-UMA **bebida**, nem toda **bebida** é **cerveja.**

Ok, sua vez. Faça um poema que mostre a unidirecionalidade do relacionamento É-UM. Não se esqueça de que, se X **estende** Y, X **É-UM** Y deve fazer sentido.

Como saber se está tudo bem com sua herança?

Óbvio que há mais aspectos a serem explorados além do que já vimos. No próximo capítulo, aprofundaremos ainda mais o assunto de orientação a objetos, aprimorando e refinando o design que criamos *neste* capítulo).

Por ora, é melhor recorrer ao teste É-UM. Se "X É-UM Y" fizer sentido, ambas as classes (X e Y) provavelmente estão na mesma hierarquia de herança. As chances são de que tenham comportamentos iguais ou sobrepostos.

Lembre-se de que o relacionamento de herança É-UM funciona de modo unilateral!

Como Triângulo É-UMA Forma Geométrica, faz sentido Triângulo estender Forma Geométrica.

Mas o contrário, Forma Geométrica É-UM Triângulo, *não* faz sentido. Logo, Forma Geométrica não deve estender Triângulo. Não se esqueça de que um relacionamento É-UM implica que, se X É-UM Y, então X pode fazer qualquer coisa que um Y pode fazer (e possivelmente mais).

Aponte o seu lápis

Marque os relacionamentos que fazem sentido:

- ☐ **Fogão estende Cozinha**
- ☐ **Guitarra estende Instrumento**
- ☐ **Pessoa estende Funcionário**
- ☐ **Ferrari estende Motor**
- ☐ **Ovo frito estende Comida**
- ☐ **Beagle estende Animal de estimação**
- ☐ **Recipiente estende Pote**
- ☐ **Metal estende Titânio**
- ☐ **GratefulDead estende Banda**
- ☐ **Melancia estende Semente**
- ☐ **Bebida estende Martini**

Dica: aplique o teste É-UM.

→ Resolve aí.

não existem Perguntas Idiotas

P: Vimos como uma subclasse consegue herdar um método da superclasse, mas e se a superclasse quiser usar a versão de subclasse do método?

R: Uma superclasse não *conhece* necessariamente todas as suas subclasses. Podemos criar uma classe e, posteriormente, uma outra pessoa pode estendê-la. No entanto, ainda que o criador da superclasse conheça (e queira usar) uma versão de subclasse de um método, não há nenhum tipo de herança *inversa* ou *reversa*. Pense nisso: os filhos herdam dos pais, e não o contrário.

P: Digamos que eu tenha uma subclasse, e queira usar a *versão* da superclasse e a minha *versão* sobrescrita da subclasse de um método. Posso? Não quero *substituir* completamente a versão da superclasse; quero apenas adicionar mais coisas a ela.

R: Pode, sim! Trata-se de um importante recurso de design. Pense na palavra "estende" como significando "quero *estender* a funcionalidade da superclasse".

É possível criar seus métodos de superclasse, de modo que contenham implementações de método que funcionem para qualquer subclasse, mesmo que as subclasses ainda precisem "anexar" mais código. No método sobrescrito da subclasse, você pode chamar a versão da superclasse usando a palavra-chave `super.` É como dizer: "primeiro, execute a versão da superclasse, depois volte e termine de executar meu código..."

```
public void roam() {
    super.roam();
     // Minha versão de roam()
}
```

Este bloco chama a versão herdada de roam () e, em seguida, volta para executar o próprio código específico da subclasse.

Quem herda o Porsche e quem herda o Fusca?

Como saber o que uma subclasse pode herdar de sua superclasse

Uma subclasse herda membros da superclasse. Os membros incluem variáveis de instância e métodos, embora, mais adiante neste livro, veremos outros membros herdados. Uma superclasse pode escolher se quer ou não que uma subclasse herde um membro específico pelo nível de acesso que o membro específico recebe.

Neste livro, abordaremos quatro níveis de acesso. Passando do acesso mais restritivo ao menos, os quatro níveis de acesso são:

private default protected public

Observação: para mais detalhes sobre os acessos default e protected, confira o Apêndice B.

Os níveis de acesso controlam *quem vê o quê*, sendo imprescindíveis para um código Java robusto e com bom design. Por ora, focaremos apenas as regras para os membros públicos e para os membros privados:

membros public são herdados

membros private não são *herdados*

Ao herdar um membro, é ***como se a subclasse definisse o próprio membro***. No exemplo Shape, Square herdou os métodos `rotate()` e `playSound()` e, quanto ao ambiente externo (outros códigos), a classe Square simplesmente *tem* os métodos `rotate()` e `playSound()`.

Os membros de uma classe incluem as variáveis e métodos definidos na classe, mais qualquer coisa herdada de uma superclasse.

Ao programar com herança, você usa ou abusa?

Ao *conhecer* algumas regras, você será capaz de criar um design de herança mais eficiente, ainda que os motivos por trás dessas regras sejam revelados apenas mais adiante neste livro.

USE a herança quando uma classe é um tipo mais específico de uma superclasse. Exemplo: Salgueiro *é* um tipo mais específico de Árvore, então Salgueiro *estender* Árvore faz sentido.

COGITE a herança quando tiver um comportamento (código implementado) que deve ser compartilhado entre múltiplas classes do mesmo tipo geral. Exemplo: Square, Circle e Triangle precisam girar e reproduzir som. Ou seja, inserir essa funcionalidade em uma superclasse Shape pode fazer sentido, facilitando a manutenção e a extensibilidade. No entanto, fique atento, pois, embora a herança seja um dos principais recursos da programação orientada a objetos, não é necessariamente a melhor forma de reutilizarmos um comportamento. A herança o ajudará a começar e, em geral, é a escolha de design certa, mas os padrões de projeto [design patterns] o ajudarão a conhecer outras opções mais sutis e flexíveis. Se não conhece o conceito de padrões de projeto, uma boa opção seria o livro *Use a Cabeça: Padrões de Projetos* [Editora Alta Books].

NÃO use a herança somente para reutilizar o código de outra classe se o relacionamento entre a superclasse e a subclasse violar qualquer uma das duas regras acima. Por exemplo, imagine que tenha escrito um código print especial na classe Animal e agora precise exibir o código na classe Potato. Talvez você ache que Potato possa estender Animal, assim, Potato herdaria o código print. Não faz o menor sentido! Potato *não* é um tipo de animal dessa classe! (Ou seja, o código print deve estar em uma classe Printer, em que todos os objetos exibidos teriam um relacionamento TEM-UM.)

NÃO use a herança se a subclasse e a superclasse não passarem no teste É-UM. Pergunte-se sempre se a subclasse É-UM tipo mais específico da superclasse. Exemplo: Chá É-UMA bebida faz sentido, Bebida É-UM Chá, não.

PONTOS DE BALA

- Uma subclasse *estende* uma superclasse.
- Uma subclasse herda todas as variáveis de instância e métodos *public* da superclasse, mas não as variáveis de instância e métodos *private* da superclasse.
- Os métodos herdados *podem* ser sobrescritos; as variáveis de instância *não podem* ser sobrescritas (embora possam ser *redefinidas* na subclasse, mas isso não é a mesma coisa e quase nunca há necessidade de fazer isso).
- Recorra ao teste É-UM para verificar se a hierarquia de herança é válida. Se X *estende* Y, então X *É-UM* Y deve fazer sentido.
- O relacionamento É-UM é unilateral. Um hipopótamo é um animal, mas nem todos os animais são hipopótamos.
- Quando um método é sobrescrito em uma subclasse e esse método é invocado em uma instância da subclasse, a versão sobrescrita do método é chamada. (*A menor versão será chamada*)
- Se classe B estende A, e C estende B, a classe B É-UMA classe A, e a classe C É-UMA classe B, e a classe C também É-UMA classe A.

Mas o que você conseguiu com toda essa herança?

Ao usá-la, você adquire valiosa experiência em programação orientada a objetos. É possível eliminar a duplicação de código ao abstrair o comportamento comum de um grupo de classes, inserindo esse código em uma superclasse. Desse modo, quando precisar modificá-lo, basta atualizar um local, *que a mudança será refletida em todas as classes que herdam esse comportamento, como num passe de mágica*. Aliás, não se trata de mágica, *é* mais simples: basta fazer a mudança e compilar a classe novamente. É isso. **Você nem precisa mexer nas subclasses!**

Basta entregar a superclasse recém-alterada e todas as classes que a estenderem usarão automaticamente a versão nova.

Como um programa Java nada mais é do que uma pilha de classes, as subclasses não precisam ser recompiladas para usar a versão nova da superclasse. Desde que esta não *quebre* na subclasse, está tudo bem. (Analisaremos o que a palavra "quebrar" significa neste contexto mais adiante neste livro. Por enquanto, pense nisso como modificar algo na superclasse da qual a subclasse depende, como os argumentos de um método específico, tipo de retorno, nome do método etc.)

1. **Evitar código duplicado.**

   Insira o código comum em um lugar e deixe que as subclasses herdem esse código de uma superclasse. Quando quiser mudar esse comportamento, deve alterá-lo em apenas um local e todo mundo (ou seja, todas as subclasses) leva essa mudança em conta.

2. **Definir um protocolo comum para um grupo de classes.**

A herança possibilita garantir que todas as classes agrupadas em um determinado supertipo tenham todos os métodos do supertipo*

Ou seja, você define um protocolo comum para um conjunto de classes relacionadas por herança.

Ao definir métodos em uma superclasse que podem ser herdados por subclasses, você estabelece um tipo de protocolo para outro código que diz : "Todos os meus subtipos (ou seja, subclasses) podem executar essas ações, com esses métodos que se parecem com..."

Dito de outro modo, você estabelece um *contrato.*

A Classe Animal estabelece um protocolo comum para todos os subtipos de Animal:

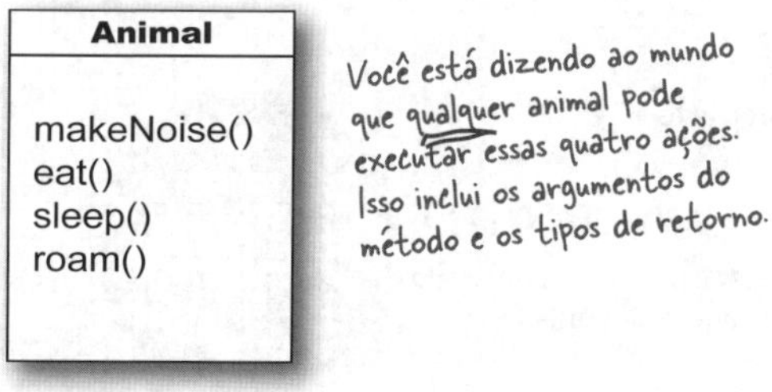

E lembre-se, quando falamos *qualquer Animal*, significa a classe Animal e qualquer classe que a estenda. Ou seja, mais uma vez, *qualquer classe que tenha Animal em algum lugar acima dela na hierarquia de herança.*

Mas ainda nem chegamos à parte legal, porque deixamos o melhor para o final: o *polimorfismo.*

Ao definir um supertipo para um grupo de classes, *qualquer subclasse desse supertipo pode ser substituída onde o supertipo é esperado.*

Como é?

Não se preocupe, ainda nem terminamos de explicar tudo. Daqui a duas páginas você será um especialista no assunto.

*Quando falamos "todos os métodos", queremos dizer "todos os métodos *herdáveis*", o que, por enquanto, significa "todos os métodos *public*". Mais adiante refinaremos essa definição um pouco mais.

E isso é bom por quê?

Você terá vantagens com o polimorfismo.

Por sua vez, isso é bom por quê?

Você pode referenciar o objeto de uma subclasse usando uma referência declarada como supertipo.

E isso significa que...

Você começa a escrever um código muito flexível, mais limpo (mais eficiente, mais simples), que não é apenas mais fácil de *desenvolver*, como também muito, mas muito mais fácil de *estender*, de formas que você nunca sequer tinha imaginado.

E isso significa férias na praia enquanto seus colegas de trabalho atualizam o programa, e eles podem nem precisar do seu código-fonte.

Na próxima página veremos como.

Não sei quanto a você, mas, pessoalmente, achamos a ideia de tirar férias na praia bastante motivadora.

As três etapas de declaração e de atribuição de objetos

Para ver como o polimorfismo funciona, temos que dar um passo para trás e analisar como normalmente declaramos uma referência e criamos um objeto...

```
      1          3       2
Dog myDog   =   new Dog();
```

1 Declare uma variável de referência

`Dog myDog` `= new Dog();`

Instrui a JVM a alocar espaço para uma variável de referência. A variável de referência será sempre do tipo Dog. Em outras palavras, um controle remoto com botões para controlar um objeto Dog, mas não um objeto Cat, Button ou Socket.

2 Crie um objeto

`Dog myDog =` **`new Dog();`**

Diz à JVM para alocar espaço para um novo objeto Dog na garbage collectible heap.

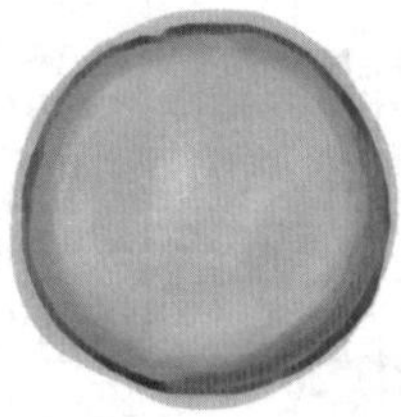

3 Vincule o objeto e a referência

`Dog myDog` **`=`** `new Dog();`

Atribui o novo objeto Dog à variável de referência myDog. Em outras palavras, ***programa o controle remoto***.

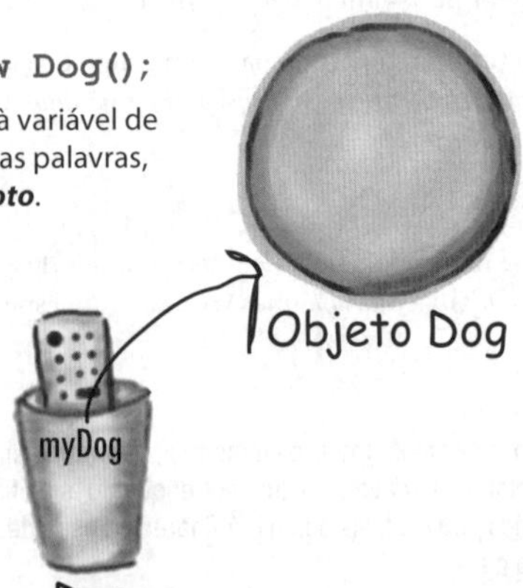

O importante é que o tipo de referência E o tipo de objeto são os mesmos.

Neste exemplo, ambos são Dog.

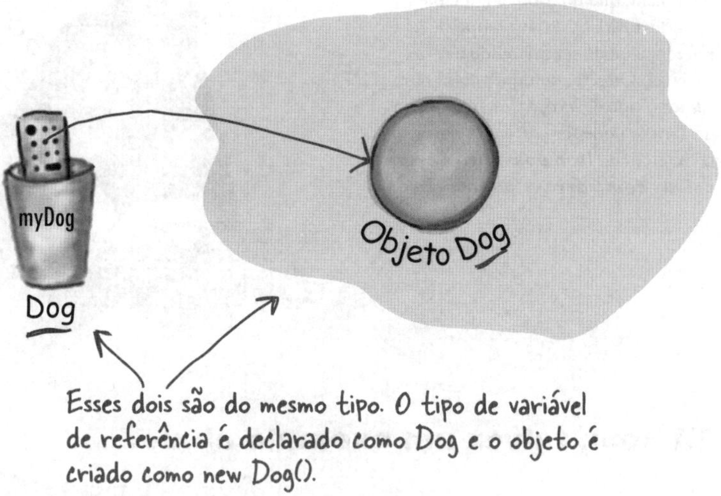

Mas com polimorfismo, o tipo de referência e o de objeto podem ser diferentes.

```
Animal myDog = new Dog();
```

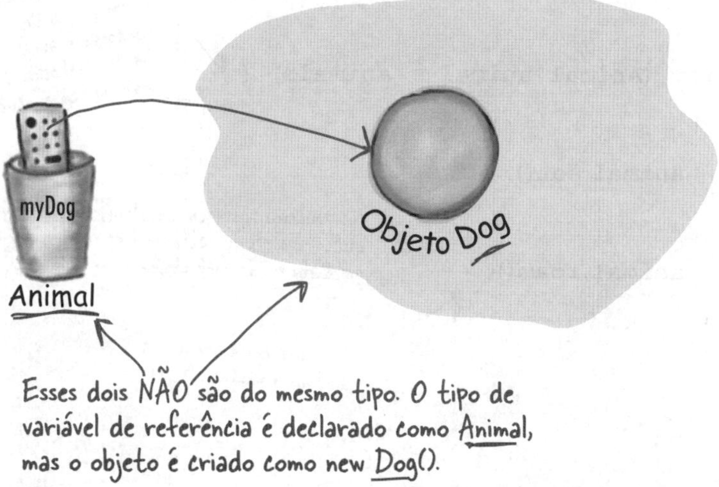

Com o polimorfismo, o tipo de referência pode ser uma superclasse do tipo de objeto real.

Quando declaramos uma variável de referência, qualquer objeto que passe no teste TEM-UM para o tipo de referência pode ser atribuído a essa variável. Ou seja, qualquer coisa que *estenda* o tipo de variável de referência declarado pode ser *atribuída* à variável de referência. ***Isso possibilita criar coisas como arrays polimórficos.***

Tá bom, talvez um exemplo ajude.

```
Animal[] animals = new Animal[5];
animals[0] = new Dog();
animals[1] = new Cat();
animals[2] = new Wolf();
animals[3] = new Hippo();
animals[4] = new Lion();

for (Animal animal : animals) {

  animal.eat();

  animal.roam();

}
```

Declara um array do tipo Animal. Em outras palavras, um array que armazenará objetos do tipo Animal.

Mas veja o que você pode fazer... É possível inserir QUALQUER subclasse de Animal no array Animal!

Aqui, temos a melhor parte polimórfica (o propósito de todo o exemplo): você percorre o array com um loop e chama um dos métodos da classe Animal, e cada objeto executa a ação correta!

Na primeira passagem pelo loop, 'animal' é um Dog, então você obtém o método eat() de Dog. Na próxima passagem, 'animal' é um Cat, então você obtém o método eat() de Cat.

A mesma coisa com o método roam().

Espere, tem mais!

Podemos ter argumentos polimórficos e tipos de retorno.

Se podemos declarar uma variável de referência de um supertipo, por exemplo, Animal, e atribuir um objeto de subclasse a ela, digamos, Dog, pense em como isso pode funcionar quando a referência é um argumento para um método...

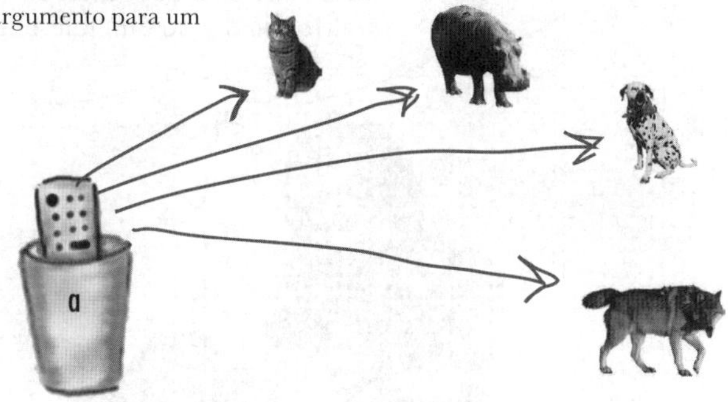


```
class Vet {
  public void giveShot(Animal a) {
    // Faz coisas horríveis com Animal do
    // outro lado do parâmetro 'a'
    a.makeNoise();
  }
}
```

O parâmetro 'a' pode receber QUALQUER tipo de Animal como argumento. E quando Vet termina de aplicar a injeção, ele diz ao Animal para executar makeNoise(). Qualquer que seja o Animal que esteja lá na heap, é o método makeNoise() dele que será executado.

```
class PetOwner {
  public void start() {
    Vet vet = new Vet();
    Dog dog = new Dog();
    Hippo hippo = new Hippo();
    vet.giveShot(dog);
    vet.giveShot(hippo);
  }
}
```

O método giveShot() de Vet pode receber qualquer Animal. Contanto que o objeto que você passa como argumento seja uma subclasse de Animal, ele funcionará.

O método makeNoise() de Dog é executado.

O método makeNoise() de Hippo é executado.

AGORA entendi! Se eu escrever meu código com argumentos polimórficos, em que declaro o parâmetro do método como um tipo de superclasse, posso passar qualquer objeto de subclasse no tempo de execução. Legal. Ou seja, posso escrever meu código, sair de férias e outra pessoa pode adicionar novos tipos de subclasse ao programa e meus métodos ainda funcionarão... (a única desvantagem é que estou facilitando a vida daquele babaca do Jim).

Com o polimorfismo, podemos escrever código que não precisa ser alterado quando novos tipos de subclasse são inseridos no programa.

Lembra daquela classe Vet? Se escrevermos essa classe Vet usando argumentos declarados com o tipo *Animal*, o código poderá lidar com qualquer *subclasse* de Animal. Ou seja, se outras pessoas quiserem usar a classe Vet, tudo o que precisam fazer é garantir que *os novos tipos* de Animal estendam a classe Animal. Os métodos Vet ainda funcionarão, mesmo que a classe Vet tenha sido escrita sem conhecer os novos subtipos de Animal com os quais Vet trabalhará.

PODER DO CÉREBRO

Por que temos certeza de que o polimorfismo funcionará desse jeito? Por que podemos supor tranquilamente que qualquer tipo de *subclasse* terá os métodos que achamos que está chamando no tipo de *superclasse* (o tipo de referência de superclasse em que estamos usando o operador ponto)?

não existem Perguntas Idiotas

P: Existe algum limite para criar níveis de subclasses? Até onde podemos ir?

R: Caso analise a API Java, perceberá que a maioria das hierarquias de herança é ampla, mas não muito profunda. Via de regra, não tem mais do que um ou dois níveis de profundidade, embora haja exceções (sobretudo nas classes GUI). Geralmente, é mais vantajoso manter as hierarquias de herança mais rasas, mas não há um limite rígido (pelo menos não um que seja alcançável).

P: Pensei em uma coisa... Se não temos acesso ao código-fonte de uma classe, mas queremos alterar como um método dessa classe funciona, poderíamos usar subclasses para fazer isso? Para estender a classe "ruim" e sobrescrever melhor o método com seu próprio código?

R: Sim. É um recurso interessante do OO e, às vezes, evita termos que reescrever a classe do zero ou rastrear o programador que escondeu o código-fonte.

P: Podemos estender *qualquer* classe? Ou isso funciona como os membros de classe, tipo, se uma classe for private, não podemos herdá-la...

R: Não existe classe private, exceto em um caso muito especial chamado classe *interna*, que ainda não vimos. Mas *há* três coisas que podem impedir que uma classe seja subclasse.

A primeira é o controle de acesso. Mesmo que uma classe não possa ser marcada como `private`, pode ser não pública (se não a declararmos como `public`). Uma classe não pública pode ser uma subclasse somente a partir de classes no mesmo pacote. As classes em um pacote diferente não poderão criar subclasses (nem *usar*, nesse caso) a partir da não pública.

A segunda coisa que impede que uma classe seja subclasse é o modificador de palavra-chave `final`. Uma classe final significa estar no fim da linha de herança. Ninguém, jamais, pode estender uma classe final.

A terceira coisa é que, se tiver apenas construtores `private` (No Capítulo 9, veremos os construtores), uma classe não poderá ser subclasse.

P: Mas qual seria a razão para criar uma classe final? Qual seria a vantagem em impedir que uma classe fosse subclasse?

R: Normalmente, não criamos classes finais. No entanto, quando precisamos de segurança — a garantia de que os métodos sempre funcionarão exatamente como os escrevemos (pois não podem ser sobrescritos), uma classe final oferece essa segurança. É por isso que muitas classes na API Java são finais. Por exemplo, a classe String é final, pois, imagine o estrago se alguém mudasse a forma como as Strings se comportam!

P: Podemos fazer com que um *método* seja final sem que a *classe* seja?

R: Se quiser proteger um método específico de ser sobrescrito, marque o *método* com o modificador `final`. Marque toda a classe como final se quiser garantir que *nenhum* dos métodos dessa classe seja sobrescrito.

Mantendo o contrato: regras para sobrescrever

Ao sobrescrever um método de uma superclasse, concordamos em cumprir um contrato, afirmando que, por exemplo, "Não aceito argumentos e retorno um booleano". Dito de outro modo, os argumentos e os tipos de retorno do método sobrescrito devem ser *exatamente* iguais ao método da superclasse.

Os métodos *são* o contrato.

Para o polimorfismo funcionar, a versão de Toaster do método sobrescrito de Appliance tem que funcionar no tempo de execução. Lembre-se, o compilador examina o tipo de referência para decidir se podemos chamar um método específico nessa referência.

```
Appliance appliance = new Toaster();
```

Tipo de referência — Tipo de objeto

Quando se tem uma referência de tipo Appliance apontando para um objeto do tipo Toaster, o compilador verifica se a classe *Appliance* tem o método que está sendo invocado na referência de Appliance. Mas, no tempo de execução, a JVM não analisa o tipo de **referência** (*Appliance*), e sim o **objeto** *Toaster* real na heap. Se o compilador já aprovou a chamada do método, a única forma de executá-lo é se o método sobrescrito tiver os mesmos argumentos e tipos de retorno. Do contrário, alguém com uma referência de Appliance chamará turnOn() como método sem argumentos, mesmo que haja uma versão no Toaster que aceite um int. No tempo de execução, qual deles será chamado? Aquele em Appliance. Ou seja, ***o método turnOn(int level) no Toaster não é uma sobrescrição!***

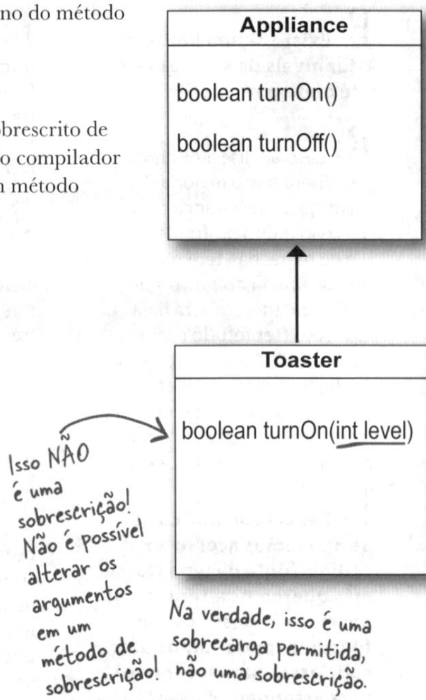

1 Os argumentos devem ser os mesmos e os tipos de retorno devem ser compatíveis.

O contrato da superclasse define como outro código pode usar um método. Independentemente do que a superclasse aceite como argumento, a subclasse que sobrescreve o método deve usar o mesmo argumento. E seja lá o que a superclasse declare como tipo de retorno, o método sobrescrito deve declarar o mesmo tipo ou um tipo de subclasse. Lembre-se de que um objeto de uma subclasse é capaz de realizar todas as ações declaradas pela sua superclasse, portanto, é seguro retornar uma subclasse quando se espera uma superclasse.

2 O método não pode ser menos acessível.

Significa que o nível de acesso deve ser o mesmo ou mais fácil. Não podemos, por exemplo, sobrescrever um método public e torná-lo private. Seria uma surpresa para o código se, durante o tempo de compilação, fosse invocado um método que ele *pensava* ser public, mas, durante a execução, a JVM bloqueasse o acesso devido à versão sobrescrita chamada ser private! Até agora, aprendemos dois níveis de acesso: private e public. Os outros dois estão no Apêndice B. Há também outra regra de sobrescrição relacionada ao tratamento de exceções, mas vamos abordá-la no Capítulo 13, *Comportamento Arriscado*.

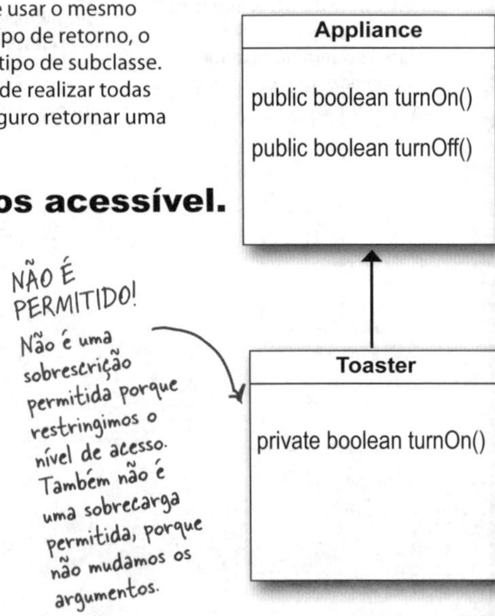

Sobrecarregando um método

A sobrecarga de métodos nada mais é do que ter dois métodos com o mesmo nome, mas com listas de argumentos diferentes. Não há polimorfismo envolvido com métodos sobrecarregados!

A sobrecarga possibilita criar múltiplas versões de um método, com diferentes listas de argumentos, para conveniência dos chamadores. Por exemplo, se temos um método que aceita apenas um int, o código chamado deve converter um double em um int antes de chamar seu método. Mas se sobrecarregarmos o método com outra versão que aceita um double, facilitamos as coisas para o chamador. Analisaremos isso ao tratarmos dos construtores no Capítulo 9, *Vida e Morte de Um Objeto.*

Como não estão tentando cumprir o contrato de polimorfismo definido por sua superclasse, os métodos sobrecarregados têm muito mais flexibilidade.

Um método sobrecarregado é apenas um método diferente que tem o mesmo nome de método. Não tem nada a ver com herança e polimorfismo. Um método sobrecarregado NÃO é o mesmo que um método sobrescrito.

1 Os tipos de retorno podem ser diferentes.

É possível alterar os tipos de retorno em métodos sobrecarregados, desde que as listas de argumentos sejam diferentes.

2 Não podemos alterar APENAS o tipo de retorno.

Se apenas o tipo de retorno for diferente, não é uma sobrecarga válida: o compilador presumirá que estamos tentando sobrescrever o método. E isso não será permitido, a menos que o tipo de retorno seja um subtipo do tipo de retorno declarado na superclasse. Para sobrecarregar um método, DEVEMOS alterar a lista de argumentos, embora possamos alterar o tipo de retorno para qualquer coisa.

3 Podemos variar os níveis de acesso em qualquer direção.

Podemos sobrecarregar um método com outro mais restritivo. Não tem problema, pois o método novo não é obrigado a cumprir o contrato do sobrecarregado.

Exemplos permitidos de sobrecarga de métodos

```
public class Overloads {
  String uniqueID;

  public int addNums(int a, int b) {
    return a + b;
  }

  public double addNums(double a, double b) {
    return a + b;
  }

  public void setUniqueID(String theID) {
    // Muito código de validação e, depois:
    uniqueID = theID;
  }

  public void setUniqueID(int ssNumber) {
    String numString = "" + ssNumber;
    setUniqueID(numString);
  }
}
```

Mensagens Misturadas

A seguir, temos um pequeno programa Java. Falta um bloco do programa! Seu desafio é comparar possíveis blocos de código (à esquerda) com a saída que o bloco geraria caso estivesse no código. Nem todas as linhas de saída serão usadas e algumas podem ser usadas mais de uma vez. Trace linhas conectando os possíveis blocos de código com sua saída de linha de comando correspondente.

O programa:

```
class A {
  int ivar = 7;

  void m1() {
    System.out.print("A's m1, ");
  }
  void m2() {
    System.out.print("A's m2, ");
  }
  void m3() {
    System.out.print("A's m3, ");
  }
}

class B extends A {
  void m1() {
    System.out.print("B's m1, ");
  }
}
```

```
class C extends B {
  void m3() {
    System.out.print("C's m3, " + (ivar + 6));
  }
}

public class Mixed2 {
  public static void main(String[] args) {
    A a = new A();
    B b = new B();
    C c = new C();
    A a2 = new C();
    [                ]
  }
}
```

Os possíveis blocos de código vão aqui (três linhas).

Possíveis blocos de código:

```
b.m1();
c.m2();
a.m3();
```

```
c.m1();
c.m2();
c.m3();
```

```
a.m1();
b.m2();
c.m3();
```

```
a2.m1();
a2.m2();
a2.m3();
```

Possíveis saídas:

```
A's m1, A's m2, C's m3, 6
B's m1, A's m2, A's m3,
A's m1, B's m2, A's m3,
B's m1, A's m2, C's m3, 13
B's m1, C's m2, A's m3,
B's m1, A's m2, C's m3, 6
A's m1, A's m2, C's m3, 13
```

Respostas na página 197.

SEJA o Compilador

Qual dos pares A-B de métodos listados à direita, se inserido nas classes à esquerda, compilaria e geraria a saída mostrada? (O método A inserido na classe Monster, o método B inserido na classe Vampire.)

```
public class MonsterTestDrive {

  public static void main(String[] args) {
    Monster[] monsters = new Monster[3];
    monsters[0] = new Vampire();
    monsters[1] = new Dragon();
    monsters[2] = new Monster();
    for (int i = 0; i < monsters.length; i++) {
      monsters[i].frighten(i);
    }
  }
}

class Monster {
  A

}

class Vampire extends Monster {
  B

}

class Dragon extends Monster {
  boolean frighten(int degree) {
    System.out.println("breathe fire");
    return true;
  }
}
```

```
File  Edit  Window  Help  SaveYourself
% java MonsterTestDrive
a bite?
breathe fire
arrrgh
```

1

A
```
boolean frighten(int d) {
  System.out.println("arrrgh");
  return true;
}
```

B
```
boolean frighten(int x) {
  System.out.println("a bite?");
  return false;
}
```

2

A
```
boolean frighten(int x) {
  System.out.println("arrrgh");
  return true;
}
```

B
```
int frighten(int f) {
  System.out.println("a bite?");
  return 1;
}
```

3

A
```
boolean frighten(int x) {
  System.out.println("arrrgh");
  return false;
}
```

B
```
boolean scare(int x) {
  System.out.println("a bite?");
  return true;
}
```

4

A
```
boolean frighten(int z) {
  System.out.println("arrrgh");
  return true;
}
```

B
```
boolean frighten(byte b) {
  System.out.println("a bite?");
  return true;
}
```

Respostas na página 197.

Quebra-cabeças na Piscina

Sua ***tarefa*** é pegar os trechos de código da piscina e inseri-los nas linhas em branco ao lado. Você pode usar o mesmo trecho de código mais de uma vez e, talvez, não precise usar todos. Seu ***objetivo*** é criar um conjunto de classes que compilará e executará como um programa. Não se engane: é mais difícil do que parece.

```
public class Rowboat _______ _______ {
   public _______ rowTheBoat() {
      System.out.print("stroke natasha");
   }
}
```

```
public class _______ {
   private int _______ ;
   _______ void _______ ( _______ ) {
      length = len;
   }
   public int getLength() {
      _______ _______ ;
   }
   public _______ move() {
      System.out.print(" _______");
   }
}
```

```
public class TestBoats {
   _______ _______ _______ main(String[] args){
      _______ b1 = new Boat();
      Sailboat b2 = new _______();
      Rowboat _______ = new Rowboat();
      b2.setLength(32);
      b1._______();
      b3._______();
      _______.move();
   }
}
```

```
public class _______________________Boat {
   public __________ __________() {
      System.out.print(" ______________");
   }
}
```

OUTPUT: `drift  drift  hoist sail`

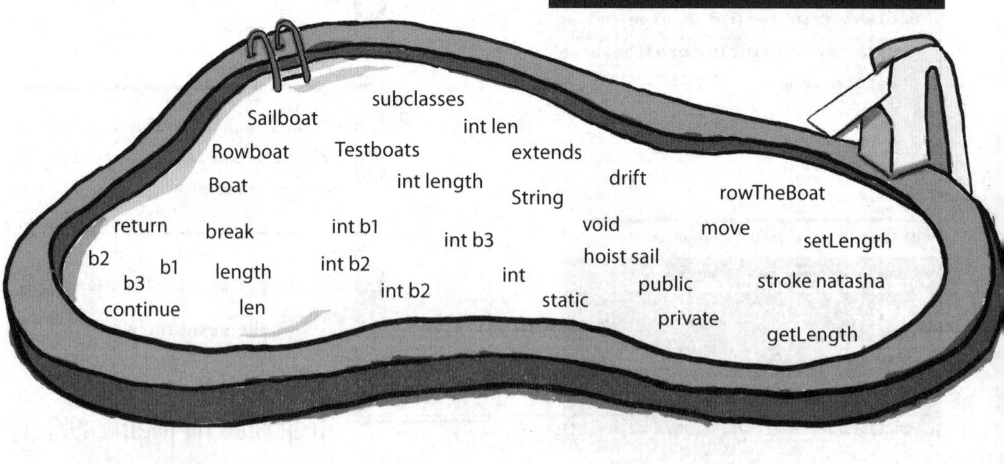

Respostas na página 198.

Exercício Solução

SEJA o Compilador (página 195)

O conjunto 1 **funcionará**.

O conjunto 2 **não será** compilado devido ao tipo de retorno de Vampire (int).

O método frighten() de Vampire (B) não é uma sobrescrição permitida OU sobrecarga do método frighten() de Monster. Alterar SOMENTE o tipo de retorno não é suficiente para que uma sobrecarga seja válida e, como um int não é compatível com um booleano, o método não é uma sobrescrição válida. (Lembre-se, se você alterar APENAS o tipo de retorno, deve ser um tipo de retorno compatível com o tipo de retorno da versão da superclasse, isso sim, é uma *sobrescrição*.)

Os conjuntos 3 e 4 **serão** compilados, mas gerarão:

```
arrrgh
breathe fire
arrrgh
```

Lembre-se, a classe Vampire não sobrescreveu o método frighten() da classe Monster. (O método frighten() no conjunto 4 de Vampire tem um byte, não um int.)

Possíveis blocos de código:

Mensagens Misturadas

(página 194)

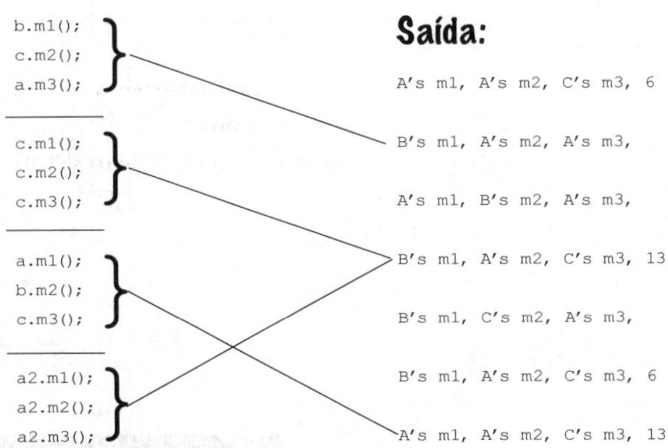

Quebra-cabeças na Piscina

(página 196)

```
public class Rowboat extends Boat {
   public void rowTheBoat() {
      System.out.print("stroke natasha");
   }
}
public class Boat {
   private int length ;
   public void setLength ( int len ) {
      length = len;
   }
   public int getLength() {
      return length ;
   }
   public void move() {
      System.out.print("drift ");
   }
}
```

```
public class TestBoats {
   public static void main(String[] args){
      Boat b1 = new Boat();
      Sailboat b2 = new Sailboat();
      Rowboat b3 = new Rowboat();
      b2.setLength(32);
      b1.move();
      b3.move();
      b2.move();
   }
}
public class Sailboat extends Boat {
   public void move() {
      System.out.print("hoist sail ");
   }
}
```

OUTPUT: `drift drift hoist sail`

8 interfaces e classes abstratas

Polimorfismo Levado a Sério

A herança é apenas o começo. Para explorar o polimorfismo, precisamos de interfaces (e não do tipo GUI). Precisamos ir além da herança simples: temos que chegar a um nível de flexibilidade e de extensibilidade que só conseguimos criando o design e programando para especificações de interface. Algumas das partes mais legais do Java nem seriam possíveis sem as interfaces. Ou seja, mesmo que você não as crie, ainda terá que usá-las. Mas é *ideal* projetar com elas. Você *terá* que programar usando-as e ***depois irá se perguntar como conseguiu viver sem elas.*** O que é uma interface? É uma classe 100% abstrata. O que é uma classe abstrata? É uma classe que não pode ser instanciada. Para que servem? Em breve, você verá. Refletindo sobre o final do capítulo anterior e como usamos argumentos polimórficos para que um único método Vet pudesse receber subclasses de Animal de todos os tipos, perceberemos que vimos somente a ponta do iceberg. Interfaces são o ***poli*** em polimorfismo. O ***ab*** em abstrato. O ***cafezinho*** do Java.

Esquecemos algo ao criarmos o design dessa classe?

A estrutura da classe não está tão ruim. Criamos esse design com o objetivo de minimizar a duplicação de código e substituímos os métodos que achamos que devem ter implementações específicas em cada subclasse. De uma perspectiva polimórfica, a criamos para que fosse elegante e flexível, pois podemos criar o design de programas que usam Animal com argumentos Animal (e declarações de array). Assim, qualquer subtipo Animal, ***incluindo aqueles que nunca imaginamos no momento em que escrevemos nosso código***, pode ser passado e usado no tempo de execução. Inserimos o protocolo comum para todos os Animals (os quatro métodos que queremos que o mundo saiba que todos os animais têm) na superclasse Animal e estamos prontos para começar a criar novos objetos Lions, Tigers e Hippos.

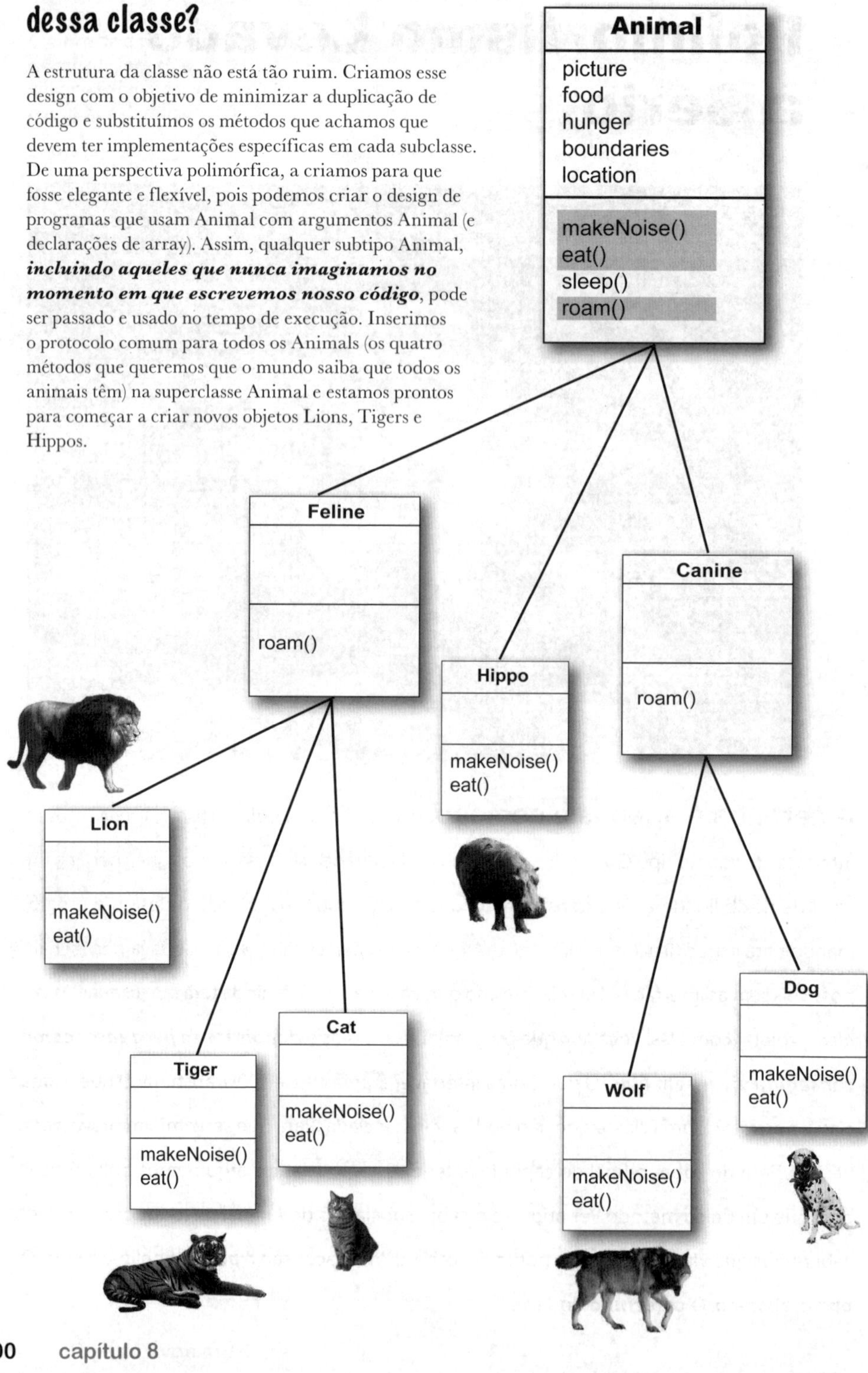

Sabemos que é possível dizer:

```
Wolf aWolf = new Wolf();
```

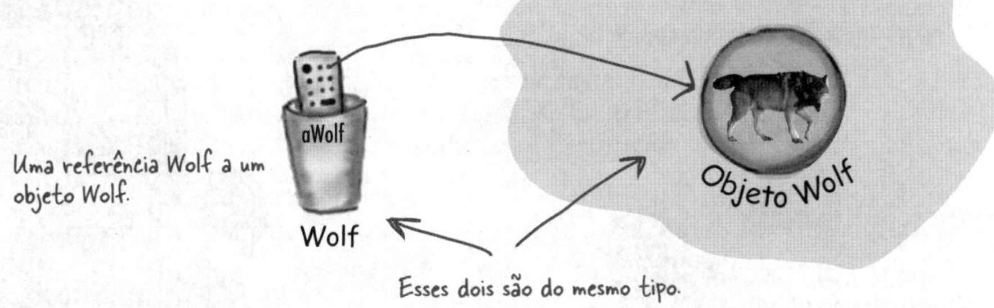

E sabemos que é possível dizer:

```
Animal aHippo = new Hippo();
```

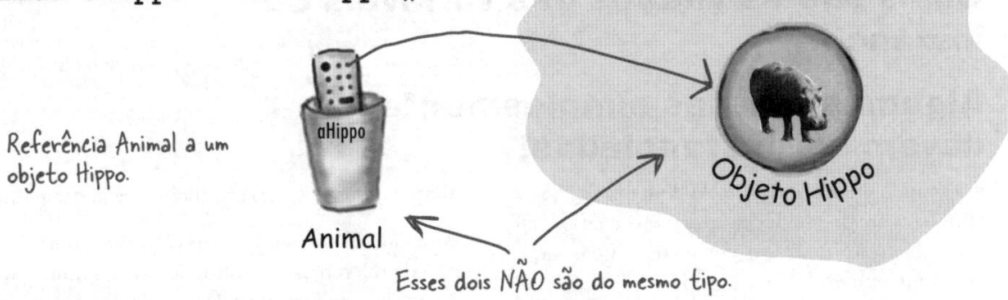

Mas aqui o negócio fica esquisito:

```
Animal anim = new Animal();
```

Como é um novo objeto Animal()?

Quais são os valores das variáveis de instância?

Algumas classes simplesmente não devem ser instanciadas!

Faz sentido criar um objeto Wolf ou um objeto Hippo ou um objeto Tiger, mas o que exatamente é um objeto Animal? Que forma tem? Que cor, tamanho, número de pernas...

Tentar criar um objeto do tipo Animal é como um pesadelo, **como um acidente de teletransporte de Jornada nas Estrelas™** em que acontece algo errado com o buffer no meio do transporte.

Como lidamos com isso? *Precisamos* de uma classe Animal para herança e para polimorfismo. Mas queremos que os programadores instanciem apenas as subclasses menos abstratas da classe Animal, não a própria classe Animal. Queremos objetos Tiger e objetos Lion, ***não objetos Animal***.

Felizmente, há uma maneira simples de impedir que uma classe seja instanciada. Ou seja, para impedir que alguém diga "**new**" nesse tipo. Se marcarmos a classe como **abstract**, o compilador impedirá qualquer código, em qualquer lugar, de criar uma instância desse tipo.

Podemos ainda usar esse tipo abstrato como um tipo de referência. Na verdade, isso é grande parte do motivo pelo qual temos essa classe abstrata (para usá-la como argumento polimórfico ou tipo de retorno ou para criar um array polimórfico).

Ao criar o design de sua estrutura de herança de classes, você deve decidir quais classes são *abstratas* e quais são *concretas*. Classes concretas são aquelas específicas o suficiente para serem instanciadas. Uma classe *concreta* significa apenas que não há problema em criar objetos desse tipo.

Criar uma classe abstrata é fácil — basta inserir a palavra-chave **abstract** antes da declaração da classe:

```
abstract class Canine extends Animal {
   public void roam() { }
}
```

O compilador não permitirá instanciar uma classe abstrata

Uma classe abstrata significa que ninguém pode criar uma instância nova dessa classe. Ainda podemos usar essa classe abstrata como um tipo de referência declarado para polimorfismo, mas não precisamos nos preocupar com alguém criando objetos desse tipo. O compilador *garante* isso.

```
abstract public class Canine extends Animal {
    public void roam() { }
}
```

```
public class MakeCanine {
    public void go() {
        Canine c;
        c = new Dog();
        c = new Canine();
        c.roam();
    }
}
```

Isso é OK, porque sempre podemos atribuir um objeto de subclasse a uma referência de superclasse, mesmo que essa superclasse seja abstrata.

A classe Canine é marcada como abstrata, logo o compilador NÃO permitirá que a instanciemos.

```
File Edit Window Help BeamMeUp

% javac MakeCanine.java
MakeCanine.java:5: Canine is abstract; cannot
be instantiated
        c = new Canine();
            ^
1 error
```

Uma **classe abstrata** basicamente* não tem uso, valor ou razão de existir, a menos que seja **estendida**.

Com uma classe abstrata, são as **instâncias de uma subclasse** da classe abstrata que se encarregam do trabalho no tempo de execução.

*Existe uma exceção — uma classe abstrata pode ter membros estáticos (veja o Capítulo 10).

Abstratas vs. Concretas

Uma classe que não é abstrata se chama classe *concreta*. Na hierarquia de herança Animal, se tornarmos Animal, Canine e Feline abstratas, isso fará com que Hippo, Wolf, Dog, Tiger, Lion e Cat se tornem subclasses concretas.

Ao examinar a API Java, você encontrará várias classes abstratas, em especial na biblioteca GUI. Um exemplo é a classe Component, a superclasse das classes relacionadas à GUI, como botões, áreas de texto, barras de rolagem, caixas de diálogo, entre outros elementos. Não criamos uma instância de um *componente* genérico e a inserimos na tela; criamos um JButton. Ou seja, instanciamos apenas uma *subclasse concreta* de Component, mas nunca o próprio objeto Component.

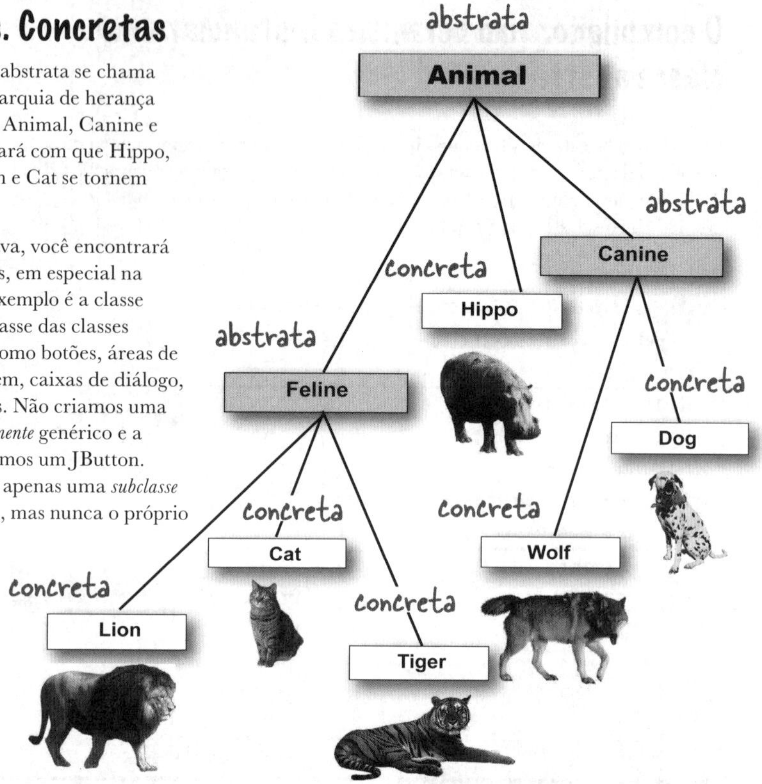

PODER DO CÉREBRO

Classe abstrata ou concreta?

Como sabemos quando uma classe deve ser abstrata? ***Wine*** é provavelmente uma classe abstrata. E quanto a ***Red*** e ***White***? Mais uma vez, provavelmente são classes abstratas (para alguns de nós, pelo menos). Contudo, em que ponto da hierarquia as classes se tornam concretas?

PinotNoir deve ser abstrata ou concreta? Parece que Camelot Vineyards 1997 PinotNoir é provavelmente concreta. Mas como sabemos disso? Veja a hierarquia de herança de Animal acima. Considerando as escolhas que fizemos em relação às classes abstratas e concretas, elas são apropriadas? Você mudaria alguma coisa na hierarquia de herança Animal (além de adicionar mais animais, claro)?

Métodos abstratos

Além das classes, podemos marcar também os *métodos* como abstratos. Uma classe abstrata significa que a classe deve ser *estendida*; um método abstrato significa que o método deve ser *sobrescrito*. Podemos decidir que alguns (ou todos) comportamentos em uma classe abstrata não fazem sentido, a menos que sejam implementados por uma subclasse mais específica. Em outras palavras, não conseguimos pensar em nenhuma implementação de método genérico que possa ser útil para subclasses. Como seria um método genérico eat()?

Um método abstrato não tem corpo!

Como já decidimos que não há nenhum código que faça sentido no método abstrato, não inseriremos um corpo de método. Ou seja, sem usar chaves, apenas terminaremos a declaração com um ponto e vírgula.

```
public abstract void eat();
```

Nada de corpo no método! Termine-o com um ponto e vírgula.

Se você declarar um *método* abstrato, DEVE marcar a *classe* abstrata também. Não se pode ter um método abstrato em uma classe não abstrata.

Caso insira um único método abstrato em uma classe, terá que tornar a classe abstrata. Mas *é possível* misturar métodos abstratos e não abstratos na classe abstrata.

não existem Perguntas Idiotas

P: Para que *serve* um método abstrato? Achei que o objetivo de uma classe abstrata era ter um código comum que pudesse ser herdado pelas subclasses.

R: Implementações de métodos hereditários (métodos com *corpos* reais) são boas para inserir em uma superclasse *quando faz sentido*. E em uma classe abstrata, muitas vezes não faz sentido, pois não podemos criar nenhum código genérico que as subclasses achariam útil. A serventia de um método abstrato é que, mesmo que não tenhamos inserido nenhum código de método real, ainda definimos parte do *protocolo* para um grupo de subtipos (subclasses).

P: E por que isso é bom?

R: Polimorfismo! Lembre-se, o que queremos é a capacidade de usar um tipo de superclasse (geralmente abstrato) como argumento de método, tipo de retorno ou tipo de array. Assim, podemos adicionar novos subtipos (como uma nova subclasse Animal) ao programa sem precisarmos reescrever (ou adicionar) métodos novos para lidar com esses novos tipos. Imagine ter que mudar a classe Vet se não usamos Animal como tipo de argumento para métodos. Seria necessário um método separado para cada subclasse Animal, um para Lion, outro para Wolf, outro... Você entendeu. Então, com um método abstrato, estamos dizendo: "Todos os subtipos deste tipo têm ESTE método" para o benefício do polimorfismo.

Você DEVE implementar todos os métodos abstratos

Implementar **um método abstrato é como** ***sobrescrever*** **um método.**

Métodos abstratos não têm corpo, sendo usados unicamente para fins de polimorfismo. Ou seja, a primeira classe concreta na hierarquia de herança deve implementar *todos* os métodos abstratos.

No entanto, é possível passar essa responsabilidade sendo abstrato. Se Animal e Canine forem abstratas, por exemplo, e ambas tiverem métodos abstratos, a classe Canine não precisará implementar os métodos abstratos de Animal. Mas assim que chegamos à primeira subclasse concreta, como Dog, essa subclasse deve implementar *todos* os métodos abstratos de Animal e de Canine.

Mas lembre-se de que uma classe abstrata pode ter métodos abstratos e não abstratos. Ou seja, Canine, por exemplo, poderia implementar um método abstrato de Animal, de modo que Dog não precisasse. Porém, se Canine não informa nada sobre os métodos abstratos de Animal, Dog tem que implementar todos os métodos abstratos de Animal.

Quando afirmamos "você deve implementar o método abstrato", significa *fornecer um corpo*. É necessário criar um método não abstrato em sua classe com a mesma assinatura de método (nome e argumentos) e um tipo de retorno compatível com um tipo de retorno declarado do método abstrato. O que será inserido *no* método cabe a você. A única preocupação do Java é que o método esteja *lá*, em sua subclasse concreta.

Aponte o seu lápis — Classes abstratas vs. Classes concretas

Bora inserir toda essa retórica abstrata em algum uso concreto. Na coluna do meio, listamos algumas classes. Sua tarefa é imaginar aplicativos em que a classe listada pode ser concreta e aplicativos nos quais pode ser abstrata. Fizemos os primeiros para você se animar. Por exemplo, a classe Árvore seria abstrata em um programa de viveiro de árvores, em que as diferenças entre um Carvalho e um Álamo importam. Mas em um programa de simulação de golfe, Árvore pode ser uma classe concreta (talvez uma subclasse de Obstáculo), porque o programa não se importa ou não faz distinção entre diferentes tipos de árvores. (Não há uma resposta correta; depende do seu design.)

→ Resolve aí.

Concreta	Exemplo de classe	Abstrata
Simulação de um campo de golfe	Árvore	aplicativo viveiro de árvores
______	Casa	aplicativo de arquitetura
Aplicativo de foto por satélite	Cidade	______
______	Jogador de futebol	aplicativo de treinamento
______	Cadeira	______
______	Cliente	______
______	Pedido de compra	______
______	Livro	______
______	Loja	______
______	Fornecedor	______
______	Clube de golfe	______
______	Carburador	______
______	Fogão	______

Polimorfismo na prática

Imagine que queremos escrever nosso *próprio* tipo de classe de lista, que armazene objetos Dog. No entanto, finja por um momento que não sabemos sobre a classe ArrayList. Na primeira versão, forneceremos apenas um método add(). Usaremos um simples array Dog (Dog[]) para manter os objetos Dog adicionados e forneceremos a esse array um comprimento de 5. Quando atingirmos o limite de 5 objetos Dog, ainda conseguiremos chamar o método add(), que não fará nada. Se *não* atingirmos o limite, o método add() insere Dog no array na próxima posição de índice disponível e incrementa o próximo índice disponível (nextIndex).

Criando nossa própria lista específica para Dog

(Talvez a pior tentativa de criar nosso próprio tipo de classe ArrayList do zero.)

versão 1

MyDogList
Dog[] dogs int nextIndex
add(Dog d)

```
public class MyDogList {
  private Dog[] dogs = new Dog[5];
  private int nextIndex = 0;

  public void add(Dog d) {
    if (nextIndex < dogs.length) {
      dogs[nextIndex] = d;
      System.out.println("Dog added at " + nextIndex);
      nextIndex++;
    }
  }
}
```

Use um array Dog simples nos bastidores.

Vamos incrementar isso sempre que um novo Dog for adicionado.

Se ainda não estivermos no limite do array dogs, adiciona Dog e exibe uma mensagem.

Incrementa para nos fornecer o próximo índice a ser usado.

Ops, agora também precisamos de objetos Cat

Temos algumas opções aqui:

1. Criar uma classe separada, MyCatList, para armazenar objetos Cat. Muito deselegante.

2. Criar uma única classe, DogAndCatList, que armazene dois arrays diferentes como variáveis de instância e tenha dois métodos add() diferentes: addCat(Cat c) e addDog(Dog d).
Outra solução deselegante.

3. Criar uma classe AnimalList heterogênea que aceite *qualquer* tipo de subclasse Animal (já que sabemos que se a especificação mudar para adicionar Cats, mais cedo ou mais tarde teremos algum outro *tipo* de animal adicionado). É a melhor opção. Mudaremos nossa classe para que fique mais genérica, de modo que aceite Animals em vez de apenas Dogs. Destacamos as principais mudanças (claro que a lógica é a mesma, mas o tipo mudou de Dog para Animal em todo o código).

Criando nossa própria lista específica para Animal

versão 2

MyAnimalList
Animal[] animals int nextIndex
add(Animal a)

```
public class MyAnimalList {

  private Animal[] animals = new Animal[5];
  private int nextIndex = 0;

  public void add(Animal a) {
    if (nextIndex < animals.length) {
      animals[nextIndex] = a;
      System.out.println("Animal added at " + nextIndex);
      nextIndex++;
    }
  }
}
```

Não surte. Não estamos criando um novo objeto Animal; estamos criando um novo objeto array, do tipo Animal. (Lembre-se, não podemos criar uma instância nova de um tipo abstrato, mas PODEMOS criar um objeto array declarado para ARMAZENAR esse tipo.

```
public class AnimalTestDrive {
  public static void main(String[] args) {
    MyAnimalList list = new MyAnimalList();
    Dog dog = new Dog();
    Cat cat = new Cat();
    list.add(dog);
    list.add(cat);
  }
}
```

```
File Edit Window Help Harm
% java AnimalTestDrive
Animal added at 0
Animal added at 1
```

E quanto aos objetos que não forem Animals?

Por que não criar uma classe genérica o bastante para armazenar qualquer coisa?

Você sabe que rumo estamos tomando. Queremos mudar o tipo do array com o argumento do método add() para algo *acima* de Animal. Algo ainda *mais* genérico, *mais* abstrato que Animal. Mas como podemos fazer isso? Não *temos* uma superclasse para Animal.

Talvez, tenhamos…

Toda classe em Java estende a classe Object.

A classe Object é a mãe de todas as classes; é a superclasse de *tudo*.

Mesmo que aproveitemos o polimorfismo, ainda teremos que criar uma classe com métodos que aceitem e retornem *seu* tipo polimórfico. Sem uma superclasse comum para tudo em Java, os desenvolvedores Java não conseguiriam criar classes com métodos que pudessem receber *seus* tipos customizados… *Tipos que não conheciam quando escreveram a classe da biblioteca.*

Ou seja, desde o início, você estava criando subclasses da classe Object sem ao menos saber. ***Toda classe que você criar estende a classe Object*** sem precisar dizer isso. Todavia, podemos imaginar que toda classe que escrevemos fica assim:

```
public class Dog extends Object { }
```

Espere aí, Dog *já* estende alguma coisa, *Canine*. Tudo bem. O compilador fará com que *Canine* estenda Object. Mas *Canine* estende Animal. Sem problemas, o compilador apenas fará *Animal* estender Object.

Qualquer classe que não estende *explicitamente* outra classe estende *implicitamente* Object.

Logo, como Dog estende Canine, não estende Object *diretamente* (embora estenda indiretamente), e o mesmo vale para Canine, ainda que Animal *estenda* Object diretamente.

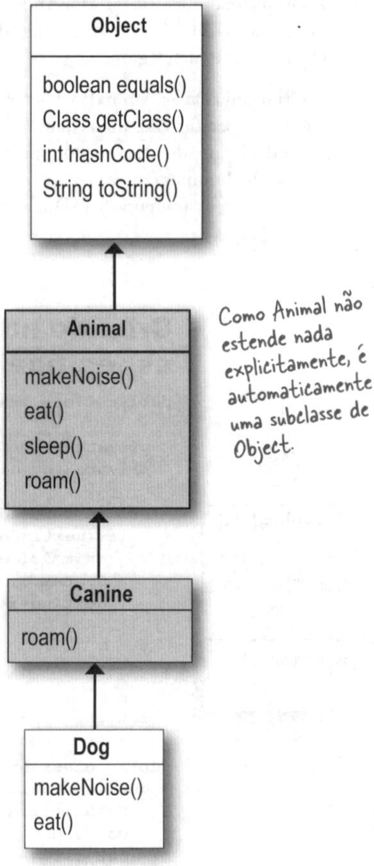

Mas o que seria essa ultramegaclasse Object?

Se você fosse o Java, que comportamento gostaria que *cada* objeto tivesse? Hmm... Vejamos... Que tal um método que possibilite descobrir se um objeto é igual a outro objeto? E um método que informe o tipo de classe real desse objeto? Talvez um método que forneça um hashcode para o objeto. Assim, pode-se usar o objeto em hashtables (Mais adiante, falaremos sobre as hashtables do Java). Vejamos um bem legal — um método que exibe uma mensagem de String para determinado objeto.

E quer saber? Como num passe de mágica, a classe Object tem métodos para essas quatro coisas. Isso não é tudo, mas, por ora, esses métodos nos ajudarão.

Apenas ALGUNS dos métodos da classe Object.

Toda classe criada herda todos os métodos da classe Object. As classes já escritas herdaram métodos que você nem sabia que tinha.

1 equals(Object o)

```
Dog a = new Dog();
Cat c = new Cat();

if (a.equals(c)) {
   System.out.println("true");
} else {
   System.out.println("false");
}
```

```
File Edit Window Help Stop
% java TestObject
false
```

Informa se dois objetos são considerados "iguais".

2 getClass()

```
Cat c = new Cat();
System.out.println(c.getClass());
```

```
File Edit Window Help Faint
% java TestObject
class Cat
```

Retorna a classe a partir da qual o objeto foi instanciado.

3 hashCode()

```
Cat c = new Cat();
System.out.println(c.hashCode());
```

```
File Edit Window Help Drop
% java TestObject
8202111
```

Exibe um hashcode para o objeto (por enquanto, pense nisso como um ID exclusivo).

4 toString()

```
Cat c = new Cat();
System.out.println(c.toString());
```

```
File Edit Window Help LapseIntoComa
% java TestObject
Cat@7d277f
```

Exibe uma mensagem de String com o nome da classe e algum outro número com o qual raramente nos importamos.

não existem Perguntas Idiotas

P: A classe Object é abstrata?

R: Não é. Não no sentido formal do Java, pelo menos. Object é uma classe não abstrata porque comporta código de implementação de método que todas as classes podem herdar e usar imediatamente, sem precisar sobrescrever os métodos.

P: Isso quer dizer que *podemos* sobrescrever os métodos na classe Object?

R: Alguns deles, pois outros são marcados como final, o que significa que não podemos sobrescrevê-los. Recomendamos (fortemente) sobrescrever hashCode(), equals() e toString() em suas classes. Um pouco mais adiante, aprenderemos a fazer isso. Mas alguns dos métodos, como getClass(), executam ações que devem funcionar de uma maneira específica e garantida.

P: COMO permitir que se crie um objeto Object? Não é tão esquisito quanto criar um objeto Animal?

R: Boa pergunta! Por que é aceitável criar uma nova instância de objeto? Porque às vezes só queremos um objeto genérico para usar como, bem, como um objeto. Um objeto *leve*. Por ora, deixe isso em segundo plano e assuma que você dificilmente criará objetos do tipo Object, mesmo que *possa*.

P: Então, seria justo dizer que a principal finalidade do tipo Object é que podemos usá-lo em um argumento polimórfico e em um tipo de retorno?

R: A classe Object desempenha *duas* funções principais: servir como um tipo polimórfico para métodos que devem funcionar em qualquer classe criada por você ou por qualquer outra pessoa, e fornecer o código de método *real* necessário a todos os objetos em Java no tempo de execução (ao inseri-los na classe Object, todas as outras classes herdam esses métodos). Alguns dos métodos mais importantes da classe Object estão relacionados a threads. Mais adiante, falaremos a respeito.

P: Se é tão bom usar tipos polimórficos, por que simplesmente não fazer com que TODOS os métodos recebam e retornem o tipo Object?

R: Vish... Imagine o que aconteceria: você comprometeria a "segurança de tipos", um importante mecanismo de proteção do Java. Com a segurança de tipos, o Java evita que você solicite algo ao objeto errado *por engano*. É como solicitar a uma *Ferrari* (que você pensa ser uma *Torradeira*) para cozinhar.

Na verdade, não precisamos nos preocupar com esse lance da Ferrari, ainda que *usemos* referências de objetos para tudo. Quando os objetos são referenciados por um tipo Object, o Java os *reconhece* apenas como instâncias do tipo Object. Ou seja, só podemos chamar os métodos declarados na classe Object para esse objeto. Então, se você escrevesse:

```
Object o = new Ferrari();

o.goFast(); // Não é válido!
```

Este código sequer passaria pelo compilador.

Visto que Java é uma linguagem fortemente tipada, o compilador verifica se você está chamando um método em um objeto que é capaz de *responder*. Dito de outro modo, é possível chamar um método em uma referência de objeto *apenas* se a classe do tipo de referência realmente *tiver* o método. Um pouco mais adiante, abordaremos isso em mais detalhes. Não se preocupe se não tiver entendido muito bem.

Usar referências polimórficas do tipo Object tem um preço...

Antes de começar a usar o tipo Object em todos os seus argumentos ultraflexíveis e tipos de retorno, é necessário considerar um pequeno problema ao usar o tipo Object como referência. E lembre-se de que não estamos falando sobre criar instâncias do tipo Object, mas de criar instâncias de algum outro tipo, com uma referência do tipo Object.

Quando inserimos um objeto em um ArrayList**<Dog>**, esse objeto entra como Dog e sai como Dog:

```
ArrayList<Dog> myDogArrayList = new ArrayList<Dog>();
Dog aDog = new Dog();
myDogArrayList.add(aDog);
Dog d = myDogArrayList.get(0);
```

← Cria um ArrayList declarado para armazenar objetos Dog.

← Cria um objeto Dog.

← Adiciona Dog à lista.

← Atribui Dog da lista a uma nova variável de referência Dog. (Pense nisso como se o método get() declarasse um tipo de retorno Dog porque usamos ArrayList<Dog>.)

Mas o que ocorre quando o declaramos como ArrayList**<Object>**? Se quisermos criar um ArrayList que literalmente aceite *qualquer* tipo de Object, basta declará-lo assim:

```
ArrayList<Object> myDogArrayList = new ArrayList<Object>();
Dog aDog = new Dog();
myDogArrayList.add(aDog);
```

← Cria um ArrayList declarado para armazenar qualquer tipo de Object.

← Cria um objeto Dog.

← Adiciona Dog à lista.

(Essas duas etapas são as mesmas do último exemplo.)

E o que acontece quando tentamos obter o objeto Dog e atribuí-lo a uma referência Dog?

```
Dog d = myDogArrayList.get(0);
```

NÃO será compilado!!! Quando usamos ArrayList<Object>, o método get() retorna o tipo Object. O compilador sabe apenas que o objeto herda de Object (em algum lugar de sua hierarquia de herança), mas não sabe que é um Dog!!

Tudo sai de um ArrayList<Object> como uma referência do tipo Object, independentemente de qual seja o objeto real ou qual era o tipo de referência quando adicionamos o objeto à lista.

Os objetos serão inseridos como SoccerBall, Fish, Guitar e Car.

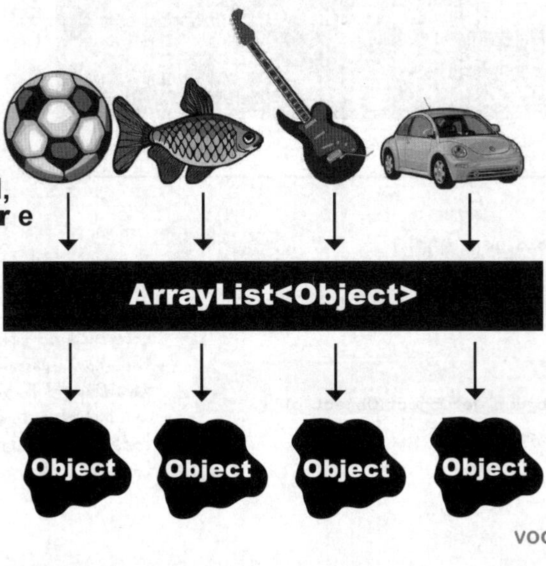

Mas eles SAEM como se fossem do tipo Object.

Os objetos saem de um ArrayList<Object> como se fossem instâncias genéricas da classe Object. O compilador não sabe que o objeto que sai é de um tipo diferente de Object.

Quando um objeto Dog não age como um Dog

O problema de tratarmos tudo polimorficamente com um tipo Object é que os objetos *parecem* perder (não permanentemente) sua verdadeira essência. *Ao que parece, o objeto Dog perdeu sua natureza canina.* Vejamos o que acontece quando passamos um Dog para um método que retorna uma referência ao mesmo objeto Dog, mas declara o tipo de retorno como tipo Object em vez de Dog.

DEU RUIM ☹

```
public void go() {
  Dog aDog = new Dog();
  Dog sameDog = getObject(aDog);
}

public Object getObject(Object o) {
  return o;
}
```

Esta linha não vai compilar! Mesmo que o método retorne uma referência ao mesmo Dog referenciado pelo argumento, o tipo de retorno Object significa que o compilador não permitirá atribuir a referência retornada a nada além de Object.

Estamos retornando uma referência ao mesmo Dog, mas como um tipo de retorno de Object. Essa parte é totalmente permitida. Observação: isso é semelhante a como o método get() funciona quando temos um ArrayList<Object> em vez de um ArrayList<Dog>.

```
File Edit Window Help Remember

DogPolyTest.java:10: incompatible types
found   : java.lang.Object
required: Dog
        Dog sameDog = getObject(aDog);
1 error                         ^
```

O compilador não sabe que a coisa retornada do método é na verdade um Dog, então não permitirá que possamos atribuí-lo a uma referência Dog. (Na próxima página, você verá o porquê.)

DEU BOM ☺

```
public void go() {
  Dog aDog = new Dog();
  Object sameDog = getObject(aDog);
}

public Object getObject(Object o) {
  return o;
}
```

Isso vai compilar (embora não seja muito útil, como veremos em breve) porque pode-se atribuir QUALQUER COISA a uma referência do tipo Object, já que toda classe passa no teste É-UM para Object. Todo objeto em Java é uma instância do tipo Object, porque toda classe em Java tem Object no topo de sua hierarquia de herança.

Objetos não latem

Já sabemos que quando um objeto é referenciado por uma variável declarada como tipo Object, ele não pode ser atribuído a uma variável declarada com o tipo do objeto real. E sabemos que isso pode ocorrer quando um tipo de retorno ou argumento é declarado como tipo Object, como seria o caso, por exemplo, quando o objeto é inserido em um ArrayList do tipo Object usando ArrayList<Object>. Mas quais são as consequências disso? É um problema usar uma variável de referência Object para referenciar um objeto Dog? Vamos tentar chamar os métodos Dog em nosso Dog-Que-O-Compilador-Acha-Que-É-um-Objeto:

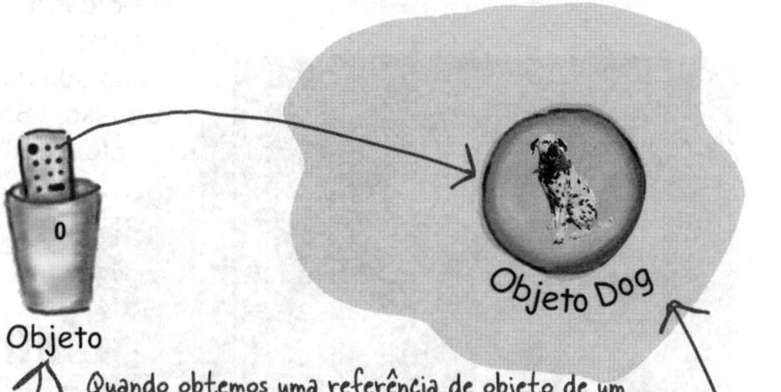

Quando obtemos uma referência de objeto de um ArrayList<Object> (ou qualquer método que declare Object como tipo de retorno), ela retorna um tipo de referência polimórfica de Object. Logo, temos uma referência de Object para (neste caso) uma instância de Dog.

```
Object o = al.get(index);

int i = o.hashCode();

o.bark();
```

Aqui tá tudo certo. A classe Object tem um método hashCode(), então podemos chamar esse método em QUALQUER objeto em Java.

Não vai compilar! → o.bark();

Não podemos fazer isso!!! A classe Object não faz ideia do que significa bark(). Mesmo que VOCÊ saiba que é um objeto Dog naquele índice, o compilador não sabe.

O compilador decide se podemos chamar um método com base no tipo de *referência*, não no tipo de *objeto* real.

Mesmo que *saibamos* que o objeto é válido ("...ele ***é*** mesmo um objeto Dog, sério..."), o compilador o vê apenas como um Object genérico. Para o compilador, inserimos um objeto Button, um objeto Microwave, ou outra coisa que sequer sabe latir.

O compilador verifica a classe do tipo de *referência* — não o tipo de *objeto* — a fim de saber se podemos chamar um método usando essa referência.

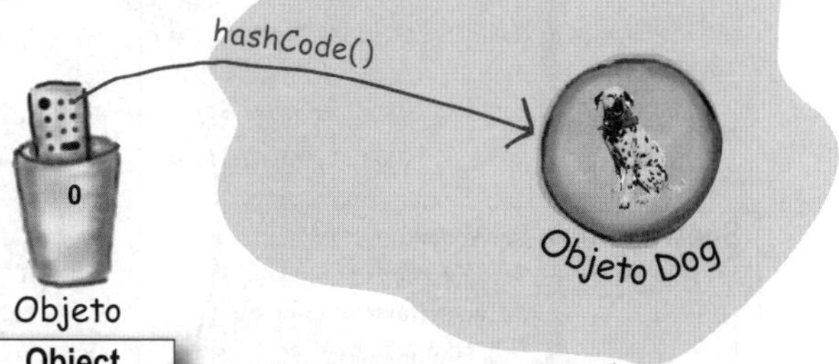

Object
equals() getClass() hashCode() toString()

O método que estamos chamando em uma referência DEVE estar na classe desse tipo de referência, não importando qual seja o objeto real.

```
o.hashCode();
```

A referência "o" foi declarada como tipo Object, ou seja, podemos chamar métodos somente se estiverem na classe Object.

Entre em contato com seu Object interior!

Um objeto armazena *tudo* o que herda de cada uma de suas superclasses. Isso significa que *todo* objeto — independentemente de seu tipo de classe real — *também* é uma instância da classe Object. Ou seja, em Java, qualquer objeto pode ser tratado não apenas como um Dog, Button ou Snowboard, mas também como Object. Ao escrevermos **`new Snowboard()`**, obtemos um único objeto na heap — Snowboard —, mas esse Snowboard é envolvido em um núcleo interno que representa a parte de Object (com O maiúsculo) de si mesmo.

Aqui, temos apenas UM objeto na heap, Snowboard. Mas ele contém as partes da classe Snowboard de si mesmo e as partes da classe Object de si mesmo.

Polimorfismo significa "muitas formas".

Podemos tratar um Snowboard como um Snowboard ou como um Object.

Se uma referência for como um controle remoto, este assume mais e mais botões à medida que descemos na hierarquia de herança. Um controle remoto (referência) do tipo Object tem somente alguns botões — para os métodos expostos da classe Object. No entanto, um do tipo Snowboard inclui todos os botões da classe Object, mais quaisquer botões novos (para novos métodos) da classe Snowboard. Quanto mais específica a classe, mais botões pode ter.

Claro que isso nem sempre se aplica; uma subclasse pode não adicionar métodos novos, mas simplesmente sobrescrever os métodos de sua superclasse. O ponto principal é que, mesmo que o *objeto* seja do tipo Snowboard, uma *referência* Object ao objeto Snowboard não tem como conhecer os métodos específicos de Snowboard.

Quando inserimos um objeto em um ArrayList<Object>, podemos tratá-lo apenas como Object, não importando o tipo que era quando foi inserido.

Quando obtemos uma referência de um ArrayList<Object>, a referência é sempre do tipo *Object*. Ou seja, obtemos um controle remoto do tipo *Object*.

```
Snowboard s = new Snowboard();
Object o = s;
```

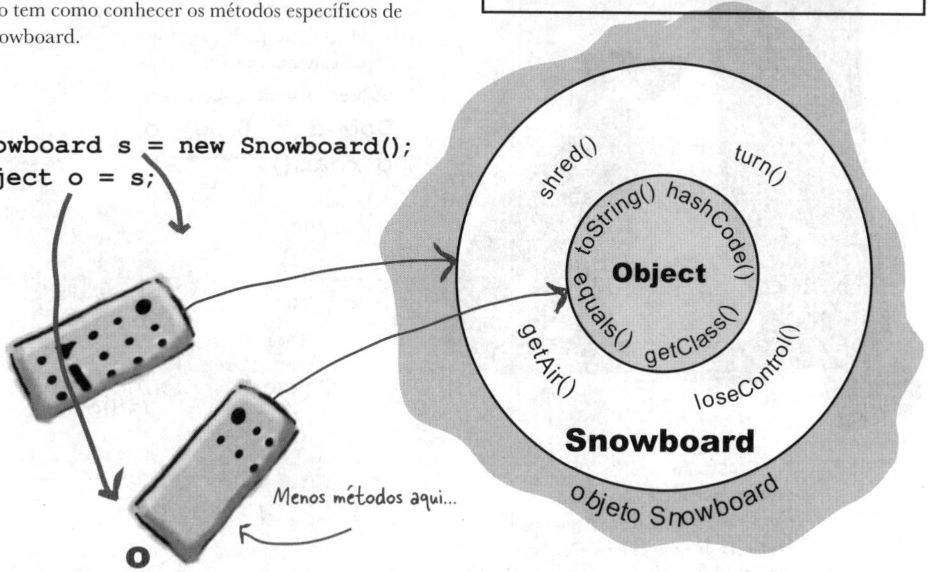

O controle remoto Snowboard (referência) tem mais botões do que um controle remoto Object. O controle remoto Snowboard pode ver toda a essência do objeto Snowboard. Pode acessar todos os métodos de Snowboard, incluindo os métodos Object herdados e os métodos da classe Snowboard.

A referência Object consegue ver apenas as partes de Object do objeto Snowboard, pode acessar apenas os métodos da classe Object e tem menos botões do que o controle remoto Snowboard.

Como converter uma referência de objeto de volta ao seu tipo *real*.

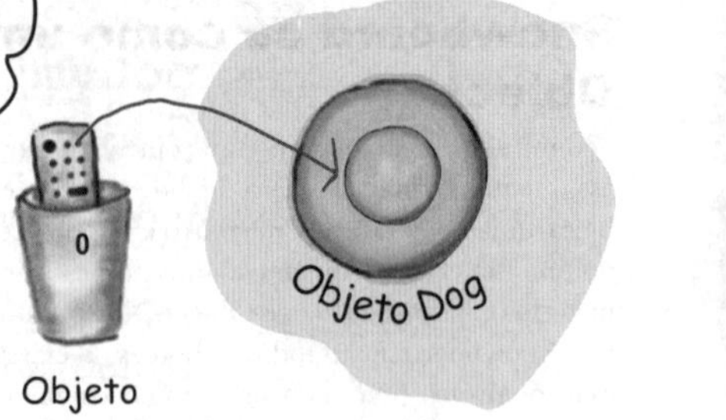

Ainda é um *objeto* Dog, mas se você quiser chamar métodos específicos de Dog, será preciso uma referência declarada como tipo Dog. Se tem *certeza** de que o objeto é mesmo um Dog, é possível criar uma nova referência de Dog copiando a referência de Object, inserindo forçosamente essa cópia em uma variável de referência Dog, fazendo um casting (Dog). Você pode usar a nova referência *Dog* para chamar métodos de *Dog*.

```
Object o = al.get(index);
Dog d = (Dog) o;
d.roam();
```

← Faz o cast do tipo Object para um tipo Dog, que sabemos estar lá.

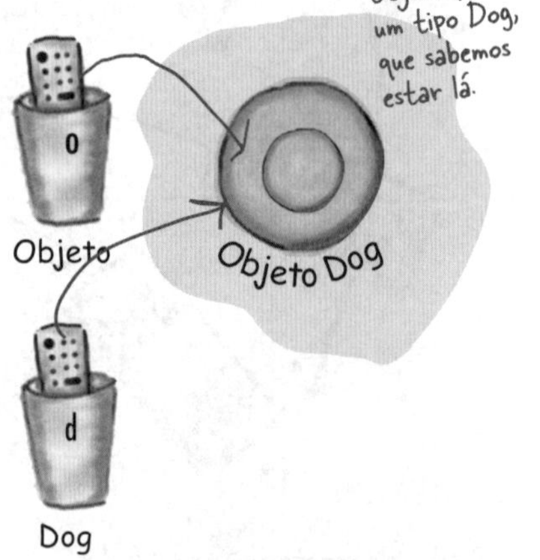

*Se você *não* tiver certeza de que é um objeto Dog, pode usar o operador `instanceof` para verificar. Porque se estiver fazendo errado o cast, receberá uma ClassCastException no tempo de execução e será interrompido.

```
if (o instanceof Dog) {
    Dog d = (Dog) o;
}
```

Agora você já sabe o quanto o Java se preocupa com os métodos na classe da variável de referência.

Podemos chamar um método em um objeto *somente* se a classe da variável de referência tiver esse método. Considere os métodos públicos em sua classe como seu contrato, um compromisso sobre as coisas que pode fazer.

Ao criarmos uma classe, quase sempre *expomos* alguns dos métodos para programar fora da classe. *Expor* um método significa torná-lo *acessível*, normalmente o marcando como public.

Imagine o seguinte cenário: você está escrevendo um código de um programa de contabilidade para pequenas empresas: um aplicativo customizado para a Simon's Surf Shop. Como bom reutilizador que é, encontrou uma classe Account, que, de acordo com a documentação, parece atender perfeitamente às suas necessidades. Cada instância de conta representa a conta de um cliente individual na loja. Mas então, eis que você está programando, invocando os métodos *credit()* e *debit()* em um objeto Account quando percebe que precisa obter o saldo de uma conta. Sem problemas, o método *getBalance()* deve atender às suas necessidades.

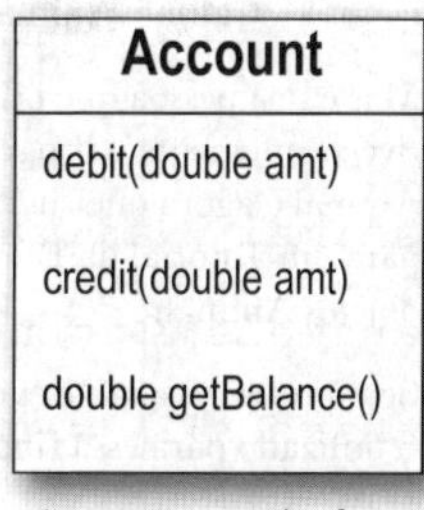

No entanto... Ao chamar o método *getBalance()*, tudo dá errado no tempo de execução. Esqueça a documentação, a classe não tem esse método. Deu ruim!

Mas isso não acontecerá com você, pois sempre que usar o operador ponto em uma referência (a.doStuff()), o compilador analisa o tipo de *referência* (o tipo "a" foi declarado como sendo uma), verificando essa classe para garantir que tenha o método, e que este método aceite o argumento passado e retorne o tipo de valor esperado.

Apenas não se esqueça de que o compilador verifica a classe da variável de *referência*, não a classe do *objeto* real na outra extremidade da referência.

E se for preciso alterar o contrato?

Ok, finja que você é um objeto Dog. Sua classe Dog não é o *único* contrato que define quem você é. Lembre-se, você herda métodos acessíveis (em geral, *public*) de todas as suas superclasses.

É verdade que sua classe Dog estabelece um contrato.

Mas não *todo* o contrato.

Tudo que está na classe *Canine* faz parte do seu contrato.

Tudo que está na classe *Animal* faz parte do seu contrato.

Tudo que está na classe *Object* faz parte do seu contrato.

Segundo o teste É-UM, você é todas essas coisas — Canine, Animal e Object.

Mas e se a pessoa que criou sua classe tivesse em mente o programa de simulação Animal e agora quer usar você (classe Dog) para um Tutorial da Feira de Ciências sobre objetos Animal?

Sem problemas, talvez você possa ser reutilizado para essa finalidade.

No entanto, e se mais tarde você for usado em um programa de PetShop? *Você não tem nenhum comportamento* ***Pet***. Um objeto Pet precisa de métodos como *beFriendly()* e *play()*.

Ok, agora imagine que é o programador da classe Dog. Sem problemas, certo? Basta adicionar mais alguns métodos à classe Dog. O código de ninguém será quebrado *adicionando* métodos, já que você não está nem relando a mão nos métodos *existentes* que o código de outra pessoa pode estar chamando em objetos Dog.

Consegue enxergar alguma desvantagem nessa abordagem (adicionar métodos Pet à classe Dog)?

PODER DO CÉREBRO

Pense no que **VOCÊ** faria se **FOSSE** o programador da classe Dog e precisasse modificar Dog para que também pudesse executar ações de Pet. Sabemos simplesmente que adicionar novos comportamentos (métodos) de Pet à classe Dog funcionará e não quebrará o código de ninguém.

Mas se trata de um programa PetShop; tem mais do que apenas objetos Dog! E se alguém quiser usar sua classe Dog para um programa que tenha *cães selvagens*?

Quais seriam suas opções? Sem se preocupar em como o Java lida com as coisas, apenas tente imaginar *como* gostaria de resolver o problema de modificar algumas de suas classes Animal para incluir comportamentos de Pet.

Pare agora mesmo e pense a respeito **antes de virar a página**, pois revelaremos tudo.*

*(Ou seja, o exercício não serve de nada — tiramos sua grande chance de queimar calorias cerebrais.)

Vamos explorar algumas opções de design para reutilizar algumas de nossas classes existentes em um programa PetShop

Nas próximas páginas, analisaremos algumas possibilidades. Ainda não estamos preocupados se o Java pode mesmo *executar* o que criaremos. Vamos pensar nisso assim que tivermos uma boa noção dos prós e contras.

① Opção um

Pegamos o caminho mais fácil e inserimos os métodos pet na classe Animal.

Prós:

Todos os objetos de Animal herdarão instantaneamente os comportamentos de animais domésticos. Não teremos que mexer nas subclasses Animal existentes e qualquer subclasse Animal criada posteriormente também herdará esses métodos. Assim, a classe Animal pode ser usada como tipo polimórfico em qualquer programa que queira tratar animais como animais domésticos.

Contras:

Qual foi a última vez que você viu um hipopótamo em um pet shop? E um leão? E um lobo? Pode ser perigoso fornecer métodos de animais domésticos para animais selvagens. Além disso, certamente TEREMOS que mexer nas classes de animais domésticos, como Dog e Cat, pois (pelo menos, em nossa casa), cães e gatos costumam ter comportamentos bem diferentes.

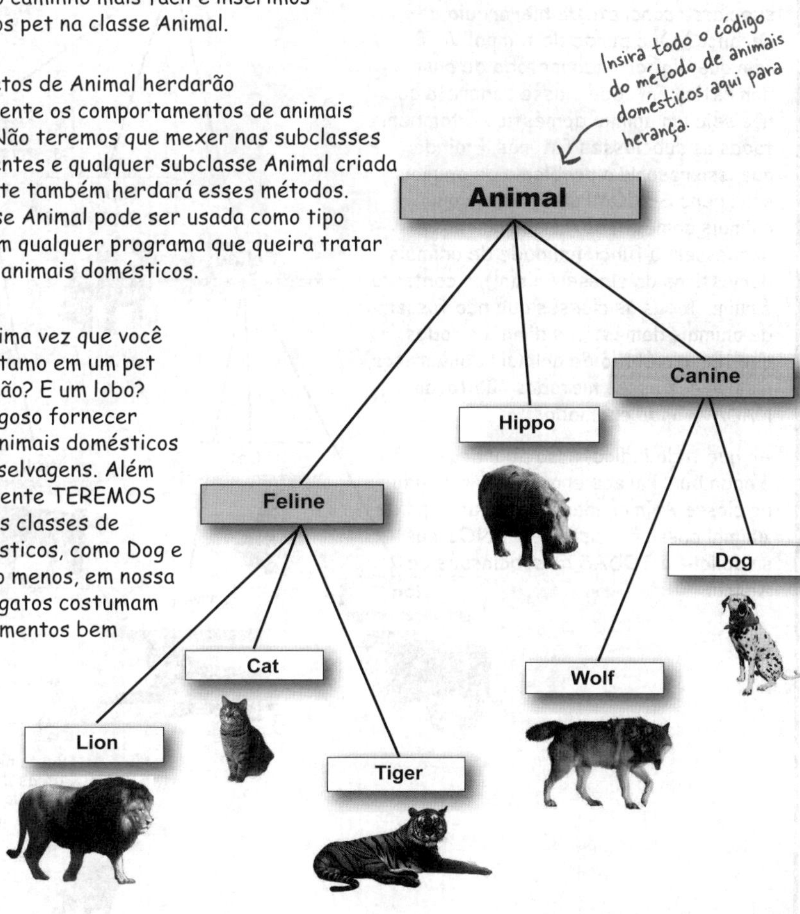

② Opção dois

Começamos com a Opção um, inserindo os métodos de animais domésticos na classe Animal, mas tornamos os métodos abstratos, forçando as subclasses Animal a sobrescrevê-los.

Prós:

Isso nos daria todas as vantagens da Opção um, sem a desvantagem de termos animais selvagens andado por aí com métodos de animais de estimação (como beFriendly()). Todas as classes Animal teriam o método (porque está na classe Animal), mas por ser abstrato, as classes Animal que não são animais domésticos não herdarão nenhuma funcionalidade. Todas as classes DEVEM sobrescrever os métodos, mas podem fazer com que estes "não façam nada".

Contras:

Como os métodos de animais domésticos na classe Animal são todos abstratos, as subclasses concretas de Animal são forçadas a implementar todos eles. (Lembre-se, todos os métodos abstratos DEVEM ser implementados pela primeira subclasse concreta da hierarquia de herança.) Que perda de tempo! Você tem que digitar cada método de animal doméstico em cada classe concreta que não seja um animal doméstico e também todas as subclasses futuras. E ainda que isso resolva o problema de animais selvagens SE COMPORTAREM como animais domésticos (como fariam se herdassem a funcionalidade de animais domésticos da classe Animal), o contrato é ruim. Todas as classes que não fossem de animais domésticos diriam a todos que têm o método de animais domésticos, mesmo que esses métodos não façam NADA quando chamados.

Ao que tudo indica, essa abordagem não é nada boa. Parece errado inserir tudo na classe Animal, mais do que um tipo de Animal possa precisar, A MENOS que se aplique a TODAS as subclasses de Animal.

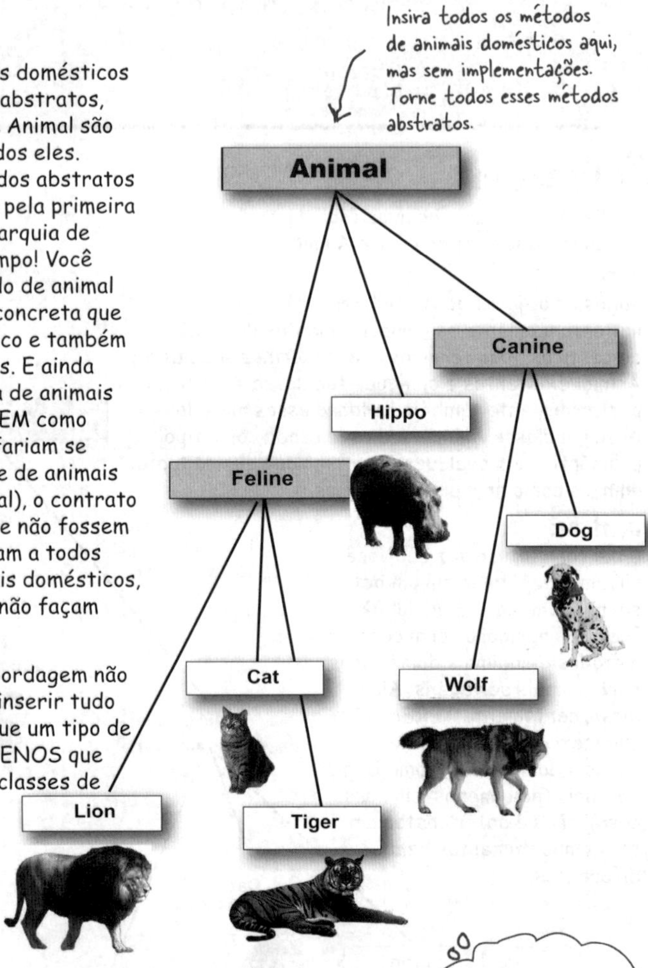

③ Opção três

Inserimos os métodos de animais domésticos APENAS nas classes a que pertencem.

Prós:

Não se preocupe mais com os hipopótamos recebendo você em casa ou lambendo seu rosto. Os métodos estão onde devem estar, e APENAS lá. Objetos Dog e objetos Cat podem implementar os métodos e ninguém mais precisa conhecê-los.

Contras:

Essa abordagem tem dois problemas graves. Primeiro, teríamos que concordar com um protocolo e todos os programadores das classes com animais de estimação, hoje ou amanhã, teriam que CONHECÊ-LO. Protocolo significa os métodos exatos que decidimos que todos os animais domésticos devem ter. O contrato para animais domésticos não tem nada que o respalde. E se um dos programadores entendesse o protocolo errado? E se um método aceita uma String quando deveria aceitar um int? E se nomearem um método como doFriendly() em vez de beFriendly()? Como não está em um contrato, o compilador não tem como verificar se implementamos corretamente os métodos. Alguém pode usar os métodos de animais de estimação da classe Animal e descobrir que não funcionam muito bem. Segundo, não podemos usar polimorfismo para os métodos de animais de estimação. Todas as classes que precisam usar comportamentos de animais domésticos devem conhecer todas as outras! Ou seja, não podemos usar Animal como o tipo polimórfico agora, pois o compilador não permitirá chamar um método de animal doméstico em uma referência de Animal (mesmo que seja um objeto Dog) porque a classe Animal não tem o método.

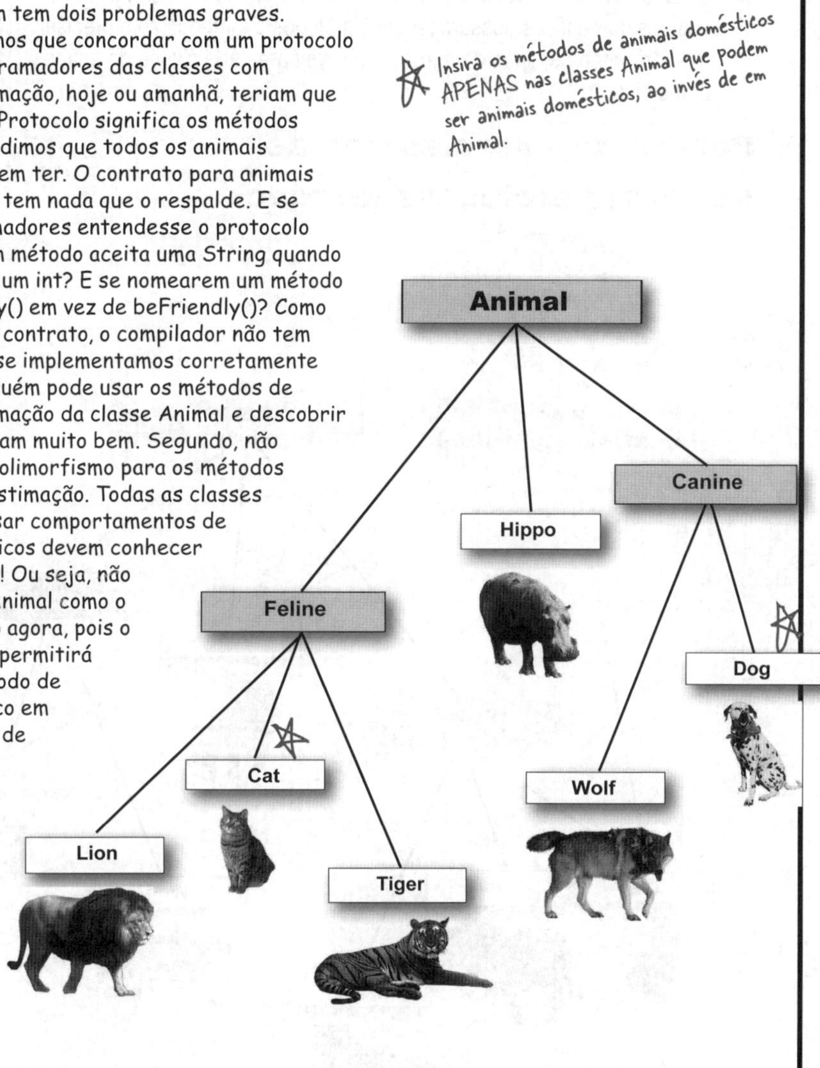

O que precisamos MESMO é de:

- Uma forma de termos comportamentos de animais domésticos **somente** em classes com esses animais.
- Uma forma de garantir que todas as classes de animais domésticos tenham os mesmos métodos definidos (mesmo nome, mesmos argumentos, mesmos tipos de retorno, nenhum método faltando etc.), sem ter que cruzar os dedos e torcer para que todos os programadores percebam isso.
- Uma forma de aproveitar o polimorfismo para que todos os objetos de animais domésticos possam ter seus métodos chamados sem precisar usar argumentos, tipos de retorno e arrays para cada classe de animal doméstico.

Parece que precisamos de DUAS superclasses no topo.

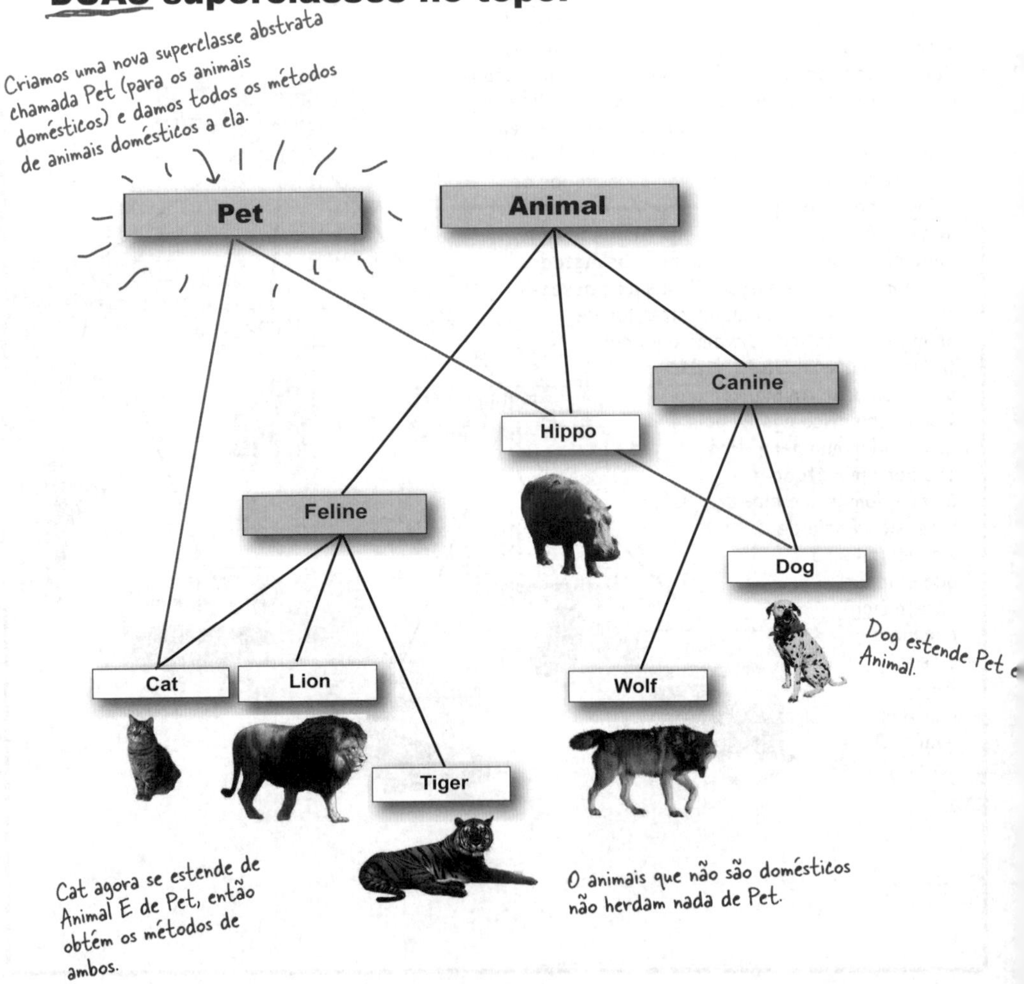

A abordagem de "duas superclasses" tem apenas um problema...

Chama-se "herança múltipla" e pode ser Muito Devastador.

Isto é, se fosse possível no Java.
Como não é, a herança múltipla tem um problema conhecido como O Problema do Diamante.

O Problema do Diamante

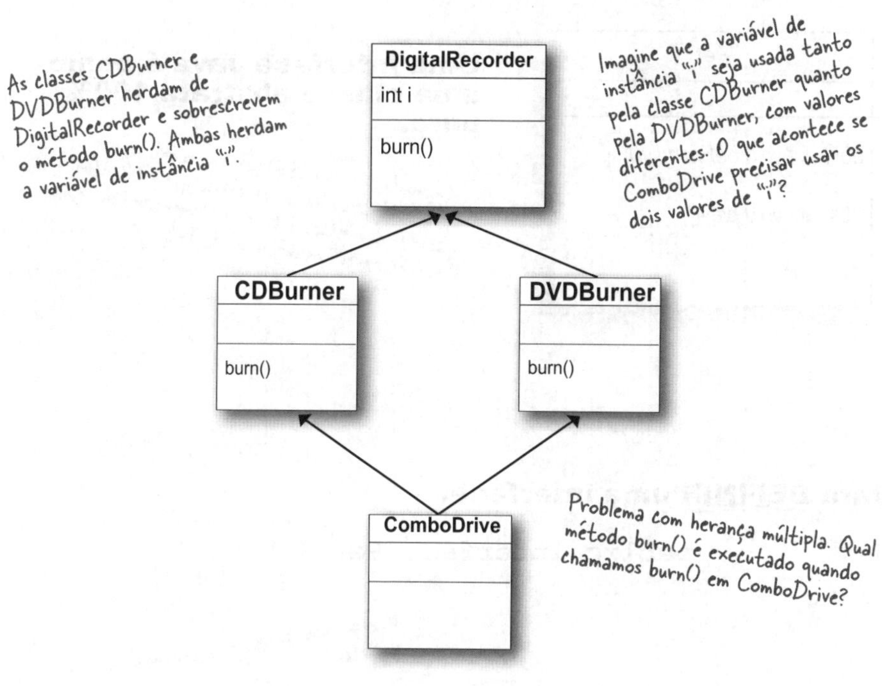

Uma linguagem que permite o Problema do Diamante (em inglês, Deadly Diamond of Death — DDD) pode também gerar complexidades indesejáveis, pois exigiria regras especiais para lidar com as possíveis ambiguidades. E regras extras implicam esforço adicional para aprender e lidar com "casos especiais". O Java foi arquitetado para ser *simples*, com regras consistentes que não comprometem alguns cenários. Portanto, o Java (ao contrário do C++) nos protege contra o Problema do Diamante. Mas isso nos leva novamente ao problema original! *Como lidamos com a questão Animal/Pet?*

Interface ao resgate!

O Java oferece uma solução. Uma *interface*. Não uma interface GUI, não é o uso genérico da *palavra* interface como em "Essa é a interface pública para a API da classe Button", mas a *palavra-chave* Java **`interface`**.

Uma interface Java resolve nosso problema de herança múltipla, fornecendo muitas das *vantagens* polimórficas de herança múltipla sem a dor e o sofrimento do Problema do Diamente.

A maneira como as interfaces contornam o DDD é surpreendentemente simples: ***elas tornam todos os métodos abstratos!*** Assim, a subclasse ***deve*** implementar os métodos (lembre-se, os métodos abstratos *devem* ser implementados pela primeira subclasse concreta). Ou seja, no tempo de execução, a JVM não fica confusa sobre *qual* das duas versões herdadas deve chamar.

Pet
abstract void beFriendly(); *abstract void play();*

Uma interface Java é como uma classe abstrata 100% pura.

Como todos os métodos em uma interface são abstratos, qualquer classe que FOR-UM animal doméstico DEVE implementar (ou seja, sobrescrever) os métodos de Pet.

Para DEFINIR uma interface:

```
public interface Pet {...}
```

Use a palavra-chave "interface" em vez de "class".

Para IMPLEMENTAR uma interface:

```
public class Dog extends Canine implements Pet {...}
```

Use a palavra-chave "implements" seguida do nome da interface. Observe que, ao implementar uma interface, ainda podemos estender uma classe.

Criando e implementando a interface Pet

Escrevemos "interface" em vez de "class" aqui.

Como os métodos de interface são implicitamente públicos e abstratos, digitar "public" e "abstract" é opcional (na verdade, não é considerado "bom estilo" digitar as palavras, mas as digitamos aqui apenas para reforçar).

```
public interface Pet {
   public abstract void beFriendly();
   public abstract void play();
}
```

Todos os métodos de interface são abstratos, então DEVEM terminar em ponto e vírgula. Lembre-se, eles não têm corpo!

Dog É-UM Animal e Dog É-UM Pet.

Digitamos "implements" seguido pelo nome da interface.

```
public class Dog extends Canine implements Pet {
   public void beFriendly() {...}
   public void play() {..}

   public void roam() {...}
   public void eat() {...}
}
```

Você DISSE que é um Pet, logo, DEVE implementar os métodos de Pet. É o seu contrato. Observe as chaves em vez de ponto e vírgula.

São apenas métodos sobrescritos normais.

não existem Perguntas Idiotas

P: Veja bem, as interfaces não fornecem herança múltipla, pois não podemos inserir qualquer código de implementação nelas. Se todos os métodos são abstratos, qual é a vantagem de uma interface?

R: Na verdade… há casos em que as interfaces podem ter código de implementação (métodos static e default , por exemplo), mas não vamos abordá-los aqui.

A principal finalidade das interfaces é polimorfismo, polimorfismo e polimorfismo. As interfaces são o que há de melhor em flexibilidade, porque se usarmos interfaces em vez de classes concretas (ou mesmo abstratas) como argumentos e tipos de retorno, podemos passar qualquer coisa que implemente essa interface. E com uma interface, uma classe não precisa ser oriunda da mesma hierarquia de herança. Uma classe pode estender outra e implementar uma interface. Mas outra classe pode implementar a mesma interface, vinda de uma hierarquia de herança totalmente diferente! Por isso, é possível tratar um objeto pela *função que desempenha*, e não pelo tipo de classe a partir do qual foi instanciado.

Na prática, ao escrever um código usando interfaces não é preciso fornecer a ninguém uma superclasse para estender. Basta fornecer a interface e dizer: "Não me importa de que tipo de estrutura de herança de classe você veio, apenas implemente essa interface e siga em frente".

Classes de *diferentes* hierarquias de herança podem implementar a *mesma* interface.

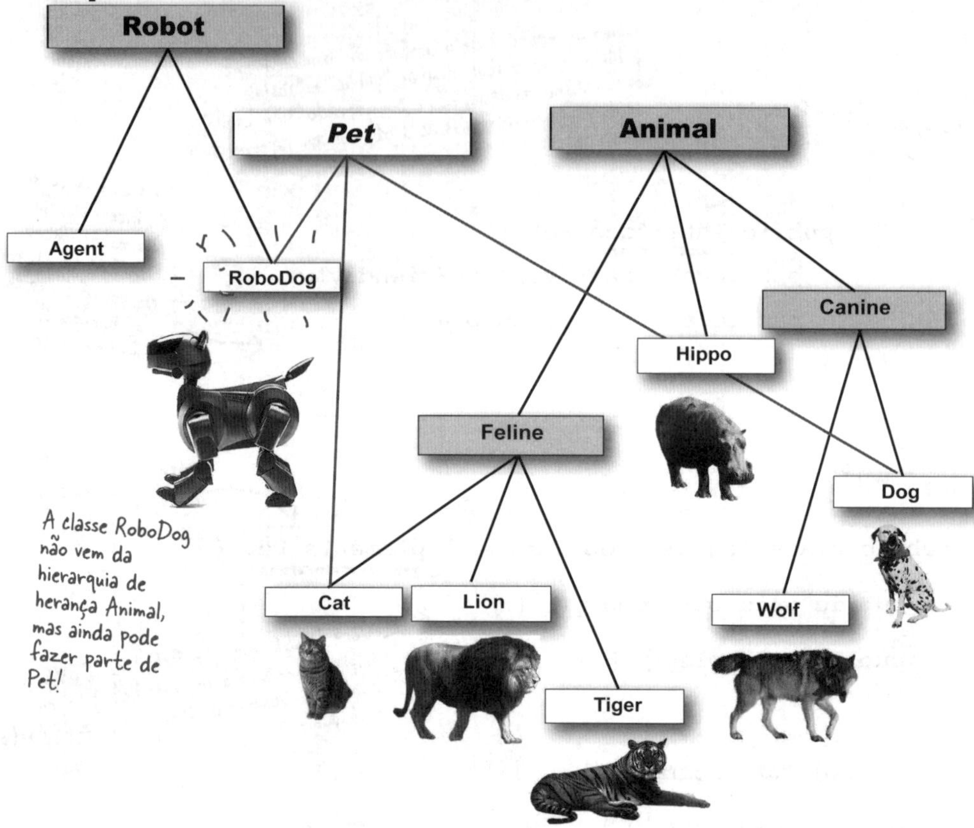

Ao usarmos uma *classe* como um tipo polimórfico (como um array do tipo Animal ou um método que recebe um argumento Canine), os objetos que podemos inserir nesse tipo devem ser da mesma hierarquia de herança. Mas não de qualquer lugar da hierarquia; os objetos devem ser oriundos de uma classe que seja uma subclasse do tipo polimórfico. Um argumento do tipo Canine pode aceitar Wolf e Dog, mas não Cat ou Hippo.

Ao usarmos uma ***interface*** como um tipo polimórfico (como um array de Pets), os objetos podem ser oriundos de *qualquer lugar* da hierarquia de herança. O único requisito é os objetos serem de uma classe que *implemente* a interface. Permitir que classes em diferentes hierarquias de herança implementem uma interface comum é fundamental na API Java. Você quer que um objeto possa salvar seu estado em um arquivo? Implemente a interface Serializable. Precisa de objetos para executar seus métodos em uma thread separada de execução? Implemente a interface Runnable. Já deu para entender, né? No próximos capítulos, você aprenderá as interfaces Serializable e Runnable. Lembre-se de que classes em qualquer lugar da hierarquia de herança podem precisar implementar essas interfaces. Quase *todas* as classes podem ser salvas ou executáveis.

Melhor, uma classe pode implementar *múltiplas* interfaces!

Um objeto Dog É-UM Canine, É-UM Animal e É-UM Object, tudo por meio de herança. Mas Dog É-UM Pet por meio da implementação de interface e pode implementar outras interfaces:

```
public class Dog extends Animal
implements Pet, Saveable, Paintable
{ ... }
```

Fixe na Memória

Rosas são vermelhas violetas perfumam as ruas
***Estenda** apenas **uma**, e **implemente duas**.*

O Java pondera valores familiares:
Apenas um progenitor!! Uma classe Java pode ter apenas *um* pai (superclasse), e essa classe-pai define quem você é. Mas podemos implementar múltiplas interfaces e essas interfaces definem as funções que você pode desempenhar.

Como você sabe se deve criar uma classe, uma subclasse, uma classe *abstrata* ou uma interface?

- Crie uma classe que não estenda nada (exceto Object) quando sua classe nova não passar no teste É-UM com nenhum outro tipo.
- Crie uma subclasse (dito de outro modo, estenda uma classe) apenas quando precisar criar uma versão ***mais específica*** de uma classe e for necessário sobrescrever ou adicionar comportamentos novos.
- Use uma classe abstrata quando quiser definir um ***template*** para um grupo de subclasses e tiver, pelo menos, *algum* código de implementação que todas as subclasses possam usar. Torne a classe abstrata quando quiser garantir que ninguém possa criar objetos desse tipo.
- Use uma interface quando quiser definir uma ***função*** que outras classes podem desempenhar, independentemente de onde essas classes estejam na hierarquia de herança.

Invocando a versão da superclasse de um método

não existem Perguntas Idiotas

P: E se você criar uma subclasse concreta e precisar sobrescrever um método, mas quiser o comportamento da versão de superclasse desse método? Em outras palavras, e se você não precisar *substituir* o método com uma sobrescrição, mas quiser somente *adicionar* algum código específico a ele?

R: Sei... Pense no significado da palavra *estender*. Uma área importante do design orientado a objetos tem a ver com desenvolver um código concreto que *deve* ser sobrescrito. Dito de outro modo, escrevemos o código do método em uma classe abstrata, por exemplo, que funciona de forma genérica o bastante para ser utilizada por típicas implementações concretas. Mas o código concreto não é suficiente para lidar com *todas* as tarefas específicas da subclasse. Então a subclasse sobrescreve o método e o estende adicionando o restante do código. A palavra-chave super possibilita invocar uma versão de superclasse de um método sobrescrito de dentro da subclasse.

```
abstract class Report {
  void runReport() {
    // Define report
  }
  void printReport() {
    // Print genérico
  }
}
```

A versão de superclasse do método faz coisas importantes que as subclasses podem usar.

```
class BuzzwordsReport extends Report {
  void runReport() {
    super.runReport();
    buzzwordCompliance();
    printReport();
  }

  void buzzwordCompliance() {...}
}
```

Chama a versão da superclasse; depois volta e executa algumas coisas específicas da subclasse.

Se o código do método dentro de uma subclasse BuzzwordReport disser:

super.runReport();

O método runReport() dentro da superclasse Report será executado.

super.runReport();

Uma referência ao objeto da subclasse (BuzzwordReport) sempre chamará a versão da subclasse de um método sobrescrito. Isso é polimorfismo. Mas o código da subclasse pode chamar super.runReport() para invocar a versão da superclasse.

A palavra-chave super é uma referência à parte da superclasse de um objeto. Quando o código da subclasse usa super, como em super.runReport(), a versão da superclasse do método será executada.

PONTOS DE BALA

- Quando não queremos que uma classe seja instanciada (em outras palavras, não queremos que ninguém crie um objeto novo desse tipo de classe), marque a classe com a palavra-chave **`abstract`**.
- Uma classe abstrata pode ter métodos abstratos e não abstratos.
- Se uma classe tiver, pelo menos, *um* método abstrato, a classe deve ser marcada como abstrata.
- Um método abstrato não tem corpo e a declaração termina com um ponto e vírgula (sem chaves).
- Todos os métodos abstratos devem ser implementados na primeira subclasse concreta da hierarquia de herança.
- Cada classe em Java é uma subclasse direta ou indireta da classe **Object** (java.lang.Object).
- Métodos podem ser declarados com argumentos Object e/ou tipos de retorno.
- Podemos chamar métodos em um objeto *somente* se os métodos estiverem na classe (ou na interface) usada como o tipo de variável de *referência*, independentemente do tipo de *objeto* real. Assim, uma variável de referência do tipo Object pode ser utilizada apenas para chamar métodos definidos na classe Object, independentemente do tipo do objeto ao qual a referência se remete.
- Quando invocado, um método usará a implementação do tipo de objeto desse método.
- Uma variável de referência do tipo Object não pode ser atribuída a nenhum outro tipo de referência sem um *cast*. Uma conversão pode ser usada para atribuir uma variável de referência de um tipo a uma variável de referência de um subtipo, mas no tempo de execução o cast falhará se o objeto na heap NÃO for de um tipo compatível com a conversão. Exemplo: **`Dog d = (Dog) x.getObject(aDog);`**
- Todos os objetos saem de um ArrayList<Object> como tipo Object (o que significa que podem ser referenciados apenas por uma variável de referência Object, a menos que usemos um *cast*).
- A herança múltipla não é permitida em Java, devido aos problemas associados ao Problema do Diamante. Isso significa que podemos estender apenas uma classe (ou seja, podemos ter somente uma superclasse imediata).
- Criamos uma interface usando a palavra-chave **`interface`** em vez da palavra **`class`**.
- Implemente uma interface com a palavra-chave **`implements`**. Exemplo: **`Dog implements Pet`**
- Sua classe pode implementar múltiplas interfaces.
- Uma classe que implementa uma interface *deve* implementar todos os métodos da interface, exceto os métodos default e static (que veremos no Capítulo 12).
- Para invocar a versão da superclasse de um método de uma subclasse que sobrescreve o método, use a palavra-chave **`super`**. Exemplo: **`super.runReport();`**

não existem Perguntas Idiotas

P: Ainda tem algo estranho aqui... Você nunca explicou como é que ArrayList<Dog> retorna referências de Dog que não precisam ser convertidas. Qual é o truque especial quando usamos ArrayList<Dog>?

R: Você tem razão em chamar isso de truque especial. Nele, ArrayList<Dog> retorna Dogs sem nenhum cast, já que parece que os métodos de ArrayList não sabem nada sobre Dogs ou sobre qualquer outro tipo além de Object.

Uma resposta breve é que *o compilador se encarrega do cast!* Quando usamos ArrayList<Dog>, não há nenhuma classe especial com métodos para obter e retornar objetos Dog. Mas <Dog> é um sinal de que queremos que o compilador permita APENAS objetos Dog e de que pare se tentarmos adicionar qualquer outro tipo à lista.

E como nos impede de adicionar qualquer coisa além de Dogs ao ArrayList, o compilador também sabe que é seguro converter qualquer coisa que saia desse ArrayList para uma referência de Dog. Ou seja, usar ArrayList<Dog> evita que tenhamos que converter Dog que nos foi retornado. No entanto, as coisas vão muito além disso... Lembre-se, uma conversão pode falhar no tempo de execução. É melhor que os erros ocorram no tempo de compilação ou quando um cliente, por exemplo, está usando nosso código em uma operação crítica?

Vamos nos aprofundar ainda mais nesse assunto no Capítulo 11, *Estruturas de Dados*.

Agora é a chance de demonstrar suas habilidades artísticas. À esquerda, temos conjuntos de declarações de classe e de interface. Sua tarefa é desenhar os diagramas de classe associados à direita. Fizemos o primeiro para você. Use uma linha tracejada para "implements" e uma linha normal para "extends".

Dado: **Qual É o Cenário?**

1.
```
public interface Foo { }
public class Bar implements Foo { }
```

1.

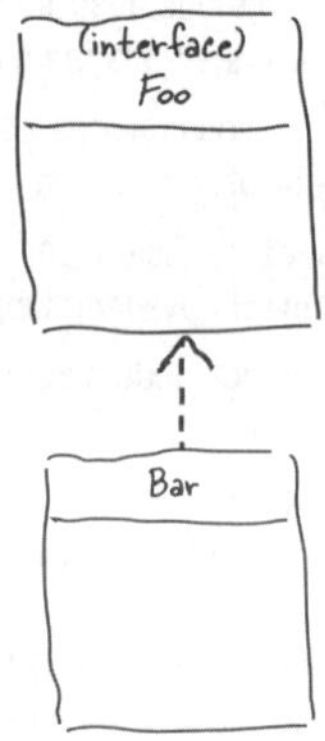

2.
```
public interface Vinn { }
public abstract class Vout implements Vinn { }
```

2.

3.
```
public abstract class Muffie implements Whuffie { }
public class Fluffie extends Muffie { }
public interface Whuffie { }
```

3.

4.
```
public class Zoop { }
public class Boop extends Zoop { }
public class Goop extends Boop { }
```

4.

5.
```
public class Gamma extends Delta implements Epsilon { }
public interface Epsilon { }
public interface Beta { }
public class Alpha extends Gamma implements Beta { }
public class Delta { }
```

5.

Palavras-chave

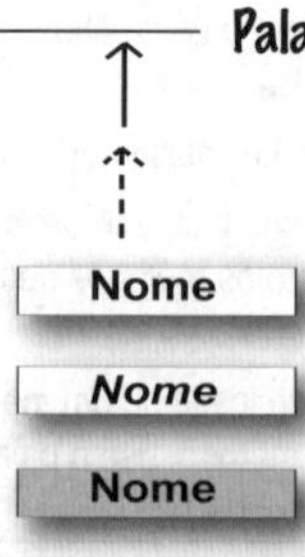

extends
implements
class
interface
abstract class

→ Respostas na página 235.

Exercício

À esquerda, temos conjuntos de diagramas de classes. Sua tarefa é transformá-los em declarações Java válidas. Fizemos o número 1 para você (e foi difícil).

Dado:

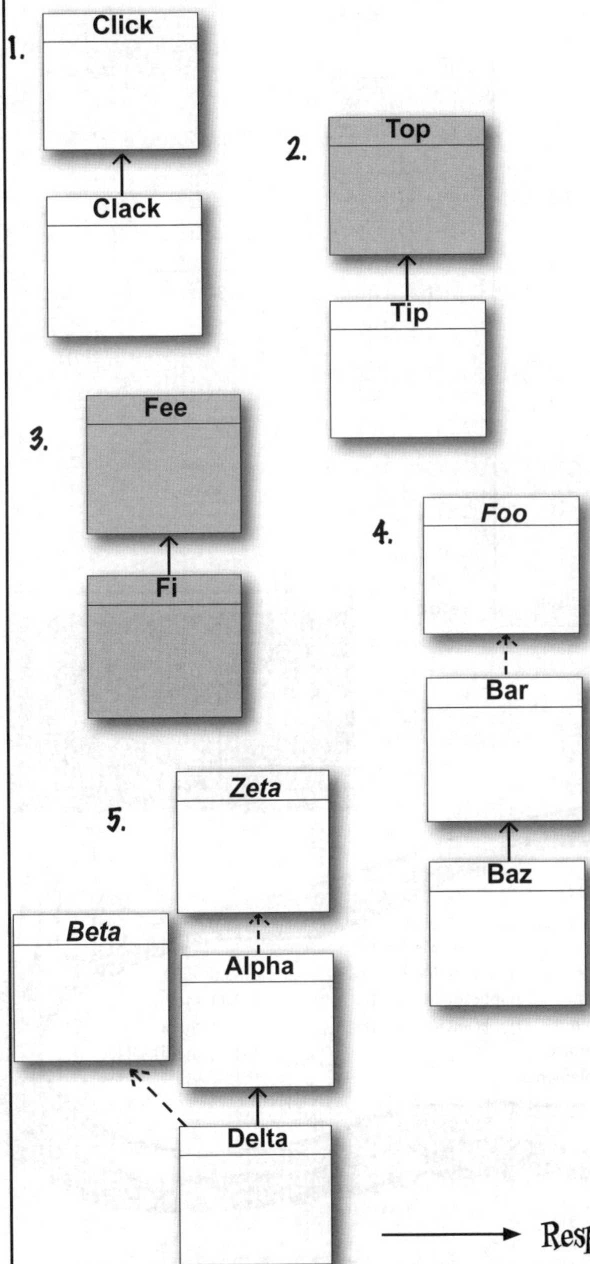

Qual é a Declaração?

1. public class Click { }
   public class Clack extends Click { }

2.

3.

4.

5.

Palavras-chave

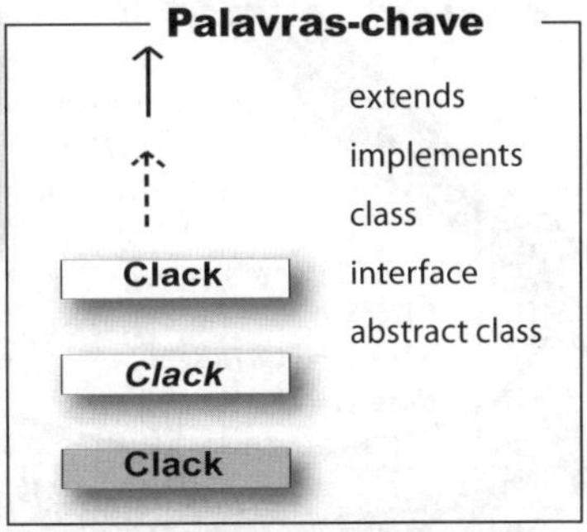

Respostas na página 235.

Quebra-cabeças na Piscina

Sua ***tarefa*** é pegar os trechos de código da piscina e inseri-los nas linhas em branco no código e na saída. Você **pode** usar o mesmo trecho de código mais de uma vez e, talvez, não precise usar todos. Seu ***objetivo*** é criar uma classe que compilará, executará e gerará a saída listada.

```
_______________ Nose {
  ______________________________
}

abstract class Picasso implements ______{
  ______________________________
    return 7;
  }
}

class _____ _____ _____ { }

class _____ _____ _____ {
  ___________________________
    return 5;
  }
}
```

```
public ________ ________ extends Clowns {

  public static void main(String[] args) {
    ____________________________
    i[0] = new ______________
    i[1] = new ______________
    i[2] = new ______________
    for (int x = 0; x < 3; x++) {
      System.out.println( ______________
            + " " + _______.getClass());
    }
  }
}
```

Saída

```
File Edit Window Help BeAfraid
%java ___________
5 class Acts
7 class Clowns
______________Of76
```

Observação: Cada trecho da piscina pode ser usado apenas uma vez!

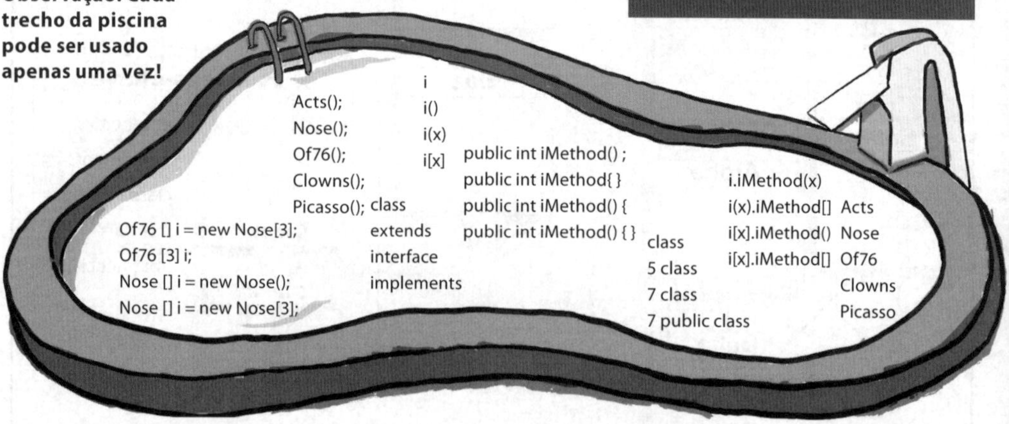

Respostas na página 236.

Exercício Solução

Qual É o Cenário? (página 232)

2.

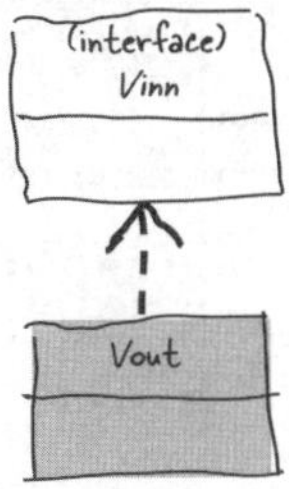

3.

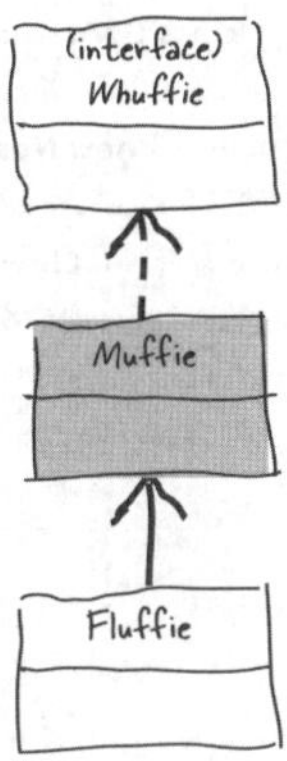

4.

5.

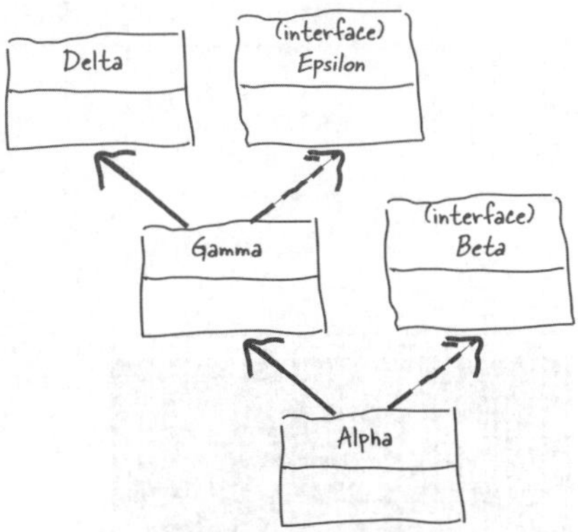

Qual É a Declaração? (página 233)

2.
```
public abstract class Top { }
public class Tip extends Top { }
```

3.
```
public abstract class Fee { }
public abstract class Fi extends Fee { }
```

4.
```
public interface Foo { }
public class Bar implements Foo { }
public class Baz extends Bar { }
```

5.
```
public interface Zeta { }
public class Alpha implements Zeta { }
public interface Beta { }
public class Delta extends Alpha implements Beta { }
```

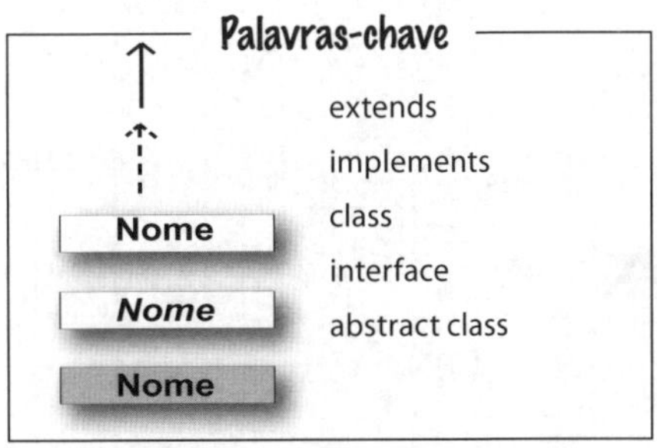

Quebra-cabeças na Piscina

(página 234)

```
interface Nose {
  public int iMethod();
}

abstract class Picasso implements Nose {
  public int iMethod() {
    return 7;
  }
}

class Clowns extends Picasso { }

class Acts extends Picasso {
  public int iMethod() {
    return 5;
  }
}
```

```
public class Of76 extends Clowns {
  public static void main(String[] args) {
    Nose[] i = new Nose [3];
    i[0] = new Acts();
    i[1] = new Clowns();
    i[2] = new Of76();
    for (int x = 0; x < 3; x++) {
      System.out.println(i[x].iMethod()
                     + " " + i[x].getClass());
    }
  }
}
```

Saída

```
File Edit Window Help KillTheMime
%java of76
5 class Acts
7 class Clowns
7 class Of76
```

9 construtores e garbage collection

Vida e Morte de Um Objeto

Objetos nascem e morrem. Você é responsável pelo ciclo de vida de um objeto. Você decide quando e como **construí-lo**. E decide quando **destruí-lo**. Mas não se *destrói* o objeto, ele simplesmente é *abandonado*. Contudo, uma vez abandonado, o impiedoso **Garbage Collector (gc)** pode eliminá-lo, recuperando a memória que ele estava usando. Se você programar em Java, vai criar objetos. Mais cedo ou mais tarde, terá que abandonar alguns deles ou correrá o risco de ficar sem RAM. Neste capítulo, veremos como os objetos são criados, onde vivem enquanto estão vivos e como mantê-los ou abandoná-los com eficiência. Ou seja, falaremos sobre heap, stack [pilha], escopo, construtores, construtores de superclasse, referências null e muito mais. Aviso: este capítulo apresenta a morte de objetos e isso pode ser perturbador . Melhor não se apegar muito.

A Stack e a Heap: onde as coisas vivem

Antes de entendermos o que efetivamente acontece quando criamos um objeto, é necessário voltar um pouco. Precisamos aprender mais sobre onde as coisas vivem (e por quanto tempo) em Java, ou seja, precisamos aprender mais sobre duas áreas da memória — a stack e a heap. Quando inicializada, a JVM aloca um pedaço de memória do sistema operacional subjacente e a utiliza para executar um programa Java. A *quantidade* de memória alocada, e se é possível ajustá-la ou não, depende de qual versão da JVM (e em qual plataforma) estamos executando. Mas, em geral, não é necessário *nos intrometermos*. E programando adequadamente, também não precisamos nos importar (falaremos mais sobre isso daqui a pouco).

No Java, nós (programadores) nos preocupamos com a área da memória em que os objetos vivem (a heap) e aquela em que as invocações de métodos e variáveis locais vivem (a stack).

Sabemos que todos os *objetos* vivem na heap do garbage collector, mas ainda não analisamos onde as *variáveis* vivem, e isso depende da *categoria* da variável. E por "categoria", não queremos dizer *tipo* (isto é, referência primitiva ou de objeto). As duas *categorias* de variáveis cujas vidas nos interessam são variáveis de *instância* e *locais*. Variáveis locais também são conhecidas como variáveis de *stack* ou de *pilha*, o que dá uma boa pista de onde vivem.

A Stack

Onde as invocações de método e as variáveis locais vivem.

A Heap

Onde ***TODOS*** os objetos vivem.

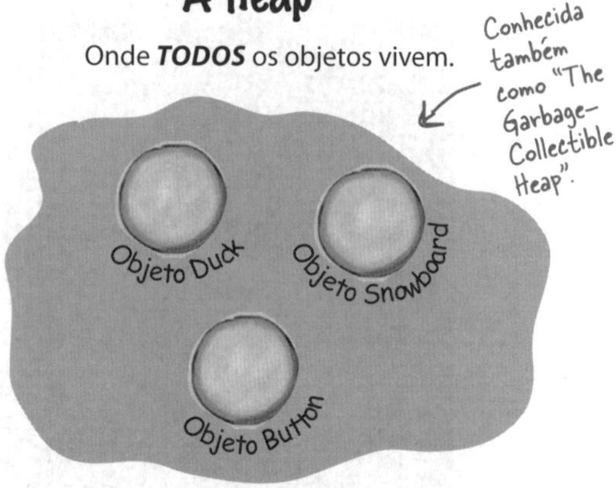

Variáveis de Instância

Variáveis de instância são declaradas dentro de uma *classe*, mas *não* dentro de um método. Representam os "campos" que cada objeto individual tem (que podem ser preenchidos com valores diferentes para cada instância de classe). Variáveis de instância vivem dentro do objeto ao qual pertencem.

```
public class Duck {
    int size;
}
```

Cada Duck tem uma variável de instância "size".

Variáveis Locais

Variáveis locais são declaradas dentro de um *método*, incluindo os parâmetros deste método. São temporárias e vivem apenas enquanto o método estiver na stack (em outras palavras, enquanto não atingir a chave de fechamento).

```
public void foo(int x) {
   int i = x + 3;
   boolean b = true;
}
```

O parâmetro x e as variáveis i e b são todas variáveis locais.

Os métodos são empilhados na stack

Uma stack de chamadas com dois métodos

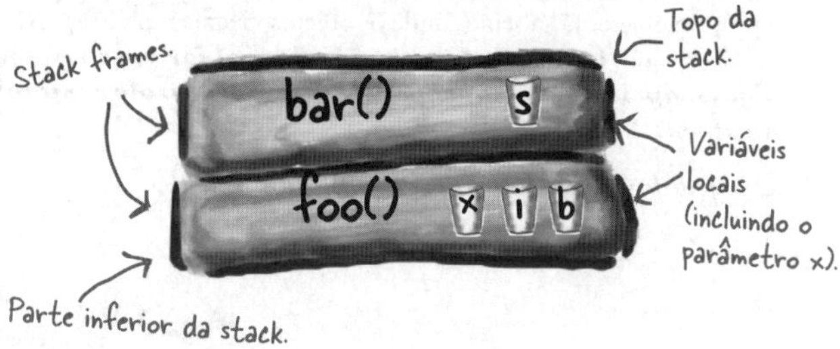

Quando chamado, um método fica no topo de uma stack de chamadas. Na verdade, esse elemento novo empurrado para a stack é o stack *frame*, e armazena o estado do método, incluindo qual linha de código está sendo executada e os valores de todas as variáveis locais.

O método no *topo* da stack é sempre o método atualmente em execução para essa stack (por ora, suponha que haja apenas uma stack, mas no Capítulo 14, *Uma História Muito Gráfica*, falaremos mais a respeito). Um método permanece na stack até que atinja sua chave de fechamento (significando que o método foi concluído). Se o método foo() chamar o método bar(), o método bar() é empilhado sobre o método foo().

O método no topo da stack é sempre o método atualmente em execução.

```
public void doStuff() {
  boolean b = true;
  go(4);
}

public void go(int x) {
  int z = x + 24;
  crazy();
  // Imagine mais código
  // aqui
}

public void crazy() {
  char c = 'a';
}
```

O cenário de uma stack

O código à esquerda é um trecho (não nos importamos com o resto dessa classe) com três métodos. O primeiro método (doStuff()) chama o segundo método (go()), e o segundo método chama o terceiro (crazy()). Cada método declara uma variável local dentro do corpo do método (*b*, *z* e *c*), e o método go() também declara uma variável de parâmetro (o que significa que go() tem duas variáveis locais, *x* e *z*).

1. O código de outra classe chama **doStuff()**, e **doStuff()** é inserido em um stack frame no topo da stack. A variável booleana chamada "**b**" é inserida no stack frame de **doStuff()**.

2. **doStuff()** chama **go()** e **go()** é empurrado para o topo da stack. As variáveis "**x**" e "**z**" estão no stack frame de **go()**.

3. **go()** chama **crazy()**, **crazy()** agora está no topo da stack, com a variável "**c**" em seu frame.

4. **crazy()** é concluído e seu stack frame é *retirado* da stack. A execução volta para o método **go()** e começa na linha seguinte à chamada para **crazy()**.

E quanto às variáveis locais que são objetos?

Lembre-se, uma variável não primitiva armazena uma *referência* a um objeto, não o próprio objeto. Já sabemos onde os objetos vivem — na heap. Não importa onde são declarados ou criados. ***Se a variável local for uma referência a um objeto, apenas a variável (a referência/controle remoto) é inserida na stack.***

O objeto propriamente dito continuará na heap.

```
public class StackRef {
   public void foof() {
      barf();
   }

   public void barf() {
      Duck d = new Duck();
   }
}
```

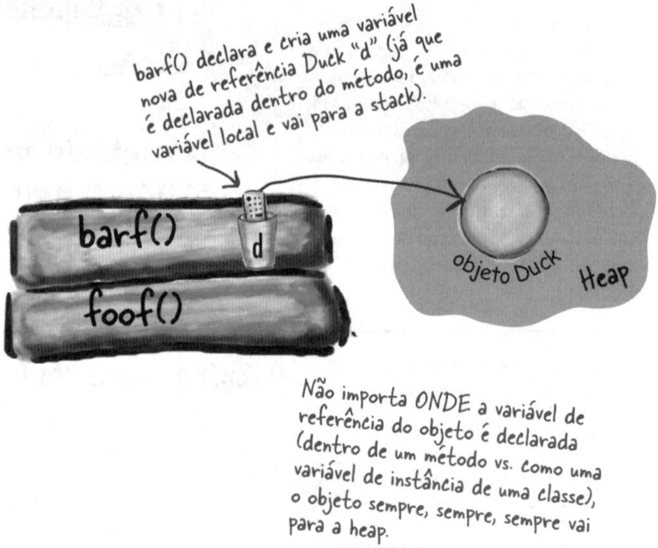

não existem Perguntas Idiotas

P: Pergunto novamente, POR QUE estamos aprendendo esse assunto de stack e de heap? Para que isso me serve? Preciso mesmo aprender isso?

R: Conhecer os conceitos básicos Java sobre stack e heap é imprescindível para entender o escopo da variável, problemas de criação de objeto, gerenciamento de memória, threads e tratamento de exceção. Nos próximos capítulos, abordaremos as threads e o tratamento de exceções. Não é preciso saber nada sobre *como* a stack e a heap são implementadas em qualquer JVM e/ou plataforma — o conhecimento necessário sobre stack e heap está nesta página e na anterior. Se você mandar bem no conteúdo dessas páginas, todos os outros temas que dependem dele ficarão muito mais fáceis. Um dia, você agradecerá MUITO por termos martelado na sua cabeça o conceito de stacks e de heaps.

PONTOS DE BALA

- O Java tem duas áreas de memória que nos interessam: a stack e a heap.
- Variáveis de instância são variáveis declaradas dentr de uma classe, mas fora de qualquer método.
- Variáveis locais são variáveis declaradas dentro de u método ou de um parâmetro de método.
- Todas as variáveis locais vivem na stack, no frame correspondente ao método onde as variáveis são declaradas.
- Variáveis de referência de objeto funcionam exatame te como variáveis primitivas — se for declarada com uma variável local, a referência é inserida na stack.
- Todos os objetos vivem na heap, independentement de a referência ser uma variável local ou de uma var vel de instância.

Se as variáveis locais vivem na stack, onde vivem as variáveis de instância?

Se escrevermos new CellPhone(), o Java precisa alocar espaço na heap para esse CellPhone. Mas *quanto* espaço? O suficiente para o objeto, ou seja, para comportar todas as suas variáveis de instância. Isso mesmo, as variáveis de instância vivem na heap, *dentro* do objeto ao qual pertencem.

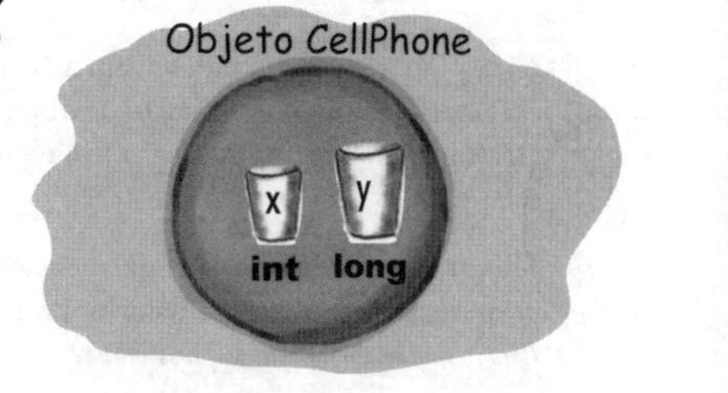

Objeto com duas variáveis de instância primitivas. O espaço para as variáveis reside no objeto.

Lembre-se de que os *valores* das variáveis de instância de um objeto vivem dentro deste. Se as variáveis de instância forem todas primitivas, o Java alocará espaço para as variáveis de instância com base no tipo primitivo. Um int precisa de 32 bits, um long, de 64 bits etc. O Java não se importa com o valor dentro das variáveis primitivas; o tamanho de bit de uma variável int é o mesmo (32 bits), não importando se o valor do int é 32.000.000 ou 32.

Mas e se as variáveis de instância forem *objetos*? E se CellPhone TIVER-UMA Antenna? Em outras palavras, CellPhone tem uma variável de referência do tipo Antenna.

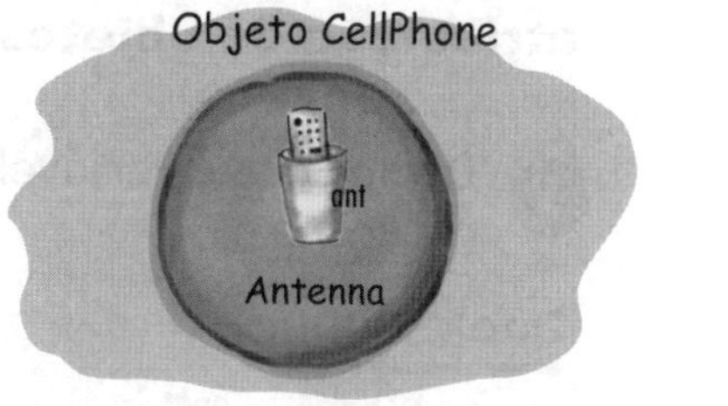

Objeto com uma variável de instância não primitiva — uma referência a um objeto Antenna, mas a nenhum objeto Antenna real. Isso é o que você obtém se declarar a variável mas não inicializá-la com um objeto Antenna real.

```
public class CellPhone {
   private Antenna ant;
}
```

Quando o objeto novo tem variáveis de instância que são referências de objeto em vez de primitivas, a pergunta é: o objeto precisa de espaço para todos os objetos que armazenam as referências? A resposta é *não exatamente*. Independentemente do que aconteça, o Java precisa alocar espaço para os *valores* das variáveis de instância. No entanto, lembre-se de que um valor de variável de referência não é o *objeto* inteiro, apenas um *controle remoto* para o objeto. Então, se CellPhone tiver uma variável de instância declarada como tipo não primitivo Antenna, o Java alocará espaço dentro do objeto CellPhone somente para o *controle remoto* de Antenna (ou seja, variável de referência), não para o *objeto* Antenna.

Mas então, quando o *objeto* Antenna ganha espaço na heap? Primeiro, temos que descobrir *quando* o próprio objeto Antenna é criado. Isso depende da declaração da variável de instância. Se a variável de instância for declarada, mas nenhum objeto for atribuído a ela, apenas o espaço para a variável de referência (o controle remoto) será criado.

```
private Antenna ant;
```

Nenhum objeto Antenna real é criado na heap, a menos ou até que a variável de referência seja atribuída a um novo objeto Antenna.

```
private Antenna ant = new
Antenna();
```

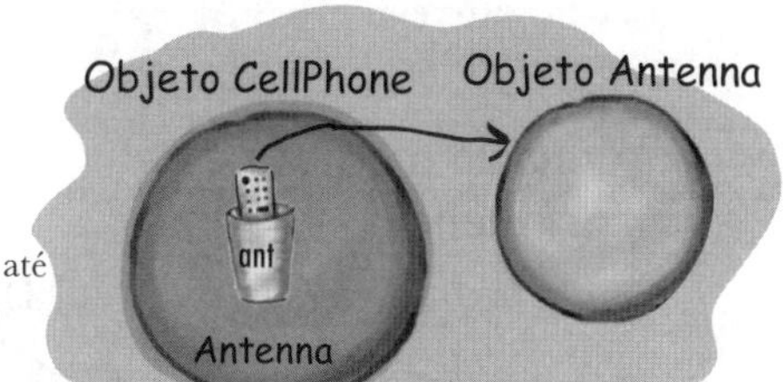

Objeto com uma variável de instância não primitiva e a variável Antenna é atribuída a um novo objeto Antenna.

```
public class CellPhone {
   private Antenna ant = new Antenna();
}
```

O milagre da criação de objetos

Agora que você sabe onde vivem as variáveis e os objetos, podemos nos aprofundar no enigmático mundo da criação de objetos. Lembre-se das três etapas de declaração e de atribuição de objetos: declarar uma variável de referência, criar um objeto e atribuí-lo à referência.

Mas até agora a segunda etapa — onde ocorre um milagre e o novo objeto "nasce" — permanece um Grande Mistério. Prepare-se para saber os fatos da vida de um objeto. *Espero que você não seja impressionável.*

Vamos retomar as três etapas de declaração, de criação e de atribuição de objetos:

1 Declara uma variável de referência.

```
Duck myDuck = new Duck();
```

Cria uma nova variável de referência de uma classe ou de um tipo de interface.

Referência Duck

2 Cria um objeto

```
Duck myDuck = new Duck();
```

É aqui que acontece o milagre.

Objeto Duck

3 Vincula o objeto e a referência

```
Duck myDuck = new Duck();
```

Atribui o novo objeto à referência.

Objeto Duck

Referência Duck

Estamos chamando um método com o nome Duck()? Porque *parece que sim.*

```
Duck myDuck = new Duck();
```

Parece que estamos chamando um método chamado Duck() por causa dos parênteses.

Não.
Estamos chamando o *construtor* Duck.

Um construtor se parece *muito* com um método, mas não é. Um código é executado quando escrevemos **new**. Em outras palavras, *o código é executado quando instanciamos um objeto.*

A única forma de invocar um construtor é com a palavra-chave **new** seguida do nome da classe. A JVM localiza essa classe e chama o construtor dessa classe. (Ok, tecnicamente, não é a *única* forma de invocar um construtor, mas é a única forma de fazer isso *fora* de um construtor. *É possível* chamar um construtor de dentro de outro construtor, com restrições. Abordaremos isso mais adiante.)

Um **construtor** tem o código que é executado quando instanciamos um objeto. Em outras palavras, o código é executado quando escrevemos **new** em um tipo de classe. Toda classe que escrevemos tem um construtor, mesmo que não o tenhamos escrito.

Mas onde está o construtor? Se não o escrevemos, quem escreveu?

É possível escrever um construtor para sua classe (estamos prestes a fazer isso), mas se não escrever, ***o compilador escreve um para você***!

Vejamos um construtor padrão escrito pelo compilador:

```
public  Duck() {

}
```

Percebeu algo faltando? Como isso é diferente de um método?

Seu nome é o mesmo que o da classe. Isso é obrigatório.

Onde está o tipo de retorno? Se fosse um método, precisaríamos de um tipo de retorno entre "public" e "Duck()".

```
public  Duck() {
    // O código do construtor vai aqui
}
```

Criando um construtor Duck

O principal recurso de um construtor é ser executado *antes* que o objeto possa ser atribuído a uma referência. Significa que temos a chance de intervir e fazer coisas, de modo que o objeto fique pronto para uso. Em outras palavras, antes que alguém possa usar o controle remoto para um objeto, o objeto tem a chance de ajudar a construir a si mesmo. Em nosso construtor Duck, não estamos fazendo nada de útil, apenas demonstrando a sequência de eventos.

```
public class Duck {

   public Duck() {
      System.out.println("Quack");
   }
}
```

Código do construtor.

O construtor lhe dá a chance de entrar no meio de new.

```
public class UseADuck {

   public static void main (String[] args) {
      Duck d = new Duck();
   }
}
```

Chama o construtor Duck.

```
File Edit Window Help Quack
% java UseADuck
Quack
```

→ Resolve aí.

Aponte o seu lápis

Um construtor possibilita que você pule para o meio da etapa de criação do objeto — para o meio de **new**. Consegue imaginar as condições em que isso serviria de alguma coisa? Qual das ações à direita pode ser útil em um construtor da classe Car se Car fizer parte de um jogo de corrida? Marque aqueles para os quais criou um cenário.

- Incremente um contador para rastrear quantos objetos deste tipo de classe foram criados.
- Atribua um estado específico de tempo de execução (dados sobre o que está acontecendo AGORA).
- Atribua valores às variáveis de instância importantes do objeto.
- Obtenha e salve uma referência ao objeto que está *criando* o novo objeto.
- Adicione o objeto a um ArrayList.
- Crie objetos com o teste TEM-UM.
- ______________________________(insira sua ideia aqui)

Inicializando o estado de um novo Duck

A maioria das pessoas usa construtores para inicializar o estado de um objeto. Ou seja, criar e atribuir valores às variáveis de instância do objeto.

```
public Duck() {
    size = 34;
}
```

Isso é muito bom quando o *desenvolvedor* da classe Duck sabe o tamanho (size) que o objeto Duck deve ter. Mas e se quisermos que o programador que está *usando* Duck decida o **size** que um determinado Duck deve ter? Imagine que Duck tenha uma variável de instância size e você quer que o programador que usa sua classe Duck defina o size do novo Duck. Como fazer isso?

Um método setter setSize() poderia ser adicionado à classe. Mas isso deixa Duck temporariamente sem size* e força o usuário de Duck a escrever *duas* instruções — uma para criar o Duck e outra para chamar o método setSize(). O código a seguir usa um método setter para definir o size inicial do novo Duck.

```
public class Duck {
  int size;          ← Variável de instância.

  public Duck() {
    System.out.println("Quack");   ← Construtor.
  }

  public void setSize(int newSize) {
    size = newSize;              ← Método setter
  }
}
```

```
public class UseADuck {

  public static void main(String[] args) {
    Duck d = new Duck();

    d.setSize(42);   ←
  }
}
```

Tem coisa errada aqui. Duck está vivo neste ponto do código, mas não tem size!* Então você está contando com o usuário Duck para SABER que a criação de Duck é um processo de duas partes: uma para chamar o construtor e outra para chamar o setter.

*Variáveis de instância têm um valor padrão. 0 ou 0.0 para primitivos numéricos, false para booleanos e null para referências.

não existem Perguntas Idiotas

P: Por que precisamos escrever um construtor se o compilador já escreve um para a gente?

R: Se você precisar de código para ajudar a inicializar seu objeto e prepará-lo para uso, terá que escrever o próprio construtor. Por exemplo, talvez dependa da entrada do usuário antes de concluir a criação do objeto. Outro motivo pelo qual pode ser preciso escrever um construtor, mesmo que não seja necessário ter um código de construtor: o construtor da sua superclasse. Em breve, abordaremos esse assunto.

P: Como diferenciar um construtor de um método? Podemos ter um método com o mesmo nome da classe?

R: O Java possibilita declarar um método com o mesmo nome de sua classe. Isso não o torna um construtor, no entanto. O que diferencia um método de um construtor é o tipo de retorno. Métodos *devem* ter um tipo de retorno, mas os construtores *não podem* ter um tipo de retorno.

```
public Duck()  { }  Construtor.
public void Duck()  { }  Método.
       ↑ Tipo de retorno.
```

Apesar de o compilador permitir esses métodos, **nunca faça isso**. É contra as convenções de nomenclatura normais (os métodos começam com letra minúscula), e o mais importante: é superconfuso.

P: Construtores são herdados? Se não fornecermos um construtor, mas a superclasse fizer isso, obtemos o construtor da superclasse em vez do padrão?

R: Não. Construtores não são herdados. Veremos isso daqui a algumas páginas.

Usando o construtor para inicializar o importante estado de Duck*

Se um objeto não deve ser usado até que uma ou mais partes de seu estado (variáveis de instância) tenham sido inicializadas, não deixe ninguém ter acesso a um objeto Duck até que termine de inicializá-lo! Em geral, é muito arriscado deixar alguém criar — e obter uma referência — um novo objeto Duck que não está totalmente pronto para uso até que essa pessoa chame o método setSize(). Como o usuário de Duck *saberá* que é necessário chamar o método setter depois de criar o novo Duck?

O melhor lugar para inserir o código de inicialização é no construtor. E tudo o que precisamos fazer é criar um construtor com argumentos.

```
public class Duck {
  int size;

  public Duck(int duckSize) {
    System.out.println("Quack");

    size = duckSize;

    System.out.println("size is" + size);
  }
}
```

Adiciona um parâmetro int ao construtor Duck.

Usa o valor do argumento para definir a variável de instância de size. Em vez disso, poderíamos ter chamado o método setSize.

```
public class UseADuck {

  public static void main (String[] args) {
    Duck d = new Duck(42);
  }
}
```

Desta vez, há apenas uma instrução. Criamos o novo Duck e definimos seu tamanho, size, em uma instrução.

Passa um valor para o construtor.

```
File Edit Window Help Honk
% java UseADuck
Quack
size is 42
```

*Não implica que todo estado de Duck não é importante.

Facilite a criação de um Duck

Certifique-se de ter um construtor sem argumentos

O que acontece se o construtor Duck receber um argumento? Pense nisso. Na página anterior, temos apenas um construtor Duck — que exige *um* argumento int para o *size* de Duck. Talvez não seja um problema. Mas, para um programador, fica difícil criar um novo objeto Duck, ainda mais se ele não *souber* qual deve ser o size de Duck. Não seria melhor ter um size padrão, default, para Duck? Se o usuário não souber o size adequado, não seria melhor que ele conseguisse criar um Duck que funcione?

Imagine que queira que os usuários de Duck tenham DUAS opções para criar um Duck: uma em que o size de Duck é definido (como o argumento do construtor) e outra em que o size não é especificado e usamos o size default de Duck.

Não é possível fazer isso perfeitamente com apenas um único construtor. Lembre-se, se um método (ou construtor — mesmas regras) tiver um parâmetro, devemos passar um argumento apropriado ao invocar esse método ou construtor. Não podemos simplesmente dizer, "Se alguém não passar nada para o construtor, use um size default", pois nada será compilado sem enviar um argumento int para a chamada do construtor. *Poderíamos* fazer algo nada elegante como:

```
public class Duck {
  int size;

  public Duck(int newSize) {
    if (newSize == 0) {
      size = 27;
    } else {
      size = newSize;
    }
  }
}
```

Se o valor do parâmetro for zero, forneça ao novo Duck um size default; caso contrário, use o valor do parâmetro para size. NÃO é uma solução muito boa.

No entanto, o programador que cria um novo objeto Duck precisa *saber* que passar "0" é o protocolo para obter o size default de Duck. Muito deselegante. E se o outro programador não souber disso? E se eles *realmente* quiserem um Duck com size zero? (Supondo que um objeto Duck com size zero seja permitido. Caso não queira objetos Duck com size zero, insira o código de validação no construtor a fim de impedir essa ação.) A questão é que nem sempre é possível distinguir entre um argumento de construtor genuíno "Quero zero para size" e outro argumento da mesma categoria que diga "Estou enviando zero, então me forneça o size default, seja lá qual for".

DUAS formas de criar um novo Duck:

```
public class Duck2 {
  int size;

  public Duck2() {
    // Fornece o default size
    size = 27;
  }

  public Duck2(int duckSize) {
    // Usa o parâmetro duckSize
    size = duckSize;
  }
}
```

Criando um Duck quando sabemos o size:

```
Duck2 d = new Duck2(15);
```

Criando um Duck quando *não* sabemos o size:

```
Duck2 d2 = new Duck2();
```

Logo, essa ideia de duas opções para criar um Duck precisa de *dois* construtores. Um que recebe um int e outro que não recebe. ***Se houver mais de um construtor em uma classe, significa que você sobrecarregou os construtores.***

Mas o compilador não cria sempre um construtor sem argumentos para a gente?

Não!

Talvez você possa achar que se escrever *apenas* um construtor com argumentos o compilador verificará que não tem um construtor sem argumentos e criará um para você. Mas não é assim que as coisas funcionam. O compilador somente se meterá na criação de construtores *se nada sobre construtores for informado.*

Se escrevermos um construtor que receba argumentos e *ainda* quisermos um sem argumentos, teremos que criá-lo sem argumentos!

Assim que um construtor, QUALQUER tipo de construtor, for criado, o compilador recua e diz: "Ok, é justo, parece que agora você é responsável pelos construtores".

Se tivermos mais de um construtor em uma classe, os construtores DEVEM ter listas de argumentos diferentes.

A lista de argumentos inclui a ordem e os tipos dos argumentos. Desde que sejam diferentes, podemos ter mais de um construtor. Também é possível fazer isso com métodos; veremos isso em outro capítulo.

Se temos mais de um construtor em nossa classe, temos construtores sobrecarregados.

Para compilar, cada construtor deve ter uma lista de argumentos *diferentes*!

Cinco construtores diferentes são como cinco formas diferentes de criar um novo cogumelo.

A classe abaixo é válida, pois todos os cinco construtores têm listas de argumentos diferentes. Se tivéssemos dois construtores que recebessem apenas um int, por exemplo, a classe não compilaria. O nome que demos à variável de parâmetro não conta. São o *tipo* de variável (int, Dog etc.) e a *ordem* que contam. *Podemos* ter dois construtores de tipos idênticos, ***desde que a ordem seja diferente***. Um construtor que recebe uma String seguida de um int *não* é o mesmo que um construtor que recebe um int seguido de uma String.

```
public class Mushroom {

  public Mushroom(int size) { }

  public Mushroom( ) { }

  public Mushroom(boolean isMagic) { }

  public Mushroom(boolean isMagic, int size) { }

  public Mushroom(int size, boolean isMagic) { }

}
```

Quando recebemos size, mas não sabemos se é alucinógeno.

Quando não sabemos nada de nada.

Quando sabemos se é alucinógeno ou não, mas não sabemos o size.

Quando sabemos se é alucinógeno ou não E também sabemos o size, ou seja, o tamanho.

Esses dois têm os mesmos argumentos, mas em uma ordem diferente, então tá tudo bem.*

* Se os argumentos fossem do mesmo tipo, como o compilador saberia que são duas coisas diferentes?

PONTOS DE BALA

- Variáveis de instância vivem dentro do objeto ao qual pertencem, na heap.
- Se a variável de instância for uma referência a um objeto, tanto a referência quanto o objeto ao qual ela se refere estarão na heap.
- Um construtor é o código executado quando escrevemos **new** em um tipo de classe.
- Um construtor deve ter o mesmo nome da classe e *não* deve ter um tipo de retorno.
- É possível usar um construtor para inicializar o estado (ou seja, as variáveis de instância) do objeto que está sendo criado.
- Se não inserirmos um construtor na classe, o compilador inserirá um construtor default.
- O construtor default nunca tem argumentos.
- Se inserirmos um construtor — qualquer um — em nossa classe, o compilador não criará o construtor default.
- Se quisermos um construtor sem argumentos e já inserimos um com argumentos, teremos que criar o construtor sem argumentos.
- Sempre forneça um construtor sem argumentos, se puder, para facilitar a outros programadores criarem um objeto de trabalho. Dê valores default.
- Construtores sobrecarregados significam que temos mais de um construtor em nossa classe.
- Construtores sobrecarregados devem ter listas de argumentos diferentes.
- Não podemos ter dois construtores com as mesmas listas de argumentos. Uma lista de argumentos inclui a ordem e o tipo de argumentos.
- Variáveis de instância recebem um valor default, mesmo quando não atribuímos explicitamente um. Os valores default são 0/0.0/false para primitivos e null para referências.

Aponte o seu lápis

Resolve aí.

Combine a chamada **`new Duck()`** com o construtor que é executado quando esse Duck é instanciado. Fizemos o mais fácil para você começar.

```
public class TestDuck {

  public static void main(String[] args) {
    int weight = 8;
    float density = 2.3F;
    String name = "Donald";
    long[] feathers = {1, 2, 3, 4, 5, 6};
    boolean canFly = true;
    int airspeed = 22;

    Duck[] d = new Duck[7];

    d[0] = new Duck();

    d[1] = new Duck(density, weight);

    d[2] = new Duck(name, feathers);

    d[3] = new Duck(canFly);

    d[4] = new Duck(3.3F, airspeed);

    d[5] = new Duck(false);

    d[6] = new Duck(airspeed, density);
  }
}
```

```
class Duck {
  private int kilos = 6;
  private float floatability = 2.1F;
  private String name = "Generic";
  private long[] feathers = {1, 2, 3,
                             4, 5, 6, 7};
  private boolean canFly = true;
  private int maxSpeed = 25;

  public Duck() {
    System.out.println("type 1 duck");
  }

  public Duck(boolean fly) {
    canFly = fly;
    System.out.println("type 2 duck");
  }

  public Duck(String n, long[] f) {
    name = n;
    feathers = f;
    System.out.println("type 3 duck");
  }

  public Duck(int w, float f) {
    kilos = w;
    floatability = f;
    System.out.println("type 4 duck");
  }

  public Duck(float density, int max) {
    floatability = density;
    maxSpeed = max;
    System.out.println("type 5 duck");
  }
}
```

---

não existem Perguntas Idiotas

P: Você disse antes que é bom ter um construtor sem argumentos para que as pessoas possam fornecer valores default aos argumentos "ausentes" se chamarem o construtor sem argumentos. Existem situações em que é impossível criar padrões? Existem situações em que não devemos ter um construtor sem argumentos na classe?

R: Você tem razão. Há situações em que um construtor sem argumentos não faz sentido. Veremos isso com a API Java — algumas classes não têm um construtor sem argumentos. Por exemplo, a classe Color representa uma... Cor. Objetos Color são usados para definir ou alterar a cor de uma fonte de tela ou botão GUI. Quando criamos uma instância Color, essa instância é de uma cor específica (marrom-chocolate, a cor da tela azul, vermelho-intenso-vivo etc.). Se você criar um objeto Color, deverá especificar a cor de alguma forma.

```
Color c = new Color(3,45,200);
```

(Aqui, estamos usando três ints para valores RGB. Usaremos Color mais tarde, no Capítulo 15, *Trabalhando Seu Swing*.) Caso contrário, o que obteríamos? Os programadores da API Java podem ter decidido que, se chamarmos um construtor Color sem argumento, obteremos um lindo tom de lilás. Mas o bom gosto prevaleceu. Vamos tentar criar um Color sem fornecer um argumento:

```
Color c = new Color();
```

O compilador surta, porque não consegue encontrar um construtor sem argumento correspondente na classe Color.

```
File Edit Window Help StopBeingStupid
cannot resolve symbol
:constructor Color()
location: class java.awt.
Color
Color c = new Color();
          ^
1 error
```

Nanorrevisão: quatro coisas para memorizar sobre os construtores

1. Um construtor é o código executado quando alguém escreve new em um tipo de classe:

```
Duck d = new Duck();
```

2. Um construtor deve ter o mesmo nome da classe e ***nenhum*** tipo de retorno:

```
public Duck(int size) { }
```

3. Se não inserirmos um construtor em nossa classe, o compilador inserirá um construtor default, que nunca tem argumento.

```
public Duck() { }
```

4. Podemos ter mais de um construtor em uma classe, desde que as listas de argumentos sejam diferentes. Ter mais de um construtor em uma classe significa que temos construtores sobrecarregados.

```
public Duck() { }

public Duck(int size) { }

public Duck(String name) { }

public Duck(String name, int size) { }
```

*Fazer todos os exercícios do Poder do Cérebro demonstrou um aumento de 42% no tamanho dos neurônios. Desse jeito vão chamar você de "Megamente".

PODER DO CÉREBRO

E quanto às superclasses?

Ao criarmos um objeto Dog, o construtor Canine também deve ser executado?

Se for abstrata, a superclasse deveria *ter* um construtor?

Nas próximas páginas, abordaremos isso, então pare e pense sobre as consequências de construtores e de superclasses.*

não existem Perguntas Idiotas

P: Os construtores têm que ser `public`?

R: Não. Construtores pode ser `public`, `protected`, `private` ou *default* (ou seja, nenhum modificador de acesso). No Apêndice B, veremos mais sobre o acesso *default*.

P: Como um construtor private poderia ser útil? Ninguém poderia sequer chamá-lo, então seria impossível criar um objeto novo!

R: Não é bem assim. Marcar algo como `private` não significa que *ninguém* possa acessá-lo; significa apenas que *ninguém fora da classe pode acessá-lo*. Aposto que você acha que estamos em um dilema. Somente o código da *mesma* classe que a classe com o construtor private pode criar um novo objeto dessa classe. Mas se não o criarmos primeiro, como conseguimos executar o código dessa classe? Como acessar algo nessa classe? *Paciência, gafanhoto.* No próximo capítulo, falaremos sobre isso.

Pera aí... NEM falamos sobre superclasses e herança, e como tudo isso se encaixa com os construtores...

Agora vem a parte divertida. Lembra-se do capítulo anterior, em que vimos o objeto Snowboard envolvendo um núcleo interno que representa a parte Object da classe Snowboard? A grande questão era que todo objeto armazena não somente as próprias variáveis de instância declaradas, como também *tudo de suas superclasses* (o que, no mínimo, significa classe Object, já que *toda* classe estende Object).

Logo, quando criado (porque alguém escreveu **new**; ***não há outra maneira*** de criar um objeto que não seja alguém, em algum lugar, escrevendo **new** no tipo de classe), o objeto aloca espaço para *todas* as variáveis de instância, em toda a hierarquia de herança. Pense nisso... Uma superclasse pode ter métodos setter encapsulando uma variável private. Só que essa variável tem que viver *em algum lugar*. Quando um objeto é criado, é quase como se *múltiplos* objetos se materializassem — o objeto sendo novo e um objeto para cada superclasse. No entanto, em termos conceituais, é melhor pensar como na figura abaixo, em que o objeto que está sendo criado tem *camadas* de si mesmo, representando cada superclasse.

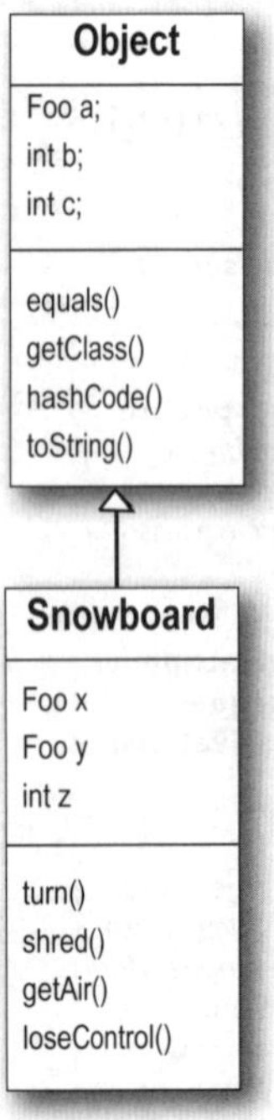

Object tem variáveis de instância encapsuladas por métodos de acesso. Essas variáveis de instância são criadas quando qualquer subclasse é instanciada. (Não são as variáveis REAIS de Object, mas não precisamos nos preocupar com o que são, pois estão encapsuladas.)

Snowboard também tem variáveis de instância próprias, logo, para criar um objeto Snowboard, precisamos de espaço para as variáveis de instância de ambas as classes.

Um único objeto na heap.

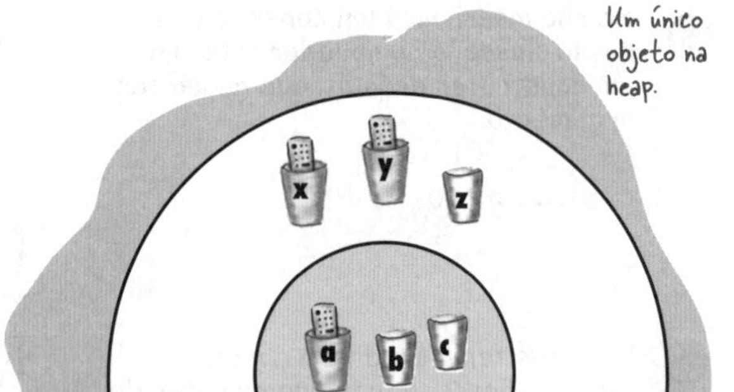

Aqui, existe somente UM objeto na heap. Um objeto Snowboard que contém as partes Snowboard de si mesmo e as partes Object de si mesmo. Todas as variáveis de instância de ambas as classes devem estar aqui.

O papel dos construtores da superclasse na vida de um objeto

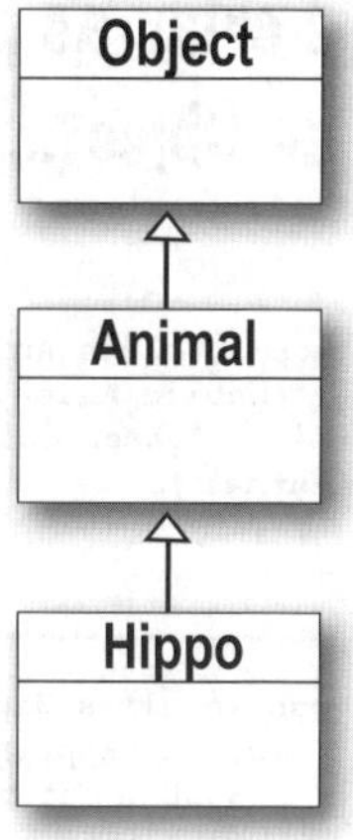

Na hierarquia de herança, todos os construtores de um objeto devem ser executados quando criamos um objeto novo.

Assimile isso.

Significa que toda superclasse tem um construtor (pois toda classe tem um construtor) e cada construtor na hierarquia é executado no momento em que um objeto de uma subclasse é criado.

Escrever **new** é IMPORTANTÍSSIMO, pois inicia toda a reação em cadeia do construtor. E sim, mesmo as classes abstratas têm construtores. Ainda que nunca possamos escrever **new** em uma classe abstrata, como uma classe abstrata ainda é uma superclasse, seu construtor é executado quando alguém cria uma instância de uma subclasse concreta.

Os construtores da superclasse são executados a fim de criar as partes da superclasse do objeto. Não se esqueça, uma subclasse pode herdar métodos que dependem do estado da superclasse (ou seja, o valor das variáveis de instância na superclasse). Para que um objeto seja totalmente criado, todas as partes de sua superclasse *devem* estar integralmente criadas. Por isso, o construtor da superclasse *deve* ser executado. Na hierarquia de herança, todas as variáveis de instância de cada classe devem ser declaradas e inicializadas. Mesmo que Animal tenha variáveis de instância que Hippo não herde (se as variáveis forem private, por exemplo), Hippo ainda depende dos métodos de Animal que *usam* essas variáveis. Quando executado, um construtor imediatamente chama seu construtor de superclasse, subindo na cadeia até chegar ao construtor Object da classe.

Nas próximas páginas, você aprenderá como os construtores de superclasse são chamados e como chamá-los. Além do mais, aprenderá o que fazer se o construtor da sua superclasse tiver argumentos!

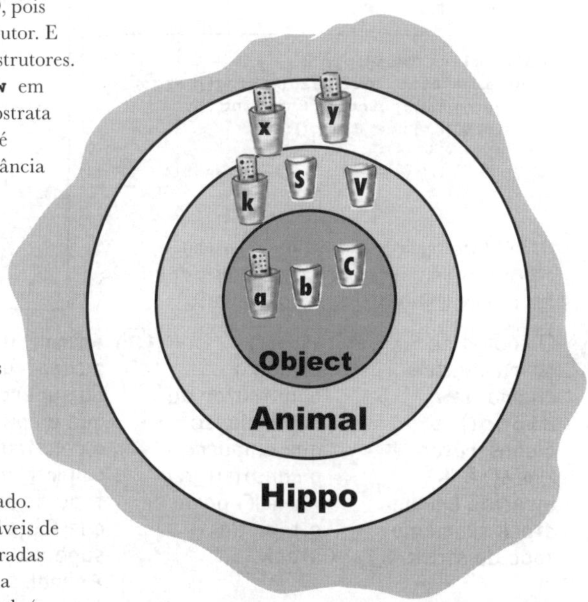

Um único objeto Hippo na heap.

Um novo objeto Hippo também É-UM Animal e É-UM Object. Caso queira criar um objeto Hippo, deve também criar as partes de Animal e de Object de Hippo.

Isso tudo acontece em um processo chamado Encadeamento de Construtores.

Criar um objeto Hippo também é criar as partes de Animal e de Object...

```
public class Animal {
   public Animal() {
      System.out.println("Making an
Animal");
   }
}
```

```
public class Hippo extends Animal {
  public Hippo() {
    System.out.println("Making a Hippo");
  }
}
```

```
public class TestHippo {
  public static void main(String[] args) {
    System.out.println("Starting...");
    Hippo h = new Hippo();
  }
}
```

Dada a hierarquia de classes no código acima, podemos esmiuçar cada etapa do processo de criação de um novo objeto Hippo.

Aponte o seu lápis

Qual é a saída real? Dado o código à esquerda, o que é exibido quando você executa TestHippo? A ou B?

(A resposta está no final da página.)

A

```
File Edit Window Help Swear
% java TestHippo
Starting...
Making an Animal
Making a Hippo
```

B

```
File Edit Window Help Swear
% java TestHippo
Starting...
Making a Hippo
Making an Animal
```

1. O código de outra classe chama **`new Hippo()`**, e o construtor **Hippo()** é inserido em um stack frame no topo da stack.

2. **Hippo()** invoca o construtor da superclasse, que empurra o construtor **Animal()** para o topo da stack.

3. **Animal()** invoca o construtor da superclasse, que empurra o construtor **Object()** para o topo da stack, já que Object é a superclasse de Animal.

4. **Object()** é concluído e seu stack frame é *retirado* da stack. A execução volta para o construtor **Animal()** e começa na linha seguinte à chamada de Animal para seu construtor de superclasse.

O primeiro, A. O construtor Hippo() é invocado primeiro, mas o construtor Animal é concluído primeiro.

Como invocar um construtor de superclasse??

Talvez você pense que em algum lugar, digamos, um construtor Duck, se Duck estender Animal, chamaríamos Animal(). Mas não é assim que funciona:

```
public class Duck extends Animal {
  int size;

  public Duck(int newSize) {
RUIM! ——> Animal(); <—— NÃO! Isso não é permitido.
    size = newSize;
  }
}
```

A única maneira de chamar um construtor de superclasse é chamando ***super()***. Isso mesmo — ***super()*** chama o ***construtor da superclasse***.

Quais as probabilidades disso dar bom?

```
public class Duck extends Animal {
  int size;

  public Duck(int newSize) {
     super(); <—— Acabamos de chamar super().
    size = newSize;
  }
}
```

Chamar super() no construtor insere construtor da superclasse no topo da stack. E o que você acha que o construtor da superclasse faz? *Chama seu construtor de superclasse.* E assim sucessivamente até que o construtor Object esteja no topo da stack. Assim que é concluído, Object() é retirado da stack, e o próximo na stack (o construtor da subclasse que chamou Object()) fica no topo. *Esse* construtor é concluído e assim vai até que o construtor original esteja no topo da stack, que agora pode ser *concluído*.

E como é que nos safamos sem chamar super() antes?

Provavelmente, você já deve ter descoberto.

Nosso bom amigo, o compilador, faz uma chamada para *super()* se você não fizer.

Então o compilador se envolve na criação do construtor de *duas* maneiras:

1 Se você *não* fornecer um construtor

O compilador insere um, mais ou menos assim:

```
public ClassName() {
  super();
}
```

2 Se você *fornecer* um construtor, mas não inserir a chamada para super()

O compilador inserirá uma chamada para super() em cada um de seus construtores sobrecarregados.* A chamada fornecida pelo compilador é:

```
super();
```

Sempre será assim. A chamada inserida pelo compilador para super() é sempre uma chamada sem argumento. Se a superclasse tiver construtores sobrecarregados, somente o construtor sem argumento será chamado.

*A menos que o construtor chame outro construtor sobrecarregado (veremos isso daqui a pouco).

Um filho pode existir antes dos pais?

Se pensarmos em uma superclasse como pai da subclasse-filha, podemos descobrir qual deve existir primeiro. ***As partes da superclasse de um objeto devem estar completamente formadas (totalmente criadas) antes que as partes da subclasse possam ser criadas.*** Lembre-se, como o objeto da subclasse pode depender de coisas que herda da superclasse, é importante que essas coisas herdadas estejam concluídas. Não tem jeito. O construtor da superclasse deve ser concluído antes do construtor da subclasse.

Confira a série stack da página 254 novamente e verá que, embora o construtor Hippo seja o *primeiro* a ser invocado (é a primeira coisa na stack), é o *último* a ser concluído! Cada construtor de subclasse invoca imediatamente o próprio construtor de superclasse, até que o construtor Object esteja no topo da stack. Em seguida, o construtor de Object é concluído e retornamos à stack, para o construtor de Animal. Somente após a conclusão do construtor de Animal é que finalmente voltamos para concluir o resto do construtor Hippo. Pelo seguinte motivo:

A chamada para super() deve ser a *primeira* instrução em cada construtor!*

Possíveis construtores para a classe Boop

☑
```
public Boop() {
   super();
}
```

☑
```
public Boop(int i) {
   super();
   size = i;
}
```

Esses aqui são válidos, já que o programador inseriu explicitamente a chamada para super() como primeira instrução.

☑
```
public Boop() {
}
```

☑
```
public Boop(int i) {
   size = i;
}
```

Esses aqui são válidos, pois o compilador inserirá uma chamada para super() como primeira instrução.

⊘
```
public Boop(int i) {
   size = i;
   super();
}
```

DEU RUIM!!! Não vai compilar! Não podemos inserir explicitamente a chamada para super() abaixo de qualquer outra coisa.

*Uma exceção foge a essa regra, e está na página 258.

Construtores de superclasse com argumentos

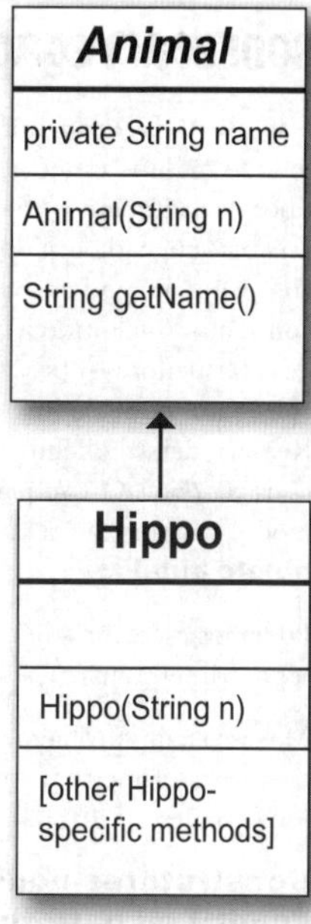

E se o construtor da superclasse tiver argumentos? Podemos passar algo para a chamada super()? Claro. Se não pudéssemos, nunca conseguiríamos estender uma classe que não tivesse um construtor sem argumentos. Imagine o seguinte cenário: todos os animais têm um nome. Existe um método getName() na classe Animal que retorna o valor da variável de instância *name*. A variável de instância é marcada como private, mas a subclasse (neste caso, Hippo) herda o método getName(). Aqui, temos um problema: Hippo tem um método getName() (por meio de herança), mas não tem a variável de instância *name*. Hippo tem que depender da parte Animal de si mesmo para manter a variável de instância *name* e retorná-la quando alguém chamar getName() em um objeto Hippo. Mas como a parte Animal recebe essa variável *name*? Como a única referência que Hippo tem para a parte Animal de si mesmo é por meio de super(), esse é o local para onde Hippo envia a variável *name* de Hippo à parte Animal de si mesmo. Assim, a parte Animal pode armazená-lo na variável de instância private *name*.

```
public abstract class Animal {
  private String name;

  public String getName() {
    return name;
  }

  public Animal(String theName) {
    name = theName;
  }
}
```

Todos os animais (incluindo subclasses) têm um nome.

Um método getter que Hippo herda.

O construtor que pega o nome e atribui a ele a variável de instância name.

```
public class Hippo extends Animal {
  public Hippo(String name) {
    super(name);
  }
}
```

O construtor Hippo recebe um nome.

Envia name para cima da stack e para o construtor Animal.

Como minha parte Animal precisa saber meu nome, pego um nome em meu construtor Hippo e passo esse nome para super().

```
public class MakeHippo {
  public static void main(String[] args) {
    Hippo h = new Hippo("Buffy");
    System.out.println(h.getName());
  }
}
```

Cria um Hippo, passando o nome "Buffy" para o construtor Hippo. Em seguida, chama getName(), herdado de Hippo.

```
File Edit Window Help Hide
%java MakeHippo
Buffy
```

Invocando um construtor sobrecarregado a partir de outro

E se tivermos construtores sobrecarregados que fizessem todos a mesmíssima coisa, exceto o tratamento de diferentes tipos de argumentos? Sabemos que não é bom ter código *duplicado* em cada um dos construtores (a manutenção é difícil etc.). Ou seja, podemos inserir a maior parte do código do construtor (incluindo a chamada para super()) em apenas *um* dos construtores sobrecarregados. Queremos que qualquer construtor que seja invocado primeiro chame O Construtor Real e o deixe concluir o trabalho de criação. É simples: basta escrever *this()*. Ou *this(aString)*. Ou *this(27, x)*. Dito de outro modo, imagine que a palavra-chave *this* é uma referência **ao objeto atual**.

Podemos escrever *this()* apenas dentro de um construtor e deve ser a primeira instrução dele!

Mas isso é um problema, não é? Antes, dissemos que super() deve ser a primeira instrução no construtor. Significa que há uma escolha.

Construtores podem ter uma chamada para super() ou para this(), mas nunca para ambas!

É necessário escolher qual chamar com base em quais valores se tem, quais valores precisa definir e quais construtores são fornecidos nessa classe ou na superclasse.

Use this() para chamar um construtor a partir de outro construtor sobrecarregado na mesma classe.

A chamada para this() pode ser usada somente em um construtor e deve ser a primeira instrução em um construtor.

Um construtor pode ter uma chamada para super() OU para this(), mas nunca para ambas!

```
import java.awt.Color;

class Mini extends Car {
  private Color color;

  public Mini() {
    this(Color.RED);
  }

  public Mini(Color c) {
    super("Mini");
    color = c;
    // Mais inicialização
  }

  public Mini(int size) {
    this(Color.RED);
    super(size);
  }
}
```

O construtor sem argumentos fornece uma Color default e chama O Construtor Real sobrecarregado (aquele que chama super()).

Este é O Construtor Real, que faz o Trabalho Real de inicializar o objeto (incluindo a chamada para super()).

Não vai funcionar!! Não pode haver super() e this() no mesmo construtor, porque cada um deles deve ser a primeira instrução!

```
File Edit Window Help Drive

javac Mini.java

Mini.java:16: call to super must
be first statement in constructor

     super();
          ^
```

Aponte o seu lápis → Resolve aí.

Alguns dos construtores da classe SonOfBoo não serão compilados. Veja se consegue reconhecer quais construtores não são permitidos. Combine os erros do compilador com os construtores SonOfBoo que os causaram, traçando uma linha de erro do compilador até o construtor "ruim".

```
public class Boo {
  public Boo(int i) { }
  public Boo(String s) { }
  public Boo(String s, int i) { }
}
```

```
class SonOfBoo extends Boo {
  public SonOfBoo() {
    super("boo");
  }

  public SonOfBoo(int i) {
    super("Fred");
  }

  public SonOfBoo(String s) {
    super(42);
  }

  public SonOfBoo(int i, String s) {
  }

  public SonOfBoo(String a, String b, String c) {
    super(a, b);
  }

  public SonOfBoo(int i, int j) {
    super("man", j);
  }

  public SonOfBoo(int i, int x, int y) {
    super(i, "star");
  }
}
```

Fixe na Memória

Rosas são vermelhas, esse poema é um clichê ***Seus pais vêm primeiro, muito antes de você.***

As partes da superclasse de um objeto devem estar totalmente criadas antes que o novo objeto da subclasse possa existir. Do mesmo jeito que não existe como você ter nascido *antes* de seus pais.

```
File Edit Window Help Blahblahblah
%javac SonOfBoo.java
cannot resolve symbol
symbol : constructor Boo
(java.lang.String,java.lang.
String)
```

```
File Edit Window Help Yadayadayada
%javac SonOfBoo.java
cannot resolve symbol
symbol  : constructor Boo
(int,java.lang.String)
```

```
File Edit Window Help ImNotListening
%javac SonOfBoo.java
cannot resolve symbol
symbol:constructor Boo()
```

Já sabemos como um objeto nasce, mas quanto tempo vive?

A vida de um *objeto* depende inteiramente da vida das referências que o referenciam. Se a referência for considerada "ativa", ele ainda está vivo no heap. Se a referência morrer (e veremos o que isso significa daqui a pouco), o objeto morrerá.

Se a vida de um objeto depende da vida da variável de referência, quanto tempo vive uma *variável*?

Depende se a variável é *local* ou de *instância*. O código abaixo mostra a vida de uma variável local. Nesse exemplo, a variável é primitiva, mas o tempo de vida da variável é o mesmo, seja uma variável primitiva ou de referência.

```
public class TestLifeOne {

  public void read() {
    int s = 42;
    sleep();
  }

  public void sleep() {
    s = 7;
  }
}
```

"s" tem como escopo o método read(), logo, não pode ser usado em nenhum outro lugar.

DEU RUIM!! Não é permitido usar "s" aqui!

sleep () não consegue ver a variável "s". Uma vez que não está no stack frame do próprio sleep(), sleep() não sabe nada a respeito.

A variável "s" está viva, mas no escopo apenas dentro do método read(). Quando sleep() é concluído e read() está no topo da stack sendo novamente executado, read() ainda pode ver "s". Quando read() é concluído e retirado da stack "s" está morto. Digitalmente, está morto e enterrado.

① Uma variável local vive apenas dentro do método que a declarou.

```
public void read() {
   int s = 42;
   // 's' só pode ser usado
   // dentro deste método.
   // Quando o método é concluído,
   // 's' desaparece por completo.
}
```

A variável "**s**" pode ser usada somente dentro do método *read()*. Ou seja, ***ela está no escopo apenas dentro de seu método***. Nenhum outro código na classe (ou qualquer outra classe) pode ver "**s**".

② Uma variável de instância vive tanto quanto o objeto. Se o objeto ainda estiver vivo, suas variáveis de instância também estarão.

```
public class Life {
  int size;

  public void setSize(int s) {
    size = s;
    // 's' desaparece no final
    // deste método,
    // mas 'size' pode ser usado
    // em qualquer lugar na classe.
  }
}
```

A variável '**s**' (desta vez ,um parâmetro de método) está no escopo apenas dentro do método setSize(). No entanto, o "**size**" da variável de instância tem como escopo a vida útil do *objeto* não a vida útil do *método*.

A diferença entre **vida** e **escopo** para variáveis locais:

Vida

Uma variável local está *viva* desde que seu stack frame esteja na stack. Em outras palavras, *até que o método seja concluído.*

Escopo

Uma variável local está no *escopo* somente dentro do método no qual a variável foi declarada. Quando seu método chama outro, a variável está viva, mas fica morta no escopo, até que seu método seja retomado. ***Podemos usar uma variável somente quando estiver no escopo.***

Vamos analisar o que acontece na stack quando algo chama o método doStuff().

```
public void doStuff() {
  boolean b = true;      ❶
  go(4);
}

public void go(int x) {  ❷
  int z = x + 24;
  crazy();               ❹
  // Imagine mais código aqui
}

public void crazy() {    ❸
  char c = 'a';
}
```

❶ *doStuff()* entra na stack. A variável "b" está viva e no escopo.

❷ *go()* passa para o topo da stack. "x" e "z" estão vivas e no escopo, e "b" está vivo, mas não no escopo.

❸ *crazy()* é empurrado para a stack, com "c" agora vivo e no escopo. As outras três variáveis estão vivas, mas fora do escopo.

❹ *crazy ()* é concluído e retirado da stack, logo, 'c' está fora do escopo *e morto*. Quando go() continua de onde parou, "x" e "z" estão vivas e de volta ao escopo. A variável "b" ainda está viva, mas fora do escopo (até que go() seja concluído).

Enquanto uma variável local está viva, seu estado persiste. Enquanto o método doStuff() estiver na stack, por exemplo, a variável "b" mantém seu valor. Mas a variável "b" pode ser usada apenas enquanto o stack frame de doStuff() estiver no topo. Em outras palavras, podemos usar uma variável local *apenas* enquanto o método dessa variável local estiver em execução (em vez de esperar que os stack frames acima da stack sejam concluídos).

E as variáveis de referência?

As regras são as mesmas para variáveis primitivas e de referência. Uma variável de referência pode ser usada apenas quando está no escopo, ou seja, não podemos usar o controle remoto de um objeto, a menos que tenhamos uma variável de referência que esteja no escopo. A *verdadeira* questão é:

"Como a vida da *variável* afeta a vida do *objeto*?"

Um objeto está vivo enquanto houver referências a ele. Se uma variável de referência sair do escopo, mas ainda estiver viva, o objeto ao qual ela *se refere* ainda estará vivo na heap. Assim, teremos que perguntar: "O que acontece quando o stack frame que armazena a referência é retirado da stack no final do método?"

Se for a *única* referência viva para o objeto, o objeto é abandonado na heap. Como a variável de referência se desintegra com o stack frame, o objeto abandonado está *oficialmente* eliminado. O segredo é saber o ponto em que um objeto se torna ***elegível para o garbage collection***.

Quando um objeto é elegível para o garbage collection (GC), não precisamos nos preocupar em recuperar a memória que aquele estava usando. Caso um programa fique com pouca memória, o GC destruirá alguns ou todos os objetos elegíveis, assim, não ficamos sem RAM. Ainda podemos ficar sem memória, mas *não* antes de todos os objetos elegíveis terem sido enviados para a lixeira. Sua tarefa é abandonar os objetos (ou seja, torná-los elegíveis para o GC) quando não forem mais necessários, de modo que o garbage collector tenha algo para recuperar. Caso você se apegue aos objetos, o GC não pode ajudá-lo e há risco de seu programa sofrer uma morte dolorosa por falta de memória.

A vida de um objeto não tem valor, não tem significado, não tem sentido, a menos que alguém tenha uma referência a ele.

Se você não consegue acessá-lo, não pode pedir nada a ele, sendo apenas um grande desperdício de bits.

Mas se um objeto estiver inacessível, o garbage collector descobrirá. Mais cedo ou mais tarde, esse objeto vai se dar mal.

Um objeto se torna elegível para o GC quando sua última referência viva desaparece.

Três formas de se livrar da referência de um objeto:

1. A referência sai do escopo permanentemente

```
void go() {
  Life z = new Life();
}
```

A referência 'z' morre no final do método.

2. A referência é atribuída a outro objeto

```
Life z = new Life();
z = new Life();
```

O primeiro objeto é abandonado quando z é 'reprogramado' para um novo objeto.

3. A referência é expressamente definida como null

```
Life z = new Life();
z = null;
```

O primeiro objeto é abandonado quando z é 'desprogramado'.

Exterminador de objetos #1

A referência sai do escopo permanentemente.

```
public class StackRef  {
   public void foof() {
      barf();
   }

   public void barf() {
      Duck d = new Duck();
   }
}
```

1. *foof()* é empurrado para a stack; nenhuma variável é declarada.

2. *barf()* é empurrado para a stack, onde declara uma variável de referência e cria um novo objeto atribuído a essa referência. O objeto é criado na heap, e a referência está viva e no escopo.

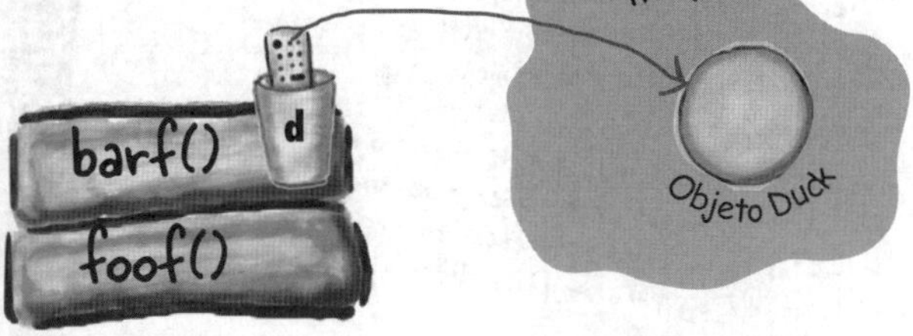

3. *barf()* é concluído e retirado da stack. Como seu frame se desintegra, "d" agora está morto e enterrado. A execução retorna para foof(), mas foof() não pode usar "d".

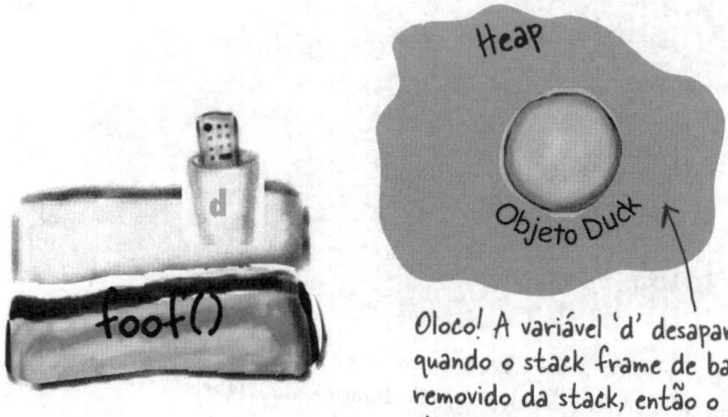

Exterminador de objetos #2

A referência é atribuída a outro objeto

```
public class ReRef {
  Duck d = new Duck();

  public void go() {
    d = new Duck();
  }
}
```

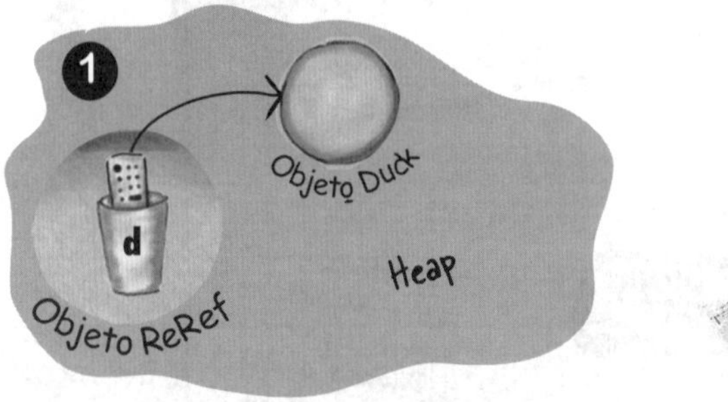

O novo Duck vai para a heap, referenciado por "d". Como "d" é uma variável de instância, Duck viverá enquanto o objeto ReRef que o instanciou estiver vivo. A menos que...

Quando alguém chama o método go(), este Duck é abandonado. Sua única referência foi reprogramada para um Duck diferente.

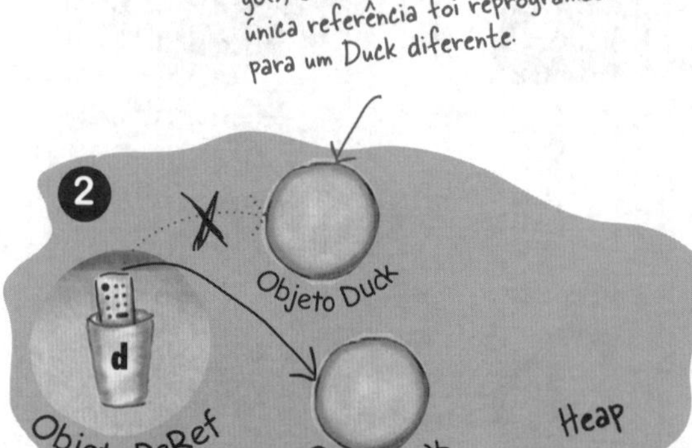

'd' é atribuído a um novo objeto Duck, deixando o (primeiro) objeto Duck original abandonado. Aquele primeiro Duck agora está praticamente morto.

Exterminador de objetos #3

A referência é expressamente definida como null

```
public class ReRef {
   Duck d = new Duck();

   public void go() {
      d = null;
   }
}
```

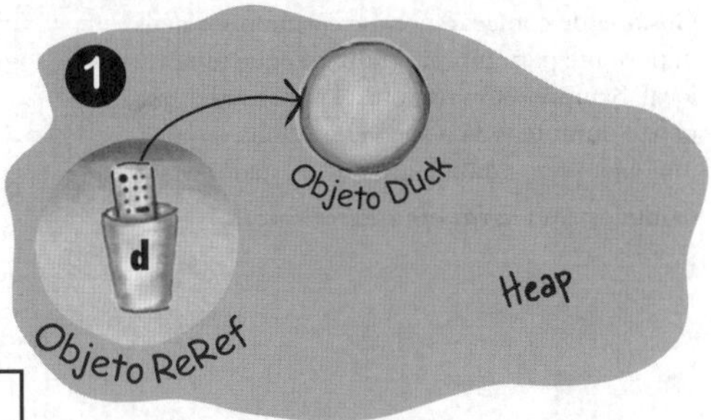

O novo Duck vai para a heap, referenciado por "d". Como "d" é uma variável de instância, Duck viverá enquanto o objeto ReRef que o instanciou estiver vivo. A menos que...

Esse Duck é abandonado. Sua única referência foi definida como null.

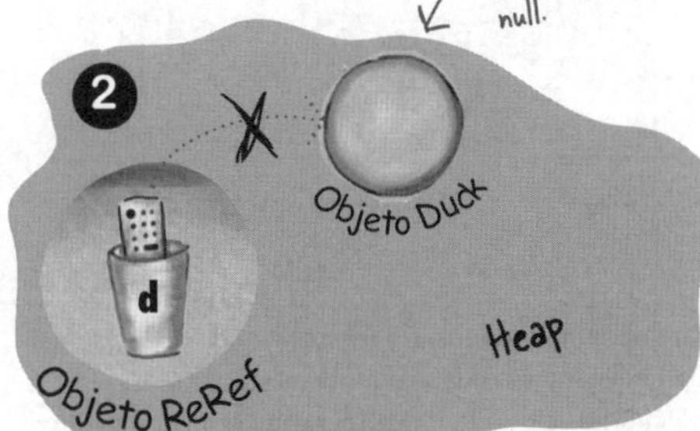

'd' é definido como null, que é como ter um controle remoto que não está programado para nada. Não temos permissão nem para usar o operador de ponto em 'd' até que seja reprogramado (atribuído a um objeto).

O significado de `null`

Ao definir uma referência como **`null`**, estamos desprogramando o controle remoto. Em outras palavras, temos um controle remoto, mas nenhuma TV do outro lado. Uma referência null tem bits que representam "null" (não sabemos e nem nos interessamos em quais são esses bits, desde que a JVM saiba). No dia a dia, caso tenha um controle remoto não programado, se você pressionar os botões dele, nada acontece. Mas no Java, não podemos pressionar os botões (ou seja, usar o operador de ponto) em uma referência null, pois a JVM sabe (este é um problema do tempo de execução, não um erro do compilador) que estamos esperando um latido, mas não há qualquer objeto Dog para latir! **Se você usar o operador ponto em uma referência null, obterá uma NullPointerException no tempo de execução.** No Capítulo 13, *Comportamento Arriscado*, aprenderemos tudo sobre as exceções.

Conversa da noite: **Uma variável de instância e uma variável local problematizam a vida e a morte (com notável civilidade)**

Variável de Instância

Gostaria de começar, porque costumo ser mais importante para um programa do que uma variável local. Sempre estou disponível para ajudar um objeto durante toda a sua vida. Afinal, o que é um objeto sem estado? E o que é estado? Valores mantidos em ***variáveis de instância***.

Variável Local

Respeito seu ponto de vista e entendo perfeitamente o valor do estado do objeto, mas não quero que as pessoas sejam enganadas. Variáveis locais são *muito* importantes. Parafraseando você, "Afinal, o que é um objeto sem *comportamento*?" E o que é *comportamento*? Algoritmos em métodos. Pode apostar seus bits que são as *variáveis locais* que fazem esses algoritmos funcionarem.

Variável de Instância

Não me leve a mal, entendo seu papel em um método; mas sua vida é muito curta. Muito temporária. Por isso, vocês são chamadas de "variáveis temporárias".

Variável Local

Na comunidade de variáveis locais, o termo "variável temporária" é considerado pejorativo. Preferimos "locais", "de stack", "automáticas" ou "com limitação de escopo".

Variável de Instância

Minhas sinceras desculpas. Entendo perfeitamente.

Variável Local

Não temos uma vida longa mesmo e também não é uma vida lá muito *boa*. Primeiro, somos enfiadas em um stack frame com todas as outras variáveis locais. Depois, se o método do qual fazemos parte chamar outro método, outro frame é colocado em cima da gente. E se *esse* método chamar *outro* método… e assim por diante. Às vezes, temos que esperar por tempo indeterminado que todos os outros métodos no topo da stack sejam concluídos para que nosso método possa ser novamente executado.

Variável de Instância

Eu nunca havia pensado nisso. O que você faz enquanto os outros métodos estão sendo executados e está lá esperando que seu frame volte para o topo da stack?

Variável Local

Nada. Nada mesmo. É como hibernar. Como as pessoas dos filmes de ficção científica, quando precisam viajar longas distâncias. Animação suspensa. Apenas esperamos. Desde que nosso frame esteja lá, estamos seguras e o valor que armazenamos também, mas quando nosso frame é executado de novo, é uma faca de dois gumes. Por um lado, voltamos à vida. Por outro, a contagem regressiva de nossas vidas breves começa. Quanto mais tempo nosso método fica sendo executado, mais nos aproximamos do final do método. E *todos* sabemos o que acontece depois.

Variável de Instância

Variável Local

Assistimos a um vídeo educativo sobre isso uma vez. Parece um fim muito cruel. Quero dizer, quando esse método atinge sua chave de fechamento, o frame é literalmente *arrancado* da stack! Isso deve doer *demais*.

Nem me fale. Em ciência da computação, quando o frame é arrancado da stack, usa-se o termo *popped* ou eliminado, em português. Assim, temos a impressão de que é divertido ou é como um esporte radical. Mas você assistiu ao vídeo... Enfim, por que não falamos sobre você? Sei como é meu pequeno stack frame, mas não sei onde *você* mora.

Moro na heap, com os objetos. Não é bem *com* os objetos, mas *em* um objeto, cujo estado armazeno. Tenho que admitir que a vida pode ser bastante luxuosa na heap. Muitos de nós nos sentimos culpados, ainda mais nos feriados.

Mas *nem sempre* você vive tanto quanto o objeto que a declarou, não é? Vamos supor que exista um objeto Dog com uma variável de instância Collar. Imagine que seja uma variável de instância do objeto *Collar*, talvez uma referência a um Buckle ou algo assim, sentada lá, toda feliz, dentro do objeto *Collar* que, por sua vez, está todo feliz dentro do objeto *Dog*. Mas... o que acontece se Dog quiser um novo Collar ou *nulls* em sua variável de instância Collar? Isso torna o objeto Collar elegível para GC. Ou seja, se *você fosse* uma variável de instância dentro de Collar, e *Collar* é totalmente abandonada, o que *aconteceria* com você?

Hipoteticamente, se eu for uma variável de instância de Collar e Collar for elegível para o GC, as variáveis de instância de Collar seriam, na verdade, descartadas como caixas de pizza. Mas me disseram que isso quase nunca acontece.

E você acreditou? Só falam isso para nos manter motivados e produtivos. Não está se esquecendo de nada? E se você for uma variável de instância dentro de um objeto e esse objeto for referenciado *apenas* por uma variável *local*? Se sou a única referência ao objeto em que você está, quando eu for descartada, você vem comigo. Goste ou não, nossos destinos podem estar entrelaçados. Esqueça tudo isso, vamos encher a cara enquanto podemos. Carpe Diem, Carpe RAM!

Eles nos deixam *beber*?

SEJA o Garbage Collector

Qual das linhas de código à direita, se adicionada à classe à esquerda no ponto A, faria com que um objeto adicional fosse elegível para o Garbage Collector? (Suponha que o ponto A [// Chama mais métodos] seja executado por um longo tempo, dando ao Garbage Collector tempo para realizar suas tarefas.)

→ **Respostas na página 272.**

```
public class GC {
  public static GC doStuff() {
    GC newGC = new GC();
    doStuff2(newGC);
    return newGC;
  }

  public static void main(String[] args) {
    GC gc1;
    GC gc2 = new GC();
    GC gc3 = new GC();
    GC gc4 = gc3;
    gc1 = doStuff();

    (A)

    // Chama mais métodos
  }

  public static void doStuff2(GC copyGC) {
    GC localGC = copyGC;
  }
}
```

1 `copyGC = null;`

2 `gc2 = null;`

3 `newGC = gc3;`

4 `gc1 = null;`

5 `newGC = null;`

6 `gc4 = null;`

7 `gc3 = gc2;`

8 `gc1 = gc4;`

9 `gc3 = null;`

Objetos Populares

Neste exemplo de código, diversos objetos novos são criados. Seu desafio é encontrar o objeto "mais popular", ou seja, aquele que tem mais variáveis de referência que o referenciam. Em seguida, liste quantas referências totais existem para esse objeto e quais são! Começaremos destacando um dos objetos novos e sua variável de referência.

Boa sorte!

Respostas na página 272.

```
class Bees {
  Honey[] beeHoney;
}

class Raccoon {
  Kit rk;
  Honey rh;
}

class Kit {
  Honey honey;
}

class Bear {
  Honey hunny;
}

public class Honey {
  public static void main(String[] args) {
    Honey honeyPot = new Honey();
    Honey[] ha = {honeyPot, honeyPot, honeyPot, honeyPot};
    Bees bees = new Bees();
    bees.beeHoney = ha;
    Bear[] bears = new Bear[5];
    for (int i = 0; i < 5; i++) {
      bears[i] = new Bear();
      bears[i].hunny = honeyPot;
    }
    Kit kit = new Kit();
    kit.honey = honeyPot;
    Raccoon raccoon = new Raccoon();

    raccoon.rh = honeyPot;
    raccoon.rk = kit;
    kit = null;
  } //  Fim do main
}
```

Aqui está um novo objeto Raccoon!

Aqui está a variável de referência 'raccoon'.

Sherlock Holmes por Cinco Minutos

"Já executamos a simulação quatro vezes, e a temperatura do módulo principal muda consistentemente do normal para o frio", disse Sarah, irritada. "Instalamos os bots novos temporários na semana passada. As leituras dos bots do radiador, desenvolvidos para resfriar os aposentos, parecem estar de acordo com as especificações; por isso, focamos nossa análise nos bots de retenção de calor que ajudam a aquecer os aposentos." Tom suspirou, a princípio parecia que a nanotecnologia os ajudaria a terminar o projeto antes do previsto. Agora, faltando somente cinco semanas para o lançamento, alguns dos principais sistemas de suporte à vida do ônibus espacial ainda não estavam passando pelo teste de simulação. "Quais proporções você está simulando?", perguntou Tom.

"Se entendi onde quer chegar, já pensamos nisso", respondeu Sarah. "O controle de missão não autorizará sistemas críticos se não o executarmos conforme as especificações. Somos obrigados a executar as SimUnits do bot do radiador v3 em uma proporção de 2:1 com as SimUnits do radiador v2. No geral, a proporção de bots de retenção para bots de radiador deve ser de 4:3."

"Como está o consumo de energia, Sarah?", Tom perguntou. Sarah fez uma pausa: "Isso é outra história, o consumo de energia está maior do que o previsto. Temos uma equipe examinando isso, mas como os elementos nanotecnológicos são wireless, tem sido difícil isolar o consumo de energia dos radiadores dos bots de retenção. As proporções gerais de consumo de energia são de 3:2, e os radiadores extraem mais energia do sistema wireless".

"Tudo bem, Sarah. Vamos verificar os códigos que inicializam a simulação. Temos que encontrar esse problema, e rápido!"

```
import java.util.ArrayList;

class V2Radiator {
  V2Radiator(ArrayList<SimUnit> list) {
    for (int x = 0; x < 5; x++) {
      list.add(new SimUnit("V2Radiator"));
    }
  }
}

class V3Radiator extends V2Radiator {
  V3Radiator(ArrayList<SimUnit> lglist) {
    super(lglist);
    for (int g = 0; g < 10; g++) {
      lglist.add(new SimUnit("V3Radiator"));
    }
  }
}

class RetentionBot {
  RetentionBot(ArrayList<SimUnit> rlist) {
    rlist.add(new SimUnit("Retention"));
  }
}
```

Sherlock Holmes por Cinco Minutos (Continuação)

```
import java.util.ArrayList;

public class TestLifeSupportSim {
  public static void main(String[] args) {
    ArrayList<SimUnit> aList = new ArrayList<SimUnit>();
    V2Radiator v2 = new V2Radiator(aList);
    V3Radiator v3 = new V3Radiator(aList);
    for (int z = 0; z < 20; z++) {
      RetentionBot ret = new RetentionBot(aList);
    }
  }
}

class SimUnit {
  String botType;

  SimUnit(String type) {
    botType = type;
  }

  int powerUse() {
    if ("Retention".equals(botType)) {
      return 2;
    } else {
      return 4;
    }
  }
}
```

Tom examinou rapidamente o código e esboçou um leve sorriso. “Acho que encontrei o problema, Sarah, e aposto que sei até o percentual de erro de suas leituras sobre o consumo de energia!”

De que Tom suspeitava? Como ele conseguiu identificar os erros de leitura de energia e quais poucas linhas de código você poderia adicionar para ajudar a debugar este programa?

→ **Respostas aqui mesmo.**

Sherlock Holmes por Cinco Minutos

(páginas 270–271)

Tom percebeu que o construtor da classe V2Radiator usava um ArrayList. Ou seja, sempre que o construtor V3Radiator era chamado, passava um ArrayList em sua chamada super() para o construtor V2Radiator. Assim sendo, foram criadas mais cinco V2Radiator SimUnits. Se Tom estivesse certo, o uso total de energia teria sido 120, não os 100 previstos pelas proporções esperadas de Sarah.

Como todas as classes Bot criam SimUnits, escrever um construtor para a classe SimUnit, que exibe uma linha sempre que uma SimUnit é criada, teria destacado imediatamente o problema!

SEJA o Garbage Collector

(página 268)

1 `copyGC = null;` Não — esta linha tenta acessar uma variável que está fora do escopo.

2 `gc2 = null;` Sim — gc2 era a única variável de referência que referenciava esse objeto.

3 `newGC = gc3;` Não — outra variável fora do escopo.

4 `gc1 = null;` Sim — gc1 tinha a única referência porque newGC está fora do escopo.

5 `newGC = null;` Não — newGC está fora do escopo.

6 `gc4 = null;` Não — gc3 ainda está referenciando esse objeto.

7 `gc3 = gc2;` Não — gc4 ainda está referenciando esse objeto.

8 `gc1 = gc4;` Sim — Reatribui a única referência a esse objeto.

9 `gc3 = null;` Não — gc4 ainda está referenciando esse objeto.

Objetos Populares

(página 269)

Provavelmente não foi muito difícil descobrir que o objeto Honey, primeiro referenciado pela variável honeyPot, é de longe o objeto mais "popular" nesta classe. Mas talvez tenha sido um pouco mais complicado identificar que todas as variáveis que apontam do código para o objeto Honey referenciam o ***mesmo objeto!*** Existem um total de 12 referências ativas para este objeto, logo antes da execução do método main() ser concluída. A variável *kit.honeyPot* é válida por um tempo, mas *kit* é anulada no final. Como *raccoon.rk* ainda referencia o objeto Kit, *raccoon.kit.honeyPot* (embora nunca declarada explicitamente) referencia o objeto!

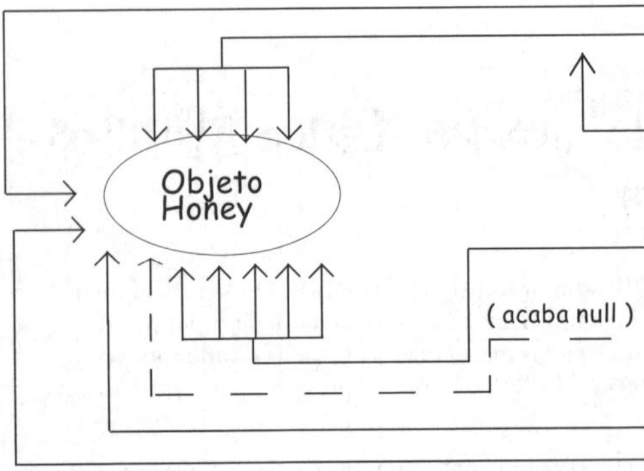


```
public class Honey {
  public static void main(String[] args) {
    Honey honeyPot = new Honey();
    Honey[] ha = {honeyPot, honeyPot,
                  honeyPot, honeyPot};
    Bees bees = new Bees();
    bees.beeHoney = ha;
    Bear[] bears = new Bear[5];
    for (int i = 0; i < 5; i++) {
      bears[i] = new Bear();
      bears[i].hunny = honeyPot;
    }
    Kit kit = new Kit();
    kit.honey = honeyPot;
    Raccoon raccoon = new Raccoon();

    raccoon.rh = honeyPot;
    raccoon.rk = kit;
    kit = null;
  } //  Fim do main
}
```

10 números e elementos estáticos

Os Números Importam

Faça as contas. Não usamos os números somente para fazer cálculos primitivos aritméticos. Talvez você queira obter o valor absoluto de um número, arredondá-lo ou encontrar o maior entre dois números. Ou, quem sabe, queira que seus números sejam exibidos com exatamente duas casas decimais ou mesmo com vírgulas para que fiquem mais fáceis de ler. E quanto a parsear uma String em um número? Ou transformar um número em uma String? Algum dia, pode querer inserir um monte de números em uma coleção como ArrayList que aceita apenas objetos. Você é sortudo. O Java e a API Java estão repletos de recursos e métodos úteis de ajuste de números, prontos e fáceis de usar. No entanto, como a maioria deles é **estático [static, no código]**, começaremos aprendendo o que é uma variável ou método estático, incluindo constantes em Java, também conhecidas como variáveis *finais* estáticas.

Métodos de MATH: o mais perto que você chegará de um método global

Só que, no Java, *nada* é global. Mas pense: e se você tiver um método cujo comportamento não depende de um valor de variável de instância? Vejamos o método round() na classe Math, por exemplo. Esse método sempre faz a mesma coisa — arredonda um número de ponto flutuante (o argumento do método) para o inteiro mais próximo. Sempre. Se tivéssemos 10.000 instâncias da classe Math e executássemos o método round(42.2), obteríamos um valor inteiro de 42. Todas as vezes. Em outras palavras, o método atua no argumento, mas nunca é afetado por um estado de variável de instância. O único valor que altera a maneira como o método round() é executado é o argumento passado para o método!

Não lhe parece um desperdício de espaço da heap criar uma instância da classe Math simplesmente para executar o método round()? E quanto a *outros* métodos matemáticos, como min(), que aceita duas primitivas numéricas e retorna a menor das duas? Ou max(). Ou abs(), que retorna o valor absoluto de um número?

Esses métodos nunca usam valores de variável de instância. A classe Math *não* tem nenhuma variável de instância. Ou seja, não teríamos nenhuma vantagem criando uma instância da classe Math. Então adivinhe? Não precisamos fazer isso. Na verdade, nem podemos.

Na classe Math, os métodos não usam nenhum valor de variável de instância. E como os métodos são "estáticos", não precisamos ter uma instância de Math. Tudo que precisamos é da classe Math.

```
long x = Math.round(42.2);
int y = Math.min(56, 12);
int z = Math.abs(-343);
```

Esses métodos nunca usam variáveis de instância. Logo, seu comportamento não precisa saber sobre um objeto específico.

Se você tentar criar uma instância da classe Math:

```
Math mathObject = new Math();
```

Receberá este erro aqui:

```
File Edit Window Help IwasToldThereWouldBeNoMaths
%javac TestMath

TestMath.java:3: Math() has private
access in java.lang.Math

    Math mathObject = new Math();
                      ^

1 error
```

Este erro aqui mostra que o construtor Math está marcado como private! Ou seja, NUNCA podemos escrever 'new' na classe Math para criar um novo objeto Math.

A diferença entre métodos regulares (não estáticos) e estáticos

Apesar de o Java ser orientado a objetos, de vez em quando podemos nos deparar com casos especiais, normalmente um método utilitário (como os métodos de Math), em que não há necessidade de ter uma instância da classe. A palavra-chave **static** permite que um método seja executado ***sem nenhuma instância da classe***. Um método estático significa "o comportamento não dependente de uma variável de instância, logo, nenhuma instância/objeto é necessária. Apenas a classe".

método (não estático) regular

```
public class Song {
  String title;

  public Song(String t) {
    title = t;
  }

  public void play() {
    SoundPlayer player = new SoundPlayer();
    player.playSound(title);
  }
}
```

O valor da variável de instância afeta o comportamento do método play().

O valor atual da variável de instância 'title' é a música que toca quando chamamos play().

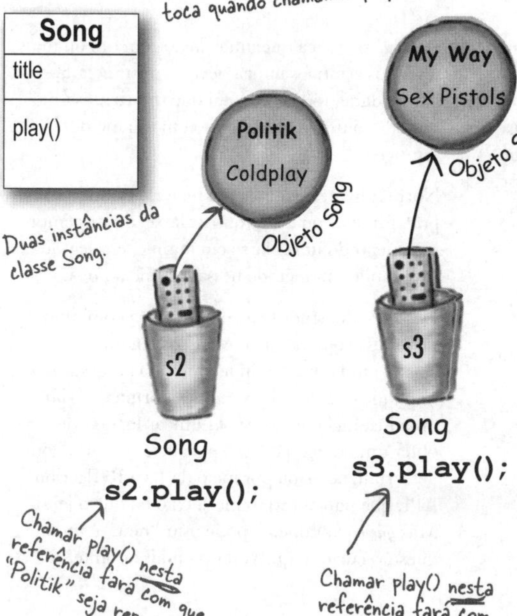

Duas instâncias da classe Song.

Chamar play() nesta referência fará com que "Politik" seja reproduzida.

Chamar play() nesta referência fará com que "My Way" seja reproduzida.

método estático

```
public static int min(int a, int b) {
  // Retorna o menor valor de a e b
}
```

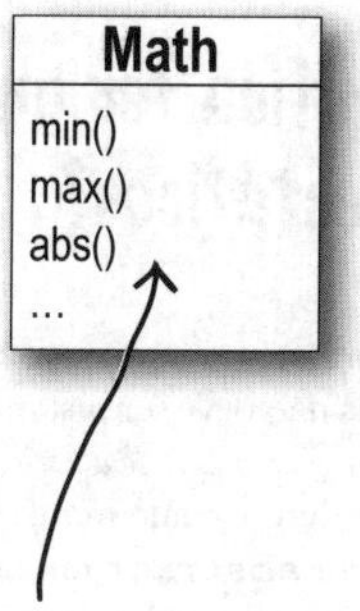

Nenhuma variável de instância. O comportamento do método não muda com o estado da variável de instância.

```
Math.min(42,36);
```

Usamos o nome da classe em vez de um nome de variável de referência.

SEM OBJETOS!! Absolutamente NENHUM OBJETO em qualquer lugar nesta imagem!

Chamamos um método estático usando o nome da classe.

Math
min() max() abs() ...

```
Math.min(88,86);
```

Chamamos um método não estático usando um nome da variável de referência

```
Song t2 = new Song();

t2.play();
```

O que significa ter uma classe com métodos estáticos?

Em geral, (embora nem sempre), uma classe com métodos estáticos não deve ser instanciada. No Capítulo 8, *Polimorfismo Levado a Sério*, falamos sobre classes abstratas e como marcar uma classe com o modificador **abstract** impossibilita que qualquer pessoa insira "new" nesse tipo de classe. Dito de outro modo, ***é impossível instanciar uma classe abstrata***.

No entanto, é possível restringir outro código de instanciar uma classe *não* abstrata marcando o construtor como **private**. Lembre-se, um *método* marcado como private significa que apenas o código de dentro da classe pode invocá-lo. Um *construtor* marcado como private significa basicamente a mesma coisa — somente o código de dentro da classe pode invocá-lo. Ninguém pode escrever "new" *fora* da classe. Por exemplo, é assim que funciona com a classe Math. Como o construtor é private, não podemos criar uma instância nova de Math. O compilador sabe que o código não tem acesso a esse construtor private.

Isso *não* significa que uma classe com um ou mais métodos estáticos nunca deve ser instanciada. Na verdade, toda classe em que inserirmos um método main() é uma classe com um método estático!

Normalmente, criamos um método main() para poder iniciar ou testar outra classe, quase sempre instanciando uma classe em main e, em seguida, invocando um método nessa instância nova.

Desse modo, sinta-se à vontade para combinar métodos estáticos e não estáticos em uma classe, ainda que um único método não estático implique que deve haver *alguma* forma de criar uma instância de classe. As únicas formas de obter um novo objeto são por meio de "new" ou desserialização (ou por meio da Java Reflection API, que não abordaremos). Não há outro jeito. Mas *quem* exatamente pode usar "new" é uma questão curiosa, que veremos mais adiante.

Métodos estáticos não podem usar variáveis não estáticas (de instância)!

Métodos estáticos são executados sem conhecerem nenhuma instância específica da classe do método estático. E como vimos nas páginas anteriores, pode não *haver* nenhuma instância dessa classe. Como é chamado usando a *classe* (***Math***.random()), e não uma *referência de instância* (***t2***.play()), um método estático não pode referenciar nenhuma variável de instância da classe, pois não sabe *qual valor* da variável de instância usar.

Se tentarmos usar uma variável de instância de dentro de um método estático, o compilador pensará: "Não sei de qual variável de instância de objeto você está falando!" Se tivermos dez objetos Duck na heap, um método estático não saberá sobre nenhum deles.

Caso tente compilar este código:

Não sabemos se tem algum Duck, em algum lugar da heap.

```
public class Duck {
  private int size;

  public static void main(String[] args) {
    System.out.println("Size of duck is " + size);
  }

  public void setSize(int s) {
    size = s;
  }

  public int getSize() {
    return size;
  }
}
```

Qual Duck? De que size?

Contexto estático. Tudo mais na classe NÃO é estático.

Receberá este erro:

```
File Edit Window Help Quack
% javac Duck.java
Duck.java:6: non-static va-
riable size cannot be refe-
renced from a static context
      System.out.println("Si-
ze of duck is " + size);
                 ^
```

Métodos estáticos também não podem usar métodos não estáticos

O que os métodos não estáticos fazem? ***Em geral, usam o estado da variável de instância para afetar o comportamento do método.*** Um método getName() retorna o valor da variável name. Nome de quem? Do objeto usado para invocar o método getName().

Isso não compilará

Chamar getSize() somente adia o inevitável — getSize() usa a variável de instância size.

```
public class Duck {
  private int size;

  public static void main(String[] args) {
    System.out.println("Size is " + getSize());
  }

  public void setSize(int s) {
    size = s;
  }

  public int getSize() {
    return size;
  }
}
```

De volta ao mesmo problema... de quem é o size?

```
File Edit Window Help Jack-in
% javac Duck.java
Duck.java:5: error: non-static me-
thod getSize() cannot be referen-
ced from a static context
   System.out.println("Size is "
+ getSize());

^
1 error
```

Fixe na Memória

Rosas são vermelhas,
Todos amam sua fragrância
Métodos estáticos não veem o estado da variável de instância

não existem Perguntas Idiotas

P: E se você tentar chamar um método não estático a partir de um estático, e aquele método não estático não usar nenhuma variável de instância. O compilador permite isso?

R: Não. O compilador sabe que você pode usar ou não variáveis de instância em um método não estático. Pense nas consequências disso... Caso você tivesse permissão para compilar um cenário como esse, o que aconteceria se, no futuro, quisesse alterar a implementação desse método não estático para que, um dia, *usasse* uma variável de instância? Ou pior, o que aconteceria se uma subclasse *sobrescrevesse* o método e usasse uma variável de instância na versão sobrescrita?

P: Posso jurar que já vi um código que chama um método estático usando uma variável de referência em vez do nome da classe.

R: Você *pode* fazer isso, mas como sua mãe sempre lhe disse: "Você não é todo mundo". Ainda que chamar um método estático com qualquer instância de classe *funcione*, isso gera um código verboso (menos legível). Pode-se escrever:

```
Duck d = new Duck();

String[] s = {};

d.main(s);
```

Apesar de ser um código válido, o compilador identifica a classe real ("Ok, *d* é do tipo Duck e main() é estático, então chamarei o main() estático na classe Duck"). Em outras palavras, usar *d* para invocar main() não implica que main() terá qualquer conhecimento especial do objeto que *d* está referenciando. É apenas uma *forma* alternativa de invocar um método estático, que continua sendo estático!

Variável estática:

o valor é o mesmo para TODAS as instâncias da classe

Imagine que queira contar quantas instâncias de Duck estão sendo criadas enquanto seu programa está em execução. Como faria isso? Talvez incrementar uma variável de instância ao construtor?

```
class Duck {
  int duckCount = 0;
  public Duck() {
    duckCount++;
  }
}
```

Isso sempre definiria duckCount como 1 toda vez que um Duck fosse criado.

Não, isso não funcionaria, pois duckCount é uma variável de instância e começa em 0 para cada Duck. Você poderia tentar chamar um método em alguma outra classe, mas isso não é nada elegante. Seria necessário uma classe que tivesse apenas uma única cópia da variável e que todas as instâncias compartilhassem essa cópia.

É isso que uma variável estática lhe oferece: um valor compartilhado por todas as instâncias de uma classe. Dito de outro modo, um valor por classe, em vez de um valor por *instância*.

A variável estática duckCount é inicializada SOMENTE quando a classe é carregada pela primeira vez, NÃO sempre que uma instância nova é criada.

```
public class Duck {
  private int size;
  private static int duckCount = 0;

  public Duck() {
    duckCount++;
  }

  public void setSize(int s) {
    size = s;
  }

  public int getSize() {
    return size;
  }
}
```

Agora ela continuará incrementando cada vez que o construtor Duck for executado, porque duckCount é estático e não será redefinido como 0.

Um objeto Duck não mantém sua própria cópia de duckCount.
Como duckCount é estático, todos os objetos Duck compartilham uma única cópia dele. Considere uma variável estática como uma variável que vive em uma CLASSE em vez de viver em um objeto.

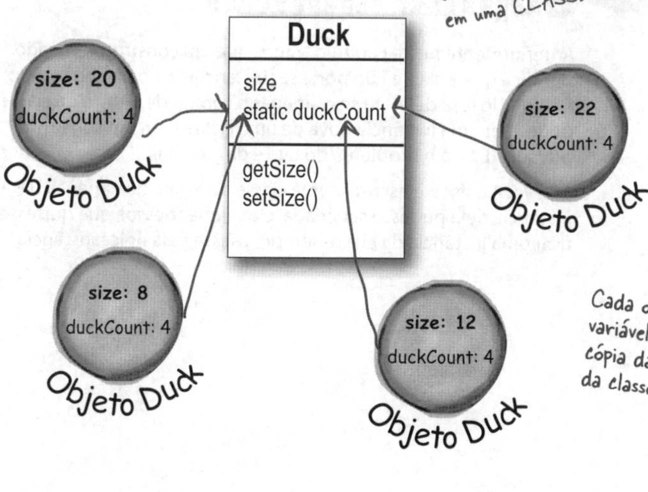

Cada objeto Duck tem sua própria variável size, mas há apenas uma cópia da variável duckCount — a da classe.

Variáveis estáticas são compartilhadas.

Todas as instâncias da mesma classe compartilham uma única cópia das variáveis estáticas.

Variáveis de instância: 1 por **instância**
Variáveis estáticas: 1 por **classe**

Supino Mental

Anteriormente neste capítulo, vimos que um construtor privado significa que a classe não pode ser instanciada a partir do código executado fora dela. Ou seja, apenas o código de dentro da classe pode criar uma instância nova de uma classe com um construtor privado. (É tipo o problema do ovo e da galinha.)

E se você quisesse escrever uma classe de forma que apenas UMA instância dela pudesse ser criada, e qualquer pessoa que quisesse usar uma instância da classe sempre usasse essa única instância?

Inicializando uma variável estática

Variáveis estáticas são inicializadas quando uma *classe é carregada*. E uma classe é carregada quando a JVM decide que é hora de carregá-la. Normalmente, a JVM carrega uma classe porque alguém está tentando criar uma instância nova dela pela primeira vez ou tentando usar um método estático ou uma variável desta classe. Como programadores, também temos a opção de solicitar à JVM que carregue uma classe, mas provavelmente não precisaremos. Em quase todos os casos, é melhor que a JVM decida quando fazer isso.

Em uma classe, todas as variáveis estáticas são inicializadas antes que qualquer objeto dessa classe possa ser criado.

Além do mais, temos duas garantias sobre a inicialização estática:

- Em uma classe, as variáveis estáticas são inicializadas antes que qualquer *objeto* dessa classe possa ser criado.
- Em uma classe, as variáveis estáticas são inicializadas antes que qualquer *método estático* da classe seja executado.

```
class Player {
   static int playerCount = 0;
   private String name;
   public Player(String n) {
      name = n;
      playerCount++;
   }
}
```

playerCount é inicializado quando a classe é carregada. Inicializamos explicitamente com 0, mas não precisamos, pois 0 é o valor default para ints. As variáveis estáticas obtêm valores default exatamente como as variáveis de instância.

Os valores default para variáveis estáticas e de instância declaradas, mas não inicializadas, são os mesmos:
tipos primitivos inteiros (long, short etc.): 0
tipo primitivos de pontos flutuantes (float, double): 0.0
booleanos: false
referências de objetos: null

```
public class PlayerTestDrive {
   public static void main(String[] args) {
      System.out.println(Player.playerCount);
      Player one = new Player("Tiger Woods");
      System.out.println(Player.playerCount);
   }
}
```

Acessa uma variável estática como um método estático — com o nome da classe.

Caso não inicialize explicitamente uma variável estática (atribuindo-lhe um valor no momento em que a declara), essa variável obtém um valor default. Assim, as variáveis int são inicializadas com zero, significando que não precisamos escrever explicitamente playerCount = 0. Declarar, mas não inicializar, uma variável estática significa que a variável estática obterá o valor default para esse tipo de variável, exatamente do mesmo jeito que as variáveis de instância recebem valores default quando declaradas.

```
File Edit Window Help What?
% java PlayerTestDrive
0
1
```

0 ← Antes de quaisquer instâncias serem criadas.

1 ← Depois que um objeto é criado.

Variáveis estáticas finais são constantes

Uma variável marcada como **final** significa que, uma vez inicializada, nunca pode mudar. Em outras palavras, o valor da variável estática final permanecerá o mesmo enquanto a classe for carregada. Pesquise Math.PI na API e você encontrará:

```
public static final double PI =
3.141592653589793;
```

A variável é marcada como **public** para que qualquer código possa acessá-la.

A variável é marcada como **static** para que não precisemos de uma instância da classe Math (que, lembre-se, não temos permissão para criar).

A variável é marcada como **final**, pois o PI não muda (no que diz respeito ao Java).

Não existe outra forma de designar uma variável como uma constante, mas existe uma convenção de nomenclatura que ajuda a reconhecer uma. ***Nomes de variáveis constantes geralmente ficam em letras maiúsculas!***

Um *inicializador estático* é um bloco de código executado quando uma classe é carregada, antes que qualquer outro código possa usar a classe, por isso é um ótimo local para inicializar uma variável estática final.

```
class ConstantInit1 {
    final static int X;
    static {
      X = 42;
    }
```

Inicializando uma variável estática *final*:

1 No momento em que a declarar:

```
public class ConstantInit2 {
   public static final int X_VALUE = 25;
}
```

Observe a convenção de nomenclatura — como as variáveis estáticas finais são constantes, o nome deve estar todo em letras maiúsculas, com um underscore separando as palavras.

OU:

2 Em um inicializador estático:

```
public class ConstantInit3 {
  public static final double VAL;

  static {
    VAL = Math.random();
  }
}
```

Esse código é executado assim que a classe é carregada, antes que qualquer método estático seja chamado e até mesmo antes que qualquer variável estática possa ser usada.

Caso não forneça um valor para uma variável final em um desses dois lugares:

```
public class ConstantInit3 {
  public static final double VAL;
}
```

Nada de inicialização!

O compilador perceberá:

```
File Edit Window Help Init?
% javac ConstantInit3.java
ConstantInit3.java:2: error: va-
riable VAL not initialized in the
default constructor
  public static final double VAL;
                              ^
1 error
```

Não usamos a palavra-chave final somente com variáveis estáticas...

Podemos também usar a palavra-chave **final** para modificar variáveis não estáticas, incluindo as de instância, locais e até parâmetros de método. Em cada caso, significa a mesma coisa: o valor não pode ser alterado. Mas também podemos usar **final** para impedir que alguém sobrescreva um método ou crie uma subclasse.

Variáveis finais não estáticas

```
class Foof {
  final int size = 3;
  final int whuffie;

  Foof() {
    whuffie = 42;
  }

  void doStuff(final int x) {
    // Não se pode alterar x
  }

  void doMore() {
    final int z = 7;
    // Não se pode alterar z
  }
}
```

Agora, não podemos alterar size.

Agora, não podemos alterar whuffie.

Método final

```
class Poof {
  final void calcWhuffie() {
    // Coisas importantes que
    // nunca devem ser sobrescritas
  }
}
```

Classe final

```
final class MyMostPerfectClass {
  // Não pode ser estendida
}
```

Não podemos alterar o valor de uma variável final.

Não podemos sobrescrever o método de um método final.

Não podemos estender a classe (ou seja, não podemos criar uma subclasse) de uma classe final.

não existem Perguntas Idiotas

P: Um método estático não pode acessar uma variável não estática. Mas um método não estático pode acessar uma variável estática?

R: Claro. Em uma classe, um método não estático sempre pode chamar um método estático na classe ou acessar uma variável estática da classe.

P: Por que eu criaria uma classe final? Isso não anula todo o propósito da programação orientada a objetos?

R: Sim e não. Um dos motivos mais comuns para se criar uma classe final é a segurança. Por exemplo, não podemos criar uma subclasse da classe String. Imagine o caos se alguém estendesse a classe String e substituísse seus objetos da subclasse String polimorficamente, onde os objetos String são esperados. Se precisar de uma implementação específica dos métodos em uma classe, marque a classe como final.

P: Não é redundante marcar os métodos como finais se a classe for final?

R: Se a classe for final, não é preciso marcar os métodos como finais. Pense: se for final, uma classe nunca pode ser uma subclasse. Logo, nenhum dos métodos pode ser sobrescrito.

Em contrapartida, caso *queira permitir* que outros estendam sua classe e que possam sobrescrever alguns, mas não todos os métodos, não marque a classe como final, marque seletivamente métodos específicos como final. Um método final significa que uma subclasse não pode sobrescrever esse método específico.

PONTOS DE BALA

- Um ***método estático*** deve ser chamado com o nome da classe em vez de ser chamado com uma variável de referência de objeto: `Math.random()` versus `myFoo.go()`
- Um método estático pode ser invocado sem nenhuma instância da classe do método na heap.
- Um método estático é bom para um método utilitário que não depende (e nunca dependerá) de um valor específico de variável de instância.
- Um método estático não está associado a uma instância específica — apenas à classe — ou seja, não pode acessar nenhum valor de variável de instância de sua classe. Ele não saberia *quais* valores de instância usar.
- Um método estático não pode acessar um método não estático, pois, em geral, os métodos não estáticos são associados ao estado da variável de instância.
- Se você tem uma classe apenas com métodos estáticos e não quiser que a classe seja instanciada, poderá marcar o construtor como private.
- Uma ***variável estática*** é uma variável compartilhada por todos os membros de uma determinada classe. Em uma classe existe apenas uma cópia de uma variável estática, em vez de uma cópia *por cada objeto* para variáveis de instância.
- Um método estático pode acessar uma variável estática.
- Para criar uma constante em Java, marque uma variável como static e final.
- Uma variável estática final deve receber um valor no momento em que é declarada ou em um inicializador estático:

```
static {
        DOG_CODE = 420;
}
```

- A convenção de nomenclatura para constantes (variáveis estáticas finais) é usar letras maiúsculas e underscores (_) para separar as palavras.
- Um valor de variável final não pode ser alterado depois de atribuído.
- A atribuição de um valor a uma variável de *instância* final deve ocorrer no momento em que é declarada ou no construtor.
- Um método final não pode ser sobrescrito.
- Uma classe final não pode ser estendida (subclasse).

Aponte o seu lápis

O que é válido?

Dado tudo o que acabou de aprender sobre static e final, qual desses códigos compilaria?

1
```
public class Foo {
  static int x;

  public void go() {
    System.out.println(x);
  }
}
```

2
```
public class Foo2 {
  int x;

  public static void go() {
    System.out.println(x);
  }
}
```

3
```
public class Foo3 {
  final int x;

  public void go() {
    System.out.println(x);
  }
}
```

4
```
public class Foo4 {
  static final int x = 12;

  public void go() {
    System.out.println(x);
  }
}
```

5
```
public class Foo5 {
  static final int x = 12;

  public void go(final int x) {
    System.out.println(x);
  }
}
```

6
```
public class Foo6 {
  int x = 12;

  public static void go(final int x) {
    System.out.println(x);
  }
}
```

→ Respostas na página 306.

Métodos de Math

Agora que sabemos como os métodos estáticos funcionam, vejamos alguns métodos estáticos na classe Math. Não veremos todos, apenas os mais importantes. Para ver o restante, verifique sua API, incluindo cos(), sin(), tan(), ceil(), floor() e asin().

All Methods | Static Methods | Concrete Methods

Modifier and Type	Method	Description
static double	abs(double a)	Returns the absolute value of a do
static float	abs(float a)	Returns the absolute value of a fl
static int	abs(int a)	Returns the absolute value of an i
static long	abs(long a)	Returns the absolute value of a lo
static int	absExact(int a)	Returns the mathematical absolut ArithmeticException if the resul
static long	absExact(long a)	Returns the mathematical absolut ArithmeticException if the resul
static double	acos(double a)	Returns the arc cosine of a value;
static int	addExact(int x, int y)	Returns the sum of its arguments,
static long	addExact(long x, long y)	Returns the sum of its arguments,
static double	asin(double a)	Returns the arc sine of a value; th
static double	atan(double a)	Returns the arc tangent of a value
static double	atan2(double y, double x)	Returns the angle *theta* from the
static double	cbrt(double a)	Returns the cube root of a double
static double	ceil(double a)	Returns the smallest (closest to n a mathematical integer.
static double	copySign(double magnitude, double sign)	Returns the first floating-point ar
static float	copySign(float magnitude, float sign)	Returns the first floating-point ar
static double	cos(double a)	Returns the trigonometric cosine
static double	cosh(double x)	Returns the hyperbolic cosine of a

Math.abs()

Retorna um double que é o valor absoluto do argumento. Como está sobrecarregado, se passarmos um int, o método retornará um int. Passe um double, o método retorna um double.

```
int x = Math.abs(-240);          // Retorna 240
double d = Math.abs(240.45);     // Retorna 240.45
```

Math.random()

Retorna um double entre (e incluindo) 0.0 até (mas não incluindo) 1.0.

```
double r1 = Math.random();
int r2 = (int) (Math.random() * 5);
```

Temos usado esse método até agora, mas também há o java.util. Random, um pouco mais agradável de usar.

Math.round()

Retorna um int ou um long (dependendo se o argumento é float ou double) arredondado para o valor inteiro mais próximo.

Lembre-se de que as literais de ponto flutuante são considerados do tipo double, a menos que você adicione o 'f' no final.

```
int x = Math.round(-24.8f);  // Retorna -25
int y = Math.round(24.45f);  // Retorna 24

long z = Math.round(24.45);  // Retorna 24L
```

Isso é um double.

Math.min()

Retorna o valor mínimo de dois argumentos. O método está sobrecarregado para receber ints, longs, floats ou doubles.

```
int x = Math.min(24,240);                 // Retorna 24
double y = Math.min(90876.5, 90876.49); // Retorna 90876.49
```

Math.max()

Retorna o valor máximo de dois argumentos. O método está sobrecarregado para receber ints, longs, floats ou doubles.

```
int x = Math.max(24,240);                 // Retorna 240
double y = Math.max(90876.5, 90876.49); // Retorna 90876.5
```

Math.sqrt()

Retorna a raiz quadrada positiva do argumento. Apesar de o método usar um double, podemos passar qualquer coisa que caiba em um double.

```
double x = Math.sqrt(9);      // Retorna 3
double y = Math.sqrt(42.0); // Retorna 6.48074069840786
```

Encapsulando um tipo primitivo

Às vezes, queremos tratar um tipo primitivo como um objeto. Por exemplo, coleções como ArrayList só funcionam com objetos:

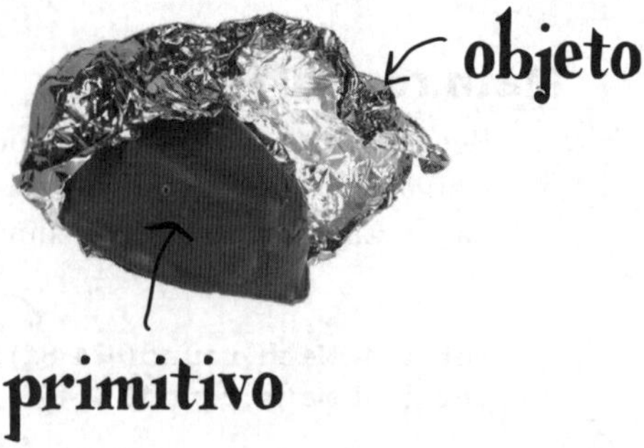


```
ArrayList<???> list;
```

Podemos criar um ArrayList para ints?

Existe uma classe wrapper para cada tipo primitivo e, como elas estão no pacote java.lang, não precisamos importá-las. É possível reconhecê-las porque cada uma recebe o nome do tipo primitivo que encapsula, com a primeira letra maiúscula, segundo a convenção de nomenclatura de classe.

Quando precisar tratar um primitivo como um objeto, encapsule-o.

Ah sim, por razões que absolutamente ninguém sabe, os criadores da API decidiram que o nome do tipo primitivo e o nome do tipo da classe não seriam *exatamente* iguais. Veja o que queremos dizer:

Boolean
Character
Byte
Short
Integer
Long
Float
Double

Atenção! Os nomes não são correspondentes exatos dos tipos primitivos. Os nomes das classes são escritos por extenso.

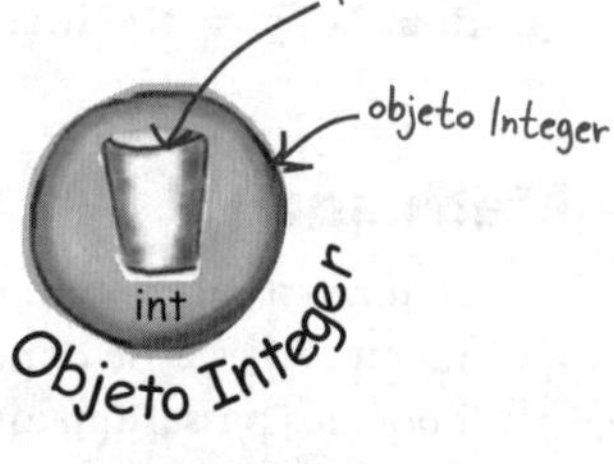

Fornece o primitivo ao construtor do wrapper. Só isso.

Encapsulando um valor

```
int i = 288;
Integer iWrap = new Integer(i);
```

Todos os wrappers funcionam assim. Boolean tem um booleanValue(), Character tem um charValue() etc.

*De*sencapsulando um valor

```
int unWrapped = iWrap.intValue();
```

Observação: a imagem no início da página é um chocolate "encapsulado" em papel alumínio, entendeu? Tipo em um wrapper? Tem gente que acha que é uma batata queimada, dá para entender também.

O Java fornece o recurso de Autoboxing

Antigamente (pré-Java 5), tínhamos que encapsular e desencapsular os tipos primitivos nós mesmos. Felizmente, agora tudo é feito de *modo automático*.

Vamos ver o que acontece quando criamos um ArrayList para armazenar ints.

Um ArrayList de ints primitivos

```
public void autoboxing() {
   int x = 32;
   ArrayList<Integer> list = new ArrayList<Integer>();
   list.add(x);

   int num = list.get(0);
}
```

Cria um ArrayList do tipo Integer.

Basta adicioná-lo!

Apesar de NÃO existir um método em ArrayList para add(int), o compilador faz todo o encapsulamento (boxing) para você. Em outras palavras, realmente EXISTE um objeto Integer armazenado no ArrayList, mas você pode "fingir" que o ArrayList aceita ints. (É possível adicionar ints e Integers a um ArrayList<Integer>.)

E o compilador desencapsula automaticamente (unboxing) o objeto Integer para que você possa atribuir o valor int diretamente a um primitivo sem ter que chamar o método intValue() no objeto Integer.

não existem Perguntas Idiotas

P: Por que não declarar um ArrayList<int> se quisermos armazenar ints?

R: Porque... *Não podemos.* Pelo menos, não nas versões do Java que este livro aborda (a linguagem está em constante evolução e as coisas podem mudar!). Lembre-se, a regra para tipos genéricos é que podemos especificar apenas classes ou tipos de interface, *não tipos primitivos*. Por isso, ArrayList<int> não será compilado. Mas, como podemos ver no código acima, isso realmente não importa, pois o compilador permite inserir ints em ArrayList<Integer>. Na verdade, não há como *impedir* que você insira tipos primitivos em um ArrayList em que o tipo da lista é o tipo do wrapper de determinado primitivo, já que o autoboxing acontecerá automaticamente. Portanto, é possível inserir tipos primitivos booleanos em um ArrayList<Boolean> e chars em um ArrayList<Character>.

O autoboxing funciona em quase todos os lugares

O autoboxing nos possibilita fazer mais do que apenas encapsular e desencapsular para usar tipos primitivos em uma coleção… possibilita também usar um tipo primitivo ou seu tipo de wrapper basicamente em qualquer lugar que um ou outro seja esperado. Pense nisso!

Diversão com o autoboxing

Argumentos do método

Se um método usa um tipo wrapper, podemos passar uma referência para um wrapper ou para um primitivo do tipo correspondente. Claro que o contrário também ocorre — se um método usa um primitivo, podemos passar um primitivo compatível ou uma referência a um wrapper desse tipo primitivo.

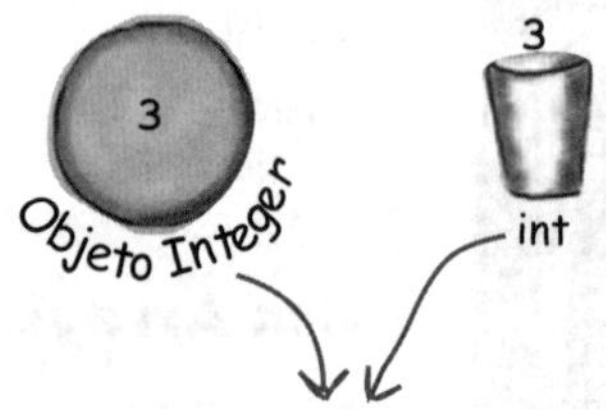


```
void takeNumber(Integer i) { }
```

Valores de retorno

Se um método declara um tipo de retorno primitivo, podemos retornar um primitivo compatível ou uma referência ao wrapper desse tipo. E se um método declara um tipo de retorno de wrapper, podemos retornar uma referência ao tipo de wrapper ou um primitivo do tipo correspondente.

```
int giveNumber() {
   return x;
}
```

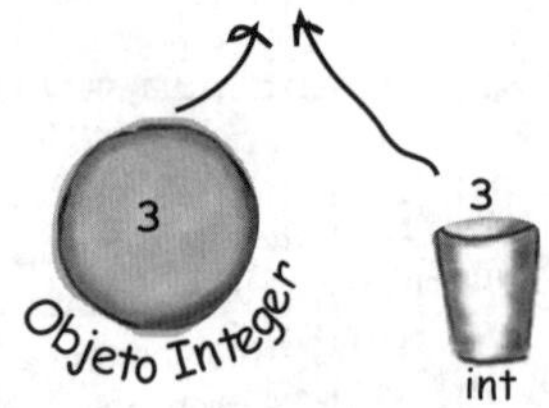

Expressões booleanas

Independentemente do lugar em que um valor booleano é esperado, podemos usar uma expressão que seja avaliada como um booleano (4 > 2), um booleano primitivo ou uma referência a um wrapper booleano.

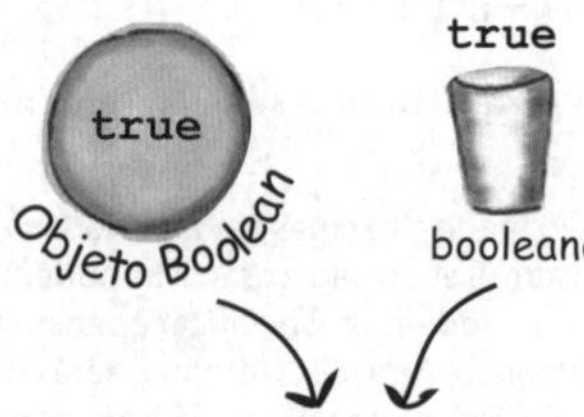


```
if (bool) {
   System.out.println("true");
}
```

Operações e números

Provavelmente, a coisa mais estranha de todas — sim, é possível usar um tipo wrapper como um operando em operações onde se espera um tipo primitivo. Ou seja, podemos aplicar, por exemplo, o operador de incremento em uma referência a um objeto Integer!

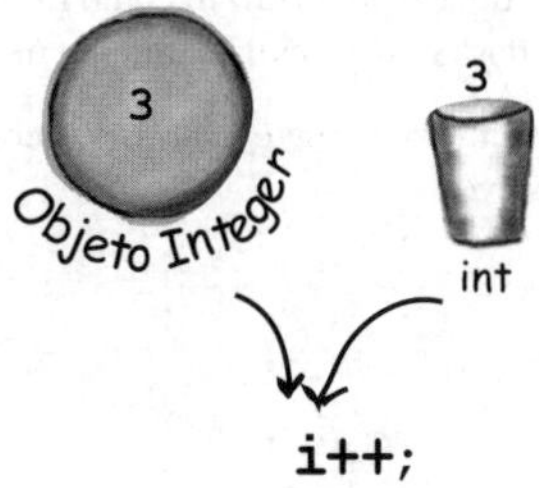

Mas não se preocupe — isso é apenas um truque do compilador. A linguagem não foi modificada para fazer os operadores trabalharem em objetos; o compilador simplesmente converte o objeto em seu tipo primitivo antes da operação. Mas com certeza é esquisito.

```
Integer i = new Integer(42);
i++;
```

Significa também podemos fazer coisas como:

```
Integer j = new Integer(5);
Integer k = j + 3;
```

Atribuições

Podemos atribuir um wrapper ou tipo primitivo a uma variável declarada como um wrapper ou tipo primitivo correspondente. Por exemplo, uma variável int primitiva pode ser atribuída a uma variável de referência Integer e vice-versa — uma referência a um objeto Integer pode ser atribuída a uma variável declarada como um tipo primitivo int.

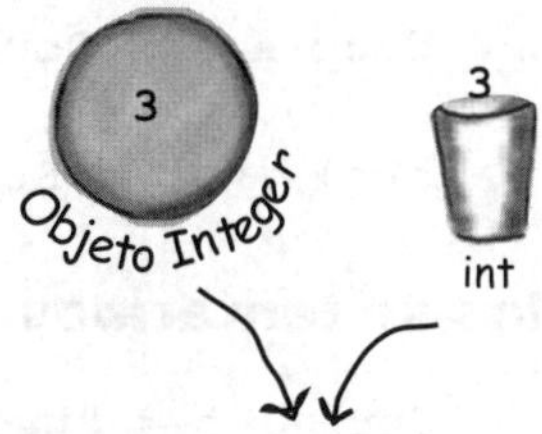


```
Integer intVal = x;
```

Aponte o seu lápis

Esse código compilará? Será executado? Se for executado, o que fará?

Não se apresse e examine o código; esse código exemplifica as consequências do autoboxing sobre as quais não falamos.

Você terá que recorrer ao compilador para encontrar as respostas. (Sim, estamos forçando você a testar as coisas, para seu próprio bem, é claro.)

```
public class TestBox {
  private Integer i;
  private int j;

  public static void main(String[] args) {
    TestBox t = new TestBox();
    t.go();
  }

  public void go() {
    j = i;
    System.out.println(j);
    System.out.println(i);
  }
}
```

→ Resolve aí.

Mas espere! Tem mais! Os wrappers também têm métodos utilitários estáticos!

Além de se comportarem como uma classe normal, os wrappers têm vários métodos estáticos extremamente úteis.

Por exemplo, os métodos *parse* recebem uma String e retornam um valor primitivo.

Classe wrapper Integer.

Método da classe Integer que sabe "parsear" uma String dentro do int que ela representa.

Recebe uma String.

Integer.parseInt("3")

Converter uma String em um valor primitivo é fácil:

Não há problema em parsear "2" em 2.

```
String s = "2";
int x = Integer.parseInt(s);
double d = Double.parseDouble("420.24");

boolean b = Boolean.parseBoolean("True");
```

O método parseBoolean() ignora as letras maiúsculas e minúsculas dos caracteres no argumento da String.

Mas se tentarmos fazer isso:

```
String t = "two";
int y = Integer.parseInt(t);
```

Vish. Isso compila muito bem, mas no tempo de execução, já era. Qualquer coisa que não possa ser parseada como um número causará uma NumberFormatException.

Receberemos uma exceção runtime:

```
File Edit Window Help Clue
% java Wrappers
Exception in thread "main" java.lang.NumberFormatExcep-
tion: For input string: "two"
   at java.base/java.lang.NumberFormatException.forInputS-
tring(NumberFormatException.java:65)
   at java.base/java.lang.Integer.parseInt(Integer.java:652)
   at java.base/java.lang.Integer.parseInt(Integer.java:770)
   at Snippets.badParse(Snippets.java:48)
   at Snippets.main(Snippets.java:54)
```

Todo método ou construtor que parseia uma String pode lançar uma NumberFormatException. Como se trata de uma exceção runtime, não precisamos lidar com ela ou declará-la. Mas talvez você queira, quem sabe?

Falaremos sobre exceções no Capítulo 13, *Comportamento Arriscado*.)

E agora ao contrário:

convertendo um número primitivo em uma String

Talvez você queira transformar um número em uma String, por exemplo, quando for mostrar esse número a um usuário ou inseri-lo em uma mensagem. Existem diversas formas de converter um número em uma String. A mais fácil é simplesmente concatenar o número em uma String existente.

```
double d = 42.5;
String doubleString = "" + d;
```

Lembre-se de que, no Java, o operador '+' é sobrecarregado (o único operador sobrecarregado) como um concatenador de Strings. Qualquer coisa adicionada a uma String se torna uma String convertida (ou Stringified).

```
double d = 42.5;
String doubleString = Double.toString(d);
```

Outra maneira de fazer isso usando um método estático na classe Double.

```
double d = 42.5;
String doubleString = String.valueOf(d);
```

Existe também um método estático sobrecarregado "valueOf" em String, que obterá o valor String de praticamente qualquer coisa.

Formatação numérica

No Java, a formatação de números e de datas não precisa ser acoplada à E/S. Pense nisso. Uma das formas mais comuns de exibir números para um usuário é por meio de uma GUI. Basta inserir Strings em uma área de texto de rolagem ou, talvez, em uma tabela. Se a formatação fosse elaborada apenas em declarações de exibições, seria impossível formatar um número em uma String elegante para exibi-lo em uma GUI.

A API Java disponibiliza formatação poderosa e flexível por meio da classe Formatter do pacote java.util. Mas, não raro, nem precisamos criar e chamar métodos na classe Formatter, porque a API Java tem métodos convenientes em algumas das classes de E/S (incluindo printf()) e na classe String. Assim sendo, pode ser uma simples questão de chamar um método estático String.format() e passar a ele o que queremos formatar junto com as instruções de formatação.

Obviamente, é necessário saber como fornecer as instruções de formatação e isso exige um pouco de esforço, a menos que esteja familiarizado com a função ***printf()*** do C/C++. Felizmente, mesmo que *não* conheça printf(), você pode simplesmente adotar o passo a passo das operações mais básicas (que mostraremos neste capítulo). No entanto, você *deve* aprender a formatar para fazer o que *bem entender*.

Começaremos com um exemplo básico e depois veremos como funciona. (Observação: retomaremos a formatação no Capítulo 16, *Salvando Objetos*.)

Melhorando a legibilidade de números grandes com underscores, um rápido desvio

Antes de nos aprofundarmos na formatação de números, faremos um desvio breve e útil. Às vezes, queremos declarar variáveis com valores iniciais grandes. Vejamos três declarações que atribuem o mesmo valor grande, um bilhão, a tipos primitivos long:

```
long hardToRead = 1000000000;
long easierToRead = 1_000_000_000;
long legalButSilly = 10_0000_0000;
```

Ao atribuir valores grandes, os underscores inseridos adequadamente facilitarão sua vida!

Formatando um número para que use vírgulas

```
public class TestFormats {
  public static void main(String[] args) {
    long myBillion = 1_000_000_000;
    String s = String.format("%,d", myBillion);
    System.out.println(s);
  }
}
```

O número a ser formatado (queremos que tenha vírgulas).

As instruções de formatação de como formatar o segundo argumento (que, neste caso, é um valor int). Lembre-se, existem apenas dois argumentos para este método aqui — a primeira vírgula está DENTRO da literal da String. Ou seja, não está separando os argumentos do método format.

```
1,000,000,000
```

Agora temos vírgulas inseridas no número.

Formatação desconstruída...

No nível mais básico, a formatação consiste em duas partes principais (existem mais, no entanto, vamos começar pelo básico para simplificar as coisas):

1 Instruções de formatação:

Usamos especificadores especiais de formato que descrevem como o argumento deve ser formatado.

> Observação: caso já conheça printf() do C/C++, provavelmente basta folhear as próximas páginas. Caso contrário, leia com atenção!

2 O argumento a ser formatado:

Ainda que possa haver mais de um argumento, começaremos com somente um. O tipo de argumento não pode ser *qualquer coisa*... Tem que ser algo que possa ser formatado com os especificadores de formato nas instruções de formatação. Por exemplo, se as instruções de formatação especificam um *número de ponto flutuante*, não podemos passar um Dog ou mesmo uma String que se pareça com um número de ponto flutuante.

Faça isso... (1) Com isso. (2)

```
format("%,d", 1_000_000_000);
```

Use estas instruções nestes argumentos.

O que essas instruções querem dizer?

"Pegue o segundo argumento deste método e formate-o como um inteiro **d**ecimal e insira **vírgulas.**"

Como elas informam isso?

Na próxima página, veremos com mais detalhes o que a sintaxe "%,d" significa, mas para começar, sempre que vir o sinal de porcentagem (%) em um formato String (sempre o primeiro argumento para um format()), basta considerá-lo como uma representação de uma variável, e a variável é o outro argumento do método. O restante dos caracteres após o sinal de porcentagem descreve as instruções de formatação do argumento.

A porcentagem (%) diz: "insira o argumento aqui" (e o formate usando tais instruções)

O primeiro argumento de um método format() é chamado de format String [String de formatação] e pode, na verdade, incluir caracteres que queremos exibir do jeito que estão, sem formatar nada. Porém, ao ver o sinal de %, considere-o como uma variável que representa o outro argumento do método.

Caracteres a serem incluídos na String final retornada de format().

Especificadores de formato para o segundo argumento do método (o número).

Mais caracteres para incluir na String após o segundo argumento ser formatado e inserido.

Argumento a ser formatado.

```
String.format("I have %.2f, bugs to fix.", 476578.09876);
```

Saída (em português: Tenho 476578.10 bugs para corrigir.)

```
I have 476578.10 bugs to fix.
```

Repare que perdemos alguns dos números após o ponto decimal. Você consegue adivinhar o que significa ".2f"?

O sinal "%" informa ao formatador para inserir o outro argumento do método (o segundo argumento de format(), o número) aqui, E formatá-lo usando os caracteres ".2f" após o sinal de porcentagem. Em seguida, o restante da String de formatação, "bugs to fix", é adicionado à saída final.

Adicionando uma vírgula:

```
String.format("I have %,.2f bugs to fix.",
476578.09876);
```

```
I have 476,578.10 bugs to fix.
```

Ao alterar as instruções de formato de "%.2f" para "%,.2f", inserimos uma vírgula no número formatado.

A formatação de String recorre à própria sintaxe simples de linguagem

Obviamente que não se pode inserir *nada* após o sinal "%". A sintaxe para o que será inserido após o sinal percentual segue regras bastante específicas e descreve como formatar o argumento que é inserido nesse ponto na String de resultado (formatado).

Você já viu dois exemplos:

%,d significa "inserir vírgulas e formatar o número como um inteiro decimal".

E

%.2f significa "formatar o número como um ponto flutuante com uma precisão de duas casas decimais".

E

%,.2f significa "inserir vírgulas e formatar o número como ponto flutuante com precisão de duas casas decimais".

A pergunta que não quer calar é: "Como sei o que inserir depois do sinal de porcentagem para fazer o que quero?" E isso inclui conhecer os símbolos (como "d" para decimal e "f" para ponto flutuante), bem como a ordem em que as instruções devem ser inseridas seguindo o sinal de porcentagem. Por exemplo, se inserir a vírgula depois do "d" como "%d," em vez de "%,d", o código não será executado! Ou será? O que acha que o seguinte código fará?

```
String.format("I have %.2f, bugs to fix.", 476578.09876);
```

(Responderemos na próxima página.)

O especificador de formato

Tudo que for inserido após o sinal de porcentagem, incluindo o indicador de tipo (como "d" ou "f"), faz parte das instruções de formatação. Depois do indicador de tipo, o formatador assume que o próximo conjunto de caracteres deve fazer parte da String de saída, até ou a menos que chegue a outro sinal de porcentagem (%). Hmmmm... Isso é possível? Podemos ter mais de uma variável de argumento formatada? Por ora, deixaremos essa pergunta de lado; vejamos a sintaxe dos especificadores de formato — os itens inseridos após o sinal de porcentagem (%), que descrevem como o argumento deve ser formatado.

Um especificador de formato pode ter até cinco partes diferentes (sem incluir o "%"). A seguir, tudo que estiver entre colchetes [ ] é opcional, somente a porcentagem (%) e o tipo são obrigatórios. No entanto, como a ordem também é obrigatória, todas as partes que você USAR devem seguir essa ordem.

```
%[argument number][flags][width][.precision]type
```

Veremos isso mais tarde... Possibilita especificar QUAL argumento, se houver mais de um. (Não se preocupe com isso ainda.)

Estes daqui são para opções especiais de formatação, como inserir vírgulas, números negativos entre parênteses ou justificar os números à esquerda.

Define o número MÍNIMO de caracteres que serão usados. Isso é *mínimo*, não TOTAL. Se o número for maior que width, ainda será usado por completo, mas se for menor que width, será preenchido com zeros.

Você já conhece este... Define a precisão. Em outras palavras, define o número de casas decimais. Não se esqueça de incluir ".".

O type é obrigatório (confira a próxima página) e normalmente será "d" para um inteiro decimal ou "f" para um número de ponto flutuante.

```
%[argument number][flags][width][.precision]type

format("%,6.1f", 42.000);
```

Não existe um "número de argumento" especificado nesta formatação de String, mas todas as outras partes estão lá.

O valor que queremos formatar. Importantíssimo.

O único especificador obrigatório é para o TYPE

Ainda que o tipo seja o único especificador obrigatório, lembre-se de que, se inserir qualquer outra coisa, o tipo sempre deve vir por último! Existem mais de uma dúzia de modificadores de tipo diferentes (sem falar de datas e de horas, que têm o próprio conjunto), porém, na maioria das vezes, usaremos %d (decimal) ou %f (ponto flutuante). E normalmente combinaremos %f com um indicador de precisão a fim de definir o número de casas decimais que queremos em nossa saída.

O TYPE é obrigatório, todo o restante é opcional.

%d ***decimal***

```
format("%d", 42);
```

42.25 não executaria! Seria o mesmo que tentar atribuir diretamente um double a uma variável int.

```
42
```

O argumento deve ser compatível com um int, ou seja, apenas byte, short, int e char (ou seus tipos wrapper).

É necessário incluir um tipo nas instruções de formato e, se especificarmos coisas além do tipo, o tipo deve sempre vir por último.
Na maioria das vezes, provavelmente formataremos números com "d" para decimal ou "f" para ponto flutuante.

%f ***ponto flutuante***

```
format("%.3f", 42.000000)
```

Aqui, combinamos o "f" com um indicador de precisão ".3". Assim acabamos com três zeros.

```
42.000
```

O argumento deve ser do tipo ponto flutuante, o que significa apenas float ou double (primitivo ou wrapper), bem como algo chamado BigDecimal (que não abordaremos neste livro).

%x ***hexadecimal***

```
format("%x", 42)
```

```
2a
```

O argumento deve ser um byte, short, int, long (incluindo tipos primitivos e wrapper) e BigInteger.

%c ***caractere***

```
format("%c", 42)
```

O número 42 representa o caractere "*".

```
*
```

O argumento deve ser um byte, short, char ou int (incluindo tipos primitivos e wrapper).

O que acontece se eu tiver mais de um argumento?

Imagine que você queira uma String como essa:

"The rank is ***20,456,654*** out of ***100,567,890.24***." [A classificação é ***20,456,654*** de ***100,567,890.24***.]

Mas os números vêm de variáveis. O que fazer? Basta adicionar *dois* argumentos após a formatação da String (primeiro argumento), o que significa que a chamada para format() terá três argumentos em vez de dois. E dentro desse primeiro argumento (a formatação da String), você terá dois especificadores de formato diferentes (dois elementos que começam com "%"). O primeiro especificador de formato inserirá o segundo argumento no método, e o segundo especificador de formato inserirá o terceiro argumento no método. Ou seja, as inserções de variáveis na formatação de String usam a ordem em que os outros argumentos são passados para o método format().

```
int one = 20456654;
double two = 100567890.248907;
String s = String.format("The rank is %,d out of %,.2f", one,
two);
```

Quando temos mais de um argumento, eles são inseridos usando a ordem em que os passamos para o método format().

```
The rank is 20,456,654 out of 100,567,890.25
```

Adicionamos vírgulas a ambas as variáveis e restringimos o número de ponto flutuante (a segunda variável) a duas casas decimais.

Conforme veremos quando chegarmos à formatação atual, talvez você queira aplicar diferentes especificadores de formatação ao mesmo argumento. É difícil de imaginar isso até ver como funciona a formatação de *data* (o contrário da formatação de *número* que temos feito). Em breve, veremos como ser mais específico em relação a quais especificadores de formato são aplicados a quais argumentos.

não existem Perguntas Idiotas

P: Tá rolando uma situação estranha aqui. Quantos argumentos *posso* passar? Quero dizer, quantos métodos format() sobrecarregados estão NA classe String? O que acontece se eu quiser passar, digamos, dez argumentos diferentes a serem formatados para uma única String de saída?

R: Bem observado. Sim, *tá* rolando uma situação estranha, e não, *não* há um monte de métodos format() sobrecarregados para receber um número diferente de argumentos possíveis. Para suportar essa API de formatação (semelhante à printf) em Java, a linguagem precisava de outro recurso — *listas de argumentos variáveis* (*varargs*). No Apêndice B, falaremos mais sobre varargs.

Mais uma coisinha... Imports estáticos

Imports estáticos são uma faca de dois gumes. Algumas pessoas adoram essa ideia, outras odeiam. Os imports estáticos existem para que o código fique um pouco mais curto. Caso deteste digitar muito ou odeie código com linhas longas, talvez goste desse recurso. A desvantagem dos imports estáticos é que, se você não for cuidadoso, usá-los pode comprometer a legibilidade de seu código. A ideia básica é que, sempre que estiver usando uma classe estática, uma variável estática ou um enum (falaremos mais sobre isso depois), você poderá importá-los e digitar menos.

Use com cuidado:

Imports estáticos podem comprometer a legibilidade de seu código.

Sempre releia seu código depois de usar um import estático e pense: "Será que vou entender isso daqui a seis meses?"

Sem imports estáticos:

```
class NoStatic {

  public static void main(String[] args) {

    System.out.println("sqrt " + Math.sqrt(2.0));

    System.out.println("tan " + Math.tan(60));

  }

}
```

A sintaxe a ser usada ao declarar imports estáticos.

Mesmo código, com imports estáticos:

```
import static java.lang.Math.*;

import static java.lang.System.out;

class WithStatic {

  public static void main(String[] args) {

    out.println("sqrt " + sqrt(2.0));

    out.println("tan " + tan(60));

  }

}
```

Imports estáticos na prática.

Este pode ser um lugar RUIM para usar um import estático. Remover classe "System" não deixa claro o que é e de onde veio. Além disso, pode levar a conflitos de nomenclatura; agora não se pode criar nenhuma outra variável chamada "out".

Talvez você queira usar imports estáticos nesses métodos. Isso encurta mais o código, e você não precisa do prefixo "Math." para entender o que são essas operações.

Advertências e Cuidados

- Usar imports estáticos remove as informações sobre a origem da classe estática. Aconselhamos o uso de imports estáticos somente quando o método ou a variável estáticos ainda significam algo, quando não são prefixados com o nome da classe.
- O grande problema dos imports estáticos é que podem gerar conflitos de nomenclatura. Por exemplo, se tiver duas classes diferentes com um método "add()", como você e o compilador saberão qual usar? Ou seja, se houver a possibilidade de conflito, é melhor não usar imports estáticos.
- Observe que você pode usar curingas (.*) na declaração do import estático.

Conversa Informal

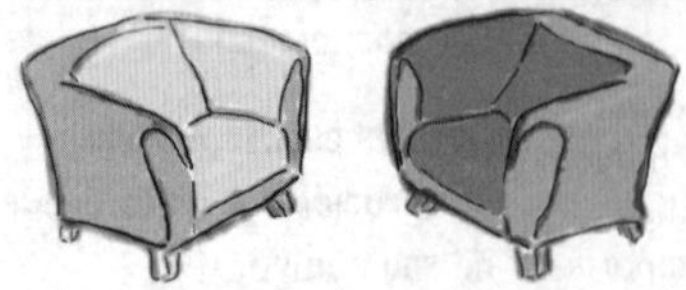

Conversa da noite: **Uma variável de instância critica injustamente uma variável estática**

Variável de Instância

Variável Estática

Variável de Instância: Nem sei por que estamos conversando. Todo mundo sabe que variáveis estáticas são usadas apenas para constantes. E quantas delas existem? Acho que toda a API deve ter, o quê, quatro? E quase ninguém usa.

Variável Estática: Você precisa verificar suas informações. Quando foi a última vez que analisou a API? Porque ela está tomada de variáveis estáticas! Fora que tem classes inteiras dedicadas ao armazenamento de valores de constantes. Por exemplo, tem uma classe chamada SwingConstants cheia delas.

Variável de Instância: Cheia delas. Isso aí. Ok, existem algumas delas na biblioteca Swing, mas geral sabe que Swing é um caso especial.

Variável Estática: Pode até ser um caso especial, mas é importantíssimo! E quanto à classe Color? Seria um verdadeiro pé no saco se tivéssemos que lembrar todos os valores RGB para gerar cores padrão! A classe Color já tem constantes definidas para azul, roxo, branco, vermelho etc. Muito útil.

Variável de Instância: Beleza, mas além de algumas coisas da GUI, me fala um exemplo de apenas uma variável estática que realmente seja usada no dia a dia.

Variável Estática: Que tal System.out para começo de conversa? A saída em System.out é uma variável estática da classe System. Você não cria uma instância nova de System; basta pedir à classe System a variável out.

Variável de Instância: Outro caso especial. Ninguém usa isso, a não ser para debugar.

Variável Estática: Oxi, e debugar não é importante?

E provavelmente o que vou dizer nunca passou pela sua cabecinha limitada: sejamos sinceros, variáveis estáticas são mais eficientes. Uma por classe em vez de uma por instância. A economia de memória pode ser imensa!

Variável de Instância: É... não tá se esquecendo de algo não?

Variável Estática: Do quê?

Variável de Instância: As variáveis estáticas são *contrárias* aos princípios de programação orientada a objetos! Mano, por que não retroceder um pouco e, já que é assim, usar a programação procedural?

Variável Estática: Como assim *contrárias* aos princípios de programação orientada a objetos?

Variável de Instância: Você é como uma variável global, e qualquer programador que se preze sabe que isso geralmente é uma coisa ruim.

Variável Estática: NÃO sou uma variável global. Não tem nada disso. Vivo em uma classe! O que é muito OO, sabe, uma CLASSE. Não fico alocada em qualquer lugar. Sou parte natural do estado de um objeto; a única diferença é que sou compartilhada por todas as instâncias de uma classe. Muito eficiente.

Variável de Instância: Sim, você vive em uma classe, e não estamos falando de programação orientada à *classe*. Quanta estupidez. Você não passa de um fóssil que ajuda o pessoal da velha-guarda a usar Java.

Variável Estática: Chega. Já deu para mim. ISSO está longe de ser verdade. Algumas variáveis estáticas são absolutamente cruciais para um sistema. E mesmo aquelas que não são cruciais com certeza são úteis.

Variável de Instância: Tá, de vez em quando com certeza, faz sentido usar uma variável estática. Mas não se esqueça: o abuso de variáveis estáticas (e métodos) é marca de um programador OO imaturo. Um bom programador deve considerar o estado do *objeto*, não o da *classe*.

Variável Estática: Por que diz isso? O que tem de errado com os métodos estáticos?

Variável de Instância: Os métodos estáticos são uma desgraça porque com eles geralmente o programador está com um pé na programação procedural ao invés de se atentar à programação orientada a objetos e fazer as coisas com base no estado exclusivo do objeto.

Variável Estática: Claro, sei que os objetos devem ser o foco de um design OO, mas só porque existem alguns programadores sem noção não significa que devemos descartar as variáveis estáticas por não saberem usá-las. É necessário saber a hora e o lugar de utilizá-las, nada supera uma variável estática.

Variável de Instância: Ah, tá bom. Acredite no que quiser.

SEJA o Compilador

Nesta página, o arquivo Java representa um programa completo. Sua tarefa é ser o compilador e determinar se este arquivo será compilado. Caso não seja compilado, como você solucionaria o problema? Se for executado, qual seria a saída?

```
class StaticSuper {
  static {
    System.out.println("super static block");
  }

  StaticSuper () {
    System.out.println("super constructor");
  }
}

public class StaticTests extends StaticSuper {
  static int rand;

  static {
    rand = (int) (Math.random() * 6);
    System.out.println("static block" + rand);
  }

  StaticTests() {
    System.out.println("constructor");
  }

  public static void main(String[] args) {
    System.out.println("in main");
    StaticTests st = new StaticTests();
  }
}
```

Qual destes é a saída?

Possível saída:

```
File Edit Window Help Cling
%java StaticTests
static block 4
in main
super static block
super constructor
constructor
```

Possível saída:

```
File Edit Window Help Electricity
%java StaticTests
super static block
static block 3
in main
super constructor
constructor
```

Respostas na página 306.

Exercício

Nesta capítulo, exploramos o mundo maravilhoso e estático do Java. Sua tarefa é decidir se cada uma das seguintes afirmações é verdadeira ou falsa.

VERDADEIRO OU FALSO

1. Para usar a classe Math, o primeiro passo é criar uma instância dela.

2. É possível marcar um construtor com a palavra-chave **`static`**.

3. Métodos estáticos não têm acesso ao estado da variável de instância do objeto "this".

4. É bom chamar um método estático usando uma variável de referência.

5. Variáveis estáticas podem ser usadas para contar as instâncias de uma classe.

6. Construtores são chamados antes que as variáveis estáticas sejam inicializadas.

7. MAX_SIZE seria um bom nome para uma variável estática final.

8. Um bloco inicializador estático é executado antes que o construtor de uma classe seja executado.

9. Se uma classe for marcada como final, todos os seus métodos devem ser marcados como finais.

10. Um método final pode ser sobrescrito apenas se sua classe for estendida.

11. Não há classe wrapper para primitivos booleanos.

12. Usa-se um wrapper quando queremos tratar um primitivo como um objeto.

13. Métodos parseXxx sempre retornam uma String.

14. As classes de formatação (que são dissociadas da E/S) estão no pacote java.format.

→ Respostas na página 306.

Exercício Solução

Aponte o seu lápis (página 285)

1, 4, 5 e 6 são válidos.

2 não compila porque o método estático referencia uma variável de instância não estática.

3 não compila porque a variável de instância é final, mas não foi inicializada.

SEJA o Compilador (página 304)

```
StaticSuper () {
  System.out.println(
    "super constructor");
}
```

StaticSuper é um construtor e deve ter ( ) em sua assinatura. Observe que, como demonstra a saída abaixo, os blocos estáticos para ambas as classes são executados antes da execução de qualquer um dos construtores.

Veja que este será um número gerado aleatoriamente de 0 a 5 inclusive.

Saída:

```
File  Edit  Window  Help  Cling
%java StaticTests
super static block
static block 3
in main
super constructor
constructor
```

Verdadeiro ou Falso (página 305)

1. Para usar a classe Math, o primeiro passo é criar uma instância dela. **Falso**

2. É possível marcar um construtor com a palavra-chave **static**. **Falso**

3. Métodos estáticos não têm acesso ao estado da variável de instância do objeto "this". **Verdadeiro**

4. É um bom chamar um método estático usando uma variável de referência. **Falso**

5. Variáveis estáticas podem ser usadas para contar as instâncias de uma classe. **Verdadeiro**

6. Construtores são chamados antes que as variáveis estáticas sejam inicializadas. **Falso**

7. MAX_SIZE seria um bom nome para uma variável estática final. **Verdadeiro**

8. Um bloco inicializador estático é executado antes que o construtor de uma classe seja executado. **Verdadeiro**

9. Se uma classe for marcada como final, todos os seus métodos devem ser marcados como finais. **Falso**

10. Um método final pode ser sobrescrito apenas se sua classe for estendida. **Falso**

11. Não há classe wrapper para primitivos booleanos. **Falso**

12. Usa-se um wrapper quando queremos tratar um primitivo como um objeto. **Verdadeiro**

13. Métodos parseXxx sempre retornam uma String. **Falso**

14. As classes de formatação (que são dissociadas da E/S) estão no pacote java. format **Falso**

11 coleções e generics

Estruturas de Dados

No Java, ordenar as coisas é fácil. Temos todas as ferramentas para coletar e para manipular dados sem termos que escrever nossos próprios algoritmos de ordenação (a menos que esteja lendo isso enquanto assiste a uma aula de Introdução à Ciência da Computação. Nesse caso, acredite, você ESTARÁ escrevendo código de ordenação enquanto o resto de nós apenas chama um método na API do Java). Neste capítulo, daremos uma olhada em quanto o Java pode evitar que digitemos um pouco e descobriremos os tipos de que precisamos. O Java Collections Framework tem uma estrutura de dados que funciona em praticamente qualquer coisa que você precise fazer. Quer manter uma lista à qual pode continuar adicionando valores facilmente? Quer encontrar algo pelo nome? Quer criar uma lista que elimine automaticamente todos os valores duplicados? Quer ordenar os colegas de trabalho pelo número de vezes que tentaram falar com o microfone mudo em uma videochamada? Quer ordenar seus animais de estimação por meio de truques que aprenderam? Bora lá...

Rastreando a popularidade de músicas em uma jukebox

Parabéns pelo novo trabalho: gerenciar o sistema automatizado de jukebox no Lou's Diner. Apesar de a jukebox não ter Java, cada vez que alguém escuta uma música os dados dela são anexados a um arquivo de texto simples.

Suas tarefas incluem rastrear a popularidade de músicas, gerar relatórios e manipular playlists. Você não desenvolverá todo o app — alguns desenvolvedores de software também estão no projeto, mas cabe a você gerenciar e ordenar os dados no app Java. E como Lou tem aversão a banco de dados, basta coletar os dados diretamente da memória do computador. Outro programador escreverá o código que lê os dados das músicas a partir de um arquivo, inserindo-os em uma List. (Nos próximos capítulos, você aprenderá como ler dados de arquivos e gravar dados em arquivos.) Assim, você obterá uma List com os dados das músicas que a jukebox toca continuamente.

Não vamos esperar que outro programador nos forneça o arquivo real das músicas; vamos criar um programinha de teste para nos dar alguns dados de amostra com os quais podemos trabalhar. Combinamos com outra programadora que ela criará uma classe Songs com um método getSongs que usaremos para obter os dados.

Com essas informações em mãos, podemos escrever uma pequena classe para "substituir temporariamente" o código real. O código que substitui outro código é frequentemente chamado de código "**mock**".

Muitas vezes, você quer escrever um código temporário que substitua o código real posterior. Chamamos isso de "mockar".

Usaremos essa classe "mock" para testar nosso código.

Vamos criar este método estático, porque esta classe não tem campo de instância e não precisa de um.

Como ArrayList É-UMA List, podemos criar um ArrayList, armazená-lo em uma List e retornar a List do método. No mundo cotidiano, você se deparará com frequência com algum código Java que retorna o tipo de interface (List) e oculta o tipo de implementação (ArrayList).

```
class MockSongs {

  public static List<String> getSongStrings() {

    List<String> songs = new ArrayList<>();
    songs.add("somersault");
    songs.add("cassidy");
    songs.add("$10");
    songs.add("havana");
    songs.add("Cassidy");
    songs.add("50 Ways");
    return songs;
  }
}
```

Esta será nossa lista com seis nomes de músicas para trabalharmos. Lembre-se de que aqui, no código o nome da música é title e a música é song.

Sua primeira tarefa: colocar as músicas em ordem alfabética

Começaremos criando um código que leia os dados da classe mock Songs e exiba o valor obtido. Já que os elementos de um ArrayList são posicionados na ordem em que foram adicionados, não é surpresa que os nomes das músicas ainda não estejam em ordem alfabética.

```
import java.util.*;

public class Jukebox1 {
  public static void main(String[] args) {
    new Jukebox1().go();
  }

  public void go() {
    List<String> songList = MockSongs.getSongStrings();
    System.out.println(songList);
  }
}

// Abaixo o código "mock", substituto do código real
// Código E/S que o outro programador fornecerá depois

class MockSongs {
  public static List<String> getSongStrings() {
    List<String> songs = new ArrayList<>();
    songs.add("somersault");
    songs.add("cassidy");
    songs.add("$10");
    songs.add("havana");
    songs.add("Cassidy");
    songs.add("50 Ways");
    return songs;
  }
}
```

Armazenaremos os nomes das músicas em uma List of Strings.

Em seguida, exibiremos o conteúdo de songList.

Nada de especial aqui... Apenas alguns dados de amostra que podemos usar em nosso código de ordenação.

```
File Edit Window Help Dance
%java Jukebox1
[somersault, cassidy, $10, havana,
Cassidy, 50 Ways]
```

Isso definitivamente NÃO está em ordem alfabética.

Ótima pergunta! Você encontrou o operador diamante

Até agora, declaramos nossos ArrayLists mostrando o tipo de elemento duas vezes:

```
ArrayList<String> songs = new ArrayList<String>();
```

Quase nunca é necessário informar a mesma coisa duas vezes. O compilador pode perceber o que provavelmente queremos do lado direito pelo que escrevemos no lado esquerdo. Ele usa a *inferência de tipos* para inferir (calcular) o tipo de que precisamos.

```
ArrayList<String> songs = new ArrayList<>();
```

Nenhum tipo é necessário.

Chamamos essa sintaxe de operador diamante (Por quê? Por que tem formato de diamante! Dãaaa) e foi introduzida no Java 7, então já existe há algum tempo e provavelmente está disponível em sua versão do Java.

Com o tempo, o Java evoluiu para remover a duplicação de código desnecessária de sua sintaxe. Se o compilador pode descobrir um tipo, nem sempre precisamos escrevê-lo por completo.

não existem Perguntas Idiotas

P: Devo usar o operador diamante o tempo todo? Quais as desvantagens?

R: Em inglês, o operador diamante é considerado um "syntactic sugar". Em português, a tradução seria algo como "açúcar sintático". Ou seja, o operador diamante existe para facilitar nossas vidas enquanto escrevemos (e lemos) o código, mas não faz nenhuma diferença para o código de byte da base. Portanto, caso esteja preocupado se usar o diamante significa algo diferente de usar o tipo específico, fique tranquilo. É basicamente a mesma coisa.

No entanto, talvez você opte por escrever o tipo completo, sobretudo para ajudar as pessoas a lerem seu código. Por exemplo, se a variável for declarada muito longe de onde foi inicializada, talvez seja bom usar o tipo ao inicializá-la para conseguir ver claramente quais objetos estão nela.

```
ArrayList<String> songs;

// Muito mais linhas de código entre estas linhas

songs = new ArrayList<String>();
```

P: O compilador pode descobrir tipos em outros locais para mim?

R: Sim! Por exemplo, com a palavra-chave `var` ("inferência de tipo de variável local"), sobre a qual falaremos no Apêndice B. E outro exemplo importante, expressões lambda, que veremos mais adiante neste capítulo.

P: Vi aqui que você estava criando um ArrayList e o atribuindo a uma referência de List, e que também criou um ArrayList, mas retornou uma List do método. Por que não usar ArrayList em todos os locais?

R: Uma das vantagens do polimorfismo é que o código não precisa conhecer o tipo específico de implementação de um objeto para funcionar bem com ele. List é uma interface bem conhecida e compreendida (falaremos mais dela ainda neste capítulo). Em geral, o código com um ArrayList não precisa saber que é um ArrayList. Pode ser uma LinkedList. Ou um tipo especializado de List. O código com a List só precisa saber que pode chamar métodos List nela (como add(), size() etc). Via de regra, é mais seguro passar o tipo de interface (ou seja, List) em vez da implementação. Dessa forma, outro código não pode fuçar dentro do seu objeto de forma indesejada.

Significa também que, se você quiser mudar de um ArrayList para uma LinkedList, ou um CopyOnWriteArrayList (consulte o Capítulo 18, *Lidando Com Problemas de Concorrência*) posteriormente, poderá fazer isso sem precisar alterar todos os locais em que a List é usada.

Explorando a API java.util, List e Collections

Sabemos que com um ArrayList, ou qualquer List, os elementos são mantidos na ordem em que foram adicionados. Por isso, será necessário ordenarmos os elementos na lista de músicas. Neste capítulo, analisaremos algumas das classes de coleção mais importantes e comumente usadas no pacote java.util, mas, por ora, nos limitaremos a duas classes: java.util.List e java.util.Collections.

Estamos usando ArrayList há algum tempo. Como ArrayList É-UMA List e muitos dos métodos com os quais estamos familiarizados em ArrayList são provenientes de List, podemos aplicar boa parte do que sabemos sobre ArrayLists à List.

A classe Collections é conhecida como classe "utilitária". É uma classe com muitos métodos úteis para se trabalhar com os diversos tipos de coleção.

Trechos da API

java.util.List
sort(**Comparator**): Ordena esta lista, conforme a ordem induzida pela **Comparator.**

java.util.Collections
sort(List): Ordena a lista especificada em ordem crescente, conforme a **ordem natural** de seus elementos.

sort(List, **Comparator**): Ordena a lista especificada, conforme a ordem definida pela **Comparator**.

No "mundo real"™ existem muitas formas de ordenação

Nem sempre queremos organizar nossas listas em ordem alfabética. Gostamos de ordenar roupas por tamanho e filmes de acordo com as avaliações de cinco estrelas que recebem. O Java possibilita a ordenação tradicional, bem como criar nossas abordagens customizadas de ordenação.

As referências à "Comparator" mencionadas acima têm a ver com ordenação customizada, que abordaremos mais adiante neste capítulo. Por ora, vamos nos ater à "ordem natural" (alfabética).

Como sabemos que temos uma List, parece que encontramos o método perfeito, **Collections.sort().**

No Java, "ordenação natural" significa ordem alfabética

Lou quer que você ordene as músicas "em ordem alfabética", mas o que isso significa exatamente? A parte de A a Z é óbvia, mas e quanto às letras minúsculas e maiúsculas? E quanto aos números e caracteres especiais? Trata-se de um assunto controverso, mas saiba que o Java usa Unicode que, para muitos de nós que moramos no "Ocidente", significa que os números são ordenados antes das letras maiúsculas, as letras maiúsculas são ordenadas antes das letras minúsculas e alguns caracteres especiais são ordenados antes dos números e outros após. Bastante claro, não é? Pois bem, o resultado é que, por padrão, a ordenação do Java ocorre no que chamamos de "ordem natural", mais ou menos a ordem alfabética. Vejamos o que acontece quando ordenamos nossa lista de músicas:

```
  public void go() {
    List<String> songList = MockSongs.getSongStrings();
    System.out.println(songList);
    Collections.sort(songList);
    System.out.println(songList);
  }
}
```

Ordena os títulos de música usando a "ordem natural".

```
File Edit Window Help Dance
%java Jukebox1
[somersault, cassidy, $10, havana, Cassidy, 50 Ways]
[$10, 50 Ways, Cassidy, cassidy, havana, somersault]
```

Nossas músicas não ordenadas, na ordem em que foram adicionadas.

Nossas músicas ordenadas. Repare como os caracteres especiais, números e letras maiúsculas foram ordenados.

Só para constar, nós, patos, somos exigentes quanto à nossa ordenação.

Agora precisamos de objetos Song, não apenas de Strings simples

Agora, seu chefe, Lou, quer instâncias reais da classe Song na lista, não apenas Strings. Assim, cada Song pode ter mais dados, e o novo dispositivo jukebox pode gerar mais informações, de modo que o arquivo de música real terá *três* informações para cada música.

A classe Song é bastante simples, com somente uma característica interessante — o método toString() para sobrescrição. Lembre-se de que, o método toString() é definido na classe Object, assim, toda classe em Java herda o método. E como o método toString() é chamado em um objeto quando é exibido (System.out.println(anObject)), devemos sobrescrevê-lo para exibir algo mais legível do que o código identificador exclusivo padrão. Ao printar uma lista, o método toString() será chamado em cada objeto.

```
class SongV2 {
  private String title;
  private String artist;
  private int bpm;

  SongV2(String title, String artist, int bpm) {
    this.title = title;
    this.artist = artist;
    this.bpm = bpm;
  }
  public String getTitle() {
    return title;
  }
  public String getArtist() {
    return artist;
  }
  public int getBpm() {
    return bpm;
  }
  public String toString() {
    return title;
  }
}
```

Três variáveis de instância para os três atributos de música no arquivo.

Todas as variáveis são definidas no construtor sempre que um Song novo é criado.

Os métodos getter para os três atributos.

Sobrescrevemos toString(), pois quando executamos System.out.println(aSongObject), queremos ver title. Quando é executado, System.out.println(aListOfSongs) chama o método toString() de CADA elemento na lista.

```
class MockSongs {
  public static List<String> getSongStrings() { ... }

  public static List<SongV2> getSongsV2() {
    List<SongV2> songs = new ArrayList<>();
    songs.add(new SongV2("somersault", "zero 7", 147));
    songs.add(new SongV2("cassidy", "grateful dead", 158));
    songs.add(new SongV2("$10", "hitchhiker", 140));

    songs.add(new SongV2("havana", "cabello", 105));
    songs.add(new SongV2("Cassidy", "grateful dead", 158));
    songs.add(new SongV2("50 ways", "simon", 102));
    return songs;
  }
}
```

Criamos um método novo na classe MockSongs para mockar os dados novos da música.

Mudando o código Jukebox para usar músicas em vez de Strings

O código muda só um pouquinho. A maior mudança é que a List será do tipo <SongV2> em vez de ser do tipo <String>.

```
import java.util.*;

public class Jukebox2 {
  public static void main(String[] args) {
    new Jukebox2().go();
  }

  public void go() {

    List<SongV2> songList = MockSongs.getSongsV2();
    System.out.println(songList);

    Collections.sort(songList);
    System.out.println(songList);
  }
}
```

Muda para uma lista de objetos SongV2 em vez de Strings.

Chama a classe mock para carregar os dados da música em nossa List de músicas.

E, mais uma vez, chama o método sort para ordenar as músicas.

Não vai compilar!

Ele tem razão em estar curioso, pois algo de errado não está certo... A classe Collections mostra claramente que existe um método sort() que recebe uma List. *Deveria* executar.

Mas não executou!

O compilador informa que não pode encontrar um método de ordenação que aceite uma List<SongV2>. Será que ele não gosta de objetos List of Song? Se o compilador não tem problemas com List<String>, qual é a diferença entre Song e String? O que está causando a falha do compilador?

File Edit Window Help Bummer

```
%javac Jukebox2.java
Jukebox2.java:13: error: no suitable method found for
sort(List<SongV2>)
    Collections.sort(songList);
                    ^
...
1 error
```

Claro que você já deve estar se perguntando "O que seria *ordenar*"? Como o método de ordenação *sabe* qual Song é maior ou menor que outro? Obviamente, se quisermos que o *title* da música seja o valor que determina como as músicas são ordenadas, precisamos arrumar um jeito de informar ao método de ordenação que é necessário usar *title* e não, por exemplo, as batidas por minuto.

Daqui a algumas páginas abordaremos isso, mas primeiro, vamos descobrir por que o compilador nem mesmo nos permite passar uma SongV2 List para o método sort().

Declaração do método sort()

```
static <T extends Comparable<? super T>> void sort(List<T> list)
```

Sorts the specified list into ascending order, according to the natural ordering of its elements.

Ao consultarmos os documentos da API (procurando a classe java.util.Collections e descendo a barra de rolagem até o método sort()), aparentemente o método sort() foi declarado... *De forma esquisita.* Ou, pelo menos, foi declarado diferente de tudo o que vimos até agora.

Isso ocorre porque o método sort() (além de outras coisas no framework de coleções completo do Java) usa intensivamente os *generics.* No código-fonte ou na documentação do Java, sempre que vir algum valor entre colchetes angulares, significa generics — recurso adicionado ao Java 5. Logo, parece que teremos que aprender a interpretar a documentação antes de descobrirmos por que conseguimos ordenar objetos String em uma List, mas não objetos List of Song.

Generics trazem mais segurança de tipo

Ainda que possam ser usados de outras formas, você frequentemente usará os generics para escrever coleções com mais segurança de tipo. Em outras palavras, o código que impede o compilador de inserir um Dog em uma lista de Ducks.

Sem os generics, o compilador sequer se importaria com o que inserimos em uma coleção, porque todas as implementações de coleção armazenam o tipo Object. É possível inserir *qualquer valor* em qualquer ArrayList sem os generics; é como se o ArrayList fosse declarado como ArrayList<Object>.

Antes dos generics, não havia como declarar o tipo de um ArrayList, então seu método add() pegava o tipo Object.

SEM generics

Objects ENTRAM como referência aos objetos SoccerBall, Fish, Guitar e Car

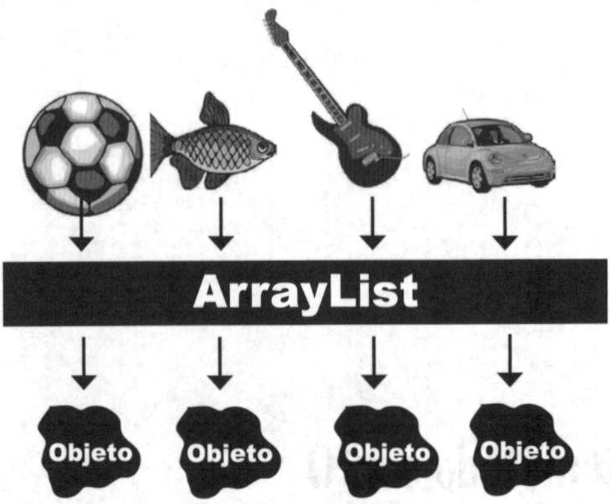

E SAEM como referência do tipo Object

Sem os generics, o compilador permitiria inserir tranquilamente um Pumpkin em um ArrayList, que deveria armazenar apenas objetos Cat.

Com os generics, é possível criar coleções com segurança de tipo, em que mais problemas são detectados no tempo de compilação em vez de no tempo de execução.

COM generics

Objects ENTRAM como referência apenas para objetos Fish

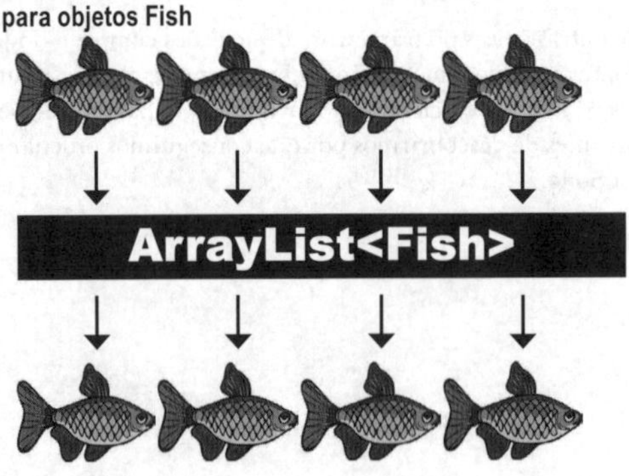

E saem como referência do tipo Fish

Agora, com generics, é possível inserir somente objetos Fish no ArrayList<Fish>, assim, os objetos saem como referências Fish. Não precisamos nos preocupar com alguém que insira um Volkswagen ou que possamos obter algo que não seja realmente convertido (via cast) em uma referência de Fish.

Aprendendo sobre os generics

Podemos aprender dezenas de coisas sobre os generics. No entanto, para a maioria dos programadores, apenas três são importantes:

1 Criar instâncias de *classes* genéricas (como ArrayList)

Ao criar um ArrayList, devemos dizer a ele o tipo de objetos que permitiremos na lista, assim como fazemos quando criamos arrays simples.

```
new ArrayList<Song>()
```

2 Declarar e atribuir *variáveis* de tipos genéricos

Como o polimorfismo funciona com tipos genéricos? Se tivermos uma variável de referência ArrayList<Animal>, podemos lhe atribuir um ArrayList<Dog>? E quanto a uma referência List<Animal>? Podemos lhe atribuir um ArrayList<Animal>? Vejamos...

```
List<Song> songList =
      new ArrayList<Song>()
```

3 Declarar (e invocar) *métodos* que usam tipos genéricos

Caso tenha um método cujo parâmetro seja, digamos, um ArrayList de objetos Animal, o que isso significa?

É possível também passar um ArrayList de objetos Dog? Vamos analisar algumas questões sutis e complicadas de polimorfismo que diferem bastante em como escrevemos métodos que aceitam simples arrays.

(Na verdade, é o mesmo ponto do item #2, o que demonstra o quanto isso é importante para nós.)

```
void foo(List<Song> list)

x.foo(songList)
```

não existem Perguntas Idiotas

P: Mas eu também não preciso aprender a criar minhas PRÓPRIAS classes genéricas? E se eu quiser criar um tipo de classe que possibilite com que as pessoas que a instanciem decidam o tipo de coisas que essa classe usará?

R: Você provavelmente não fará isso com frequência. Pense bem: os designers de API criaram uma biblioteca inteira de classes de coleções, compatível com a maioria das estruturas necessárias de dados, e as coisas que realmente precisam ser genéricas são classes de coleções ou classes e métodos que funcionam em coleções. Há também outros casos (como Optional, que veremos no próximo capítulo). Em geral, classes genéricas são classes que armazenam ou operam em objetos de algum outro tipo que não conhecem.

Sim, é possível *criar* classes genéricas, mas isso é absurdamente avançado, logo, não abordaremos o assunto (mas, de todo modo, você pode aprender a partir das coisas que abordamos.)

Usando CLASSES genéricas

Como ArrayList é uma de nossas classes genéricas mais usadas, começaremos examinando sua documentação. Em uma classe genérica, as duas áreas principais a serem analisadas são:

1. A declaração de *classe*

2. As declarações de *método* que permitem adicionar elementos

Entendendo a documentação do ArrayList
(Ou qual é o verdadeiro significado de "E")

O "E" é um placeholder para o tipo REAL que usamos quando declaramos e criamos um ArrayList.

ArrayList é uma subclasse de AbstractList, portanto, qualquer tipo especificado para ArrayList é usado automaticamente para o tipo de AbstractList.

```
public class ArrayList<E> extends AbstractList<E> implements List<E>  ... {

    public boolean add(E o)

    // Mais código

}
```

O tipo (o valor de <E>) também se torna o tipo da interface List.

Aqui está a parte importante! Seja qual for o "E", isso determina que tipo de coisas temos permissão para adicionar ao ArrayList.

Considere o "E" como um substituto para "o tipo de elemento que você quer que esta coleção armazene e retorne". (E é de Elemento.)

O "E" representa o tipo usado para criar uma instância de ArrayList. Na documentação do ArrayList, quando vemos um "E" podemos fazer um localizar/substituir mentalmente para trocá-lo por qualquer <type> que usamos para instanciar o ArrayList.

Ou seja, new ArrayList<Song> significa que "E" se torna "Song" em qualquer método ou em qualquer declaração de variável que use "E".

Usando parâmetros de tipo com ArrayList

ESTE código:

```
List<String> thisList = new ArrayList<>
```

Significa ArrayList:

```
    public class ArrayList<E> extends AbstractList<E> ... {

            public boolean add(E o)
            // Mais código

    }
```

É tratado pelo compilador como:

```
    public class ArrayList<String> extends AbstractList<String>... {
            public boolean add(String o)
            // Mais código

    }
```

Em outras palavras, o "E" é substituído pelo tipo *real* (também chamado de parâmetro de tipo) que utilizamos ao criar o ArrayList. Por isso, o método add() para ArrayList não permitirá que adicionemos nada, exceto objetos de um tipo de referência compatível com o tipo "E". Ou seja, se criarmos um ArrayList**<String>**, o método add() de repente se tornará **add(String o)**. Se criarmos um ArrayList do tipo **Dog**, o método add() de repente se torna **add(Dog o)**.

não existem Perguntas Idiotas

P: **"E" é a única coisa que podemos inserir? Porque a documentação de ordenação usou "T"...**

R: É possível usar qualquer coisa que seja um identificador Java válido. Ou seja, qualquer coisa que você possa usar para um nome de método ou para uma variável funcionará como um parâmetro de tipo. No entanto, podemos nos deparar com uma única letra. Outra convenção é usar "T" ("Tipo"), a menos que esteja escrevendo especificamente uma classe de coleção, em que usaria "E" para representar o "tipo do elemento que a coleção armazenará". Às vezes, também é possível se deparar com "R" para "Tipo de retorno".

Usando MÉTODOS genéricos

Temos uma *classe* genérica quando a declaração de *classe* inclui um parâmetro de tipo, e um *método* genérico quando a declaração do *método* usa um parâmetro de tipo em sua assinatura.

É possível usar parâmetros de tipo em um método de diversas maneiras diferentes:

1 Usando um parâmetro de tipo definido na declaração de classe

```
public class ArrayList<E> extends AbstractList<E> ... {
  public boolean add(E o)
```

Aqui, podemos usar o "E" SOMENTE porque já foi definido como parte da classe.

Ao declararmos um parâmetro de tipo para a classe podemos simplesmente usar esse tipo em qualquer local em que usaríamos uma classe *real* ou um tipo de interface. No argumento do método, o tipo declarado é essencialmente substituído pelo tipo que utilizamos ao instanciar a classe.

2 Usando um parâmetro de tipo que NÃO foi definido na declaração de classe

```
public <T extends Animal> void takeThing(ArrayList<T> list)
```

Se a própria classe não usa um parâmetro de tipo, ainda podemos especificar um para o método, declarando-o em um espaço incomum (mas disponível) — *antes do tipo de retorno*. Este método informa que T pode ser "qualquer tipo de Animal".

Aqui, podemos usar <T> porque declaramos "T" no início da declaração do método.

Agora as coisas ficam esquisitas...

Isso aqui:

```
public <T extends Animal> void takeThing(ArrayList<T> list)
```

NÃO é o mesmo que isso aqui:

```
public void takeThing(ArrayList<Animal> list)
```

Ambos são válidos, mas são *diferentes*!

O primeiro trecho, em que **<T extends Animal>**, faz parte da declaração do método. Significa que qualquer ArrayList declarado de um tipo que seja Animal, ou de um dos subtipos de Animal (como Dog ou Cat), é válido. Ou seja, podemos invocar o método com ArrayList<Dog>, ArrayList<Cat> ou ArrayList<Animal>.

Mas o segundo trecho, em que o argumento do método é (ArrayList<Animal> list), indica que apenas um ArrayList<Animal> é permitido. Ou seja, enquanto o primeiro código aceita um ArrayList de qualquer tipo que seja do tipo Animal (Animal, Dog, Cat etc.), o segundo *apenas* aceita um ArrayList do tipo Animal. Não ArrayList<Dog> ou ArrayList<Cat>, mas apenas ArrayList<Animal>.

E sim, parece violar o polimorfismo, mas as coisas ficarão óbvias quando retomarmos o assunto em detalhes no final do capítulo. Por ora, lembre-se de que estamos apenas analisando essas coisas porque ainda estamos tentando descobrir como usar sort() em SongList, e isso nos levou a examinar a API do método sort (), que tinha essa estranha declaração de tipo genérico.

Tudo o que você precisa saber é que a sintaxe do primeiro trecho de código é válida, significando que podemos passar um objeto ArrayList instanciado como Animal ou qualquer subtipo de Animal.

Agora voltemos ao nosso método sort()...

Lembre-se de que estávamos...

```
File Edit Window Help Bummer

%javac Jukebox2.java
Jukebox2.java:13: error: no suitable
method found for sort(List<SongV2>)
    Collections.sort(songList);
                    ^
...
1 error
```

```
import java.util.*;

public class Jukebox2 {
  public static void main(String[] args) {
    new Jukebox2().go();
  }

  public void go() {

    List<SongV2> songList = MockSongs.getSongsV2();
    System.out.println(songList);

    Collections.sort(songList);
    System.out.println(songList);
  }
}
```

É aqui que dá errado! Funcionou bem quando passado em uma List<String>, mas assim que tentamos ordenar uma List<SongV2>, falhou.

Retomando o método sort()

E lá vamos nós tentar ler a documentação do método sort() para descobrir por que conseguimos ordenar uma lista de Strings e não uma lista de objetos Song. E parece que a resposta é…

```
static <T extends Comparable<? super T>> void sort(List<T> list)
```

Sorts the specified list into ascending order, according to the natural ordering of its elements.

O método sort() pode receber somente listas de objetos da interface Comparable.

Como Song NÃO é um subtipo de Comparable, não podemos usar sort() na lista de Songs.

Pelo menos ainda não…

```
public static <T extends Comparable<? super T>> void sort(List<T> list)
```

Isso diz "Qualquer 'T' deve ser do tipo Comparable".

(Por ora, ignore essa parte. Caso não consiga, isso significa apenas que o parâmetro de tipo para Comparable deve ser do tipo T ou de um dos supertipos de T.)

Podemos passar somente uma List (ou subtipo de lista, como ArrayList) que usa um tipo parametrizado que "extends Comparable [estende Comparable]".

Hum... Acabei de checar a documentação de String, e String não ESTENDE Comparable, mas a IMPLEMENTA. **Comparable é uma interface.** É um absurdo dizer <T ***extends*** Comparable>.

```
public final class String
    implements java.io.Serializable, Comparable<String>, CharSequence {
```

Excelente observação, que merece uma resposta completa. Vire a página…

Nos generics, "extends" significa "estender ou implementar"

O pessoal que arquitetou o Java teve que arrumar um jeito para inserirmos uma restrição em um tipo parametrizado. Desse modo, podemos restringir, por exemplo, apenas subclasses de Animal. Há ocasiões em que precisamos de um tipo de sintaxe que funcione nas seguintes situações: herança e implementação. Ou seja, funciona tanto para *extends* quanto para *implements*.

E a palavra final é… *extends*. Na verdade, essa palavra significa "Tem-Um" e funciona independentemente de o tipo à direita ser uma interface ou uma classe.

Nos generics, a palavra-chave "extends" significa "Tem-Um" e funciona TANTO para classes QUANTO para interfaces.

Como Comparable é uma interface, isso aqui REALMENTE diz: "T deve ser um tipo que implementa a interface Comparable".

```
public static <T extends Comparable<? super T>> void sort(List<T> list)
```

Não importa se a coisa à direita é uma classe ou interface… Ainda dizemos "extends".

não existem Perguntas Idiotas

P: Por que esse pessoal simplesmente não criou uma palavra-chave nova como "is"?

R: Adicionar uma palavra-chave nova à linguagem é algo MUITO SÉRIO, pois se corre o risco de quebrar o código que as pessoas escreveram em uma versão anterior do Java. Imagine, você pode estar usando uma variável "is" (que usamos neste livro para representar fluxos de entrada). E como não temos permissão para usar palavras-chave como identificadores no código, significa que qualquer código anterior que usasse a palavra-chave *antes* de ser uma palavra reservada quebraria. Ou seja, sempre que tiverem a chance de reutilizarem uma palavra-chave existente, como "extends", os arquitetos e engenheiros da linguagem Java farão isso. Mas às vezes, eles não têm escolha.

Nos últimos anos, novos termos "semelhantes à palavras-chave" foram adicionados ao Java, sem se tornarem uma palavra-chave que destrói algum código anterior. Por exemplo, o identificador `var`, sobre o qual falaremos no Apêndice B, é um *nome de tipo reservado*, **não** uma palavra-chave. Ou seja, qualquer código existente que use `var` (por exemplo, como um nome de variável) não quebrará se for compilado com uma versão do Java compatível com `var`.

Até que enfim sabemos o que deu de errado...

A classe Song precisa implementar Comparable

Podemos passar o ArrayList<Song> para o método sort() somente se a classe Song implementar Comparable, pois foi assim que o método sort() foi declarado. Basta conferir rapidamente a documentação da API para ver que a interface Comparable é bem simples, tem apenas um método para implementar:

java.lang.Comparable

```
public interface Comparable<T> {
   int compareTo(T o);
}
```

E a documentação do método para compareTo() alega:

```
Returns:
a negative integer if this object is
less than the specified object;
a zero if they're equal;
a positive integer if this object is
greater than the specified object.
```

Ao que parece, o método compareTo() será chamado em um objeto Song, passando para esse objeto uma referência a outro Song. O Song que executa o método compareTo() precisa descobrir se o Song passado deve ser ordenado como maior, menor ou igual na lista.

Agora, nossa tarefa desafiadora é decidir o que torna uma música melhor do que outra e depois implementar o método compareTo() para retratar esse fato. Um número negativo (qualquer número negativo) significa que o Song passado é maior que o Song que está executando o método. Retornar um número positivo informa que o Song que executa o método é maior que o Song passado para o método compareTo(). Retornar zero significa que os Songs são iguais (pelo menos, para fins de ordenação... Não significa necessariamente que sejam o mesmo objeto). Por exemplo, é possível ter dois Songs de artistas diferentes com o mesmo nome.

(O que suscita outro assunto controverso que abordaremos mais adiante...)

A pergunta que não quer calar é: o que torna *uma* música menor, igual ou maior que *outra* música?

Não podemos implementar a interface Comparable até tomarmos essa decisão.

Aponte o seu lápis

Escreva sua ideia e pseudocódigo (ou melhor, código REAL) para implementar o método compareTo() de forma que use sort() para ordenar os objetos Song por nome (title).

Dica: se estiver fazendo tudo certinho, o código terá menos que três linhas!

→ Resolve aí.

A nova classe Song, melhorada e com a Comparable

Como decidimos que queremos ordenar por nome, implementamos o método compareTo() a fim de compararmos o nome do Song passado para o método com o nome da música na qual o método compareTo() foi invocado. Em outras palavras, a música que executa o método deve decidir como seu nome é comparado com o nome do parâmetro do método.

Hum... Sabemos que a classe String deve manjar da ordem alfabética, pois o método sort() funcionava em uma lista de Strings. Sabemos também que String tem um método compareTo(), então por que não chamá-lo? Assim, podemos simplesmente comparar uma String de nome com outra e não precisamos escrever o algoritmo de comparação/ordem alfabética!

Normalmente, eles correspondem... Estamos especificando o tipo com o qual a classe de implementação pode ser comparada. Ou seja, os objetos SongV3 podem ser comparados a outros objetos SongV3, para fins de ordenação.

```
class SongV3 implements Comparable<SongV3> {
  private String title;
  private String artist;
  private int bpm;

  public int compareTo(SongV3 s) {
    return title.compareTo(s.getTitle());
  }

  SongV3(String title, String artist, int bpm) {
    this.title = title;
    this.artist = artist;
    this.bpm = bpm;
  }

  public String getTitle() {
    return title;
  }

  public String getArtist() {
    return artist;
  }

  public int getBpm() {
    return bpm;
  }

  public String toString() {
    return title;
  }
}
```

O método sort() envia um Song para compareTo() visando conferir como esse Song se compara ao Song no qual o método foi invocado.

Simples! Apenas passamos a tarefa aos objetos String de nome (title), pois sabemos que Strings têm um método compareTo().

Desta vez executou. Ele exibe a lista e, em seguida, chama sort, que insere os Songs em ordem alfabética por title (nome).

```
File Edit Window Help Ambient
%java Jukebox3
[somersault, cassidy, $10, havana, Cassidy, 50 ways]
[$10, 50 ways, Cassidy, cassidy, havana, somersault]
```

Podemos ordenar a lista, mas...

Temos um novo problema: Lou quer duas visualizações diferentes da lista de músicas, uma por nome da música e outra por artista! Mas quando tornamos um elemento de coleção comparável (fazendo com que implemente a Comparable), temos somente uma chance de implementar o método compareTo(). O que podemos fazer?

Uma das opções, por mais verbosa que seja, seria usar uma variável flag na classe Song e, em seguida, rodar um teste *if* em compareTo() e fornecer um resultado diferente, dependendo se a flag está definida para usar o nome ou o artista na comparação.

No entanto, é uma solução terrível e suscetível a falhas, pois existem outras melhores. Há uma na API justamente para esse propósito — quando queremos ordenar a mesma coisa de mais de uma forma.

Consulte a documentação da API novamente. Há um segundo método sort() em Collections — que usa uma Comparator. Há também um método sort em List que usa uma Comparator.

Trechos da API

`java.util.Collections`
sort(List): Ordena a lista especificada em ordem crescente conforme a **ordem natural** de seus elementos.

sort(List, **Comparator**): Ordena a lista especificada conforme a ordem induzida pela **Comparator** especificada.

`java.util.List`
sort(**Comparator**): Ordena esta lista conforme a ordem induzida pela **Comparator** especificada.

O método sort() em Collections está sobrecarregado para receber algo chamado Comparator.

Há também um sort() em List, que usa uma Comparator.

Nota para mim mesmo: descubra como obter/criar uma Comparator que possa comparar e ordenar as músicas por artista em vez de por nome.

Usando uma Comparator customizada

Em uma lista, um elemento **Comparable** pode ser comparado com outro de seu próprio tipo apenas de uma forma, usando seu método compareTo(). No entanto, uma **Comparator** é externa ao tipo de elemento que estamos comparando — é uma classe separada. Ou seja, podemos criar quantas quisermos! Quer comparar músicas por artista? Basta criar uma ArtistComparator. Quer ordenar por batidas por minuto? Crie uma BpmComparator.

Em seguida, tudo o que precisamos fazer é chamar um método sort() que usa uma Comparator (Collections.sort ou List.sort), que usará essa Comparator para inserir as coisas ordenadas.

O método sort() que usa uma Comparator utilizará a Comparator em vez do próprio método compareTo() do elemento ao inserir os elementos em ordem. Dito de outro modo, se obtiver uma Comparator, seu método sort() nem *chamará* o método compareTo() dos elementos na lista. Em vez disso, o método sort() invocará o método **compare()** na Comparator.

java.util.Comparator

```
public interface Comparator<T> {
   int compare(T o1, T o2);
}
```

Se passarmos uma Comparator para o método sort(), a ordenação desse método é determinada pela Comparator.

Se não passarmos uma Comparator e o elemento for Comparable, a ordenação do sort() será determinada pelo método compareTo() do elemento.

Resumindo, as regras são:

- Invocar o método **Collections.sort(List list)** significa que o método compareTo() do elemento da lista determina a ordem. Os elementos da lista DEVEM implementar a interface **Comparable**.

- Invocar **List.sort(Comparator c)** ou **Collections.sort(List list, Comparator c)** significa que o método compare() da **Comparator** será usado. Ou seja, os elementos na lista NÃO precisam implementar a interface Comparable, mas se implementarem, o método compareTo() do elemento da lista NÃO será chamado.

não existem Perguntas Idiotas

P: Por que existem dois métodos de ordenação que usam uma comparator em duas classes diferentes? Qual método de ordenação devo usar?

R: Ambos os métodos que usam comparator, Collections.sort(List, Comparator) e List.sort(Comparator), fazem a mesma coisa; podemos usar qualquer um e esperar exatamente os mesmos resultados.

Como List.sort foi introduzida no Java 8, o código mais antigo *deve* usar Collections.sort(List, Comparator).

Utilizamos List.sort porque é um pouco mais curta e, em geral, já temos a lista que queremos ordenar, então faz sentido chamar o método de ordenação nessa lista.

Atualizando Jukebox para usar uma Comparator

Vamos atualizar o código Jukebox de três maneiras:

1. Criando uma classe separada que implemente Comparator (e também o método ***compare()*** que faz o trabalho realizado anteriormente por ***compareTo()***).

2. Criando uma instância da classe Comparator.

3. Chamando o método List.sort(), fornecendo-lhe a instância da classe Comparator.

```
import java.util.*;

public class Jukebox4 {
  public static void main(String[] args) {
    new Jukebox4().go();
  }

  public void go() {
    List<SongV3> songList = MockSongs.getSongsV3();
    System.out.println(songList);

    Collections.sort(songList);
    System.out.println(songList);

    ArtistCompare artistCompare = new ArtistCompare();
    songList.sort(artistCompare);
    System.out.println(songList);
  }
}

class ArtistCompare implements Comparator<SongV3> {
  public int compare(SongV3 one, SongV3 two) {
    return one.getArtist().compareTo(two.getArtist());
  }
}
```

Cria uma instância da classe Comparator.

Invoca sort() em nossa lista, passando uma referência para o novo objeto Comparator customizado.

Esta é uma String (o artista)

Estamos deixando as variáveis String (para o artista) fazerem a comparação real, pois as Strings já sabem como se organizar em ordem alfabética.

```
File Edit Window Help Ambient
%java Jukebox4
[somersault, cassidy, $10, havana, Cassidy, 50 ways]
[$10, 50 ways, Cassidy, cassidy, havana, somersault]
[havana, Cassidy, cassidy, $10, 50 ways, somersault]
```

songList não ordenada.

Ordenada por nome (title) (usando o método compareTo de Song)

Ordenada por nome do artista (usando ArtistComparator)

Aponte o seu lápis

Preencha os espaços em branco

Para cada uma das perguntas a seguir, preencha o espaço em branco com uma das palavras da lista de "Possíveis Respostas", a fim de respondê-las corretamente.

Possíveis Respostas:

Comparator,

Comparable,

compareTo( ),

compare( ),

Sim,

Não

Dada a seguinte instrução compilável:

```
Collections.sort(myArrayList);
```

1. O que a classe dos objetos armazenados em `myArrayList` deve implementar? ____________

2. Qual método a classe dos objetos armazenados em `myArrayList` deve implementar? ____________

3. A classe dos objetos armazenados em `myArrayList` pode implementar `Comparator` E `Comparable`? ____________

Dadas as seguintes instruções compiláveis (ambas fazem a mesma coisa):

```
Collections.sort(myArrayList, myCompare);

myArrayList.sort(myCompare);
```

4. A classe dos objetos armazenados em `myArrayList` pode implementar `Comparable`?
____

5. A classe dos objetos armazenados em `myArrayList` pode implementar `Comparator`?
____

6. A classe dos objetos armazenados em `myArrayList` deve implementar `Comparable`?
____

7. A classe dos objetos armazenados em `myArrayList` deve implementar `Comparator`?
____

8. O que a classe do objeto `myCompare` deve implementar?____________

9. Qual método a classe do objeto `myCompare` deve implementar?____________

→ Respostas na página 362.

Espere aí! Estamos ordenando de duas formas diferentes!

Agora, podemos ordenar a lista de músicas de duas formas:

1. Usando Collections.sort(songList), porque Song implementa **Comparable**
2. Usando songList.sort(artistCompare), pois a classe ArtistCompare implementa **Comparator**

Embora nos possibilite ordenar as músicas por nome e por artista, nosso novo código é como o Frankenstein, todo remendado.

```
public void go() {
  List<SongV3> songList = MockSongs.getSongsV3();
  System.out.println(songList);

  Collections.sort(songList);
  System.out.println(songList);

  ArtistCompare artistCompare = new ArtistCompare();
  songList.sort(artistCompare);
  System.out.println(songList);
}
```

Usa Comparable para ordenar.

Usa uma Comparator customizada para ordenar.

Uma abordagem melhor seria lidar com todas as definições de ordenação em classes que implementam Comparator.

não existem Perguntas Idiotas

P: Então, isso significa que, se tivermos uma classe que não implementa Comparable e que não tenha o código-fonte, ainda poderemos inserir os elementos ordenados criando uma Comparator?

R: Exatamente. A outra opção (se possível) seria criar uma subclasse do elemento e tornar o implemento da subclasse Comparable.

P: Mas por que *nem* todas as classes implementam Comparable?

R: Você acha mesmo que *tudo* pode ser ordenado? Caso tivesse tipos de elementos que simplesmente não se prestam a nenhum tipo de ordenação natural, você enganaria outros programadores se implementasse Comparable. E não tem problema se você *não* implementar Comparable, pois um programador pode comparar qualquer coisa da forma que escolher com a própria Comparator customizada.

Ordenando somente com Comparators

Ter Song implementando Comparable e criando uma Comparator customizada para realizar a ordenação por artista funciona perfeitamente, por mais que seja confuso depender de dois mecanismos diferentes para nossa ordenação. Fica muito mais claro se nosso código usar a mesma técnica de ordenação, independentemente de como Lou quer que as músicas sejam ordenadas. O código a seguir foi atualizado a fim de usar Comparators para ordenação por Title e por Artist; o código novo está em negrito.

```
public class Jukebox5 {
  public static void main(String[] args) {
    new Jukebox5().go();
  }

  public void go() {
    List<SongV3> songList = MockSongs.getSongsV3();
    System.out.println(songList);

    TitleCompare titleCompare = new TitleCompare();
    songList.sort(titleCompare);
    System.out.println(songList);

    ArtistCompare artistCompare = new ArtistCompare();
    songList.sort(artistCompare);
    System.out.println(songList);
  }
}
class TitleCompare implements Comparator<SongV3> {
  public int compare(SongV3 one, SongV3 two) {
    return one.getTitle().compareTo(two.getTitle());
  }
}
class ArtistCompare implements Comparator<SongV3> {
  public int compare(SongV3 one, SongV3 two) {
    return one.getArtist().compareTo(two.getArtist());
  }
}

// Classes Comparator mais especializadas poderiam
// ser inseridas aqui, por exemplo, BpmCompare
```

Cria uma instância da classe Comparator e use o método sort() em List.

Esta é a classe nova que implementa Comparator.

Apenas o código que importa

A classe Jukebox tem muito código necessário para a ordenação. Vamos ampliar uma das classes Comparator que escrevemos para Lou. A primeira coisa a observar é que tudo o que queremos para ordenar nossa coleção é uma linha de código no meio da classe. O restante do código é apenas a sintaxe prolixa necessária que possibilita ao compilador saber que tipo de classe é essa e qual método implementa.

A única linha de código que está realizando todo o trabalho.

Zoom no Código

```
class TitleCompare implements Comparator<Song> {
   public int compare(Song one, Song two) {
      return one.getTitle().compareTo(two.getTitle());
   }
}
```

É possível declarar uma funcionalidade como essa de diversas formas. Uma abordagem são as classes internas, que veremos no próximo capítulo. Podemos até declarar a classe interna exatamente onde a usamos (em vez de no final do arquivo de classe); isso às vezes é chamado de "classe interna anônima definida por argumento". Já parece divertido:

```
songList.sort(new Comparator<SongV3>() {
  public int compare(SongV3 one, SongV3 two) {
    return one.getTitle().compareTo(two.getTitle());
  }
});
```

Embora isso nos possibilite declarar a lógica de ordenação exatamente no local de que precisamos (em que chamamos o método sort, em vez de em uma classe separada, ainda há muito código para informar "ordene por título, por favor").

Relaxar

Não vamos aprender a escrever "classes internas anônimas definidas por argumentos"!

Só queríamos que visse este exemplo caso se deparasse com ele no mundo cotidiano ou nos próximos códigos.

Do que REALMENTE precisamos para ordenar?

```
public class Jukebox5 {
  public void go() {
❶   List<SongV3> songList = MockSongs.getSongsV3();
    ...
    TitleCompare titleCompare = new TitleCompare();
❷   songList.sort(titleCompare);
    ...
  }
}
class TitleCompare implements Comparator<SongV3> {
  public int compare(SongV3 one, SongV3 two) {
    return one.getTitle().compareTo(two.getTitle());
  }
}
```

O compilador sabe que List contém objetos SongV3.

O compilador entende que sort() espera uma Comparator para objetos SongV3.

Vamos conferir a documentação da API para o método de ordenação em List:

`default void`	`sort(Comparator<? super E> c)`	Sorts this list according to the order induced by the specified `Comparator`.

Se fôssemos explicar em voz alta a seguinte linha de código:

```
songList.sort(titleCompare);
```

Diríamos:

"Chame o método sort na lista de músicas ❶ e passe para ele uma referência a um objeto Comparator, projetado especificamente para ordenar objetos Song❷".

Para ser sincero, poderíamos dizer tudo sem sequer olhar para a classe TitleCompare. Podemos resolver tudo apenas conferindo a documentação de ordenação e o tipo de List que estamos ordenando!

Supino Mental

Você acha que o compilador se importa com o nome "TitleCompare"? Se a classe se chamasse "FooBar", o código ainda rodaria?

Não seria maravilhoso se o código
que definisse COMO queremos
ordenar nossas músicas não fosse tão
diferente do método de ordenação?
E não seria ótimo se não tivéssemos
que escrever um monte de código que
o compilador provavelmente poderia
descobrir por conta própria?

Explorando as lambdas! Utilizando o poder de inferência do compilador

Poderíamos escrever um monte de código para dizer como ordenar uma lista (como temos feito)...

```
...
songList.sort(titleCompare);
...
```

Esta é apenas uma referência a um objeto que implementa a Comparator. O nome dele pouco importa para o compilador.

O compilador não se importa nadinha com o nome que você dá à classe.

Putz! O compilador pode inferir isso da documentação de sort().

```
class TitleCompare implements Comparator<Song> {
    public int compare(Song one, Song two) {
        return one.getTitle().compareTo(two.getTitle());
    }
}
...
```

Sim, o compilador sabe como esse método deve ser.

O compilador pode descobrir que os dois objetos devem ser objet Song, já que songList é objeto List of Songs.

Isso é TUDO QUE DO COMPILADOR PRECISA. Apenas diga COMO fazer a ordenação!

Ou, poderíamos usar uma lambda...

```
songList.sort((one, two) -> one.getTitle().compareTo(two.getTitle()));
```

Estes são Song one e Song two, os parâmetros para o método de comparação.

Supino Mental

O que acha que aconteceria se a Comparator precisasse implementar mais de um método? Como o compilador o ajudaria?

O que aconteceu com todo aquele código?

Para responder a essa pergunta, vamos conferir a documentação da API para a interface Comparator.

Method Summary

Modifier and Type	Method	Description
`int`	**`compare(T o1, T o2)`**	Compares its two arguments for order.
`boolean`	**`equals(Object obj)`**	Indicates whether some other object is "equal to" this comparator.

Lembre-se do Capítulo 8 que toda classe e interface herda métodos da classe Object, e que equals() é implementado na classe Object.

Como equals foi implementado por Object, se criarmos uma Comparador customizada, saberemos que precisamos *somente* implementar o método compare.

Sabemos também exatamente a forma desse método — ele deve retornar um int e receber dois argumentos do tipo T (lembra os generics?). Nossa expressão lambda implementa o método compare(), sem precisar declarar a classe ou o método, apenas os detalhes do que está no corpo do método compare().

Algumas interfaces têm apenas UM método para implementar

Com interfaces como a Comparator, temos apenas que implementar um ***,0***). Essas interfaces são tão importantes que têm diversos nomes especiais:

Interfaces SAM também conhecidas como Interfaces Funcionais

Se tiver apenas um método que precise ser implementado, a interface poderá ser implementada como uma ***expressão lambda***. Não é necessário criar uma classe inteira para implementar a interface; o compilador sabe como seria a classe e o método. O que o compilador *não* sabe é a lógica que está *dentro* desse método.

Relaxar

No próximo capítulo, analisaremos as expressões lambda e as interfaces funcionais detalhadamente. Por enquanto, de volta ao Lou's diner.

Atualizando o código Jukebox com lambdas

```
import java.util.*;

public class Jukebox6 {
  public static void main(String[] args) {
    new Jukebox6().go();
  }

  public void go() {
    List<SongV3> songList = MockSongs.getSongsV3();
    System.out.println(songList);

    songList.sort((one, two) -> one.getTitle().compareTo(two.getTitle()));
    System.out.println(songList);

    songList.sort((one, two) -> one.getArtist().compareTo(two.getArtist()));
    System.out.println(songList);
  }
}
```

Essa é nossa expressão lambda na prática — não há necessidade de criar uma classe Comparator customizada; basta inserir a lógica de ordenação dentro da chamada do método de ordenação.

É possível saber como a lista será ordenada apenas olhando o campo usado na lambda.

```
File Edit Window Help Ambient
%java Jukebox6
[somersault, cassidy, $10, havana, Cassidy, 50 ways]
[$10, 50 ways, Cassidy, cassidy, havana, somersault]
[havana, Cassidy, cassidy, $10, 50 ways, somersault]
```

A saída é exatamente a mesma de quando usamos as classes Comparator, mas nosso código era mais curto.

Aponte o seu lápis

Como ordenar as músicas de forma diferente?

Escreva expressões lambda para ordenar as músicas das seguintes maneiras (as respostas estão no final do capítulo):

- Ordenar por BPM
- Ordenar por nome em ordem decrescente

→ Respostas na página 364.

Aponte o seu lápis

Engenharia Reversa

Suponha que este código esteja em um único arquivo. Sua tarefa é preencher os espaços em branco para que o programa crie a saída mostrada.

```
import _____________;

public class SortMountains {
  public static void main(String [] args) {
    new SortMountains().go();
  }

  public void go() {
    List _____________ mountains = new ArrayList<>();
    mountains.add(new Mountain("Longs", 14255));
    mountains.add(new Mountain("Elbert", 14433));
    mountains.add(new Mountain("Maroon", 14156));
    mountains.add(new Mountain("Castle", 14265));
    System.out.println("as entered:\n" + mountains);

    mountains._____________(_____________-> _____________);
    System.out.println("by name:\n" + mountains);

    _____________._____________(_____________->_____________);
    System.out.println("by height:\n" + mountains);
  }
}

class Mountain {
  _____________;
  _____________;

  _____________ {
    _____________;
    _____________;
  }
  _____________ {
    _________________________;
  }
}
```

Saída:

```
File Edit Window Help ThisOne'sForBob
%java SortMountains
as entered:
[Longs 14255, Elbert 14433, Maroon 14156, Castle 14265]
by name:
[Castle 14265, Elbert 14433, Longs 14255, Maroon 14156]
by height:
[Elbert 14433, Castle 14265, Longs 14255, Maroon 14156]
```

→ Respostas na página 363.

Ops, a ordenação funcionou, mas agora temos valores duplicados

A ordenação funcionou; agora sabemos como ordenar por *title* e por *artist*. Mas ocorreu um novo problema que não percebemos com uma amostra de teste das músicas da jukebox — ***a lista ordenada contém valores duplicados.***

Ao contrário do código mock, o aplicativo jukebox real de Lou continua gravando no arquivo, independentemente de a mesma música já ter sido tocada (e, portanto, gravada) no arquivo de texto. O arquivo de texto jukebox *SongListMore.txt* é um exemplo. É um registro completo de todas as músicas tocadas e pode armazenar as múltiplas reproduções da mesma música.

File Edit Window Help TooManyNotes

```
%java Jukebox7

[somersault: zero 7, cassidy: grateful dead, $10:
hitchhiker, havana: cabello, $10: hitchhiker, cassidy:
grateful dead, 50 ways: simon]

[$10: hitchhiker, $10: hitchhiker, 50 ways: simon,
cassidy: grateful dead, cassidy: grateful dead,
havana: cabello, somersault: zero 7]

[havana: cabello, cassidy: grateful dead, cassidy:
grateful dead, $10: hitchhiker, $10: hitchhiker, 50
ways: simon, somersault: zero 7]
```

Antes da ordenação.

Após ordenar a música por title.

Após ordenar a música pelo nome do artista (artist).

Repare que alteramos o toString de Song para exibir title e artist.

SongListMore.txt

Este é o arquivo real de dados da música.

```
somersault, zero 7, 147
cassidy, grateful dead, 158
$10, hitchhiker, 140
havana, cabello, 105
$10, hitchhiker, 140
cassidy, grateful dead, 158
50 ways, simon, 102
```

Agora, o arquivo de texto SongListMore contém valores duplicados porque a máquina jukebox está gravando todas as músicas tocadas, em ordem.

Para obter a saída acima, escrevemos uma classe MockMoreSongs com o método getSongs(), que retorna uma List com todas as mesmas entradas deste arquivo de texto.

Precisamos de uma Set em vez de uma List

Na API Collection, encontramos três interfaces principais, **List**, **Set** e **Map**. ArrayList é uma **List**, mas parece que ***Set*** é exatamente do que precisamos.

LIST - quando a *sequência* é importante

As Collections sabem a ***posição do índice***.

E as Lists sabem em que local se encontra um valor na lista. É possível ter mais de um elemento referenciando o mesmo objeto.

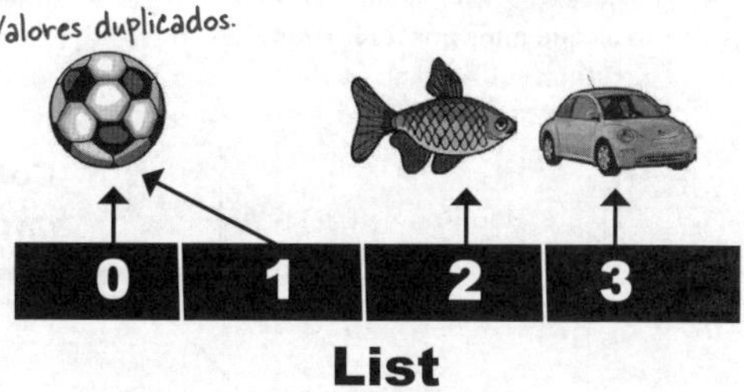

SET - quando a *unicidade* é importante

Collections que ***não permitem valores duplicados***.

As Sets sabem quando algum valor já está presente na coleção. Nunca podemos ter mais de um elemento referenciando o mesmo objeto (ou mais de um elemento referenciando dois objetos considerados iguais — daqui a pouco, veremos o que significa igualdade de objeto.

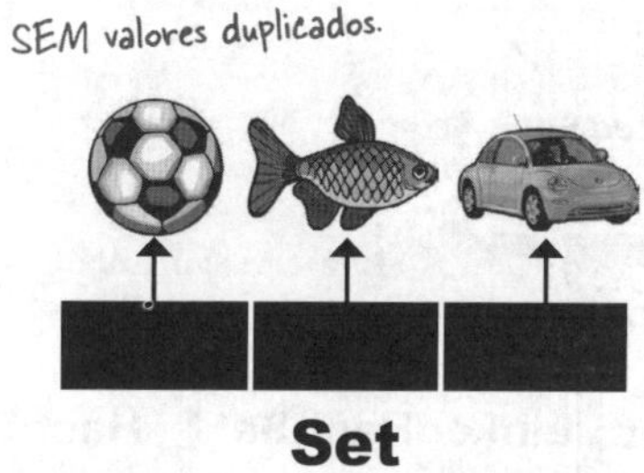

MAP - quando *buscar algum valor por chave* é importante

Collections que usam ***pares chave-valor.***

As Maps sabem o valor associado a uma determinada chave. É possível ter duas chaves que referenciam o mesmo valor, mas não podemos ter chaves duplicadas. Uma chave pode ser qualquer objeto.

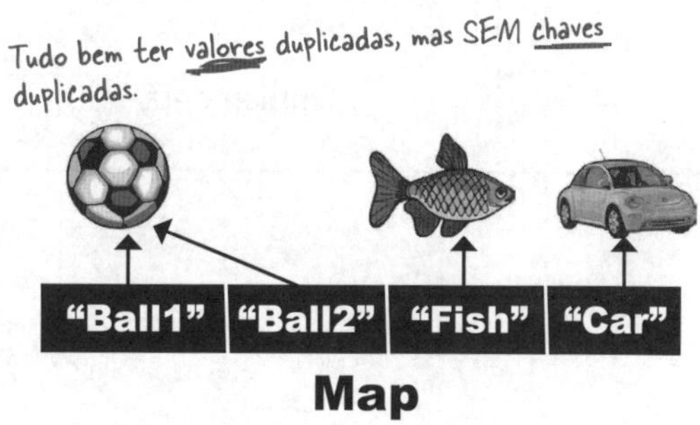

A API Collection (parte dela)

Observe que, na verdade, a interface Map não estende a interface Collection, mas Map ainda é considerada parte do "Collection Framework" (também conhecido como "API Collection"). Assim sendo, Maps ainda são coleções, embora não incluam java.util.Collection em sua hierarquia de herança.

(Observação: não estamos vendo a API Collection completa; existem outras classes e interfaces, mas essas são as que mais nos interessam.)

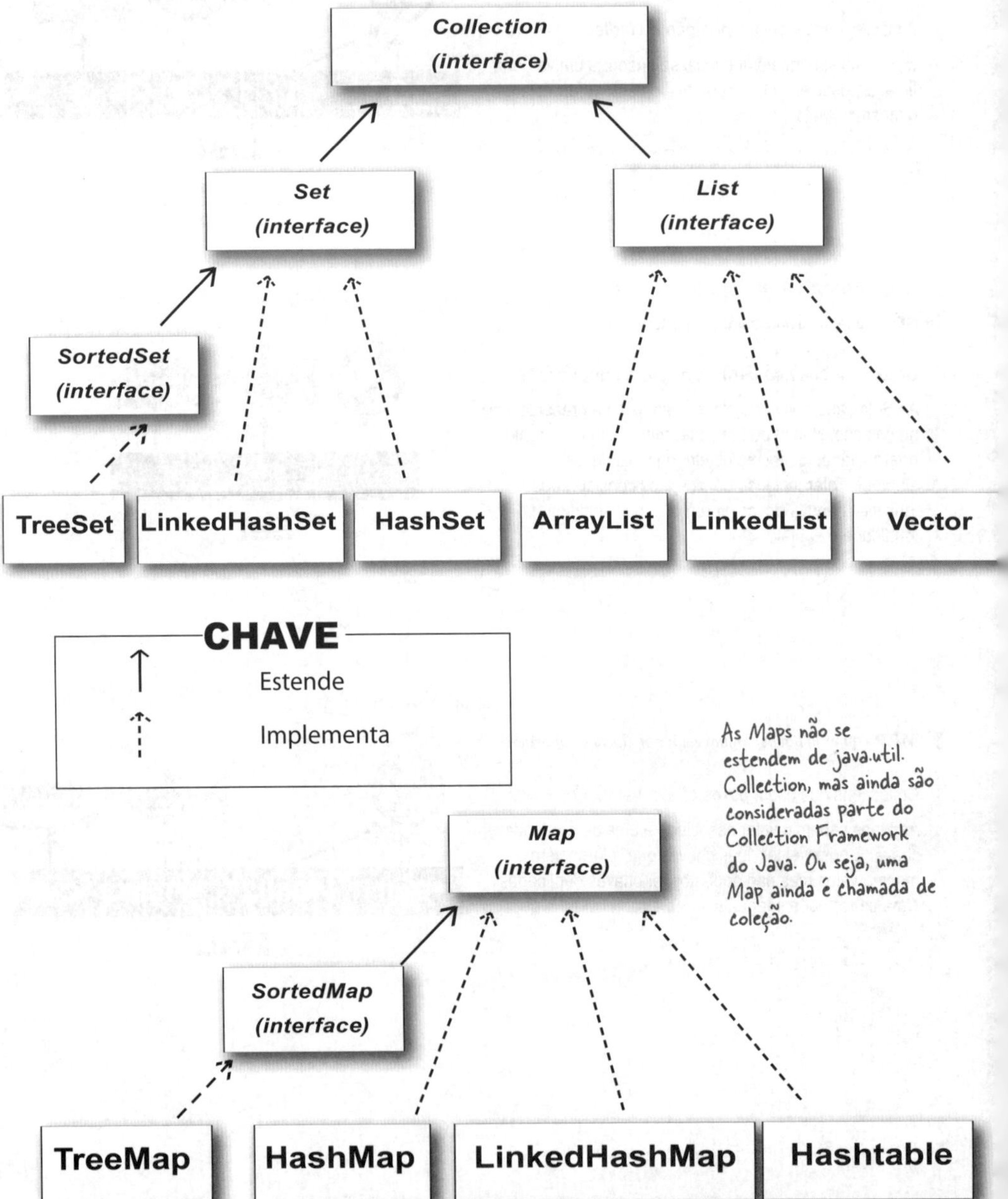

As Maps não se estendem de java.util.Collection, mas ainda são consideradas parte do Collection Framework do Java. Ou seja, uma Map ainda é chamada de coleção.

Usando uma HashSet em vez de um ArrayList

Atualizamos o código Jukebox para inserir as músicas em uma HashSet. Desse modo, tentamos eliminar nossas músicas duplicadas. (Observação: não incluímos parte do código Jukebox, mas é possível copiá-lo de versões anteriores.)

```
import java.util.*;

public class Jukebox8 {
  public static void main(String[] args) {
    new Jukebox8().go();
  }

  public void go() {
    List<SongV3> songList = MockMoreSongs.getSongsV3();
    System.out.println(songList);

    songList.sort((one, two) -> one.getTitle().compareTo(two.getTitle()));
    System.out.println(songList);

    Set<SongV3> songSet = new HashSet<>(songList);
    System.out.println(songSet);
  }
}
```

Criamos uma classe MockMoreSongs para retornar uma List de objetos SongV3 que contém os mesmos valores de SongListMore.txt.

Queremos que Set armazene objetos SongV3. Como HashSet É-Um Set, podemos armazená-la nesta variável Set.

HashSet tem um construtor que pega uma Collection para criar um conjunto com todos os itens dessa collection.

```
File Edit Window Help GetBetterMusic
%java Jukebox8

[somersault, cassidy, $10, havana, $10, cassidy, 50 ways]

[$10, $10, 50 ways, cassidy, cassidy, havana, somersault]

[$10, 50 ways, havana, cassidy, $10, cassidy, somersault]
```

Antes de ordenar a List.

Antes de ordenar a List (por title).

Depois de inseri-la em uma HashSet e exibir a HashSet (não chamamos sort() novamente).

(A ordem de ordenação é perdida quando inserimos a lista em uma HashSet, mas vamos nos preocupar com isso mais tarde...)

Set não ajudou!!
Ainda temos valores duplicados!

O que faz com que dois objetos sejam iguais?

Se dois objetos *foo* e *bar* forem iguais, *foo.equals(bar)* e *bar.equals(foo)* devem ser *true*, e *foo* e *bar* devem retornar o mesmo valor de *hashCode()*. Para que uma Set trate dois objetos como duplicados, devemos sobrescrever os métodos hashCode() e equals() herdados da classe Object, de modo que possamos fazer com que dois objetos diferentes sejam considerados iguais.

Para descobrirmos por que usar uma Set não removeu os valores duplicados, temos que perguntar: o que faz duas referências de Song serem duplicadas? Elas devem ser consideradas ***iguais***. São simplesmente duas referências ao mesmo objeto ou são dois objetos separados que têm o mesmo *title*? Isso levanta uma questão fundamental: igualdade de *referência* vs. igualdade de *objeto*.

Igualdade de referência

Duas referências, um objeto na heap.

Duas referências que referenciam o mesmo objeto na heap são iguais. Ponto final. Se chamarmos o método **hashCode()** em ambas as referências, obteremos o mesmo resultado. Se não sobrescrevermos o método hashCode(), o comportamento padrão (lembre-se, herdamos isso da classe Object) é que cada objeto receberá um número exclusivo (a maioria das versões do Java atribui um hashcode com base no endereço de memória do objeto na heap, logo não haverá dois objetos com o mesmo hashcode).

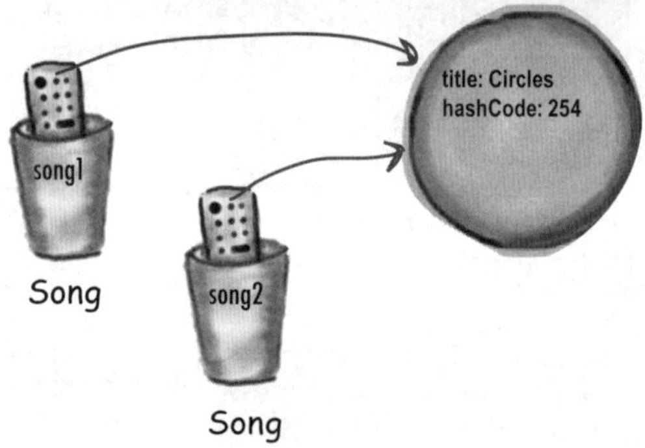

Se quisermos saber se duas *referências* estão realmente referenciando o mesmo objeto, basta usarmos o operador ==, que (lembre-se) compara os bits nas variáveis. Se ambas as referências apontarem para o mesmo objeto, os bits serão idênticos.

```
if (song1 == song2) {
   // Ambas as referências estão
   // referenciando o mesmo objeto na heap
}
```

Igualdade de objeto

Duas referências, dois objetos na heap, que são considerados *significativamente equivalentes.*

Se quisermos tratar dois objetos Song diferentes como iguais (por exemplo, se decidirmos que dois Songs são iguais, caso tenham variáveis *title* correspondentes), devemos sobrescrever os métodos **hashCode()** e **equals()** herdados da classe Object.

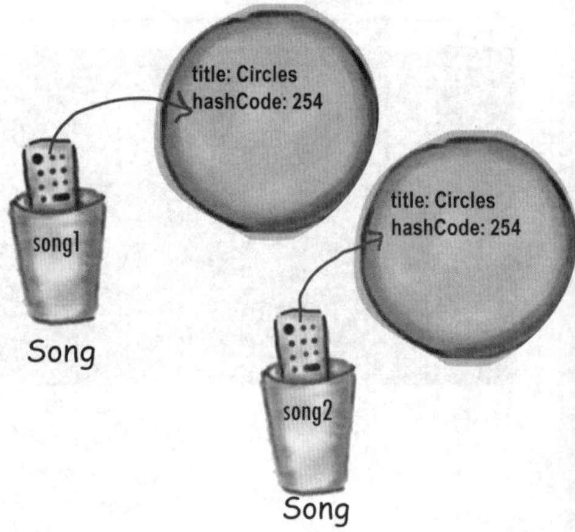

Como mencionado acima, se *não* sobrescrevermos hashCode(), o comportamento padrão (de Object) é fornecer a cada objeto um valor hashcode exclusivo. Desse modo, devemos sobrescrever hashCode() para termos certeza de que dois objetos equivalentes retornam o mesmo hashcode. Mas também devemos sobrescrever equals(), de modo que se o chamarmos em *qualquer* objeto, passando-lhe outro objeto, ele sempre retorne ***true***.

```
if (song1.equals(song2) && song1.hashCode() == song2.hashCode()) {
   // Ambas as referências estão referenciando um objeto
exclusivo,
   // ou dois objetos iguais
}
```

Como uma HashSet verifica valores duplicados: hashCode() e equals()

Ao inserirmos um objeto em uma HashSet, ela chama o método hashCode desse objeto para determinar onde inseri-lo na Set. E também compara o código hash desse objeto com o código hash de todos os outros objetos e, se não houver nenhum código hash correspondente, a HashSet assume que esse objeto novo *não* está duplicado.

Ou seja, se os códigos hash forem diferentes, a HashSet assume que não há como os objetos serem iguais! Portanto, devemos sobrescrever hashCode() a fim de garantir que os objetos tenham o mesmo valor.

No entanto, dois objetos com o mesmo código hash podem *não* ser iguais (falaremos mais a respeito na próxima página). Por isso, se a HashSet encontrar um código hash correspondente para dois objetos — um que você está inserindo e outro que já está na set — ela chama um dos métodos equals() do objeto para verificar se esses objetos correspondentes ao código hash *são* iguais mesmo.

E se forem iguais, a HashSet sabe que o objeto que estamos tentando adicionar é uma duplicação de algo na Set, então a adição não ocorre. Não recebemos uma exceção, mas o método add() da HashSet retorna um booleano para informar (se isso é um problema) se o objeto novo foi adicionado. Se o método add() retornar *false*, saberemos que o objeto novo era uma duplicação de algo que já estava na set.

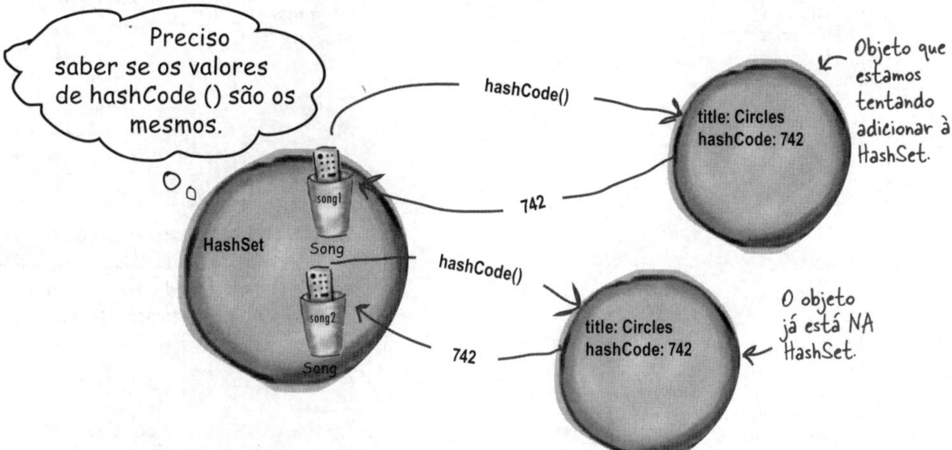

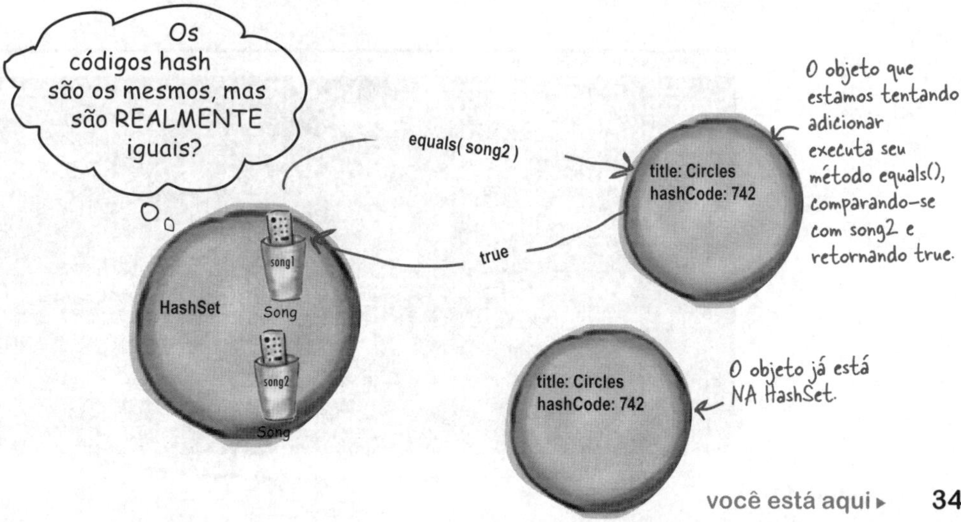

A classe Song com hashCode() e com equals() sobrescritos

```
class SongV4 implements Comparable<SongV4> {
  private String title;
  private String artist;
  private int bpm;

  public boolean equals(Object aSong) {
    SongV4 other = (SongV4) aSong;
    return title.equals(other.getTitle());
  }

  public int hashCode() {
    return title.hashCode();
  }

  public int compareTo(SongV4 s) {
    return title.compareTo(s.getTitle());
  }

  SongV4(String title, String artist, int bpm) {
    this.title = title;
    this.artist = artist;
    this.bpm = bpm;
  }

  public String getTitle() {
    return title;
  }

  public String getArtist() {
    return artist;
  }

  public int getBpm() {
    return bpm;
  }

  public String toString() {
    return title;
  }
}
```

A HashSet (ou qualquer outra coisa que chame esse método) envia outro Song.

O BOM é que title é uma String e as Strings têm um método equals() sobrescrito. Ou seja, tudo que precisamos fazer é perguntar a um title se é igual ao title de outra música.

Mesma coisa aqui... A classe String tem um método hashCode() sobrescrito, então podemos somente retornar o resultado da chamada de hashCode() no title. Repare como hashCode() e equals() estão usando a MESMA variável de instância (title).

Agora executa! Não há valores duplicados quando printamos HashSet. Mas não chamamos sort() novamente e, quando inserimos ArrayList na HashSet, a ordem da ordenação não foi preservada.

File Edit Window Help HashingItOut

```
%java Jukebox9

[somersault, cassidy, $10, havana, $10, cassidy, 50 ways]

[$10, $10, 50 ways, cassidy, cassidy, havana, somersault]

[havana, $10, 50 ways, cassidy, somersault]
```

Normas de objetos Java para hashCode() e para equals()

A documentação da API para a classe Object elenca as normas que DEVEMOS seguir:

- **Se dois objetos são iguais, DEVEM ter códigos hash correspondentes.**
- **Se dois objetos são iguais, chamar equals() em qualquer um desses objetos DEVE retornar true. Em outras palavras, se (a.equals(b)) então (b.equals(a)).**
- **Se dois objetos tiverem o mesmo valor de código hash, NÃO precisam ser iguais. Mas se forem, DEVEM ter o mesmo valor de código hash.**
- **Ou seja, se sobrescrevermos equals(), DEVEMOS sobrescrever hashCode().**
- **O comportamento padrão de hashCode() é gerar um inteiro exclusivo para cada objeto na heap. Portanto, se não sobrescrevermos hashCode() em uma classe, dois objetos desse tipo NUNCA poderão ser considerados iguais.**
- **O comportamento padrão de equals() é fazer uma comparação ==. Ou seja, é testar se as duas referências referenciam um único objeto na heap. Assim, se não sobrescrevermos equals() em uma classe, dois objetos NUNCA poderão ser considerados iguais, pois as referências a dois objetos diferentes sempre conterão um padrão diferente de bits.**

a.equals(b) também deve significar que a.hashCode() == b.hashCode()

Mas a.hashCode() == b.hashCode() NÃO tem que significar a.equals(b)

não existem Perguntas Idiotas

P: **Como os códigos hash podem ser os mesmos, ainda que os objetos não sejam iguais?**

R: HashSets usam códigos hash para armazenar os elementos, agilizando o acesso. Caso tente encontrar um objeto em um ArrayList, fornecendo a ele uma cópia do objeto (em vez de um valor de índice), o ArrayList terá que começar a procurar desde o início, verificando a correspondência de cada elemento na lista. Contudo, uma HashSet pode encontrar um objeto mais rápido, pois usa o código hash como uma espécie de rótulo no "bucket" em que armazenou o elemento. Assim, se dissermos "Quero que encontre um objeto na set que seja exatamente como este...", a HashSet obtém o valor do código hash a partir da cópia de Song que fornecemos (digamos, 742) e, em seguida, diz: "Ah, sei exatamente onde o objeto com código hash #742 está armazenado...," e vai direto para o bucket #742.

Você aprenderia mais coisas em uma aula de Ciência da Computação, mas aqui aprende o suficiente para usar HashSets de modo eficaz. Na realidade, desenvolver um bom algoritmo de hash é assunto de muitas teses de doutorado, fugindo ao escopo do que queremos abordar neste livro.

A questão é que os códigos de hash podem ser os mesmos sem necessariamente garantir que os objetos sejam iguais, porque o "algoritmo de hash" usado no método hashCode() pode retornar o mesmo valor para múltiplos objetos. E sim, significa que múltiplos objetos ficariam no mesmo bucket de código hash na HashSet, mas não é o fim do mundo. A HashSet pode ser um pouco menos eficiente, porque se encontrar mais de um objeto no mesmo bucket de código hash terá que usar equals() em todos esses objetos para verificar se há uma correspondência perfeita.

Se quisermos que set fique ordenada, temos TreeSet

A TreeSet é parecida com a HashSet, pois evita valores duplicados, mas também *mantém* a lista ordenada. Funciona exatamente como o método sort() no sentido de que, se criarmos uma TreeSet sem fornecer uma Comparator, a TreeSet usará o método compareTo() de cada objeto para ordenação. No entanto, temos a opção de passar uma Comparator para o construtor da TreeSet, de modo que esta possa usá-la.

A desvantagem da TreeSet é que se não *precisarmos* de ordenação ainda teremos impacto no desempenho, mesmo que pequeno. Contudo, na maioria das aplicações, esse impacto é quase impossível de se perceber.

```
public class Jukebox10 {
  public static void main(String[] args) {
    new Jukebox10().go();
  }

  public void go() {
    List<SongV4> songList = MockMoreSongs.getSongsV4();
    System.out.println(songList);

    songList.sort((one, two) -> one.getTitle().compareTo(two.getTitle()));
    System.out.println(songList);

    Set<SongV4> songSet = new TreeSet<>(songList);
    System.out.println(songSet);
  }
}
```

Cria uma TreeSet em vez de uma HashSet. A TreeSet usará o método compareTo() de SongV4 para ordenar os itens em songList.

Se quisermos que a TreeSet ordene algo diferente (ou seja, que NÃO use o método compareTo() de SongV4), precisamos passar uma Comparator (ou uma lambda) para o construtor da TreeSet. Em seguida, usaríamos songSet.addAll() para adicionar os valores de songList à TreeSet.

```
Set<SongV4> songSet = new TreeSet<>((o1, o2) -> o1.getBpm() - o2.getBpm());
songSet.addAll(songList);
```

Sim, outra lambda para ordenação. Esta aqui ordena por BPM. Lembre-se, esta lambda implementa a Comparator.

O que DEVEMOS saber sobre a TreeSet...

À primeira vista, a TreeSet é fácil, mas entenda bem o que se precisa fazer para usá-la. É tão importante entendê-la que elaboramos um exercício para você *pensar* a respeito. NÃO vire a página até que tenha feito este exercício. *É sério.*

Respostas na página 364.

Aponte o seu lápis

Analise este código. Leia-o com atenção e, em seguida, responda as questões abaixo. (Observação: não há erros de sintaxe neste código.)

```
import java.util.*;

public class TestTree {
  public static void main(String[] args) {
    new TestTree().go();
  }

  public void go() {
    Book b1 = new Book("How Cats Work");
    Book b2 = new Book("Remix your Body");
    Book b3 = new Book("Finding Emo");

    Set<Book> tree = new TreeSet<>();
    tree.add(b1);
    tree.add(b2);
    tree.add(b3);
    System.out.println(tree);
  }
}

class Book {
  private String title;
  public Book(String t) {
    title = t;
  }
}
```

1. Qual é o resultado quando você compila este código?

____

2. Se compilar, qual é o resultado quando executa a classe TestTree?

____

3. Se houver um problema (seja no tempo de compilação ou no tempo de execução) com esse código, como podemos corrigi-lo?

____

Os elementos da TreeSet DEVEM ser comparáveis

A TreeSet não é capaz de ler a mente do programador para descobrir como os objetos devem ser ordenados. É necessário informá-la *como* queremos essa ordenação.

Para usar uma TreeSet, uma das seguintes coisas deve ser true:

➤ Na lista, os elementos devem ser de um tipo que implementa *Comparable*

Na página anterior, como a classe Book não implementava Comparable, não rodaria no tempo de execução. Pense nisso, o único propósito de vida da coitadinha da TreeSet é manter seus elementos ordenados e, mais uma vez, ela não tinha ideia de como ordenar os objetos Book! Ela não falha no tempo de compilação, porque o método TreeSet add() não aceita um tipo Comparable. O método add() da TreeSet aceita qualquer tipo que possa ser usado quando a criamos. Em outras palavras, se escrevermos new TreeSet<Book>(), o método add() é essencialmente add(Book). E não há nenhuma exigência de que a classe Book implemente Comparable! Mas ela falha no tempo de execução quando adicionamos o segundo elemento à set. É a primeira vez que set tenta chamar um dos métodos compareTo() do objeto e não consegue...

```
class Book implements Comparable<Book> {
  private String title;
  public Book(String t) {
    title = t;
  }

  public int compareTo(Book other) {
    return title.compareTo(other.title);
  }
}
```

OU

➤ Usamos o construtor sobrecarregado de TreeSet que aceita *Comparator*

A TreeSet funciona muito como o método sort() — temos a opção de usar o método compareTo() do elemento, assumindo que o tipo de elemento implementou a interface Comparable, OU podemos usar uma Comparator customizada que sabe como ordenar os elementos em set. Para usar uma Comparator customizada, chamamos o construtor TreeSet que usa uma Comparator.

Poderíamos usar uma lambda em vez de declarar uma nova classe Comparator.

```
class BookCompare implements
Comparator<Book> {
  public int compare(Book one, Book two) {
    return one.title.compareTo(two.title);
  }
}
public class TestTreeComparator {
  public void go() {
    Book b1 = new Book("How Cats Work");
    Book b2 = new Book("Remix your Body");
    Book b3 = new Book("Finding Emo");
    BookCompare bookCompare = new
BookCompare();
    Set<Book> tree = new
TreeSet<>(bookCompare);
    tree.add(b1);
    tree.add(b2);
    tree.add(b3);
    System.out.println(tree);
  }
}
```

Já vimos Lists e Sets, agora vamos usar uma Map

Lists e Sets são ótimas, mas às vezes, uma Map é a melhor coleção (não coleção com "C" maiúsculo de collection, como no código — lembre-se de que as Maps fazem parte de coleções Java, mas não implementam a interface Collection).

Imagine que queira uma coleção que funcione como uma lista de propriedades, em que fornece um nome e retorna o valor associado a esse nome. As chaves podem ser qualquer objeto Java (ou, por meio do autoboxing, um primitivo), mas veremos com frequência chaves do tipo String (ou seja, nomes de propriedade) ou chaves do tipo Inteiro (representando IDs exclusivos, por exemplo).

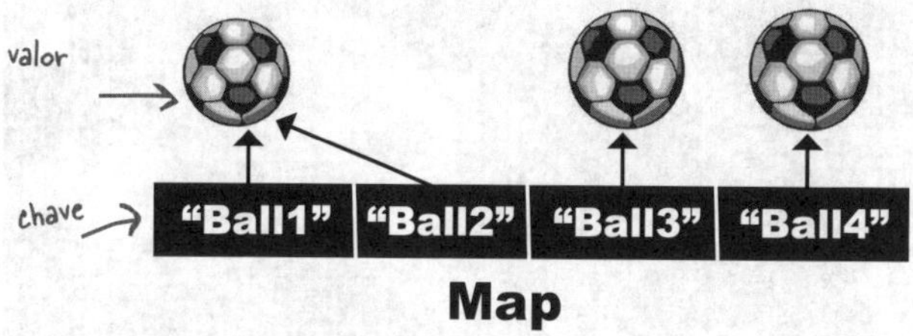

Em uma Map, cada elemento é, na verdade, DOIS objetos — uma *chave* e um *valor*. Podemos ter *valores* duplicados, mas NÃO *chaves* duplicadas.

Exemplo da Map

```
public class TestMap {
  public static void main(String[] args) {
    Map<String, Integer> scores = new HashMap<>();
```

A HashMap precisa de DOIS parâmetros de tipo: um para a chave e outro para o valor.

```
    scores.put("Kathy", 42);
    scores.put("Bert", 343);
    scores.put("Skyler", 420);
```

Usa put() em vez de add(), e agora, logicamente, aceita dois argumentos (chave, valor).

```
    System.out.println(scores);
    System.out.println(scores.get("Bert"));
  }
}
```

O método get() pega uma chave e retorna o valor (neste caso, um Inteiro).

```
File Edit Window Help WhereAmI
%java TestMap

{Skyler=420, Bert=343, Kathy=42}
343
```

Ao exibirmos uma Map, ela fornece os pares chave = valor, entre chaves { } em vez de entre colchetes [ ] que vemos quando printamos listas e sets.

Criando e preenchendo coleções

O código para criar e, em seguida, preencher uma coleção surge repetidamente. Já vimos o código para criar um ArrayList e adicionar elementos a ele algumas vezes. Um código como esse:

```
List<String> songs = new ArrayList<>();
songs.add("somersault");
songs.add("cassidy");
songs.add("$10");
```

Independentemente de estar criando uma List, uma Set ou uma Map, os códigos são bem parecidos. Além do mais, esses tipos de coleções geralmente são aquelas em que sabemos quais são os dados logo de início, e não pretendemos alterá-los durante o tempo de vida da coleção. Se quisermos garantir que ninguém altere a coleção depois de criá-la, é necessária uma etapa extra:

```
List<String> songs = new ArrayList<>();
songs.add("somersault");
songs.add("cassidy");
songs.add("$10");
return Collections.unmodifiableList(songs);
```

Retorna uma versão "inalterável" da lista que acabamos de criar para que saibamos que ninguém mais pode alterá-la.

Nos Capítulos 12 e 18, veremos por que pode ser útil criar estruturas de dados que não podem ser alteradas.

Quanto código! É muito código para uma tarefa comum que, provavelmente, faremos sempre.

Felizmente para nós, o Java agora tem "Métodos Factory Convenientes Para Coleções" (foram adicionados no Java 9). Podemos usar esses métodos para criar estruturas de dados comuns e preenchê-las com dados, basta chamar o método uma vez.

Métodos Factory Convenientes para Coleções

Os métodos factory convenientes para coleções possibilitam criar facilmente uma List, uma Set ou uma Map pré-preenchida com dados conhecidos. Precisamos entender algumas coisas para usá-los.

1. **Coleções resultantes não podem ser alteradas.** Não podemos adicionar a elas ou alterar os valores; na verdade, não podemos nem ordenar as coisas como vimos neste capítulo.

2. **Coleções resultantes não são como as Collections padrão que vimos.** Não são como ArrayList, HashSet, HashMap etc. Podemos confiar nelas para se comportarem de acordo com suas interfaces: uma List sempre preservará a ordem em que os elementos foram inseridos; uma Set nunca terá valores duplicados. No entanto, não podemos confiar que sejam uma implementação específica de List, Set ou Map.

Métodos factory convenientes servem justamente para isso: uma conveniência que funcionará na maioria dos casos em que desejamos criar uma coleção pré-preenchida com dados. E para os casos em que esses métodos factory não são adequados, ainda podemos usar os construtores Collections e os métodos add() ou put().

Criando uma List: `List.of()`

Para criar a lista de Strings da última página, não precisamos de cinco linhas de código; basta uma:

```
List<String> strings = List.of("somersault", "cassidy", "$10");
```

Caso queira adicionar objetos Song em vez de Strings simples, o código ainda será curto e descritivo:

```
List<SongV4> songs = List.of(new SongV4("somersault", "zero 7", 147),
                             new SongV4("cassidy", "grateful dead", 158),
                             new SongV4("$10", "hitchhiker", 140));
```

Criando uma Set: `Set.of()`

Para criar uma Set, recorremos a uma sintaxe semelhante:

```
Set<Book> books = Set.of(new Book("How Cats Work"),
                         new Book("Remix your Body"),
                         new Book("Finding Emo"));
```

Criando uma Map: `Map.of()`, `Map.ofEntries()`

Maps são diferentes porque usam dois objetos para cada "registro" — uma chave e um valor. Se quiser inserir menos de 10 registros em sua Map, você pode usar Map.of, passando chave, valor, chave, valor etc.:

```
Map<String, Integer> scores = Map.of("Kathy", 42,
                                     "Bert", 343,
                                     "Skyler", 420);
```

Caso tenha mais de 10 registros ou queira ser mais claro sobre como suas chaves são pareadas com seus valores, você pode usar Map.ofEntries:

```
Map<String, String> stores = Map.ofEntries(Map.entry("Riley", "Supersports"),
                                           Map.entry("Brooklyn", "Camera World"),
                                           Map.entry("Jay", "Homecase"));
```

Para que essa linha fique menor, é possível usar o *import estático* em Map.entry (no Capítulo 10, falaremos mais sobre imports estáticos).

Finalmente, de volta aos generics

Lembra que falamos, no início do capítulo, sobre como os métodos que aceitam argumentos com tipos genéricos podem ser *esquisitos*? E esquisito no sentido polimórfico. Se as coisas começarem a parecer estranhas aqui, não pare — precisaremos de mais algumas páginas para contar a história completa. Os exemplos usarão uma hierarquia de classes de Animals.

```
abstract class Animal {
  void eat() {
    System.out.println("animal eating");
  }
}
class Dog extends Animal {
  void bark() { }
}
class Cat extends Animal {
  void meow() { }
}
```

A hierarquia simplificada de classes Animal.

Usando argumentos polimórficos e generics

Os generics podem ser um pouco contraintuitivos... Ainda mais quando se trata de usar polimorfismo com um tipo genérico (a classe dentro dos colchetes angulares/operador diamante). Vamos criar um método que recebe List<Animal> e usá-lo para teste.

Passando em List<Animal>

Usando o método factory List.of que acabamos de ver.

```
public class TestGenerics1 {
  public static void main(String[] args) {

    List<Animal> animals = List.of(new Dog(), new Cat(), new Dog());
    takeAnimals(animals);
  }

  public static void takeAnimals(List<Animal> animals) {
    for (Animal a : animals) {
      a.eat();
    }
  }
}
```

Passa um List<Animal> para nosso método testAnimals.

Método que tem uma classe genérica (List) como parâmetro.

Não se esqueça, podemos chamar APENAS os métodos declarados no tipo Animal, desde que o parâmetro animals seja do tipo List<Animal>.

Compila e roda muito bem

```
File Edit Window Help CatFoodIsBetter
%java TestGenerics1

animal eating
animal eating
animal eating
```

Mas rodará com List<Dog>?

Um argumento List<Animal> pode ser passado para um método com um parâmetro List<Animal>. Logo, a grande questão é: o parâmetro List<Animal> aceitará List<Dog>? Não é para isso mesmo que serve o polimorfismo?

Passando em List<Dog>

```
public void go() {
  List<Animal> animals = List.of(new Dog(), new Cat(), new Dog());
  takeAnimals(animals);   ← Sabemos que esta linha rodou direitinho.

  List<Dog> dogs = List.of(new Dog(), new Dog());
  takeAnimals(dogs);   ← Isso funcionará agora que mudamos de
}                        List<Animal> para List<Dog>?

public void takeAnimals(List<Animal> animals) {
  for (Animal a : animals) {
    a.eat();
  }
}
```

Cria uma Dog List e insere alguns dogs nela.

Ao compilarmos:

File Edit Window Help CatsAreSmarter

```
%javac TestGenerics2.java

TestGenerics2.java:20: error: incompatible types: List<Dog>
cannot be converted to List<Animal>
    takeAnimals(dogs);
                ^
1 error
```

Parecia que daria supercerto, mas deu supererrado...

O que poderia acontecer se isso fosse permitido...?

Imagine que o compilador possibilite essa ação, permitindo que você passe List<Dog> para um método declarado como:

```
public void takeAnimals(List<Animal> animals) {
  for (Animal a : animals) {
    a.eat();
  }
}
```

Nada neste método *parece* perigoso, certo? Afinal, o propósito do polimorfismo é que qualquer coisa que Animal pode fazer (neste caso, o método eat()), um Dog também pode. Então, qual é o problema de chamar o método eat() em cada uma das referências de Dog?

Não há nada de errado com *esse* código. Mas agora, veja *este código aqui*:

```
public void takeAnimals(List<Animal> animals) {
  animals.add(new Cat());
}
```

← Minha Nossa Senhora!! Acabamos de enfiar um Cat no que pode ser uma List apenas de Dogs.

Achamos o problema. Com certeza não tem nada de errado em adicionar um Cat a uma List<Animal>, e esse é o objetivo de ter uma List de um supertipo como Animal — para que possamos inserir todos os tipos de animais em uma única Animal List.

No entanto, se passássemos uma Dog List – uma destinada a armazenar APENAS Dogs — para esse método que usa uma Animal List, então, de repente, acabaríamos com um Cat na lista de Dog. O compilador sabe que, se permitir que passemos uma Dog List para o método dessa forma, alguém poderá, no tempo de execução, adicionar um Cat à sua lista de Dog. Logo, o compilador simplesmente não permite que corramos risco.

Se declararmos um método para receber List<Animal>, ele poderá receber SOMENTE uma List<Animal>, não List<Dog> ou List<Cat>.

Acho que deveria ter uma maneira de usar tipos de coleção polimórfica como argumentos de método para que um programa veterinário pudesse receber listas de Dog e listas de Cat. Assim, seria possível percorrer as listas com um loop e chamar seu método immunize(). Seria seguro, e não poderíamos adicionar um Cat em uma lista de Dog.

Podemos fazer isso com caracteres curingas

Parece incomum, mas existe uma maneira de criar um argumento de método que pode aceitar uma List de qualquer subtipo de Animal. E a maneira mais simples é usar um **curinga**.

```
public void takeAnimals(List<? extends Animal> animals) {
  for (Animal a : animals) {
    a.eat();
  }
}
```

Lembre-se, a palavra-chave "extends" aqui significa estende OU implementa.

Talvez você esteja perguntando "Mas qual é a *diferença*? Não temos o mesmo problema de antes?"

Você tem razão em perguntar. A resposta é NÃO. Quando usamos o caractere curinga <?> em nossa declaração, o compilador não permite que adicionemos nada à lista.

Ao usarmos um curinga em nosso argumento de método, o compilador IMPEDIRÁ que façamos qualquer coisa que possa prejudicar a lista referenciada pelo parâmetro do método.

Ainda podemos chamar métodos nos elementos da lista, mas não podemos adicionar elementos à lista.

Em outras palavras, é possível fazer coisas *com* os elementos da lista, mas não podemos adicionar coisas *novas* à lista.

não existem Perguntas Idiotas

P: Quando vimos os métodos genéricos pela primeira vez, havia um método semelhante que declarava o tipo genérico na frente do nome do método. Ele faz a mesma coisa que o método takeAnimals?

R: Bem observado! No início do capítulo, havia um método como este daqui:

```
<T extends Animal> void
takeThing(List<T> list)
```

Na verdade, poderíamos usar essa sintaxe para algo semelhante, mas ela funciona um pouco diferente. Sim, você pode passar List<Animal> e List<Dog> para o método, mas obtém a vantagem adicional de usar o tipo genérico, T, em outros lugares também.

Usando o parâmetro de tipo genérico do método

O que podemos fazer se definirmos nosso método assim?

```
public <T extends Animal> void takeAnimals(List<T> list) { }
```

Por enquanto, o método não exige o uso de "T" para nada. Mas se fizermos uma alteração em nosso método para retornar uma List, por exemplo, de todos os animais que vacinamos, podemos declarar que a List retornada tem o mesmo tipo genérico da List passada:

```
public <T extends Animal> List<T> takeAnimals(List<T> list) { }
```

Ao chamar o método, sabemos que receberemos o mesmo tipo que inserimos.

```
List<Dog> dogs = List.of(new Dog(), new Dog());
List<Dog> vaccinatedDogs = takeAnimals(dogs);

List<Animal> animals = List.of(new Dog(), new Cat());
List<Animal> vaccinatedAnimals = takeAnimals(animals);
```

A List que recebemos do método takeAnimals é sempre do mesmo tipo que a list que passamos.

Se o método usou o curinga para o parâmetro do método e para o tipo de retorno, não há nada que garanta que sejam do mesmo tipo. Na verdade, qualquer pessoa que chame o método não terá ideia do que estará na coleção, além de "algum tipo de animal".

```
public void go() {
  List<Dog> dogs = List.of(new Dog(), new Dog());
  List<? extends Animal> vaccinatedSomethings = takeAnimals(dogs);
}

public List<? extends Animal> takeAnimals(List<? extends Animal> animals) { }
```

Usar o curinga ("? extends") é bom quando não nos importamos muito com o tipo genérico, só queremos permitir todos os subtipos de algum tipo.

Usar um parâmetro de tipo ("T") é mais útil quando queremos fazer mais com o próprio tipo, por exemplo, no retorno do método.

Exercício

SEJA o Compilador, avançado

Sua tarefa é ser o compilador e determinar qual das seguintes instruções compilaria. Parte desse código não foi abordada no capítulo. Ou seja, você precisa elaborar as respostas com base no que APRENDEU, aplicando as "normas" a essas novas situações.

As assinaturas dos métodos usados no exercício estão nas caixas.

```
private void takeDogs(List<Dog> dogs) { }
```

```
private void takeAnimals(List<Animal> animals) { }
```

```
private void takeSomeAnimals(List<? extends Animal> animals) { }
```

```
private void takeObjects(ArrayList<Object> objects) { }
```

Compila?

☐
```
takeAnimals(new ArrayList<Animal>());
```

☐
```
takeDogs(new ArrayList<Animal>());
```

☐
```
takeAnimals(new ArrayList<Dog>());
```

☐
```
takeDogs(new ArrayList<>());
```

☐
```
List<Dog> dogs = new ArrayList<>();
takeDogs(dogs);
```

☐
```
takeSomeAnimals(new ArrayList<Dog>());
```

☐
```
takeSomeAnimals(new ArrayList<>());
```

☐
```
takeSomeAnimals(new ArrayList<Animal>());
```

☐
```
List<Animal> animals = new ArrayList<>();
takeSomeAnimals(animals);
```

☐
```
List<Object> objects = new ArrayList<>();
takeObjects(objects);
```

☐
```
takeObjects(new ArrayList<Dog>());
```

☐
```
takeObjects(new ArrayList<Object>());
```

→ Respostas na página 365.

Preencha os espaços em branco

(página 332)

Possíveis Respostas:

Comparator,
Comparable,
compareTo( ),
compare( ),
Sim,
Não

Dada a seguinte instrução compilável:

```
Collections.sort(myArrayList);
```

1. O que a classe dos objetos armazenados em `myArrayList` deve implementar? **Comparable**

2. Qual método a classe dos objetos armazenados em `myArrayList` deve implementar? **compareTo( )**

3. A classe dos objetos armazenados em `myArrayList` pode implementar `Comparator` E `Comparable`? **Sim**

Dadas as seguintes instruções compiláveis (ambas fazem a mesma coisa):

```
Collections.sort(myArrayList, myCompare);
```

4. A classe dos objetos armazenados em `myArrayList` pode implementar `Comparable`? **Sim**

5. A classe dos objetos armazenados em `myArrayList` pode implementar `Comparator`? **Sim**

6. A classe dos objetos armazenados em `myArrayList` deve implementar `Comparable`? **Não**

7. A classe dos objetos armazenados em `myArrayList` deve implementar `Comparator`? **Não**

8. O que a classe do objeto `myCompare` deve implementar? **Comparator**

9. Qual método a classe do objeto `myCompare` deve implementar? **compare( )**

Aponte o seu lápis Solução

Exercício de lambdas de "Engenharia Reversa" (página 341)

```
import java.util.*;
public class SortMountains {
 public static void main(String[] args) {
    new SortMountains().go();
  }

  public void go() {
    List<Mountain> mountains = new ArrayList<>();
    mountains.add(new Mountain("Longs", 14255));
    mountains.add(new Mountain("Elbert", 14433));
    mountains.add(new Mountain("Maroon", 14156));
    mountains.add(new Mountain("Castle", 14265));
    System.out.println("as entered:\n" + mountains);

    mountains.sort((mount1, mount2) -> mount1.name.compareTo(mount2.name));
    System.out.println("by name:\n" + mountains);

    mountains.sort((mount1, mount2) -> mount2.height - mount1.height);
    System.out.println("by height:\n" + mountains);
  }
}
class Mountain {
  String name;
  int height;

  Mountain(String name, int height) {
    this.name = name;
    this.height = height;
  }
  public String toString( ) {
    return name + " " + height;
  }
}
```

Percebeu que a lista de height (altura) está em sequência DECRESCENTE? :)

Saída:

```
File Edit Window Help ThisOne'sForBob
%java SortMountains
as entered:
[Longs 14255, Elbert 14433, Maroon 14156, Castle 14265]
by name:
[Castle 14265, Elbert 14433, Longs 14255, Maroon 14156]
by height:
[Elbert 14433, Castle 14265, Longs 14255, Maroon 14156]
```

Aponte o seu lápis Solução — Ordenando com lambdas

(página 340)

Ordena por BPM em ordem crescente

```
songList.sort((one, two) -> one.getBpm() - two.getBpm());
```

Ordena por title em ordem decrescente

```
songList.sort((one, two) -> two.getTitle().compareTo(one.getTitle()));
```

Saída:

```
File Edit Window Help IntNotString
%java SharpenLambdas
[50 ways, havana, $10, somersault, cassidy, Cassidy]
[somersault, havana, cassidy, Cassidy, 50 ways, $10]
```

Aponte o seu lápis Solução — Exercício TreeSet

(página 351)

1. Qual é o resultado quando você compila este código?

Compila corretamente.

2. Se compilar, qual é o resultado quando executa a classe TestTree?

Ela lança uma exceção:

```
Exception in thread "main" java.lang.ClassCastException: class Book cannot be cast
to class java.lang.Comparable
        at java.base/java.util.TreeMap.compare(TreeMap.java:1291)
        at java.base/java.util.TreeMap.put(TreeMap.java:536)
        at java.base/java.util.TreeSet.add(TreeSet.java:255)
        at TestTree.go(TestTree.java:16)
        at TestTree.main(TestTree.java:7)
```

3. Se houver um problema (seja no tempo de compilação ou no tempo de execução) com esse código, como corrigi-lo?

Torne o implemento de Book Comparable ou passe a TreeSet como Comparator.

Solução do SEJA o Compilador

(página 361)

Compila?

- [x] `takeAnimals(new ArrayList<Animal>());`
- [ ] `takeDogs(new ArrayList<Animal>());`
- [ ] `takeAnimals(new ArrayList<Dog>());`
- [x] `takeDogs(new ArrayList<>());` ← Se usar o operador diamante aqui, ele calculará o tipo da assinatura do método. Portanto, o compilador assume que este ArrayList é ArrayList<Dog>.
- [x] `List<Dog> dogs = new ArrayList<>();`
  `takeDogs(dogs);`
- [x] `takeSomeAnimals(new ArrayList<Dog>());`
- [x] `takeSomeAnimals(new ArrayList<>());` ← Aqui, o operador diamante significa que é ArrayList<Animal>.
- [x] `takeSomeAnimals(new ArrayList<Animal>());`
- [x] `List<Animal> animals = new ArrayList<>();`
  `takeSomeAnimals(animals);`
- [ ] `List<Object> objects = new ArrayList<>();`
  `takeObjects(objects);` ← Isso não compila porque takeObjects quer um ArrayList, não uma List.
- [ ] `takeObjects(new ArrayList<Dog>());`
- [x] `takeObjects(new ArrayList<Object>());`

Lambdas e Streams: O Que, Não Como

E se... você não precisasse instruir o computador COMO fazer alguma coisa? Programar é um ato constante de instruir o computador: **enquanto** tal condição for verdadeira, **execute** tal ação; **para** cada um desses elementos, **se** eles se encaixarem nesse critério, **então** execute tal ação; e assim por diante.

Sabemos também que não precisamos fazer tudo sozinhos. O JDK (Java Development Kit) contém código de biblioteca, como a API Collections que vimos no capítulo anterior, que podemos usar em vez de escrever tudo do zero. Esse código de biblioteca não se limita apenas a coleções nas quais inserimos dados; existem métodos que farão tarefas comuns para nós, basta dizer a eles o **que** queremos e não **como** fazer. Neste capítulo, veremos a Streams API e como as expressões lambda podem ser úteis ao usar streams e você aprenderá como usar a Streams API para consultar e transformar os dados em uma coleção.

Diga ao computador O QUE você quer

Imagine que tenha uma lista de cores e queira exibir todas elas. Você poderia usar um loop for para fazer isso.

Este é um "método factory conveniente" para criar uma List nova a partir de um grupo conhecido de valores. Vimos isso no Capítulo 11.

```
List<String> allColors = List.of("Red", "Blue", "Yellow");
for (String color : allColors) {
    System.out.println(color);
}
```

Loop for

Para cada item da lista, cria um variável temporária, color...

... Depois exibe cada cor, aqui no código, color.

Mas executar uma ação para cada item em uma lista é algo comum. Ou seja, em vez de criar um loop for sempre que quisermos executar uma ação "para cada" item da lista, podemos chamar o método **forEach** da interface Iterable — lembre-se, List implementa Iterable para que tenha todos os métodos da interface Iterable.

```
List<String> allColors = List.of("Red", "Blue", "Yellow");
allColors.forEach(color -> System.out.println(color));
```

Cria uma variável temporária chamada color.

Exibe a cor.

Para cada item da lista...

```
File Edit Window Help SingARainbow
%java PrintColors

Red
Blue
Yellow
```

O método forEach de uma lista recebe uma expressão lambda, que vimos pela primeira vez no capítulo anterior. Trata-se de uma forma de passar comportamento ("siga essas instruções") para um método, em vez de passar um objeto contendo dados ("aqui está um objeto para usar").

Conversa da noite: **Loop for e método forEach discutem acirradamente a resposta à pergunta: Quem é melhor?**

for loop

Eu sou a escolha padrão! O loop for é tão importante que está presente na maioria das linguagens de programação. É uma das primeiras coisas que um programador aprende! Se alguém precisa que um loop itere determinado números de vezes para executar uma ação, é a mim, o fiel loop for, que todos buscam.

forEach()

Ah, tenha dó. Faça-me o favor. Você é *tão idoso*... É por isso que está em todas as linguagens de programação. Mas as coisas mudam, as linguagem evoluem. Existe um jeito melhor. Um jeito mais moderno. Eu.

for loop: Claro, a moda muda. Só que às vezes é só uma modinha; tem coisas que saem de tendência. Como sou um clássico, o código fica mais fácil de ler e de escrever. Sempre. Mesmo para programadores que não programam em Java.

forEach(): Pense no trabalhão que os desenvolvedores têm para escrever você! É necessário controlar quando o loop começa, incrementá-lo, pará-lo, escrever o código que precisa ser executado dentro do loop... Tudo pode dar errado! Quando o pessoal me usa no código, basta pensar no que precisa acontecer com cada item. Ninguém precisa quebrar a cabeça sobre como o loop encontra cada item.

for loop: Trabalhão? Essa é boa! Um desenvolvedor não tem medo de um pouco de sintaxe para especificar claramente o que fazer e como fazer. Pelo menos comigo, quando alguém lê meu código, consegue enxergar claramente o que está acontecendo.

forEach(): Cara, *ninguém* deveria ter que enxergar nada. O nome do meu método explicita exata e claramente o que faço: "for each", em inglês, significa que, "para cada" elemento, vou aplicar a lógica especificada. Tarefa concluída.

for loop: Eu sou mais rápido. Todo mundo sabe disso.

forEach(): Nos bastidores, eu mesmo uso um loop for. Mas se no futuro algo mais rápido for inventado, posso usar, e os desenvolvedores não precisariam alterar nada para obter um código mais rápido. Na verdade, estamos sem tempo agora, então...

for loop: Falei que você desapareceria logo.

Quando loops for dão ruim

Usar `forEach` em vez de um loop for significa digitar menos. Além disso, é bom dizer ao compilador o *que* você quer fazer e não *como* fazer. Outra vantagem de as bibliotecas se encarregarem de códigos de rotina como esse é a menor probabilidade de erros acidentais.

Mensagens Misturadas

A seguir, temos um programinha Java. Falta um bloco do programa! Esperamos que a saída do programa seja "1 2 3 4 5", mas às vezes é difícil escrever um loop for corretamente.

Seu desafio é **comparar possíveis blocos de código (à esquerda) com a saída** que o bloco geraria caso estivesse no código. Nem todas as linhas de saída serão usadas e algumas podem ser usadas mais de uma vez.

```
class MixForLoops {
  public static void main(String [] args) {
    List<Integer> nums = List.of(1, 2, 3, 4, 5);
    String output = "";
    [                                  ]
    System.out.println(output);
  }
}
```

← Os possíveis blocos de código vão aqui.

Possíveis blocos de código:

```
for (int i = 1; i < nums.size(); i++)
    output += nums.get(i) + " ";
```

```
for (Integer num : nums)
    output += nums + " ";
```

```
for (int i = 0; i <= nums.length; i++)
    output += nums.get(i) + " ";
```

```
for (int i = 0; i <= nums.size(); i++)
    output += nums.get(i) + " ";
```

Possíveis saídas:

```
1 2 3 4 5
```

```
Compiler error
```

```
2 3 4 5
```

```
Exception thrown
```

```
[1, 2, 3, 4, 5] [1,
2, 3, 4, 5] [1, 2,
3, 4, 5] [1, 2, 3,
4, 5] [1, 2, 3, 4,
5]
```

Combine cada possível bloco de código com uma das possíveis saídas.

→ Respostas na página 415.

Errinhos comuns no código podem ser difíceis de detectar

Os loops for do exercício anterior são bem parecidos e, à primeira vista, exibem todos os valores ordenados na List. Os erros do compilador podem ser mais fáceis de detectar, porque seu IDE ou compilador informará que o código está errado e as exceções (que veremos no Capítulo 13, *Comportamento Arriscado*) também podem indicar um problema. No entanto, pode ser mais complicado identificar o código que gera uma saída incorreta somente olhando para ele.

Métodos como **`forEach`** se encarregam do "código boilerplate," o código repetitivo e comum, como o loop for. Usar **`forEach`**, passando apenas o que queremos fazer, pode reduzir erros acidentais em nosso código.

Se pudermos solicitar à API que execute uma ação "para cada elemento com o for each", podemos também delegar outras tarefas comuns a ela.

Nossa, sim, com certeza. Na verdade, a partir do Java 8 foi disponibilizada uma API apenas para isso.

O Java 8 introduziu a *Streams API*, um conjunto novo de métodos que pode ser usado em muitas classes, incluindo as classes Collections que examinamos no capítulo anterior.

A Streams API não é somente um monte de métodos úteis, mas também uma forma um tanto diferente de trabalhar, que nos possibilita criar todo um conjunto de requisitos, uma receita, se preferir, do que queremos saber sobre nossos dados.

Supino Mental

Consegue imaginar mais exemplos dos tipos de ações que podemos querer fazer em uma coleção? Quer perguntar mais sobre o que existe dentro de diferentes tipos de coleções? Consegue pensar em diferentes tipos de informações que talvez queira extrair de uma coleção?

Componentes básicos de operações comuns

As formas como pesquisamos nossas coleções e os tipos de informações que queremos gerar a partir dessas coleções podem ser muito parecidas, mesmo em diferentes tipos de coleções que contêm diferentes tipos de Objects. Vamos imaginar o que podemos fazer com uma Collection: "me forneça apenas os itens que atendem a alguns critérios", "mude todos os itens usando essas etapas", "remova todos os valores duplicados" e o exemplo com o qual trabalhamos no capítulo anterior: "ordene os elementos desse modo".

Não é tão difícil ir além e considerar que cada uma dessas operações de coleção poderia ter um nome, indicando o que será feito com a nossa coleção.

QUEM FAZ O QUÊ?

Sabemos que todo esse assunto é novo, mas experimente ligar cada nome de operação à descrição do que a operação faz. Tente não olhar a próxima página ao completar, senão estará trapaceando!

- filter
- skip
- limit
- distinct
- sorted
- map
- dropWhile
- takeWhile

- Altera o elemento atual na stream para outra coisa.
- Define o número máximo de elementos que podem ser gerados a partir desta Stream.
- Enquanto um determinado critério for true, não processará elementos.
- Permite que somente os elementos que correspondem aos critérios fornecidos permaneçam na Stream.
- Só processará elementos enquanto os critérios fornecidos forem true.
- Declara que o resultado da stream deve ser ordenado de alguma forma.
- O número de elementos no início da Stream que não serão processados.
- Usa isso para garantir que os valores duplicados sejam removidos.

→ Respostas na página 415.

Apresentando a Streams API

A Streams API é um conjunto de operações que podemos executar em uma coleção. Assim, quando lemos essas operações em nosso código, podemos entender o que estamos tentando fazer com os dados da coleção. Caso tenha conseguido resolver o exercício "Quem Faz O Quê" da página anterior, (as respostas estão no final deste capítulo), você deve ter percebido que os nomes das operações descrevem o que elas fazem, mesmo em inglês.

java.util.stream.Stream

Stream<T> distinct()

Retorna uma stream que consiste de elementos distintos.

Stream<T> filter(Predicate<? super **T> predicate)**

Retorna uma stream dos elementos correspondentes ao predicado fornecido.

Stream<T> limit(long maxSize)

Retorna uma stream de elementos truncados que não seja maior que o comprimento de maxSize.

<R> Stream<R> map(Function<? super **T,** ? extends **R> mapper)**

Retorna uma stream com os resultados da aplicação da função dada aos elementos desta stream.

Stream<T> skip(long n)

Retorna uma stream dos elementos restantes desta stream após descartar os primeiros n elementos da stream.

Stream<T> sorted()

Retorna uma stream dos elementos desta stream, ordenados conforme a ordem natural.

// Mais

(Estes são apenas alguns dos métodos na Stream... Existem muitos mais.)

Esses generics aqui parecem um pouco assustadores. Não surte! Usaremos o método map mais tarde e você verá que não é tão complicado quanto parece.

Streams e expressões lambda foram introduzidas no Java 8.

Relaxar

Nem precisa se preocupar muito com os tipos genéricos nos métodos Stream; você verá que usar Streams "simplesmente funciona" da maneira que esperamos

Caso esteja interessado:

- `<T>` geralmente é Type do objeto na stream.
- `<R>` normalmente é o tipo do Result do método.

Primeiros passos com as Streams

Antes de entrarmos em detalhes sobre o que é a Streams API, o que faz e como usá-la, forneceremos algumas ferramentas básicas para você começar a experimentar as coisas. Para usar os métodos Streams, precisamos de um objeto Stream (obviamente). Se tivermos uma coleção como List, Stream não é implementado. No entanto, a interface Collection tem um método, **stream**, que retorna um objeto Stream para a Collection.

Supondo que tivéssemos uma List of Strings como esta...

```
List<String> strings = List.of("I", "am", "a", "list", "of", "Strings");
Stream<String> stream = strings.stream();
```

... poderíamos chamar este método para obter uma Stream dessas Strings.

Agora, podemos chamar os métodos da Streams API. Por exemplo, poderíamos usar **limit** para informar que queremos quatro elementos, no máximo.

```
Stream<String> limit = stream.limit(4);
```

O método limit retorna outra Stream of Strings, que vamos atribuir a outra variável.

Define o número máximo de resultados a serem retornados para 4.

O que acontece se tentarmos printar o resultado da chamada de limit()?

```
System.out.println("limit = " + limit);
```

```
File Edit Window Help SliceAndDice
%java LimitWithStream

limit = java.util.stream.SliceOps$1@7a0ac6e3
```

Algo de errado não está certo! O que é um SliceOps e por que não há uma coleção apenas dos quatro primeiros itens da lista?

Como tudo em Java, as variáveis de streams no exemplo são Objects. Mas stream ***não*** contém os elementos da coleção. É mais como o conjunto de instruções para as operações a serem executadas nos dados da Collection.

Métodos Stream que retornam outra Stream são chamados de Operações Intermediárias. Por mais que sejam instruções do que fazer, na verdade, não realizam a operação por conta própria.

Streams são como receitas: nada vai acontecer até alguém cozinhar.

Livros de receitas apenas instruem as pessoas *como* cozinhar ou assar uma refeição. Não basta abrir um livro de receita para que um bolo de chocolate recém-assado apareça automaticamente à nossa frente. É necessário termos os ingredientes adequados e seguirmos exatamente as instruções da receita para obtermos o resultado desejado.

Collections não são ingredientes, e uma lista limitada a quatro entradas não é um bolo de chocolate (infelizmente). Precisamos chamar um dos métodos "faça isso" da Stream para obtermos o resultado que queremos. Esses métodos "faça isso" se chamam **operações terminais**, sendo os métodos que realmente nos retornam algo.

(Aqui, vemos algumas operações terminais na Stream.)

java.util.stream.Stream

boolean anyMatch(Predicate<? super T> predicate)

Retorna true se algum elemento corresponder ao predicado fornecido.

long count()

Retorna o número de elementos nesta stream.

<R,A> R collect(Collector<? super T,A,R> collector)

Executa uma operação de redução mutável nos elementos desta stream usando uma Collector.

Optional<T> findFirst()

Retorna um Optional descrevendo o primeiro elemento desta stream, ou um Optional vazio se a stream estiver vazia.

// Mais

Sim, isso parece ainda mais assustador do que o método map! Não entre em pânico, esses tipos genéricos ajudam o compilador. Você verá que quando usarmos esse método nem precisaremos pensar nesses tipos genéricos.

Obtendo um resultado de uma Stream

Sim, bombardeamos você com **muitas** palavras novas: *streams; operações intermediárias; operações terminais*... E ainda nem falamos sobre o que as streams podem fazer!

Para começarmos a ter uma ideia do que podemos fazer com as streams, mostraremos um código simples com a Streams API. Depois, vamos retroceder um bocado e aprender mais sobre o que estamos vendo aqui.

```
List<String> strings = List.of("I", "am", "a", "list", "of", "Strings");

Stream<String> stream = strings.stream();
Stream<String> limit = stream.limit(4);
long result = limit.count();
System.out.println("result = " + result);
```

Chama o operador de terminal count e armazena a saída em uma variável chamada result.

```
File Edit Window Help WellDuh
%java LimitWithStream

result = 4
```

Isso funciona, mas não é lá muito útil. Uma das coisas mais comuns a fazer com a Streams é inserir os resultados em outro tipo de coleção. À primeira vista, a documentação da API deste método é intimidante com todos esses tipos genéricos, mas nosso caso é objetivo:

Como a stream continha Strings, o objeto de saída também conteria Strings.

Operação terminal que coletará a saída em algum tipo de Object.

Este método retorna uma Collector que gerará os resultados da stream em uma List.

```
List<String> result = limit.collect(Collectors.toList());
```

A Coletor toList gerará os resultados como uma List.

Uma classe útil que contém métodos para retornar implementações comuns da Collector.

```
System.out.println("result = " + result);
```

```
File Edit Window Help FinallyAResult
%java LimitWithStream

result = [I, am, a, list]
```

Por fim, temos um resultado que se parece com algo que esperávamos: tínhamos uma List of Strings e pedimos para **limitar** essa lista aos primeiros quatro itens e, em seguida, **coletar** esses quatro itens em List nova.

Relaxar

Mais tarde, analisaremos collect() e a Collectors com mais detalhes.

Por ora, `collect(Collectors.toList)` é tipo um feitiço para obter a saída do pipeline de stream em uma List.

Operações de stream são componentes básicos

Escrevemos um monte de código apenas para exibir os quatro primeiros elementos da lista. Além disso, apresentamos muitas palavras novas: streams, operações intermediárias e operações terminais. Vamos montar este quebra-cabeça: criar um **pipeline de stream** a partir de três tipos diferentes de componentes básicos:

1. Obtenha a Stream de uma coleção de origem.

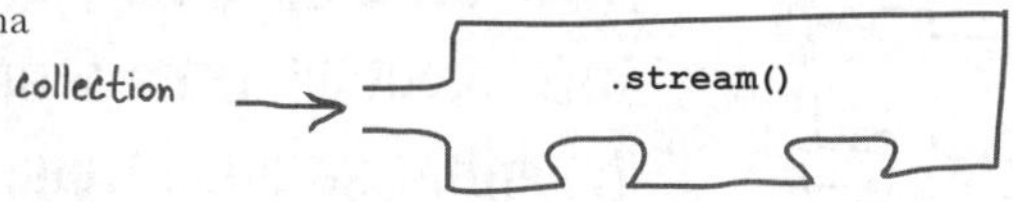

2. Chame zero ou mais **operações intermediárias** na Stream.

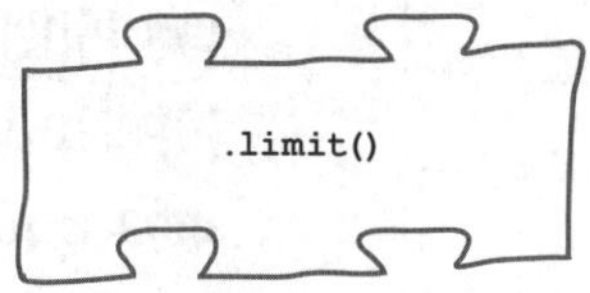

3. Gere os resultados com uma **operação terminal**.

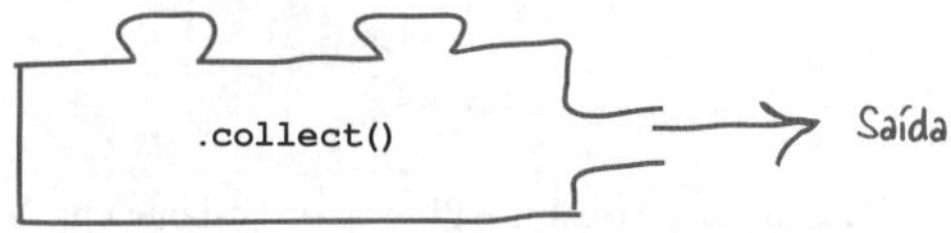

Você precisa, pelo menos, da ***primeira*** e da ***última*** peça do quebra-cabeça para usar a Streams API. No entanto, não é necessário atribuir cada etapa à sua variável (o que estávamos fazendo na última página.) Na realidade, as operações são arquitetadas para serem **encadeadas**, de modo que possamos chamar uma etapa logo após a anterior, sem inserir cada uma delas na própria variável.

Na última página, todos os componentes básicos da stream foram destacados (stream, limit, count, collect). Podemos pegar esses componentes básicos e reescrever a operação de limitar e de coletar da seguinte forma:

```
List<String> strings = List.of("I", "am", "a", "list", "of", "Strings");

List<String> result = strings.stream()
                             .limit(4)
                             .collect(Collectors.toList());

System.out.println("result = " + result);
```

Obtém a stream para a collection.

Define um limit para retornar no máximo (4) resultados da stream.

Formatado para alinhar cada operação diretamente abaixo da anterior a fim de mostrar claramente cada etapa.

Retorna os resultados da operação como uma List.

Componentes básicos empilhados e combinados

Cada operação intermediária opera em uma Stream e retorna uma Stream. Isso significa que podemos empilhar quantas operações quisermos, antes de chamar uma operação terminal para gerar os resultados.

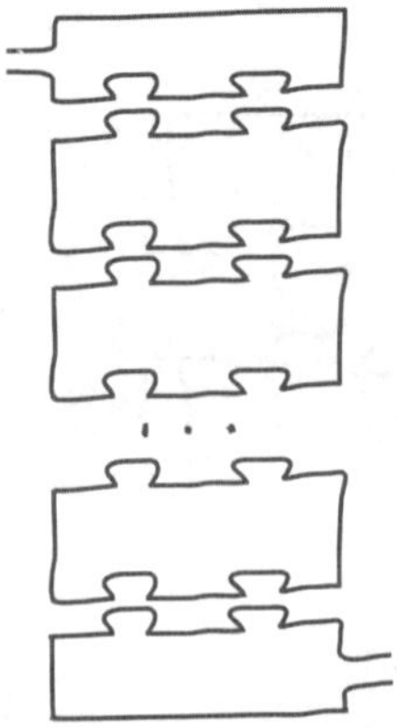

A fonte, a(s) operação(ões) intermediária(s) e a operação terminal se combinam para formar um pipeline de stream ou stream pipeline. Esse pipeline representa uma consulta na coleção original.

É aqui que a Streams API se torna bastante útil. No exemplo anterior, precisávamos de três componentes básicos (stream, limit, collect) para criar uma versão mais curta da List original, o que, aparentemente, é muito trabalhoso para uma simples operação.

No entanto, para fazer algo mais complexo, podemos empilhar múltiplas operações em um único **pipeline de stream**.

Por exemplo, podemos ordenar os elementos na stream antes de aplicar limit:

```
List<String> strings = List.of("I", "am", "a", "list", "of", "Strings");

List<String> result = strings.stream()
                             .sorted()
                             .limit(4)
                             .collect(Collectors.toList());

System.out.println("result = " + result);
```

Ordena o que está no stream (não a collection original), usando a ordem natural antes de limitar os resultados. (→ .sorted())

Limita a stream a apenas quatro elementos. (→ .limit(4))

```
File Edit Window Help InChains
%java ChainedStream

result = [I, Strings, a, am]
```

A ordem natural de Strings colocará Strings com letras maiúsculas antes das que têm letras minúsculas.

Customizando os componentes básicos

Podemos empilhar operações para criar uma consulta mais avançada em nossa coleção. Além disso, podemos customizar o que os componentes fazem. Por exemplo, customizamos o método **`limit`** passando o número máximo de itens a serem retornados (quatro).

Se não quiséssemos usar a ordem natural para ordenar nossas Strings, seria possível definir uma forma específica para ordená-las. Podemos definir os critérios de ordenação para o método **`sorted`** (lembre-se, no capítulo anterior, fizemos algo semelhante quando ordenamos a lista de músicas de Lou).

Expressão lambda que informa ao método de ordenação como ordenar as strings na stream. Essa expressão lambda representa uma Comparator, sobre a qual falamos no capítulo anterior. Mais adiante, neste capítulo, retomaremos as lambdas.

```
List<String> result = strings.stream()
                             .sorted((s1, s2) -> s1.compareToIgnoreCase(s2))
                             .limit(4)
                             .collect(Collectors.toList());
```

Este método da classe String compara a String com outra String, de forma a ignorar letras maiúsculas ou minúsculas.

```
File Edit Window Help IgnoreCaps
%java ChainedStream

result = [a, am, I, list]
```

Crie pipelines complexos componente a componente

Cada operação nova adicionada ao pipeline altera a saída do pipeline. Cada operação informa à Streams API *o quê* queremos fazer.

```
List<String> result = strings.stream()
                             .sorted((s1, s2) -> s1.compareToIgnoreCase(s2))
                             .skip(2)
                             .limit(4)
                             .collect(Collectors.toList());
```

```
File Edit Window Help BoxersDoIt
%java ChainedStream

result = [I, list, of, Strings]
```

A stream ignorou os dois primeiros elementos.

Sim, porque as Streams são preguiçosas

Não significa que são lentas ou inúteis! Significa que cada operação intermediária é apenas a instrução sobre o que fazer; ela não executa a instrução em si. Em português, dizemos que as operações intermediárias são *avaliadas preguiçosamente* (ou são *avaliadas sob demanda* ou são *operações lazy*). A operação terminal é responsável por examinar a lista completa de instruções, todas as operações intermediárias no pipeline e, em seguida, executar todo o conjunto de uma só vez. Em português, dizemos que as operações terminais são *ansiosas* ou *impacientes*, pois são executadas assim que chamadas (conhecidas também como *operações eager*).

Em teoria, é possível executar a combinação de instruções de maneira mais eficiente. Em vez de ter que iterar sobre a coleção original para cada operação intermediária, é possível executar todas as operações passando pelos dados somente uma vez.

Operações terminais fazem todo o trabalho

Como as operações intermediárias são *preguiçosas*, cabe à operação terminal fazer tudo.

1. Executa todas as operações intermediárias do modo mais eficiente possível. De preferência, passando pelos dados originais somente uma vez.

2. Calcula o resultado da operação, definido pela própria operação terminal. Por exemplo, pode ser uma lista de valores, um único valor ou um valor booleano (true/false).

3. Retorna o resultado.

Coletando para uma List

Agora que sabemos mais sobre o que acontece em uma operação terminal, vamos analisar o "feitiço" que retorna uma lista de resultados.

Collectors é uma classe com métodos estáticos que fornecem diferentes implementações de Collector. Confira a classe Collectors para encontrar as formas mais comuns de coletar os resultados.

```
List<String> result = strings.stream()
                             .sorted()
                             .skip(2)
                             .limit(4)
                             .collect(Collectors.toList());
```

Operação terminal:
1. Executa todas as operações intermediárias, neste caso: sort; skip; limit.
2. Coleta os resultados de acordo com as instruções passadas a ele.
3. Retorna os resultados.

O método collect usa uma Collector, a receita de como organizar os resultados. Nesse caso, ele está usando uma Collector predefinida útil que insere os resultados em uma List.

> Mais adiante, neste capítulo, veremos mais Collectors e outras operações terminal. Por enquanto, você sabe o suficiente para seguir em frente com as Streams.

Orientações para trabalhar com streams

Como qualquer quebra-cabeça ou jogo, existem regras para fazer com que os componentes básicos da stream funcionem corretamente.

1 Você precisa, pelo menos, da primeira e da última parte para criar um pipeline de stream.

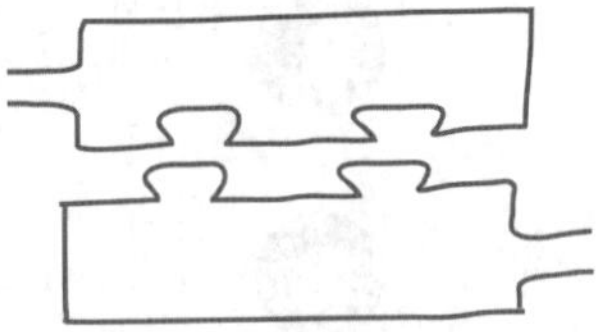

Sem a parte **stream()**, não se pode obter nenhuma Stream e, sem a operação terminal, não se pode obter nenhum resultado.

2 Você não pode reutilizar Streams.

Talvez pareça útil armazenar uma Stream que representa uma consulta e reutilizá-la em múltiplos locais, seja porque a consulta propriamente dita é útil ou porque queremos incrementá-la e adicioná-la. Só que, uma vez que uma operação terminal foi chamada em uma stream, não podemos reutilizar nenhuma parte dessa stream; temos que criar uma nova. Depois que um pipeline é executado, essa stream é fechada e não pode ser usada em outro pipeline, ainda que armazenemos parte dela em uma variável para reutilização em outro lugar. Se tentarmos reutilizar uma stream, receberemos uma exceção.

```
Stream<String> limit = strings.stream()
                               .limit(4);
List<String> result = limit.collect(Collectors.toList());
List<String> result2 = limit.collect(Collectors.toList());
```

```
File Edit Window Help ClosingTime
%java LimitWithStream

Exception in thread "main" java.lang.
IllegalStateException: stream has already been operated
upon or closed
        at java.base/java.util.stream.AbstractPipeline.
evaluate(AbstractPipeline.java:229)
```

3 Você não pode alterar a coleção subjacente enquanto a stream estiver operando.

Se fizer isso, verá resultados estranhos ou receberá exceções. Por exemplo, se alguém lhe fizesse uma pergunta sobre o que está em uma lista de compras e outra pessoa ainda estivesse escrevendo essa mesma lista de compras, você também responderia de modo confuso.

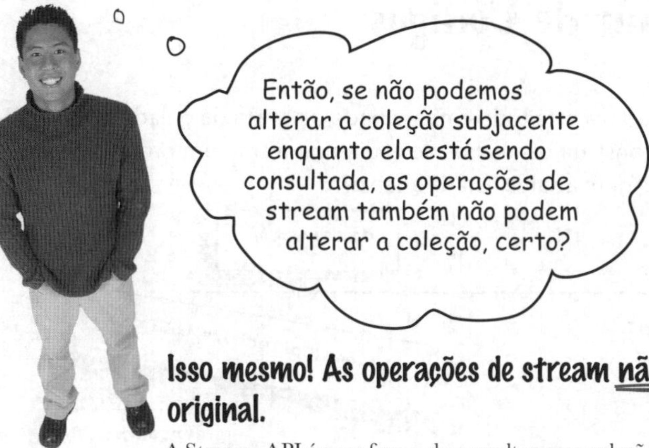

Isso mesmo! As operações de stream não alteram a coleção original.

A Streams API é uma forma de consultar uma coleção, mas **não faz alterações** na própria coleção. Podemos usar a Streams API para examinar essa coleção e retornar resultados com base no conteúdo da coleção, mas sua coleção original permanecerá a mesma.

Na verdade, isso é muito útil. Significa que podemos consultar coleções e obter os resultados de qualquer lugar em nosso programa e saber que os dados na coleção original estão seguros; não serão alterados ("mutados") por nenhuma dessas consultas. É possível verificar isso exibindo o conteúdo da coleção original depois de usarmos a Streams API para consultá-la.

```
List<String> strings = List.of("I", "am", "a", "list", "of", "Strings");

List<String> limit = strings.stream()
                            .limit(4)
                            .collect(Collectors.toList());
System.out.println("strings = " + strings);
System.out.println("limit = " + limit);
```

```
File Edit Window Help Untouchable
%java LimitWithStream

strings = [I, am, a, list, of, Strings]
limit = [I, am, a, list]
```

Nenhuma alteração na coleção original após a execução das operações de stream.

Somente o objeto de saída tem os resultados da consulta. Esta é uma List nova.

Ímãs de Códigos

Um programa Java está todo embaralhado na porta da geladeira. Você consegue reconstruir os trechos de código para criar um programa Java funcional que gere a saída listada abaixo?

```
.distinct()
```

```
.collect(Collectors.toList());
```

```
.sorted()
```

```
System.out.println(coffeesEndingInO);
```

```
public class CoffeeOrder {
  public static void main(String[] args) {
```

```
.filter(s -> s.endsWith("o"))
```

```
List<String> coffees = List.of("Cappuccino",
    "Americano", "Espresso","Cortado", "Mocha",
    "Cappuccino", "Flat White", "Latte");
```

```
}
```

```
import java.util.*;
```

```
}
```

```
List<String> coffeesEndingInO = coffees.stream()
```

```
import java.util.stream.*;
```

```
File Edit Window Help Cafelito
%java CoffeeOrder

[Americano, Cappuccino, Cortado, Espresso]
```


Respostas na página 416.

não existem Perguntas Idiotas

P: Existe um limite para o número de operações intermediárias que posso inserir em um pipeline de stream?

R: Não, você pode continuar encadeando essas operações o quanto quiser. Mas lembre-se de que não são apenas os computadores que precisam ler e entender esse código; os humanos também precisam! Se o pipeline de stream for muito longo, pode ser muito complicado entendê-lo. É quando se pode dividi-lo e atribuir seções a variáveis, para designá-las com nomes úteis.

P: Existe algum sentido em ter um pipeline de stream *sem* operações intermediárias?

R: Sim, talvez você descubra uma operação terminal que gera a coleção original de uma forma nova, ideal para o que precisa. Esteja ciente, no entanto, de que algumas das operações terminais são semelhantes aos métodos existentes na coleção; nem sempre precisamos usar streams. Por exemplo, caso esteja usando apenas **`count`** em uma Stream, provavelmente poderá usar **`size`**, se sua coleção original for uma List. Da mesma forma, qualquer coisa que seja Iterable (como List) já tem um método **`forEach`**; Não é necessário usar **`stream().forEach()`**.

P: Você disse para não alterar a coleção de origem enquanto a operação de stream estiver em execução. Como é possível alterar a coleção do meu código se meu código está executando uma operação de stream?

R: Boa pergunta! É possível escrever programas que executam diferentes bits de código ao mesmo tempo. Aprenderemos esse tópico nos Capítulos 17 e 18, que abordam a concorrência. Por segurança, é melhor (não apenas com Streams, mas em geral) criar coleções que não podem ser alteradas se você souber que elas não precisam ser alteradas.

P: Como posso gerar uma List que não pode ser alterada na operação terminal de coleta?

R: Se estiver usando o Java 10 ou superior, poderá usar **`Collectors.toUnmodifiableList`** em vez de usar **`Collectors.toList`** ao chamar **`collect`**.

P: Posso obter os resultados do pipeline de stream em uma coleção que não seja uma List?

R: Pode! No capítulo anterior, aprendemos que existem alguns tipos diferentes de coleções para diferentes propósitos. A classe Collectors tem métodos de conveniência para coletar **`toList`**, **`toSet`** e **`toMap`**, bem como (desde Java 10) **`toUnmodifiableList`**, **`toUnmodifiableSet`** e **`toUnmodifiableMap`**.

PONTOS DE BALA

- Não precisamos escrever um código detalhado dizendo à JVM exatamente o que fazer e como fazer. Podemos usar métodos de biblioteca, incluindo a Streams API, para consultar coleções e gerar os resultados.
- Use **`forEach`** em uma coleção em vez de criar um loop for. Passe ao método uma expressão lambda da operação a ser executada em cada elemento da coleção.
- Crie a stream a partir de uma coleção (uma fonte) chamando o método **`stream`**.
- Configure a consulta que queira executar na coleção chamando uma ou mais **operações intermediárias** na stream.
- Não obteremos nenhum resultado até chamar uma operação terminal. Existem várias **operações terminais** diferentes, dependendo do que deseja que sua consulta gere.
- Para enviar os resultados para uma List nova, use **`collect(Collectors.toList)`** como operação terminal.
- A combinação da coleção de origem, operações intermediárias e operações terminais é um **`stream pipeline`**.
- As operações de stream não alteram a coleção original; são uma forma de consultar a coleção e retornar um Object diferente, que é o resultado da consulta.

Olá, Lambda, minha (não tão) velha amiga

As expressões lambda apareceram nos exemplos de streams até agora, e pode apostar todos os seus reais (ou euros, ou dólares, ou a moeda que quiser) que verá mais delas antes do término deste capítulo.

Como compreender melhor o que são expressões lambda facilitará o trabalho com a Streams API, vamos analisá-las.

Passando comportamento

Caso tenha escrito um método **forEach**, talvez ele seja mais ou menos assim:

```
void forEach( ????? ) {
    for (Element element : list) {
        [                        ]
    }
}
```

Este é o espaço em que o bloco de código a ser executado para cada elemento da lista é inserido.

O que poderíamos inserir no lugar de "?????"? Precisaria **ser**, de alguma forma, o bloco de código que entraria naquele belo quadrado em branco.

Queremos que, quando alguém for chamar o método, consiga escrever:

```
forEach(faça isso: System.out.println( item ) );
```

Não podemos simplesmente escrever este código aqui, porque ele será executado imediatamente. Em vez disso, precisamos de uma maneira de entregar esse bloco de código ao método forEach para que possa chamá-lo quando estiver pronto.

Este código precisa de alguma forma obter o elemento para exibi-lo, mas como pode obter um elemento quando este código está DENTRO do método forEach?

Agora, precisamos substituir o *faça isso* por algum tipo de símbolo que represente que esse código não pode ser executado imediatamente e que precisa ser passado para o método. Poderíamos usar "**->**" como símbolo.

Logo, precisaríamos de um modo de dizer "olha, é necessário que esse código execute valores de outro lugar". Poderíamos inserir o necessário no código ao lado esquerdo do símbolo "faça isso"...

```
forEach( item -> System.out.println(item) );
```

Expressões lambda são objetos que executamos chamando seu Método Abstrato Único.

Lembre-se, tudo em Java é um Object (exceto os tipos primitivos), e as lambdas não são exceção.

Uma expressão lambda implementa uma Interface Functional.

Significa que a referência à expressão lambda será uma Interface Functional. Portanto, caso queira que seu método aceite uma expressão lambda, você precisa ter um parâmetro cujo tipo seja uma interface funcional. Essa interface funcional precisa ter o “formato” adequado para a lambda.

Retomando nosso exemplo **forEach** imaginário; nosso parâmetro precisa implementar uma Interface Functional. Precisamos também chamar essa expressão lambda de alguma forma, passando o elemento da lista.

Lembre-se, Interfaces Functional têm um Método Abstrato Único (Single Abstract Method - SAM). Esse método, seja lá qual for o nome, é chamado quando queremos executar o código lambda.

Este é um tipo de placeholder para lhe dar uma ideia de como seria o método. Veremos Interfaces Functional específicas ao longo deste capítulo.

```
void forEach( SomeFunctionalInterface lambda ) {
  for (Element element : list) {
    lambda.singleAbstractMethodName(element);
  }
}
```

O nome de qualquer que seja o Método Abstrato Único na interface funcional. No código, singleAbstractMethod.

“element” é o parâmetro da lambda, o “item” na expressão lambda da página anterior.

Lambdas não são mágica; são apenas classes, como todas as outras.

O formato das expressões lambda

Vimos duas expressões lambda que implementam a interface Comparator: o exemplo para ordenar as músicas de Lou no capítulo anterior e a expressão lambda que passamos para a operação de stream **sorted()**, na página 379. Vejamos este último exemplo com a Interface Functional da Comparator.

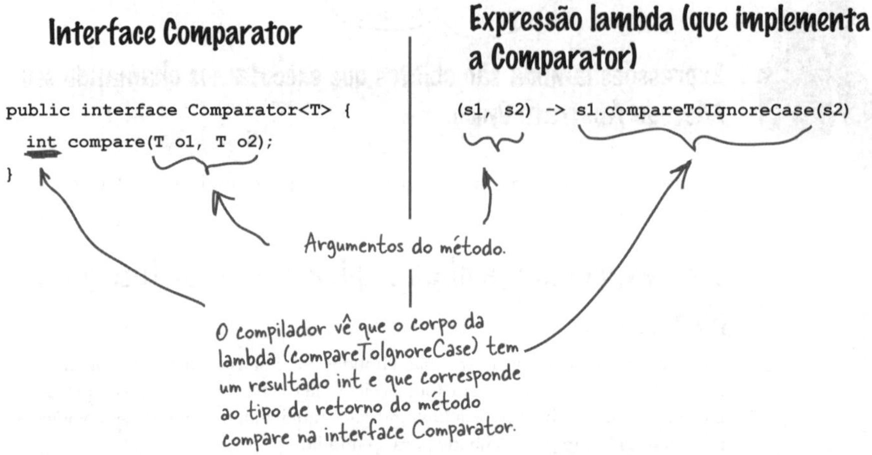

Talvez você esteja se perguntando onde se encontra a palavra-chave **return** na expressão lambda. Simplificando as coisas: você não precisa dela. Detalhando as coisas: se a expressão lambda for uma única linha e se a assinatura do método da interface funcional exigir um valor retornado, o compilador apenas assumirá que a única linha de código gerará o valor a ser retornado.

A expressão lambda também pode ser escrita com o seguinte formato, caso queira adicionar todas as partes que uma expressão lambda pode ter:

```
(String s1, String s2) -> {
  return s1.compareToIgnoreCase(s2);
}
```

Anatomia de uma expressão lambda

Caso analise com mais detalhes esta versão expandida da expressão lambda que implementa `Comparator<String>`, verá que não é tão diferente de um método Java padrão.

O número e os tipos dos parâmetros para a expressão lambda são determinados pela Interface Functional que ela implementa.

Os tipos de parâmetro para a expressão lambda não são obrigatórios, mas podemos adicioná-los para serem explícitos. Isso pode ser necessário se houver mais de uma interface funcional correspondente.

Se o corpo da lambda estiver entre chaves, é necessário ponto e vírgula no final de todas as linhas, assim como as linhas em um método Java normal.

```
(String s1, String s2) ->
{
        return s1.compareToIgnoreCase(s2);
}
```

Expressões lambda podem ser inseridas entre chaves. Se tiver uma expressão lambda com mais de uma linha, DEVE inseri-la entre chaves.

Se a lambda sobrescrever um método que retorna um valor e o corpo da lambda estiver entre chaves, precisaremos inserir uma instrução de retorno no final do corpo da lambda. Se a expressão lambda for uma única linha, o compilador consegue identificar o que precisa ser retornado.

O corpo da lambda, que é uma única linha ou múltiplas linhas dentro de chaves, é a funcionalidade principal. Este é o código que comporia o corpo do método se esta fosse uma classe Java completa implementando a interface funcional. Nesse caso, o corpo da lambda é a lógica do método compare() na Comparator.

O formato da lambda (seus parâmetros, tipo de retorno e o que se pode razoavelmente esperar que faça) é ditado pela Interface Functional que a lambda implementa.

A diversidade é a essência da vida

A vida seria entediante se todos fôssemos iguais.

Expressões lambda podem assumir os mais diferentes formatos e tamanhos, e ainda estar em conformidade com as mesmas regras básicas que vimos.

Uma lambda pode ter mais de uma linha

Uma expressão lambda é efetivamente um método e pode ter tantas linhas quanto qualquer outro método. Expressões lambda multilinhas ***devem*** estar entre chaves. Assim sendo, como qualquer outro código de método, cada linha ***deve*** terminar com um ponto e vírgula e, se o método deve retornar algo, o corpo da lambda ***deve*** incluir a palavra "return" como qualquer método normal.

Aqui está uma expressão lambda que implementa Comparator<String> e resulta na ordenação da coleção por comprimento (length) de string em ordem decrescente.

```
(str1, str2) -> {
    int l1 = str1.length();
    int l2 = str2.length();
    return l2 - l1;
}
```

Ponto e vírgula obrigatório.

Chaves necessárias para expressões lambda com multilinhas.

Palavra-chave return obrigatória.

Lambdas de linha únicas são mais simples

Se sua expressão lambda tiver uma única linha, será mais fácil para o compilador identificar o que está acontecendo. Portanto, podemos abrir mão de muita da sintaxe "boilerplate". Vejamos como fica a expressão lambda do último exemplo com uma única linha, se a reduzirmos:

Não há necessidade de chaves.

```
(str1, str2) -> str2.length() - str1.length()
```

Nada de "return"

Nada de ponto e vírgula.

É a mesma Interface Functional (Comparador) e executa a mesma operação. Independentemente de usar lambdas multilinha ou lambdas de linha única, a escolha cabe a você. É provável que dependa do grau de complexidade da lógica na expressão lambda e do nível de facilidade para lê-la, pois, às vezes, códigos mais longos podem ser mais descritivos.

Mais adiante, veremos outra abordagem para lidar com expressões lambda maiores.

Uma lambda pode não retornar nada

O método da Interface Functional pode ser declarado sem valor nenhum; ou seja, não retorna nada. Nesses casos, o código dentro da lambda é simplesmente executado e não precisamos retornar nenhum valor do corpo da lambda.

É o caso de expressões lambda em um método **forEach**.

Veja! Sem parênteses! Daqui a pouco, veremos isso.

```
str -> {
  String output = "str = " + str;
  System.out.println(output);
}
```

Lambda multilinha.

Nenhum valor de retorno.

```
@FunctionalInterface
public interface Consumer<T> {
    void accept(T t);
}
```

O método é void na Interface Functional.

Uma lambda pode ter zero, um ou muitos parâmetros

O número de parâmetros que a expressão lambda precisa depende do número de parâmetros que o método da Interface Functional usa. Em geral, os tipos de parâmetro (por exemplo, o nome "String") não são necessários, mas podemos adicioná-los se acharmos que facilita a compreensão do código. Talvez seja necessário adicionar os tipos se o compilador não conseguir detectar automaticamente qual Interface Functional nossa lambda implementa.

Se uma expressão lambda não tiver nenhum parâmetro, é necessário usar parênteses vazios para mostrar isso.

```
() -> System.out.println("Hello!")
```

```
@FunctionalInterface
public interface Runnable {
  void run();
}
```

Nenhum parâmetro de método.

Não há necessidade de parênteses se for um único parâmetro sem um tipo (lembre-se de que os tipos de parâmetro são opcionais.)

```
str -> System.out.println(str)
```

```
@FunctionalInterface
public interface Consumer<T> {
  void accept(T t);
}
```

Um parâmetro de método.

```
(str1, str2) -> str1.compareToIgnoreCase(str2)
```

```
@FunctionalInterface
public interface Comparator<T> {
  int compare(T o1, T o2);
}
```

Dois parâmetros de método.

Como posso saber se um método usa uma lambda?

Até agora, já vimos que as expressões lambda são implementações de uma interface funcional, ou seja, uma interface com um único método abstrato. Isso significa que o **type** da expressão lambda é esta interface.

Vá em frente e crie uma expressão lambda. Em vez de passá-la para algum método, como temos feito, atribua ela a uma variável. Você verá que essa expressão pode ser tratada como qualquer outro Object em Java, porque tudo em Java é um Object. O tipo da variável é a Interface Functional.

```
Comparator<String> comparator = (s1, s2) -> s1.compareToIgnoreCase(s2);

Runnable runnable = () -> System.out.println("Hello!");

Consumer<String> consumer = str -> System.out.println(str);
```

Como isso nos ajuda a ver se um método usa uma expressão lambda? Bem, o tipo de parâmetro do método será uma Interface Functional. Vejamos alguns exemplos da Streams API:

Stream<T> filter(**Predicate**<? super T> predicate)

boolean allMatch(**Predicate**<? super T> predicate)

```
@FunctionalInterface
public interface Predicate<T>
```

<R> Stream<R> map(**Function**<? super T,? extends R> mapper)

```
@FunctionalInterface
public interface Function<T,R>
```

void forEach(**Consumer**<? super T> action)

```
@FunctionalInterface
public interface Consumer<T>
```

SEJA o Compilador, avançado

Sua tarefa é ser o compilador e determinar qual das seguintes instruções compilaria. Parte desse código não foi abordada no capítulo. Ou seja, você precisa elaborar as respostas com base no que APRENDEU, aplicando as "normas" a essas novas situações.

Para sua conveniência, as assinaturas das interfaces funcionais estão à direita.

```
public interface Runnable {
  void run();
}
```

```
public interface Consumer<T> {
    void accept(T t);
}
```

```
public interface Supplier<T> {
    T get();
}
```

```
public interface Function<T, R> {
    R apply(T t);
}
```

Marque a caixa se a instrução compilar.

- [ ] `Runnable r = () -> System.out.println("Hi!");`
- [ ] `Consumer<String> c = s -> System.out.println(s);`
- [ ] `Supplier<String> s = () -> System.out.println("Some string");`
- [ ] `Consumer<String> c = (s1, s2) -> System.out.println(s1 + s2);`
- [ ] `Runnable r = (String str) -> System.out.println(str);`
- [ ] `Function<String, Integer> f = s -> s.length();`
- [ ] `Supplier<String> s = () -> "Some string";`
- [ ] `Consumer<String> c = s -> "String" + s;`
- [ ] `Function<String, Integer> f = (int i) -> "i = " + i;`
- [ ] `Supplier<String> s = s -> "Some string: " + s;`
- [ ] `Function<String, Integer> f = (String s) -> s.length();`

Respostas na página 416.

Detectando Interfaces Functional

Até agora, vimos Interfaces Functional que são marcadas com uma *anotação* **@FunctionalInterface** (abordaremos as anotações no Apêndice B), que convenientemente nos informa que esta interface tem um método abstrato único e pode ser implementada com uma expressão lambda.

Nem todas as Interfaces Functional são marcadas desse jeito, principalmente em códigos mais antigos. Ou seja, é útil entender como identificar uma interface funcional.

Muita calma nessa hora!

A princípio, o único tipo de método permitido em interfaces eram métodos **abstract**, métodos que precisam ser *sobrescritos* por qualquer classe que *implemente* essa interface. Mas a partir do Java 8, as interfaces também podem conter métodos **default** e **static**.

Vimos os métodos estáticos no Capítulo 10, *Os Números Importam*, e os veremos mais adiante neste capítulo também. São métodos que não precisam pertencer a uma instância e, em geral, são usados como métodos auxiliares.

Os métodos default são ligeiramente diferentes. Lembra-se das classes abstratas do Capítulo 8, *Polimorfismo Levado a Sério*? Elas tinham métodos abstratos que precisam ser sobrescritos e métodos padrão com corpo. Em uma interface, um método default funciona um pouco como um método padrão em uma classe abstrata — tem um corpo e será herdado por subclasses.

Ambos os métodos default e estáticos têm um corpo de método, com comportamento definido. Com interfaces, qualquer método que não seja definido como **default** ou **static** é um método abstrato que *deve* ser sobrescrito.

Interfaces funcionais na prática

Agora que sabemos que as interfaces podem ter métodos **não** abstratos, percebemos que precisamos de um pouco mais para identificar interfaces com somente um método abstrato. Vamos rever nossa velha amiga, Comparator, que tem um **monte** de métodos! E ainda é do tipo SAM; tem apenas um método abstrato único. É uma Interface Functional que podemos implementar como uma expressão lambda.

Aqui está! Este é o nosso Método Abstrato Único.

Este método pode induzir ao erro! Não é estático ou default, mas também não é abstrato — é herdado de Object. Ele tem um corpo de método, definido pela classe Object.

Modifier and Type	Method
int	compare(T o1, T o2)
static <T,U extends Comparable<? super U>> Comparator<T>	comparing(Function<? super T,? extends U> keyExtractor)
static <T,U> Comparator<T>	comparing(Function<? super T,? extends U> keyExtractor, Compa super U> keyComparator)
static <T> Comparator<T>	comparingDouble(ToDoubleFunction<? super T> keyExtractor)
static <T> Comparator<T>	comparingInt(ToIntFunction<? super T> keyExtractor)
static <T> Comparator<T>	comparingLong(ToLongFunction<? super T> keyExtractor)
boolean	equals(Object obj)
static <T extends Comparable<? super T>> Comparator<T>	naturalOrder()
static <T> Comparator<T>	nullsFirst(Comparator<? super T> comparator)
static <T> Comparator<T>	nullsLast(Comparator<? super T> comparator)
default Comparator<T>	reversed()

Aponte o seu lápis

Qual dessas interfaces tem um método abstrato único e pode ser implementada como uma expressão lambda?

BiPredicate

Modifier and Type	Method
default BiPredicate<T,U>	and(BiPredicate<? super T,? super U> other)
default BiPredicate<T,U>	negate()
default BiPredicate<T,U>	or(BiPredicate<? super T,? super U> other)
boolean	test(T t, U u)

ActionListener

Modifier and Type	Method
void	actionPerformed(ActionEvent e)

Iterator

Modifier and Type	Method
default void	forEachRemaining(Consumer<? super E> action)
boolean	hasNext()
E	next()
default void	remove()

Function

Modifier and Type	Method
default <V> Function<T,V>	andThen(Function<? super R,? extends V> after)
R	apply(T t)
default <V> Function<V,R>	compose(Function<? super V,? extends T> before)
static <T> Function<T,T>	identity()

SocketOption

Modifier and Type	Method
String	name()
Class<T>	type()

Respostas na página 417.

Lou voltou!

Lou está rodando s veu software novo de gerenciamento de jukebox do último capítulo há algum tempo e quer aprender mais sobre as músicas tocadas na jukebox do restaurante. Agora que tem os dados, quer analisá-los e segmentá-los de modo diferente, assim como faz com os ingredientes de sua famosa Omelete Especial!

Lou acha que pode ficar sabendo de todo o tipo de informação sobre as músicas que são tocadas, como:

- Quais são as cinco músicas mais tocadas?
- Quais tipos de gêneros são tocados?
- Existem músicas com o mesmo nome, mas de artistas diferentes?

Poderíamos encontrar as respostas para essas perguntas com um loop for para examinar nossos dados de música, realizando verificações com instruções if e, talvez, inserindo músicas, nomes de músicas ou artistas em diferentes coleções.

No entanto, como já conhecemos a Streams API, sabemos que tem um jeito mais fácil...

Na próxima página está seu código **mock**; chamar **`Songs.getSongs()`** fornecerá uma List of Songs de objetos que podemos supor que se parece com os dados reais da jukebox de Lou.

Exercício

Digite o Código Predefinido da próxima página, incluindo o preenchimento do restante da classe Song. Depois, crie um método main que exiba todas as músicas.

Qual saída você espera?

Temos aqui um método "mock" atualizado, que retornará alguns dados de teste que podemos usar para testar alguns dos relatórios que Lou deseja criar para o sistema jukebox. Temos também uma classe Song atualizada.

```
class Songs {
  public List<Song> getSongs() {
    return List.of(
      new Song("$10", "Hitchhiker", "Electronic", 2016, 183),
      new Song("Havana", "Camila Cabello", "R&B", 2017, 324),
      new Song("Cassidy", "Grateful Dead", "Rock", 1972, 123),
      new Song("50 ways", "Paul Simon", "Soft Rock", 1975, 199),
      new Song("Hurt", "Nine Inch Nails", "Industrial Rock", 1995, 257),
      new Song("Silence", "Delerium", "Electronic", 1999, 134),
      new Song("Hurt", "Johnny Cash", "Soft Rock", 2002, 392),
      new Song("Watercolour", "Pendulum", "Electronic", 2010, 155),
      new Song("The Outsider", "A Perfect Circle", "Alternative Rock", 2004, 312),
      new Song("With a Little Help from My Friends", "The Beatles", "Rock", 1967, 168),
      new Song("Come Together", "The Beatles", "Blues rock", 1968, 173),
      new Song("Come Together", "Ike & Tina Turner", "Rock", 1970, 165),
      new Song("With a Little Help from My Friends", "Joe Cocker", "Rock", 1968, 46),
      new Song("Immigrant Song", "Karen O", "Industrial Rock", 2011, 12),
      new Song("Breathe", "The Prodigy", "Electronic", 1996, 337),
      new Song("What's Going On", "Gaye", "R&B", 1971, 420),
      new Song("Hallucinate", "Dua Lipa", "Pop", 2020, 75),
      new Song("Walk Me Home", "P!nk", "Pop", 2019, 459),
      new Song("I am not a woman, I'm a god", "Halsey", "Alternative Rock", 2021, 384),
      new Song("Pasos de cero", "Pablo Alborán", "Latin", 2014, 117),
      new Song("Smooth", "Santana", "Latin", 1999, 244),
      new Song("Immigrant song", "Led Zeppelin", "Rock", 1970, 484));
  }
}
public class Song {
  private final String title;
  private final String artist;
  private final String genre;
  private final int year;
  private final int timesPlayed;
  // Bora praticar! Crie um construtor, todos os getters e um toString()
}
```

Desafio #1 de Lou: encontrar tudo que for "rock"

Na lista atualizada de músicas, os dados contêm o *gênero* da música. No código, *genre*. Como Lou percebeu que a clientela do restaurante prefere ouvir variações do gênero rock, quer ver uma lista de todas as músicas que se enquadram em alguma vertente desse gênero.

E já que este é o capítulo Streams, obviamente, a solução envolverá a Streams API. Lembre-se, existem três tipos de peças de componentes básicos que podemos juntar para formar uma solução.

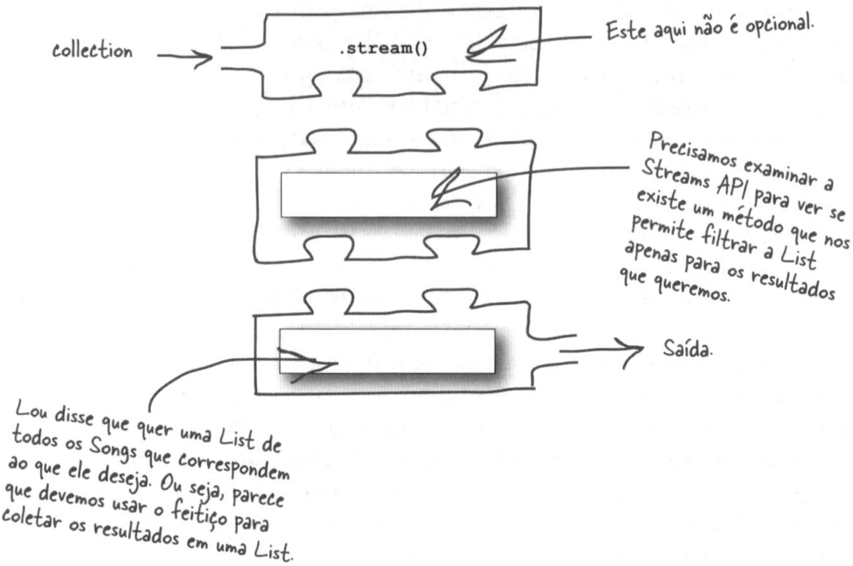

Felizmente, temos dicas sobre como criar uma chamada da Streams API com base nos requisitos que Lou nos forneceu: ele quer filtrar, **`filter`**, apenas os Songs de um determinado gênero e coletá-los, **`collect`**, em uma nova List.

java.util.stream.Stream

Stream<T> filter(Predicate<? super **T> predicate)**

Retorna uma stream de elementos que correspondem ao predicado fornecido.

<R,A> R collect(Collector<? super **T,A,R> collector)**

Executa uma operação de redução mutável nos elementos desta stream com uma Collector.

Lembre-se de que por enquanto vamos apenas usar o "feitiço" para coletar em uma List.

Filtre uma stream para manter certos elementos

Vejamos como uma operação de filtragem pode funcionar na lista de músicas.

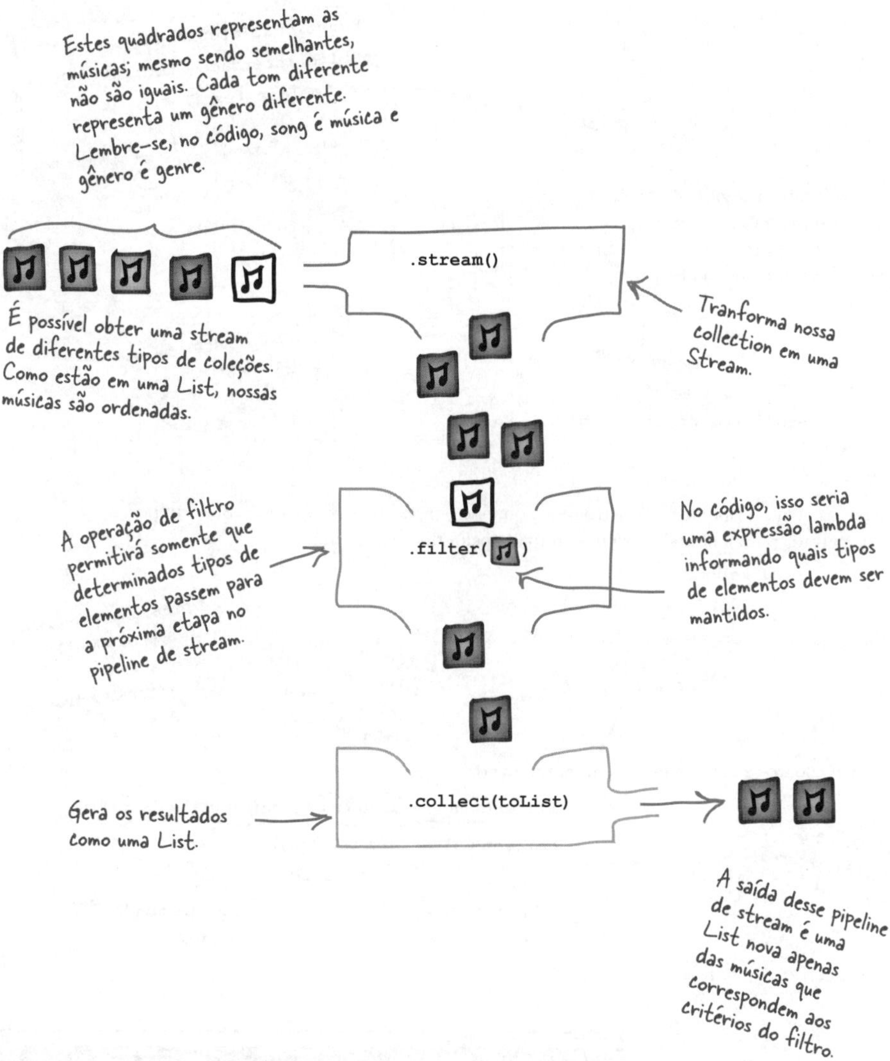

Rock na Veia!

Ou seja, adicionar uma operação **filter** filtra os elementos que não queremos, e a stream continua apenas com os elementos que atendem aos nossos critérios. Não é nada surpreendente descobrir que podemos usar uma expressão lambda para indicar quais elementos queremos manter na stream. O método de filtragem usa um **Predicate**.

```
@FunctionalInterface
public interface Predicate<T> {
    boolean test(T t);
}
```

Retorna um booleano.

Tem um único parâmetro.

Dado o que sabemos sobre os formatos das expressões lambda, devemos conseguir descobrir como escrever uma expressão lambda que implemente Predicate.

Recebe um único parâmetro.

Deve resultar em um valor booleano (true/false).

```
Predicate predicate = [    ] -> [            ]
```

Saberemos qual é o tipo do parâmetro único quando o inserirmos na operação Stream, pois o tipo de entrada para a lambda será determinada pelos tipos na stream.

```
public class JukeboxStreams {
  public static void main(String[] args) {
    List<Song> songs = new Songs().getSongs();

    List<Song> rockSongs = songs.stream()
                          .filter(song -> song.getGenre().equals("Rock"))
                          .collect(Collectors.toList());

    System.out.println(rockSongs);
  }
}

class Songs {
  // Código Predefinido
}
class Song {
  // Código Predefinido
}
```

Esta é uma List of Songs.

Este é um Song porque filter() está operando em uma Stream of Songs.

Obtém o gênero (uma String) da música e verifica se é "Rock". Isso retornará true ou false.

O pipeline de stream retornará uma List of Songs.

Insere os resultados em uma List.

Esta lambda implementa Predicate.

```
File Edit Window Help StonefaceVimes
%java JukeboxStreams

[Cassidy, Grateful Dead, Rock
 With a Little Help from My Friends, The Beatles, Rock,
 Come Together, Ike & Tina Turner, Rock,
 With a Little Help from My Friends, Joe Cocker, Rock,
 Immigrant song, Led Zeppelin, Rock]
```

Bancando o inteligente com os filtros

O método **`filter`**, com seu "simples" valor de retorno true ou false, pode conter a lógica sofisticada para filtrar elementos dentro ou fora da stream. Vamos incrementar nosso filtro e fazer o que Lou pediu.

Ele quer uma lista de todas as músicas que se enquadram em ***algum gênero*** *dentro de "rock".*

Lou não quer ver apenas as músicas classificadas como "Rock", mas qualquer gênero dentro de Rock. Devemos procurar por qualquer gênero que tenha a palavra "Rock" em algum lugar.

Existe um método na String que pode nos ajudar, chama-se **`contains`**.

Retorna true se o gênero tiver a palavra "Rock" em qualquer lugar.

```
List<Song> rockSongs = songs.stream()
                            .filter(song -> song.getGenre().contains("Rock"))
                            .collect(Collectors.toList());
```

```
File Edit Window Help YouRock
%java JukeboxStreams

[Cassidy, Grateful Dead, Rock
 50 ways, Paul Simon, Soft Rock
 Hurt, Nine Inch Nails, Industrial Rock
 Hurt, Johnny Cash, Soft Rock
 ...
```

Agora, a stream retorna diferentes tipos de músicas de rock.

A saída foi reduzida para economizar espaço no livro – salve as árvores!

Supino Mental

Você consegue escrever uma operação de filtro que possa selecionar as músicas:

- Dos Beatles
- Que comecem com "H"
- Lançadas depois de 1995

Desafio #2 de Lou: listar todos os gêneros

Lou percebeu que os gêneros musicais que os clientes estão ouvindo são mais complicados do que pensava. Ele quer uma lista de todos os gêneros das músicas que foram tocadas.

Por enquanto, todas as nossas streams retornaram os mesmos tipos com os quais começaram. Os exemplos anteriores eram Streams of Strings e retornavam Lists of Strings. O desafio anterior de Lou começou com uma List of Songs e terminou com uma List of Songs (menor).

Lou agora quer uma lista de gêneros. Ou seja, precisamos dar um jeito de transformar os elementos da música na stream em elementos de gênero (String). É para isso que serve **map**. A operação map indica como mapear *de* um tipo *para* outro.

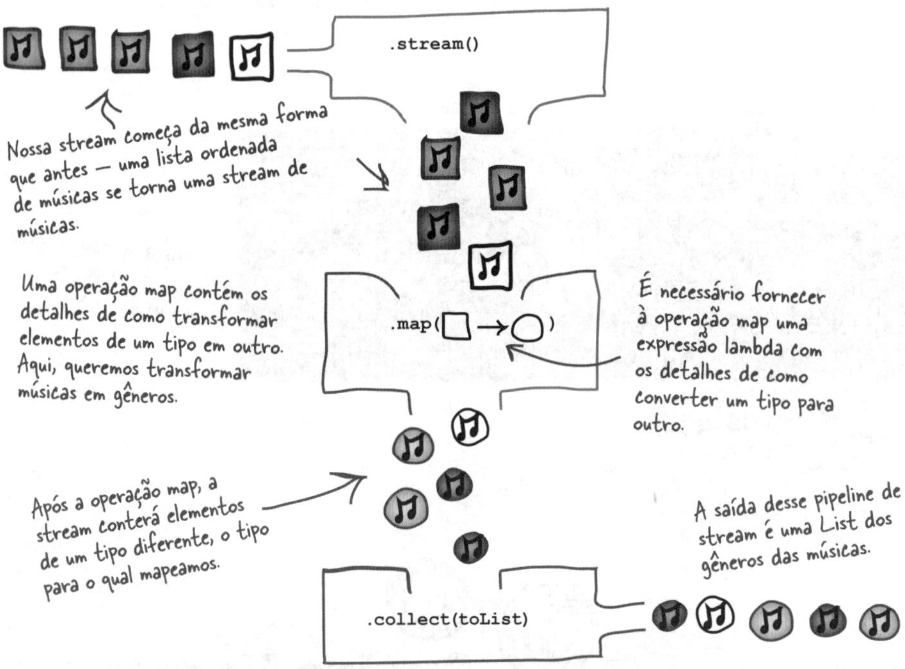

Mapeamento de um tipo para outro

O método de mapeamento usa uma **`Function`**. Os generics, por definição, são um pouco vagos, o que dificulta entendê-los, mas as Functions fazem uma coisa: recebem algo de um tipo e retornam algo de um tipo diferente. O que é exatamente necessário para um mapeamento varia de um tipo para o outro.

```
@FunctionalInterface
public interface Function<T, R> {
    R apply(T t);
}
```

Retorna algum Object.

Recebe um único parâmetro.

Vejamos como é usar **`map`** em um pipeline de stream.

O resultado será uma List de Strings, porque o gênero (genres) é uma String.

Esta é uma List of Song de objetos.

Um único parâmetro, um song, porque este map() está em uma Stream of Songs.

```
List<String> genres = songs.stream()
                           .map(song -> song.getGenre())
                           .collect(toList());
```

Insere os resultados em uma List.

O corpo da lambda pode retornar um objeto de qualquer tipo. Ao chamar getGenre em song, a stream após esse ponto será uma stream de Strings (gênero).

A expressão lambda de map é semelhante à de filter; recebe uma música e a transforma em outra coisa. Em vez de retornar um booleano, retorna algum outro objeto, neste caso uma String contendo o gênero da música.

```
File Edit Window Help RoadToNowhere
%java JukeboxStreams

[Electronic, R&B, Rock, Soft Rock, Industrial Rock,
Electronic, Soft Rock, Electronic, Alternative Rock, Rock,
Blues Rock, Rock, Rock, Industrial Rock, Electronic, R&B,
Pop, Pop, Alternative Rock, Latin, Latin, Rock]
```

Removendo valores duplicados

Obtivemos uma lista de todos os gêneros em nossos dados de teste, mas Lou provavelmente não quer lidar com todos esses gêneros duplicados. A operação **map** por conta própria resultará em uma List de saída com o mesmo tamanho da List de entrada. Como as operações de stream são projetadas para serem empilhadas, será que existe outra operação que possamos usar para obter apenas um elemento de cada stream?

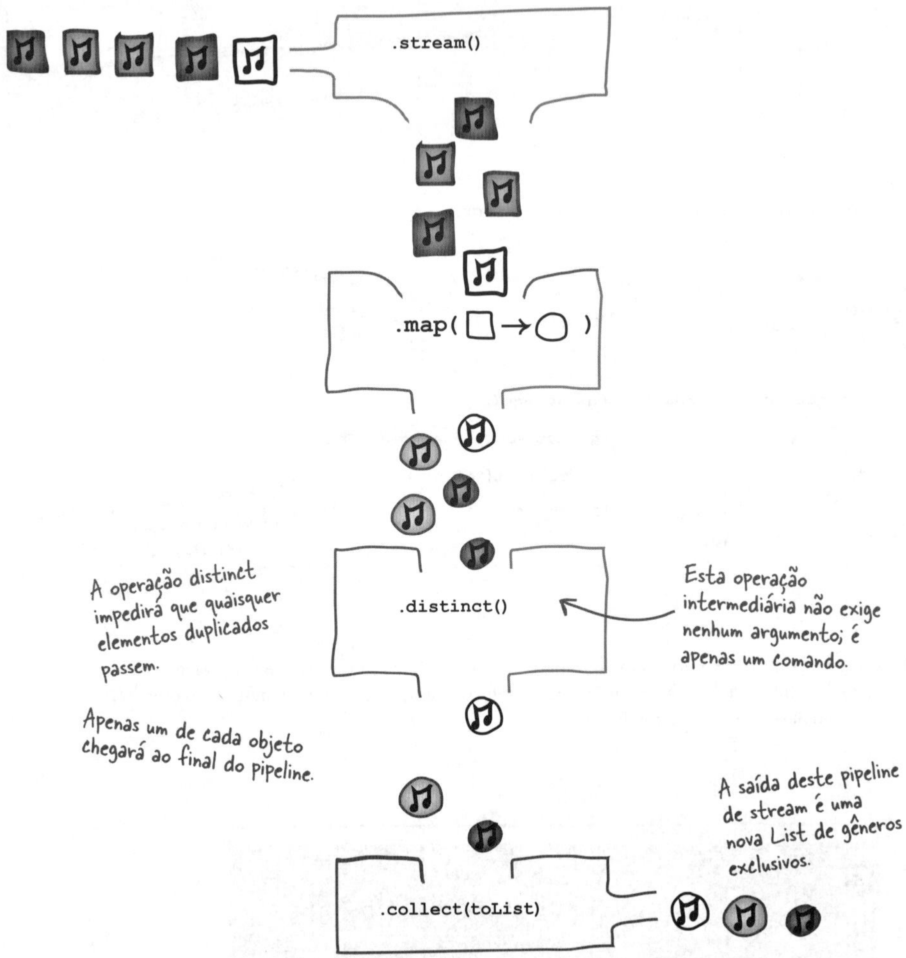

Apenas um de cada gênero

Tudo o que precisamos fazer é adicionar uma operação distinct ao pipeline de stream e obteremos apenas um de cada gênero.

```
List<String> genres = songs.stream()
                           .map(song -> song.getGenre())
                           .distinct()
                           .collect(Collectors.toList())
```

Ter distinct() no pipeline de stream significa que não haverá valores duplicados após esse ponto.

```
File Edit Window Help UniqueIsGood
%java JukeboxStreams

[Electronic, R&B, Rock, Soft Rock, Industrial Rock,
Alternative Rock, Blues Rock, Pop, Latin]
```

Gera uma lista bem mais legível de todos os gêneros.

Continue criando!

Um pipeline de stream pode ter qualquer número de operações intermediárias. O poder da Streams API é que podemos criar consultas complexas com componentes básicos compreensíveis. A biblioteca cuidará disso do modo mais eficiente possível. Por exemplo, podemos criar uma consulta que retorne uma lista de todos os artistas que fizeram covers de uma música específica, excluindo os artistas originais, usando uma operação map e diversos filtros.

```
String songTitle = "With a Little Help from My Friends";
List<String> result = allSongs.stream()
                              .filter(song -> song.getTitle().equals(songTitle))
                              .map(song -> song.getArtist())
                              .filter(artist -> !artist.equals("The Beatles"))
                              .collect(Collectors.toList());
```

Aponte o seu lápis

Tente escrever este código sozinho. O que cada um dos filtros faz? O que o map faz?

→ Resolve aí.

Às vezes, nem precisamos de uma expressão lambda

Algumas expressões lambda fazem algo simples e previsível, dado o tipo de parâmetro ou a forma da interface funcional. Vejamos novamente a expressão lambda para a operação **map**.

```
Function<Song, String> getGenre =
song -> song.getGenre();
```

Em vez de explicar tudo, é possível apontar o compilador para um método que realiza a operação que queremos usando uma **referência de método**.

Referências de método podem substituir expressões lambda, mas não precisamos usá-las.

Às vezes, as referências de método facilitam a compreensão do código.

A saída desta Function precisa ser uma String.

A saída de getGenre() é uma String, assim como a Function precisa.

```
Function<Song, String> getGenre = Song::getGenre;
```

Este é o método que chamaríamos no corpo da lambda.

O parâmetro de entrada para esta Function é um Song.

Uma referência de método — em vez de usarmos um "." que faria com que o compilador chamasse o método, usamos um "::" para apontar o compilador na direção do método.

Referências de método podem substituir expressões lambda em muitos casos diferentes. É possível usar uma referência de método se ela facilitar a leitura do código. Veja nossa velha amiga, a Comparator, por exemplo. Existem muitos métodos auxiliares na interface Comparator que, quando combinados com uma referência de método, possibilitam ver qual valor está sendo usado para ordenação e em qual direção. Mas, em vez disso, para ordenar as músicas da mais antiga para a mais recente, podemos fazer isso:

```
List<Song> result = allSongs.stream()
                            .sorted((o1, o2) -> o1.getYear() - o2.getYear())
                            .collect(toList());
```

Use uma referência de método combinada com um método auxiliar **static** da Comparator para indicar qual deve ser a comparação:

```
List<Song> result = allSongs.stream()
                            .sorted(Comparator.comparingInt(Song::getYear))
                            .collect(toList());
```

Relaxar

Não é necessário usar referências de método se não se sentir à vontade com elas. O importante é conseguir reconhecer a sintaxe "::", sobretudo em um pipeline de stream.

Coletando resultados de maneiras diferentes

Ainda que **`Collectors.toList`** seja a Collector mais usada, existem outras Collectors úteis. Por exemplo, em vez de utilizarmos **`distinct`** para resolver o último desafio, poderíamos ter usado uma Set, que não permite valores duplicados. A vantagem dessa abordagem é que qualquer outra pessoa que use os resultados sabe que, sendo uma Set, *por definição*, não haverá valores duplicados.

```
Set<String> genres = songs.stream()
                          .map(song -> song.getGenre())
                          .collect(Collectors.toSet());
```

Armazena os resultados em uma Set of Strings, não em uma List. Sets não podem armazenar valores duplicados.

Insere os resultados em uma Set, que automaticamente terá somente registros exclusivos.

Collectors.toList e Collectors.toUnmodifiableList

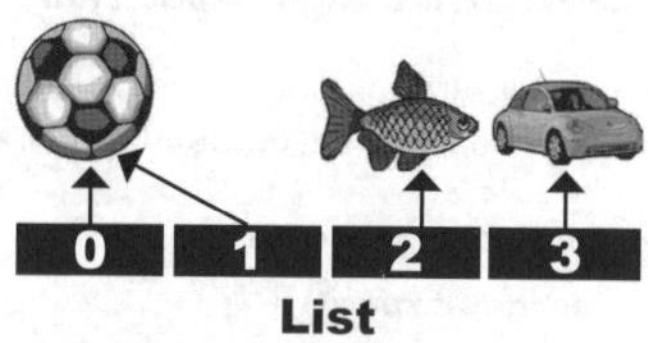

Já vimos **`toList`**. Como alternativa, podemos obter uma List que não pode ser alterada (nenhum elemento pode ser adicionado, substituído ou removido) com **`Collectors.toUnmodifableList`**, que só está disponível a partir do Java 10 em diante.

Collectors.toSet e Collectors.toUnmodifiableSet

Nada de valores duplicados.

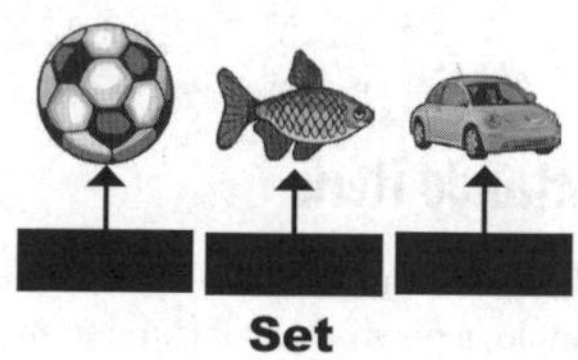

Use-as para inserir os resultados em uma Set em vez de em uma List. Lembre-se de que uma Set não pode conter valores duplicados e que, em geral, não são ordenados. Caso esteja usando o Java 10 ou uma versão superior, pode usar **`Collectors.toUnmodifiableSet`** se quiser garantir que seus resultados nunca sejam alterados.

Collectors.toMap e Collectors.toUnmodifiableMap

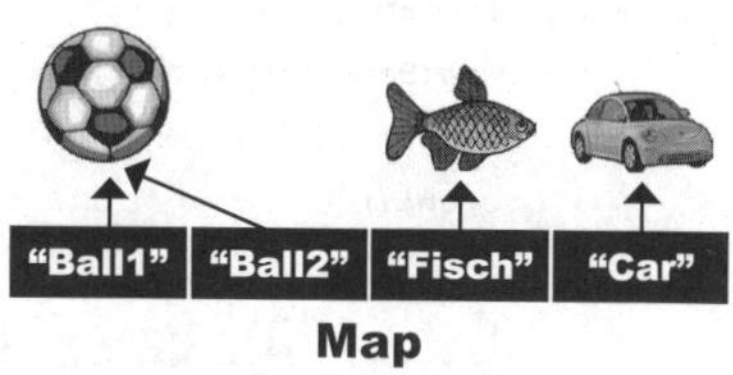

É possível coletar uma stream em uma Map de pares chave/valor. Basta fornecer algumas funções para informar à Collector qual será a chave e qual será o valor. Pode-se usar **`Collectors.toUnmodifiableMap`** para criar uma map que não pode ser alterada, apenas do Java 10 em diante.

Collectors.joining

É possível criar um resultado de String a partir de uma stream. Ele unirá todos os elementos da stream em uma única String. Além disso, como opções, podemos definir o *delimitador*, o caractere a ser usado para separar cada elemento. Isso pode ser muito útil se quiser transformar sua stream em uma String de valores separados por vírgula (CSV).

Mas espere, não acabou, não!

Coletar os resultados não é a única a ação relevante; **collect** é apenas uma das muitas operações terminais.

Verificando se algo existe

É possível usar operações terminais que retornem um valor booleano para procurar determinadas coisas na stream. Por exemplo, podemos verificar se alguma música de gênero R&B foi tocada no diner.

```
boolean result =
    songs.stream()
        .anyMatch(s -> s.getGenre().equals("R&B"));
```

```
boolean anyMatch(Predicate p);
boolean allMatch(Predicate p);
boolean noneMatch(Predicate p);
```

Encontrando algo específico

Operações terminais que retornam um valor **Optional** procuram coisas específicas na stream. Por exemplo, podemos encontrar a primeira música tocada que foi lançada em 1995.

```
Optional<Song> result =
    songs.stream()
        .filter(s -> s.getYear() == 1995)
        .findFirst();
```

```
Optional<T> findAny();
Optional<T> findFirst();
Optional<T> max(Comparator c);
Optional<T> min(Comparator c);
Optional<T> reduce(BinaryOperator a);
```

Contando itens

Podemos usar uma operação de contagem para descobrir o número de elementos em uma stream. Por exemplo, é possível encontrar o número exclusivo de artistas.

```
long result =
    songs.stream()
        .map(Song::getArtist)
        .distinct()
        .count();
```

```
long count();
```

Ainda existem mais operações terminais, e algumas dependem do tipo de Stream com o qual estamos trabalhando.

Lembre-se de que a documentação da API pode ajudá-lo a descobrir se há uma operação built-in que faz o que você quer.

Algumas operações podem retornar algo, ou podem não retornar nada

Talvez até pareça esquisito que um método *possa* ou *não* retornar um valor, mas isso acontece o tempo todo na vida real.

Imagine que esteja em uma sorveteria e peça um sorvete de morango.

```
IceCream iceCream =
  getIceCream("Strawberry");
```

Fácil, não é? Mas e se o sorvete de morango tiver acabado? É provável que o sorveteiro diga "não temos mais esse sabor".

Cabe a você decidir o que fazer — talvez pedir um sorvete de chocolate, encontrar outra sorveteria ou, talvez, apenas retornar para casa pistola por não tomar o sorvete de morango.

Agora, imagine essa situação no Javaverso. No primeiro exemplo, você obtém uma instância ice-cream. No segundo, recebe uma mensagem String? Mas uma mensagem não cabe em uma variável cujo formato é ice-cream. Um null? Mas o que significa um null?

Optional é um wrapper

Desde o Java 8, o jeito normal de um método declarar que *às vezes pode não retornar um resultado* é retornar um **Optional**. Trata-se de um objeto que *envolve* o resultado em um *wrapper*. Assim, é possível perguntar "Obtive um resultado? Ou está vazio?" Desse modo, podemos tomar uma decisão sobre o que fazer.

```
Optional<IceCream> optional =
  getIceCream("Strawberry");
```

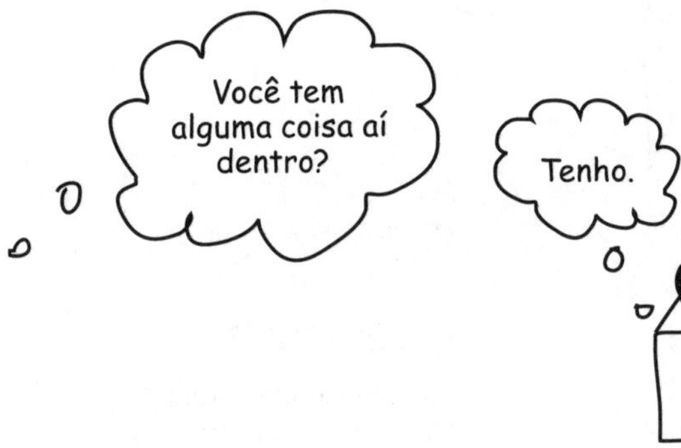


```
if (optional.isPresent()) {
```

```
  IceCream ice = optional.get();
}
```

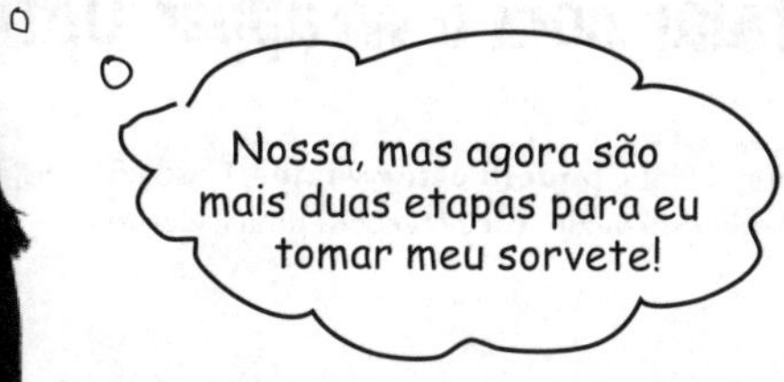

Sim, mas agora temos uma forma de perguntar se temos um resultado

O opcional nos disponibiliza uma maneira de descobrir e de lidar com os momentos em que não obtemos um sorvete,

```
Optional<IceCream> optional =
  getIceCream("Strawberry");
```

```
if (optional.isPresent()) {
```

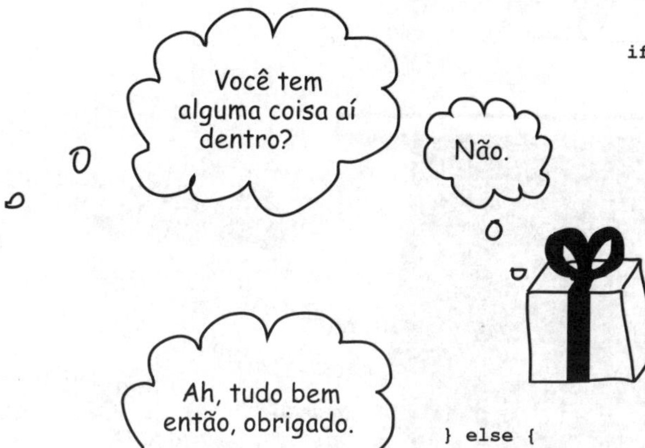

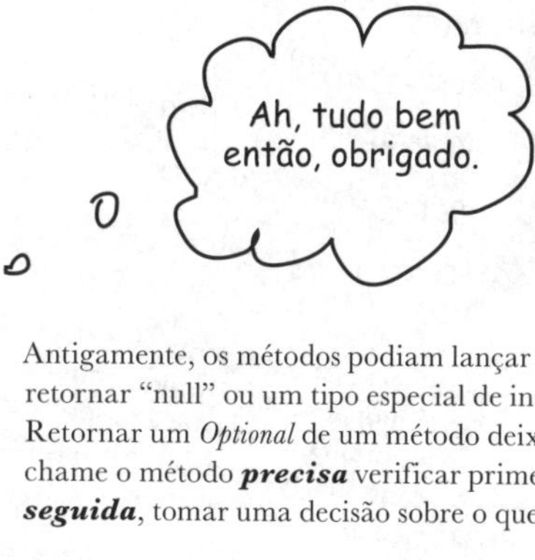


```
} else {
  System.out.println("No ice cream for you!");
}
```

Antigamente, os métodos podiam lançar exceções em casos como esse, ou retornar "null" ou um tipo especial de instância ice-cream "Not Found". Retornar um *Optional* de um método deixa claro que qualquer coisa que chame o método ***precisa*** verificar primeiro se existe um resultado e, ***em seguida***, tomar uma decisão sobre o que fazer se não existe um.

Não se esqueça de falar com o wrapper Optional

O importante sobre os resultados Optional é que **podem estar vazios**. Caso não verifique primeiro se existe um valor presente e se o resultado está vazio, você receberá uma exceção.

```
Optional<IceCream> optional =
  getIceCream("Strawberry");
```

```
IceCream ice = optional.get();
```

File Edit Window Help Boom

```
%java OptionalExamples

Exception in thread "main" java.
util.NoSuchElementException: No
value present
        at java.base/java.util.
Optional.get(Optional.java:148)
        at ch10c.OptionalExamples.
main(OptionalExamples.java:11)
```

Fixe na Memória

Rosas são vermelhas,
Violetas não têm cheiro algum
Se não chamar isPresent()
O código faz KABUM!

É necessário perguntar aos objetos Optional se contêm algo antes de embrulhá-los em um wrapper; caso contrário, receberá uma exceção se não existir um resultado.

Sherlock Holmes por Cinco Minutos

O Café Inesperado

Alex estava programando sua máquina de café supermegainteligente (e movida a Java) para que ela desse os tipos de café que mais lhe convinham em diferentes momentos do dia.

À tarde, Alex queria que a máquina lhe desse o café mais fraco disponível (já tinha bebido café o suficiente para ficar acordada à noite; ela não precisava que a cafeína aumentasse seus problemas!). Como desenvolvedora de software experiente, sabia que a Streams API lhe daria o melhor tipo de café na hora adequada.

Como os cafés seriam ordenados automaticamente do mais fraco para o mais forte usando a ordem natural, ela forneceu as seguintes instruções à máquina de café:

```
Optional<String> afternoonCoffee = coffees.stream()
                                          .map(Coffee::
                                           getName)
                                            .sorted()
                                             .findFirst();
```

No dia seguinte, pediu um café da tarde. Para seu horror, a máquina entregou a ela um café Americano, não o cappuccino descafeinado que esperava.

"Não posso beber isso!! Vou ficar acordada a noite toda preocupada com meu último projeto de software!"

O que aconteceu? Por que a máquina de café entregou a Alex um café Americano?

Respostas na página 417.

Quebra-cabeças na Piscina

Sua ***tarefa*** é pegar os trechos de código da piscina e inseri-los nas linhas em branco ao lado. ***Não*** use o mesmo trecho de código mais de uma vez e não precisa usar todos os trechos. Seu ***objetivo*** é criar uma classe que compilará, executará e gerará a saída listada.

Saída

```
File  Edit  Window  Help  DiveIn
%java StreamPuzzle
[Immigrant Song, With a Little Help from My
Friends, Hallucinate, Pasos de cero, Cassidy]
With a Little Help from My Friends
No songs found by: The Beach Boys
```

```
public class StreamPuzzle {
  public static void main(String[]
  args) {
    SongSearch songSearch
    = __________________;
    songSearch.__________________;
    __________________.search
    ("The Beatles");
    __________________________;
  }
}
class __________________ {
  private final List<Song> songs =
      new JukeboxData.Songs().
      getSongs();

  void printTopFiveSongs() {
    List<String> topFive
    = songs.stream()
    .__________________
    .__________________
    .__________________
    .collect(.__________________);
    System.out.println(topFive);
  }
  void search(String artist) {
    __________________
    = songs.stream()
          .__________________
          .__________________;
    if (__________________) {
      System.out.
      println__________________);
    } else {
      System.out.
      println__________________);
    }
  }
}
```

Observação: Cada trecho aqui pode ser usado mais de uma vez!

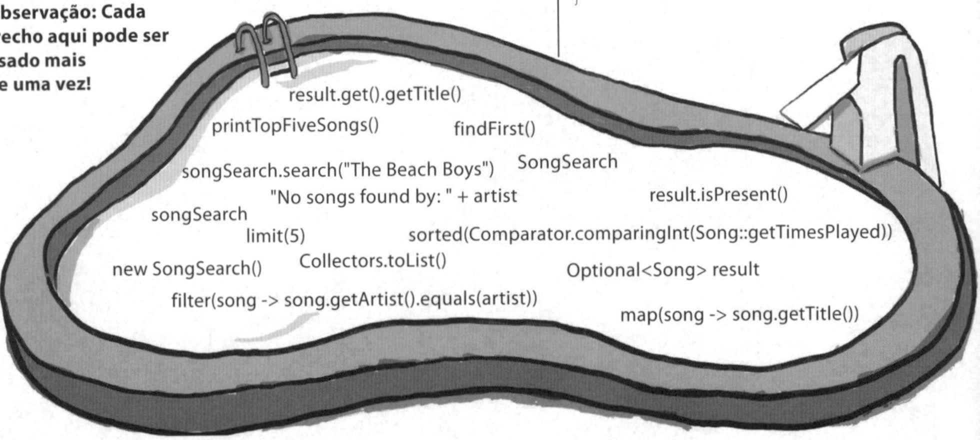

Respostas na página 418.

Mensagens Misturadas

(página 370)

Possíveis blocos de código:

```
for (int i = 1; i < nums.size(); i++)
    output += nums.get(i) + " ";
```

```
for (Integer num : nums)
    output += nums + " ";
```

```
for (int i = 0; i <= nums.length; i++)
    output += nums.get(i) + " ";
```

```
for (int i = 0; i <= nums.size(); i++)
    output += nums.get(i) + " ";
```

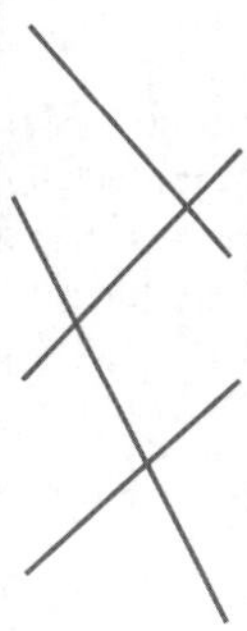

Possíveis saídas:

```
1 2 3 4 5
```

```
Compiler error
```

```
2 3 4 5
```

```
Exception thrown
```

```
[1, 2, 3, 4, 5]
[1, 2, 3, 4, 5]
[1, 2, 3, 4, 5]
[1, 2, 3, 4, 5]
[1, 2, 3, 4, 5]
```

QUEM FAZ O QUÊ?

(página 372)

filter

skip

limit

distinct

sorted

map

dropWhile

takeWhile

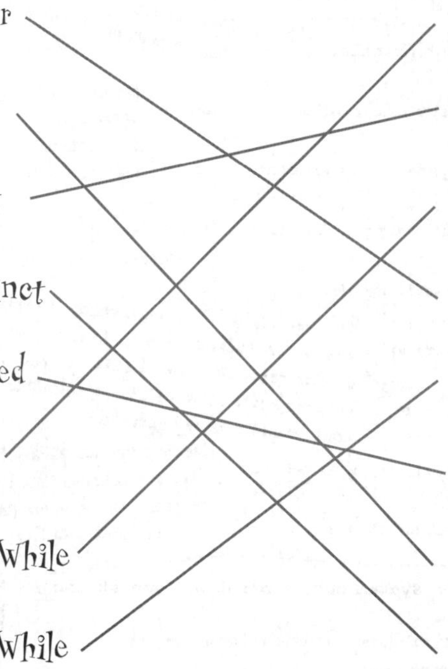

Altera o elemento atual na stream para outra coisa.

Define o número máximo de elementos que podem ser gerados a partir desta Stream.

Enquanto um determinado critério for true, não processará elementos.

Permite que somente os elementos que correspondem aos critérios fornecidos permaneçam na Stream.

Só processará elementos enquanto os critérios fornecidos forem true.

Declara que o resultado da stream deve ser ordenado de alguma forma.

O número de elementos no início da Stream que não serão processados.

Usa isso para garantir que os valores duplicados sejam removidos.

Ímãs de Códigos (página 384)

O que aconteceria se as operações de stream estivessem em ordem diferente? Isso importa?

```
import java.util.*;
import java.util.stream.*;

public class CoffeeOrder {
  public static void main(String[] args) {
    List<String> coffees = List.of("Cappuccino",
            "Americano", "Espresso", "Cortado", "Mocha",
            "Cappuccino", "Flat White", "Latte");

    List<String> coffeesEndingInO = coffees.stream()
                                           .filter(s -> s.endsWith("o"))
                                           .sorted()
                                           .distinct()
                                           .collect(Collectors.toList());
    System.out.println(coffeesEndingInO);
  }
}
```

```
File Edit Window Help Cafelito
%java CoffeeOrder

[Americano, Cappuccino,
Cortado, Espresso]
```

SEJA o Compilador (página 393)

- [x] `Runnable r = () -> System.out.println("Hi!");`
- [x] `Consumer<String> c = s -> System.out.println(s);`
- [ ] `Supplier<String> s = () -> System.out.println("Some string");` ← Deveria retornar uma String, mas não retorna.
- [ ] `Consumer<String> c = (s1, s2) -> System.out.println(s1 + s2);` ← Deveria ter apenas um parâmetro, mas tem dois.
- [ ] `Runnable r = (String str) -> System.out.println(str);` ← Nem deveria ter parâmetros.
- [x] `Function<String, Integer> f = s -> s.length();`
- [x] `Supplier<String> s = () -> "Some string";`
- [ ] `Consumer<String> c = s -> "String" + s;` ← Esta lambda de linha única retorna efetivamente uma String quando um método Consumer não deveria retornar nada. Mesmo que não haja "retorno", este valor de String calculado é considerado o valor retornado.
- [ ] `Function<String, Integer> f = (int i) -> "i = " + i;` ← Deveria ter um parâmetro String e retornar um int, mas em vez disso, tem um parâmetro int e retorna uma String.
- [ ] `Supplier<String> s = s -> "Some string: " + s;` ← Não deveria ter nenhum parâmetro.
- [ ] `Function<String, Integer> f = () -> System.out.println("Some string");` ← Deve receber um parâmetro String. Deveria retornar um int, mas na verdade não retorna nada.

Aponte o seu lápis (página 395)

BiPredicate

Modifier and Type	Method
default BiPredicate<T,U>	and(BiPredicate<? super T,? super U> other)
default BiPredicate<T,U>	negate()
default BiPredicate<T,U>	or(BiPredicate<? super T,? super U> other)
boolean	test(T t, U u)

Tem um método abstrato único, test(). Os outros são todos métodos default.

ActionListener

Modifier and Type	Method
void	actionPerformed(ActionEvent e)

Tem um método abstrato único.

Iterator

Modifier and Type	Method
default void	forEachRemaining(Consumer<? super E> action)
boolean	hasNext()
E	next()
default void	remove()

Tem DOIS métodos abstratos, hasNext() e next().

Function

Modifier and Type	Method
default <V> Function<T,V>	andThen(Function<? super R,? extends V> after)
R	apply(T t)
default <V> Function<V,R>	compose(Function<? super V,? extends T> before)
static <T> Function<T,T>	identity()

Tem um método abstrato único, apply(). Os outros são métodos default e estáticos.

SocketOption

Modifier and Type	Method
String	name()
Class<T>	type()

Tem dois métodos abstratos.

Sherlock Holmes por Cinco Minutos (página 413)

Alex não prestou atenção à ordem das operações de stream. Primeiro, mapeou os objetos coffee para stream de Strings e depois ordenou tudo. Como Strings são naturalmente ordenadas em ordem alfabética, quando a máquina de café obteve o "primeiro" desses resultados para o café da tarde de Alex, estava preparando um "café americano" fresco.

Se ela quisesse pedir os cafés por sabor, com o mais fraco (1 de 5) primeiro, precisava pedir primeiro a coffees.stream antes de mapeá-lo para um nome de String:

```
afternoonCoffee = coffees.stream()
                         .sorted()
                         .map(Coffee::getName)
                         .findFirst();
```

Em seguida, a máquina de café prepararia um descafeinado em vez de um Americano.

Quebra-cabeças na Piscina (página 414)

```
public class StreamPuzzle {
  public static void main(String[] args) {
    SongSearch songSearch = new SongSearch();
    songSearch.printTopFiveSongs();
    songSearch.search("The Beatles");
    songSearch.search("The Beach Boys");
  }
}
class SongSearch {
  private final List<Song> songs =
      new JukeboxData.Songs().getSongs();

  void printTopFiveSongs() {
    List<String> topFive = songs.stream()
                                .sorted(Comparator.comparingInt(Song::getTimesPlayed))
                                .map(song -> song.getTitle())
                                .limit(5)
                                .collect(Collectors.toList());
    System.out.println(topFive);
  }
  void search(String artist) {
    Optional<Song> result = songs.stream()
                            .filter(song -> song.getArtist().equals(artist))
                            .findFirst();
    if (result.isPresent()) {
      System.out.println(result.get().getTitle());
    } else {
      System.out.println("No songs found by: " + artist);
    }
  }
}
```

13 tratando exceções

Comportamento Arriscado

As coisas dão errado. O arquivo não está lá. O servidor está fora do ar. Não importa seu nível de habilidade como programador, não se pode controlar tudo. As coisas dão errado, e *muito*. Ao criar um método arriscado, você precisa de um código para tratar as eventualidades desastrosas que possam ocorrer. Mas como *sabemos* se um método é arriscado? E onde inserir o código para *tratar* essa situação ***excepcional***? Neste livro, até agora, não arriscamos *muito*. Claro que tivemos problemas durante a execução, mas a maioria eram falhas no nosso código ou bugs, que corrigimos no desenvolvimento. Estamos falando de um código para tratar problemas no *tempo de execução*. Códigos que esperam que o arquivo esteja na pasta correta, que o servidor esteja rodando ou que a Thread continue dormindo. E precisamos falar disso *agora*, pois criaremos um Player de Música MIDI com a perigosa API Java Sound.

Bora criar uma máquina de música

Nos próximos três capítulos, desenvolveremos alguns aplicativos diferentes de som, incluindo uma bateria eletrônica chamada BeatBox. Na verdade, antes de terminar o livro, teremos uma versão multiplayer em que será possível enviar nossos drum loops para outros usuários, como se estivéssemos os compartilhando nas redes sociais. Você vai codar tudo, ainda que possa escolher usar Código Predefinido para as partes da GUI. No mundo cotidiano, nem todo departamento de TI está procurando por um novo servidor BeatBox. Vamos criá-lo para nos divertir *enquanto* aprendemos mais sobre Java.

O BeatBox ficará mais ou menos assim:

Crie um loop de beatbox (um padrão de bateria com 16 batidas) marcando as caixinhas.

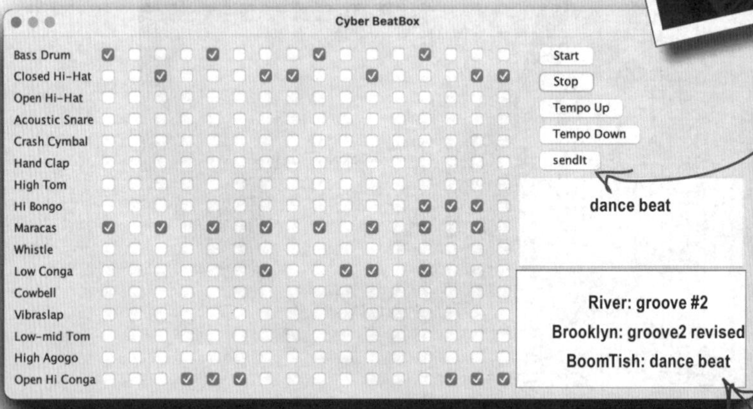

Sua mensagem é enviada para os outros jogadores ou usuários com seu padrão de batida atual quando você clica em "sendIt".

Mensagens recebidas de jogadores. Clique em uma para carregar o padrão que a acompanha e, em seguida, clique em "Start" para tocá-la.

Observe as marcas de seleção das caixinhas para cada uma das 16 "batidas". Como um maestro de código, você regerá o Beat Box: por exemplo, na batida 1 (de 16), o Bass drum [bumbo] e as Maracas tocarão, na batida 2 reina o silêncio e, na batida 3 as Maracas e o Closed Hi-Hat [chimbal fechado] tocarão… você já entendeu.

Ao dar o play no "Start", ele reproduz seu padrão em um loop até que você pressione "Stop". A qualquer momento, é possível "capturar" um dos seus padrões, enviando-o ao servidor BeatBox (ou seja, qualquer outro jogador pode ouvi-lo). E também é possível carregar qualquer um dos padrões recebidos clicando na mensagem que o acompanha.

Vamos começar com o básico

Obviamente, temos que aprender algumas coisas antes de concluir o programa, incluindo como criar uma GUI, como *se conectar* a outra máquina via rede e um pouco de E/S para que possamos *enviar* algo para essa máquina.

Ah, sim, e a API JavaSound. *É com ela* que começaremos este capítulo. Por ora, esqueça a GUI, a rede e as E/S e foque apenas em obter um som gerado por MIDI para ouvir em seu computador. E, caso não saiba nada sobre MIDI, ou nadinha de nada sobre ler música ou compor, não se preocupe. Aqui, você aprenderá tudo o que for necessário para desenvolver o Beat Box. Aposto que até conseguirá um contrato com uma gravadora!

A API JavaSound

JavaSound é uma coleção de classes e interfaces adicionadas ao Java desde a versão 1.3. E não é um add-on especial; é parte da biblioteca de classes padrão do Java SE. JavaSound é dividida em duas partes: MIDI e Sampled. Usaremos apenas MIDI neste livro. MIDI significa Musical Instrument Digital Interface, e é um protocolo padrão para fazer com que diferentes tipos de equipamentos eletrônicos de som se comuniquem. Mas para nosso aplicativo BeatBox, enxergue o MIDI como *uma espécie de partitura* que fornecemos a algum dispositivo como um "player de piano" altamente moderno. Dito de outro modo, os dados MIDI na verdade não incluem nenhum *som*, mas *instruções* que um instrumento de leitura MIDI pode reproduzir. Ou, em outra analogia, pense no arquivo MIDI como um documento HTML e no instrumento que processa o arquivo MIDI (ou seja, o *reproduz)* como um navegador web.

Os dados MIDI instruem o *que* fazer (toque o dó central, pressione tal tecla do piano com tal intensidade, segure essa tecla por um tempo x etc.), mas não informam absolutamente nada sobre o *som* que ouvimos. O MIDI não faz ideia de como tocar uma flauta, de como reproduzir a partitura de piano ou alguma nota da guitarra de Jimi Hendrix. Para fazer o som de verdade, precisamos de um instrumento (um dispositivo MIDI) que possa ler e reproduzir um arquivo MIDI; é como se esse dispositivo fosse uma *banda ou uma orquestra* de instrumentos, e pode ser um dispositivo físico, como um teclado, ou até um software em seu computador.

Para nosso BeatBox, usamos apenas um instrumento built-in, um software que obtemos com o Java. Ele se chama *sintetizador* (algumas pessoas o chamam de *sintetizador de software*) porque ele *cria* som. Som que podemos *ouvir*.

Primeiro, precisamos de um objeto Sequencer

Antes de reproduzirmos qualquer som, precisamos de um objeto Sequencer. O sequenciador é o objeto que captura todos os dados MIDI e os envia para os instrumentos adequados. É o que *toca* a música. Um sequenciador pode fazer muitas coisas diferentes, mas neste livro vamos usá-los exclusivamente como um dispositivo de reprodução. É como um dispositivo que transmite música, só que com alguns recursos adicionais. A classe Sequencer está no pacote javax.sound.midi. Então, começaremos verificando se podemos criar (ou obter) um objeto Sequencer.

```
import javax.sound.midi.*;

public class MusicTest1 {
  public void play() {
    try {
      Sequencer sequencer = MidiSystem.getSequencer();
      System.out.println("Successfully got a sequencer");
    }
  }

  public static void main(String[] args) {
    MusicTest1 mt = new MusicTest1();
    mt.play();
  }
}
```

Importa o pacote javax.sound.midi.

Precisamos de um objeto Sequencer. É a parte principal do dispositivo/instrumento MIDI que estamos usando. É o que sequencia todas as informações MIDI em uma "música". No entanto, não é a gente que cria esse objeto novo — temos que pedir ao MidiSystem para nos fornecer um.

Algo de errado não está certo!

Este código não vai compilar! O compilador informa que tem uma "unreported exception" que deve ser tratada ou declarada.

File Edit Window Help SayWhat?

```
% javac MusicTest1.java
MusicTest1.java:13: unreported exception javax.sound.midi.
MidiUnavailableException; must be caught or declared to be
thrown
    Sequencer sequencer = MidiSystem.getSequencer();
                                                ^
1 errors
```

O que acontece quando um método que queremos chamar (provavelmente em uma classe que não escrevemos) é arriscado?

1 **Digamos que queira chamar um método em uma classe que você não escreveu.**

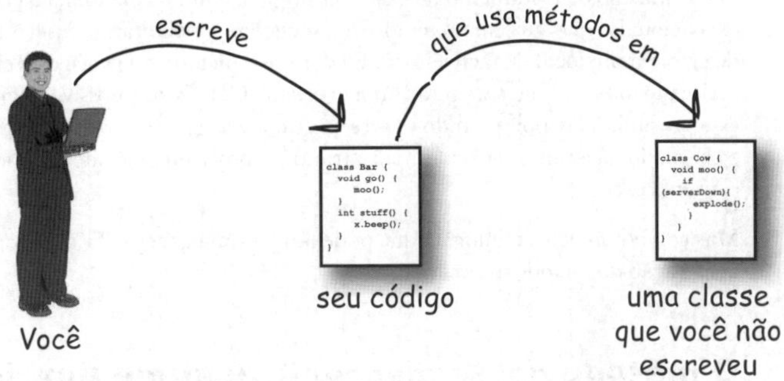

2 **Esse método faz algo arriscado, que pode não funcionar no tempo de execução.**

```
void moo() {
   if (serverDown) {
    explode();
   }
}
```

3 **É necessário *saber* que o método que você está chamando é arriscado.**

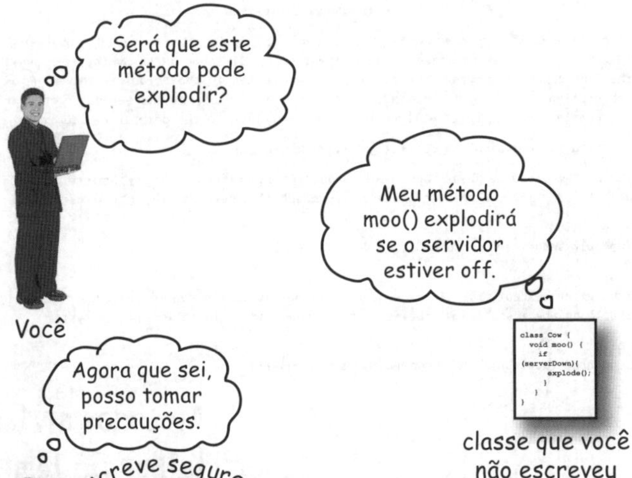

4 **Em seguida, você escreve o código que pode tratar a falha, *se ela acontecer*. É necessário estar preparado, por via das dúvidas.**

No Java, os métodos usam *exceções* para dizer ao código de chamada "Deu muito ruim. Fiz besteira."

O mecanismo de tratamento de exceções do Java é um forma limpa e clara de tratar "situações excepcionais" que surgem no tempo de execução, possibilitando inserir todo o código de tratamento de erro em um local de fácil leitura. É como se o método que você está chamando *lhe dissesse* que é arriscado (ou seja, que *pode* gerar uma exceção). Com isso, é possível escrever o código para lidar com essa possibilidade, pois quando se *sabe* que uma exceção será recebida quando um determinado método é chamado, já estamos *preparados* para tratar — possivelmente até mesmo *recuperar* — o problema que causou a exceção.

Mas como um método informa que pode lançar uma exceção? Encontramos uma cláusula **throws** na declaração do método arriscado.

O método getSequencer() assume um risco, pois pode falhar no tempo de execução. Portanto, deve "declarar" o risco que *você* corre ao chamá-lo.

A documentação da API nos informa que getSequencer() pode lançar uma exceção: MidiUnavailableException. Um método deve declarar as exceções que pode lançar.

```
getSequencer

public static Sequencer getSequencer()
                        throws MidiUnavailableException

Obtains the default Sequencer, connected to a default device. The returned Sequencer instance is connected to the
default Synthesizer, as returned by getSynthesizer (). If there is no Synthesizer available, or the default
Synthesizer cannot be opened, the sequencer is connected to the default Receiver, as returned by getReceiver().
The connection is made by retrieving a Transmitter instance from the Sequencer and setting its Receiver. Closing
and re-opening the sequencer will restore the connection to the default device.

This method is equivalent to calling getSequencer(true).

If the system property javax.sound.midi. Sequencer is defined or it is defined in the file "sound.properties", it
is used to identify the default sequencer. For details, refer to the class description.

Returns:
the default sequencer, connected to a default Receiver

Throws:
MidiUnavailableException - if the sequencer is not available due to resource restrictions, or there is no Receiver
available by any installed MidiDevice, or no sequencer is installed in the system

See Also:
getSequencer (boolean), getSynthesizer(), getReceiver()
```

Esta parte aqui informa QUANDO podemos obter essa exceção – neste caso, devido a restrições de recursos (o que pode significar que o sequenciador já está sendo usado).

Métodos arriscados que podem falhar no tempo de execução declaram as exceções que podem acontecer com "throws SomeKindOfException" em sua declaração de método.

É necessário que o compilador saiba que VOCÊ sabe que está chamando um método arriscado

Se envolvermos o código arriscado em algo chamado **try/catch**, o compilador ficará mais calmo.

Um bloco try/catch informa ao compilador que *sabemos* que uma situação excepcional pode acontecer no método que estamos chamando e que estamos preparados para tratar dela. O compilador pouco se importa com o *modo* de tratamento; a única coisa com a qual se importa é se estamos tratando.

Caro Compilador

Sei que estou me arriscando, mas não acha que vale a pena? O que devo fazer?

Atenciosamente, Nerd, Honolulu, Waikiki

Meu caro Nerd,

A vida é curta (especialmente na heap). Arrisque-se. Tente. Mas só por precaução, caso as coisas não saiam como planejado, faça questão de detectar qualquer problema antes que o caos se instale.

```
import javax.sound.midi.*;

public class MusicTest1 {

  public void play() {
    try {
      Sequencer sequencer = MidiSystem.getSequencer();
      System.out.println("Successfully got a sequencer");
    } catch(MidiUnavailableException e) {
      System.out.println("Bummer");
    }
  }

  public static void main(String[] args) {
    MusicTest1 mt = new MusicTest1();
    mt.play();
  }
}
```

Insira o código arriscado em um bloco "try". É o método getSequencer "arriscado" que pode lançar uma exceção.

Crie um bloco "catch" para saber o que fazer se a situação excepcional acontecer — em outras palavras, uma MidiUnavailableException é lançada pela chamada para getSequencer().

Não faça isso em casa.

Uma exceção é um objeto... do tipo Exception

Sorte a nossa, porque seria bem mais difícil lembrar se as exceções fossem do tipo Broccoli.

Lembre-se dos capítulos sobre polimorfismo (7 e 8); um objeto do tipo Exception pode ser uma instância de qualquer *subclasse* de Exception.

Como uma *Exception* é um objeto, o que *capturamos* com o *catch* é um objeto. No código a seguir, o argumento **catch** é declarado como tipo Exception e a variável de referência do parâmetro é *e*.

```
try {
   // Faz coisas arriscadas


} catch(Exception e) {

   // Tenta recuperar

}
```

É como declarar um argumento de método.

Este código é executado apenas se uma Exception for lançada.

Parte da hierarquia de classes Exception. Todas estendem a classe Throwable e herdam dois métodos principais.

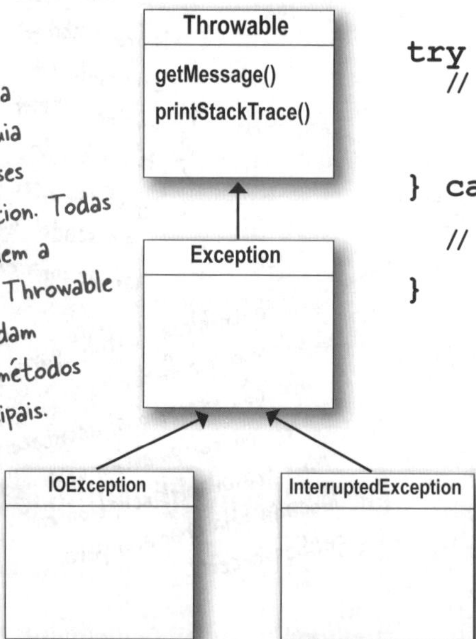

O que escrevemos em um bloco catch depende da exceção que foi lançada. Por exemplo, se um servidor estiver fora, podemos usar o bloco catch para tentar outro servidor. Se o arquivo não estiver lá, podemos pedir ajuda ao usuário para encontrá-lo.

Se o código que captura a exceção é *seu*, de quem é o código que a lança?

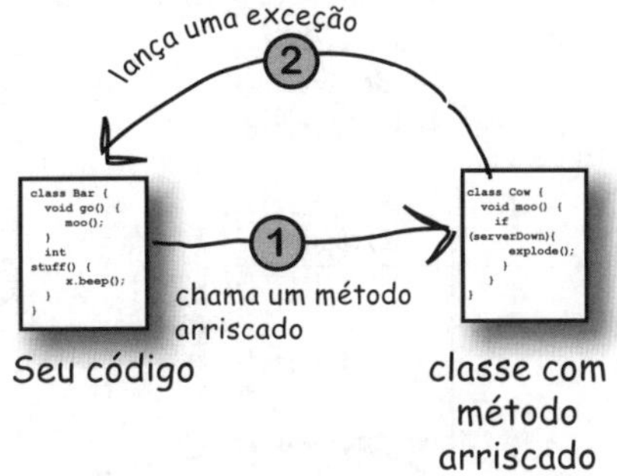

Em programação Java, você ficará um bom tempo *tratando* exceções do que as *criando* ou as *lançando*. Por ora, fique sabendo que quando seu código *chama* um método arriscado — que declara uma exceção — é o método arriscado quem *lança* a exceção para *você*, o caller.

Na realidade, talvez você mesmo tenha escrito as duas classes. Não importa quem escreve o código... o que importa é saber qual método *lança* a exceção e qual método a *captura*.

Quando alguém escreve um código que pode lançar uma exceção, deve *declará-la*.

Este método DEVE informar para todo mundo (declarando) que lança uma BadException.

① Código arriscado que lança exceção:

```
public void takeRisk() throws BadException {
   if (abandonAllHope) {
      throw new BadException();
   }
}
```

Cria um novo objeto Exception e o lança.

② Código que chama o método arriscado:

```
public void crossFingers() {
   try {
      anObject.takeRisk();
   } catch (BadException e) {
      System.out.println("Aaargh!");
      e.printStackTrace();
   }
}
```

Caso não consiga recuperar a exceção, PELO MENOS, obtenha um trace da stack com o método printStackTrace() que todas as exceções herdam.

> Um método capturará o que outro método lançar. Uma exceção é sempre lançada de volta para o caller.
>
> O método que lança uma exceção deve declarar que pode lançá-la.

O compilador verifica tudo, exceto as RuntimeExceptions.

As exceções que NÃO são subclasses de RuntimeException são verificadas pelo compilador. Elas são chamadas de "exceções verificadas [checked exceptions]".

O compilador garante:

1. Se *lançarmos* uma exceção em nosso código, deveremos declará-la usando a palavra-chave *throws* em nossa declaração de método.

2. Se *chamarmos* um método que lança uma exceção (em outras palavras, um método que *declara* que lança uma exceção), devemos *confirmar* que estamos cientes da possibilidade de exceção. Uma forma de satisfazer o compilador é envolver a chamada em um try/catch. (Veremos uma segunda forma mais adiante.)

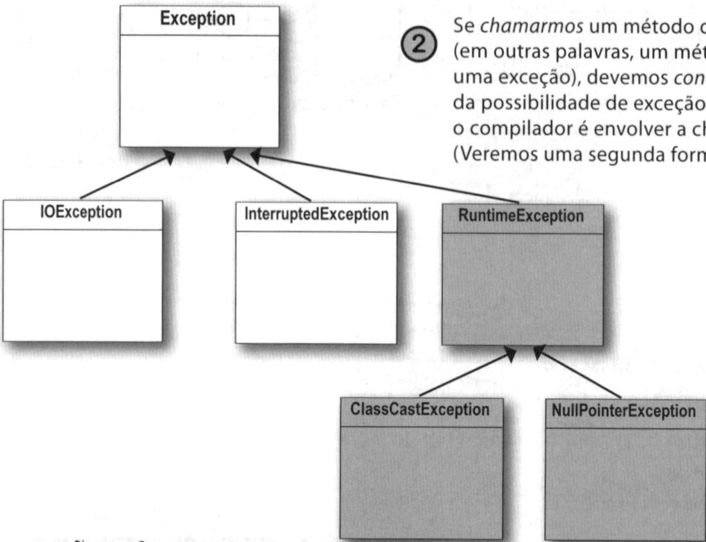

RuntimeExceptions NÃO são verificadas pelo compilador. Elas são conhecidas como (dãaaa) "exceções não verificadas". Podemos lançar, capturar e declarar RuntimeExceptions, mas não precisamos, pois o compilador não as verificará.

não existem Perguntas Idiotas

P: Espera aí! Como assim esta é a PRIMEIRA VEZ que usamos um try/catch com uma Exception? E as exceções que já obtivemos como NullPointerException? E a exceção para DivideByZero? Até recebi uma NumberFormatException do método Integer.parseInt(). Como é que não as capturamos?

R: O compilador se preocupa com todas as subclasses de Exception, *a menos* que sejam um tipo especial, uma RuntimeException. Qualquer classe de exceção que estenda RuntimeException recebe um passe livre. As RuntimeExceptions podem ser lançadas em qualquer lugar, com ou sem declarações throws ou blocos try/catch. O compilador pouco se importa em verificar se um método declara que lança uma RuntimeException ou se o caller reconhece que pode obter essa exceção no tempo de execução.

P: Ah, tá. POR QUE o compilador não se importa com essas exceções de tempo de execução? Elas não têm a mesma probabilidade de parar o programa?

R: A maioria das RuntimeExceptions são provenientes de um erro lógico no código, e não de uma condição que falha no tempo de execução de um jeito que não podemos prever nem evitar. Não podemos garantir que o arquivo esteja lá nem que o servidor esteja ativo. Mas podemos garantir que o código não seja indexado no final de um array (é para isso que serve o atributo .length).

É MELHOR que as RuntimeExceptions sejam lançadas no desenvolvimento e teste. Não é legal codificar um try/catch, por exemplo, e ter a sobrecarga que o acompanha para capturar algo que nem deveria ter acontecido.

Um try/catch serve para tratar situações excepcionais, não falhas no código. Usamos blocos catch para tentar recuperar situações em que não podemos garantir que serão bem-sucedidas. Ou, no mínimo, exiba uma mensagem ao usuário e um trace da stack para que alguém possa identificar o que aconteceu.

PONTOS DE BALA

- Um método pode lançar uma exceção em caso de falha no tempo de execução.
- Uma exceção é sempre um objeto do tipo Exception. (Significa que, como você deve se lembrar dos capítulos sobre polimorfismo (7 e 8), o objeto é de uma classe que tem Exception em algum lugar acima de sua árvore de hierarquia.)
- O compilador NÃO presta atenção às exceções do tipo **RuntimeException**. Uma RuntimeException não precisa ser declarada ou envolvida em um try/catch (embora seja possível fazer uma ou ambas as coisas).
- Todas as Exceptions com as quais o compilador se preocupa são chamadas de "exceções verificadas". Ou seja, são exceções verificadas pelo compilador, que não verifica somente as RuntimeExceptions. Todas as outras exceções devem ser confirmadas no código.
- Um método lança uma exceção com a palavra-chave `throw`, seguida por um novo objeto de exceção:

```
throw new NoCaffeineException();
```

- Métodos que podem lançar uma exceção verificada devem declará-la com `throws SomeException`.
- Se chamar um método de lançamento de exceção verificada, seu código deve assegurar ao compilador que foram tomadas precauções.
- Prepare-se para tratar a exceção: envolva a chamada em um try/catch e insira o código de tratamento/recuperação de exceção no bloco catch.
- Se não estiver preparado para lidar com a exceção, ainda pode deixar o compilador feliz para "evitar" a exceção. Mais adiante, falaremos mais sobre isso.

Dica Metacognitiva

Caso esteja aprendendo um assunto novo, aprenda-o antes de ir dormir. Ou seja, após deixar esse livro de lado (supondo que você consiga se desvencilhar dele), não leia nada mais difícil do que um meme nas redes sociais. Seu cérebro precisa de tempo para processar o que você leu e aprendeu, e isso pode demorar algumas horas. Não tente forçá-lo e aprender mais nada novo, pois talvez não assimile tão bem o assunto.

Claro, isso não exclui o aprendizado de uma habilidade física. Fazer balé ou kickboxing provavelmente não afetará seu aprendizado Java.

Para obter melhores resultados, leia este livro (ou veja as figuras) antes de dormir.

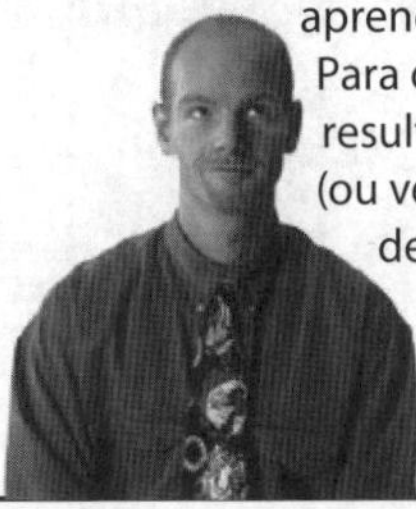

Aponte o seu lápis

Qual das opções à direita você acha que pode gerar uma exceção com a qual o compilador deve se preocupar? Lembre-se, são coisas que NÃO PODEM ser controladas em seu código. Fizemos o primeiro (só porque era o mais fácil)

→ Resolve aí.

Coisas a se fazer	O que pode dar errado
✓ Conecta-se a um servidor remoto	O servidor tá fora.
___ Acessa um array maior que seu comprimento	
___ Exibe uma janela na tela	
___ Recupera dados de um banco de dados	
___ Verifica se um arquivo de texto está onde você *acha* que está	
___ Cria um arquivo novo	
___ Lê um caractere da linha de comando	

Controle de fluxo em blocos try/catch

Quando chamamos um método arriscado, uma de duas coisas pode acontecer. Ou o método arriscado é bem-sucedido e o bloco try é concluído ou o método arriscado gera uma exceção para nosso método de chamada.

Se try **for bem-sucedido**

(doRiskyThing() *não* lança uma exceção)

```
try {
  (1) Foo f = x.doRiskyThing();
      int b = f.getNum();

} catch (Exception e) {
      System.out.println("failed");
}
(2) System.out.println("We made it!");
```

O código no bloco catch nunca é executado.

Primeiro o bloco try é executado, em seguida, o código abaixo do catch é executado.

```
File Edit Window Help RiskAll
%java Tester
We made it!
```

Se try **falhar**

(porque doRiskyThing() *lança* uma exceção)

```
try {
  (1) Foo f = x.doRiskyThing();
      int b = f.getNum();

} catch (Exception e) {
  (2) System.out.println("failed");
}
(3) System.out.println("We made it!");
```

O restante do bloco try nunca é executado, o que é bom, pois o restante do try depende do sucesso da chamada para doRiskyThing().

O bloco try é executado, mas a chamada para doRiskyThing() gera exceção. Ou seja, o restante do bloco try não é executado. O bloco catch é executado e o método continua.

```
File Edit Window Help RiskAll
%java Tester
failed
We made it!
```

Até que enfim: as coisas que você quer fazer, seja lá o que for

Se for cozinhar uma refeição, comece ligando o forno.

Se o que você preparar for um total **fracasso**, ***é necessário desligar o forno***.

Se seu prato for um **sucesso**, ***também é necessário desligar o forno.***

Independentemente do que aconteça, você deve desligar o forno!

Um bloco final é onde inserimos o código que deve ser executado *independentemente* de uma exceção.

```
try {
  turnOvenOn();
  x.bake();
} catch (BakingException e) {
  e.printStackTrace();
} finally {
  turnOvenOff();
}
```

Mesmo sem o finally, você deve inserir o turnOvenOff() *tanto* no try *quanto* no catch, pois ***temos que desligar o forno de qualquer jeito*** . Um bloco finally possibilita que você insira todo o código importante de limpeza em *um* só lugar, em vez de duplicá-lo assim:

```
try {
  turnOvenOn();
  x.bake();
  turnOvenOff();
} catch (BakingException e) {
  e.printStackTrace();
  turnOvenOff();
}
```

Se o bloco try falhar (uma exceção), o controle de fluxo se desloca imediatamente para o bloco catch. Quando o bloco catch é concluído, o bloco finally é executado. Quando o bloco finally for concluído, o restante do método continua.

Se o bloco try for bem-sucedido (*sem* exceção), o controle de fluxo pula o bloco catch e se desloca para o bloco finally. Quando o bloco finally for concluído, o restante do método continua.

Se o bloco try ou catch tiver uma instrução return, o finally ainda será executado! O fluxo pula para o finally, depois volta para return.

Aponte o seu lápis → Resolve aí.

Controle de Fluxo

Observe o código à esquerda. Qual você acha que seria a saída desse programa? Qual seria a saída se a terceira linha do programa fosse alterada para `String test = "yes";`?

Suponha que ScaryException estende Exception.

```
public class TestExceptions {

  public static void main(String[] args) {
    String test = "no";
    try {
      System.out.println("start try");
      doRisky(test);
      System.out.println("end try");
    } catch (ScaryException se) {
      System.out.println("scary exception");
    } finally {
      System.out.println("finally");
    }
    System.out.println("end of main");
  }

  static void doRisky(String test) throws ScaryException {
    System.out.println("start risky");
    if ("yes".equals(test)) {
      throw new ScaryException();
    }
    System.out.println("end risky");
  }
}

class ScaryException extends Exception {
}
```

Saída quando `test = "no"`

Saída quando `test = "yes"`

Quando test = "no": start try - start risky - end risky - end try - finally - end of main
Quando test = "yes": start try - start risky - scary exception - finally - end of main

Mencionamos que um método pode lançar mais de uma exceção?

Um método pode lançar múltiplas exceções caso seja muito necessário. No entanto, a declaração de um método deve declarar *todas* as exceções verificadas que pode lançar (embora se duas ou mais exceções tiverem uma superclasse comum, o método pode declarar somente a superclasse).

Capturando múltiplas exceções

O compilador validará se você lidou com *todas* as exceções verificadas lançadas pelo método que está chamando. Empilhe os blocos *catch* sob os blocos *try*, um após o outro. Às vezes, a ordem em que os blocos catch são empilhados é importante, mas falaremos disso em breve.

```
public class Laundry {
  public void doLaundry() throws PantsException, LingerieException {
    // Código que poderia lançar qualquer exceção
  }
}
```

Este método declara e conta DUAS exceções.

```
public class WashingMachine {
  public void go() {
    Laundry laundry = new Laundry();
    try {
      laundry.doLaundry();
    } catch (PantsException pex) {
      // Código de recuperação

    } catch (LingerieException lex) {
      // Código de recuperação
    }
  }
}
```

Se doLaundry() lançar uma PantsException, ela ficará no bloco catch PantsException.

Se doLaundry() lançar uma LingerieException, ela ficará no bloco catch LingerieException.

As exceções são polimórficas

Lembre-se: exceções são objetos. Uma exceção não tem nada de especial, salvo *que pode ser* ***lançada***. Assim, como todos os bons objetos, as exceções podem ser polimorficamente referenciadas. Um objeto LingerieException, por exemplo, pode ser atribuído a uma *referência* ClothingException. Um PantsException pode ser atribuído a uma referência de Exception. Captou? A vantagem das exceções é que um método não precisa declarar explicitamente todas as exceções possíveis que pode lançar; pode declarar uma superclasse das exceções. O mesmo vale para os blocos catch — não precisamos escrever um catch para cada possível exceção, desde que o catch (ou catches) que temos possa lidar com qualquer exceção lançada.

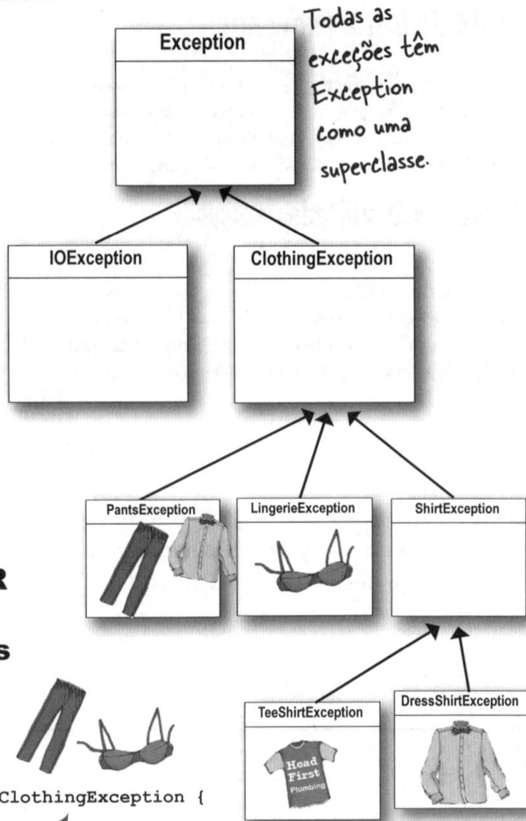

① Podemos DECLARAR exceções usando uma superclasse das exceções lançadas.

```
public void doLaundry() throws ClothingException {
```

A declaração de ClothingException possibilita lançar qualquer subclasse de ClothingException. Ou seja, doLaundry() pode lançar uma PantsException, LingerieException, TeeShirtException e DressShirtException sem declará-las explicitamente de forma individual.

② Podemos CAPTURAR exceções usando uma superclasse da exceção lançada.

Pode capturar qualquer subclasse de ClothingException.

```
try {
  laundry.doLaundry();
```

```
} catch(ClothingException cex) {
  // Código de recuperação
}
```

Pode capturar apenas TeeShirtException e DressShirtException.

```
try {
  laundry.doLaundry();
```

```
} catch(ShirtException shex) {
  // Código de recuperação
}
```

Só porque PODEMOS capturar tudo com um superultra catch polimórfico, nem sempre significa que DEVEMOS FAZER ISSO.

Poderíamos escrever nosso código de tratamento de exceção para especificar apenas *um* bloco catch usando a superclasse Exception na cláusula catch, de modo que se consiga capturar *qualquer* exceção que possa ser lançada.

```
try {
   laundry.doLaundry();
} catch(Exception ex) {
   // Código de recuperação...
}
```

Recuperar O QUÊ? Como este bloco catch capturará TODAS e QUAISQUER exceções, não saberemos automaticamente o que deu errado.

Escreva um bloco catch diferente para cada exceção que você precisa tratar exclusivamente.

Por exemplo, se seu código lida com (ou se recupera de) uma TeeShirtException de um modo diferente que uma LingerieException, escreva um bloco catch para cada uma. Mas se você tratar todos os outros tipos de ClothingException do mesmo jeito, adicione um catch ClothingException para lidar com o restante.

```
try {
  laundry.doLaundry();
```

```
} catch (TeeShirtException tex) {
  // Recuperada de TeeShirtException
```

```
} catch (LingerieException lex) {
  // Recuperada de LingerieException
```

```
} catch (ClothingException cex) {
  // Recuperada de todas as outras
}
```

Como TeeShirtExceptions e LingerieExceptions precisam de códigos de recuperação diferentes, devemos usar blocos catch diferentes.

Todas as outras ClothingExceptions são capturadas aqui.

Múltiplos blocos catch devem ser ordenados do menor para o maior

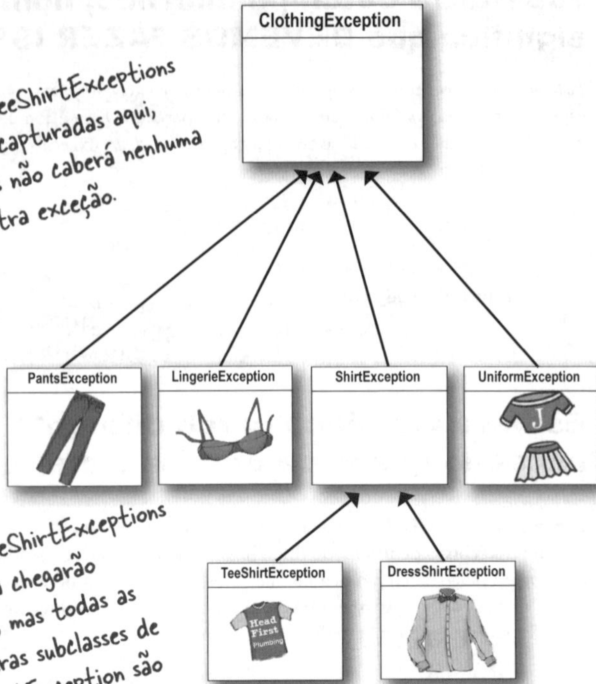

As TeeShirtExceptions são capturadas aqui, mas não caberá nenhuma outra exceção.

`catch(TeeShirtException tex)`

As TeeShirtExceptions nunca chegarão aqui, mas todas as outras subclasses de ShirtException são capturadas aqui mesmo.

`catch(ShirtException sex)`

Todas as ClothingExceptions são capturadas aqui, embora TeeShirtException e ShirtException nunca cheguem tão longe.

`catch(ClothingException cex)`

Quanto maior a hierarquia de herança, maior a "cesta"(no código, basket) do catch. À medida que descemos na hierarquia de herança em direção a classes de exceção cada vez mais especializadas, a "cesta" do catch fica menor. É nosso velho e simples polimorfismo.

Um catch de ShirtException é grande o suficiente para receber uma TeeShirtException ou uma DressShirtException (e qualquer subclasse futura de qualquer coisa que estenda ShirtException). Uma ClothingException é ainda maior (ou seja, mais coisas podem ser referenciadas usando um tipo de ClothingException). Pode receber uma exceção do tipo ClothingException (dãa) e qualquer subclasse de ClothingException: PantsException, UniformException, LingerieException e ShirtException. A mãe de todos os argumentos catch é o tipo **Exception**; ele capturará *qualquer* exceção, incluindo exceções de tempo de execução (não verificadas), então você provavelmente não o usará em contextos que não sejam de teste.

Não podemos colocar cestas maiores acima de cestas menores

Até *podemos*, mas não vai compilar. Os blocos catch não são como os métodos sobrecarregados em que a melhor correspondência é escolhida. Com os blocos catch, a JVM simplesmente começa no primeiro e desce até encontrar um catch amplo o suficiente (em outras palavras, alto o suficiente na hierarquia de herança) para lidar com a exceção. Se o primeiro bloco catch for **`catch(Exception ex)`**, o compilador sabe que não faz sentido adicionar nenhum outro — eles nunca serão alcançados.

Não faça isso!

```
try {
  laundry.doLaundry();
```

```
}  catch(ClothingException cex) {
  // Recuperada de ClothingException
```

```
}  catch(LingerieException lex) {
  // Recuperada de LingerieException
```

```
}  catch(ShirtException shex) {
  // Recuperada de ShirtException
}
```

Exceções que estão no mesmo nível da hierarquia de herança (como PantsException e LingerieException) podem estar em qualquer ordem, já que não podem capturar as exceções uma da outra.

Poderíamos colocar ShirtException acima de LingerieException e ninguém se importaria. Ainda que ShirtException seja um tipo maior (mais amplo) porque pode capturar outras classes (suas próprias subclasses), ShirtException não pode capturar uma LingerieException. Logo, não tem problema.

Aponte o seu lápis

Suponha que aqui o bloco try/catch esteja codificado de forma válida. Sua tarefa é desenhar dois diagramas de classe diferentes que possam retratar com precisão as classes Exception. Em outras palavras, quais estruturas de herança de classe tornariam válidos os blocos try/catch no código de amostra?

```
try {
  x.doRisky();
} catch(AlphaEx a) {
  // Recuperada de AlphaEx
} catch(BetaEx b) {
  // Recuperada de BetaEx
} catch(GammaEx c) {
  // Recuperada de GammaEx
} catch(DeltaEx d) {
  // Recuperada de DeltaEx
}
```

Sua tarefa é criar duas estruturas diferentes try/catch *válidas* (semelhantes à que está acima, à esquerda) para representar com precisão o diagrama de classes mostrado à esquerda. Suponha que TODAS essas exceções possam ser lançadas pelo método com o bloco try.

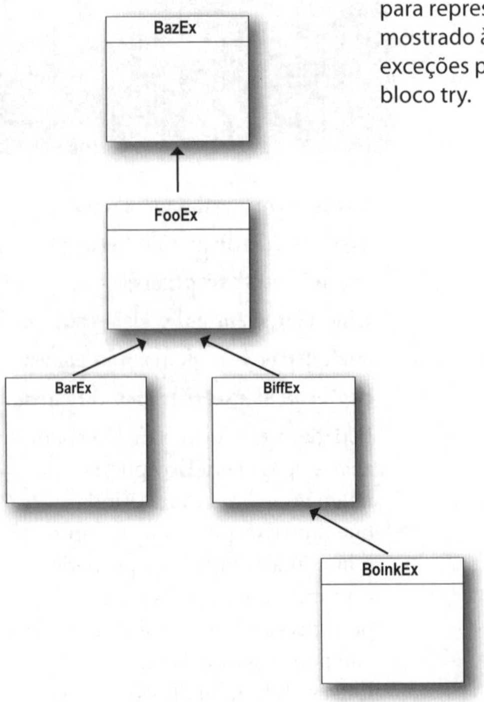

Respostas na página 455.

Quando não queremos lidar com uma exceção...

Basta evitá-la

Caso não queira tratar uma exceção, basta evitá-la ao declará-la.

Ao chamarmos um método arriscado, o compilador precisa que o confirmemos. Na maioria das vezes, significa envolver a chamada arriscada em um try/catch. No entanto, temos outra alternativa: simplesmente evite a exceção e permita que o método que a chamou a capture.

É fácil — tudo o que precisa fazer é *declarar* que *lançou* as exceções. Mesmo que, tecnicamente, não seja *você* quem está lançando as exceções, não importa. Você ainda é a pessoa que as ignora.

Mas se evitar uma exceção, você não tem um try/catch; então o que acontece quando o método arriscado (doLaundry()) *lança* a exceção?

Quando lança uma exceção, o método é retirado da stack imediatamente e a exceção é lançada para o próximo método na stack — o *caller*. Porém, se o *caller a evitar*, não tem problema, ela sai da stack imediatamente e a exceção é lançada para o próximo método e assim por diante... Onde isso termina? Veremos mais adiante.

```
public void foo() throws ReallyBadException {
    // Chama o método arriscado sem um
    // try/catch
    laundry.doLaundry();
}
```

REALMENTE não a lançamos, mas como não tem um try/catch para o método arriscado que chama, agora o "método arriscado" é VOCÊ. Porque agora, seja lá quem chama, VOCÊ tem que lidar com a exceção.

Evitar exceções (as declarando) apenas adia o inevitável

Mais cedo ou mais tarde, *alguém* terá que lidar com as exceções. Mas e se o main() evitar a exceção?

```
public class Washer {
  Laundry laundry = new Laundry();

  public void foo() throws ClothingException {
    laundry.doLaundry();
  }

  public static void main (String[] args) throws ClothingException {
    Washer a = new Washer();
    a.foo();
  }
}
```

Como ambos os métodos evitam a exceção (declarando-a), não há ninguém para tratá-la! Isso compila muito bem.

1. doLaundry() lança uma ClothingException
2. foo() evita a exceção
3. main() evita a exceção
4. A JVM para de funcionar

main() chama foo()

foo() chama doLaundry()

doLaundry () está em execução e lança uma ClothingException

doLaundry() é retirado da stack imediatamente e a exceção é lançada de volta para foo().

Mas foo() não tem um try/catch, então...

foo() é retirado da stack e a exceção é lançada de volta para main(). Mas main () não tem um try/catch, então a exceção é lançada de volta para... quem? Como assim? Não resta mais ninguém além da JVM, e ela está pensando: "Nem vem que EU não vou resolver isso".

Estamos usando essa camiseta para representar uma Clothing Exception. Já sabemos, já sabemos... Você preferia um cropped.

Tratar ou Declarar. Vejamos as regras.

Vejamos as duas formas de satisfazer o compilador quando chamamos um método arriscado (lançamento/exceção).

① TRATAR

Envolva a chamada arriscada em um try/catch:

```
try {
  laundry.doLaundry();
} catch(ClothingException cex) {
  // Código de recuperação
}
```

Melhor que seja um catch grande o suficiente para tratar todas as exceções que doLaundry() pode lançar. Ou, então, o compilador ficará reclamando que você não está capturando todas as exceções.

② DECLARAR (evitar)

Declare que SEU método lança as mesmas exceções que o método arriscado que está chamando.

```
void foo() throws ClothingException {
  laundry.doLaundry();
}
```

O método doLaundry() lança uma ClothingException, mas ao declará-la, o método foo() evita a exceção. Sem try/catch.

Mas agora significa que quem chama o método foo() tem que seguir a regra Tratar ou Declarar. Se foo() evita a exceção (declarando-a) e main() chama foo(), então main() tem que tratar a exceção.

```
public class Washer {
  Laundry laundry = new Laundry();

  public void foo() throws ClothingException {
    laundry.doLaundry();
  }

  public static void main (String[] args) {
    Washer a = new Washer();
    a.foo();
  }
}
```

GRAVE!!!

Agora main() não compilará e obteremos um erro do tipo "unreported exception". No que diz respeito ao compilador, o método foo() lança uma exceção.

Como o método foo() evita a ClothingException lançada por doLaundry(), main() tem que envolver a.foo() em um try/catch, ou main() deve declarar que também lança ClothingException!

Retomando nosso código de música...

Como você já deve ter esquecido totalmente o que estávamos programando, voltemos ao código JavaSound. Lembra-se de que criamos um objeto Sequencer, mas ele não compilava porque o método Midi.getSequencer() declarava uma exceção verificada (MidiUnavailableException)? Podemos corrigir esse código envolvendo a chamada em um try/catch.

```
public void play() {
  try {
    Sequencer sequencer = MidiSystem.getSequencer();
    System.out.println("Successfully got a sequencer");

  } catch(MidiUnavailableException e) {
    System.out.println("Bummer");
  }
}
```

Não tem problema em chamar getSequencer() agora que o envolvemos em um bloco try/catch.

O parâmetro catch deve ser a exceção "adequada". Se escrevêssemos catch(FileNotFoundException fnf), o código não compilaria, pois, polimorficamente, uma MidiUnavilableException não caberia em uma FileNotFoundException.
Lembre-se, não basta ter um bloco catch... Temos que capturar tudo o que está sendo lançado!

Regras de Exceção

1 Não se pode usar catch ou finally sem um try.

```
void go() {
  Foo f = new Foo();
  f.foof();
  catch(FooException ex) { }
}
```

INVÁLIDO! Cadê o try?

2 Não se pode inserir código entre o try e o catch.

```
try {
  x.doStuff();
}
int y = 43;
} catch(Exception ex) { }
```

INVÁLIDO! Você não pode inserir código entre o try e o catch.

3 Um try DEVE ser seguido por um catch ou por um finally.

```
try {
  x.doStuff();
} finally {
  // Limpeza
}
```

VÁLIDO porque temos um finally, mesmo sem um catch. Mas não podemos ter um try por si só.

4 Um try com somente um finally (sem catch) ainda deve declarar a exceção.

```
void go() throws
FooException {
  try {
    x.doStuff();
  } finally { }
}
```

Um try sem um catch não satisfaz a regra Tratar ou Declarar.

Receita de Código

Você não precisa fazer *tudo* sozinho, mas, se fizer, *tudo* fica mais divertido.

O restante deste capítulo é opcional; você pode usar o Código Predefinido para todos os apps de música.

Agora, se quiser aprender mais sobre a JavaSound, vire a página.

Criando um som de verdade

Lembre-se de que, no início do capítulo, vimos como os dados MIDI armazenam instruções sobre *o que* deve ser tocado (e *como* deve ser tocado) e também dissemos que os dados MIDI não *criam nenhum som que você possa ouvir.* Para que o som saia dos alto-falantes, os dados MIDI devem ser enviados por meio de algum tipo de dispositivo MIDI que receba as instruções MIDI e as transforme em som, acionando um instrumento de hardware ou um instrumento "virtual" (sintetizador de software). Como neste livro estamos usando apenas dispositivos de software, vejamos como eles funcionam na JavaSound:

Você precisa de QUATRO coisas:

1. **A coisa que toca a música.**
2. **A música a ser tocada... Uma canção.**
3. **A parte do Sequence que armazena as informações reais.**
4. **As informações reais da música: notas a serem tocadas, quanto tempo etc.**

Sequencer —toca→ **Sequence** —que tem um→ **Track** —que armazena→

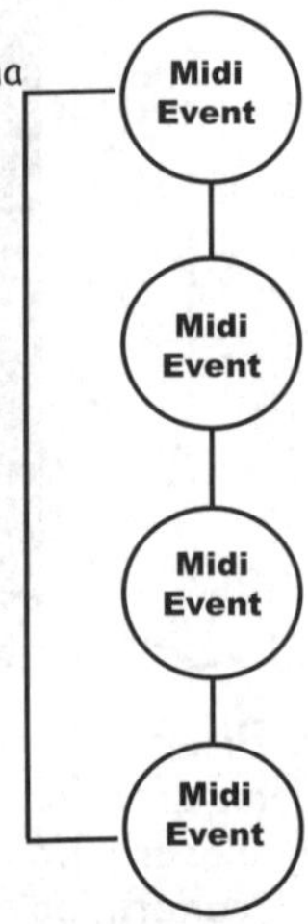

O Sequencer é a coisa que faz a música ser tocada. Considere isso como um **alto-falante inteligente que toca música.**

O Sequence é **o som**, a música que o Sequencer tocará.

Neste livro, tudo o que queremos fazer caberá em uma única faixa (track). Ou seja, para nós, um som precisa de apenas uma faixa. É nesta Track que todos os dados do som (informações MIDI) estão.

Um MIDI Event, ou evento MIDI, é uma mensagem que o Sequencer pode entender. Um evento MIDI pode dizer (se falasse português): "Neste momento, toque o dó central, rápido e forte e segure a tecla por determinado tempo". Um evento MIDI também pode dizer "Mude o instrumento atual para flauta".

Aqui, considere Sequence como aqueles CDs antigos com apenas uma música (somente uma Track). As informações sobre como tocar o som estão na Track, e Track faz parte de Sequence.

E você precisa seguir CINCO etapas:

1. Obtenha o **Sequencer** e abra-o:

```
Sequencer player = MidiSystem.getSequencer();
player.open();
```

2. Crie um novo **Sequence**:

```
Sequence seq = new Sequence(timing,4);
```

3. Obtenha uma nova **Track** de Sequence:

```
Track t = seq.createTrack();
```

4. Preencha Track com **MidiEvents** e forneça Sequence ao Sequencer:

```
t.add(myMidiEvent1);
player.setSequence(seq);
```

```
player.start();
```

Versão 1: seu primeiro aplicativo de player de som

Basta digitar e executar o código! Você ouvirá o som de alguém tocando uma única nota em um piano! (Talvez não *alguém*, mas *algo*.)

```
import javax.sound.midi.*;
import static javax.sound.midi.ShortMessage.*;

public class MiniMiniMusicApp {
  public static void main(String[] args) {
    MiniMiniMusicApp mini = new MiniMiniMusicApp();
    mini.play();
  }

  public void play() {
    try {
```

Não se esqueça de importar o pacote midi.

Aqui, estamos usando um import estático para podermos usar as constantes na classe ShortMessage.

```
1     Sequencer player = MidiSystem.getSequencer();
      player.open();
```

Obtém um Sequencer e o abre (para conseguirmos usá-lo... Um Sequencer não vem aberto).

```
2     Sequence seq = new Sequence(Sequence.PPQ, 4);
```

Não se preocupe com os argumentos para o construtor Sequence. Basta copiá-los (considere-os como argumentos predefinidos).

```
3     Track track = seq.createTrack();
```

Solicita uma Track a Sequence. Lembre-se de que Track está em Sequence, e de que os dados MIDI estão em Track.

```
4     ShortMessage msg1 = new ShortMessage();
      msg1.setMessage(NOTE_ON, 1, 44, 100);
      MidiEvent noteOn = new MidiEvent(msg1, 1);
      track.add(noteOn);

      ShortMessage msg2 = new ShortMessage();
      msg2.setMessage(NOTE_OFF, 1, 44, 100);
      MidiEvent noteOff = new MidiEvent(msg2, 16);
      track.add(noteOff);
```

Insere alguns MidiEvents em Track. Boa parte deste código é Código Predefinido. A única coisa com a qual você deve se preocupar são os argumentos para o método setMessage() e os argumentos para o construtor MidiEvent. Na próxima página, veremos esses argumentos.

```
      player.setSequence(seq);
```

Fornece Sequence ao Sequencer (é tipo selecionar o som que será tocado).

```
      player.start();
```

start() inicializa o Sequencer (toca o som).

```
    } catch (Exception e) {
      e.printStackTrace();
    }
  }
}
```

Criando MidiEvent (dados do som)

Um MidiEvent é uma instrução para parte de um som. Uma série de MidiEvents é como uma partitura ou um piano roll. A maioria dos MidiEvents importante para nós descreve uma ***ação a fazer*** e o ***momento no tempo para fazê-la***. O momento no tempo é essencial, já que o tempo é tudo na música. Uma nota acompanha determinada nota e assim por diante. E como os MidiEvents são muito detalhados, temos que informar em que momento a nota *começa* a tocar (um evento NOTE ON) e em que momento as notas *param* de tocar (evento NOTE OFF). Ou seja, já é de se imaginar que disparar a mensagem "pare de tocar a nota G" (mensagem NOTE OFF) *antes* da mensagem "comece a tocar a nota G" (NOTE ON) não funcionaria.

Na verdade, a instrução MIDI é inserida em um objeto Message; o MidiEvent é uma combinação de Message e do momento no tempo em que essa mensagem deve "disparar". Em outras palavras, Message pode dizer: "Comece a tocar o dó central", enquanto MidiEvent diria: "Dispare esta mensagem na batida 4".

Portanto, sempre precisamos de um Message e de um MidiEvent. Message informa *o que* fazer, e MidiEvent informa *quando* fazer.

Um MidiEvent informa o que fazer e quando fazer.

Cada instrução deve incluir o tempo para esta instrução.

Ou seja, em que batida a ação deve acontecer.

1. Crie um **Message**:

```
ShortMessage msg = new ShortMessage();
```

2. Insira **Instruction** em Message

```
msg.setMessage(144, 1, 44, 100);
```

Esta mensagem informa, "comece a tocar a nota 44" (veremos outros números na próxima página).

3. Crie um novo **MidiEvent** usando Message

```
MidiEvent changeInstrument = new MidiEvent(msg, 1)
```

As instruções estão na mensagem, mas o MidiEvent adiciona o momento no tempo em que a instrução deve ser disparada. Este MidiEvent diz para acionar a mensagem 'a' na primeira batida (beat 1).

4. Adicione MidiEvent à **Track**

```
track.add(noteOn);
```

Uma Track armazena todos os objetos MidiEvent. O Sequence os organiza de acordo com quando cada evento deve acontecer e, em seguida, o Sequencer os reproduz nessa ordem. Podemos ter muitos eventos acontecendo exatamente no mesmo momento no tempo. Por exemplo, você pode querer tocar duas notas simultaneamente ou até mesmo que instrumentos diferentes toquem sons diferentes ao mesmo tempo.

Mensagem MIDI: o núcleo de um MidiEvent

Uma mensagem MIDI armazena a parte do evento que informa *o que* fazer. É a instrução real que queremos que o sequenciador execute. O primeiro argumento de uma instrução é sempre o tipo da mensagem. Os valores que passamos para os outros três argumentos dependem do tipo de mensagem. Por exemplo, uma mensagem do tipo 144 significa "NOTE ON". No entanto, para executar um NOTE ON, o sequenciador precisa saber algumas coisas. Imagine o sequenciador dizendo: "Ok, vou tocar uma nota, mas *em qual canal*? Tipo, você quer que eu toque uma nota de bateria ou de piano? E *qual nota*? Dó central? Ré sustenido? E já que estamos falando de notas, *em que velocidade* devo tocá-la? Para criar uma mensagem MIDI, criamos uma instância de ShortMessage e invocamos setMessage(), passando os quatro argumentos para a mensagem. Mas lembre-se, a mensagem informa somente *o que* fazer. Ou seja, ainda precisamos inserir a mensagem em um evento que adiciona *quando* ela deve "disparar".

Anatomia de uma mensagem

O *primeiro* argumento para setMessage() sempre representa o "tipo" de mensagem, enquanto os *outros* três argumentos representam coisas diferentes, dependendo do tipo de mensagem.

Message informa o que fazer; MidiEvent informa quando fazer.

Tipo de mensagem / Canal / Nota a tocar / Velocidade

```
msg.setMessage(144,  1,  44,  100);
```

Os últimos três argumentos variam dependendo do tipo de mensagem. Esta é uma mensagem de NOTE ON. Ou seja, os outros argumentos são coisas que Sequencer precisa saber para tocar uma nota.

1 Tipo de mensagem

144 significa NOTE ON

128 significa NOTE OFF

Podemos usar os valores de constantes em ShortMessage em vez de ter que lembrar os números, por exemplo, ShortMessage.NOTE_ON.

2 Canal

Considere um canal como um músico de uma banda. O canal 1 é o músico 1 (o tecladista), o canal 9 é o baterista etc.

3 Nota tocar

Um número de 0 a 127, indo de notas graves a notas agudas.

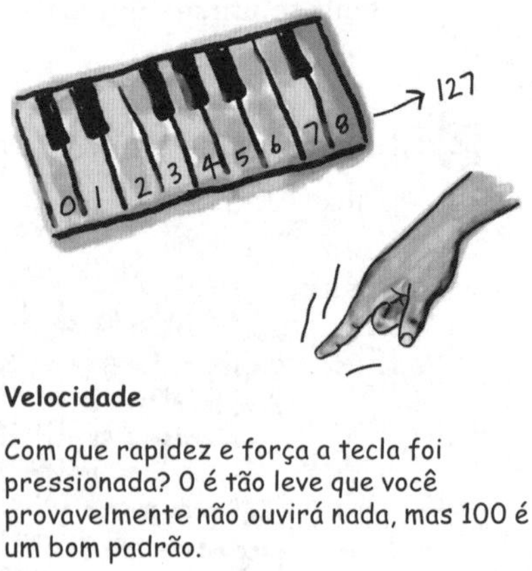

4 Velocidade

Com que rapidez e força a tecla foi pressionada? 0 é tão leve que você provavelmente não ouvirá nada, mas 100 é um bom padrão.

Mude a mensagem

Agora que você sabe o que uma mensagem MIDI tem, pode começar a testar as coisas. É possível alterar a nota tocada, por quanto tempo é armazenada, adicionar mais notas e até mesmo alterar o instrumento.

① Mude a nota

Teste um número entre 0 e 127 nas mensagens note on e note off.

```
msg.setMessage(144, 1, 20, 100);
```

② Altere a duração da nota

Mude o evento note off (não a mensagem) para que aconteça em uma batida anterior ou posterior.

```
msg.setMessage(128, 1, 44, 100);
MidiEvent noteOff = new MidiEvent(b, 3 );
```

③ Mude o instrumento

Adicione uma mensagem nova ANTES da mensagem de execução de notas, que define o instrumento no canal 1 para um diferente do piano padrão. A mensagem de alteração do instrumento é "192" e o terceiro argumento representa o instrumento real (tente um número entre 0 e 127).

```
first.setMessage(192, 1, 102, 0);
```

Mensagem de alteração do instrumento

no canal 1 (músico 1)

para o instrumento 102.

Versão 2: use argumentos de linha de comando para testar sons

Esta versão ainda toca apenas uma única nota, mas podemos usar argumentos de linha de comando para mudar o instrumento e a nota. Vamos tentar passar dois valores int de 0 a 127. O primeiro int define o instrumento; o segundo int define a nota a ser tocada.

```
import javax.sound.midi.*;
import static javax.sound.midi.ShortMessage.*;

public class MiniMusicCmdLine {
  public static void main(String[] args) {
    MiniMusicCmdLine mini = new MiniMusicCmdLine();
    if (args.length < 2) {
      System.out.println("Don't forget the instrument and note args");
    } else {
      int instrument = Integer.parseInt(args[0]);
      int note = Integer.parseInt(args[1]);
      mini.play(instrument, note);
    }
  }

  public void play(int instrument, int note) {
    try {
      Sequencer player = MidiSystem.getSequencer();
      player.open();
      Sequence seq = new Sequence(Sequence.PPQ, 4);
      Track track = seq.createTrack();

      ShortMessage msg1 = new ShortMessage();
      msg1.setMessage(PROGRAM_CHANGE, 1, instrument, 0);
      MidiEvent changeInstrument = new MidiEvent(msg1, 1);
      track.add(changeInstrument);

      ShortMessage msg2 = new ShortMessage();
      msg2.setMessage(NOTE_ON, 1, note, 100);
      MidiEvent noteOn = new MidiEvent(msg2, 1);
      track.add(noteOn);

      ShortMessage msg3 = new ShortMessage();
      msg3.setMessage(NOTE_OFF, 1, note, 100);
      MidiEvent noteOff = new MidiEvent(msg3, 16);
      track.add(noteOff);

      player.setSequence(seq);
      player.start();

    } catch (Exception ex) {
      ex.printStackTrace();
    }
  }
}
```

Execute-o com dois argumentos int de 0 a 127. Vamos testar estes para começar.

File Edit Window Help Attenuate

```
%java MiniMusicCmdLine 102 30
%java MiniMusicCmdLine 80 20
%java MiniMusicCmdLine 40 70
```

Onde vamos inserir o restante da Receita de Código

Capítulo 17: o objetivo

Quando terminarmos, teremos um BeatBox funcionando que também é um Drum Chat Client. Precisamos aprender sobre GUIs (incluindo manipulação de eventos), I/O, rede e threads. Nos próximos três capítulos (14, 15 e 16), aprenderemos tudo isso.

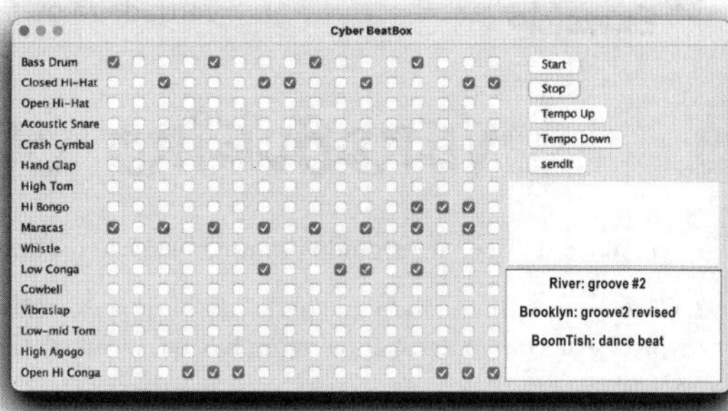

Capítulo 14: Eventos MIDI

Esta Receita de Código nos possibilita criar um breve "videoclipe" (um pouco exagerado chamá-lo assim...) que desenha retângulos aleatórios ao ritmo da música MIDI. Aprenderemos como criar e tocar vários eventos MIDI (em vez de apenas alguns, como fizemos no capítulo atual).

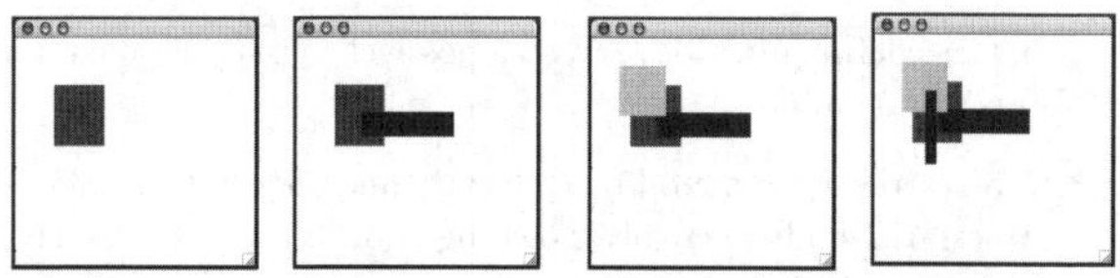

batida um — batida dois — batida três — batida quatro...

Capítulo 15: BeatBox independente

Neste capítulo criaremos o BeatBox real, a GUI e tudo que temos direito. No entanto, é limitado — assim que alteremos um padrão, o anterior é perdido. Não temos os recursos Salvar e Restaurar e o BeatBox não se comunica com a rede. (Mas ainda podemos usá-lo para aprimorar nossas habilidades de bateria.)

Capítulo 16: Salvar e Restaurar

Criamos o padrão perfeito e agora podemos salvá-lo em um arquivo e recarregá-lo quando quisermos reproduzi-lo novamente. Isso nos prepara para a versão final (Capítulo 17), em que, em vez de gravar o padrão em um arquivo, nós o enviamos por uma rede para o servidor do chat.

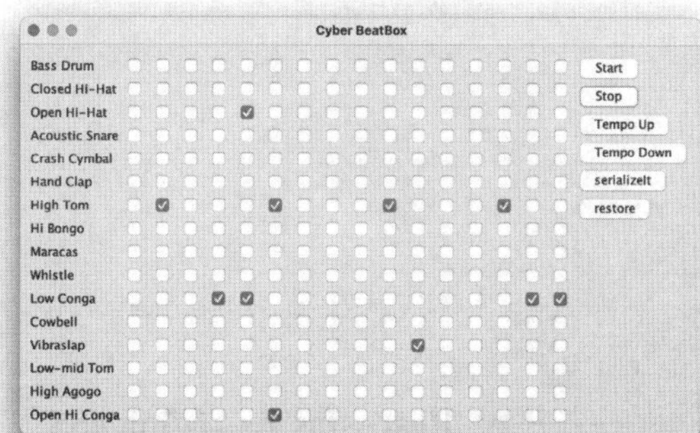

Neste capítulo, exploramos o mundo maravilhoso das exceções Java. Sua tarefa é decidir se cada uma das seguintes declarações relacionadas à exceção é verdadeira ou falsa.

Verdadeiro ou Falso

1. Um bloco try deve ser seguido por um bloco catch e um bloco finally.

2. Caso escreva um método que pode causar uma exceção verificada pelo compilador, é necessário envolver esse código arriscado em um bloco try/catch.

3. Os blocos catch podem ser polimórficos.

4. Apenas exceções "verificadas pelo compilador" podem ser detectadas.

5. Se definir um bloco try/catch, um bloco finally correspondente será opcional.

6. Caso defina um bloco try, será possível emparelhá-lo com um catch correspondente ou um bloco finally, ou ambos.

7. Se escrever um método que declara que pode lançar uma exceção verificada pelo compilador, é necessário também envolver o código que lança a exceção em um bloco try/catch.

8. O método main( ) em seu programa deve tratar todas as exceções não tratadas e lançadas para ele.

9. Um único bloco try pode ter muitos blocos catch diferentes.

10. Um método pode lançar apenas um tipo de exceção.

11. Um bloco finally será executado independentemente de uma exceção ser lançada.

12. Um bloco finally pode existir sem um bloco try.

13. Um bloco try pode existir sozinho, sem um bloco catch ou sem um bloco finally.

14. Tratar uma exceção às vezes é chamado de "evitá-la".

15. A ordem dos blocos catch nunca importa.

16. Um método com um bloco try e um bloco finally pode, opcionalmente, declarar uma exceção verificada.

17. Exceções de tempo de execução devem ser tratadas ou declaradas.

→ Respostas na página 455.

Exercício

Ímãs de Código

Um programa funcional Java está todo embaralhado na porta da geladeira. Você consegue reconstruir os trechos de código para criar um programa Java funcional que gere a saída listada abaixo? Algumas chaves caíram no chão e eram muito pequenas para pegarmos. Ou seja: fique à vontade para adicionar quantas chaves precisar!

```
System.out.print("r");
```

```
try {
```

```
System.out.print("t");
```

```
doRisky(test);
```

```
System.out.println("s");
```

```
} finally {
```

```
System.out.print("o");
```

```
class MyEx extends Exception { }

public class ExTestDrive {
```

```
System.out.print("w");
```

```
if ("yes".equals(t)) {
```

```
System.out.print("a");
```

```
throw new MyEx();
```

```
} catch (MyEx e) {
```

```
static void doRisky(String t)
throws MyEx {
  System.out.print("h");
```

```
public static void main(String [] args) {
  String test = args[0];
```

```
File Edit Window Help ThrowUp
% java ExTestDrive yes
thaws

% java ExTestDrive no
throws
```

Respostas na página 456.

JavaCruzadas

Respostas na página 457.

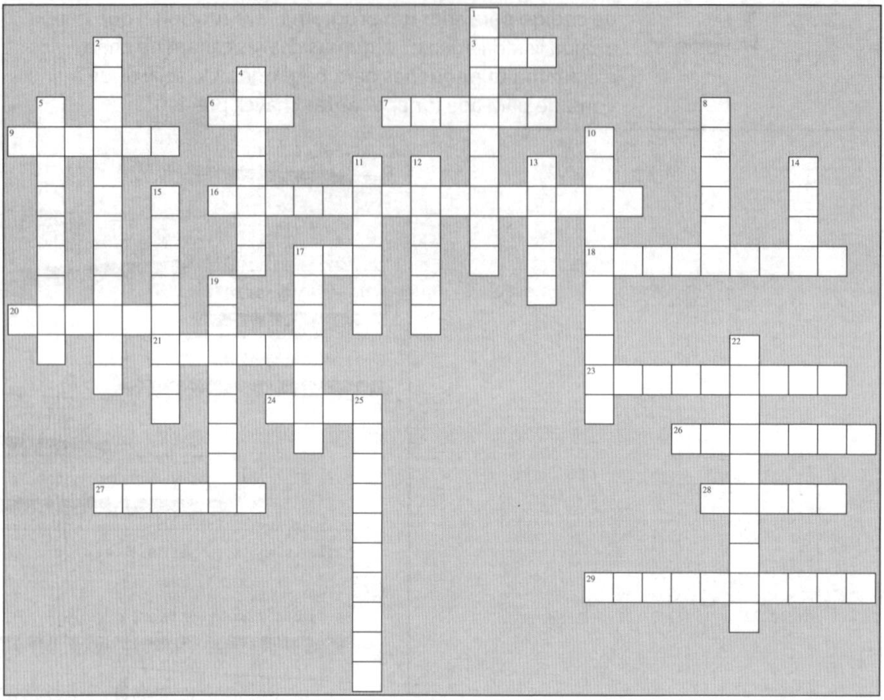

Você sabe o quê fazer!

Horizontais

3. Começa com uma cadeia de eventos
6. Tentativa arriscada
7. Muito para tratar
9. Mudando o método
16. É preciso tomar cuidado ao usar
17. Primitivo comum
18. Receita de código
20. Ação de método rebelde
21. Atualmente utilizável
23. Para fornecer valor
24. Classe de API principalmente estática
26. Anuncia que evita
27. O template
28. Não cria nada de bom
29. Fica acima

Verticais

1. Criação de template
2. Fora da linha
4. Proibido para menores
5. Javac viu isso chegando
8. Aquisição automática
10. Começa com H e tem a ver com classe
11. Nada de evitá-la
12. Não se trata de comportamento
13. Trata uma exceção
14. Um de meus papéis
15. Nada de Picasso
17. Inicializa
19. Objetos problemáticos
22. Tudo isso e muito mais!
25. Tem a ver com herança

Mais dicas:

Horizontais

6. Uma criança no Java
8. Inicializa um método
13. Em vez de declarar
20. Também é um tipo de coleção
21. Simulação
27. Começa um problema
28. Não é abstrato

Verticais

2. Ou enxaguante bucal
3. Para ______ (nada de exemplo)
5. Números...
9. Apenas public ou default
16. _____ a sorte da família
17. Não é um 'getter'

Solução
Aponte o seu lápis
(página 438)

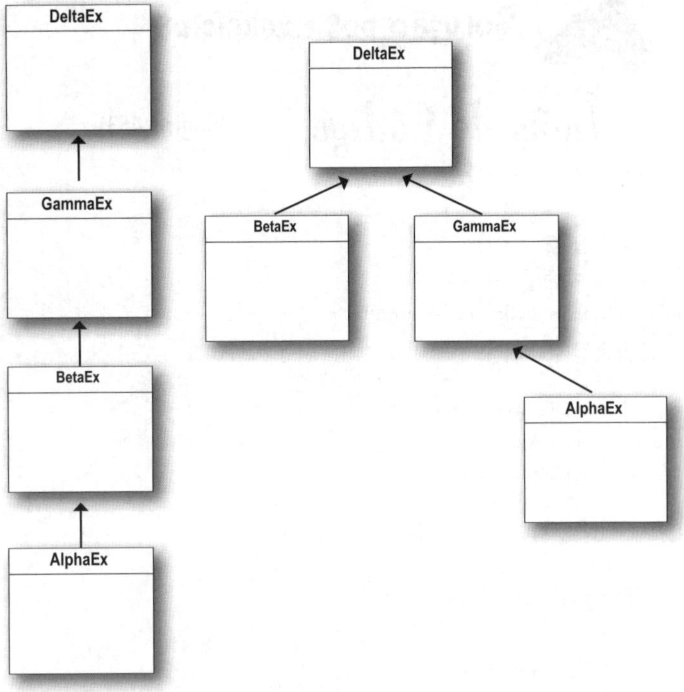

Solução dos Exercícios

Verdadeiro ou Falso (página 452)

1. Falso, um ou ambos.

2. Falso, você pode declarar a exceção.

3. Verdadeiro.

4. Falso, a exceção de tempo de execução pode ser capturada.

5. Verdadeiro.

6. Verdadeiro, ambos são aceitáveis.

7. Falso, a declaração é suficiente.

8. Falso, mas se não, a JVM pode parar de funcionar.

9. Verdadeiro.

10. Falso.

11. Verdadeiro. Geralmente é usado para limpar tarefas parcialmente concluídas.

12. Falso.

13. Falso.

14. Falso, evitar é sinônimo de declarar.

15. Falso, exceções mais amplas devem ser capturadas pelo último bloco catch.

16. Falso, se não tiver um bloco catch, você deve declarar.

17. Falso.

Solução dos Exercícios

Ímãs de Código

(página 453)

```
class MyEx extends Exception { }

public class ExTestDrive {
  public static void main(String[] args) {
    String test = args[0];
    try {
      System.out.print("t");
      doRisky(test);
      System.out.print("o");
    } catch (MyEx e) {
      System.out.print("a");
    } finally {
      System.out.print("w");
    }
    System.out.println("s");
  }

  static void doRisky(String t) throws MyEx {
    System.out.print("h");

    if ("yes".equals(t)) {
      throw new MyEx();
    }

    System.out.print("r");
  }
}
```

File Edit Window Help Chill

```
% java ExTestDrive yes
thaws

% java ExTestDrive no
throws
```

JavaCruzadas (página 454)

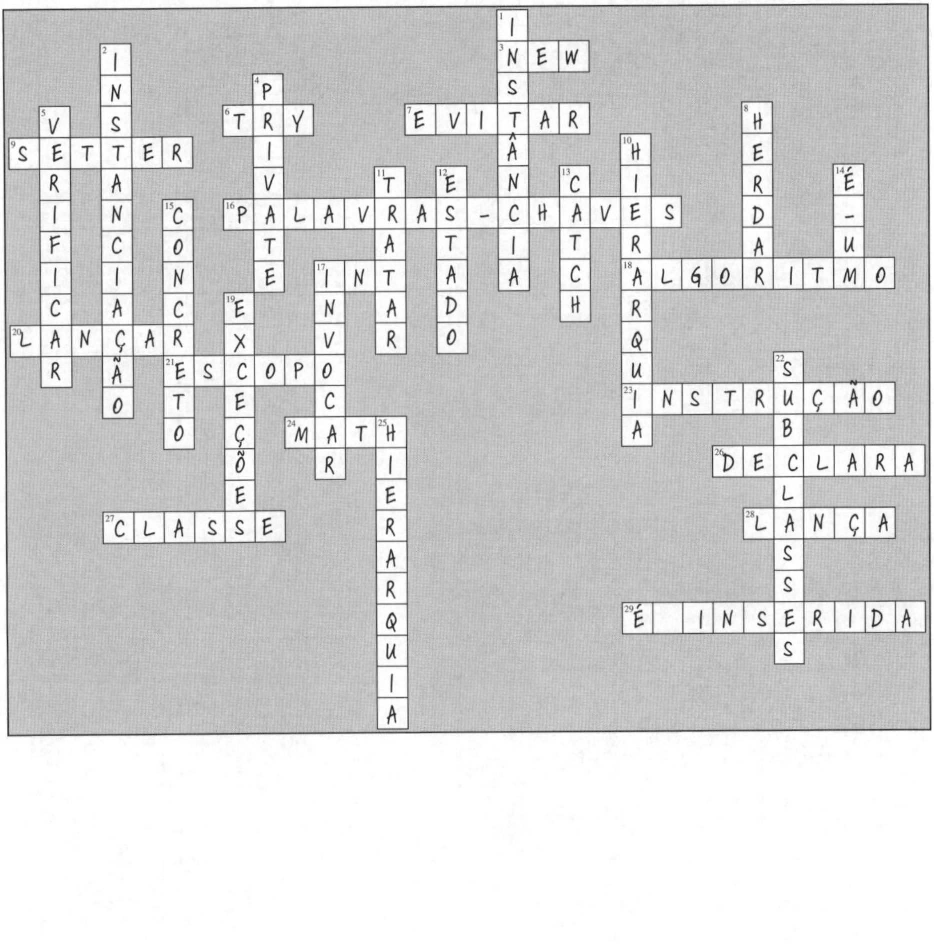

14 criando uma GUI

Uma História Muito Gráfica

Vamos encarar a realidade: é necessário criar GUIs. Caso esteja desenvolvendo aplicações que serão usadas por outras pessoas, é *indispensável* uma interface gráfica. E, se está criando programas para uso próprio, é *muito importante* ter uma GUI. Ainda que acredite que passará o resto da vida escrevendo códigos para servidores, em que a interface do cliente é uma página web, mais cedo ou mais tarde, será preciso criar ferramentas. E adivinhe? A interface gráfica é necessária. Mesmo que sejam agradavelmente vintage, aplicações de linha de comando são limitadas, inflexíveis e nada amigáveis. Passaremos dois capítulos criando GUIs e aprenderemos os principais recursos da linguagem Java, incluindo **event handling [tratamento de eventos]**, **classes internas** e **lambdas**. Neste capítulo, inseriremos um botão na tela e faremos com que execute uma ação quando clicarmos nele. Pintaremos formas na tela, exibiremos uma imagem JPEG e até criaremos uma animação (rudimentar).

Tudo começa com uma janela

Dois problemas:
1. Swing? Isso me parece um código Swing. A gente vai aprender Swing?
2. Essa janela é arcaica.

Um JFrame é o objeto que representa uma janela na tela. É nele que inserimos elementos da interface, como botões, caixas de seleção, campos de texto e assim por diante. O JFrame pode ter uma barra de menu autêntica com itens de menu e tem todos os ícones pequenos de janela para qualquer plataforma em que esteja, para minimizar, maximizar e fechar a janela.

O JFrame é diferente dependendo da plataforma que estamos usando. Este aqui é um JFrame em um Mac OS X antigo:

Ela fez perguntas muito pertinentes. Nas próximas páginas, abordaremos essas perguntas com uma edição superespecial do "Não Existem Perguntas Idiotas".

Um JFrame com uma barra de menu e dois "componentes gráficos" (um botão e um botão de opção).

Insira componentes gráficos na janela

Depois de criar um JFrame, podemos inserir coisas nele ("componentes gráficos") o adicionando ao JFrame. É possível adicionar uma tonelada de componentes Swing; basta procurá-los no pacote javax.swing. Os mais comuns incluem JButton, JRadioButton, JCheckBox, JLabel, JList, JScrollPane, JSlider, JTextArea, JTextField e JTable. A maioria é simples de usar, mas alguns (como o JTable) podem ser um pouco mais complicados.

Criar uma GUI é fácil:

1. Crie um frame (um JFrame)

```
JFrame frame = new JFrame();
```

2. Crie um componente gráfico (um botão, um campo de texto, etc.)

```
JButton button = new JButton("click me");
```

3. Adicione o componente gráfico ao frame

```
frame.getContentPane().add(button);
```

Não adicionamos componentes diretamente ao frame. Considere o frame como a estrutura ao redor da janela, e adicione componentes ao painel da janela.

4. Exiba-o (atribua-lhe um tamanho e faça com que fique visível)

```
frame.setSize(300,300);
frame.setVisible(true);
```

Sua primeira GUI: seu botão em um frame

```
import javax.swing.*;

public class SimpleGui1 {
  public static void main(String[] args) {

    JFrame frame = new JFrame();
    JButton button = new JButton("click me");

    frame.setDefaultCloseOperation(JFrame.EXIT
    ON _ CLOSE);

    frame.getContentPane().add(button);

    frame.setSize(300, 300);

    frame.setVisible(true);
  }
}
```

Não se esqueça de importar o pacote swing.

Cria um frame e um botão (button).

(Você pode passar ao construtor do botão o texto que quer que apareça nele.)

Esta linha faz com que o programa seja encerrado assim que você fechar a janela (caso não inclua esta linha, o programa ficará parado na tela para sempre.)

Adiciona o botão ao painel de conteúdo do frame.

Fornece ao frame um size, em pixels.

Por último, fica visível! (caso se esqueça desta etapa, não verá nada ao executar este código).

Vejamos o que acontece quando executamos: `%java SimpleGui1`

Eita! É um botão enorme.

O botão preenche todo o espaço disponível no frame. Mais adiante, aprenderemos a controlar onde (e qual o tamanho) o botão fica no frame.

Nada acontece quando clico no botão...

Não é bem assim. Quando clicamos nele, o botão mostra que foi "pressionado" ou "acionado" (isso muda dependendo de como é a plataforma, mas o botão sempre faz *algo* para indicar quando está sendo pressionado).

A pergunta que não quer calar é: Como crio um botão para executar uma ação específica quando o usuário clicar nele?

Precisamos de duas coisas:

1. Um ***método*** a ser chamado quando o usuário clicar no botão (a ação que queremos que ocorra como resultado de clicar no botão).

2. Um forma de ***saber*** quando disparar esse método. Ou seja, como saber quando o usuário clica no botão!

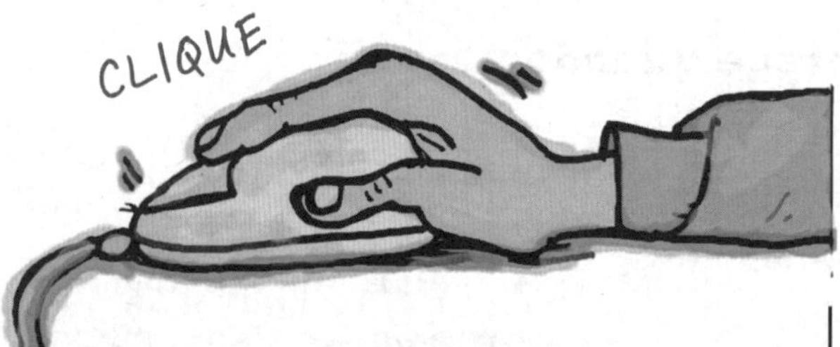

Quando o usuário clica, queremos saber. Estamos interessados no evento user-takes-action-on-a-button

não existem
Perguntas Idiotas

P: Ouvi dizer que ninguém mais usa Swing.

R: Existem outras opções, como o JavaFX. No entanto, não há um método definitivamente superior na discussão incessante e contínua sobre "Qual estratégia devo usar para desenvolver GUIs em Java?" O bom é que, se aprender um pouco de Swing, esse conhecimento o ajudará, independentemente do caminho que escolha trilhar. Por exemplo, caso queira desenvolver em Android, seu conhecimento em Swing facilitará no aprendizado de programar aplicativos para Android.

P: Será um botão parecido com os botões do Windows?

R: Se você quiser, sim. É possível escolher entre algumas "aparências" — classes na biblioteca principal que controlam a aparência da interface. Na maioria dos casos, podemos escolher, pelo menos, duas aparências diferentes. Neste livro, as telas usam uma série de "temas", incluindo o padrão do sistema (para macOS), o OS X ***Aqua*** ou o ***Metal*** (cross platform).

P: O Aqua não é muito antigo?

R: É sim, mas você vai gostar.

Criando um evento do usuário

Imagine que o texto no botão deva mudar de *click me* para *I've been clicked* quando o usuário pressiona o botão. Primeiro, podemos escrever um método que altere o texto do botão (vejamos rapidamente a API que mostra o método):

```
public void changeIt() {
  button.setText("I've been clicked!");
}
```

Mas e *agora*? Como *saberemos* quando esse método deve ser executado? ***Como saberemos quando o usuário clicou no botão?***

No Java, o processo de obter e manipular um evento do usuário é chamado de *event-handling*, ou *tratamento de eventos*. O Java tem diversos tipos diferentes de eventos, embora a maioria envolva ações do usuário da GUI. Se o usuário clicar em um botão, isso é um evento que afirma: "O usuário deseja que a ação deste botão aconteça". Se for um botão "Slow the Tempo", o usuário quer que a ação slow-the-music-tempo ocorra. Se for um botão Send em um bate-papo, o usuário deseja que a ação send-my-message aconteça. Ou seja, o evento mais simples é quando o usuário clica no botão sinalizando que deseja que uma ação ocorra.

Em geral, com os botões, não nos preocupamos com nenhum evento intermediário, como button-is-being-pressed e button-is-being-released. Com os botões, dizemos: "Pouco importa como o usuário pressiona o botão, por quanto tempo o pressiona ou por quanto tempo passa o mouse sobre ele, quantas vezes muda de ideia e o solta etc. ***Só me informe quando o usuário executar uma ação!*** Em outras palavras, não me chame, a menos que o clique do usuário no botão demonstre que ele deseja que o bendito botão cumpra o que promete".

Primeiro, o botão precisa saber que nos preocupamos com ele.

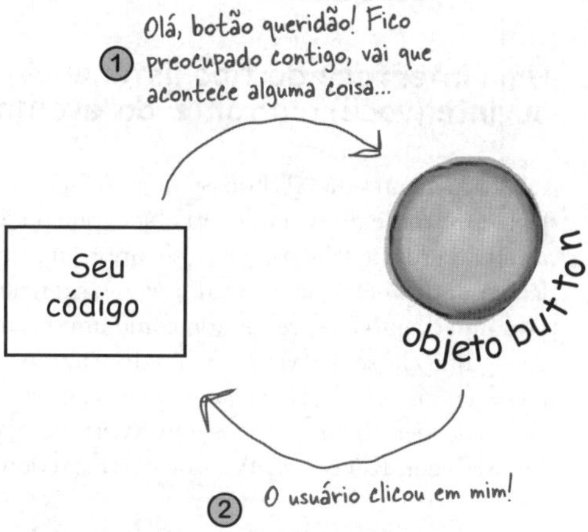

Segundo, o botão precisa de uma forma de nos chamar quando ocorrer um evento button-clicked.

PODER DO CÉREBRO

1. Como dizer a um objeto button que você se preocupa com seus eventos e que é um ouvinte preocupado?

2. Como o button lhe informará? Suponha que não tenha como informar ao button o nome do seu método exclusivo (changeIt()). O que mais podemos usar para garantir a button que temos um método específico que ele pode chamar quando o evento acontecer? [dica: animal de estimação]

Se você se importa com os eventos do botão **implemente uma interface** que diga: "Estou *ouvindo* seus eventos."

Ao implementar uma interface do tipo listener, fornecemos ao botão uma maneira de nos chamarmos de volta. A interface é onde o método de callback é declarado.

Uma **interface** do tipo **listener** é a ponte entre o **ouvinte** (você) e a **fonte do evento** (o botão).

Os componentes da GUI do Swing são fontes de eventos. No Java, uma fonte de evento é um objeto que pode transformar ações do usuário (clicar no mouse, pressionar uma tecla, fechar uma janela) em eventos. E como praticamente tudo em Java, um evento é representado como um objeto. Um objeto de alguma classe de evento. Se analisarmos o pacote java.awt.event na API, veremos uma série de classes de evento (fáceis de identificar — todas têm ***Event*** no nome). Veremos MouseEvent, KeyEvent, WindowEvent, ActionEvent e muitas outras.

Uma ***fonte*** de evento (como um botão) cria um objeto de evento quando o usuário executa uma ação importante (como *clicar* no botão). A maior parte do código que escrevemos (e todo o código deste livro) *receberá* eventos em vez de *criar* eventos. Dito de outro modo, você passará a maior parte do tempo como *ouvinte* de eventos, e não como *fonte* de eventos.

Cada tipo de evento tem uma interface correspondente do tipo listener. Se quiser MouseEvents, implemente a interface MouseListener. Quer WindowEvents? Implemente WindowListener. Deu para entender, né? E lembre-se das regras de interface — para implementar uma interface, *declaramos* que a implementamos (a classe Dog implementa Pet), o que significa que devemos *escrever métodos de implementação* para cada método na interface.

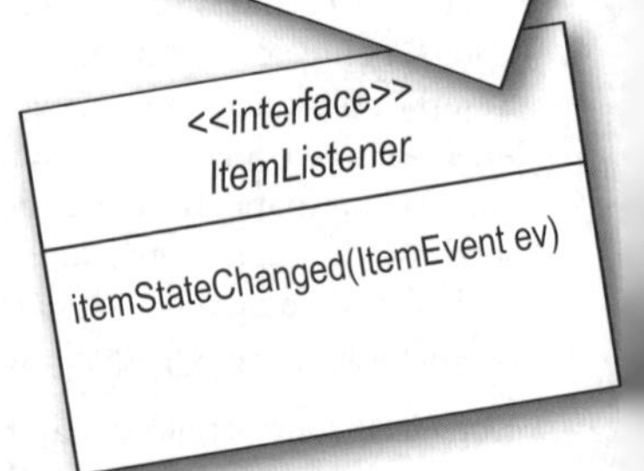

Algumas interfaces têm mais de um método porque o próprio evento se origina de diferentes tipos. Se implementarmos MouseListener, por exemplo, poderemos obter eventos para mousePressed, mouseReleased, mouseMoved etc. Cada um desses eventos de mouse tem um método separado na interface, embora todos tenham um MouseEvent. Se implementarmos MouseListener, o método mousePressed() é chamado quando o usuário (adivinha???) pressionar o mouse. E quando o usuário soltar o mouse, o método mouseReleased() é chamado. Por isso, para eventos de mouse, existe somente um *objeto* de evento, MouseEvent, mas diversos *métodos* diferentes de evento, representando os diferentes *tipos* de eventos de mouse.

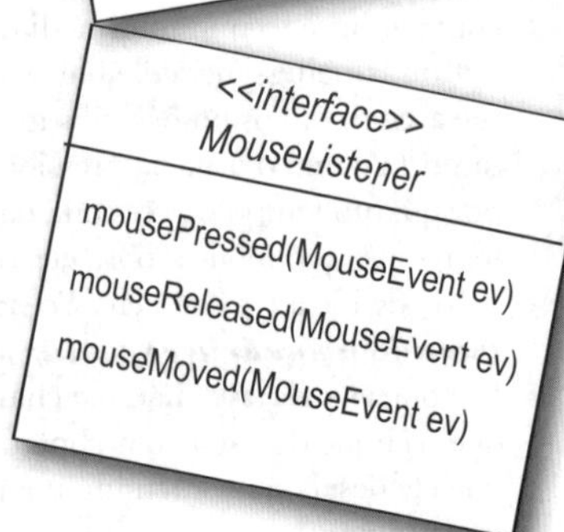

Como o listener e a fonte se comunicam:

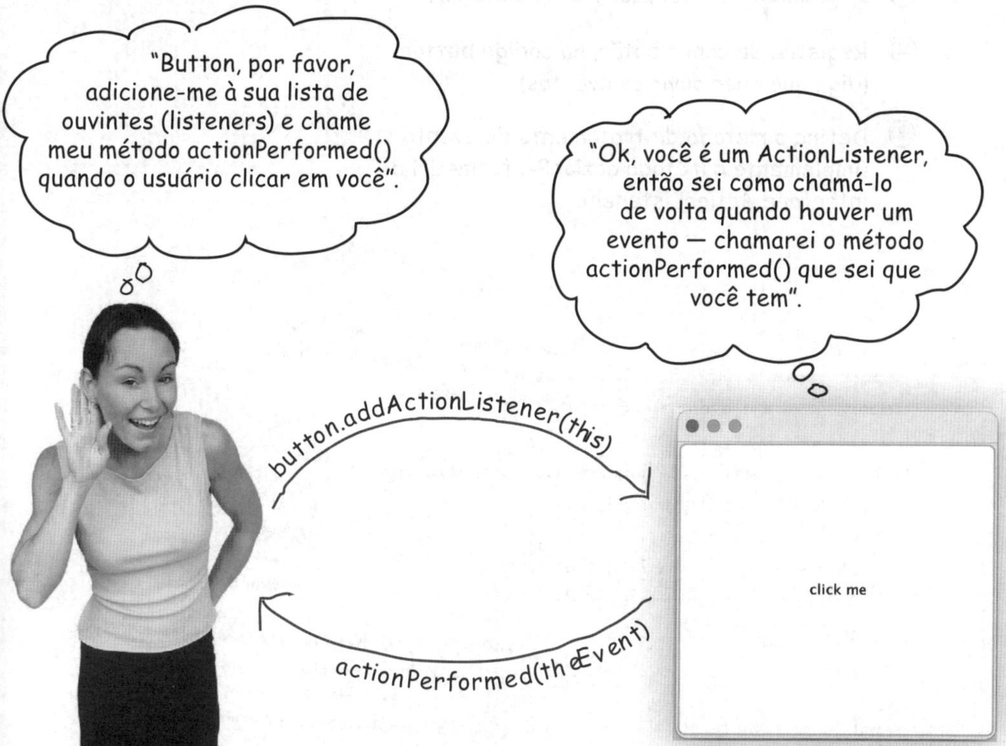

O Listener

Se a classe quiser saber sobre os ActionEvents de um button, implementamos a interface ActionListener. O button precisa saber que estamos interessados, então nos registramos com o button chamando addActionListener(this) e passando uma referência ActionListener para ele. Em nosso primeiro exemplo, *você* é o ActionListener, então você o passa, só que é mais comum criar uma classe específica para ouvir os eventos. Como é necessária uma forma de chamá-lo de volta quando o evento acontecer, o button chama o método na interface do tipo listener. Como um ActionListener, você *deve* implementar o único método da interface, actionPerformed(). O compilador garante isso.

A Fonte do Evento

Por ser uma fonte de ActionEvents, o button tem que saber quais objetos são listeners interessados. O button tem um método addActionListener() para fornecer aos objetos interessados (listeners) uma maneira de *dizer* ao button que eles estão interessados. Quando addActionListener() de button é executado (porque um listener em potencial o invocou), ele pega o parâmetro (uma referência ao objeto listener) e o armazena em uma lista. Quando o usuário clica no button, ele "dispara" o evento chamando o método actionPerformed() em cada listener da lista.

Obtendo o ActionEvent de um botão

1. Implemente a interface ActionListener.
2. Registre-se com o botão, no código button, (diga que quer ouvir os eventos).
3. Defina o método de tratamento de evento (implemente o método actionPerformed() da interface ActionListener).

```
import javax.swing.*;
import java.awt.event.*;

public class SimpleGui2 implements ActionListener {
  private JButton button;

  public static void main(String[] args) {
    SimpleGui2 gui = new SimpleGui2();
    gui.go();
  }

  public void go() {
    JFrame frame = new JFrame();
    button = new JButton("click me");

    button.addActionListener(this);

    frame.getContentPane().add(button);
    frame.setDefaultCloseOperation(JFrame.EXIT_ON_CLOSE);
    frame.setSize(300, 300);
    frame.setVisible(true);
  }

  public void actionPerformed(ActionEvent event) {
    button.setText("I've been clicked!");
  }
}
```

Uma nova instrução de import para o pacote no qual ActionListener e ActionEvent estão.

(1) Implementa a interface que diz "uma instância de SimpleGui2 É-UM ActionListener". (O button fornecerá eventos apenas para implementadores ActionListener.)

OBSERVAÇÃO: Normalmente, não fazemos a classe GUI principal implementar ActionListener assim; esta é somente a forma mais simples de começar. Veremos formas melhores de criar ActionListeners ao longo deste capítulo.

(2) Registra seu interesse com o button. Isso diz ao button: "Adicione-me à sua lista de listeners". O argumento que passamos DEVE ser um objeto de uma classe que implementa ActionListener!!

(3) Implementa o método actionPerformed() da interface ActionListener. Este é o método real de event-handling!

O button chama esse método para que saibamos que um evento aconteceu. Ele nos envia um objeto ActionEvent como argumento, mas não precisamos dele aqui. Saber que o evento aconteceu é informação suficiente para nós.

Listeners, Fontes e Eventos

Durante a maior parte de sua carreira meteórica em Java, você não será a *fonte* dos eventos.

(Não importa o quanto se considere o centro de seu universo social.)

Acostume-se com isso. ***Sua tarefa é ser um bom ouvinte, um bom listener***.

(Caso ouça com sinceridade, *pode* melhorar sua vida social.)

Como fonte do evento, minha tarefa é **aceitar** registros (dos ouvintes), **obter** eventos do usuário e **chamar** o método de tratamento de eventos do ouvinte (quando o usuário clicar em mim).

Como ouvinte, minha tarefa é **implementar** a interface, **registrar-se** com o button, e **fornecer** o tratamento de evento.

A fonte ENVIA o evento.

O ouvinte RECEBE o evento.

Oxi, e quanto a mim? Você sabe que também sou um player! Como um objeto de Event, sou o argumento para o método de callback do evento (a partir da interface) e minha tarefa é **transportar dados** sobre o evento de volta para o ouvinte.

O objeto Event ARMAZENA DADOS sobre o evento.

não existem Perguntas Idiotas

P: Por que não posso ser uma fonte de eventos?

R: PODE, sim. Acabamos de dizer que, *na maioria das vezes*, você será o receptor e não o originador do evento (pelo menos, no *começo* de sua brilhante carreira em Java). A maioria dos eventos com os quais se preocupará são "disparados" por classes na API Java, e tudo o que precisa fazer é ouvi-los, *ser um listener*. No entanto, é possível criar um programa que precise de um evento customizado. Por exemplo, um StockMarketEvent que seja lançado quando seu app de mercado de ações encontrar algo importante. Nesse caso, faríamos o objeto StockWatcher ser uma fonte de evento, que faria as mesmas coisas que um botão (ou qualquer outra fonte) faz — criar uma interface do tipo listener para seu evento customizado, fornecer um método de registro (addStockListener( )), e quando alguém o chamasse, ele adicionaria o caller (um listener) à lista de listeners. Quando um evento de ação acontecer, instancie um objeto StockEvent (outra classe que você escreverá) e envie-o para os listeners em sua lista chamando o método stockChanged(StockEvent ev). E não se esqueça de que para cada tipo de evento deve haver uma interface correspondente do tipo listener (ou seja, você criará uma interface StockListener com um método stockChanged()).

P: Não entendi a importância do objeto de evento, que é passado para os métodos de callback de evento. Se alguém chamar meu método mousePressed, de que outras informações eu precisaria?

R: Muitas vezes, nem os designs nem nós precisamos do objeto de evento. Ele nada mais é do que um simples transportador de dados, que envia mais informações sobre o evento. Por exemplo, se o método mousePressed() for chamado, saberemos que o mouse foi pressionado. Mas e se quisermos saber exatamente onde o mouse foi pressionado? Em outras palavras, e se quisermos saber as coordenadas X e Y da tela em que o mouse foi pressionado?

Às vezes, queremos registrar o mesmo listener com *múltiplos* objetos. Por exemplo, uma calculadora na tela tem 10 teclas numéricas e, como todas fazem a mesma coisa, talvez não seja necessário criar um listener separado para cada tecla. Em vez disso, podemos registrar um único listener com cada uma das 10 teclas e, quando recebermos um evento (porque nosso método de callback de evento é chamado), poderemos chamar um método no objeto de evento a fim de identificarmos *quem* era a fonte real do evento. Ou seja, *qual tecla enviou este evento*.

Aponte o seu lápis

Cada um desses componentes gráficos (objetos da interface do usuário) é fonte de um ou de mais eventos. Combine-os com os eventos que eles podem causar. Alguns componentes podem ser uma fonte de mais de um evento, e alguns eventos podem ser gerados por mais de um componente gráfico.

Componentes gráficos	Métodos do evento
check box	windowClosing()
text field	actionPerformed()
scrolling list	itemStateChanged()
button	mousePressed()
dialog box	keyTyped()
radio button	mouseExited()
menu item	focusGained()

Como SABER se um objeto é uma fonte de evento?

Confira a API.

Certo. Conferir o que exatamente?

Um método que começa com "add", termina com "Listener" e recebe um argumento da interface do tipo listener. Caso veja:

```
addKeyListener(KeyListener k)
```

você já sabe que uma classe com este método é uma fonte de KeyEvents. Existe um padrão de nomenclatura.

→ Resolve aí.

Retornando aos elementos gráficos...

Agora que já sabemos um pouco sobre como os eventos funcionam (daqui a pouco, aprenderemos mais sobre eles), vamos voltar a inserir elementos na tela. Vamos passar um tempo brincando com alguns elementos gráficos divertidos antes de retornar ao tratamento de eventos.

Três formas de inserir elementos em sua GUI:

① **Insira elementos gráficos no frame.**
Adicione botões, menus, botões de opção etc.

```
frame.getContentPane().add(myButton);
```

O pacote javax.swing tem mais de uma dúzia de tipos de elementos gráficos.

② **Desenhe gráficos 2D em um componente gráfico,**
Use um objeto graphics para pintar formas.

```
graphics.fillOval(70,70,100,100);
```

É possível pintar muito mais do que caixas e círculos; a API Java2D está repleta de métodos gráficos divertidos e sofisticados.

Diagramas, gráficos de negócios etc...

Arte, jogos, simulações etc.

③ **Insira um JPEG em um componente gráfico**
É possível inserir imagens em um componente gráfico.

```
graphics.
drawImage(myPic,10,10,this);
```

Quer saber a relação entre a linguagem Java e o café plantado na ilha de Java, Indonésia? Sirva uma xícara de café e acesse: https://canaltech.com.br/software/java-o-que-o-cafezinho-tem-a-ver-com-a-origem-da-linguagem-de-programacao-207312/

Crie um painel de desenho

Caso queira inserir elementos gráficos na tela, sua melhor aposta é criar um painel de desenho. Basta inserir um componente gráfico no frame, como um botão ou qualquer outro componente, pois quando aparecer, ele terá as imagens que você inseriu nele. É possível até fazer essas imagens se moverem, em uma animação, ou fazer as cores na tela mudarem sempre que você clicar em um botão.

É superfácil.

Um frame do Swing com um painel customizado de desenho.

Crie uma subclasse de JPanel e sobrescreva um método, paintComponent().

Insira todo o seu código dentro do método paintComponent(). Considere o método paintComponent() como o método chamado pelo sistema que diz: "Fala cara, hora de pintar você mesmo". Se você desenhar um círculo, o método paintComponent() terá código para desenhar um círculo. Quando o frame que armazena seu painel de desenho é exibido, paintComponent() é chamado e seu círculo aparece. Se o usuário minimizar a janela, a JVM sabe que o frame precisa de "reparo" quando a janela for restaurada, então ela chama paintComponent() novamente. Sempre que a JVM achar que a exibição precisa ser atualizada, seu método paintComponent() será chamado.

Mais uma coisa, ***nunca chamamos esse método sozinho!*** O argumento para esse método (um objeto Graphics) é a tela de desenho real, inserida na exibição *real*. Não podemos programar isso sozinhos, o sistema nos entregará a tela. No entanto, mais tarde, veremos que *podemos* solicitar que o sistema atualize a exibição (repaint()), o que acaba levando à chamada de paintComponent().

```
import javax.swing.*;
import java.awt.*;

class MyDrawPanel extends JPanel {

  public void paintComponent(Graphics g) {
    g.setColor(Color.orange);

    g.fillRect(20, 50, 100, 100);
  }
}
```

Precisamos de ambos.

Cria uma subclasse de JPanel, um componente gráfico que podemos adicionar a um frame como qualquer outra coisa, exceto que este aqui é o próprio componente gráfico customizado.

Este é o importantíssimo método Graphics. NUNCA chamamos este método. O sistema o chama e diz: "Aqui está uma bela superfície de desenho nova, do tipo Graphics, na qual você pode desenhar".

Imagine que 'g' seja uma máquina de pintura. Instruímos qual cor usar na pintura e, em seguida, qual forma pintar (com suas respectivas coordenadas e tamanho).

Coisas divertidas para criar em paintComponent()

Vejamos mais algumas coisas que podemos criar em paintComponent(). O mais divertido, porém, é quando começamos a testá-las. Tente brincar com números e verifique a API da classe Graphics (mais tarde, veremos que podemos fazer ainda mais coisas além do que está na classe Graphics).

Exiba um JPEG

Insira o nome do seu arquivo aqui. Observação: se estiver usando um IDE e tiver dificuldades, tente esta linha de código: Image image = new ImageIcon(getClass().getResource("catzilla.jpg")).getImage();

```
public void paintComponent(Graphics g) {

  Image image = new ImageIcon("catzilla.jpg").getImage();

  g.drawImage(image, 3, 4, this);

}
```

As coordenadas x,y em que o canto superior esquerdo da imagem deve ir. Isso diz "3 pixels da borda esquerda do painel e 4 pixels da borda superior do painel". Esses números são sempre relativos ao componente gráfico (neste caso, sua subclasse JPanel), não ao frame.

Pinte um círculo colorido aleatoriamente em um fundo preto

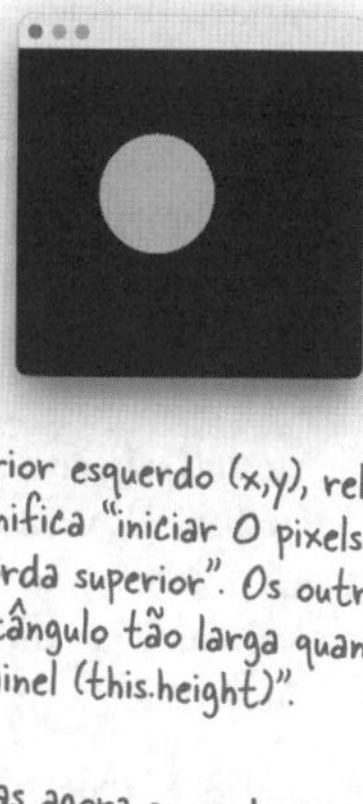

```
public void paintComponent(Graphics g) {

  g.fillRect(0, 0, this.getWidth(), this.getHeight());
```

Preenche todo o painel com preto (a cor padrão).

Os dois primeiros argumentos definem o canto superior esquerdo (x,y), relativo ao painel, em que o desenho começa. Logo, 0, 0 significa "iniciar 0 pixels a partir da borda esquerda e 0 pixels a partir da borda superior". Os outros dois argumentos instruem: "Crie a largura deste retângulo tão larga quanto o painel (this.width()) e a altura tão alta quanto o painel (this.height)".

```
  Random random = new Random();
  int red = random.nextInt(256);
  int green = random.nextInt(256);
  int blue = random.nextInt(256);
```

Anteriormente, usamos Math.random, mas agora que sabemos como usar as bibliotecas Java, podemos usar o java.util.Random, que tem um método nextInt que aceita um valor máximo e retorna um número entre 0 (incluído) e esse valor máximo (não incluído). Neste caso, 0–256.

```
  Color randomColor = new Color(red, green, blue);
  g.setColor(randomColor);
  g.fillOval(70, 70, 100, 100);
}
```

É possível criar uma cor passando 3 ints para representar os valores RGB.

Começa com 70 pixels à esquerda, 70 na parte superior, com 100 pixels de largura e 100 pixels de altura.

Por trás de toda boa referência de Graphics existe um objeto Graphics2D

O argumento para paintComponent() é declarado como tipo Graphics (java.awt.Graphics).

```
public void paintComponent(Graphics g) { }
```

Assim sendo, o parâmetro "g" É-UM objeto Graphics. Ou seja, ele *poderia* ser uma *subclasse* de Graphics (devido ao polimorfismo). E, de fato, *é*.

***Na verdade, objeto referenciado pelo parâmetro "g" é uma instância da classe* Graphics2D.**

Por que isso é importante? Porque podemos fazer coisas com uma referência Graphics2D que não podemos fazer com uma referência Graphics. Um objeto Graphics2D pode executar mais ações do que um objeto Graphics. Na verdade, um objeto Graphics2D está escondido por trás da referência Graphics. Lembre-se do polimorfismo. O compilador decide quais métodos podemos chamar com base no tipo de referência, não no tipo de objeto. Se tivermos um objeto Dog sendo referenciado por uma variável de referência Animal:

```
Animal a = new Dog();
```

NÃO PODEMOS escrever:

```
a.bark();
```

Mesmo sabendo que se trata de um Dog, o compilador analisa "a", verifica que é do tipo Animal e descobre que não existe botão de controle remoto para bark() na classe Animal. Mas ainda podemos retornar o objeto a Dog, *escrevendo*:

```
Dog d = (Dog) a;
d.bark();
```

Portanto, o resumo da ópera com o objeto Graphics é:

Se precisarmos usar um método da classe Graphics2D, não podemos usar o parâmetro paintComponent ("g") direto do método. Basta fazer o *cast* com uma nova variável Graphics2D:

```
Graphics2D g2d = (Graphics2D) g;
```

Métodos que podemos chamar em uma referência de Graphics:

drawImage()

drawLine()

drawPolygon

drawRect()

drawOval()

fillRect()

fillRoundRect()

setColor()

Para converter (cast) o *objeto* Graphics2D em uma *referência* Graphics2D:

```
Graphics2D g2d = (Graphics2D) g;
```

Métodos que podemos chamar em uma referência Graphics2D:

fill3DRect()

draw3DRect()

rotate()

scale()

shear()

transform()

setRenderingHints()

(Isto aqui não é uma lista completa de métodos; para obter mais informações, confira a API.)

Como a vida é muito curta para pintar um círculo de uma cor só, há uma mistura de gradiente esperando por você

```
public void paintComponent(Graphics g) {
    Graphics2D g2d = (Graphics2D) g;

   GradientPaint gradient = new GradientPaint(70, 70, Color.blue, 150, 150, Color.
   orange);

   g2d.setPaint(gradient);
   g2d.fillOval(70, 70, 100, 100);
}
```

Trata-se realmente de um objeto Graphics2D disfarçado como um mero objeto Graphics.

Faz o cast, assim podemos chamar algo que Graphics2D tem, mas Graphics, não.

Ponto inicial. Cor inicial. Ponto final. Cor final

Define o pincel virtual como um gradiente em vez de como uma cor sólida.

O método fillOval() significa "preencher a forma oval com o que quer que esteja carregado em seu pincel (ou seja, o gradiente)".

```
public void paintComponent(Graphics g) {
  Graphics2D g2d = (Graphics2D) g;

  Random random = new Random();
  int red = random.nextInt(256);
  int green = random.nextInt(256);
  int blue = random.nextInt(256);
  Color startColor = new Color(red, green, blue);

  red = random.nextInt(256);
  green = random.nextInt(256);
  blue = random.nextInt(256);
  Color endColor = new Color(red, green, blue);

  GradientPaint gradient = new GradientPaint(70, 70, startColor, 150, 150, endColor);
  g2d.setPaint(gradient);
  g2d.fillOval(70, 70, 100, 100);
}
```

É exatamente como o anterior, exceto que cria cores aleatórias para as cores inicial e final do gradiente. Tente fazer isso!

PONTOS DE BALA

EVENTOS

- Para criar uma GUI, comece com uma janela, geralmente um JFrame:

```
JFrame frame = new JFrame();
```

- Podemos adicionar componentes gráficos (botões, campos de texto, etc.) ao JFrame usando:

```
frame.getContentPane().
add(button);
```

- Ao contrário da maioria dos outros componentes, o JFrame não permite adicioná-lo diretamente, então devemos adicioná-lo ao painel de conteúdo do JFrame.
- Para criar a exibição da janela (JFrame), devemos atribuir um tamanho a ela e instruir que fique visível:

```
frame.setSize(300,300);
frame.setVisible(true);
```

- Para saber quando o usuário clica em um botão (ou executa alguma outra ação na interface do usuário), precisamos ouvir um evento da GUI.
- Para ouvir um evento, é necessário registrar interesse com uma fonte de evento. Uma fonte de evento é a coisa (botão, caixa de seleção etc.) que "dispara" um evento com base na interação do usuário.
- A interface do tipo listener fornece à fonte do evento uma forma de chamá-la de volta, porque a interface define o(s) método(s) que a fonte do evento chamará quando um evento ocorrer.
- Para registrar eventos com uma fonte, chame o método de registro da fonte. Os métodos de registro sempre assumem a forma de *add<EventType>Listener*. Para registrar um ActionEvents de um botão, por exemplo, chame:

```
button.addActionListener(this);
```

- Implementamos a interface do tipo listener implementando todos os métodos de tratamento de eventos da interface. Insira seu código de tratamentos de eventos no método de callback de listener. Para ActionEvents, o método é:

```
public void actionPerformed
                          (ActionEvent
                           event) {

    button.setText("you
    clicked!");

}
```

- O objeto de evento passado para o método de tratamento de eventos carrega informações sobre o evento, incluindo a fonte do evento.

GRÁFICOS

- Podemos desenhar gráficos 2D diretamente em um componente gráfico.
- Podemos desenhar um .gif ou .jpeg diretamente em um componente gráfico.
- Para desenhar seus gráficos (incluindo um .gif ou .jpeg), crie uma subclasse de JPanel e sobrescreva o método paintComponent()
- O método paintComponent() é chamado pelo sistema da GUI. NUNCA O CHAMAMOS. O argumento para paintComponent() é um objeto Graphics que fornece uma superfície para desenhar, que terminará na tela. Não podemos criar este objeto sozinhos.
- Vejamos os típicos métodos para chamar um objeto Graphics (o parâmetro paintComponent):

```
g.setColor(Color.blue);
g.fillRect(20, 50, 100, 120);
```

- Para desenhar um .jpg, crie uma imagem usando:

```
Image image = new
ImageIcon("catzilla.jpg").
getImage();
```

e desenhe a imagem usando:

```
g.drawImage(image,3,4,this);
```

- O objeto referenciado pelo parâmetro Graphics para paintComponent() é, na verdade, uma instância da classe Graphics2D. A classe Graphics 2D tem uma variedade de métodos:

fill3DRect(), draw3DRect(), rotate(), scale(), shear(), transform()

- Para invocar os métodos Graphics2D, devemos fazer o cast do parâmetro de um objeto Graphics para um objeto Graphics2D:

```
Graphics2D g2d = (Graphics2D) g;
```

Podemos obter um evento.
Podemos pintar gráficos.
Mas podemos pintar gráficos *quando* obtemos um evento?

Vamos associar um evento a uma mudança em nosso painel de desenho. Faremos com que o círculo mude de cor sempre que clicarmos no botão. Vejamos o programa:

Iniciando o app

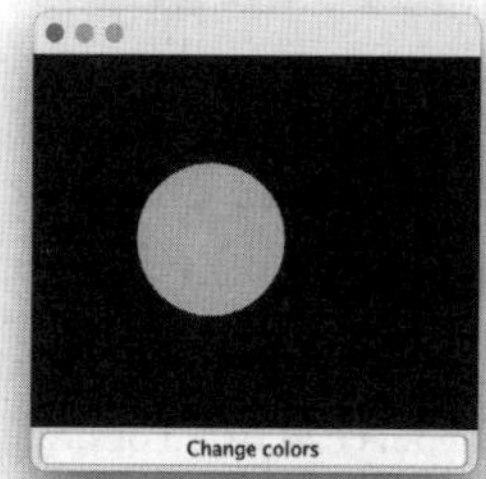

1. O frame é criado com os dois componentes gráficos (um painel de desenho e um botão). Um listener é criado e registrado com o botão. Em seguida, o frame é exibido e apenas espera o usuário clicar.

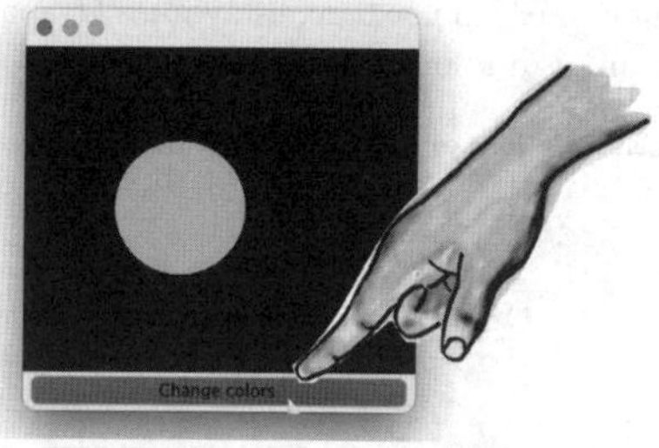

2. O usuário clica no botão e o botão cria um objeto de evento, chamando o handler de eventos do listener.

3. O handler de eventos chama repaint() no frame. O sistema chama paintComponent() no painel de desenho.

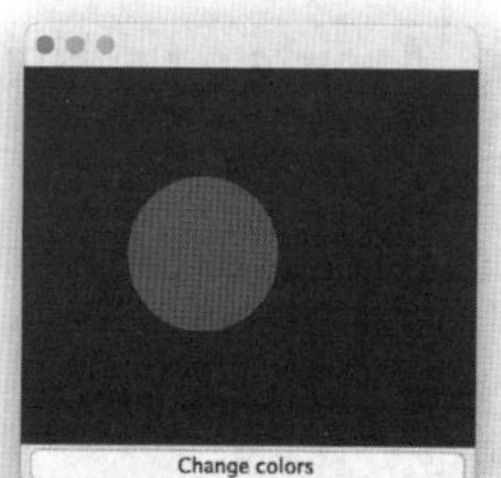

4. Voilà! Uma nova cor é pintada porque paintComponent() é executado novamente, preenchendo o círculo com uma cor aleatória.

Layouts da GUI: inserindo mais de um componente gráfico no frame

No *próximo* capítulo, abordaremos os layouts da GUI. Por ora, aprenderemos uma breve lição. Por padrão, um frame tem cinco regiões às quais podemos adicionar. Podemos adicionar somente *uma* coisa a cada região de um frame. Calma, não entre em pânico. Essa coisa pode ser um painel que armazena três outras coisas, incluindo um painel que armazena mais duas coisas e... Deu para entender, né? Na verdade, estávamos "trapaceando" quando adicionamos um botão ao frame com:

```
frame.getContentPane().add(button);
```

Esta não é a forma adequada de adicionar as coisas (o método one-arg add).

Esta é a melhor (e geralmente obrigatória) forma de adicionar algo ao painel de conteúdo padrão de um frame. Sempre especifique ONDE (qual região) você quer inserir o componente gráfico.

Quando chamamos o método single-arg add (aquele que não devemos usar), o componente gráfico é inserido automaticamente na região center.

```
frame.getContentPane().add(BorderLayout.CENTER, button);
```

Chamamos o método add de dois argumentos que usa uma região (usando uma constante) e o componente padrão para adicionar a esta região.

Aponte o seu lápis

Dadas as figuras da página 475, escreva o código que adiciona o botão e o painel ao frame.

→ Resolve aí.

O círculo muda de cor sempre que você clica no botão.

O painel de desenho customizado (instância de MyDrawPanel) está na região CENTER do frame.

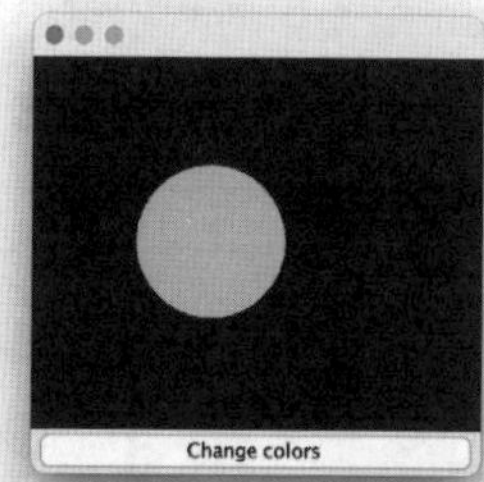

O botão está na região SOUTH do frame.

```
import javax.swing.*;
import java.awt.*;
import java.awt.event.*;

public class SimpleGui3 implements ActionListener {
  private JFrame frame;

  public static void main(String[] args) {
    SimpleGui3 gui = new SimpleGui3();
    gui.go();
  }

  public void go() {
    frame = new JFrame();
    frame.setDefaultCloseOperation(JFrame.EXIT_ON_CLOSE);

   JButton button = new JButton("Change colors");
   button.addActionListener(this);

   MyDrawPanel drawPanel = new MyDrawPanel();

   frame.getContentPane().add(BorderLayout.SOUTH, button);
   frame.getContentPane().add(BorderLayout.CENTER, drawPanel);
   frame.setSize(300, 300);
   frame.setVisible(true);
  }

  public void actionPerformed(ActionEvent event) {
    frame.repaint();
  }
}
```

Adiciona o listener (este) ao button.

Adiciona dois componentes gráficos (button e drawing panel)) às duas regiões do frame.

Quando o usuário clica, instrui o frame a repaint() ele mesmo. Isso significa que paintComponent() é chamado em todos os componentes gráficos do frame.

```
class MyDrawPanel extends JPanel {

  public void paintComponent(Graphics g) {
    // Código para preencher o oval com uma
    // cor aleatória
    // Veja a página 473 para o código
  }

}
```

O método paintComponent() do painel de desenho é chamado sempre que o usuário clica.

Bora tentar com DOIS botões

O botão south funcionará como agora, simplesmente chamando repaint no frame. O segundo botão (que fica na região east) mudará o texto de um rótulo. (Um rótulo é apenas um texto na tela.)

Agora, precisamos de QUATRO componentes gráficos

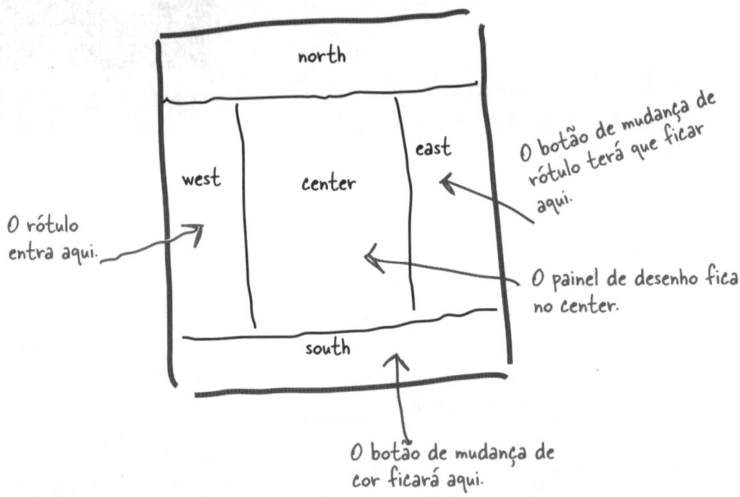

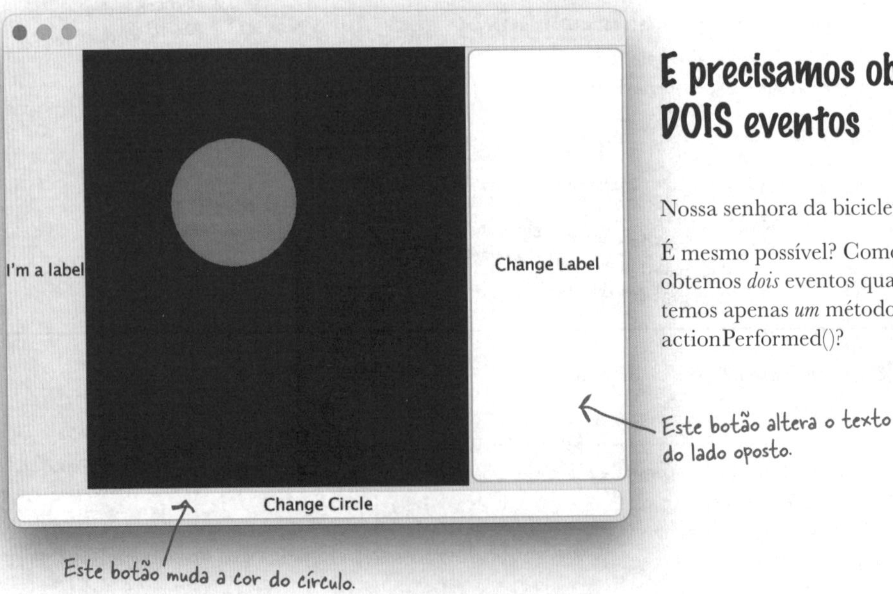

E precisamos obter DOIS eventos

Nossa senhora da bicicletinha!

É mesmo possível? Como obtemos *dois* eventos quando temos apenas *um* método actionPerformed()?

Como obtemos eventos de ação para dois botões diferentes quando cada botão precisa executar uma ação diferente?

① ***Opção Um***

Implemente dois métodos actionPerformed()

```
class MyGui implements ActionListener {
  // Muitas linhas de código omitidas e depois:

  public void actionPerformed(ActionEvent event) {
    frame.repaint();
  }

  public void actionPerformed(ActionEvent event) {
    label.setText("That hurt!");
  }
}
```

Mas isso é impossível!

Problema: não dá! Não podemos implementar o mesmo método duas vezes em uma classe Java. Não vai compilar. E mesmo que *compilasse*, como a fonte do evento saberia *qual* dos dois métodos chamar?

② ***Opção Dois***

Registre o mesmo listener com dois botões.

```
class MyGui implements ActionListener {
  // Declare um monte de variáveis de instância aqui

  public void go() {
    // Constrói a gui
    colorButton = new JButton();
    labelButton = new JButton();
    colorButton.addActionListener(this);
    labelButton.addActionListener(this);
   // Um monte de código omitido...
  }

  public void actionPerformed(ActionEvent event) {
    if (event.getSource() == colorButton) {
    frame.repaint();
  } else {
    label.setText("That hurt!");
  }
 }
}
```

Registra o mesmo listener com os dois button.

Consulta o objeto de evento para descobrir qual button realmente o disparou e usa isso para decidir o que fazer.

Problema: funciona, mas não é lá muito orientado a objeto. Um handler de eventos fazendo muitas coisas diferentes significa um único método fazendo muitas coisas diferentes. Caso precise alterar como *uma* fonte é tratada, terá que manipular o handler de eventos de *todos*. *Às vezes* é uma boa solução, mas geralmente prejudica a manutenibilidade e a extensibilidade.

Como obtemos eventos de ação para dois botões diferentes quando cada botão precisa executar uma ação diferente?

③ Opção Três
Crie duas classes ActionListener separadas

```
class MyGui {
  private JFrame frame;
  private JLabel label;

  void gui() {
    // Código para instanciar os dois listeners e registrar um
    // com o botão de cor e o outro com o botão de rótulo
  }
}
```

```
class ColorButtonListener implements ActionListener {
  public void actionPerformed(ActionEvent event) {
    frame.repaint();
  }
}
```

Não vai funcionar! Esta classe não tem uma referência à variável 'frame' da classe MyGui.

```
class LabelButtonListener implements ActionListener {
  public void actionPerformed(ActionEvent event) {
    label.setText("That hurt!");
  }
}
```

Gravíssimo! Esta classe não tem referência à variável "label".

Problema: essas classes não terão acesso às variáveis sobre as quais precisam executar ações, "frame" e "label". Poderíamos corrigir isso, mas teríamos que atribuir a cada uma das classes do listener uma referência à classe GUI principal, de modo que dentro dos métodos actionPerformed(), o listener pudesse usar a referência de classe GUI para acessar as variáveis da classe GUI. Mas isso compromete o encapsulamento. Provavelmente, precisaríamos criar métodos getter para os componentes gráficos da GUI (getFrame(), getLabel() etc.). E, provavelmente, seria necessário adicionar um construtor à classe do listener para poder passar a referência da GUI ao listener no momento em que fosse instanciado. Só que assim, o código fica mais confuso e mais verboso.

Tem que existir uma forma melhor de fazer isso!

Não seria fantástico se pudéssemos ter duas classes listener diferentes, que conseguissem acessar as variáveis de instância da classe GUI principal, quase como se *pertencessem* à outra classe? Teríamos o melhor dos dois mundos. Nossa, seria um sonho. Como sou iludida...

Classes internas ao resgate!

Podemos ter uma classe aninhada dentro de outra. É fácil. Basta garantir que a definição da classe interna esteja *dentro* das chaves da classe externa.

Uma classe interna pode usar todos os métodos e variáveis da classe externa, até mesmo os privados.

A classe interna consegue usar essas variáveis e métodos como se fossem declarados dentro dela.

Classe interna simples:

```
class MyOuterClass {

    class MyInnerClass {
        void go() {
        }
    }

}
```

A classe interna é totalmente delimitada pela classe externa.

Uma classe interna recebe passe especial para usar as coisas da classe externa. *Mesmo as coisas privadas.* E a classe interna pode usar as variáveis e métodos privados da classe externa como se fossem definidos dentro dela. Essa é a praticidade das classes internas: têm a maioria dos benefícios de uma classe normal, mas com direitos especiais de acesso.

Classe interna usando uma variável de classe externa

```
class MyOuterClass {

  private int x;

  class MyInnerClass {
    void go() {
      x = 42;
    }
  } // Fechamento da classe interna.

} // Fechamento da classe externa.
```

Usa 'x' como se fosse uma variável da classe interna!

Uma instância de classe interna deve ser vinculada a uma instância de classe externa*

Lembre-se, quando falamos sobre uma *classe* interna acessando algo na classe externa, estamos falando sobre uma *instância* da classe interna acessando algo em uma *instância* da classe externa. Mas *qual* instância?

Qualquer instância arbitrária da classe interna pode acessar os métodos e variáveis de *qualquer* instância da classe externa? **Não**! *Um objeto* ***interno*** *deve estar vinculado a um objeto* ***externo*** *específico na heap.*

Um objeto interno compartilha um vínculo especial com um objeto externo.

1. Crie uma instância da classe externa

2. Crie uma instância da classe interna, usando a instância da classe externa.

3. Os objetos externos e internos agora têm um vínculo profundo.

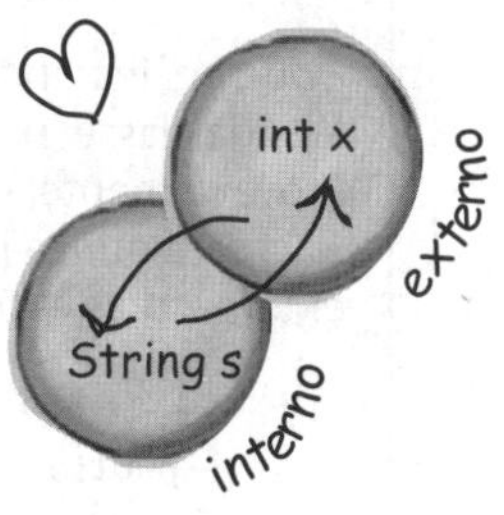

Esses dois objetos na heap têm um vínculo especial. O interno pode usar as variáveis do externo (e vice-versa).

* Há uma exceção que foge à regra, um caso muito especial – uma classe interna definida dentro de um método estático. Mas não vamos falar sobre isso, você pode passar toda a sua vida de programador Java sem nunca se deparar com um caso desse.

Como criar uma instância de uma classe interna

Se instanciarmos uma classe interna a partir do código *dentro* de uma classe externa, a instância da classe externa será aquela com a qual o objeto interno se "vinculará". Por exemplo, se o código dentro de um método instanciar a classe interna, o objeto interno será vinculado à instância cujo método está sendo executado.

O código em uma classe externa pode instanciar uma de suas classes internas, exatamente da mesma forma que instancia qualquer outra classe... **new MyInner()**.

```
class MyOuter {

  private int x;

  MyInner inner = new MyInner();

  public void doStuff() {
    inner.go();
  }

  class MyInner {
    void go() {
      x = 42;
    }
  } // Fechamento da classe interna

} // Fechamento da classe externa
```

A classe externa tem uma variável de instância privada "x".

Cria uma instância da classe interna.

Chama um método na classe interna.

O método na classe interna usa a variável de instância da classe externa "x", como se "x" pertencesse à classe interna.

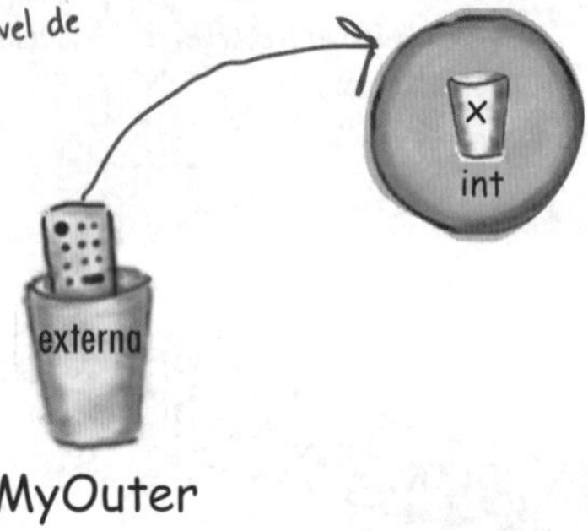

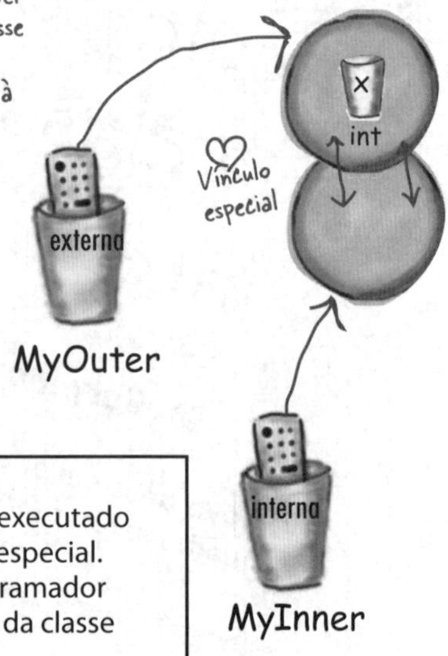

Dica Extra

É possível instanciar uma instância interna do código executado fora da classe externa, mas é necessária uma sintaxe especial. Provavelmente, você passará toda a sua vida de programador Java sem nunca precisar criar uma classe interna fora da classe externa, mas caso esteja interessado...

```
class Foo {
  public static void main (String[] args) {
    MyOuter outerObj = new MyOuter();
    MyOuter.MyInner innerObj = outerObj.new MyInner();
  }
}
```

Agora faremos o código de dois botões funcionar

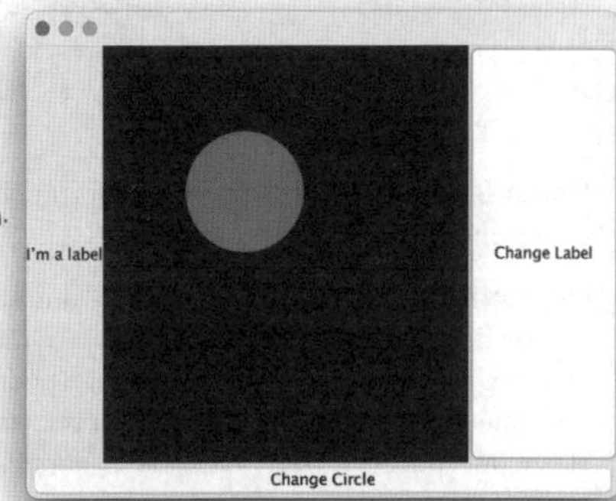


```
public class TwoButtons {
  private JFrame frame;
  private JLabel label;

  public static void main(String[] args) {
    TwoButtons gui = new TwoButtons();
    gui.go();
  }

  public void go() {
    frame = new JFrame();
    frame.setDefaultCloseOperation(JFrame.EXIT_ON_CLOSE);

    JButton labelButton = new JButton("Change Label");
    labelButton.addActionListener(new LabelListener());

    JButton colorButton = new JButton("Change Circle");
    colorButton.addActionListener(new ColorListener());

    label = new JLabel("I'm a label");
    MyDrawPanel drawPanel = new MyDrawPanel();

    frame.getContentPane().add(BorderLayout.SOUTH, colorButton);
    frame.getContentPane().add(BorderLayout.CENTER, drawPanel);
    frame.getContentPane().add(BorderLayout.EAST, labelButton);
    frame.getContentPane().add(BorderLayout.WEST, label);

    frame.setSize(500, 400);
    frame.setVisible(true);
  }

  class LabelListener implements ActionListener {
    public void actionPerformed(ActionEvent event) {
      label.setText("Ouch!");
    }
  }

  class ColorListener implements ActionListener {
    public void actionPerformed(ActionEvent event) {
      frame.repaint();
    }
  }

}
```

Muito melhor: a classe GUI principal não implementa ActionListener agora.

Em vez de passar (this) para o método de registro do listener do botão, passa uma instância nova da classe apropriada do listener.

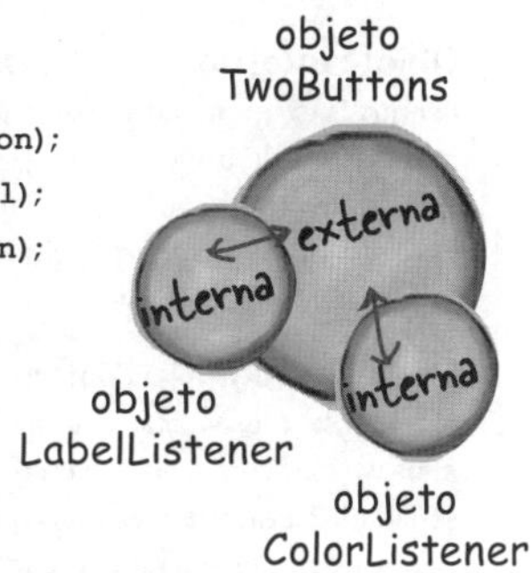

Agora temos DOIS ActionListeners em uma única classe!

A classe interna conhece "label."

A classe interna usa a variável de instância 'frame' sem ter uma referência explícita ao objeto da classe externa.

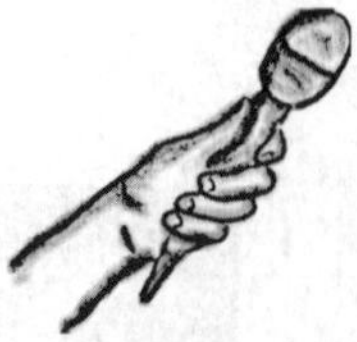

Tudo Sobre o Java

Entrevista desta semana: Instância de uma classe interna

Use a Cabeça: A que se deve a importância das classes internas?

Objeto interno: Por onde começo? Damos a chance de implementar a mesma interface mais de uma vez em uma classe. Lembre-se, não podemos implementar um método mais de uma vez em uma classe Java normal. Mas com as *classes internas*, cada uma pode implementar a *mesma* interface. Ou seja, pode-se ter *diferentes* implementações dos mesmos métodos de interface.

Use a Cabeça: Por que eu *implementaria* o mesmo método duas vezes?

Objeto interno: Vamos retomar o conceito de handlers de eventos da GUI. Se quisermos que *três* botões tenham um comportamento de evento diferente, usamos três classes internas, e todas elas implementam ActionListener. Ou seja, cada classe implementa o próprio método actionPerformed.

Use a Cabeça: Então os handlers de eventos são a única razão para usar classes internas?

Objeto interno: Aff, não. Os handlers de eventos são apenas um exemplo. Sempre que precisamos de uma classe separada e queremos que ela se comporte como se fosse parte de *outra* classe, a melhor opção de fazer isso, às vezes a única, é uma classe interna.

Use a Cabeça: Tô confuso. Se quero que a classe interna se *comporte* como se pertencesse à classe externa, por que eu teria uma classe separada? Por que o código da classe interna não fica somente *na* classe externa?

Objeto interno: Acabei de lhe *apresentar* um cenário em que precisamos de mais de uma implementação de uma interface. Mesmo quando não estamos usando interfaces, podemos precisar de duas *classes* diferentes, já que representam duas *coisas* diferentes. Trata-se de uma boa orientação a objetos.

Use a Cabeça: Eita! Achei que grande parte do design OO tinha a ver com reutilização e com manuntebilidade. A ideia de que se tivermos duas classes separadas, cada uma pode ser modificada e usada independentemente, em vez de inseri-las em uma outra classe e blá-blá-blá. No final, com uma classe *interna*, temos apenas uma classe *real* certo? A classe encapsulada é a única reutilizável e separada de todas as outras. Classes internas não são exatamente reutilizáveis. O pessoal costuma chamá-las de "reinúteis: reutilizáveis e inúteis".

Objeto interno: Sim, de fato a classe interna não é *tão* reutilizável. Às vezes, não é nem um pouco reutilizável, porque está estritamente vinculada às variáveis de instância e aos métodos da classe externa. Mas...

Use a Cabeça: Isso prova meu ponto de vista! Se elas não são reutilizáveis, por que uma classe separada? Além do problema da interface, que me parece uma solução alternativa.

Objeto interno: Como eu dizia é necessário considerar os testes É-UM e o polimorfismo.

Use a Cabeça: Estou considerando porque...

Objeto interno: Porque as classes externas e internas talvez precisem passar por *diferentes* testes É-UM! Veja o exemplo de listener de uma GUI polimórfica. Qual é o tipo de argumento declarado para o método de registro do listener do botão? Ou seja, se verificarmos a API, que tipo de *coisa* (classe ou tipo de interface) temos que passar para o método addActionListener()?

Use a Cabeça: Temos que passar um listener. Algo que implemente uma interface específica do tipo listener, neste caso, ActionListener. Sei disso. E daí?

Objeto interno: E daí que, polimorficamente, temos um método que aceita apenas um *tipo* específico. Algo que passe no teste É-UM para ActionListener. Mas — esse é o grande problema — e se sua classe precisar ser um É-UM de algo que seja um tipo de *classe* em vez de uma interface?

Use a Cabeça: Não seria melhor que a classe apenas *estendesse* a classe da qual precisa fazer parte? Não é esse o objetivo de uma subclasse? Se B é uma subclasse de A, em qualquer lugar em que A é esperado, B pode ser usado. É como passar um Dog onde Animal é o tipo declarado.

Objeto interno: Sim! Bingo! Agora, o que acontece se precisarmos passar no teste É-UM para duas classes diferentes? Classes que não estão na mesma hierarquia de herança?

Use a Cabeça: Então, hmmm... acho que estou entendendo. Sempre podemos *implementar* mais de uma interface, mas podemos *estender* somente *uma* classe. Podemos ser apenas um tipo de teste É-UM quando se trata de tipos de *classe*.

Objeto interno: Isso mesmo! Não podemos ser um Dog e um Button ao mesmo tempo. Mas, caso seja um Dog que às vezes precisa ser um Button (a fim de passar para métodos que usam um Button), a classe Dog (que estende Animal para que não possa estender Button) pode ter uma classe *interna* que se comporta em nome de Dog como um Button, estendendo Button, e onde mais Button for necessário. Dog pode passar seu Button em vez de si mesmo. Em vez de dizer x.takeButton(this), o objeto Dog chama x.takeButton(new MyInnerButton()).

Use a Cabeça: Um exemplo, por favor?

Objeto interno: Lembra o painel de desenho, em que criamos nossa subclasse de JPanel? No momento, ela é uma classe separada, não interna. Não tem problema porque a classe não precisa de acesso especial às variáveis de instância da GUI principal. Mas e se precisasse? E se estivermos criando uma animação nesse painel, obtendo suas coordenadas da aplicação principal (por exemplo, com base em algo que o usuário faz em outro lugar na GUI)? Se fizermos do painel de desenho uma classe interna, a classe do painel de desenho será uma subclasse de JPanel, enquanto a classe externa ainda pode ser uma subclasse de outra coisa.

Use a Cabeça: Entendi! E o painel de desenho não é reutilizável o suficiente para ser uma classe separada, já que o que está pintando é específico para a aplicação da GUI.

Objeto interno: Sim, é isso!

Use a Cabeça: Agora podemos falar da natureza do *relacionamento* entre você e a instância externa.

Objeto interno: Qual é a sua, hein? Não edificou na fofoca o bastante com o polimorfismo?

Use a Cabeça: Você não faz ideia do quanto os leitores gostam de fofocar. Me conte: alguém cria você e, daí, você se torna instantaneamente vinculado ao objeto externo?

Objeto interno: Sim, isso mesmo.

Use a Cabeça: E o objeto externo? Ele pode se relacionar com outros objetos internos?

Objeto interno: Ah, pronto. Era isso que você *queria*, né? Sim, meu "companheiro" pode se relacionar com quantos objetos internos quiser.

Use a Cabeça: Monogamia em série? Ou ele pode se relacionar com todos ao mesmo tempo?

Objeto interno: Pode, sim. Satisfeito???

Use a Cabeça: Faz todo sentido. Não vamos esquecer que foi *você* quem exaltou as virtudes de "múltiplas implementações da mesma interface". Faz sentido que, se a classe externa tiver três botões, precisará de três classes internas diferentes (e, consequentemente, de três objetos de classe interna diferentes) para tratar os eventos.

Objeto interno: É entendido, ele!

Use a Cabeça: Mais uma pergunta. Ouvi dizer que quando os lambdas apareceram, você quase perdeu o emprego?

Objeto interno: Ave Maria, que deselegante! Vamos lá, fofoca completa: em muitos casos, um lambda faz o que faço de forma mais legível e concisa. Mas as classes internas existem há muito tempo e você com certeza nos encontrará em códigos mais antigos. Além disso, esses malditos lambdas não são melhores em tudo.

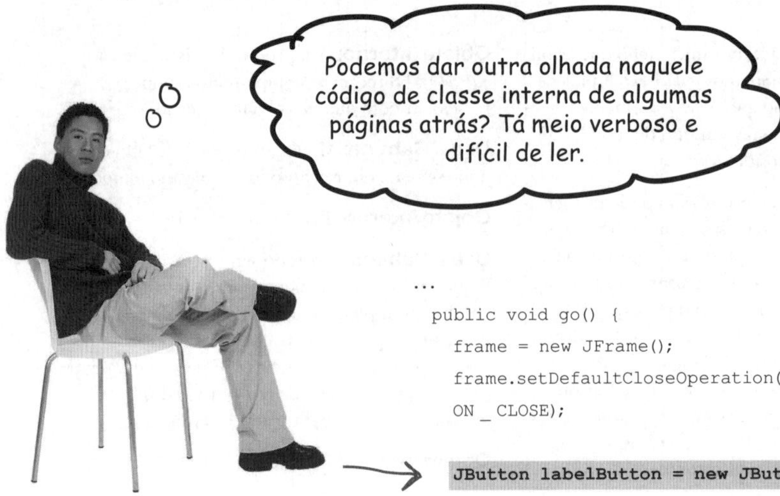

Lambdas ao resgate! (de novo)

Ele tem razão. Uma forma de interpretar as duas linhas de código destacadas seria:

"Quando `labelButton` ActionListener obtiver um evento, `setText("Ouch");`"

Essas duas ideias não são apenas separadas uma da outra no código, mas a classe interna leva CINCO linhas de código para invocar o método setText. E claro, tudo o que dissemos sobre o código labelButton também vale para o código colorButton.

Lembra-se de que em algumas páginas anteriores dissemos que, para implementar a interface ActionListener, devemos fornecer o código para seu método actionPerformed? Isso lhe parece familiar?

```
...
public void go() {
  frame = new JFrame();
  frame.setDefaultCloseOperation(JFrame.EXIT _
  ON _ CLOSE);

  JButton labelButton = new JButton("Change Label");
  labelButton.addActionListener(new LabelListener());

  JButton colorButton = new JButton("Change Circle");
  colorButton.addActionListener(new ColorListener());

  label = new JLabel("I'm a label");
  MyDrawPanel drawPanel = new MyDrawPanel();

  // O código para add componentes gráficos vai aqui.
  frame.setSize(500, 400);
  frame.setVisible(true);
}

class LabelListener implements ActionListener {
  public void actionPerformed(ActionEvent event) {
    label.setText("Ouch!");
  }
}

class ColorListener implements ActionListener {
  public void actionPerformed(ActionEvent event) {
    frame.repaint();
  }
}
```

ActionListener é uma Interface Functional

Não se esqueça de que uma lambda fornece uma implementação para o único método *abstrato* de uma interface funcional.

Como ActionListener é uma interface funcional, podemos substituir as classes internas que vimos na página anterior por expressões lambda.

```
  ...
public void go() {
  frame = new JFrame();
  frame.setDefaultCloseOperation(JFrame.EXIT_ON_CLOSE);

  JButton labelButton = new JButton("Change Label");
  labelButton.addActionListener(event -> label.setText("Ouch!"));

  JButton colorButton = new JButton("Change Circle");
  colorButton.addActionListener(event -> frame.repaint());

  label = new JLabel("I'm a label");
  MyDrawPanel drawPanel = new MyDrawPanel();

  // O código para add componentes gráficos vai aqui.
  frame.setSize(500, 400);
  frame.setVisible(true);
}

class LabelListener implements ActionListener {
  public void actionPerformed(ActionEvent event) {
    label.setText("Ouch!");
  }
}

class ColorListener implements ActionListener {
  public void actionPerformed(ActionEvent event) {
    frame.repaint();
  }
}
```

Estas duas partes do código destacado são as lambdas que substituem as classes internas.

Todo o código interno da classe desapareceu! Não é necessário! Adeus, até logo!

Lambdas, mais claras e concisas

Talvez ainda não, mas assim que você se acostumar a ler lambdas, temos certeza de que concordará que elas deixam seu código mais claro.

Usando uma classe interna para animação

Já vimos por que as classes internas são úteis para listeners de eventos, porque implementamos o mesmo método de tratamento de eventos mais de uma vez. Agora veremos como uma classe interna é útil quando usada como subclasse de algo que a classe externa não estende. Em outras palavras, quando a classe externa e a classe interna estão em diferentes hierarquias de herança!

Nosso objetivo é criar uma animação simples, em que o círculo se desloca pela do canto superior esquerdo da tela para o canto inferior direito da tela.

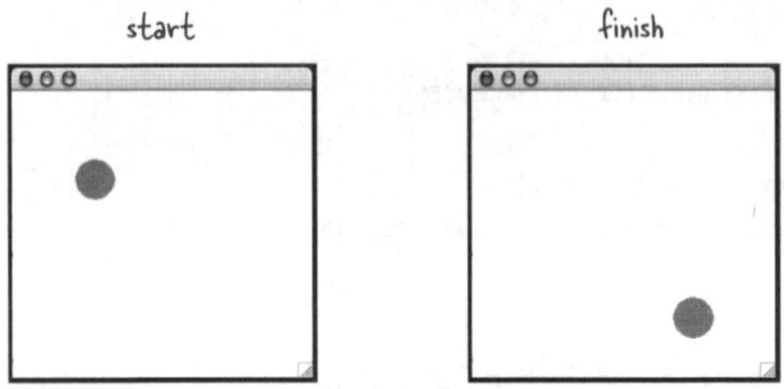

Como funciona uma simples animação

1. Pinta um objeto em uma determinada coordenada x e y.

```
g.fillOval(20,50,100,100);
```

20 pixels da esquerda, 50 pixels do canto superior.

2. Repinta o objeto em uma coordenada x e y <u>diferente</u>.

```
g.fillOval(25,55,100,100);
```

25 pixels da esquerda, 55 pixels do canto superior (o objeto se moveu um pouco para baixo e para a direita)

3. Repita a etapa anterior alterando os valores x e y enquanto a animação deve continuar.

não existem Perguntas Idiotas

P: Por que estamos aprendendo sobre animação? Duvido que eu desenvolva jogos.

R: Talvez você não desenvolva jogos, mas precise criar simulações em que as coisas podem mudar ao longo do tempo para demonstrar os resultados de um processo. Ou talvez tenha que criar uma ferramenta de visualização que, por exemplo, atualize um gráfico para mostrar quanta memória um programa está consumindo ou a quantidade de tráfego proveniente de seu servidor load-balancing. Qualquer coisa que precise pegar um conjunto de números que mudam continuamente e convertê-los em algo útil para obter informações a partir desses números.

Parece um caso de negócio, não é? É apenas a "justificativa oficial", claro. A verdadeira razão pela qual estamos abordando esse assunto é porque é uma maneira simples de demonstrar outro uso de classes internas. (E porque *gostamos* de animação.)

O que queremos mesmo é algo como:

```
class MyDrawPanel extends JPanel {
 public void paintComponent(Graphics g) {
 g.setColor(Color.orange);
 g.fillOval(x, y, 100, 100);
 }
}
```

Lembre-se! O sistema chama o método paintComponent; você não precisa chamá-lo.

Cada vez que paintComponent() é chamado, Oval é pintado em um local diferente.

Aponte o seu lápis

Respostas na página 492.

Mas onde obtemos as novas coordenadas x e y?

E quem chama repaint()?

Veja se consegue **desenvolver uma solução simples** para a animação de uma bola, do canto superior esquerdo do painel de desenho até o canto inferior direito. Nossa resposta está na próxima página. Ou seja, não vire esta página até terminar!

Dica de ouro: faça do painel de desenho uma classe interna.

Outra dica: não insira nenhum tipo de loop de repetição no método paintComponent().

Escreva suas ideias (ou o código) aqui embaixo:

O simples código de animação completinho

```
import javax.swing.*;
import java.awt.*;
import java.util.concurrent.TimeUnit;

public class SimpleAnimation {
  private int xPos = 70;
  private int yPos = 70;

  public static void main(String[] args) {
    SimpleAnimation gui = new SimpleAnimation();
    gui.go();
  }

  public void go() {
    JFrame frame = new JFrame();
    frame.setDefaultCloseOperation(JFrame.EXIT_ON_CLOSE);

    MyDrawPanel drawPanel = new MyDrawPanel();

    frame.getContentPane().add(drawPanel);
    frame.setSize(300, 300);
    frame.setVisible(true);

    for (int i = 0; i < 130; i++) {
      xPos++;
      yPos++;

      drawPanel.repaint();

      try {
        TimeUnit.MILLISECONDS.sleep(50);
      } catch (Exception e) {
        e.printStackTrace();
      }
    }
  }

  class MyDrawPanel extends JPanel {
    public void paintComponent(Graphics g) {
      g.setColor(Color.green);
      g.fillOval(xPos, yPos, 40, 40);
    }
  }
}
```

Cria duas variáveis de instância na classe GUI principal, para as coordenadas x e y do círculo.

Nada de novo aqui. Cria os componentes gráficos e os insere no frame.

Repita isso 130 vezes.

É aqui que a ação acontece!

Incrementa as coordenadas x e y.

Instrui o painel a se repintar (para que possamos ver o círculo no novo local).

Faz uma pausa entre as repinturas (caso contrário, se moverá tão rapidamente que nem conseguiremos vê-lo. Não se preocupe, você nem deveria saber disso. No Capítulo 17, abordaremos o assunto.

Olha só, uma classe interna.

Usa as coordenadas x e y constantemente atualizadas da classe externa.

Funcionou?

Talvez você não tenha conseguido criar a simples animação que esperava.

O que fizemos de errado?

O método paintComponent() tem um probleminha.

Precisamos apagar o que estava lá! Ou podemos deixar rastros.

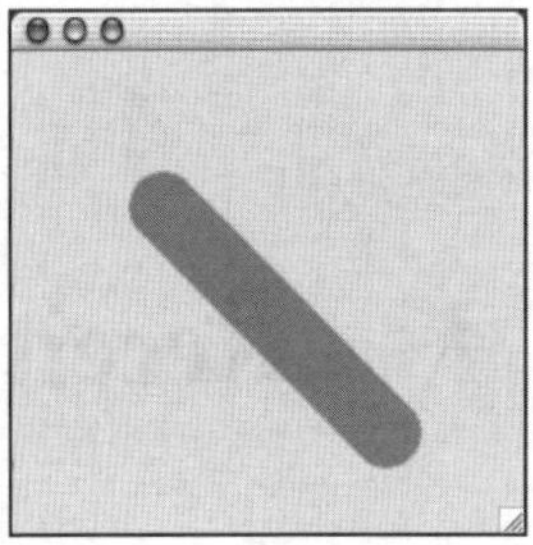

Para corrigir o código, basta preencher todo o painel com a cor de fundo, antes de pintar o círculo a cada vez. O código abaixo adiciona duas linhas no início do método: uma para definir a cor como branco (a cor de fundo do painel de desenho) e a outra para preencher todo o retângulo do painel com essa cor. Em português, o código diz: "Preencha um retângulo começando em x e y de 0 (0 pixels da esquerda e 0 pixels da parte superior) e o torne tão largo e tão alto quanto o painel.

```
public void paintComponent(Graphics g) {
  g.setColor(Color.white);
  g.fillRect(0, 0, this.getWidth(), this.getHeight());

  g.setColor(Color.green);
  g.fillOval(x, y, 40, 40);
}
```

getWidth() e getHeight() são métodos herdados de JPanel.

Aponte seu lápis (opcional, divirta-se) → Resolve aí.

Quais alterações você faria nas coordenadas x e y para gerar as animações abaixo? (Suponha que o primeiro exemplo se move em incrementos de 3 pixels.)

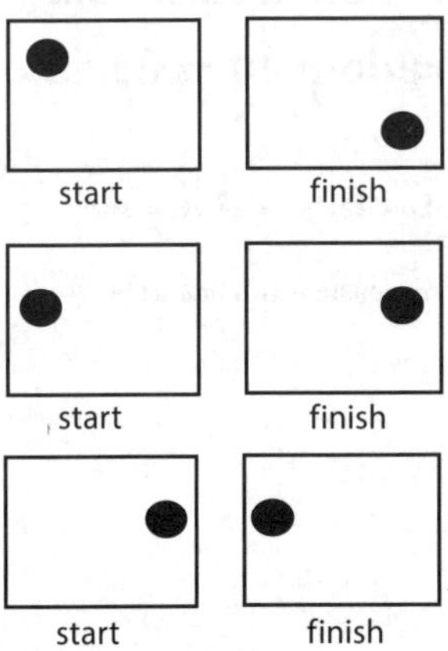

1 start finish X +3 Y +3

2 start finish X ____ Y ____

3 start finish X ____ Y ____

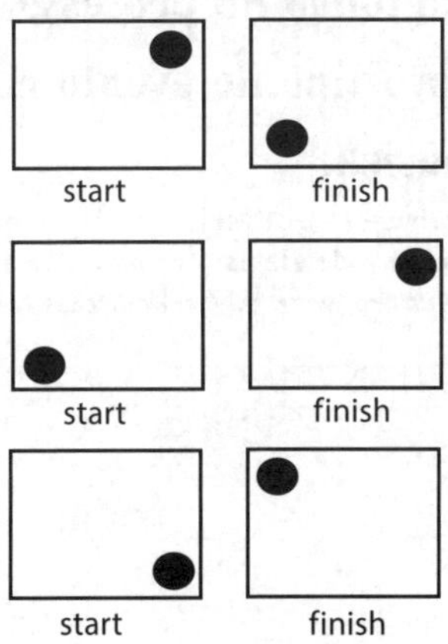

1 start finish X ____ Y ____

2 start finish X ____ Y ____

3 start finish X ____ Y ____

Receita de Código

Bora criar um videoclipe. Usaremos gráficos aleatórios gerados pelo Java, que acompanham as batidas da música.
Ao longo do processo, registraremos (e ouviremos) um novo tipo de evento não GUI, disparado pela própria música.

Lembre-se, esta parte é toda opcional. Mas achamos que é bom fazer, você vai gostar e ainda pode usá-la para impressionar as pessoas.
(Tá, claro, pode funcionar apenas com pessoas fáceis de impressionar, mas ainda assim...)

Ouvindo um evento não GUI

Tá, talvez não seja um videoclipe, mas criaremos um programa que desenha gráficos aleatórios na tela conforme a batida da música. Resumindo, o programa escuta a batida da música e desenha um retângulo gráfico aleatório a cada batida.

Isso levanta questões novas para nós. Até então, ouvimos somente eventos GUI, mas agora precisamos ouvir um tipo específico de evento MIDI. Acontece que ouvir um evento não GUI é exatamente como ouvir eventos GUI: implementamos uma interface do tipo listener, registramos o listener com uma fonte de evento e, em seguida, esperamos que a fonte de evento chame seu método handler de eventos (o método definido na interface do listener).

A forma mais simples de ouvir a batida da música seria registrar e ouvir os eventos MIDI reais, de modo que, sempre que o sequenciador recebesse o evento, nosso código também o recebesse e pudesse desenhar o gráfico. Mas... temos um problema. Um bug, na verdade, que não nos permite escutar os eventos MIDI que *estamos* criando (os de NOTE ON).

Por isso, temos que recorrer a uma simples solução alternativa. Existe outro tipo de evento MIDI que podemos ouvir, chamado ControllerEvent. Nossa solução é registrar os ControllerEvents e, em seguida, garantir que, para cada evento NOTE ON, exista um ControllerEvent correspondente disparado para o mesmo "beat". Como podemos garantir que o ControllerEvent seja disparado ao mesmo tempo? Nós o adicionamos à faixa assim como os outros eventos! Nossa sequência musical é:

BEAT 1 - NOTE ON, CONTROLLER EVENT

BEAT 2 - NOTE OFF

BEAT 3 - NOTE ON, CONTROLLER EVENT

BEAT 4 - NOTE OFF

E assim por diante.

Mas antes de nos aprofundarmos no programa completo, vamos facilitar um pouco a criação e adição de mensagens/eventos MIDI, pois *neste* programa, criaremos e adicionaremos muitos eventos e mensagens.

O que o programa artístico e musical precisa fazer:

1. Criar uma série de mensagens/eventos MIDI para tocar notas aleatórias em um piano (ou qualquer instrumento que escolhermos.)
2. Registrar um ouvinte para os eventos.
3. Iniciar a reprodução do sequenciador.
4. Sempre que o método do handler de eventos do listener for chamado, desenhar um retângulo aleatório no painel de desenho e chamar repaint.

Vamos criá-lo em três iterações:

1. Versão Um: Código que simplifica a criação e adição de eventos MIDI, já que criaremos muitos deles.
2. Versão Dois: Registra e ouve os eventos, mas sem gráficos. Exibe uma mensagem na linha de comando a cada batida.
3. Versão Três: O programa real. Adiciona gráficos à versão dois.

Uma maneira mais fácil de criar mensagens/eventos

No momento, criar e adicionar mensagens e eventos a uma faixa é cansativo. Para cada mensagem, temos que criar a instância da mensagem (neste caso, ShortMessage), chamar setMessage(), criar um MidiEvent para a mensagem e adicionar o evento à faixa. No código do capítulo anterior, passamos por cada etapa para cada mensagem. Ou seja, oito linhas de código apenas para que uma nota fosse tocada e parasse de tocar! Quatro linhas para adicionar um evento NOTE ON e quatro linhas para adicionar um evento NOTE OFF.

```
ShortMessage msg1 = new ShortMessage();
msg1.setMessage(NOTE _ ON, 1, 44, 100);
MidiEvent noteOn = new MidiEvent(msg1, 1);
track.add(noteOn);

ShortMessage msg2 = new ShortMessage();
msg2.setMessage(NOTE _ OFF, 1, 44, 100);
MidiEvent noteOff = new MidiEvent(msg2, 16);
track.add(noteOff);
```

Ações que devem acontecer para cada evento:

1. Criar uma instância de mensagem

```
ShortMessage msg = new ShortMessage();
```

2. Chamar setMessage() com as instruções

```
msg.setMessage(NOTE _ ON, 1, instrument, 0);
```

3. Criar uma instância MidiEvent para a mensagem

```
MidiEvent noteOn = new MidiEvent(msg, 1
```

4. Adicionar o evento à faixa

```
track.add(noteOn);
```

Vamos criar um método utilitário estático que gera uma mensagem e retorna um MidiEvent

Os quatro argumentos para a mensagem.

O evento 'tick' para QUANDO esta mensagem deve acontecer.

```
public static MidiEvent makeEvent(int command, int channel, int one, int two,
int tick) {
  MidiEvent event = null;
  try {
    ShortMessage msg = new ShortMessage();
    msg.setMessage(command, channel, one, two);
    event = new MidiEvent(msg, tick);
  } catch (Exception e) {
    e.printStackTrace();
  }
  return event;
}
```

Ô loco, bicho! Um método com cinco parâmetros.

Cria a mensagem e o evento, usando os parâmetros do método.

Retorna o evento (um MidiEvent todo carregado com a mensagem).

Versão um: usando o novo método estático makeEvent()

Não temos tratamento de eventos ou gráficos aqui, apenas uma sequência de 15 notas subindo na escala. O objetivo desse código é simplesmente aprendermos como usar nosso novo método makeEvent(). O código para as próximas duas versões é bem menor e mais simples graças a este método.

```
import javax.sound.midi.*;
import static javax.sound.midi.ShortMessage.*;

public class MiniMusicPlayer1 {
  public static void main(String[] args) {
    try {
      Sequencer sequencer = MidiSystem.getSequencer();
      sequencer.open();

      Sequence seq = new Sequence(Sequence.PPQ, 4);
      Track track = seq.createTrack();

      for (int i = 5; i < 61; i += 4) {
        track.add(makeEvent(NOTE_ON, 1, i, 100, i));
        track.add(makeEvent(NOTE_OFF, 1, i, 100, i + 2));
      }

      sequencer.setSequence(seq);
      sequencer.setTempoInBPM(220);
      sequencer.start();
    } catch (Exception ex) {
      ex.printStackTrace();
    }
  }

  public static MidiEvent makeEvent(int cmd, int chnl, int one, int two, int tick) {
    MidiEvent event = null;
    try {
      ShortMessage msg = new ShortMessage();
      msg.setMessage(cmd, chnl, one, two);
      event = new MidiEvent(msg, tick);
    } catch (Exception e) {
      e.printStackTrace();
    }
    return event;
  }
}
```

Não se esqueça dos imports.

Cria (e abre) um sequenciador.

Cria uma sequência e uma faixa.

Cria uma série de eventos para fazer as notas continuarem subindo (da nota 5 do piano até a nota 61 do piano).

Chama nosso novo método makeEvent() para criar a mensagem e o evento; em seguida, adiciona o resultado (o MidiEvent retornado de makeEvent()) à faixa. Estes são os pares NOTE ON e NOTE OFF.

Começa a rodar.

Versão dois: registrando e obtendo ControllerEvents

```
import javax.sound.midi.*;
import static javax.sound.midi.ShortMessage.*;

public class MiniMusicPlayer2 {
   public static void main(String[] args) {
     MiniMusicPlayer2 mini = new MiniMusicPlayer2();
     mini.go();
   }

   public void go() {
     try {
       Sequencer sequencer = MidiSystem.getSequencer();
       sequencer.open();

       int[] eventsIWant = {127};
       sequencer.addControllerEventListener(event -> System.out.println("la"),
       eventsIWant);

       Sequence seq = new Sequence(Sequence.PPQ, 4);
       Track track = seq.createTrack();

       for (int i = 5; i < 60; i += 4) {
         track.add(makeEvent(NOTE_ON, 1, i, 100, i));

         track.add(makeEvent(CONTROL_CHANGE, 1, 127, 0, i));

         track.add(makeEvent(NOTE_OFF, 1, i, 100, i + 2));
       }

       sequencer.setSequence(seq);
       sequencer.setTempoInBPM(220);
       sequencer.start();
     } catch (Exception ex) {
       ex.printStackTrace();
     }
   }

  public static MidiEvent makeEvent(int cmd, int chnl, int one, int two, int tick) {
    MidiEvent event = null;
    try {
      ShortMessage msg = new ShortMessage();
      msg.setMessage(cmd, chnl, one, two);
      event = new MidiEvent(msg, tick);
    } catch (Exception e) {
      e.printStackTrace();
    }
    return event;
  }
}
```

Registra eventos com o sequenciador. O método de registro de evento leva o listener E um array int representando a lista de ControllerEvents que queremos. Vamos nos preocupar com um evento, #127.

Sempre que recebermos o evento, printaremos "la" na linha de comando. Estamos usando uma expressão lambda aqui para lidar com este ControllerEvent.

Veja como capturamos a batida — inserimos nosso PRÓPRIO ControllerEvent (CONTROL_CHANGE) com um argumento para o evento número #127. Este evento não fará NADA! Nós o inserimos para que possamos obter um evento cada vez que uma nota é tocada. Ou seja, seu único propósito é fazer com que algo dispare para que NÓS possamos ouvir (não podemos ouvir eventos de NOTE ON/OFF). Estamos fazendo este evento acontecer no MESMO tick do NOTE ON. Assim, quando o evento NOTE_ON acontecer, saberemos porque NOSSO evento será disparado ao mesmo tempo.

O código diferente da versão anterior é destacado em cinza (e movemos o código do método main() para seu método go()).

Versão três: desenhando gráficos no ritmo da música

Esta versão final se baseia na versão dois ao adicionar as partes da GUI. Criamos um frame e adicionamos um painel de desenho a ele, e cada vez que obtemos um evento, desenhamos um novo retângulo e repintamos a tela. A única outra mudança da versão dois é que as notas tocam aleatoriamente em vez de simplesmente subir na escala.

A mudança mais importante no código (além de criar uma GUI simples) é que fazemos o painel de desenho implementar o ControllerEventListener em vez do programa. Assim sendo, quando obtém o evento, o painel de desenho (uma classe interna) sabe como se cuidar desenhando o retângulo.

O código completo desta versão está na próxima página.

A classe interna do painel de desenho:

O painel de desenho é um listener.

```
class MyDrawPanel extends JPanel implements ControllerEventListener {

  private boolean msg = false;

  public void controlChange(ShortMessage event) {
    msg = true;
    repaint();
  }

  public void paintComponent(Graphics g) {
    if (msg) {
    int r = random.nextInt(250);
    int gr = random.nextInt(250);
    int b = random.nextInt(250);

    g.setColor(new Color(r, gr, b));

    int height = random.nextInt(120) + 10;
    int width = random.nextInt(120) + 10;

    int xPos = random.nextInt(40) + 10;
    int yPos = random.nextInt(40) + 10;

    g.fillRect(xPos, yPos, width, height);
    msg = false;
  }
 }
}
```

Definimos uma flag como false e a definiremos como true somente quando recebermos um evento.

Recebemos um evento, assim definimos a flag como true e chamamos repaint().

O método do handler de eventos (da interface do listener ControllerEvent). Não estamos usando uma expressão lambda desta vez, porque queremos que o Panel ouça ControllerEvents.

Temos que usar uma flag porque OUTRAS coisas podem acionar um repaint() e queremos pintar APENAS quando houver um ControllerEvent.

O restante é código para gerar uma cor aleatória e pintar um retângulo semialeatório.

Aponte o seu lápis ⟶ Resolve aí.

Esta é a listagem de código completa para a versão três, que se baseia diretamente na versão dois. Tente comentá-la, sem recorrer às páginas anteriores.

```
import javax.sound.midi.*;
import javax.swing.*;
import java.awt.*;
import java.util.Random;

import static javax.sound.midi.ShortMessage.*;

public class MiniMusicPlayer3 {
  private MyDrawPanel panel;
  private Random random = new Random();

  public static void main(String[] args) {
    MiniMusicPlayer3 mini = new MiniMusicPlayer3();
    mini.go();
  }

  public void setUpGui() {
    JFrame frame = new JFrame("My First Music Video");
    panel = new MyDrawPanel();
    frame.setContentPane(panel);
    frame.setBounds(30, 30, 300, 300);
    frame.setVisible(true);
  }

  public void go() {
    setUpGui();

    try {
      Sequencer sequencer = MidiSystem.getSequencer();
      sequencer.open();
      sequencer.addControllerEventListener(panel, new int[]{127});
      Sequence seq = new Sequence(Sequence.PPQ, 4);
      Track track = seq.createTrack();

      int note;
      for (int i = 0; i < 60; i += 4) {
        note = random.nextInt(50) + 1;
        track.add(makeEvent(NOTE_ON, 1, note, 100, i));
        track.add(makeEvent(CONTROL_CHANGE, 1, 127, 0, i));
        track.add(makeEvent(NOTE_OFF, 1, note, 100, i + 2));
      }

      sequencer.setSequence(seq);
      sequencer.start();
      sequencer.setTempoInBPM(120);
    } catch (Exception ex) {
      ex.printStackTrace();
    }
  }
```

```
  public static MidiEvent makeEvent(int cmd, int chnl, int one, int two, int tick) {
    MidiEvent event = null;
    try {
      ShortMessage msg = new ShortMessage();
      msg.setMessage(cmd, chnl, one, two);
      event = new MidiEvent(msg, tick);
    } catch (Exception e) {
      e.printStackTrace();
    }
    return event;
  }

 class MyDrawPanel extends JPanel implements ControllerEventListener {
   private boolean msg = false;

   public void controlChange(ShortMessage event) {
     msg = true;
     repaint();
   }

   public void paintComponent(Graphics g) {
     if (msg) {
     int r = random.nextInt(250);
     int gr = random.nextInt(250);
     int b = random.nextInt(250);

     g.setColor(new Color(r, gr, b));

     int height = random.nextInt(120) + 10;
     int width = random.nextInt(120) + 10;

     int xPos = random.nextInt(40) + 10;
     int yPos = random.nextInt(40) + 10;

     g.fillRect(xPos, yPos, width, height);
     msg = false;
    }
   }
  }

}
```

Quem Sou Eu?

Um grupo de componentes Java talentosos, vestidos a caráter, estão jogando um jogo em uma festa, "Quem sou eu?" Eles lhe dão uma pista e você tenta adivinhar quem são, com base no que dizem. Suponha que sempre digam a verdade sobre si mesmos. Caso digam algo que possa ser verdade para mais de um deles, selecione a frase que se aplica a todos. Preencha os espaços em branco ao lado da frase com os nomes de um ou mais participantes.

Participantes desta noite:

Qualquer uma das personalidades encantadoras deste capítulo pode aparecer!

Tenho toda a GUI em minhas mãos. ____________________

Cada tipo de evento tem um desses. ____________________

O método-chave do listener. ____________________

Método que atribui ao JFrame seu tamanho. ____________________

Adicionamos código a este método, mas nunca o chamamos. ____________________

Quando o usuário realmente faz algo, é um ____________________

A maioria deles são fontes de eventos. ____________________

Carrego dados de volta para o listener ____________________

Um método addXxxListener( ) diz que um objeto é um ____________________

Como um listener se registra. ____________________

Método em que todos os gráficos são inseridos. ____________________

Normalmente estou vinculado a uma instância. ____________________

O "g" em (Graphics g) é mesmo desta classe. ____________________

O método que faz paintComponent( ) mover. ____________________

O pacote em que estão a maioria dos Swingers. ____________________

→ Respostas na página 505.

Exercício

SEJA o Compilador

Cada um dos arquivos Java nesta página representa um arquivo-fonte completo. Seu trabalho é representar o compilador e determinar se cada um desses arquivos será compilado. Se não compilarem, como você os corrigiria e, se compilarem, qual seria a saída?

```
import javax.swing.*;
import java.awt.*;
import java.awt.event.*;

class InnerButton {
  private JButton button;

  public static void main(String[] args) {
    InnerButton gui = new InnerButton();
    gui.go();
  }

  public void go() {
    JFrame frame = new JFrame();
    frame.setDefaultCloseOperation(
            JFrame.EXIT_ON_CLOSE);

    button = new JButton("A");
    button.addActionListener();

    frame.getContentPane().add(
            BorderLayout.SOUTH, button);
    frame.setSize(200, 100);
    frame.setVisible(true);
  }

  class ButtonListener extends ActionListener {
    public void actionPerformed(ActionEvent e) {
      if (button.getText().equals("A")) {
        button.setText("B");
      } else {
        button.setText("A");
      }
    }
  }
}
```

→ Respostas na página 505.

Quebra-cabeças na Piscina

Quebra-cabeças na Piscina

Sua **tarefa** é pegar os trechos de código da piscina e inseri-los nas linhas em branco ao lado. Você **pode** usar o mesmo trecho mais de uma vez, e não precisa usar todos os trechos. Seu **objetivo** é criar uma classe que compilará, executará e gerará a saída listada.

Saída (em inglês, como no código):

The Amazing, Shrinking, Blue Rectangle.

Este programa gerará um retângulo azul que encolherá e desaparecerá em um campo branco.

```
import javax.swing.*;
import java.awt.*;
import java.util.concurrent.TimeUnit;
public class Animate {
    int x = 1;
    int y = 1;
    public static void main(String[] args) {
       Animate gui = new Animate ();
       gui.go();
  }
  public void go() {
     JFrame _____________ = new JFrame();
     frame.setDefaultCloseOperation(
                    JFrame.EXIT _ ON _ CLOSE);
     ______________________________________ ;
     _____________ .getContentPane().add
                (drawP);
     ______________________________________ ;
     _____________ .setVisible(true);
    for (int i=0; i<124; _____________ ) {
    ____________________;
    ____________________;
    try {
    TimeUnit.MILLISECONDS.sleep(50);
   } catch(Exception ex) { }
   }
  }
  class MyDrawP extends JPanel {
     public void paintComponent (Graphics
                          ________ ) {
          _____________________________ ;
          _____________________________ ;
          _____________________________ ;
          _____________________________ ;
     }
   }
}
```

Observação: Cada trecho da piscina pode ser usado mais de uma vez!

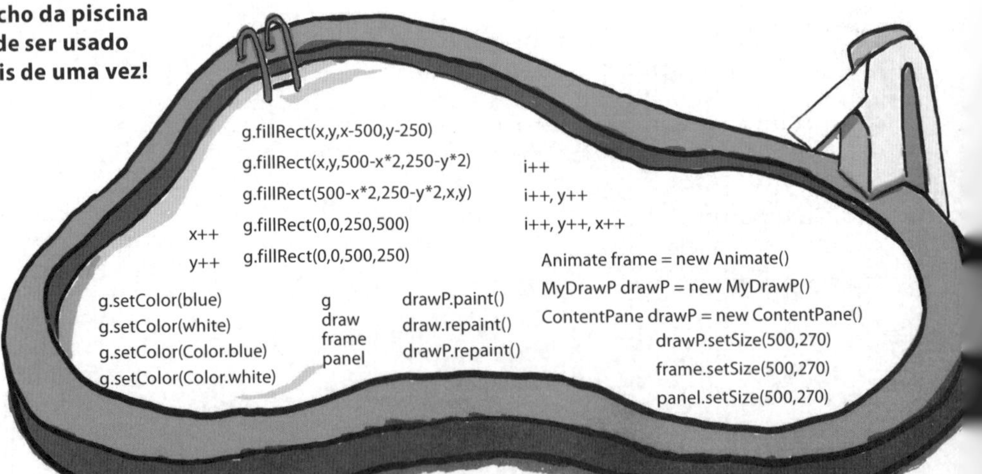

Respostas na página 5(

Exercício Solução

Quem Sou Eu? (página 502)

Tenho toda a GUI em minhas mãos.	JFrame
Cada tipo de evento tem um desses.	listener interface
O método-chave do listener.	actionPerformed( )
Método que atribui ao JFrame seu tamanho.	setSize( )
Adicionamos código a este método, mas nunca o chamamos.	paintComponent( )
Quando o usuário realmente faz algo, é um ___ .	event
A maioria deles são fontes de eventos.	swing components
Carrego dados de volta para o listener	event object
Um método addXxxListener( ) diz que um objeto é um ___ .	event source
Como um listener se registra.	addXxxListener( )
Método em que todos os gráficos são inseridos.	paintComponent( )
Normalmente estou vinculado a uma instância.	inner class
O "g" em (Graphics g) é mesmo desta classe.	Graphics2D
O método que faz paintComponent( ) mover.	repaint( )
O pacote em que estão a maioria dos Swingers.	javax.swing

SEJA o Compilador

(página 503)

Após corrigido, este código criará uma GUI com um botão que alterna entre A e B quando você clica nele.

```
import javax.swing.*;
import java.awt.*;
import java.awt.event.*;

class InnerButton {
  private JButton button;

  public static void main(String[] args) {
    InnerButton gui = new InnerButton();
    gui.go();
  }

  public void go() {
    JFrame frame = new JFrame();
    frame.setDefaultCloseOperation(
            JFrame.EXIT_ON_CLOSE);

    button = new JButton("A");
    button.addActionListener
        (new ButtonListener());

    frame.getContentPane().add(
            BorderLayout.SOUTH, button);
    frame.setSize(200, 100);
    frame.setVisible(true);
  }

class ButtonListener implements
ActionListener {
  public void actionPerformed
  (ActionEvent e) {
    if (button.getText().equals("A")) {
      button.setText("B");
    } else {
      button.setText("A");
    }
  }
 }
}
```

O método addActionListener( ) usa uma classe que implementa a interface ActionListener.

ActionListener é uma interface; as interfaces são implementadas, não estendidas.

Quebra-cabeças na Piscina (página 504)

```
import javax.swing.*;
import java.awt.*;
import java.util.concurrent.TimeUnit;

public class Animate {
  int x = 1;
  int y = 1;
  public static void main(String[] args) {
    Animate gui = new Animate ();
    gui.go();
  }
  public void go() {
    JFrame frame = new JFrame();
    frame.setDefaultCloseOperation(
            JFrame.EXIT _ ON _ CLOSE);
    MyDrawP drawP = new MyDrawP();
    frame.getContentPane().add(drawP);
    frame.setSize(500, 270);
    frame.setVisible(true);
    for (int i = 0; i < 124; i++,y++,x++ ) {
      x++;
      drawP.repaint();
      try {
        TimeUnit.MILLISECONDS.sleep(50);
      } catch(Exception ex) { }
    }
  }
  class MyDrawP extends JPanel {
    public void paintComponent(Graphics g ) {
      g.setColor(Color.white);
      g.fillRect(0, 0, 500, 250);
      g.setColor(Color.blue);
      g.fillRect(x, y, 500-x*2, 250-y*2);
    }
  }
}
```

The Amazing, Shrinking, Blue Rectangle.

15 usando o swing

Trabalhando seu Swing

Swing é fácil. A menos que você realmente *se importe* com onde as coisas vão parar na tela. Apesar de, *aparentemente*, o código Swing ser fácil, basta compilá-lo e executá-lo para vermos que determinadas coisas não deveriam acontecer. O que *facilita* o código é o que *dificulta* o *controle*: o **Layout Manager**. Os objetos do Layout Manager, gerenciador de layout em português, controlam o tamanho e a localização dos componentes gráficos em uma GUI Java. Eles fazem muitas tarefas para você, o problema é que nem sempre ficaremos contentes com os resultados. Por exemplo, você quer dois botões com o mesmo tamanho, mas eles não têm. Você quer que o campo de texto tenha sete centímetros de comprimento, mas tem nove. Ou um. E quer que fique *embaixo* do rótulo, não *próximo* a ele. Com um pouco de trabalho, podemos fazer com que os gerenciadores de layout se submetam à nossa vontade. A essa altura, aprender Swing lhe dará uma vantagem inicial como programador Java. Quer escrever um app Android? Este é o capítulo certo!

Componentes do Swing

Componente é o termo mais adequado para *componentes gráficos*. As *coisas* que inserimos em uma GUI. *As coisas que um usuário vê e com as quais interage.* Campos de texto, botões, listas roláveis, botões de opção etc., são todos componentes. Na verdade, todos estendem `javax.swing.JComponent`.

Componentes podem ser aninhados

No Swing, praticamente *todos* os componentes são capazes de armazenar outros componentes. Dito de outro modo, *podemos inserir qualquer coisa em outra coisa.* No entanto, na maioria das vezes, adicionaremos componentes *interativos do usuário*, como botões e listas, a componentes de *background* (em geral, chamados de contêineres), como frames e painéis. Ainda que seja *possível* inserir um painel dentro de um botão, seria muito esquisito. Você não ganharia nenhum Nobel de usabilidade por isso. Com exceção do JFrame, a distinção entre componentes *interativos* e componentes de *background* é arbitrária. Um JPanel, por exemplo, é usado como background para agrupar outros componentes, mas até mesmo um JPanel pode ser interativo. Assim como ocorre com outros componentes, é possível se registrar nos eventos do JPanel, como cliques do mouse e pressionamentos de teclas.

Em termos técnicos, um componente gráfico é um componente do Swing. Quase tudo o que podemos inserir em uma GUI se estende de javax.swing.JComponent.

Quatro etapas para criar uma GUI (revisão)

1. Cria uma janela (um JFrame):
```
JFrame frame = new JFrame();
```
2. Cria um componente (botão, campo de texto etc.):
```
JButton button = new JButton("click me");
```
3. Adiciona o componente ao frame:
```
frame.getContentPane().add(BorderLayout.EAST, button);
```
4. Exibe-a (atribui um tamanho e a torna visível):
```
frame.setSize(300,300);
frame.setVisible(true);
```

Insere os componentes interativos:

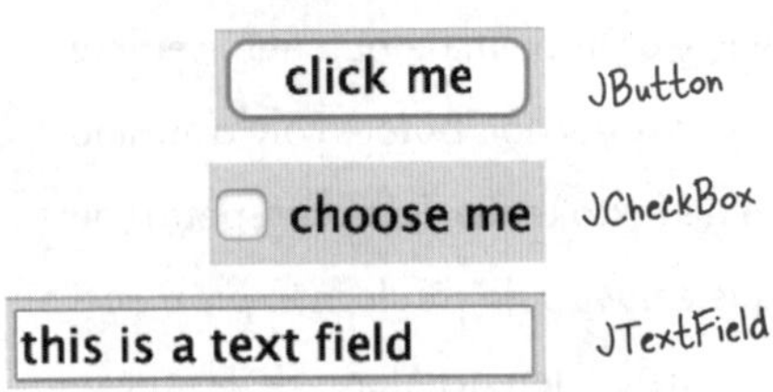

Em componentes de background (de fundo):

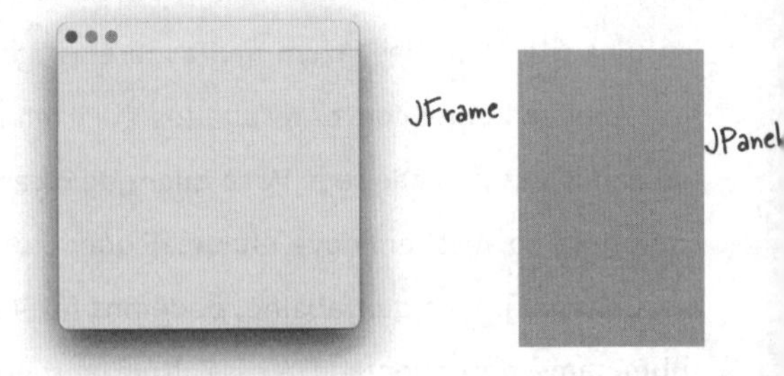

Gerenciadores de layout

Um gerenciador de layout é um objeto Java associado a um componente específico, quase sempre um componente de *background*. O gerenciador de layout controla os componentes contidos *dentro* do componente ao qual o gerenciador está associado. Ou seja, se um frame armazena um painel, e o painel armazena um botão, o gerenciador de layout do painel controla o tamanho e o posicionamento do botão, enquanto o gerenciador de layout do frame controla o tamanho e o posicionamento do painel. Por outro lado, o botão não precisa de um gerenciador de layout porque não armazena outros componentes.

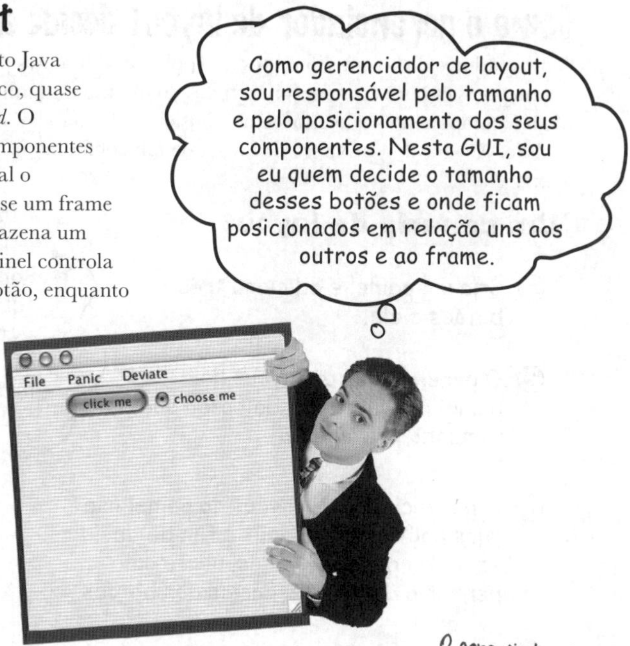

Se um painel armazena cinco itens, o tamanho e a localização deles são controlados pelo gerenciador de layout do painel. Se esses cinco itens, por sua vez, armazenarem *outras* coisas (por exemplo, se algumas delas forem painéis ou outros contêineres que armazenam outras coisas), *elas* são inseridas de acordo com o gerenciador de layout do item que as armazena. Quando dizemos *armazenar*, na verdade queremos dizer *adicionar*, como um painel que *armazena* um botão, porque ele foi *adicionado* ao painel mais ou menos assim:

```
myPanel.add(button);
```

Os gerenciadores de layout têm diversas variações, e cada componente de background pode ter o próprio gerenciador de layout. Além disso, eles têm políticas para criar um layout. Por exemplo, um gerenciador de layout pode insistir que todos os componentes de um painel devem ter o mesmo tamanho, organizados em uma grade, enquanto outro gerenciador de layout pode permitir que cada componente escolha o próprio tamanho, mas pode empilhá-los verticalmente. Vejamos um exemplo de layouts aninhados:

```
JPanel panelA = new JPanel();
JPanel panelB = new JPanel();
panelB.add(new JButton("button 1"));
panelB.add(new JButton("button 2"));
panelB.add(new JButton("button 3"));
panelA.add(panelB);
```

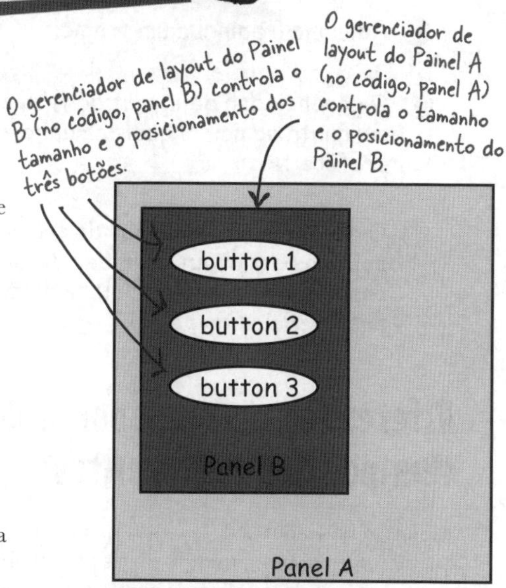

O gerenciador de layout do Painel A não tem NADA a decidir sobre os três botões. A hierarquia de controle é de apenas um nível – o gerenciador de layout do Painel A controla somente os itens adicionados diretamente ao Painel A e não controla nada aninhado nesses componentes adicionados.

Como o gerenciador de layout decide as coisas?

Gerenciadores de layout diferentes têm políticas diferentes para organizar componentes (como organizá-los em uma grade, serem todos do mesmo tamanho, empilhá-los verticalmente etc.). Mas os componentes que estão sendo posicionados têm ao menos certo grau de influência na decisão. Em geral, o processo de layout de um componente de background é mais ou menos assim:

Um cenário de layout

1. Cria um painel e adiciona três botões a ele.
2. O gerenciador de layout do painel pergunta a cada botão qual tamanho prefere ter.
3. O gerenciador de layout do painel usa suas políticas de layout a fim de decidir se deve respeitar todas, parte ou nenhuma das preferências dos botões.
4. Adiciona o painel a um frame.
5. O gerenciador de layout do frame pergunta ao painel qual tamanho ele prefere ter.
6. O gerenciador de layout do frame usa suas políticas de layout para decidir se deve respeitar todas, parte ou nenhuma das preferências do painel.

Diferentes gerenciadores de layout têm políticas diferentes

Alguns gerenciadores de layout respeitam o tamanho que o componente quer ter. Se o botão quiser 30 pixels por 50 pixels, o gerenciador de layout aloca exatamente esses pixels para ele. Outros gerenciadores de layout respeitam somente parte do tamanho preferido do componente. Se o botão quiser ter 30 pixels por 50 pixels, terá 30 pixels de acordo com a largura do *painel* de background do botão. Outros gerenciadores de layout respeitam somente a preferência do componente de maior tamanho dentre os que estão sendo posicionados, e o restante dos componentes desse painel são todos criados com o mesmo tamanho. Em alguns casos, as tarefas do gerenciador de layout podem ficar bem complexas, porém, na maioria das vezes, é possível descobrir o que o gerenciador de layout provavelmente fará, após ficar por dentro das políticas dele.

Os Três Grandes Gerenciadores de Layout: border, flow e box

BorderLayout

Um gerenciador BorderLayout divide um componente de background em cinco regiões. Podemos adicionar somente um componente por região a um background controlado por um gerenciador BorderLayout. Em geral, componentes definidos por este gerenciador não têm tamanho preferido. **BorderLayout é o gerenciador de layout padrão para um frame!**

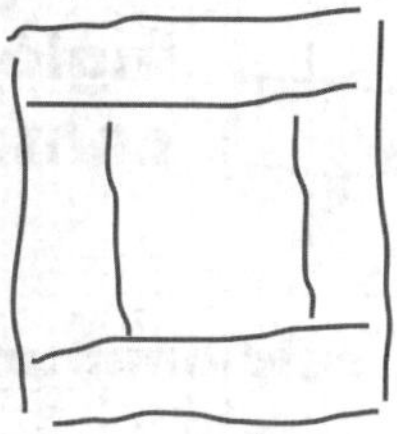

FlowLayout

Apesar de se comportar como um processador de texto, o gerenciador usa componentes em vez de palavras. Cada componente tem o tamanho que deseja, sendo organizados da esquerda para a direita, na ordem em que são adicionados, com a função de "quebra de linha" ativada. Ou seja, quando não cabe horizontalmente, um componente fica na próxima "linha" no layout. **FlowLayout é o gerenciador de layout padrão para um painel!**

BoxLayout

Um gerenciador BoxLayout é como um FlowLayout, já que cada componente tem o próprio tamanho, além de os componentes serem organizados na ordem em que são adicionados. No entanto, ao contrário do FlowLayout, um gerenciador BoxLayout pode empilhar os componentes verticalmente (ou organizá-los horizontalmente, mas, em geral, ficamos preocupados com a organização vertical). É como um FlowLayout, só que em vez de ter um "componente em um wrapper" automático, podemos inserir uma espécie de "chave de retorno de componente" e **forçar** os componentes a começar em uma linha nova.

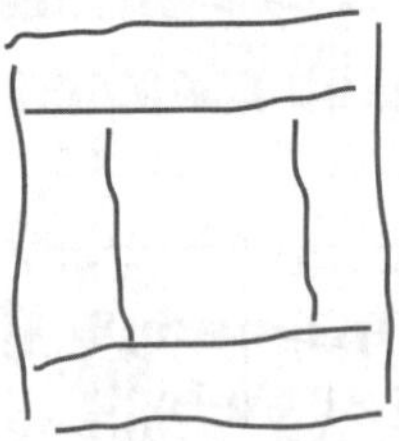

O BorderLayout se preocupa com cinco regiões: leste, oeste, norte, sul e centro. Lembre-se, no código, essas regiões ficam em inglês: east, west, north, south e center.

Vamos adicionar um botão na região east:

```
import javax.swing.*;
import java.awt.*;          // ← O BorderLayout está no pacote java.awt.

public class Button1 {
  public static void main(String[] args) {
    Button1 gui = new Button1();
    gui.go();
  }

  public void go() {
    JFrame frame = new JFrame();
    JButton button = new JButton("click me");
    frame.getContentPane().add(BorderLayout.EAST, button);   // Especifica a região.
    frame.setSize(200, 200);
    frame.setVisible(true);
  }
}
```

Supino Mental

Como o gerenciador BorderLayout criou este tamanho para o botão?

Quais são os fatores que o gerenciador de layout deve considerar?

Por que este botão não é mais largo ou mais alto?

Vejamos o que acontece quando escrevemos mais palavras no botão...

Alteramos somente o texto do botão.

```
public void go() {
  JFrame frame = new JFrame();
  JButton button = new JButton("click like you mean it");
  frame.getContentPane().add(BorderLayout.EAST, button);
  frame.setSize(200, 200);
  frame.setVisible(true);
}
```

Primeiro, pergunto ao botão seu tamanho preferido.

Como agora tenho muitas palavras, prefiro ter 60 pixels de largura e 25 pixels de altura.

objeto Button

Como você fica na região east de um BorderLayout, vou respeitar sua largura preferida. Mas pouco me importa a altura que quer ter. Você vai ter a altura do frame porque minha política é essa.

Eu hein... Da próxima vez, vou usar o FlowLayout, porque ele faz TUDO o que eu quero.

O botão consegue a largura preferida, mas não a altura.

objeto Button

Vamos tentar criar um botão na região NORTH

```
public void go() {
  JFrame frame = new JFrame();
  JButton button = new JButton("There is no spoon...");
  frame.getContentPane().add(BorderLayout.NORTH, button);
  frame.setSize(200, 200);
  frame.setVisible(true);
}
```

O botão é tão alto quanto queria, embora tão largo quanto o frame.

Agora faremos com que o botão peça para ser mais alto

Como fazemos isso? O botão já está tão largo quanto possível — tão largo quanto o frame. Podemos fazer com que fique mais alto com uma fonte maior.

```
public void go() {
  JFrame frame = new JFrame();
  JButton button = new JButton("Click This!");
  Font bigFont = new Font("serif", Font.BOLD, 28);
  button.setFont(bigFont);
  frame.getContentPane().add(BorderLayout.NORTH, button);
  frame.setSize(200, 200);
  frame.setVisible(true);
}
```

Uma fonte maior forçará o frame a alocar mais espaço para a altura do botão.

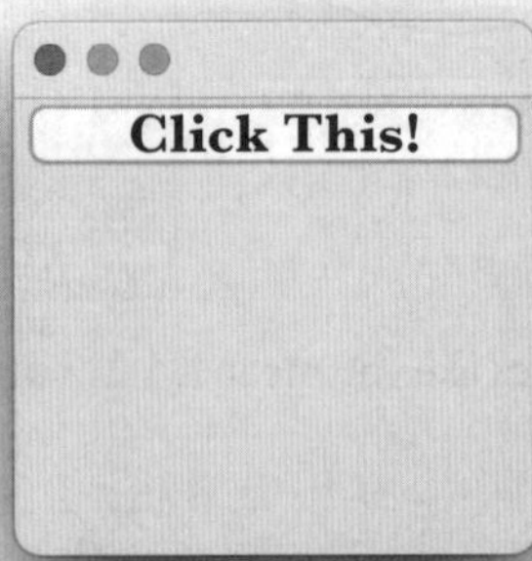

A largura permanece a mesma, só que agora o botão está mais alto. A região north se esticou para acomodar a nova altura preferida do botão.

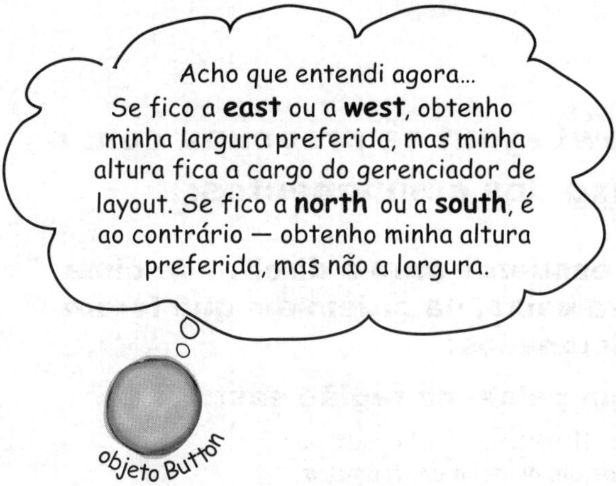

Mas o que acontece na região center?

A região center fica com o que sobrar!

(Exceto em um caso especial, que veremos mais adiante.)

```
public void go() {
  JFrame frame = new JFrame();

  JButton east = new JButton("East");
  JButton west = new JButton("West");
  JButton north = new JButton("North");
  JButton south = new JButton("South");
  JButton center = new JButton("Center");

  frame.getContentPane().add(BorderLayout.EAST, east);
  frame.getContentPane().add(BorderLayout.WEST, west);
  frame.getContentPane().add(BorderLayout.NORTH, north);
  frame.getContentPane().add(BorderLayout.SOUTH, south);
  frame.getContentPane().add(BorderLayout.CENTER, center);

  frame.setSize(300, 300);
  frame.setVisible(true);
}
```

Na região Center, os componentes recebem todo o espaço restante, com base nas dimensões do frame (300 × 300, neste código).

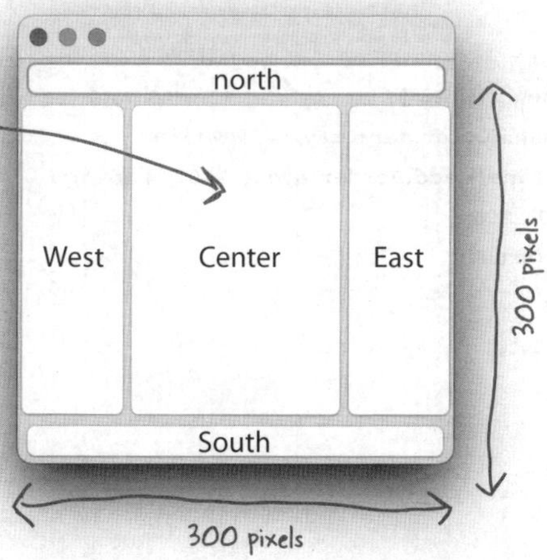

Quando inserimos algum componente nas regiões North ou South, esse componente atravessa todo o frame. Desse modo, os componentes nas regiões East e West não serão tão altos quanto seriam, caso as regiões North e South estivessem vazias.

Nas regiões East e West, os componentes ficam com sua largura preferida.
Nas regiões North e South, os componentes ficam com sua altura preferida.

FlowLayout se preocupa com o fluxo dos componentes:

da esquerda para a direita, de cima para baixo, na ordem em que foram adicionados.

Vamos adicionar um painel na região east:

O gerenciador de layout do JPanel é o FlowLayout, por padrão. Quando adicionamos um painel a um frame, o tamanho e o posicionamento do painel ainda estão sendo controlados pelo gerenciador BorderLayout. No entanto, quaisquer coisas *dentro* do painel (ou seja, componentes adicionados ao painel chamando **panel.add(aComponent)**) estão sendo controladas pelo gerenciador FlowLayout do painel. Começaremos inserindo um painel vazio na região east do frame e, nas próximas páginas, adicionaremos coisas ao painel.

Como o painel não tem nada dentro dele, não pede muita largura na região east.

```
import javax.swing.*;
import java.awt.*;

public class Panel1 {

  public static void main(String[] args) {
    Panel1 gui = new Panel1();
    gui.go();
  }

  public void go() {
    JFrame frame = new JFrame();
    JPanel panel = new JPanel();
    panel.setBackground(Color.darkGray);
    frame.getContentPane().add(BorderLayout.EAST, panel);
    frame.setSize(200, 200);
    frame.setVisible(true);
  }
}
```

Atribui a cor cinza escuro (darkGray) ao painel para que possamos visualizá-lo no frame.

Vamos adicionar um botão ao painel

```
public void go() {
  JFrame frame = new JFrame();
  JPanel panel = new JPanel();
  panel.setBackground(Color.darkGray);

  JButton button = new JButton("shock me");
  panel.add(button);

  frame.getContentPane().add(BorderLayout.EAST, panel);
  frame.setSize(200, 200);
  frame.setVisible(true);
}
```

Adiciona o botão ao painel...

... E adiciona o painel ao frame.

O gerenciador de layout do painel (flow) controla o botão, e o gerenciador de layout do frame (border) controla o painel.

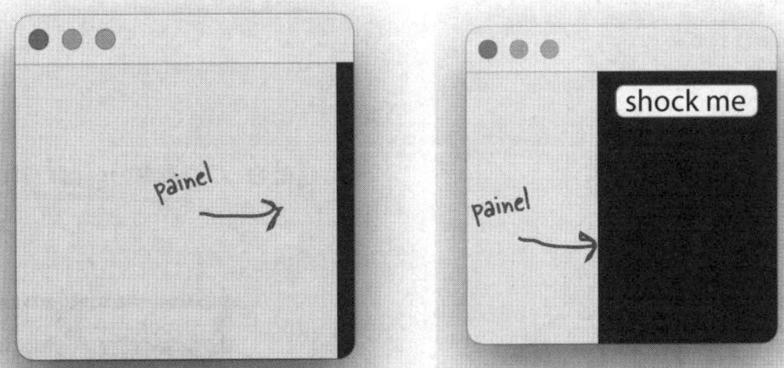

O painel ficou maior! E o botão ganhou seu tamanho preferido em ambas as dimensões, pois o painel usa o flowLayout e o botão faz parte do painel (não do frame).

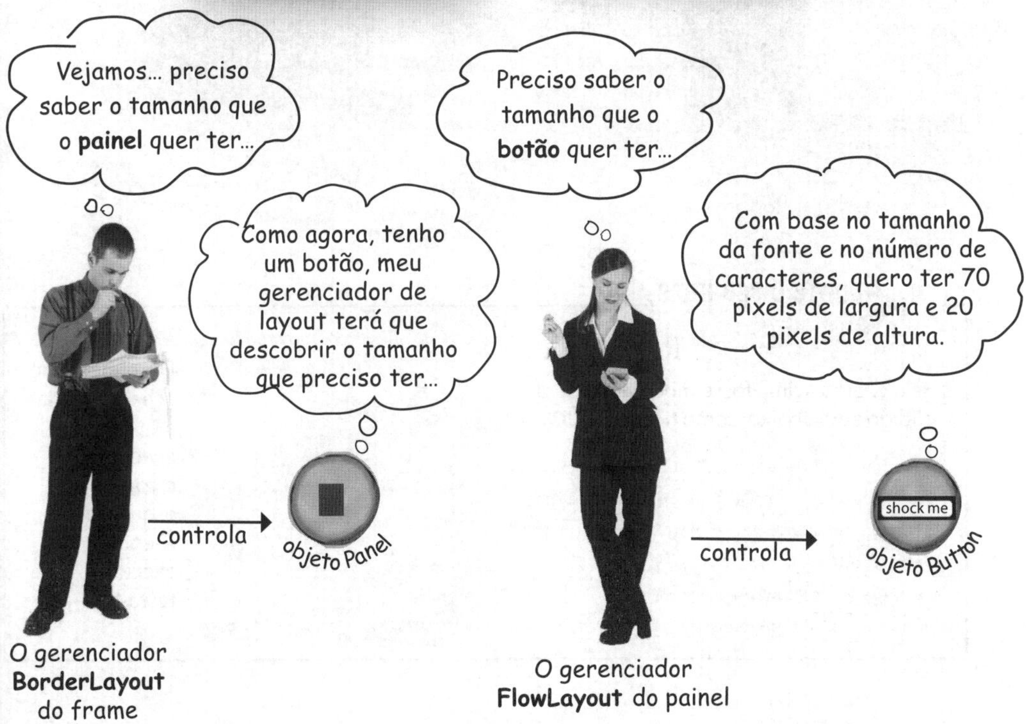

O que acontece se adicionarmos DOIS botões ao painel?

```
public void go() {
  JFrame frame = new JFrame();
  JPanel panel = new JPanel();
  panel.setBackground(Color.darkGray);

  JButton button = new JButton("shock me");
  JButton buttonTwo = new JButton("bliss");

  panel.add(button);
  panel.add(buttonTwo);

  frame.getContentPane().add(BorderLayout.EAST, panel);
  frame.setSize(250, 200);
  frame.setVisible(true);
}
```

Cria DOIS botões.

Adiciona AMBOS ao painel.

O que eles *querem*:

Queremos os botões empilhados uns sobre os outros.

O que *conseguimos*:

O painel se expandiu para acomodar os dois botões lado a lado.

Repare que o botão 'bliss' é menor que o botão 'shock me'... É assim que funciona o Flowlayout. O botão obtém exatamente o que precisa (e nada mais).

Aponte o seu lápis

Resolve aí.

Se o código acima fosse modificado para o código aqui abaixo, como ficaria a GUI?

```
JButton button = new JButton("shock me");
JButton buttonTwo = new JButton("bliss");
JButton buttonThree = new JButton("huh?");
panel.add(button);
panel.add(buttonTwo);
panel.add(buttonThree);
```

Desenhe como acha que seria a GUI se você executasse o código à esquerda. (Depois, execute-o para testá-lo!)

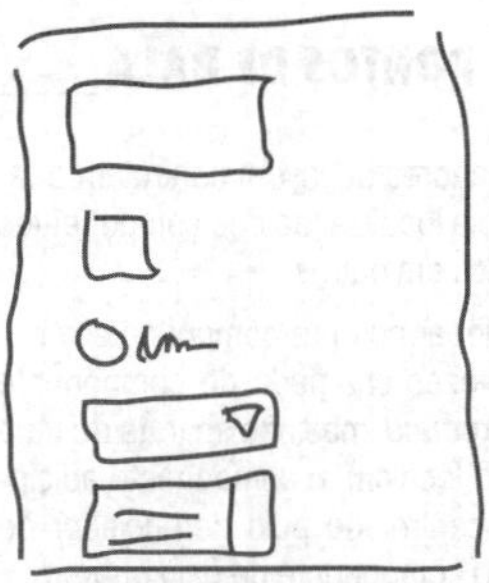

BoxLayout ao resgate! Mantém os componentes empilhados, mesmo que haja espaço para organizá-los lado a lado.

Ao contrário do FlowLayout, o BoxLayout pode forçar uma "linha nova" para fazer com que os componentes passem para a próxima linha, mesmo que haja espaço para serem organizados horizontalmente.

Só que agora teremos que alterar o gerenciador de layout do painel: do FlowLayout padrão para BoxLayout.

```
public void go() {
   JFrame frame = new JFrame();
   JPanel panel = new JPanel();
   panel.setBackground(Color.darkGray);

   panel.setLayout(new BoxLayout(panel, BoxLayout.Y _ AXIS));

   JButton button = new JButton("shock me");
   JButton buttonTwo = new JButton("bliss");
   panel.add(button);
   panel.add(buttonTwo);
   frame.getContentPane().add(BorderLayout.EAST, panel);
   frame.setSize(250,200);
   frame.setVisible(true);
}
```

Altera o gerenciador de layout para ser uma instância nova de BoxLayout.

O construtor BoxLayout precisa saber o componente que está sendo posicionado (ou seja, o painel) e qual eixo usar (usamos Y_AXIS para uma pilha vertical).

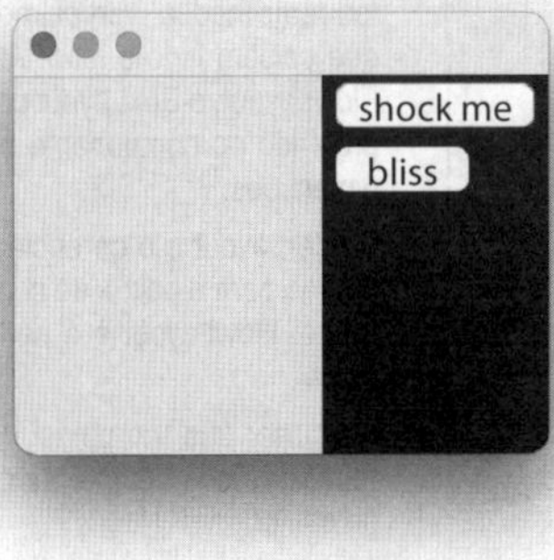

Veja como o painel está mais estreito de novo, pois não precisa encaixar os dois botões horizontalmente. Ou seja, o painel informou ao frame que precisava de espaço suficiente somente para o botão maior, "shock me".

não existem Perguntas Idiotas

P: Por que não é possível adicionar componentes diretamente a um frame como fazemos com um painel?

R: O JFrame é especial porque é quando vemos a teoria se transformar em prática: componentes aparecem na tela. Mesmo que todos os seus componentes Swing sejam em Java puro, um JFrame precisa se conectar ao sistema operacional subjacente para acessar a exibição. Considere o painel de conteúdo como uma camada Java 100% pura que fica *sobre* o JFrame. Ou como se o JFrame fosse o frame da janela e o painel de conteúdo fosse o vidro. E quando falamos de *painel* da janela, podemos trocar o painel de conteúdo pelo JPanel. Assim, para que o JPanel se torne o painel de conteúdo do frame, usamos:

```
myFrame.setContentPane(myPanel);
```

P: Posso alterar o gerenciador de layout do frame? E se eu quiser que o frame use o flow em vez do border?

R: O jeito mais fácil de fazer isso é criar um painel, criar a GUI da forma que deseja no painel e, em seguida, transformar esse painel no painel de conteúdo do frame usando o código da resposta anterior (em vez de alterar o painel de conteúdo padrão.

P: E se eu quiser um tamanho preferido diferente? Existe um método setSize() para componentes?

R: Sim, existe um setSize(), mas os gerenciadores de layout irão ignorá-lo. Existe uma diferença entre o *tamanho preferido* do componente e o tamanho que *você* quer que ele tenha. O tamanho preferido é baseado no tamanho que o componente efetivamente *precisa* (o componente toma essa decisão por si mesmo). O gerenciador de layout chama o método getPreferredSize() do componente, e *esse* método *não se importa* se você já chamou setSize() no componente.

P: Não posso simplesmente inserir as coisas onde quero? Consigo desativar os gerenciadores de layout?

R: Sim, você pode chamar **`setLayout(null)`**, contêiner por contêiner. Em seguida, cabe a você programar rigidamente [hard-code] os locais e as dimensões exatas da tela. Mas, no final das contas, é sempre mais fácil usar gerenciadores de layout.

PONTOS DE BALA

- Gerenciadores de layout controlam o tamanho e a localização dos componentes aninhados em outros.
- Ao adicionarmos um componente a outro (às vezes chamado de componente de *background*, mas não se trata de uma distinção técnica), o componente adicionado é controlado pelo gerenciador de layout do componente de *background*.
- Um gerenciador de layout pergunta aos componentes seu tamanho preferido antes de tomar uma decisão sobre o layout. Dependendo das políticas do gerenciador de layout, ele pode respeitar todas, algumas ou nenhuma desejada pelo componente.
- O gerenciador BorderLayout permite adicionar um componente a uma das cinco regiões. Devemos especificar a região ao adicionar o componente, usando a seguinte sintaxe:

  ```
  add(BorderLayout.EAST, panel);
  ```
- Com BorderLayout, os componentes nas regiões north e south obtêm sua altura preferida, mas não a largura. Os componentes nas regiões east e west obtêm sua largura preferida, mas não a altura. O componente na região center recebe o que sobrar.
- O FlowLayout posiciona os componentes da esquerda para a direita, de cima para baixo, na ordem em que foram adicionados, agrupando-os em uma linha nova de componentes somente quando não se ajustam horizontalmente.
- O FlowLayout fornece aos componentes seu tamanho preferido em ambas as dimensões.
- BoxLayout possibilita alinhar componentes empilhados verticalmente, mesmo que caibam lado a lado. Assim como o FlowLayout, o BoxLayout usa o tamanho preferido do componente em ambas as dimensões.
- BorderLayout é o gerenciador de layout padrão para o painel de conteúdo de um frame; FlowLayout é o padrão para um painel.
- Se quiser que um painel use algo diferente de flow, chame **`setLayout()`** no painel.

Brincando com componentes Swing

Como você já aprendeu o básico sobre gerenciadores de layout, agora vamos brincar com alguns dos componentes mais comuns: um campo de texto, uma área de rolagem de texto, uma caixa de seleção e uma lista. Não mostraremos a API completa de cada um deles, apenas destacaremos algumas coisas para você começar. Caso queira saber mais, leia o livro *Java Swing* de Dave Wood, Marc Loy e Robert Eckstein.

JTextField

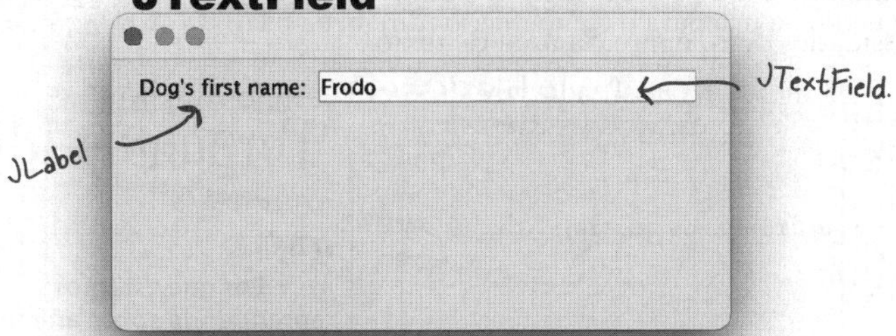

Construtores:

```
JTextField field = new JTextField(20);

JTextField field = new JTextField("Your name");
```

20 significa 20 colunas, não 20 pixels. Isso define a largura preferida do campo de texto.

Como usá-lo:

1. Retire um texto daqui

```
System.out.println(field.getText());
```

2. E insira aqui

```
field.setText("whatever");
field.setText("");
```

Isso limpa o campo.

3. Obtenha um ActionEvent quando o usuário pressionar Enter ou Return.

```
field.addActionListener(myActionListener);
```

É possível também se registrar em eventos importantes se realmente quiser saber deles sempre que o usuário pressionar uma teela.

4. Selecione/destaque o texto no campo

```
field.selectAll();
```

5. Insira o cursor de volta no campo (para que o usuário possa começar a digitar)

```
field.requestFocus();
```

JTextArea

Ao contrário do JTextField, o JTextArea pode ter mais de uma linha de texto. É necessária uma pequena configuração para criá-lo, pois ele não vem, por padrão, com barras de rolagem ou quebra de linha. Para fazer um JTextArea rolar, é necessário inseri-lo em um JScrollPane. Um JScrollPane é um objeto que ama rolagens, e se encarregará das necessidades de rolagem da área de texto.

Construtor:

10 significa 10 linhas (define a altura preferida).

```
JTextArea text = new JTextArea(10, 20);
```

20 significa 20 colunas (define a largura preferida).

Como usá-lo:

1. Faça com que tenha apenas uma barra de rolagem vertical

Cria um JScrollPane e atribui a ele a área de texto que rolará.

```
JScrollPane scroller = new JScrollPane(text);
text.setLineWrap(true);
scroller.setVerticalScrollBarPolicy(ScrollPaneConstants.VERTICAL_SCROLLBAR_ALWAYS);
scroller.setHorizontalScrollBarPolicy(ScrollPaneConstants.HORIZONTAL_SCROLLBAR_NEVER);

panel.add(scroller);
```

Ativa quebra automática de linha.

Diz ao painel de rolagem para usar apenas uma barra de rolagem vertical.

Se liga!!! Atribuímos a área de texto ao painel de rolagem (por meio do construtor do painel de rolagem) e, em seguida, adicionamos o painel de rolagem ao painel. Não podemos adicionar a área de texto diretamente ao painel!

2. Substitua o texto que está nele

```
text.setText("Not all who are lost are wandering");
```

3. Anexe ao texto que está nele

```
text.append("button clicked");
```

4. Selecione/destaque o texto no campo

```
text.selectAll();
```

5. Insira o cursor de volta no campo (para que o usuário possa começar a digitar)

```
text.requestFocus();
```

Exemplo de JTextArea

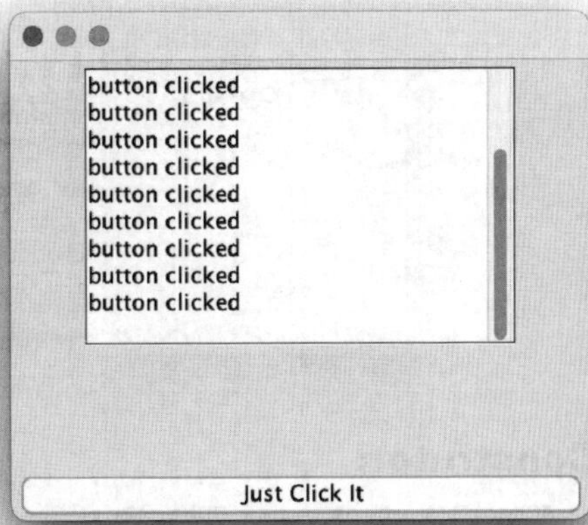


```
import javax.swing.*;
import java.awt.*;
import java.awt.event.*;

public class TextArea1 {
  public static void main(String[] args) {
    TextArea1 gui = new TextArea1();
    gui.go();
  }

  public void go() {
    JFrame frame = new JFrame();
    JPanel panel = new JPanel();

    JButton button = new JButton("Just Click It");

    JTextArea text = new JTextArea(10, 20);
    text.setLineWrap(true);
    button.addActionListener(e -> text.append("button clicked \n"));

    JScrollPane scroller = new JScrollPane(text);
    scroller.setVerticalScrollBarPolicy(ScrollPaneConstants.VERTICAL _ SCROLLBAR _ ALWAYS);
    scroller.setHorizontalScrollBarPolicy(ScrollPaneConstants.HORIZONTAL _ SCROLLBAR _
NEVER);

    panel.add(scroller);

    frame.getContentPane().add(BorderLayout.CENTER, panel);
    frame.getContentPane().add(BorderLayout.SOUTH, button);

    frame.setSize(350, 300);
    frame.setVisible(true);
  }
}
```

Insere uma linha nova para que as palavras fiquem em uma linha separada cada vez que o botão for clicado. Caso contrário, elas ficam todas juntas e misturadas.

Expressão lambda para implementar o ActionListener do botão.

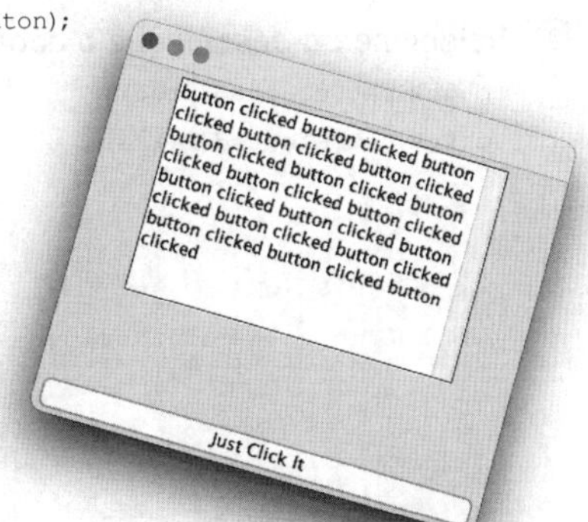

JCheckBox

Construtor:

```
JCheckBox check = new JCheckBox("Goes to 11");
```

Como usá-lo:

1. Ouça um evento de item (quando está selecionado ou não)

```
check.addItemListener(this);
```

2. Lide com o evento (e descubra se está selecionado ou não)

```
public void itemStateChanged(ItemEvent e) {
  String onOrOff = "off";
  if (check.isSelected()) {
    onOrOff = "on";
  }
  System.out.println("Check box is " + onOrOff);
}
```

3. Selecione ou desmarque o código

```
check.setSelected(true);
check.setSelected(false);
```

não existem Perguntas Idiotas

P: Gerenciadores de layout valem mesmo a pena? Aparentemente, são problemáticos, porque se eu tiver todo esse trabalho, seria melhor definir manualmente o tamanho e as coordenadas de onde tudo deve ficar.

R: Obter o layout exato que se quer de um gerenciador de layout pode ser um desafio. Mas pense no que o gerenciador de layout faz para você. Mesmo a tarefa aparentemente simples de identificar onde as coisas devem aparecer na tela pode ser complexa. Por exemplo, o gerenciador de layout evita que seus componentes se sobreponham. Ou seja, ele sabe administrar o espaçamento entre os componentes (e entre as bordas do frame). Claro que você pode fazer isso sozinho, mas o que acontece se quiser que os componentes sejam bem empacotados? É possível inseri-los correta e manualmente, mas o único beneficiado com isso é a sua JVM! Por quê? Porque os componentes podem ser ligeiramente diferentes dependendo da plataforma, ainda mais se usarem a "aparência" nativa da plataforma subjacente. Detalhes sutis, como o relevo dos botões, podem variar, de modo que componentes que se alinhem perfeitamente em uma plataforma acabam se comprimindo inesperadamente em outra. E ainda nem falamos sobre outras coisas importantes que eles fazem! Pense no que acontece quando o usuário redimensiona a janela! Sua GUI é dinâmica. Agora imagine ter que reorganizar um monte de coisa sempre que um tamanho ou um componente de background mudasse… seria um inferno!

JList

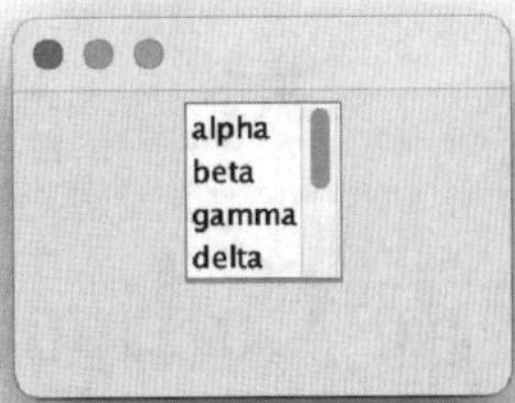

O construtor JList usa um array de qualquer tipo de objeto. Eles não precisam ser Strings, pois uma representação String aparecerá na lista.

Construtores:

```
String[] listEntries = {"alpha", "beta", "gamma", "delta",
                        "epsilon", "zeta", "eta", "theta "};
JList<String> list = new JList<>(listEntries);
```

Como JList é uma classe genérica, podemos declarar que tipo de objetos estão na lista.

Olha só quem resolveu aparecer... O operador diamante do Capítulo 11!

Como usá-los:

É exatamente como a JTextArea: criamos um JScrollPane (e fornecemos a lista) e, em seguida, adicionamos o painel de rolagem (NÃO a lista) ao painel.

1. Crie uma barra de rolagem vertical

```
JScrollPane scroller = new JScrollPane(list);
scroller.setVerticalScrollBarPolicy(ScrollPaneConstants.VERTICAL _
SCROLLBAR _ ALWAYS);
scroller.setHorizontalScrollBarPolicy(ScrollPaneConstants.HORIZONTAL _
SCROLLBAR _ NEVER);

panel.add(scroller);
```

2. Defina o número de linhas a serem exibidas antes da rolagem

```
list.setVisibleRowCount(4);
```

3. Restrinja o usuário a selecionar somente UMA coisa por vez

```
list.setSelectionMode(ListSelectionModel.SINGLE _ SELECTION);
```

4. Registre-se para eventos de seleção de lista

```
list.addListSelectionListener(this);
```

5. Lide com eventos (descubra qual item da lista foi selecionado)

```
public void valueChanged(ListSelectionEvent e) {
  if (!e.getValueIsAdjusting()) {
    String selection = list.getSelectedValue();
    System.out.println(selection);
  }
}
```

Você receberá o evento DUAS VEZES se não fizer este teste.

Na verdade, getSelectedValue() retorna um objeto. Uma lista não está limitada apenas a objetos String.

Receita de Código

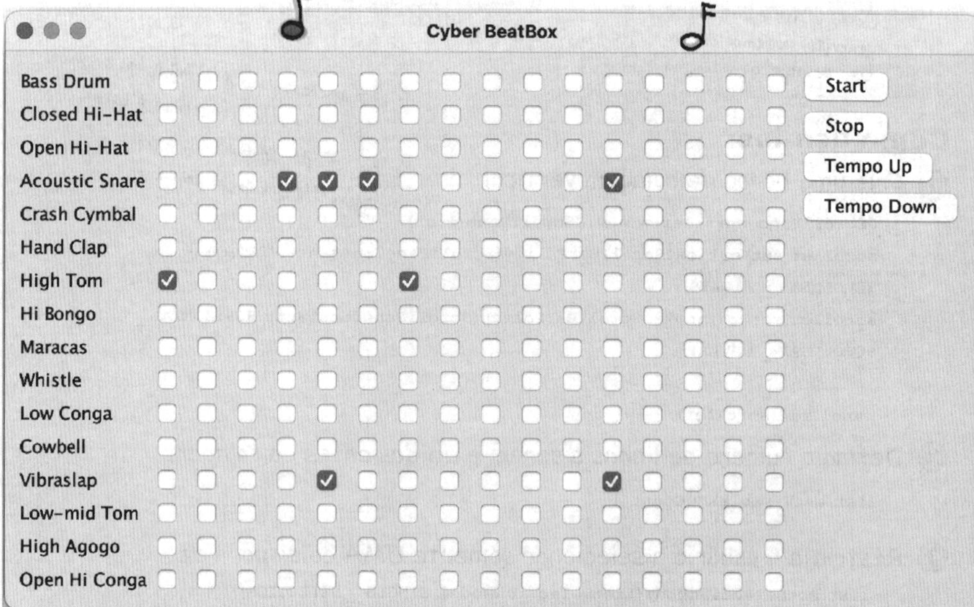

Esta parte é opcional. Estamos desenvolvendo o BeatBox completo, com GUI e tudo. No Capítulo 16, Salvando Objetos, aprenderemos como salvar e restaurar padrões dos instrumentos. Finalmente, no Capítulo 17, Faça Uma Conexão, transformaremos o BeatBox em um cliente de chat funcional.

Desenvolvendo o BeatBox

Aqui, temos a listagem completa do código desta versão do BeatBox, com botões para iniciar, parar e alterar o ritmo. A listagem de código está completa e totalmente comentada, mas analisemos a visão geral dela:

1. Crie uma GUI que tenha 256 caixas de seleção (JCheckBox) que começam não selecionadas, 16 rótulos (JLabel) para os nomes dos instrumentos e quatro botões.

2. Registre um ActionListener para cada um dos quatro botões. Não precisamos de listeners para as caixas individuais de seleção porque não estamos tentando alterar o padrão de som dinamicamente (ou seja, assim que o usuário seleciona uma caixa). Ao contrário, esperamos até que o usuário aperte o botão "start" e, em seguida, percorremos todas as 256 caixas de seleção para obter seu estado e criar uma faixa MIDI.

3. Defina o sistema MIDI (já fizemos isso antes), incluindo obter um sequenciador (Sequencer), criar uma sequência e uma faixa. Estamos usando um método de sequenciador, setLoopCount(), que possibilita especificar quantas vezes queremos que uma sequência percorra um loop. Além disso, estamos usando o fator de tempo da sequência para ajustar o ritmo, mais rápido ou mais lento, e manter o ritmo novo de uma iteração do loop atual para o próximo.

4. A ação de verdade começa quando o usuário clica em "start". O método de event-handling do botão "start" chama o método buildTrackAndStart(). Neste método, percorremos todas as 256 caixas de seleção (uma linha por vez, um único instrumento em todas as 16 batidas) para obter seu estado e, em seguida, usamos as informações a fim de criar uma faixa MIDI (com o prático método makeEvent() que usamos no capítulo anterior). Depois que a faixa é criada, iniciamos o sequenciador, que continua tocando (porque estamos percorrendo um loop) até que o usuário pressione "stop".

```
import javax.sound.midi.*;
import javax.swing.*;
import java.awt.*;
import java.util.ArrayList;

import static javax.sound.midi.ShortMessage.*;

public class BeatBox {
  private ArrayList<JCheckBox> checkboxList;
  private Sequencer sequencer;
  private Sequence sequence;
  private Track track;

  String[] instrumentNames = {"Bass Drum", "Closed Hi-Hat",
          "Open Hi-Hat", "Acoustic Snare", "Crash Cymbal", "Hand Clap",
          "High Tom", "Hi Bongo", "Maracas", "Whistle", "Low Conga",
          "Cowbell", "Vibraslap", "Low-mid Tom", "High Agogo",
          "Open Hi Conga"};
  int[] instruments = {35, 42, 46, 38, 49, 39, 50, 60, 70, 72, 64, 56, 58, 47, 67, 63};

  public static void main(String[] args) {
    new BeatBox().buildGUI();
  }

  public void buildGUI() {
    JFrame frame = new JFrame("Cyber BeatBox");
    frame.setDefaultCloseOperation(JFrame.EXIT_ON_CLOSE);
    BorderLayout layout = new BorderLayout();
    JPanel background = new JPanel(layout);
    background.setBorder(BorderFactory.createEmptyBorder(10, 10, 10, 10));

    Box buttonBox = new Box(BoxLayout.Y_AXIS);

    JButton start = new JButton("Start");
    start.addActionListener(e -> buildTrackAndStart());
    buttonBox.add(start);

    JButton stop = new JButton("Stop");
    stop.addActionListener(e -> sequencer.stop());
    buttonBox.add(stop);

    JButton upTempo = new JButton("Tempo Up");
    upTempo.addActionListener(e -> changeTempo(1.03f));
    buttonBox.add(upTempo);

    JButton downTempo = new JButton("Tempo Down");
    downTempo.addActionListener(e -> changeTempo(0.97f));
    buttonBox.add(downTempo);
```

Armazenamos as caixas de seleção em um ArrayList.

Estes daqui são os nomes dos instrumentos, como um array String, para criar os rótulos da GUI (em cada linha).

Representam as verdadeiras "teclas" da bateria. O canal de bateria é como um piano, exceto que cada "tecla" no piano é um tambor diferente. Ou seja, o número "35" é a tecla para o Bass drum [Bumbo], 42 é o Closed Hi-Hat [Chimbal fechado], etc.

Uma "EmptyBorder [borda vazia]" nos fornece uma margem entre as bordas do painel e onde os componentes são inseridos. Puramente estético.

Expressões lambda são perfeitas para esses event handlers, pois quando esses botões são pressionados, tudo o que queremos fazer é chamar um método específico.

O Tempo padrão é 1,0, então estamos ajustando +/- 3% por clique.

```
    Box nameBox = new Box(BoxLayout.Y _ AXIS);
    for (String instrumentName : instrumentNames) {
      JLabel instrumentLabel = new JLabel(instrumentName);
      instrumentLabel.setBorder(BorderFactory.createEmptyBorder(4, 1, 4, 1));
      nameBox.add(instrumentLabel);
    }

    background.add(BorderLayout.EAST, buttonBox);
    background.add(BorderLayout.WEST, nameBox);

    frame.getContentPane().add(background);

    GridLayout grid = new GridLayout(16, 16);
    grid.setVgap(1);
    grid.setHgap(2);

    JPanel mainPanel = new JPanel(grid);
    background.add(BorderLayout.CENTER, mainPanel);

    checkboxList = new ArrayList<>();
    for (int i = 0; i < 256; i++) {
      JCheckBox c = new JCheckBox();
      c.setSelected(false);
      checkboxList.add(c);
      mainPanel.add(c);
    }

    setUpMidi();

    frame.setBounds(50, 50, 300, 300);
    frame.pack();
    frame.setVisible(true);
  }

  private void setUpMidi() {
    try {
      sequencer = MidiSystem.getSequencer();
      sequencer.open();
      sequence = new Sequence(Sequence.PPQ, 4);
      track = sequence.createTrack();
      sequencer.setTempoInBPM(120);

    } catch (Exception e) {
      e.printStackTrace();
    }
  }
```

Essa borda aqui no nome de cada instrumento os ajuda a se alinharem com as caixas de seleção.

Mais código de setup da GUI. Nada de extraordinário.

Outro gerenciador de layout. Este permite inserir os componentes em uma grade [grid] com linhas e colunas.

Seleciona as caixas de seleção, define-as como 'false' (para que não sejam marcadas) e as adiciona ao ArrayList E ao painel GUI.

As configurações usuais do MIDI para obter o Sequencer, a Sequence e a Track. Novamente, nada de extraordinário.

É aqui que tudo acontece! É aqui que transformamos o estado da caixa de seleção em eventos MIDI e os adicionamos à Track.

```
private void buildTrackAndStart() {
  int[] trackList;

  sequence.deleteTrack(track);
  track = sequence.createTrack();

  for (int i = 0; i < 16; i++) {
    trackList = new int[16];

    int key = instruments[i];

    for (int j = 0; j < 16; j++) {
      JCheckBox jc = checkboxList.get(j + 16 * i);
      if (jc.isSelected()) {
        trackList[j] = key;
      } else {
        trackList[j] = 0;
      }
    }

    makeTracks(trackList);
    track.add(makeEvent(CONTROL_CHANGE, 1, 127, 0, 16));
  }

  track.add(makeEvent(PROGRAM_CHANGE, 9, 1, 0, 15));

  try {
    sequencer.setSequence(sequence);
    sequencer.setLoopCount(sequencer.LOOP_CONTINUOUSLY);
    sequencer.setTempoInBPM(120);
    sequencer.start();
  } catch (Exception e) {
    e.printStackTrace();
  }
}

private void changeTempo(float tempoMultiplier) {
  float tempoFactor = sequencer.getTempoFactor();
  sequencer.setTempoFactor(tempoFactor * tempoMultiplier);
}
```

Vamos criar um array de 16 elementos para armazenar os valores de um instrumento em todas as 16 batidas. Se o instrumento deve tocar naquela batida, o valor desse elemento será a tecla. Se esse instrumento NÃO deve tocar naquela batida, insere um zero.

Livra-se da faixa antiga e cria uma nova.

Faz isso para cada uma das 16 LINHAS (ou seja, Bass, Congo etc.)

Define a "key [tecla]" que representa qual instrumento é este (Bass, Hi-Hat etc.). O array de instrumentos armazena os números MIDI reais de cada instrumento.

Faz isso para cada um dos BEATS desta linha.

A caixa de seleção nesta batida está selecionada? Se sim, insere o valor da tecla neste espaço do array (o slot que representa esta batida). Caso contrário, o instrumento NÃO deve tocar nesta batida, então é definido como zero.

Para este instrumento e para todas as 16 batidas, cria eventos e adiciona-os à faixa.

Queremos sempre ter certeza de que EXISTE um evento na batida 16 (vai de 0 a 15). Caso contrário, o BeatBox poderá não atingir as 16 batidas completas antes de reiniciar.

Permite especificar o número de iterações de loop ou, neste caso, loop contínuo.

VAI TOCAR!!

O Tempo Factor dimensiona o andamento do sequenciador de acordo com o fator fornecido, desacelerando ou acelerando a batida.

Isso aqui cria eventos para um instrumento por vez, para todas as 16 batidas. Ou seja, pode obter um int[] para o Bass drum, e cada índice no array armazenará a tecla daquele instrumento ou um zero. Se for zero, o instrumento não deve tocar nessa batida. Caso contrário, cria um evento e adiciona-o à faixa.

```
private void makeTracks(int[] list) {
  for (int i = 0; i < 16; i++) {
    int key = list[i];

    if (key != 0) {
      track.add(makeEvent(NOTE_ON, 9, key, 100, i));
      track.add(makeEvent(NOTE_OFF, 9, key, 100, i + 1));
    }
  }
}
```

Cria os eventos NOTE ON e NOTE OFF e adiciona-os à Track.

```
public static MidiEvent makeEvent(int cmd, int chnl, int one, int two, int tick) {
  MidiEvent event = null;
  try {
    ShortMessage msg = new ShortMessage();
    msg.setMessage(cmd, chnl, one, two);
    event = new MidiEvent(msg, tick);
  } catch (Exception e) {
    e.printStackTrace();
  }
  return event;
}

}
```

Este é o método utilitário da Receita de Código do capítulo anterior. Nada de novo.

Qual código combina com qual layout?

Cinco das seis telas abaixo foram criadas a partir de um dos fragmentos de código da próxima página. Combine cada um dos cinco fragmentos de código com o layout que esse fragmento geraria.

Respostas na página 535.

Fragmentos de Código

A

```
JFrame frame = new JFrame();
JPanel panel = new JPanel();
panel.setBackground(Color.darkGray);
JButton button = new JButton("tesuji");
JButton buttonTwo = new JButton("watari");
panel.add(button);
frame.getContentPane().add(BorderLayout.NORTH, buttonTwo);
frame.getContentPane().add(BorderLayout.EAST, panel);
```

B

```
JFrame frame = new JFrame();
JPanel panel = new JPanel();
panel.setBackground(Color.darkGray);
JButton button = new JButton("tesuji");
JButton buttonTwo = new JButton("watari");
panel.add(buttonTwo);
frame.getContentPane().add(BorderLayout.CENTER, button);
frame.getContentPane().add(BorderLayout.EAST, panel);
```

C

```
JFrame frame = new JFrame();
JPanel panel = new JPanel();
panel.setBackground(Color.darkGray);
JButton button = new JButton("tesuji");
JButton buttonTwo = new JButton("watari");
panel.add(buttonTwo);
frame.getContentPane().add(BorderLayout.CENTER, button);
```

D

```
JFrame frame = new JFrame();
JPanel panel = new JPanel();
panel.setBackground(Color.darkGray);
JButton button = new JButton("tesuji");
JButton buttonTwo = new JButton("watari");
frame.getContentPane().add(BorderLayout.NORTH, panel);
panel.add(buttonTwo);
frame.getContentPane().add(BorderLayout.CENTER, button);
```

E

```
JFrame frame = new JFrame();
JPanel panel = new JPanel();
panel.setBackground(Color.darkGray);
JButton button = new JButton("tesuji");
JButton buttonTwo = new JButton("watari");
frame.getContentPane().add(BorderLayout.SOUTH, panel);
panel.add(buttonTwo);
frame.getContentPane().add(BorderLayout.NORTH, button);
```

Palavras GUI-cruzadas

Bora lá, você consegue!

Respostas na página 536.

Horizontais

4. Componente gráfico dos bastidores
6. Componentes podem ficar juntos
7. Começa com N
13. Painel do artista
15. Um acontecimento
17. Organiza
18. Tá na cara
19. Tela antiga do Mac
20. Região que fica com o que sobra
23. Gerenciador genérico
24. Teste polimórfico
25. Padrão do JPanel
27. Comportamento do usuário
28. Início do actionPerformed
29. Regras do gerenciador

Verticais

1. Border por padrão
2. Página inicial
3. Comportamento da fonte
5. Outro nome de componente gráfico (dãa)
8. Muitas palavras
9. Âmbito do frame
10. Aplica um componente gráfico
11. Tela antiga do Mac
12. Muitas para marcar
14. Swing do dad
16. Desce até o chão!
21. Parça do Button
22. Mais legal que textos
26. Região que começa com E

Exercício Solução

Qual código combina com qual layout? (páginas 532–533)

1

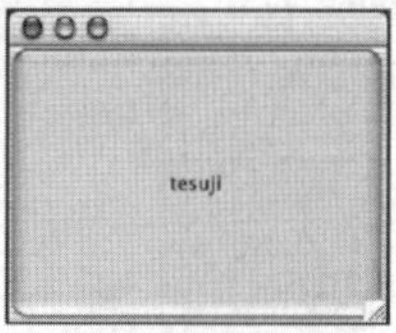

C

```
JFrame frame = new JFrame();
JPanel panel = new JPanel();
panel.setBackground(Color.darkGray);
JButton button = new JButton("tesuji");
JButton buttonTwo = new JButton("watari");
panel.add(buttonTwo);
frame.getContentPane().add(BorderLayout.CENTER, button);
```

2

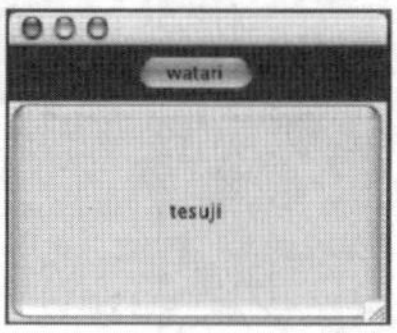

D

```
JFrame frame = new JFrame();
JPanel panel = new JPanel();
panel.setBackground(Color.darkGray);
JButton button = new JButton("tesuji");
JButton buttonTwo = new JButton("watari");
frame.getContentPane().add(BorderLayout.NORTH, panel);
panel.add(buttonTwo);
frame.getContentPane().add(BorderLayout.CENTER, button);
```

3

E

```
JFrame frame = new JFrame();
JPanel panel = new JPanel();
panel.setBackground(Color.darkGray);
JButton button = new JButton("tesuji");
JButton buttonTwo = new JButton("watari");
frame.getContentPane().add(BorderLayout.SOUTH, panel);
panel.add(buttonTwo);
frame.getContentPane().add(BorderLayout.NORTH, button);
```

4

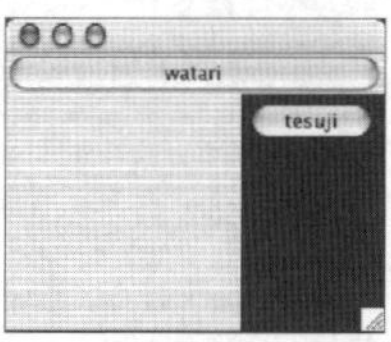

A

```
JFrame frame = new JFrame();
JPanel panel = new JPanel();
panel.setBackground(Color.darkGray);
JButton button = new JButton("tesuji");
JButton buttonTwo = new JButton("watari");
panel.add(button);
frame.getContentPane().add(BorderLayout.NORTH, buttonTwo);
frame.getContentPane().add(BorderLayout.EAST, panel);
```

6

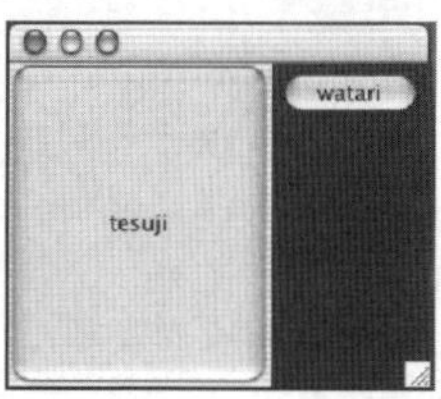

B

```
JFrame frame = new JFrame();
JPanel panel = new JPanel();
panel.setBackground(Color.darkGray);
JButton button = new JButton("tesuji");
JButton buttonTwo = new JButton("watari");
panel.add(buttonTwo);
frame.getContentPane().add(BorderLayout.CENTER, button);
frame.getContentPane().add(BorderLayout.EAST, panel);
```

Palavras GUI-Cruzadas (página 534)

16 serialização e E/S de arquivo

Salvando Objetos e Texto)

Objetos podem ser serializados e desserializados. Eles têm estado e comportamento. O *comportamento* é definido na *classe*, mas o *estado* reside em cada *objeto*. E quando é hora de *salvar* o estado de um objeto? Caso esteja desenvolvendo um jogo, precisará de uma funcionalidade Salvar/Restaurar Jogo. Se for um app de gráficos, precisará de uma funcionalidade Salvar/Abrir Arquivo. Caso seu programa precise salvar o estado, *terá que fazer isso do jeito mais difícil*, interrogando cada objeto e registrando o valor de cada variável de instância em um arquivo, em um formato que você mesmo define. Ou pode fazer isso do **jeito mais fácil, o jeito OO:** congelar/achatar/persistir o objeto e depois reconstituí-lo/desachatá-lo/recuperá-lo. Às vezes não tem como evitar, você terá que fazer do jeito mais difícil, ainda mais se seu app precisa ser lido por outra aplicação que não seja Java. Por isso há as duas situações neste capítulo. E como todas as operações de E/S são arriscadas, veremos um jeito ainda melhor de tratar as exceções.

Capturando a batida

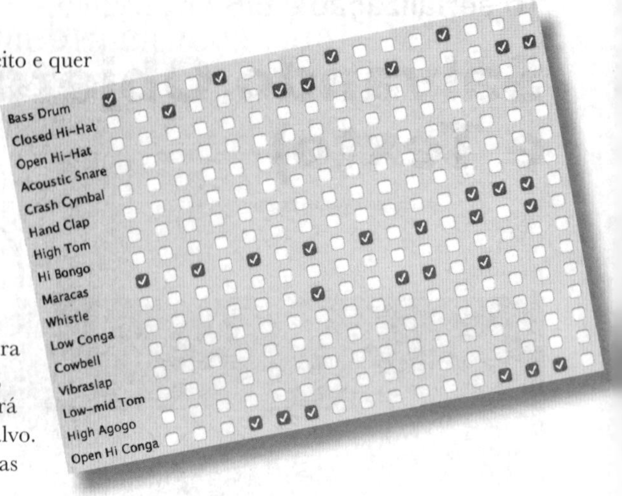

Imagine que você *criou* o padrão perfeito e quer *salvá-lo*. Seria possível pegar um pedaço de papel e começar a escrever? Seria, mas em vez disso, você clica no botão ***Save*** (ou escolhe Salvar, no menu Arquivo). Em seguida, nomeia o arquivo, escolhe o diretório e suspira aliviado, sabendo que sua obra-prima não se perderá em caso de alguma falha aleatória do computador. Temos muitas opções para salvar o estado de um programa Java, e sua escolha provavelmente dependerá de como você planeja usar o estado salvo. Neste capítulo, veremos algumas dessas opções.

Se seus dados serão usados apenas pelo programa Java que os gerou:

① Use a serialização

Escreva um arquivo que armazene objetos achatados (serializados). Em seguida, faça com que seu programa leia os objetos serializados do arquivo e desserialize-os, devolvendo-lhes a vida para que habitem a heap.

Se seus dados serão usados por *outros* programas:

② Escreva um arquivo de texto simples

Escreva um arquivo com delimitadores que outros programas possam parsear. Por exemplo, um arquivo delimitado por tabulações que uma aplicação de banco de dados ou planilha consiga usar.

Não são as únicas opções que temos, mas se tivéssemos que escolher somente duas abordagens para E/S em Java, provavelmente escolheríamos estas. Claro, você pode salvar dados em qualquer formato que escolher. Por exemplo, em vez de escrever caracteres, é possível escrever seus dados como bytes. Ou pode escrever qualquer tipo de primitivo Java *como* um primitivo Java — existem métodos para escrever ints, longs, booleanos etc. Independentemente do método usado, as técnicas fundamentais de E/S são praticamente as mesmas: gravar alguns dados em *algo* e, em geral, esse algo é um arquivo em disco ou um stream vindo de uma conexão de rede. O processo é o mesmo com a leitura de dados, só que ao contrário: basta ler alguns dados de um arquivo no disco ou partir de uma conexão de rede. Nesta seção, tudo o que falamos vale somente para situações em que não estamos usando um banco de dados do dia a dia.

Salvando o estado

Imagine que você tem um programa, um jogo de aventura e fantasia, que leva mais de uma sessão para ser concluído. À medida que o jogo avança, os personagens se tornam mais fortes, mais fracos, mais inteligentes etc., conseguem e usam (e perdem) armas. Não é legal recomeçar tudo de novo cada vez que joga — demorou um tempão para preparar seus personagens para a grande batalha. Ou seja, é preciso salvar o estado dos personagens e restaurar esse estado quando o jogo for retomado. E já que você também é o programador do jogo, quer que todo esse processo de salvar e restaurar seja o mais simples (e à prova de erros) possível.

Imagine que há três personagens do jogo para salvar...

GameCharacter
int power String type Weapon[] weapons
getWeapon() useWeapon() increasePower() // Mais

Se liga! A tradução deste objeto aqui é:
poder: 50
tipo: Elfo
armas: arco, espada, pó

objeto

objeto

Se liga!
poder: 200
tipo: Troll
armas: mãos nuas, machado grande

Se liga!
poder: 120
tipo: Mago
armas: feitiços, invisibilidade

objeto

① Opção um

Escreva os três objetos de caracteres serializados em um arquivo
Crie um arquivo e escreva três objetos de caracteres serializados. Você não entenderá nada se tentar ler o arquivo como texto:


```
¨ÌsrGameCharacter
¨%gê8MÛIpowerLjava/lang/
String;[weaponst[Ljava/lang/
String;xp2tlfur[Ljava.lang.String;≠"VÁ
È{Gxptbowtswordtdustsq~»tTrolluq~tb
are handstbig axsq~xtMagicianuq~tspe
llstinvisibility
```


② Opção dois

Escreva um arquivo de texto simples

Crie um arquivo e escreva três linhas de texto, uma por personagem, separando as partes do estado com vírgulas:

```
50,Elf,bow,sword,dust
200,Troll,bare hands,big ax
120,Magician,spells,invisibility
```

O arquivo serializado é mais difícil de ser lido por humanos, porém fica mais fácil (e mais seguro) para seu programa restaurar os três objetos da serialização do que da leitura dos valores salvos das variáveis do objeto em um arquivo de texto. Por exemplo, imagine todas as formas pelas quais você poderia ler os valores na ordem errada sem querer! O tipo poderia se tornar "pó" em vez de "Elfo", enquanto Elfo poderia se tornar uma arma...

Escrevendo um objeto serializado em um arquivo

Vejamos as etapas para serializar (salvar) um objeto. Não se preocupe em memorizar tudo; mais adiante, neste capítulo, entraremos em mais detalhes.

Caso o arquivo "MyGame.ser" não exista, ele será criado automaticamente.

1 Crie um FileOutputStream

```
FileOutputStream fileStream = new FileOutputStream("MyGame.ser");
```

Cria um objeto FileOutputStream. O FileOutputStream sabe como se conectar (e criar) a um arquivo.

2 Crie um ObjectOutputStream

```
ObjectOutputStream os = new ObjectOutputStream(fileStream);
```

O ObjectOutputStream nos deixa escrever objetos, mas não consegue se conectar diretamente a um arquivo. Precisa ser alimentado com um "auxiliar". Na verdade, chamamos isso de "encadeamento" de um stream a outro.

3 Escreva um objeto

```
os.writeObject(characterOne);
os.writeObject(characterTwo);
os.writeObject(characterThree);
```

Serializa os objetos referenciados por characterOne, characterTwo e characterThree e os grava nesta ordem no arquivo "MyGame.ser".

4 Feche um ObjectOutputStream

```
os.close();
```

Fechar o stream na parte superior fecha os que estão abaixo. Assim, o FileOutputStream (e o arquivo) será fechado automaticamente.

Os dados fluem em streams de um lugar para outro

Os streams de conexão representam uma conexão com uma fonte ou destino (arquivo, socket de rede etc.), enquanto os streams encadeados não podem se conectar sozinhos e devem ser encadeados a um stream de conexão.

A Java I/O API tem streams de ***conexão***, que representam conexões com destinos e fontes, como arquivos ou sockets de rede, e streams ***encadeados***, que funcionam apenas se estiverem encadeados a outros streams.

Às vezes, são necessários pelo menos dois streams conectados para fazer algo útil — *um* para representar a conexão e *outro* para chamar métodos. Por que dois? Porque os streams de *conexão* geralmente são de nível muito baixo. Por exemplo, o FileOutputStream (um stream de conexão) tem métodos para escrever *bytes*. O problema é que não queremos escrever *bytes*! Queremos escrever *objetos*, então precisamos de um stream *encadeado* de alto nível.

Então por que não ter apenas um único stream que faça exatamente o que queremos, que possibilite escrever objetos e que, nos bastidores, os converta em bytes? Vamos retomar os conceitos de orientação a objetos. Cada classe faz *uma* coisa bem. O FileOutputStreams escreve bytes em um arquivo. O ObjectOutputStreams transforma objetos em dados que podem ser gravados em um stream. Desse modo, criamos um FileOutputStream (um stream de conexão), que nos permite escrever em um arquivo, e conectamos um ObjectOutputStream (um stream encadeado) no final dele. Quando chamamos o método writeObject() no ObjectOutputStream, o objeto é inserido no stream e, em seguida, é transferido para o FileOutputStream, onde, finalmente, é escrito como bytes em um arquivo.

A capacidade de conciliar diferentes combinações de streams de conexão e streams encadeados oferece flexibilidade incrível! Se você fosse obrigado a usar apenas uma *única* classe de stream, estaria à mercê dos designers da API, torcendo para que tivessem pensado *em tudo* que seria possível fazer. Com o encadeamento, podemos conectar nossas cadeias *customizadas*.

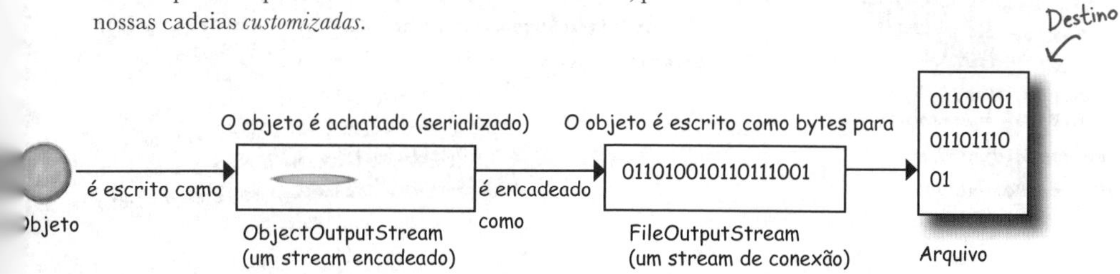

O que acontece com um objeto quando ele é serializado?

❶ Objeto na heap

Na heap, os objetos têm estado — o valor das variáveis de instância do objeto. Esses valores fazem com que uma instância de uma classe seja diferente de outra instância da mesma classe.

❷ Objeto serializado

Objetos serializados **salvam os valores das variáveis de instância** para que uma instância idêntica (objeto) possa ser trazida de volta à vida na heap.

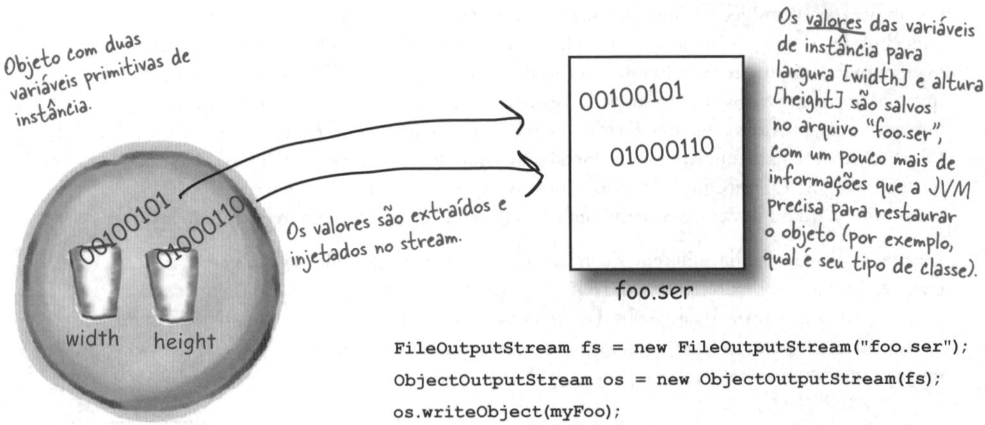


```
Foo myFoo = new Foo();
myFoo.setWidth(37);
myFoo.setHeight(70);
```

```
FileOutputStream fs = new FileOutputStream("foo.ser");
ObjectOutputStream os = new ObjectOutputStream(fs);
os.writeObject(myFoo);
```

Cria um FileOutputStream que se conecta ao arquivo "foo.ser"; em seguida, encadeia um ObjectOutputStream a ele e diz ao ObjectOutputStream para escrever o objeto.

Mas o que É exatamente o estado de um objeto? O que precisa ser salvo?

A partir daqui, as coisas tomam um rumo interessante. Salvar os valores *primitivos* 37 e 70 é tranquilo. Mas e se um objeto tiver uma variável de instância que seja *referência* de objeto? E quanto a um objeto com cinco variáveis de instância que são referências de objeto? E se essas mesmas variáveis de instância de objeto tiverem variáveis de instância?

Pense nisso. Qual parte de um objeto é potencialmente única? Pense no que precisa ser restaurado para obter um objeto idêntico ao que foi salvo. Obviamente ele ficará em um local diferente da memória, mas não precisamos nos preocupar com isso. O que nos interessa é que, lá na heap, teremos um objeto com o mesmo estado que o objeto tinha quando foi salvo.

Supino Mental

O que precisa acontecer para que o objeto Car seja salvo, de modo que possa ser restaurado ao seu estado original?

Pense no que pode ser necessário para salvar Car (e em como).

E o que acontece se um objeto Engine tiver uma referência a um Carburetor? O que tem dentro do objeto array Tire[]?

O objeto Car tem duas variáveis de instância que referenciam dois outros objetos.

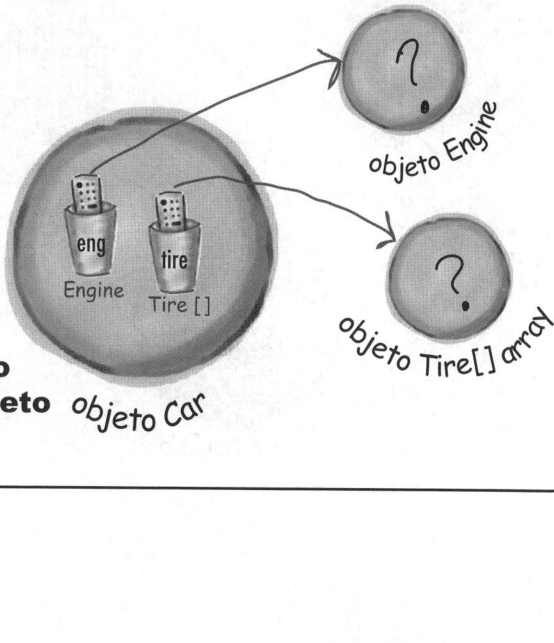

O que é necessário para salvar um objeto Car?

Quando um objeto é serializado, todos os objetos que ele referencia nas variáveis de instância *também* são, assim como todos os objetos que *estes* objetos referenciam. Por sua vez, todos os objetos que *estes* objetos referenciam são serializados... E tudo isso é feito automaticamente!

A serialização salva todo o grafo do objeto – todos os objetos referenciados por variáveis de instância, começando com o objeto que está sendo serializado.

O objeto Kennel tem uma referência a um objeto do tipo array Dog[]. O array Dog[] armazena referências a dois objetos Dog. Cada objeto Dog armazena uma referência a um objeto String e a um objeto Collar. Os objetos String têm uma coleção de caracteres, e os objetos Collar têm um int.

Quando salvamos Kennel, tudo isso é salvo!

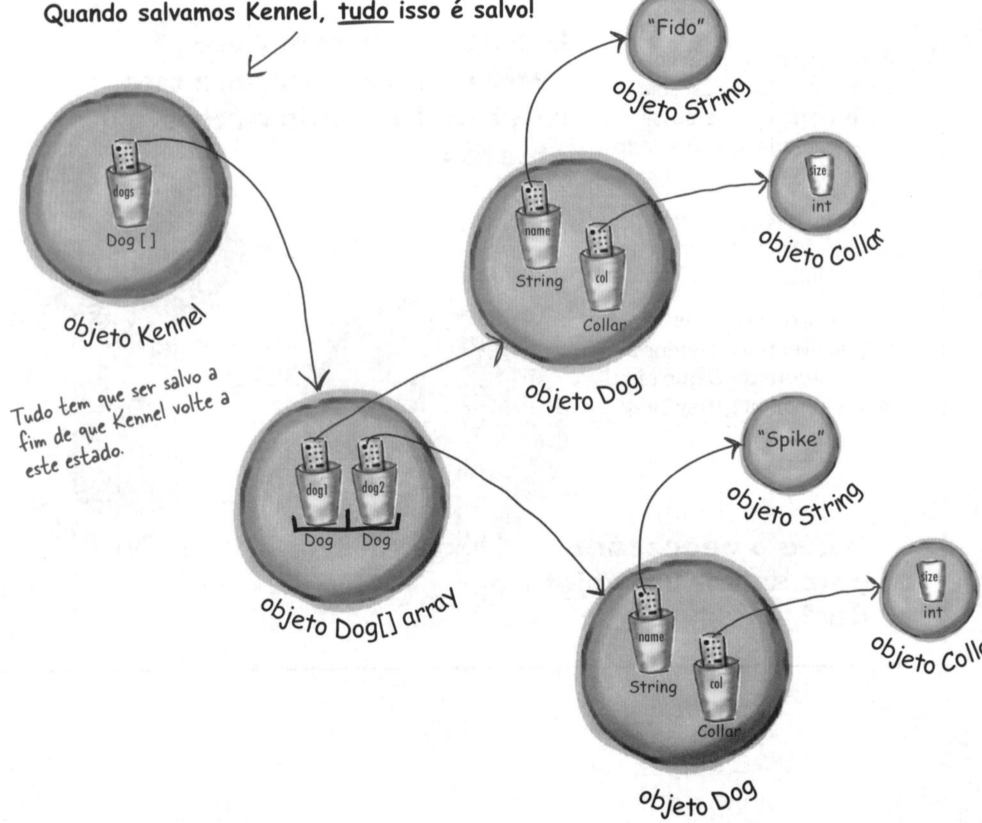

Se quiser que sua classe seja serializável, implemente Serializable

A interface Serializable é conhecida como interface *marker* ou *tag*, pois não tem nenhum método para implementar. Seu único propósito é informar que a classe que a implementa é *serializável*. Em outras palavras, objetos desse tipo podem ser salvos por meio de mecanismo de serialização. Se qualquer superclasse de uma classe for serializável, a subclasse será automaticamente serializável, mesmo que a subclasse não declare explicitamente "implementa a Serializable". (É assim que as interfaces sempre funcionam. Se sua superclasse "É-UMA" Serializable, você também é.)

```
objectOutputStream.writeObject(mySquare);
```

O que quer que aconteça aqui DEVE implementar Serializable ou falhará no tempo de execução.

```
import java.io.*;

public class Square implements Serializable {

  private int width;
  private int height;

  public Square(int width, int height) {
    this.width = width;
    this.height = height;
  }

  public static void main(String[] args) {
    Square mySquare = new Square(50, 20);

    try {
      FileOutputStream fs = new FileOutputStream("foo.ser");
      ObjectOutputStream os = new ObjectOutputStream(fs);
      os.writeObject(mySquare);
      os.close();
    } catch (Exception ex) {
      ex.printStackTrace();
    }
  }
}
```

Como a Serializable está no pacote java.io, precisa da import.

Não há métodos para implementar, mas quando informamos "implementa a Serializable", isso diz à JVM: "não há problema em serializar objetos desse tipo".

Estes dois valores serão salvos.

As operações de E/S podem lançar exceções.

Conecta-se a um arquivo chamado "foo.ser", se existir. Caso contrário, cria um arquivo novo chamado "foo.ser".

Cria um ObjectOutputStream encadeado para o fluxo de conexão. Instrui a escrever o objeto.

A serialização é tudo ou nada.

Imagine o que aconteceria se parte do estado do objeto não fosse corretamente salva?

Creeedo! Só de pensar nisso, fico assustado! Imagine um objeto Dog sem largura? Ou sem orelhas? Ou com uma coleira, objeto Collar, com um tamanho 3 em vez de 30. Isso jamais pode acontecer!

Todo o grafo do objeto é serializado corretamente ou a serialização falha.

Não podemos serializar um objeto Pond se sua variável de instância Duck se recusar a ser serializada (por não implementar Serializable).

```
import java.io.*;

public class Pond implements Serializable {

  private Duck duck = new Duck();

  public static void main(String[] args) {
    Pond myPond = new Pond();
    try {
      FileOutputStream fs = new FileOutputStream("Pond.ser");
      ObjectOutputStream os = new ObjectOutputStream(fs);

      os.writeObject(myPond);
      os.close();
    } catch (Exception ex) {
      ex.printStackTrace();
    }
  }
}

public class Duck {
  // O código de duck entra aqui.
}
```

Objetos Pond podem ser serializados.

A classe Pond tem uma variável de instância, Duck.

Quando serializamos myPond (um objeto Pond), sua variável de instância Duck é automaticamente serializada.

Eita! O objeto Duck não é serializável! Não implementa a interface Serializable, então quando tentamos serializar um objeto Pond ele falha porque a variável de instância Duck de Pond não pode ser salva.

Quando tentamos executar o main na classe Pond:

File Edit Window Help Regret

```
% java Pond
java.io.NotSerializableException: Duck
      at Pond.main(Pond.java:13)
```

Ai meu Deus!
Então não tem jeito?
Estou lascado se o "gênio" que escreveu a classe da minha variável de instância se esqueceu de torná-la Serializable?

Marque uma variável de instância como transient se ela não pode (ou não deveria) ser salva.

Caso queira que uma variável de instância seja ignorada pelo processo de serialização, marque a variável com a palavra-chave **`transient`**.

```
import java.net.*;
class Chat implements Serializable {
  transient String currentID;

  String userName;

  // Mais código
}
```

A palavra-chave transient diz "não salve esta variável durante a serialização; apenas a ignore".

A variável userName será salva como parte do estado do objeto durante a serialização.

Se tivermos uma variável de instância que não pode ser salva porque não é serializável, podemos marcar essa variável com a palavra-chave **`transient`** e o processo de serialização irá ignorá-la.

Mas por que uma variável não seria serializável? Talvez o desenvolvedor da classe simplesmente tenha *esquecido* de fazer a classe implementar Serializable. Ou talvez o objeto dependa de informações específicas do tempo de execução que simplesmente não podem ser salvas. Nas bibliotecas Java de classes, ainda que a maioria das coisas sejam serializáveis, não podemos salvá-las como conexões de rede, threads ou objetos de arquivo. Todas elas dependem (e são específicas) de uma "experiência" de determinado tempo de execução. Em outras palavras, elas são instanciadas de forma única para uma execução específica do seu programa, em uma plataforma específica, em uma JVM específica. Uma vez que o programa é encerrado, não há como trazer essas coisas de volta à vida de forma significativa; elas têm que ser criadas do zero a cada vez.

não existem Perguntas Idiotas

P: Se a serialização é tão importante, por que não é o padrão para todas as classes? Por que a classe Object não implementa Serializable para que todas as subclasses sejam automaticamente Serializable?

R: Ainda que a maioria das classes implemente e deva implementar Serializable, sempre temos uma escolha. E você deve tomar uma decisão consciente para cada classe projetada, a fim de "habilitar" a serialização que implementa Serializable. Se a serialização fosse o padrão, como você a desativaria? Considerando que as interfaces indicam funcionalidade, não a *falta* dela, o modelo de polimorfismo não funcionaria corretamente se você tivesse que declarar "implements NonSerializable" para informar a todo mundo o que não pode ser salvo.

P: Qual seria a razão para escrever uma classe *não* serializável?

R: Existem poucas razões, mas você pode, por exemplo, ter um problema de segurança, e não quer que um objeto de senha seja armazenado. Ou talvez tenha um objeto que não faça sentido salvar, pois suas principais variáveis de instância não são serializáveis, ou seja, não é muito útil tornar *suas* classes serializáveis.

P: Se uma classe que estou usando não é serializável, e não tem uma boa razão para tal, posso subclassear essa classe "ineficaz" e tornar sua *subclasse* serializável?

R: Pode! Se a classe em si for extensível (ou seja, não final), é possível criar uma subclasse serializável e apenas substituí-la em todos os lugares em que seu código espera o tipo de superclasse. (Lembre-se, isso é permitido pelo polimorfismo.) Mas levanta outra questão interessante: o que *significa* ter a superclasse não serializável?

P: Aproveitando o gancho: o que *significa* ter uma subclasse serializável de uma superclasse não serializável?

R: Primeiro, temos que verificar o que acontece quando uma classe é desserializada (falaremos sobre isso daqui a pouco). Resumindo, quando um objeto é desserializado e sua superclasse *não* é serializável, o construtor da superclasse será executado como se um novo objeto desse tipo estivesse sendo criado. Se não houver razão aceitável para uma classe não ser serializável, criar uma subclasse serializável pode ser uma boa solução.

P: Ih! Acabei de perceber que, se marcamos uma variável como "transient", significa que o valor da variável é ignorado durante a serialização. O que acontece depois? Resolvemos o problema de ter uma variável de instância não serializável marcando a variável de instância como transient, mas não PRECISAMOS dessa variável quando o objeto é trazido de volta? O objetivo da serialização não é preservar o estado de um objeto?

R: Sim, é um problema, mas felizmente há uma solução. Se serializarmos um objeto, uma variável de instância de referência transient será trazida de volta como *null*, independentemente do valor que tinha no momento em que foi salva. Ou seja, todo o grafo de objeto conectado a essa variável de instância específica não será salvo. Isso pode ser ruim, porque provavelmente deverá haver um valor não null para essa variável. Temos duas opções:

1. Quando o objeto for trazido de volta, reinicialize aquela variável de instância null como algum estado padrão. Isso funciona se o seu objeto desserializado não depender de um valor específico para aquela variável transient. Talvez seja importante que o Dog tenha um Collar, mas talvez todos os objetos Collar sejam iguais, então pouco importa se você fornece ao Dog ressuscitado um objeto Collar totalmente novo.

2. Se o valor da variável transient *for importante* (se a cor e o design do Collar transient forem exclusivos para cada Dog), é necessário salvar os valores-chave de Collar e usá-los quando Dog for trazido de volta para recriar um objeto Collar totalmente novo que seja idêntico.

P: O que acontece se dois objetos no grafo de objetos forem o mesmo objeto? Por exemplo, se tivermos dois objetos Cat diferentes em Kennel, mas ambos tiverem uma referência ao mesmo objeto Owner. O objeto Owner é salvo duas vezes? Espero que não.

R: Excelente pergunta! A serialização é inteligente o suficiente para saber quando dois objetos no grafo são iguais. Nesse caso, apenas um dos objetos é salvo e todas as referências a esse único objeto são restauradas durante a desserialização.

Desserialização: restaurando um objeto

A principal finalidade de serializar um objeto é para que possamos restaurá-lo ao seu estado original em algum momento futuro, em uma "execução" diferente da JVM (que pode nem ser a mesma JVM que estava em execução no momento em que o objeto foi serializado). A desserialização é muito parecida com a serialização, só que ao contrário.

serializado

desserializado

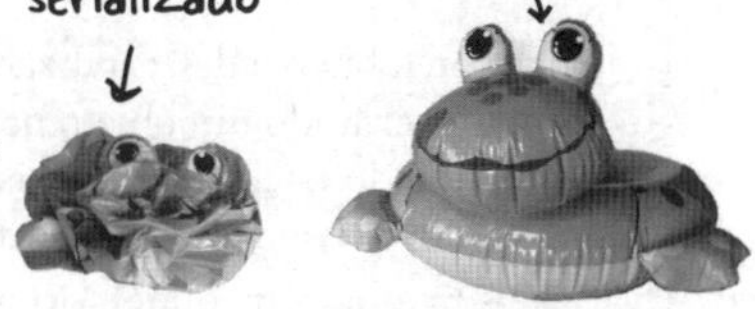

1 **Crie um FileInputStream**

Se o arquivo "MyGame.ser" não existir, receberemos uma exceção.

```
FileInputStream fileStream = new FileInputStream("MyGame.ser");
```

Cria um objeto FileInputStream. O FileInputStream sabe como se conectar a um arquivo existente.

2 **Crie um ObjectInputStream**

```
ObjectInputStream os = new ObjectInputStream(fileStream);
```

O ObjectInputStream permite ler objetos, mas não pode se conectar diretamente a um arquivo. Ele precisa ser encadeado a um stream de conexão, neste caso, um FileInputStream.

3 **Leia os objetos**

```
Object one = os.readObject();
Object two = os.readObject();
Object three = os.readObject();
```

Sempre que escrevemos readObject(), obtemos o próximo objeto no stream. Ou seja, vamos lê-los na mesma ordem em que foram escritos. Receberemos uma bela de uma exceção se tentarmos ler mais objetos do que escrevemos.

4 **Faça o cast dos objetos**

```
GameCharacter elf = (GameCharacter) one;
GameCharacter troll = (GameCharacter) two;
GameCharacter magician = (GameCharacter) three;
```

Como o valor de retorno de readObject() é do tipo Object (similar ao ArrayList), devemos convertê-lo de volta para o tipo que sabemos que ele é.

5 **Feche o ObjectInputStream**

```
os.close();
```

Fechar o stream na parte superior fecha os que estão abaixo. Logo, o FileInputStream (e o arquivo) será automaticamente fechado.

O que acontece durante a desserialização?

Quando um objeto é desserializado, a JVM tenta reanimá-lo, criando um objeto novo na heap com o mesmo estado que o objeto serializado tinha no momento em que foi serializado, exceto pelas variáveis **`transient`**, que retornam como null (para referências de objeto) ou como valores padrão primitivos.

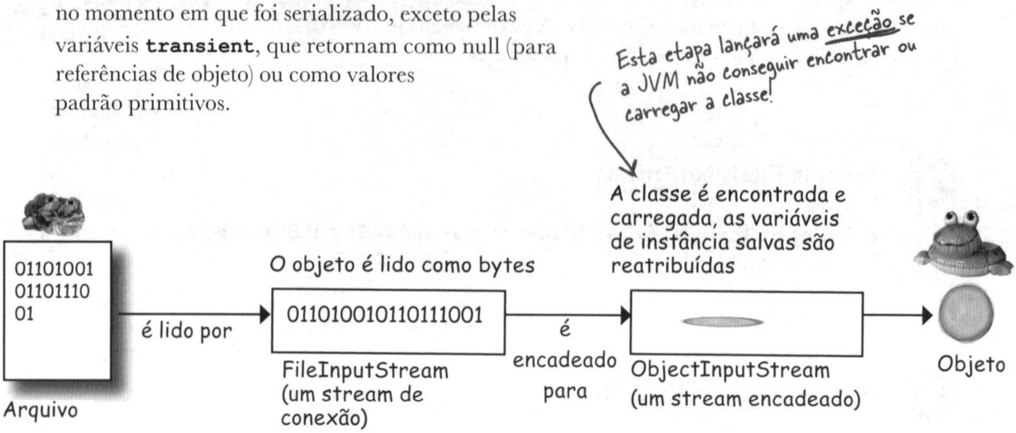

1. O objeto é **lido** a partir do stream.

2. A JVM determina (por meio de informações armazenadas com o objeto serializado) o **tipo de classe** do objeto.

3. A JVM tenta **localizar e carregar** a **classe** do objeto. Se não conseguir encontrar e/ou carregar a classe, a JVM lançará uma exceção e a desserialização não funcionará.

4. Um objeto novo recebe espaço na heap, mas o **construtor do objeto serializado NÃO é executado**! Claro que, se fosse executado, o construtor restauraria o estado do objeto ao seu "novo" estado original, e não é isso que queremos. Queremos que o objeto seja restaurado ao estado que tinha *quando foi serializado*, e não quando foi criado pela primeira vez.

5 Se o objeto tiver uma classe não serializável em algum lugar acima de sua árvore de hierarquia, o **construtor dessa classe não serializável será executado** com quaisquer construtores acima dela (mesmo que sejam serializáveis). Uma vez iniciado o encadeamento do construtor, não poderemos interrompê-lo. Ou seja, todas as superclasses, começando pela primeira não serializável, reinicializarão seu estado.

6 As **variáveis de instância** do objeto **recebem os valores do estado serializado**. Variáveis transient recebem um valor null para referências de objetos e padrões (0, false etc.) para primitivos.

não existem Perguntas Idiotas

P: Por que a classe não é salva como parte do objeto? Desse jeito, não teremos problemas se a classe foi ou não encontrada.

R: A serialização até poderia funcionar desta forma, mas seria um tremendo desperdício e sobrecarga. E embora não seja tão difícil usar a serialização para escrever objetos no arquivo de um disco rígido local, ela também é usada para enviar objetos por uma conexão de rede. Se uma classe fosse incluída com cada objeto serializado (entregável), a largura de banda se tornaria um problema ainda maior do que já é.

No entanto, para objetos serializados com o propósito de serem enviados por meio de uma rede, *existe*, de fato, um mecanismo pelo qual o objeto serializado pode ser "marcado" com um URL, indicando onde sua classe pode ser encontrada. Isso é usado na Remote Method Invocation [Invocação de Método Remoto] (RMI) do Java. Assim, por exemplo, podemos enviar um objeto serializado como parte de um argumento de método e, se a JVM que recebe a chamada não tiver a classe, pode usar o URL para buscar a classe na rede e carregá-la, tudo de forma automática. Podemos nos deparar com o RMI em ambientes do cotidiano, embora também possamos nos deparar com objetos serializados em XML ou em JSON (ou outros formatos legíveis por humanos) para serem enviados por uma rede.

P: E quanto às variáveis estáticas? Elas são serializadas?

R: Não. Lembre-se, estático significa "um por classe" e não "um por objeto". Variáveis estáticas não são salvas, e quando desserializado, um objeto terá qualquer variável estática que sua classe tem *atualmente*. Moral da história: não torne objetos serializáveis dependentes de uma variável estática, que muda dinamicamente! Ela pode não ser a mesma quando o objeto voltar.

Salvando e restaurando os personagens do jogo

Cria alguns personagens...

```
import java.io.*;

public class GameSaverTest {
  public static void main(String[] args) {
    GameCharacter one = new GameCharacter(50, "Elf",
                                           new String[]{"bow", "sword", "dust"});
    GameCharacter two = new GameCharacter(200, "Troll",
                                           new String[]{"bare hands", "big ax"});
    GameCharacter three = new GameCharacter(120, "Magician",
                                             new String[]{"spells", "invisibility"});

    // Imagine um código que faz coisas com os personagens que alteram seus valores
de estado
    try {
      ObjectOutputStream os = new ObjectOutputStream(new FileOutputStream("Game.
ser"));
      os.writeObject(one);
      os.writeObject(two);
      os.writeObject(three);
      os.close();
    } catch (IOException ex) {
      ex.printStackTrace();
    }
```

Serializa os personagens.

Agora os lê novamente a partir do arquivo...

```
    try {
      ObjectInputStream is = new ObjectInputStream(new FileInputStream("Game.ser"));
      GameCharacter oneRestore = (GameCharacter) is.readObject();
      GameCharacter twoRestore = (GameCharacter) is.readObject();
      GameCharacter threeRestore = (GameCharacter) is.readObject();
```

Restaura os personagens.

Verifica se funcionou.

```
      System.out.println("One's type: " + oneRestore.getType());
      System.out.println("Two's type: " + twoRestore.getType());
      System.out.println("Three's type: " + threeRestore.getType());
    } catch (Exception ex) {
      ex.printStackTrace();
    }
  }
}
```

File Edit Window Help Resuscitate

```
% java GameSaverTest
One's type: Elf
Two's type: Troll
Three's type: Magician
```

A classe GameCharacter

Esta aqui é uma classe básica somente para testar o código de serialização da última página. Não temos um jogo propriamente dito, mas vamos deixar este código para você testar!

```
import java.io.*;
import java.util.Arrays;

public class GameCharacter implements Serializable {
  private final int power;
  private final String type;
  private final String[] weapons;

  public GameCharacter(int power, String type, String[] weapons) {
    this.power = power;
    this.type = type;
    this.weapons = weapons;
  }

  public int getPower() {
    return power;
  }

  public String getType() {
    return type;
  }

  public String getWeapons() {
    return Arrays.toString(weapons);
  }
}
```

ID da Versão: Uma grande armadilha da serialização

Agora que já aprendeu que E/S em Java é muito simples, ainda mais se você se limitar às combinações de conexão/encadeamento mais comuns, temos um *problema* para solucionar...

O controle de versão é crucial!

Se você serializar um objeto, deverá ter a classe para desserializar e usar o objeto. Isso é óbvio. O que não fica muito óbvio é o que rola se, nesse meio-tempo, você ***mudar a classe***. Imagine tentar trazer de volta um objeto Dog quando uma de suas variáveis de instância (não **`transient`**) mudou de double para String. Isso infringe a segurança de tipos do Java de maneira significativa. Mas essa não é a única mudança que pode prejudicar a compatibilidade. Considere o seguinte:

Mudanças em uma classe que podem prejudicar a desserialização:

- Deletar uma variável de instância
- Mudar o tipo declarado de uma variável de instância
- Alterar uma variável de instância não **`transient`** para **`transient`**
- Mover uma classe para cima ou para baixo na hierarquia de herança
- Alterar uma classe (em qualquer lugar no grafo de objeto) de Serializable para não Serializable (removendo 'implements Serializable' de uma declaração de classe)
- Mudar uma variável de instância para **`static`**

Mudanças em uma classe que geralmente são aceitáveis:

- Adicionar variáveis de instância novas à classe (os objetos existentes serão desserializados com valores padrão para as variáveis de instância que não tinham quando foram serializados)
- Adicionar classes à hierarquia de herança
- Remover classes da hierarquia de herança
- Alterar o nível de acesso (public, private etc.) de uma variável de instância não afeta a capacidade de desserialização de atribuir um valor à variável
- Mudar uma variável de instância de **`transient`** para não **`transient`** (objetos anteriormente serializados simplesmente terão um valor padrão para as variáveis anteriormente **`transient`**)

1. Escrevemos uma classe Dog.

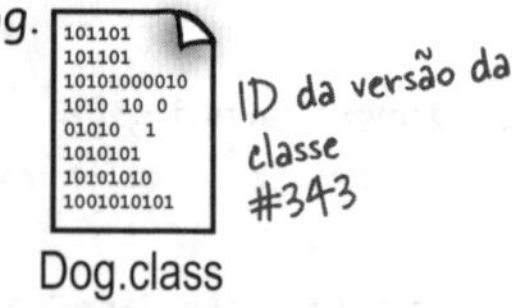

2. Serializamos um objeto Dog usando esta classe.

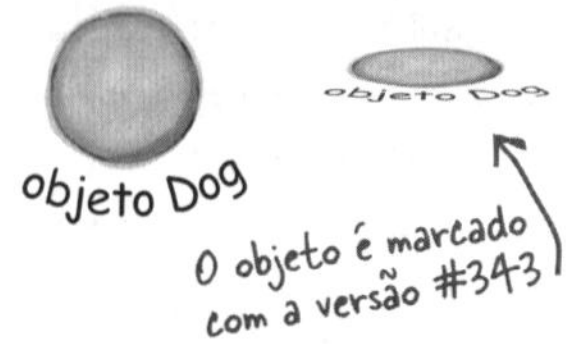

3. Mudamos a classe Dog.

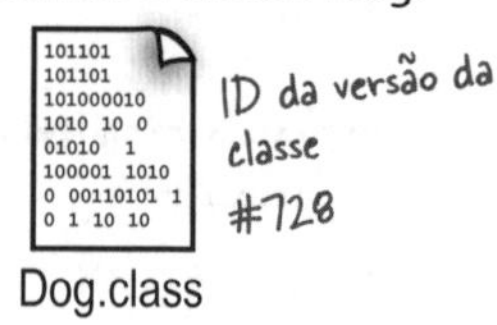

4. Desserializamos um objeto Dog usando a classe alterada.

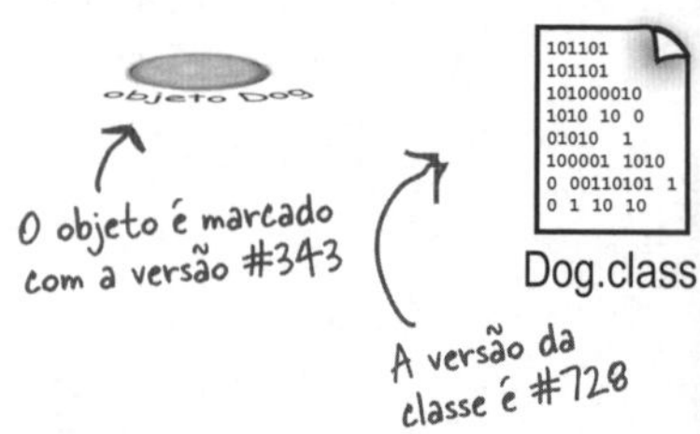

5. A serialização falha!! A JVM diz "you can't teach an old Dog new code". Não se pode ensinar um novo código a um Dog antigo.

Usando o serialVersionUID

Sempre que é serializado, um objeto (incluindo todos os objetos em seu grafo) é "marcado" com um número de ID de versão para a classe do objeto. O ID se chama serialVersionUID e é calculado com base nas informações sobre a estrutura da classe. Conforme um objeto é desserializado, se a classe tiver mudado desde que este objeto foi serializado, poderá ter um serialVersionUID diferente e, assim, a desserialização falhará! Mas podemos controlar isso.

Se existir QUALQUER possibilidade de sua classe *evoluir*, coloque um ID de versão serial nela.

Quando tenta desserializar um objeto, o Java compara o serialVersionUID do objeto serializado com o da classe que a JVM está usando para desserializar o objeto. Por exemplo, se uma instância Dog foi serializada com um ID de 23 (na realidade, um serialVersionUID é muito mais longo), ao desserializar o objeto Dog, a JVM primeiro comparará o serialVersionUID do objeto Dog com o serialVersionUID da classe Dog. Se os dois números não corresponderem, a JVM presumirá que a classe não é compatível com o objeto previamente serializado e receberemos uma exceção durante a desserialização.

Ou seja, a solução é colocar um serialVersionUID na sua classe e, à medida que a classe evolui, o serialVersionUID permanecerá o mesmo e a JVM informará: "Legal, a classe é compatível com este objeto serializado", mesmo que a classe tenha mudado.

Mas isso *só* funciona se for cuidadoso com as mudanças em sua classe! Em outras palavras, *você* está assumindo a responsabilidade por quaisquer problemas que possam surgir quando um objeto mais antigo é restaurado com uma classe mais recente.

Para obter o serialVersionUID para uma classe, use a ferramenta serialver fornecida com seu kit de desenvolvimento Java.

```
File Edit Window Help serialKiller
% serialver Dog
Dog: static final long
serialVersionUID =
-5849794470654667210L;
```

Quando achar que sua classe pode evoluir depois que alguém serializou objetos dela...

① Use a ferramenta de linha de comando serialver para obter o ID da versão de sua classe.

```
File Edit Window Help serialKiller
% serialver Dog
Dog: static final long
serialVersionUID =
-5849794470654667210L;
```

Com base na versão do Java que estamos usando, esse valor pode ser diferente.

② Cole a saída em sua classe.

```
public class Dog {

    static final long serialVersionUID =
            -5849794470654667210L;

    private String name;
    private int size;

    // O código do método vai aqui
}
```

③ Ao fazer mudanças na classe, assuma a responsabilidade pelas consequências dessas em seu código. Por exemplo, garanta que sua nova classe Dog possa lidar com um Dog antigo sendo desserializado, com valores padrão para variáveis de instância adicionadas à classe *depois* que Dog foi serializado.

Serialização de Objetos

PONTOS DE BALA

- Podemos salvar o estado de um objeto o serializando.
- Para serializar um objeto, precisamos de um ObjectOutputStream (do pacote java.io).
- Streams são streams de conexão ou streams encadeados.
- Os streams de conexão podem representar uma conexão com uma fonte ou um destino, normalmente um arquivo, uma conexão de socket de rede ou o console.
- Os streams encadeados não podem se conectar a uma origem ou a um destino e devem ser encadeados a um stream de conexão (ou outro).
- Para serializar um objeto em um arquivo, crie um FileOutputStream e encadeie-o em um ObjectOutputStream.
- Para serializar um objeto, chame *writeObject(theObject)* no ObjectOutputStream. Não é necessário chamar métodos no FileOutputStream.
- Para ser serializado, um objeto deve implementar a interface Serializable. Se uma superclasse da classe implementar Serializable, a subclasse será automaticamente serializável, mesmo que não declare especificamente *implements Serializable*.
- Quando um objeto é serializado, todo seu grafo de objeto é serializado. Isso significa que quaisquer objetos referenciados pelas variáveis de instância do objeto serializado são serializados, quaisquer objetos referenciados por esses objetos... e assim por diante.
- Se algum objeto do grafo não for serializável, uma exceção será lançada no tempo de execução, a menos que a variável de instância que referencie o objeto seja ignorada.
- Marque uma variável de instância com a palavra-chave *transient* se quiser que a serialização ignore essa variável. A variável será restaurada como null (para referências de objetos) ou valores padrão (para primitivos).
- Durante a desserialização, a classe de todos os objetos no grafo deve estar disponível para a JVM.
- Lemos os objetos (usando readObject()) na ordem em que foram originalmente escritos.
- O tipo de retorno do readObject() é do tipo Object, portanto, os objetos desserializados devem ser convertidos em seu tipo real.
- Variáveis estáticas não são serializadas! Não faz sentido salvar um valor de variável estática como parte do estado de um objeto específico, uma vez que todos os objetos desse tipo compartilham apenas um único valor — aquele na classe.
- Se uma classe que implementa Serializable pode mudar ao longo do tempo, adicione uma variável *estática final* do tipo *long* chamada *serialVersionUID* nessa classe. Esse ID de versão deve ser alterado quando as variáveis serializadas dessa classe forem modificadas.

Escrevendo uma String em um arquivo de texto

Salvar objetos por meio de serialização é o jeito mais fácil de salvar e restaurar dados entre execuções de um programa Java. Mas às vezes precisamos salvar dados em um bom e simples arquivo de texto. Imagine que seu programa Java precise gravar dados em um arquivo de texto simples que algum outro programa (talvez não Java) precise ler. Você pode, por exemplo, usar um servlet (código Java em execução no seu servidor web) que capture os dados digitados pelo usuário em um navegador e os grave em um arquivo de texto que outra pessoa carrega em uma planilha para análise.

Como seriam os dados dos personagens do jogo se os escrevêssemos como um arquivo de texto legível por humanos?

```
50,Elf,bow,sword,dust
200,Troll,bare hands,big ax
120,Magician,spells,invisibility
```

Escrever dados de texto (uma String, na verdade) é semelhante a escrever um objeto, mas escrevemos uma String em vez de um objeto e usamos algo como FileWriter em vez de FileOutputStream (e não o encadeamos a um ObjectOutputStream).

Para escrever um objeto serializado:

```
objectOutputStream.writeObject(someObject);
```

Para escrever uma String:

```
fileWriter.write("My first String to save");
```

```
import java.io.*;

class WriteAFile {
  public static void main(String[] args) {
    try {
      FileWriter writer = new FileWriter("Foo.txt");

      writer.write("hello foo!");

      writer.close();
    } catch (IOException ex) {
      ex.printStackTrace();
    }
  }
}
```

Precisamos do pacote java.io para FileWriter.

Se o arquivo "Foo.txt" não existir, o FileWriter vai criá-lo.

O método write() usa uma String.

Feche quando terminar!

TODO o material de E/S deve estar em um try/catch. Tudo pode lançar uma IOException!!!

Exemplo de arquivo de texto: e-Flashcards

Lembra aqueles flashcards que você usava na escola? Aqueles com uma pergunta na frente e a resposta atrás? Não eram lá muito eficazes quando queríamos entender algo, mas eram imbatíveis para a prática intensiva de memorização, para *quando precisávamos gravar fatos na memória*. E também eram ideais para jogos de perguntas e respostas.

Criaremos uma versão eletrônica com três classes:

1. ***QuizCardBuilder***, uma ferramenta de autoria simples para criar e salvar um conjunto de e-Flashcards.

2. ***QuizCardPlayer***, um mecanismo de reprodução que pode carregar um conjunto de flashcards e reproduzi-lo para o usuário.

3. ***QuizCard***, uma classe simples que representa os dados do cartão. Examinaremos o código do construtor e do player, e faremos com que você mesmo crie a classe QuizCard, usando:

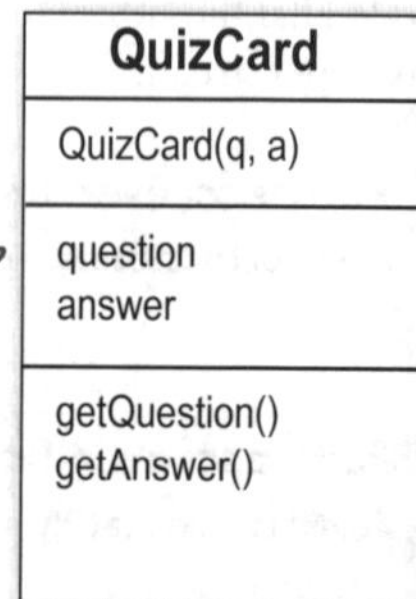

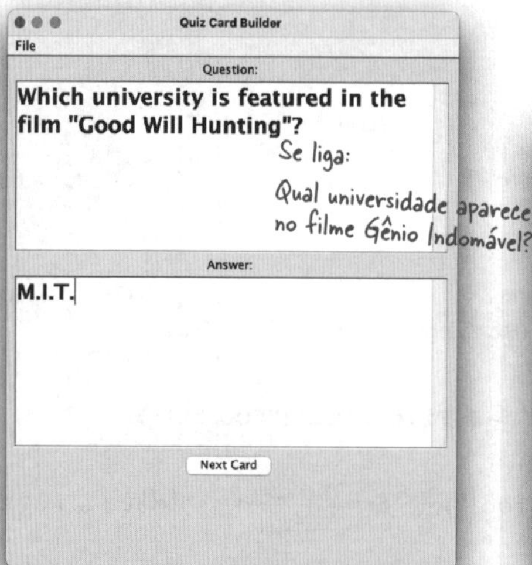

QuizCardBuilder

Tem um menu Arquivo com a opção "Salve" para salvar o conjunto atual de cartões em um arquivo de texto.

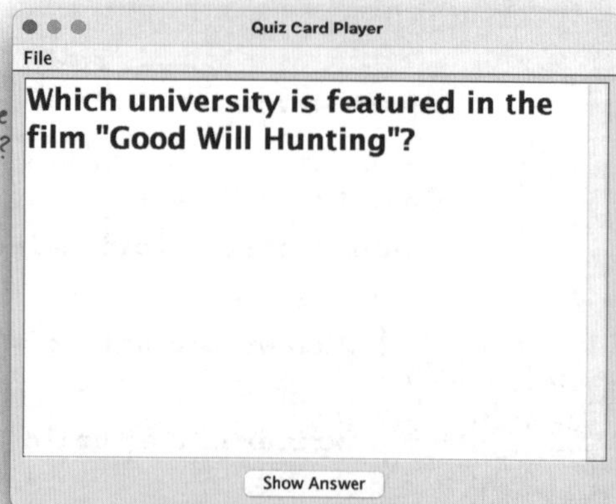

QuizCardPlayer

Tem menu Arquivo com opção "Load" para carregar um conjunto de cartões a partir de um arquivo de texto.

Quiz Card Builder (esboço do código)

```
public class QuizCardBuilder {
  public void go() {
    // Cria e exibe a gui
  }

  private void nextCard() {
    // Adiciona o cartão atual à lista
    // e limpa as áreas de texto
  }

  private void saveCard() {
    // Abre uma janela de diálogo de arquivo
    // O usuário digita o nome e salva o conjunto
  }

  private void clearCard() {
    // Limpa as áreas de texto
  }

  private void saveFile(File file) {
    // Percorre a lista de cartões e escreva cada um
    // em um arquivo de texto que possa ser parseado
    // (ou seja, com delimitações óbvias entre as partes)
  }
}
```

Cria e exibe a GUI, incluindo criação e registro de listeners de eventos.

Chamado quando o usuário clica no botão 'Next Card'; significa que o usuário deseja armazenar aquele cartão na lista e iniciar um novo cartão.

Chamado quando o usuário escolhe 'Salve' no menu Arquivo; significa que o usuário quer salvar todos os cartões da lista atual como um 'conjunto' (como Conjunto de Mecânica Quântica, Curiosidades de Hollywood, Regras do Java etc.)

Será necessário limpar a tela quando o usuário escolher 'New' no menu Arquivo ou passar para o próximo cartão.

Chamado pelo SaveMenuListener; faz a gravação real do arquivo.

Java I/O, NIO e NIO.2

A Java API inclui recursos de I/O, que aqui neste livro estamos chamando de E/S, desde os primórdios… do último milênio. Em 2002, o Java 1.4 foi lançado com uma nova abordagem de E/S chamada "NIO", abreviação de non-blocking I/O. Em 2011, o Java 7 foi lançado, incluindo grandes melhorias no NIO. Essa abordagem mais recente de E/S foi apelidada de "NIO.2". E o que você tem a ver com isso? Ao escrever uma nova E/S, você deve usar os melhores e mais recentes recursos. Mas certamente encontrará códigos mais antigos que usam a abordagem NIO. Queremos que esteja preparado para ambas as situações, portanto, neste capítulo:

- Usaremos a E/S anterior por um tempo.
- Em seguida, veremos alguns NIO.2.

No Capítulo 17, *Faça Uma Conexão*, veremos mais recursos de E/S, NIO e NIO.2, quando estudarmos as conexões de rede.

Lembrete: Nas próximas páginas, usaremos códigos dos antigos I/O. E mais uma vez, aqui neste livro, escreveremos E/S.

```
import javax.swing.*;
import java.awt.*;
import java.io.*;
import java.util.ArrayList;

public class QuizCardBuilder {
  private ArrayList<QuizCard> cardList = new ArrayList<>();
  private JTextArea question;
  private JTextArea answer;
  private JFrame frame;

  public static void main(String[] args) {
    new QuizCardBuilder().go();
  }

  public void go() {
    frame = new JFrame("Quiz Card Builder");
    JPanel mainPanel = new JPanel();
    Font bigFont = new Font("sanserif", Font.BOLD, 24);

    question = createTextArea(bigFont);
    JScrollPane qScroller = createScroller(question);
    answer = createTextArea(bigFont);
    JScrollPane aScroller = createScroller(answer);

    mainPanel.add(new JLabel("Question:"));
    mainPanel.add(qScroller);
    mainPanel.add(new JLabel("Answer:"));
    mainPanel.add(aScroller);

    JButton nextButton = new JButton("Next Card");
    nextButton.addActionListener(e -> nextCard());
    mainPanel.add(nextButton);

    JMenuBar menuBar = new JMenuBar();
    JMenu fileMenu = new JMenu("File");

    JMenuItem newMenuItem = new JMenuItem("New");
    newMenuItem.addActionListener(e -> clearAll());

    JMenuItem saveMenuItem = new JMenuItem("Save");
    saveMenuItem.addActionListener(e -> saveCard());

    fileMenu.add(newMenuItem);
    fileMenu.add(saveMenuItem);
    menuBar.add(fileMenu);
    frame.setJMenuBar(menuBar);

    frame.getContentPane().add(BorderLayout.CENTER, mainPanel);
    frame.setSize(500, 600);
    frame.setVisible(true);
  }
```

Este aqui é todo o código da GUI. Nada de especial, embora você possa querer dar uma olhada no código dos novos componentes, como MenuBar, Menu e MenuItems.

O botão Next Card chama o método nextCard quando pressionado.

Quando o usuário clica em "New" no menu, o método clearAll é chamado.

Quando o usuário clica em "Save" no menu, o método saveCard é chamado.

Criamos uma barra de menu, criamos um menu File e, em seguida, inserimos os itens de menu 'New' e 'Save' nele. Adicionamos o menu à barra de menu e, em seguida, informamos ao frame para usar esta barra de menu. Os itens de menu podem disparar um ActionEvent.

```
    private JScrollPane createScroller(JTextArea textArea) {
      JScrollPane scroller = new JScrollPane(textArea);
      scroller.setVerticalScrollBarPolicy(ScrollPaneConstants.VERTICAL_SCROLLBAR_
ALWAYS);
      scroller.setHorizontalScrollBarPolicy(ScrollPaneConstants.HORIZONTAL_SCROLLBAR_
NEVER);
      return scroller;
    }

    private JTextArea createTextArea(Font font) {
      JTextArea textArea = new JTextArea(6, 20);
      textArea.setLineWrap(true);
      textArea.setWrapStyleWord(true);
      textArea.setFont(font);
      return textArea;
    }

    private void nextCard() {
      QuizCard card = new QuizCard(question.getText(), answer.getText());
      cardList.add(card);
      clearCard();
    }

    private void saveCard() {
      QuizCard card = new QuizCard(question.getText(), answer.getText());
      cardList.add(card);

      JFileChooser fileSave = new JFileChooser();
      fileSave.showSaveDialog(frame);
      saveFile(fileSave.getSelectedFile());
    }

    private void clearAll() {
      cardList.clear();
      clearCard();
    }

    private void clearCard() {
      question.setText("");
      answer.setText("");
      question.requestFocus();
    }

    private void saveFile(File file) {
      try {
        BufferedWriter writer = new BufferedWriter(new FileWriter(file));
        for (QuizCard card : cardList) {
          writer.write(card.getQuestion() + "/");
          writer.write(card.getAnswer() + "\n");
        }
        writer.close();
      } catch (IOException e) {
        System.out.println("Couldn't write the cardList out: " + e.getMessage());
      }
    }
}
```

Criar um painel de rolagem ou área de texto exige muitos códigos parecidos. Inserimos o código em alguns métodos auxiliares que podemos chamar quando precisarmos de uma área de texto ou painel de rolagem.

Abre uma caixa de diálogo de arquivo e aguarda nesta linha até que o usuário escolha 'Save' na caixa. Toda a navegação na caixa de diálogo de arquivos, seleção de um arquivo etc., é feita pelo JFileChooser! É fácil demais.

Quando queremos um novo conjunto de cartas, precisamos limpar a lista de cartas E as áreas de texto.

O método que faz a gravação real do arquivo (chamado pelo event handler do SaveMenuListener). O argumento é o objeto 'File' que o usuário está salvando. Veremos a classe File na próxima página.

Encadeamos um BufferedWriter a um novo FileWriter para que a gravação fosse mais eficiente. (Daqui a pouco, falaremos sobre isso.)

Percorre o ArrayList de cartões e escreve-os, um cartão por linha, com a pergunta e a resposta separadas por "/" e, em seguida, adiciona um caractere de linha nova ("\n").

A classe java.io.File

A classe `java.io.File` é outro exemplo de classe mais antiga da Java API. Apesar de ter sido "substituída" por duas classes no pacote mais recente `java.nio.file`, você sem dúvida encontrará por aí códigos que usam a classe `File`. **Para código novo, recomendamos o pacote `java.nio.file` em vez da classe `java.io.File`.** Daqui a algumas páginas, veremos algumas das capacidades mais importantes do pacote `java.nio.file`.

Dito isso, a classe `java.io.File` *representa* um arquivo no disco, mas não representa o *conteúdo* do arquivo. Como assim? Considere um objeto File como algo mais parecido com o nome do caminho de um arquivo, o *path*, (ou mesmo um *diretório*) em vez do próprio File. A classe File não tem métodos para leitura e escrita. Um objeto File é MUITO útil porque apresenta uma maneira mais segura de representar um arquivo do que simplesmente usar um nome de arquivo em String. Por exemplo, a maioria das classes que aceita um nome de arquivo em String no seu construtor (como FileWriter ou FileInputStream) pode aceitar um objeto File. É possível criar um objeto File, verificar se tem um path válido etc., e, em seguida, fornecer esse objeto File ao FileWriter ou ao FileInputStream.

Um objeto File representa o nome e o path de um arquivo ou diretório no disco, por exemplo: /Users/Kathy/Data/Game.txt Mas NÃO representa nem dá acesso aos dados *do* arquivo!

Algumas coisas que podemos fazer com um objeto File:

Um endereço NÃO é igual à casa real! Um objeto File é como um endereço... Representa o nome e a localização de um arquivo específico, mas não é o arquivo em si.

① **Crie um objeto File representando um arquivo existente:**

```
File f = new File("MyCode.txt");
```

② **Crie um diretório novo:**

```
File dir = new File("Chapter7");
dir.mkdir();
```

Um objeto File representa o nome do arquivo "GameFile.txt".

③ **Liste o conteúdo de um diretório:**

```
if (dir.isDirectory()) {
  String[] dirContents = dir.list();
  for (String dirContent : dirContents) {
    System.out.println(dirContent);
  }
}
```

④ **Delete um arquivo ou diretório (retorna true se for bem-sucedido)**

```
boolean isDeleted = f.delete();
```

GameFile.txt

```
50,Elf,bow, sword,dust
200,Troll,bare hands,big ax
120,Magician,spells,invisibility
```

Um objeto File NÃO representa (nem fornece acesso direto) aos dados dentro do arquivo!

A eficiência dos buffers

Se os buffers não existissem, seria como fazer compras sem carrinho. Teríamos que carregar tudo na mão, desde enlatados até rolos de papel higiênico, um de cada vez.

Os buffers fornecem um local de armazenamento temporário para agrupar coisas até que o suporte (como o carrinho) esteja cheio. Conseguimos carregar muito mais coisas quando usamos um buffer.

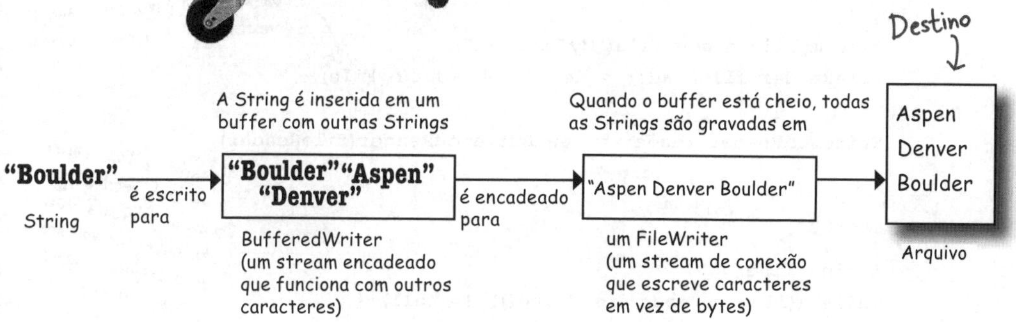


```
BufferedWriter writer = new BufferedWriter(new FileWriter(aFile));
```

Repare que nem precisamos manter uma referência ao objeto FileWriter. A única coisa com a qual nos preocupamos é o BufferedWriter, porque esse é o objeto no qual chamaremos os métodos, e quando fecharmos o BufferedWriter ele se encarregará do restante do encadeamento.

Usar buffers é *muito* mais eficiente do que não usá-los. É possível escrever em um arquivo utilizando apenas o FileWriter, chamando write(someString). O FileWriter grava tudo que passamos para o arquivo todas as vezes. É o tipo de sobrecarga que não queremos nem precisamos, já que cada acesso ao disco é um belo de um problema quando se trata de manipulação de dados na memória. Ao encadear um BufferedWriter em um FileWriter, o BufferedWriter armazenará tudo o que escrevermos nele até ficar cheio. *O FileWriter será instruído a escrever no arquivo do disco somente quando o buffer estiver cheio.*

Se quiser enviar dados *antes* que o buffer esteja cheio, você tem o controle.
Basta dar um flush. Ao chamar writer.flush(), dizemos "envie tudo que está no buffer ***imediatamente***!"

Lendo arquivos de texto

Embora seja simples ler texto a partir de um arquivo, desta vez, usaremos um objeto File para representar o arquivo, um FileReader para fazer efetivamente a leitura e um BufferedReader a fim de tornar a leitura mais eficiente.

A leitura ocorre lendo as linhas em um loop *while*, e encerrando o loop quando o resultado de readLine() for null. É o estilo mais comum para leitura de dados (e para praticamente qualquer coisa que não seja um objeto serializado): ler coisas em um loop while (na verdade, um *teste* de loop while), terminando quando não houver mais nada para ler (o que sabemos, pois o resultado de qualquer método de leitura que estamos usando é null).

Um arquivo com duas linhas de texto.

```
What's 2 + 2?/4
What's 20+22/42
```

MyText.txt

Não se esqueça do import.

```
import java.io.*;

class ReadAFile {
  public static void main(String[] args) {
    try {
      File myFile = new File("MyText.txt");
      FileReader fileReader = new FileReader(myFile);

      BufferedReader reader = new BufferedReader(fileReader);

      String line;
      while ((line = reader.readLine()) != null) {
        System.out.println(line);
      }
      reader.close();

    } catch (IOException e) {
      e.printStackTrace();
    }
  }
}
```

Um FileReader é um stream de conexão para caracteres que se conecta a um arquivo de texto.

Encadeia o FileReader a um BufferedReader para uma leitura mais eficiente. Ele voltará a ler o arquivo somente quando o buffer estiver vazio (porque o programa leu tudo nele).

Cria uma variável String para armazenar cada linha enquanto a linha é lida.

Isto aqui diz: "Leia uma linha de texto e a atribua à variável String "line". Embora esta variável não seja null (porque HAVIA algo para ler), exibe a linha que acabou de ser lida.

Ou outra forma de dizer: "Enquanto ainda há linhas para ler, leia todas elas e as exiba".

Java 8 Streams e I/O

Se estiver usando o Java 8 e se sentir à vontade usando a Streams API, poderá substituir todo o código dentro do bloco try pelo seguinte:

```
Files.lines(Path.of("MyText.txt"))
     .forEach(line -> System.out.println(line));
```

Veremos as classes Files e Path posteriormente neste capítulo.

Quiz Card Player (esboço do código)

```
public class QuizCardPlayer {

  public void go() {
    // Cria e exibe a gui
  }

  private void nextCard() {
    // Se for uma pergunta, mostra a resposta, caso contrário,
    // mostra a próxima pergunta e define uma flag para saber
    // se estamos visualizando uma pergunta ou uma resposta
  }

  private void open() {
    // Abre uma caixa de diálogo de arquivo
    // Deixa o usuário navegar, escolher e abrir um conjunto de cartões
  }

  private void loadFile(File file) {
    // Deve criar um ArrayList de cartões, lendo-o de um arquivo de texto
    // chamado a partir do event handler OpenMenuListener,
    // lê o arquivo uma linha por vez e diz ao método makeCard()
    // para criar um novo cartão a partir da linha (uma linha no arquivo
    // armazena a pergunta e a resposta, separadas por "/")
  }

  private void makeCard(String lineToParse) {
    // Chamado pelo método loadFile, pega uma linha do arquivo de texto
    // e a parseia em duas partes – pergunta e resposta –, criando um novo
    // QuizCard, e o adiciona ao ArrayList chamado CardList
  }
}
```

```
import javax.swing.*;
import java.awt.*;
import java.io.*;
import java.util.ArrayList;

public class QuizCardPlayer {
  private ArrayList<QuizCard> cardList;
  private int currentCardIndex;
  private QuizCard currentCard;
  private JTextArea display;
  private JFrame frame;
  private JButton nextButton;
  private boolean isShowAnswer;

  public static void main(String[] args) {
    QuizCardPlayer reader = new QuizCardPlayer();
    reader.go();
  }

  public void go() {
    frame = new JFrame("Quiz Card Player");
    JPanel mainPanel = new JPanel();
    Font bigFont = new Font("sanserif", Font.BOLD, 24);

    display = new JTextArea(10, 20);
    display.setFont(bigFont);
    display.setLineWrap(true);
    display.setEditable(false);

    JScrollPane scroller = new JScrollPane(display);
    scroller.setVerticalScrollBarPolicy(ScrollPaneConstants.VERTICAL_SCROLLBAR_
    ALWAYS);
    scroller.setHorizontalScrollBarPolicy(ScrollPaneConstants.HORIZONTAL_SCROLLBAR_
    NEVER);
    mainPanel.add(scroller);

    nextButton = new JButton("Show Question");
    nextButton.addActionListener(e -> nextCard());
    mainPanel.add(nextButton);

    JMenuBar menuBar = new JMenuBar();
    JMenu fileMenu = new JMenu("File");
    JMenuItem loadMenuItem = new JMenuItem("Load card set");
    loadMenuItem.addActionListener(e -> open());
    fileMenu.add(loadMenuItem);
    menuBar.add(fileMenu);
    frame.setJMenuBar(menuBar);

    frame.getContentPane().add(BorderLayout.CENTER, mainPanel);
    frame.setSize(500, 400);
    frame.setVisible(true);
  }
```

Apenas código da GUI nesta página; nada de especial.

```
private void nextCard() {
  if (isShowAnswer) {
    // Mostra a resposta porque viram a pergunta
    display.setText(currentCard.getAnswer());
    nextButton.setText("Next Card");
    isShowAnswer = false;
  } else { // Mostra a próxima pergunta
    if (currentCardIndex < cardList.size()) {
      showNextCard();
    } else {
      // Não tem mais cartões!
      display.setText("That was last card");
      nextButton.setEnabled(false);
    }
  }
}
```

Verifica se a flag booleana isShowAnswer está visualizando uma pergunta ou uma resposta e executa a ação adequada, dependendo da resposta.

```
private void open() {
  JFileChooser fileOpen = new JFileChooser();
  fileOpen.showOpenDialog(frame);
  loadFile(fileOpen.getSelectedFile());
}
```

Abre a caixa de diálogo do arquivo para que os usuários naveguem e escolham o arquivo a ser aberto.

```
private void loadFile(File file) {
  cardList = new ArrayList<>();
  currentCardIndex = 0;
  try {
    BufferedReader reader = new BufferedReader(new FileReader(file));
    String line;
    while ((line = reader.readLine()) != null) {
      makeCard(line);
    }
    reader.close();
  } catch (IOException e) {
    System.out.println("Couldn't write the cardList out: " + e.getMessage());
  }
  showNextCard();
}
```

Cria um BufferedReader encadeado a um novo FileReader, fornecendo ao FileReader o objeto File que o usuário escolheu na caixa de diálogo para abrir o arquivo.

Lê uma linha por vez, passando a linha para o método makeCard() que a parseia e a transforma em um QuizCard real, e a adiciona ao ArrayList.

Agora é hora de começar, mostra o primeiro cartão.

```
private void makeCard(String lineToParse) {
  String[] result = lineToParse.split("/");
  QuizCard card = new QuizCard(result[0], result[1]);
  cardList.add(card);
  System.out.println("made a card");
}

private void showNextCard() {
  currentCard = cardList.get(currentCardIndex);
  currentCardIndex++;
  display.setText(currentCard.getQuestion());
  nextButton.setText("Show Answer");
  isShowAnswer = true;
}
}
```

Cada linha de texto corresponde a um único flashcard, mas temos que parsear a pergunta e a resposta como partes separadas. Usamos o método String split() para dividir a linha em dois tokens (um para a pergunta e outro para a resposta). Na próxima página, falaremos sobre o método split().

Parseando com String split()

Imagine que tenha um flashcard como este:

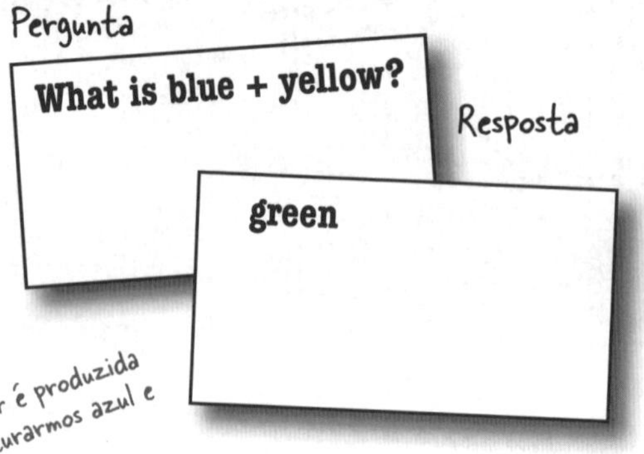

Se liga! Qual cor é produzida se misturarmos azul e amarelo? Verde!

Salvo em um arquivo de perguntas como este:

```
What is blue + yellow?/green
What is red + blue?/purple
```

Como separamos a pergunta e a resposta?

Quando lemos o arquivo, a pergunta e a resposta são agrupadas em uma linha, separadas por uma barra "/" (porque foi assim que escrevemos o arquivo no código do QuizCardBuilder).

String split() possibilita dividir uma String em pedaços.

O método split() diz: "dê-me um separador e eu separarei todas as partes dessa String e vou inseri-las em um array String".

No app QuizCardPlayer, é assim que uma única linha fica quando é lida no arquivo.

```
String toTest = "What is blue + yellow?/green";

String[] result = toTest.split("/");

for (String token : result) {

  System.out.println(token);

}
```

O método split() pega "/" e o usa para separar a String em (neste caso) duas partes, token 1 e token 2. (Observação: split() é MUITO mais poderoso do que imaginamos. Ele pode parsear coisas extremamente complexas com filtros, curingas etc.)

Percorre o array e printa cada token (pedaço). Neste exemplo, existem apenas dois tokens: "What is blue + yellow?" e "green".

não existem Perguntas Idiotas

P: Então, eu estava analisando a API e simplesmente existem cinco milhões de classes no pacote java.io. Como é que eu vou saber qual delas usar?

R: A I/O API usa o conceito modular de "encadeamento" para que possamos conectar streams de conexão e streams encadeados (também chamados de streams de "filtro") em uma ampla variedade de combinações. Desse modo, obtemos praticamente tudo o que quisermos.

Os encadeamentos não precisam parar em dois níveis; é possível conectar múltiplos streams encadeados entre si para obter o tempo adequado de processamento necessário.

Na maioria das vezes, usaremos o mesmo grupo pequeno de classes. Se estiver escrevendo arquivos de texto, BufferedReader e BufferedWriter (encadeados a FileReader e a FileWriter) são provavelmente tudo o que você precisa. Se estiver escrevendo objetos serializados, use ObjectOutputStream e ObjectInputStream (encadeados a FileInputStream e a FileOutputStream).

Ou seja, com o que já mostramos, você tem em mãos 90% do que geralmente faria com o Java I/O.

P: Você acabou de dizer que já aprendemos 90% do que provavelmente usaremos, mas ainda não vimos o lendário NIO.2. Qual é o problema?

R: Na próxima página, veremos o NIO.2! Mas, em geral, para ler e escrever arquivos de texto, BufferedReaders e BufferedWriters ainda são a melhor opção. Veremos como o NIO.2 facilita usá-los.

P: Meu cérebro está meio cansado, mas ouvi dizer que o NIO.2 é bem complicado.

R: Focaremos os principais conceitos do pacote java.nio.file.

Fixe na Memória

Rosas são belas, violetas também são.

***Readers** e **Writers**? Só para **texto**, meu irmão!*

PONTOS DE BALA

- Para escrever um arquivo de texto, comece com um stream de conexão FileWriter.
- Encadeie o FileWriter a um BufferedWriter para maior eficiência.
- Um objeto File representa um arquivo em um path específico, mas não representa o conteúdo real do arquivo.
- Com um objeto File, podemos criar, percorrer e deletar diretórios.
- A maioria dos streams que podem usar um nome de arquivo String também podem usar um objeto File, e um objeto File pode ser mais seguro de usar.
- Para ler um arquivo de texto, comece com um stream de conexão FileReader.
- Encadeie o FileReader a um BufferedReader para maior eficiência.
- Para parsear um arquivo de texto, precisamos ter certeza de que o arquivo foi escrito para reconhecer os diferentes elementos. Uma abordagem comum é usar algum tipo de caractere para separar as partes individuais.
- Use o método String split() para dividir uma String em tokens individuais. Uma String com um separador terá dois tokens, um de cada lado do separador. *O separador não conta como token.*

NIO.2 e o pacote java.nio.file

Em geral, Java NIO.2 significa dois pacotes adicionados no Java 7:

`java.nio.file`

`java.nio.file.attribute`

O pacote `java.nio.file.attribute` possibilita manipular os *metadados* associados aos arquivos e aos diretórios de um computador. Por exemplo, você usaria as classes deste pacote se quisesse ler ou alterar as definições de permissões de um arquivo. NÃO falaremos mais sobre este pacote (Ufa...)

O pacote `java.nio.file` é tudo de que precisamos para ler e escrever arquivos de texto comuns, além de fornecer capacidade de manipular os diretórios e a estrutura de diretórios de um computador. Na maioria das vezes, usaremos três tipos do `java.nio.file`:

- Interface Path: precisaremos sempre de um objeto Path para localizar os diretórios ou arquivos com os quais queremos trabalhar.
- Classe Paths: usaremos o método Paths.get() para criar o objeto Path necessário ao usar métodos na classe Files.
- Classe Files: É a classe cujos métodos (estáticos) fazem todo o trabalho que queremos: cria Readers e Writers novos, cria, modifica e pesquisa diretórios e arquivos em sistemas de arquivos.

Um objeto Path representa a localização (nome e path) de um arquivo ou diretório no disco, por exemplo: /Users/Kathy/Data/Game.txt

Mas NÃO representa nem dá acesso aos dados *do* arquivo!

Um recurso avançado, mas útil, na classe Files possibilita que você "percorra" (pesquise) árvores de diretórios.

Minitutorial, criando um BufferedWriter com NIO.2

① Import de Path, Paths e Files:

```
import java.nio.file.*;
```

② Crie um objeto Path usando a classe Paths:

```
Path myPath = Paths.get("MyFile.txt");
```

Um objeto Path é usado para localizar um arquivo em um computador (ou seja, no sistema de arquivos). Um path pode ser usado para localizar arquivos no diretório atual ou em outros diretórios.

Ou, se o arquivo estiver em um subdiretório como: /myApp/files/MyFile.txt :

```
Path myPath = Paths.get("/myApp", "files", "MyFile.txt");
```

O "/" em "/myApp" é chamado de separador de nomes. Dependendo de qual sistema operacional estamos usando, o separador de nomes pode ser diferente; por exemplo, pode ser "\".

③ Cria um novo BufferedWriter usando uma Path e a classe Files:

```
BufferedWriter writer = Files.newBufferedWriter(myPath);
```

Em algum lugar — nos bastidores — algum método está dizendo:

BufferedWriter writer = new BufferedWriter(..)

Path, Paths e Files (brincando com diretórios)

No Apêndice B, analisaremos como dividir uma aplicação Java em pacotes, incluindo a criação da estrutura adequada de diretórios para todos os arquivos de uma aplicação. Na maioria dos casos, você criará e moverá diretórios e arquivos manualmente, usando a linha de comando ou utilitários como o Pesquisar ou o Windows Explorer. Mas também podemos fazer isso no próprio código Java.

Esteja avisado! Brincar com diretórios em um programa Java é como abrir a caixa de Pandora. Para fazer isso corretamente é necessário aprender sobre paths, paths absolutos, paths relativos, permissões de sistema operacional, atributos de arquivo e assim por diante. Vejamos um exemplo bastante simplificado de como brincar com diretórios, para lhe dar uma ideia do que é possível.

Suponha que queira criar um programa installer para instalar sua incrível aplicação. Você começa com o diretório e os arquivos à esquerda e quer terminar com a estrutura de diretórios e os arquivos à direita.

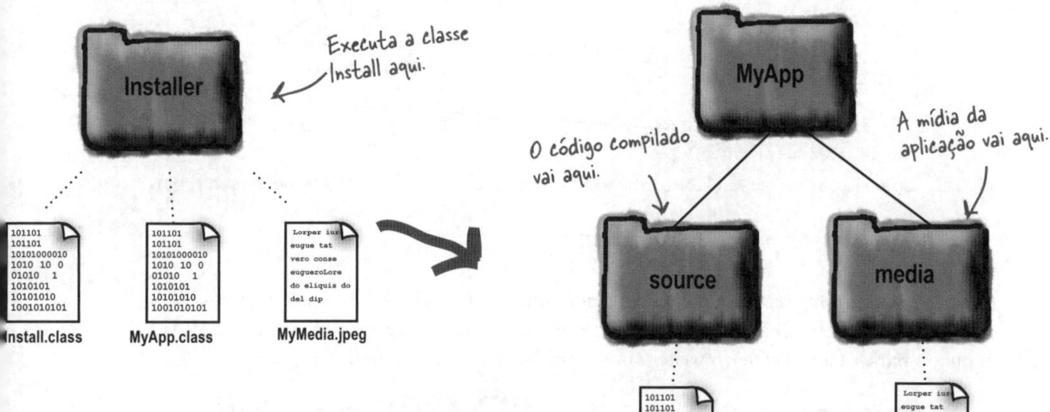

```
import java.nio.file.*;
public class Install {
  public static void main(String[] args) {
    try {
      Path myPath = Paths.get("MyApp");
      Path myPath2 = Paths.get("MyApp", "media");
      Path myPath3 = Paths.get("MyApp", "source");
      Path mySource = Paths.get("MyApp.class");
      Path myMedia = Paths.get("MyMedia.jpeg");

      Files.createDirectory(myPath);
      Files.createDirectory(myPath2);
      Files.createDirectory(myPath3);
      Files.move(mySource, myPath3.resolve(mySource.getFileName()));
      Files.move(myMedia, myPath2.resolve(myMedia.getFileName()));
    } catch (Exception e) {
      System.out.println("Got an NIO Exception" + e.getMessage());
    }
  }
}
```

Cria todos os locais de Path.

Cria os três diretórios novos.

Move os dois arquivos para seus diretórios novos.

Até que enfim analisaremos o `finally`

Inúmeras páginas atrás, vimos como funcionava o try-catch-finally. Mais ou menos. Vimos que o finally era um bom local para inserirmos nosso "código de limpeza". Isso é verdade, porém seremos mais específicos. Na maioria das vezes, quando falamos em "código de limpeza", nos referimos a liberar recursos que emprestamos do sistema operacional. Ao abrirmos um arquivo ou um socket, o SO nos fornece alguns de seus recursos. Quando terminamos de usá-los, precisamos devolvê-los. Vejamos um trecho do código da classe QuizCardBuilder. Destacamos uma chamada a um construtor e três chamadas separadas de método...

Veremos QUATRO locais em que uma exceção pode ser lançada!

```
private void saveFile(File file) {
  try {
    BufferedWriter writer = new BufferedWriter(new FileWriter(file));
    for (QuizCard card : cardList) {
      writer.write(card.getQuestion() + "/");
      writer.write(card.getAnswer() + "\n");
    }
    writer.close();
  } catch (IOException e) {
    System.out.println("Couldn't write the cardList out: " + e.getMessage());
  }
}
```

Todos os locais em que uma exceção poderia ser lançada!

Se a chamada para criar um novo FileWriter falhar, se QUALQUER uma das muitas invocações write() falhar, ou se o próprio close() falhar, uma exceção será lançada, a JVM pulará para o bloco catch e o writer nunca será fechado. Gravíssimo!

Lembre-se, o `finally` SEMPRE executa!!

Como queremos MESMO ter certeza de fechar o arquivo writer, vamos inserir a invocação close() em um bloco finally.

Aponte o seu lápis

→ Resolve aí.

Programando o novo bloco finally

Quais mudanças teremos que fazer no código acima a fim de mover close() para um bloco finally? Talvez sejam mais mudanças do que você imagina.

Até que enfim analisaremos o `finally` (continuação)

O tanto de código necessário para inserirmos close() no bloco finally pode surpreendê-lo; vejamos isso com detalhes.

```
private void saveFile(File file) {
  BufferedWriter writer = null;
  try {
    writer = new BufferedWriter(new FileWriter(file));
    for (QuizCard card : cardList) {
      writer.write(card.getQuestion() + "/");
      writer.write(card.getAnswer() + "\n");
    }
    writer.close();
  } catch (IOException e) {
    System.out.println("Couldn't write the cardList out: " + e.getMessage());
  } finally {
    try {
      writer.close();
    } catch (Exception e) {
      System.out.println("Couldn't close writer: " + e.getMessage());
    }
  }
```

Tivemos que declarar a referência de writer fora do bloco try para que ficasse visível no bloco final.

Sim, tivemos que inserir close() em outro bloco try-catch!

Tem um jeito MELHOR!

Lá no início do Java, era assim que fazíamos para garantir que um arquivo fosse fechado. Provavelmente, você se deparará com blocos finally parecidos com este quando estiver analisando códigos existentes. Mas para códigos novos tem um jeito melhor:

Try-With-Resources

Veremos esse jeito a seguir.

A instrução try-with-resources (TWR)

Se estiver usando o Java 7 ou uma versão posterior (e esperamos que esteja!), você pode usar a versão try-with-resources das instruções try para facilitar a execução de E/S. Vamos comparar o código try que vimos com o código try-with-resources que faz a mesma coisa:

```
private void saveFile(File file) {
  BufferedWriter writer = null;
  try {
    writer = new BufferedWriter(new FileWriter(file));

    for (QuizCard card : cardList) {
      writer.write(card.getQuestion() + "/");
      writer.write(card.getAnswer() + "\n");
    }

  } catch (IOException e) {
    System.out.println("Couldn't write the cardList out: " + e.getMessage());
  } finally {
    try {
      writer.close();
    } catch (Exception e) {
      System.out.println("Couldn't close writer: " + e.getMessage());
    }
  }
}
```

Código try-catch-finally, assim como faziam os antigos maias.

```
private void saveFile(File file) {
  try (BufferedWriter writer =
         new BufferedWriter(new FileWriter(file))) {

    for (QuizCard card : cardList) {
      writer.write(card.getQuestion() + "/");
      writer.write(card.getAnswer() + "\n");
    }

  } catch (IOException e) {
    System.out.println("Couldn't write the cardList out: " + e.getMessage());
  }
}
```

Código try-with-resources, moderno como um jovem místico.

não existem Perguntas Idiotas

P: Espera, como assim? Você não tinha dito que uma instrução try precisava de um catch e/ou de um finally?

R: Bem lembrado! Acontece que quando usamos o try-with-resources, o compilador cria um bloco finally para nós. Não podemos vê-lo, mas ele está lá.

Autocloseable: o 'catch' imperceptível

Na página anterior, vimos um tipo diferente de instrução try, a instrução try-with-resources (TWR). Vamos aprender como escrever e usar instruções TWR, começando por examinar detalhadamente o seguinte:

```
try (BufferedWriter writer =
        new BufferedWriter(new FileWriter(file))) {
```

SOMENTE classes que implementam Autocloseable podem ser usadas em instruções TWR!

Escrevendo uma instrução try-with-resources

1. Adicione um conjunto de parênteses entre "try" e "{":

```
try ( ... ) {
```

2. Dentro dos parênteses, declare um objeto cujo tipo implemente Autocloseable:

```
try (BufferedWriter writer =
        new BufferedWriter(new FileWriter(file))) {
```

Como todas as classes E/S que usamos neste capítulo, BufferedWriter implementa Autocloseable.

3. Use o objeto que declarou dentro do bloco try (como sempre fez):

```
writer.write(card.getQuestion() + "/");
writer.write(card.getAnswer() + "\n");
```

Autocloseable, em todos os locais que criamos uma E/S

Autocloseable é uma interface adicionada ao java.lang na versão do Java 7. Quase todas as E/S que criaremos usam classes que implementam a Autocloseable. Em geral, nem temos que lidar com isso.

Vejamos mais algumas coisas que valem a pena saber sobre as instruções TWR:

- Podemos declarar e usar mais de um recurso de E/S em um único bloco TWR:

```
try (BufferedWriter writer =
        new BufferedWriter(new FileWriter(file));
     BufferedReader reader =
        new BufferedReader(new FileReader(file))) {
```

Separe os recursos usando ponto e vírgula, ";".

- Caso declare mais de um recurso, eles serão fechados na ordem OPOSTA à qual foram declarados; ou seja, o primeiro declarado é o último a ser fechado.
- Se adicionarmos blocos catch ou finally, o sistema lidará elegantemente com múltiplas invocações close().

Receita de Código

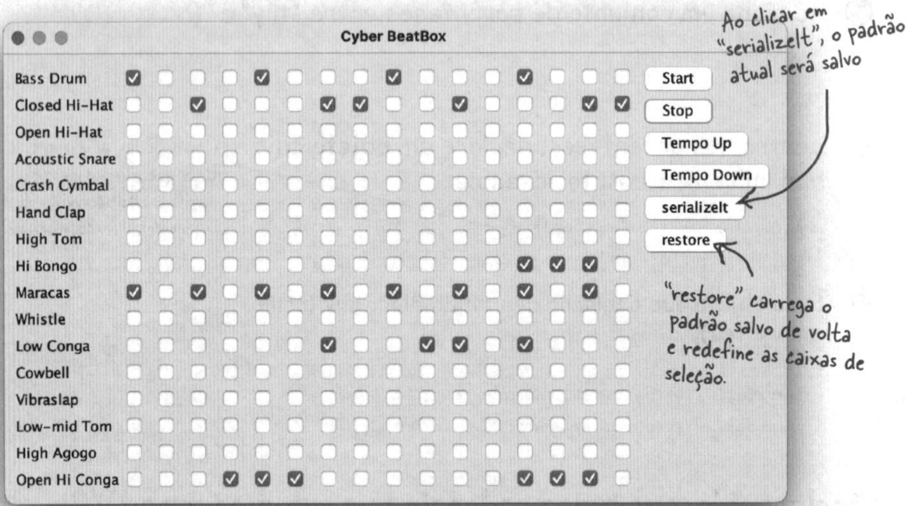

Bora fazer com que o BeatBox salve e restaure nosso padrão favorito.

Salvando um padrão BeatBox

Lembre-se, no BeatBox, um padrão de bateria [drum] nada mais é do que um monte de caixas de seleção. Quando chega a hora de reproduzir a sequência, o código percorre as caixas de seleção a fim de descobrir quais sons de bateria estão sendo reproduzidos em cada uma das 16 batidas. Ou seja, para salvar um padrão, tudo o que precisamos fazer é salvar o estado das caixas de seleção.

Podemos criar um simples array booleano que armazene o estado de cada uma das 256 caixas de seleção. Um objeto array é serializável desde que os elementos no array sejam serializáveis. Logo, não teremos problemas para salvar um array de booleanos. Para carregar um padrão novamente, lemos o único objeto array booleano (desserializando-o) e restauramos as caixas de seleção. Como você já viu, a maior parte do código na Receita de Código dos capítulos anteriores, em que criamos a GUI do BeatBox, neste capítulo, veremos somente o código para salvar e para restaurar.

Esta Receita de Código nos prepara para o próximo capítulo, pois em vez de escrevermos o padrão em um *arquivo*, nós o enviaremos pela *rede* para o servidor. E em vez de carregarmos um padrão a partir de *um* arquivo, obteremos padrões a partir do *servidor*, cada vez que um usuário envia um deles para o servidor.

Serializando um padrão

Este é um método no código BeatBox. Podemos chamá-lo a partir de uma expressão lambda quando adicionamos um ActionListener ao botão serializeIt ou quando criamos uma classe interna, ActionListener, que o chama.

```
private void writeFile() {

  boolean[] checkboxState = new boolean[256];

  for (int i = 0; i < 256; i++) {
    JCheckBox check = checkboxList.get(i);
    if (check.isSelected()) {
      checkboxState[i] = true;
    }
  }

  try (ObjectOutputStream os =
        new ObjectOutputStream(new FileOutputStream("Checkbox.ser"))) {
    os.writeObject(checkboxState);
  } catch (IOException e) {
    e.printStackTrace();
  }
}
```

← Cria um array booleano para armazenar o estado de cada caixa de seleção.

Percorre o checkboxList (ArrayList de caixas de seleção), obtém o estado de cada um e adiciona-o ao array booleano.

Try-with-resources

Esta parte é mamão com açúcar. Basta escrever/serializar o único array booleano!

Restaurando um padrão BeatBox

É basicamente o mesmo processo de salvar, só que o contrário… leia o array booleano e use-o para restaurar o estado das caixas de seleção da GUI. Tudo acontece quando o usuário clica no botão "restore".

Restaurando um padrão

Este é outro método da classe BeatBox.

```
private void readFile() {
  boolean[] checkboxState = null;
  try (ObjectInputStream is =
         new ObjectInputStream(new FileInputStream("Checkbox.ser"))) {
    checkboxState = (boolean[]) is.readObject();
  } catch (Exception e) {
    e.printStackTrace();
  }

  for (int i = 0; i < 256; i++) {
    JCheckBox check = checkboxList.get(i);
    check.setSelected(checkboxState[i]);
  }

  sequencer.stop();
  buildTrackAndStart();
}
```

Try-with-resources

Lê o único objeto no arquivo (o array booleano) e o converte (cast) de volta em um array booleano (lembre-se, readObject() retorna uma referência do tipo Object).

Agora, restaura o estado de cada uma das caixas de seleção no ArrayList dos objetos JCheckBox reais (checkboxList).

Agora, para o que estiver sendo reproduzido no momento e recria a sequência usando o novo estado das caixas de seleção no ArrayList.

Aponte o seu lápis

Resolve aí.

Essa versão tem uma limitação gigante! Quando clicamos no botão "serializeIt" ele serializa automaticamente para um arquivo chamado "Checkbox.ser" (que é criado se não existir). Mas cada vez que salvamos, o arquivo salvo anteriormente é sobrescrito.

Melhore o recurso de salve e restore incorporando um JFileChooser para que você possa nomear e salvar quantos padrões diferentes quiser e carregar/restaurar a partir de qualquer um dos arquivos de padrão salvos anteriormente.

Aponte o seu lápis

→ Resolve aí.

Eles podem ser salvos?

Quais destes você acha que são ou deveriam ser serializáveis? Se não, por que não? Não é significativo? Risco de segurança? Funciona somente para a execução atual da JVM? Vai na fé e chuta, sem procurar na API.

Tipo de objeto	Serializável?	Se não, por que não?
Object	Sim / Não	______________
String	Sim / Não	______________
File	Sim / Não	______________
Date	Sim / Não	______________
OutputStream	Sim / Não	______________
JFrame	Sim / Não	______________
Integer	Sim / Não	______________
System	Sim / Não	______________

O que é Válido?

Circule os fragmentos de código que seriam compilados (supondo que estejam dentro de uma classe válida).

→ Resolve aí.

```
FileReader fileReader = new FileReader();
BufferedReader reader = new
BufferedReader(fileReader);
```

```
FileOutputStream f = new FileOutputStream("Foo.ser");
ObjectOutputStream os = new ObjectOutputStream(f);
```

```
BufferedReader reader = new BufferedReader(new
FileReader(file));
String line;
while ((line = reader.readLine()) != null) {
  makeCard(line);
}
```

```
FileOutputStream f = new FileOutputStream("Game.ser");
ObjectInputStream is = new ObjectInputStream(f);
GameCharacter oneAgain = (GameCharacter)
is.readObject();
```

Neste capítulo, exploramos o maravilhoso mundo do Java I/O. Sua tarefa é decidir se cada uma das seguintes declarações relacionadas à E/S é verdadeira ou falsa.

Verdadeiro ou Falso

1. A serialização é apropriada quando salvamos dados para uso de programas não Java.

2. O estado do objeto só pode ser salvo usando serialização.

3. ObjectOutputStream é uma classe usada para salvar objetos serializáveis.

4. Streams encadeados podem ser utilizados sozinhos ou com streams de conexão.

5. Uma única chamada para writeObject() pode fazer com que muitos objetos sejam salvos.

6. Todas as classes são serializáveis por padrão.

7. A classe java.nio.file.Path pode ser usada para localizar arquivos.

8. Se uma superclasse não for serializável, então a subclasse não poderá ser serializável.

9. Somente classes que implementam AutoCloseable podem ser utilizadas em instruções try-with-resources.

10. Quando um objeto é desserializado, seu construtor não é executado.

11. Serializar e salvar em um arquivo de texto podem lançar exceções.

12. BufferedWriters podem ser encadeados a FileWriters.

13. Objetos File representam arquivos, mas não diretórios.

14. Não podemos forçar um buffer a enviar seus dados antes que esteja cheio.

15. Readers e writers de arquivos podem ser opcionalmente armazenados em buffer.

16. Os métodos da classe Files permitem operar em arquivos e diretórios.

17. Instruções try-with-resources não podem incluir blocos finally explícitos.

→ Respostas na página 582.

Ímãs de Código

Como este exercício é ardiloso, nós o promovemos para um quebra-cabeça completo. Reconstrua os trechos de código para criar um programa Java funcional que gere a saída listada abaixo. (Talvez você não precise de todos os ímãs, mas pode reutilizar um ímã mais de uma vez.)

```
class DungeonGame implements Serializable {
```

```
try {
```

```
FileOutputStream fos = new
    FileOutputStream("dg.ser");
```

```
short getZ() {
    return z;
```

```
oos.close();
```

```
e.printStackTrace();
```

```
ObjectInputStream ois = new
    ObjectInputStream(fis);
```

```
int getX() {
    return x;
```

```
System.out.println(d.getX()+d.getY()+d.getZ());
```

```
FileInputStream fis = new
    FileInputStream("dg.ser");
```

```
public int x = 3;
transient long y = 4;
private short z = 5;
```

```
long getY() {
    return y;
```

```
class DungeonTest {
```

```
ois.close();
```

```
import java.io.*;
```

```
fos.writeObject(d);
```

```
} catch (Exception e) {
```

```
d = (DungeonGame) ois.readObject();
```

```
ObjectOutputStream oos = new
    ObjectOutputStream(fos);
```

```
oos.writeObject(d);
```

```
public static void main(String[] args) {
    DungeonGame d = new DungeonGame();
```

File Edit Window Help Torture

```
% java DungeonTest
12
8
```

Respostas na página 583.

Solução dos exercícios

Verdadeiro ou Falso

(página 580)

1. A serialização é apropriada quando salvamos dados para uso de programas não Java. **Falso**

2. O estado do objeto só pode ser salvo usando serialização. **Falso**

3. ObjectOutputStream é uma classe usada para salvar objetos serializáveis. **Verdadeiro**

4. Streams encadeados podem ser utilizados sozinhos ou com streams de conexão. **Falso**

5. Uma única chamada para writeObject() pode fazer com que muitos objetos sejam salvos **Verdadeiro**

6. Todas as classes são serializáveis por padrão. **Falso**

7. A classe java.nio.file.Path pode ser usada para localizar arquivos. **Falso**

8. Se uma superclasse não for serializável, então a subclasse não poderá ser serializável. **Falso**

9. Somente classes que implementam AutoCloseable podem ser utilizadas em instruções try-with-resources. **Verdadeiro**

10. Quando um objeto é desserializado, seu construtor não é executado. **Verdadeiro**

11. Serializar e salvar em um arquivo de texto podem lançar exceções. **Verdadeiro**

12. BufferedWriters podem ser encadeados a FileWriters. **Verdadeiro**

13. Objetos File representam arquivos, mas não diretórios. **Falso**

14. Não podemos forçar um buffer a enviar seus dados antes que esteja cheio. **Falso**

15. Readers e writers de arquivos podem ser opcionalmente armazenados em buffer. **Verdadeiro**

16. Os métodos da classe Files permitem operar em arquivos e diretórios. **Verdadeiro**

17. Instruções try-with-resources não podem incluir blocos finally explícitos. **Falso**

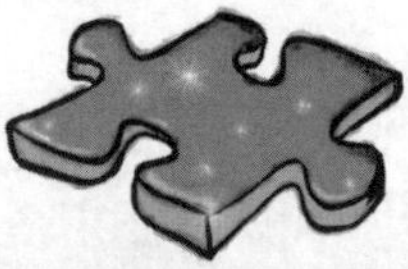

Ímãs de Código

(página 581)

```
import java.io.*;

class DungeonGame implements Serializable {
  public int x = 3;
  transient long y = 4;
  private short z = 5;

  int getX() {
    return x;
  }
  long getY() {
    return y;
  }
  short getZ() {
    return z;
  }
}

class DungeonTest {
  public static void main(String[] args) {
    DungeonGame d = new DungeonGame();
    System.out.println(d.getX() + d.getY() + d.getZ());
    try {
      FileOutputStream fos = new FileOutputStream
      ("dg.ser");
      ObjectOutputStream oos = new ObjectOutputStream
      (fos);
      oos.writeObject(d);
      oos.close();

      FileInputStream fis = new FileInputStream
      ("dg.ser");
      ObjectInputStream ois = new ObjectInputStream
      (fis);
      d = (DungeonGame) ois.readObject();
      ois.close();
    } catch (Exception e) {
      e.printStackTrace();
    }
    System.out.println(d.getX() + d.getY() + d.getZ());
  }
}
```

File Edit Window Help Escape

```
% java DungeonTest
12
8
```

Faça uma Conexão

Conecte-se com o mundo exterior. Seu programa Java pode se comunicar com um programa em outra máquina. É simples. Todos os detalhes de rede de baixo nível são gerenciados pelas bibliotecas built-in do Java. Uma das grandes vantagens do Java reside em sua capacidade de conexão: enviar e receber dados por meio de uma rede é semelhante às operações convencionais de E/S, mas, ao final da cadeia de E/S, as conexões são ligeiramente distintas. Neste capítulo, nos conectaremos com o mundo exterior usando *canais*. Criaremos canais para *clientes* e para *servidores*. E faremos com que ambos se comuniquem. E também teremos que aprender a fazer mais de uma coisa ao mesmo tempo. Antes de terminar o capítulo, você terá um cliente de chat completamente funcional e multithread. Dissemos *multithread*? Sim, você *aprenderá* o segredo de como conversar com Bob enquanto se comunica com outras pessoas.

Chat do BeatBox em Tempo Real

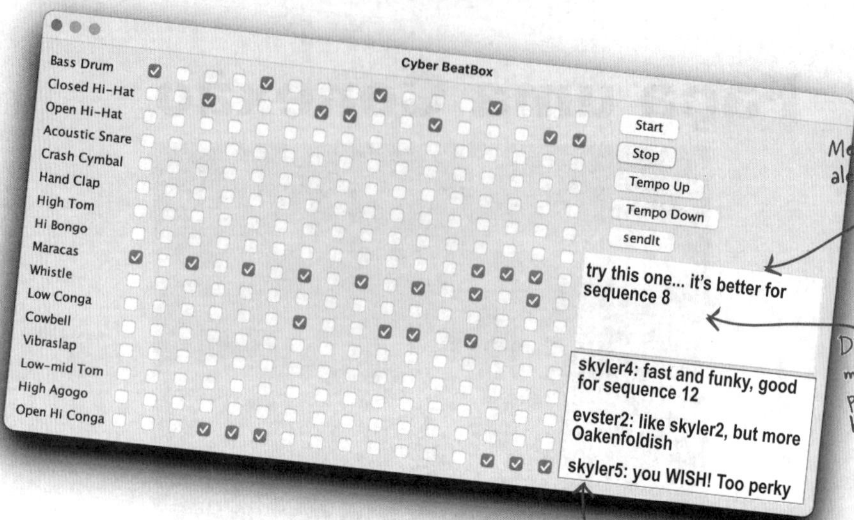

Você está desenvolvendo um jogo de computador. Você e sua equipe estão criando o design de som de cada parte do jogo. Com uma versão "chat" do BeatBox, sua equipe pode colaborar — é possível enviar um padrão de batida com sua mensagem de chat e todos no chat do BeatBox a receberão. Ou seja, você não consegue apenas *ler* as mensagens de outros usuários, como também pode carregar e *reproduzir* um padrão de batida simplesmente clicando na mensagem, na área de mensagens recebidas.

Neste capítulo, aprenderemos o que é necessário para criar um cliente de chat como este. Ainda que superficialmente, aprenderemos até como criar um *Servidor* de Chat. Salvaremos o Chat do BeatBox completo para a Receita de Código e *desenvolveremos* um cliente de chat ridiculamente simples (no código, chamado de *Ludicrously Simple Chat Client)* e um Servidor de Chat superbásico, ambos enviam e recebem mensagens de texto.

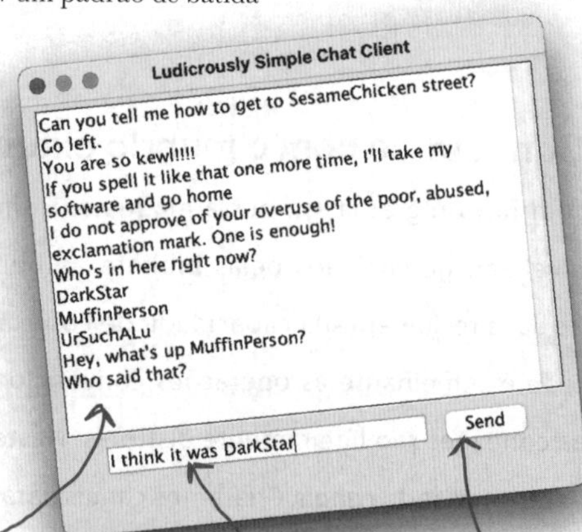

Visão geral do programa do chat

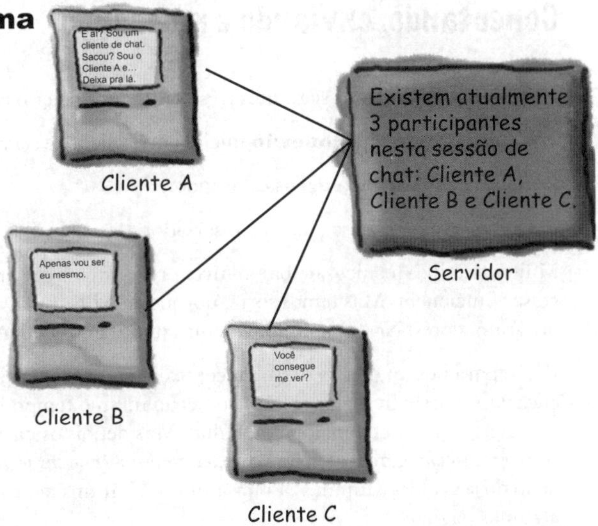

Cada Cliente deve conhecer o Servidor. O Servidor deve conhecer TODOS os Clientes.

Como funciona:

1. O cliente se conecta ao servidor.
2. O servidor faz uma conexão e adiciona o cliente à lista de participantes.
3. Outro cliente se conecta.
4. O cliente A envia uma mensagem para o serviço de chat.
5. O servidor distribui a mensagem para TODOS os participantes (incluindo o remetente original).

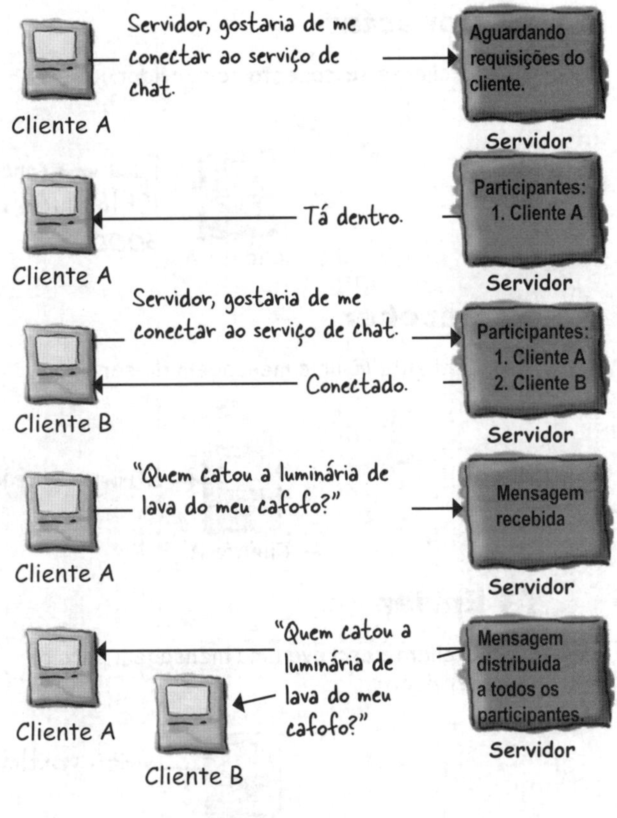

Conectando, enviando e recebendo

Precisamos aprender as seguintes três coisas para fazer o cliente funcionar:

1. Como estabelecer a **conexão** inicial entre cliente e servidor.
2. Como **receber** mensagens *do* servidor.
3. Como **enviar** mensagens *para* o servidor.

Muitos detalhes técnicos de baixo nível precisam ser gerenciados para que essas coisas funcionem. Mas temos sorte, porque as APIs do Java facilitam tudo isso para os programadores. Neste capítulo, veremos muito mais código GUI do que de rede e de E/S.

E não para por aí: dentro desse inocente cliente de chat, temos um desafio que ainda não encaramos neste livro: fazer duas coisas ao mesmo tempo. Estabelecer uma conexão é uma operação única (que funciona ou falha). Mas depois os participantes do chat querem *enviar mensagens (saída)* e **simultaneamente** *receber mensagens (entrada)* de outros participantes (por meio do servidor). Humm... Precisaremos fritar uns neurônios, mas chegaremos lá em algumas páginas, tá?

1 Conectar

O cliente **se conecta** ao servidor.

2 Receber

O cliente **lê** uma mensagem do servidor.

3 Enviar

O cliente **escreve** uma mensagem para o servidor.

1. Conectar

Para se comunicar com outra máquina, precisamos de um objeto que represente uma conexão de rede entre duas máquinas. Podemos abrir um java.nio.channels.SocketChannel para nos fornecer esse objeto de conexão. O que seria uma conexão? Um *relacionamento* entre duas máquinas **em que dois softwares se conhecem**. Mais importante ainda, esses dois softwares sabem como *se comunicar*. Em outras palavras, como enviar *bits* entre si.

Não nos preocupamos com os detalhes técnicos de baixo nível, ainda bem, já que são gerenciados em uma camada extremamente de baixo nível da "pilha [stack] de rede". Caso não saiba o que é "pilha de rede", não esquente a cabeça. É apenas uma forma de visualizar as camadas pelas quais as informações (bits) precisam passar a fim de ir de um programa Java — rodando em uma JVM em algum sistema operacional — até o hardware físico (como cabos ethernet, por exemplo) e voltar novamente para outra máquina.

Precisamos nos preocupar com a parte de alto nível. Basta criar um objeto para o endereço do servidor e, em seguida, abrir um canal para esse servidor. Preparados?

Para fazer uma conexão, precisamos saber duas coisas sobre o servidor: onde ele está e em qual porta está sendo executado. Em outras palavras, endereço IP e número da porta TCP.

Representa o endereço completo da máquina à qual queremos nos conectar.

Endereço do IP do servidor.

Número da porta TCP.

```
InetSocketAddress serverAddress = new InetSocketAddress("196.164.1.103", 5000);
SocketChannel socketChannel = SocketChannel.open(serverAddress);
```

Podemos usar um SocketChannel para conversar com outra máquina.

Não usamos um construtor para criar um novo SocketChannel, chamamos o método estático open(). Isso criará um novo SocketChannel e o conectará ao endereço fornecido.

Uma conexão significa que as duas máquinas têm informações uma da outra, incluindo localização de rede (endereço de IP) e porta TCP.

Uma porta TCP é apenas um número...

Um número de 16 bits que identifica um programa específico no servidor

Seu servidor web de internet (HTTP) opera na porta 80. Trata-se de um padrão. Se está usando um servidor Telnet, ele opera na porta 23. O FTP? 20. Servidor de e-mail POP3? 110. SMTP? 25. O time server está na porta 37. Considere os números das portas como identificadores exclusivos. Eles representam uma conexão lógica com um software específico em execução no servidor. É só isso. Não podemos virar nossa máquina de cabeça para baixo e encontrar uma porta TCP. Afinal, um servidor tem 65.536 portas (de 0 a 65535). Obviamente, elas não representam um local para conectar dispositivos físicos. São apenas números que representam uma aplicação.

Sem números de porta, o servidor não teria como saber a qual aplicação um cliente quer se conectar. E como cada aplicação pode ter o próprio protocolo exclusivo, imagine os problemas que teríamos sem esses identificadores. E se o seu navegador, por exemplo, se conectasse ao servidor de e-mail POP3 em vez do servidor HTTP? O servidor de e-mail não saberia como processar uma requisição HTTP! E mesmo que soubesse, o servidor POP3 não tem conhecimento sobre como atender a uma requisição HTTP.

Quando escrevemos um programa de servidor, incluímos um código que informa ao programa em qual número de porta queremos que ele seja executado (mais adiante, veremos como fazer isso no Java). No programa de chat que estamos desenvolvendo, usaremos a porta 5000. Por quê? Porque queremos. E porque atende ao critério de ser um número entre 1024 e 65535. Por que 1024? Porque os números de 0 a 1023 são reservados para serviços conhecidos como os que acabamos de falar.

E se estivermos escrevendo serviços (programas de servidor) para serem executados em uma rede corporativa, basta verificar com os administradores de sistema quais portas já estão sendo usadas. Por exemplo, os sysadmins podem dizer que você não pode usar nenhum número de porta abaixo de 3000. Em todo caso, se você preza pela sua integridade física, não atribua números de portas arbitrariamente. A menos que seja sua rede doméstica, porque aí você precisará apenas da aprovação de seus *filhos*.

Números conhecidos de porta TCP para aplicações comuns de servidor:

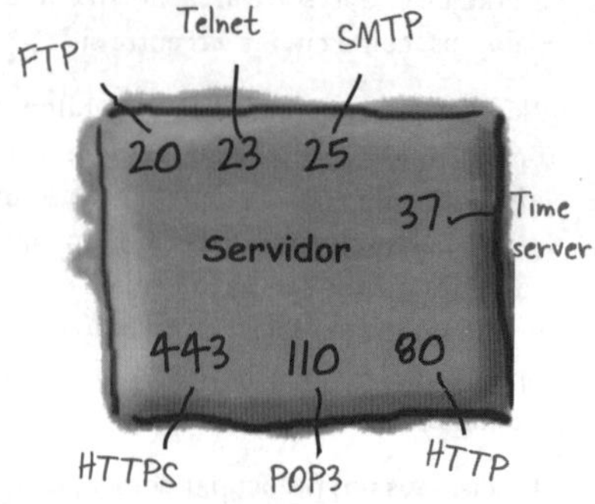

Um servidor pode ter até 65.536 aplicações diferentes de servidor em execução, uma por porta.

Os números de porta TCP de 0 a 1023 são reservados para serviços conhecidos. Não os use para seus programas de servidor!*
O Servidor de Chat que estamos escrevendo usa a porta 5000. Acabamos de escolher um número entre 1024 e 65535.

*Você *pode* até usar uma dessas portas, mas o sysadmin que trabalha com você provavelmente lhe enviará uma mensagem bastante incisiva e incluirá seu chefe em cópia.

não existem Perguntas Idiotas

P: Como sei o número da porta do programa de servidor com a qual quero me comunicar?

R: Depende se o programa é um dos serviços mais conhecidos. Caso esteja tentando se conectar a um serviço conhecido, como aqueles sobre os quais falamos na página anterior (HTTP, SMTP, FTP etc.), você pode procurá-los na internet (dê um Google "Porta TCP mais conhecida"). Ou pergunte a um sysadmin que conhece. Mas se o programa não for um dos serviços mais conhecidos, você precisa descobrir com quem está implantando o serviço. Pergunte. Normalmente, se alguém escreve um serviço de rede e quer que outros escrevam clientes para ele, o endereço IP, o número da porta e o protocolo do serviço são divulgados. Por exemplo, se quiser escrever um cliente para um servidor de jogos GO, é possível verificar em um dos sites do servidor GO e encontrar informações sobre como escrever um cliente para esse servidor específico.

P: Pode haver mais de um programa em execução em uma única porta? Duas aplicações no mesmo servidor podem ter o mesmo número de porta?

R: Não! Se você tentar vincular um programa a uma porta que já esteja em uso, receberá uma BindException. *Vincular* um programa a uma porta significa apenas iniciar uma aplicação de servidor e instruí-la a ser executada em uma porta específica. Novamente, daqui a pouco, você aprenderá sobre isso.

O endereço IP é o shopping.

O número da porta é a loja específica do shopping.

O endereço de IP é como especificar um shopping, tipo "Java Plaza", em vez de qualquer shopping.

O número da porta é como uma loja específica, tipo "Loja de CDs do Bob".

Supino Mental

Já temos uma conexão. O cliente e o servidor conhecem o endereço de IP e o número da porta TCP um do outro. E agora? Como você se comunica por meio dessa conexão? Em outras palavras, como mover bits de um para outro? Pense nos tipos de mensagens que seu cliente de chat precisa enviar e receber.

2. Receber

Canais entre o cliente e o servidor.

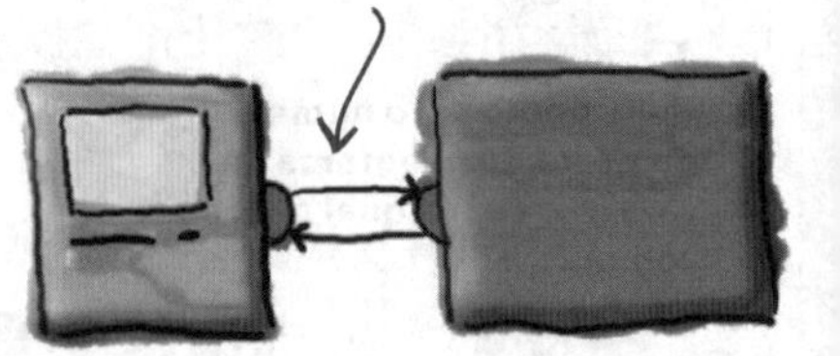

Para se comunicar por meio de uma conexão remota, pode-se usar os bons e velhos streams de E/S, como no capítulo anterior. A grande vantagem do Java é que, na maioria das vezes, não precisamos saber com o que nosso stream encadeado de alto nível está conectado. Ou seja, usamos um **BufferedReader** exatamente como fizemos quando lemos um arquivo; a diferença é que o stream de conexão subjacente está conectado a um *Channel* em vez de a um *File*!

Lendo a partir de uma rede com BufferedReader

127.0.0.1 é o endereço de IP do "localhost", ou seja, aquele em que este código está sendo executado. Você pode usar isso ao testar seu cliente e servidor em uma única máquina individual. Podemos também usar "localhost" aqui.

1 Faça uma conexão com o servidor:

```
SocketAddress serverAddr = new InetSocketAddress("127.0.0.1", 5000);

SocketChannel socketChannel = SocketChannel.open(serverAddr);
```

O número da porta, que você conhece porque DISSEMOS que 5000 é o número da porta do nosso Servidor de Chat.

É necessário abrir um SocketChannel que se conecte a este endereço.

2 Crie ou obtenha um Reader a partir da conexão:

```
Reader reader = Channels.newReader(socketChannel, StandardCharsets.UTF _ 8);
```

Este Reader é uma "ponte" entre um stream de bytes de baixo nível (como aquele que vem de Channel) e um stream de caracteres de alto nível (como o BufferedReader que buscamos como stream encadeado).

Podemos usar os métodos auxiliares estáticos na classe Channels para criar um Reader a partir de SocketChannel.

Precisamos informar qual Charset usar para ler os valores a partir da rede. UTF 8 é uso comum.

Encadeie o BufferedReader ao Reader (que é do nosso SocketChannel).

3 Crie um BufferedReader e leia!

```
BufferedReader bufferedReader = new BufferedReader(reader);
String message = bufferedReader.readLine();
```

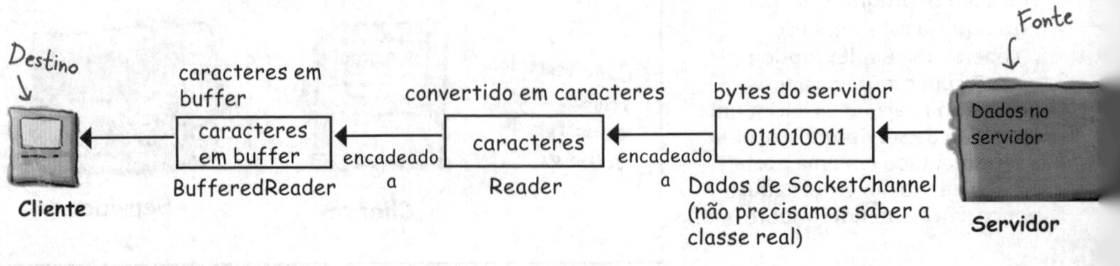

3. Enviar

No capítulo anterior, usamos BufferedWriter. Temos uma escolha aqui, mas quando escrevemos uma String por vez, **PrintWriter** é uma escolha padrão. E você reconhecerá os dois métodos principais em PrintWriter, print() e println()! Assim como o bom e velho System.out.

Escrevendo na rede com PrintWriter

Esta parte é igual à da última página — para escrever no servidor, ainda precisamos nos conectar a ele.

1 Faça uma conexão com o servidor:

```
SocketAddress serverAddr = new InetSocketAddress("127.0.0.1", 5000);

SocketChannel socketChannel = SocketChannel.open(serverAddr);
```

Precisamos informar qual Charset usar para escrever Strings. Você deve usar o mesmo para ler e escrever!

2 Crie ou obtenha um Writer a partir da conexão:

```
Writer writer = Channels.newWriter(socketChannel, StandardCharsets.UTF _ 8);
```

O Writer é como uma ponte entre os dados dos caracteres e os bytes a serem escritos no canal.

A classe Channels contém métodos utilitários para criar um Writer.

3 Crie um PrintWriter e escreva (printe) algo:

Ao encadear um PrintWriter ao Writer do Canal, podemos escrever Strings no Canal, que serão enviadas pela conexão.

```
PrintWriter printWriter = new PrintWriter(writer);
writer.println("message to send");
writer.print("another message");
```

println() adiciona uma linha nova no final do que envia.

print() não adiciona a linha nova.

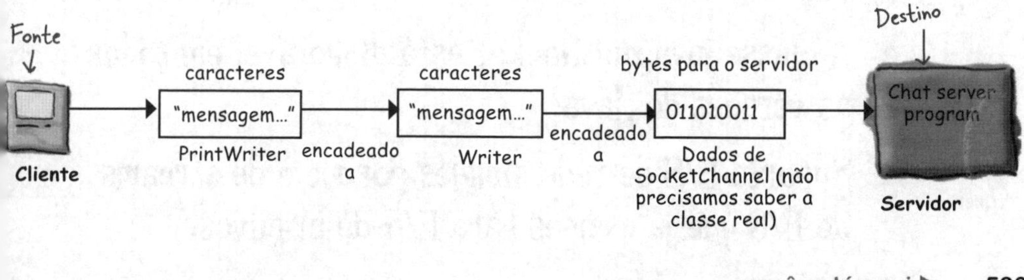

Há diversas maneiras de se estabelecer uma conexão

Caso analise um código do mundo cotidiano que se comunica com uma máquina remota, provavelmente verá diversas maneiras diferentes de fazer conexões e de ler e escrever/gravar em um computador remoto.

A abordagem usada depende de vários fatores, incluindo (mas não se limitando a) a versão utilizada do Java e as necessidades da aplicação (por exemplo, quantos clientes se conectam ao mesmo tempo, o tamanho das mensagens enviadas, a frequência ou mensagem etc.). Uma das abordagens mais simples é usar **java.net.Socket** em vez de um Channel.

Usando um Socket

É possível obter um *InputStream* ou *OutputStream* de um Socket e ler e escrever a partir dele de uma forma bem semelhante ao que já vimos.

Em vez de usar um InetSocketAddress e abrir um SocketChannel, podemos criar um Socket com o host e o número da porta.

```
Socket chatSocket = new Socket("127.0.0.1", 5000);
```

Para ler a partir do Socket, precisamos obter um InputStream do Socket.

```
InputStreamReader in = new InputStreamReader(chatSocket.getInputStream());

BufferedReader reader = new BufferedReader(in);
String message = reader.readLine();
```

O código do Reader é exatamente o mesmo que já vimos.

```
PrintWriter writer = new PrintWriter(chatSocket.getOutputStream());

writer.println("message to send");
writer.print("another message");
```

Para escrever no socket, precisamos obter um OutputStream de Socket, que podemos encadear ao PrintWriter.

O código do Writer é exatamente o mesmo que já vimos.

A classe java.net.Socket está disponível em todas as versões do Java.

Suporta E/S de rede simples por meio de streams de E/S que já usamos para E/S de arquivos.

À medida que nos tornamos um mundo cada vez mais conectado, o Java evoluiu para oferecer mais formas de trabalhar com máquinas remotas.

Lembra que os canais estão no pacote java.**nio**.channels? O pacote java.nio (NIO) foi introduzido no Java 1.4, e mais alterações e adições foram feitas (às vezes, chamadas de NIO.2) no Java 7. Existem maneiras de usar canais e o NIO para obter melhor desempenho quando lidamos com muitas conexões de rede ou com muitos dados provenientes dessas conexões.

Neste capítulo, estamos usando canais para fornecer a mesma funcionalidade básica de conexão que poderíamos obter com Sockets. No entanto, se nossa aplicação precisasse funcionar bem com uma conexão de rede muito carregada (ou muitas!), poderíamos configurar canais de forma diferente e usá-los em todo o seu potencial. Assim, nosso programa lidaria melhor com alta carga de E/S de rede.

Escolhemos ensinar-lhe a **forma mais simples de começar** com E/S de rede usando o *Channels*. Desse jeito, quando precisasse "subir de nível" a fim de lidar com recursos mais avançados, não seria como subir o Everest. Se tiver interesse em saber mais sobre NIO, leia o livro *Java NIO* de Ron Hitchens e *Java I/O, NIO and NIO.2* de Jeff Friesen.

Relaxar

Os canais suportam recursos avançados de rede de que você não precisa para estes exercícios.

Canais podem suportar E/S sem bloqueio, leitura e escrita via ByteBuffers e E/S assíncrona. Não veremos nada disso! Mas pelo menos agora você já conhece as palavras para pesquisar em um mecanismo de busca quando quiser saber mais.

A DailyAdviceClient

Antes de começarmos a desenvolver a aplicação do chat, começaremos com algo um pouco mais simples. O Guru de Java é um programa de servidor que fornece doses diárias de sabedoria e de inspiração para aquelas jornadas intermináveis de programação.

Estamos criando um cliente para o programa O Guru de Java, que extrai uma mensagem do servidor cada vez que se conecta.

O que está esperando? *Sabe-se lá* quais oportunidades você perdeu sem essa aplicação.

O Guru de Java

1 Conectar:

O cliente se conecta ao servidor.

2 Ler:

O cliente obtém um Reader para Channel, e lê uma mensagem do servidor.

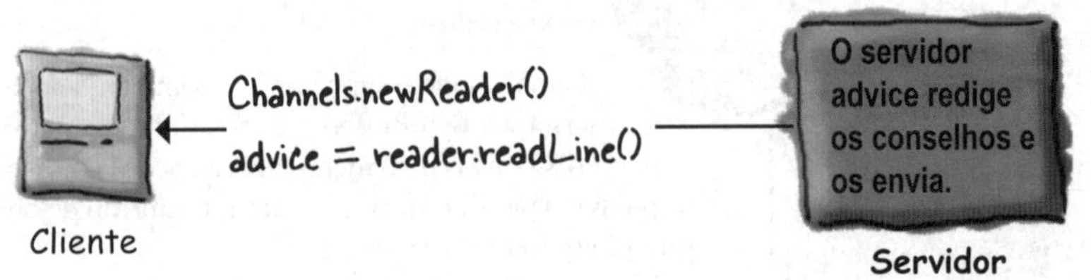

Código da DailyAdviceClient

Este programa cria um SocketChannel, um BufferedReader (com a ajuda do Reader do canal) e lê uma única linha da aplicação do servidor (o que estiver sendo executado na porta 5000).

```
import java.io.*;
import java.net.InetSocketAddress;
import java.nio.channels.Channels;
import java.nio.channels.SocketChannel;
import java.nio.charset.StandardCharsets;

public class DailyAdviceClient {
  public void go() {
    InetSocketAddress serverAddress = new InetSocketAddress("127.0.0.1", 5000);
    try (SocketChannel socketChannel = SocketChannel.open(serverAddress)) {
      Reader channelReader = Channels.newReader(socketChannel, StandardCharsets.UTF_8);
      BufferedReader reader = new BufferedReader(channelReader);

      String advice = reader.readLine();
      System.out.println("Today you should: " + advice);

      reader.close();
    } catch (IOException e) {
      e.printStackTrace();
    }
  }

  public static void main(String[] args) {
    new DailyAdviceClient().go();
  }
}
```

Define o endereço do servidor como sendo a porta 5000, no mesmo host em que este código está sendo executado (o "localhost").

Cria um SocketChannel abrindo um canal para o endereço do servidor.

Usa try-with-resources para fechar automaticamente o SocketChannel quando o código for concluído.

Cria um Reader que lê a partir do SocketChannel.

Encadeia um BufferedReader ao Reader a partir do SocketChannel.

Este readLine() é EXATAMENTE o mesmo se estivéssemos usando um BufferedReader encadeado a um FILE... Em outras palavras, no momento em que chamamos um método BufferedReader, o reader não sabe nem se importa de onde vieram os caracteres.

Isso fecha o channelReader e este BufferedReader.

Aponte o seu lápis

→ Resolve aí.

Desafie sua memória sobre as classes para leitura e escrita a partir de um SocketChannel. Tente não olhar na página do lado!

Para ***ler*** texto a partir de um SocketChannel:

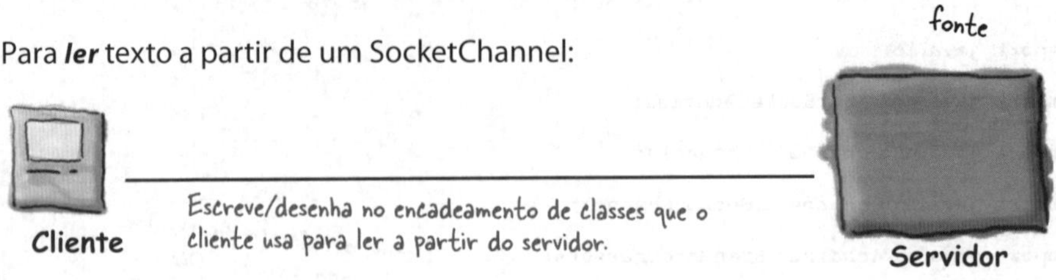

Para ***enviar*** texto a um SocketChannel:

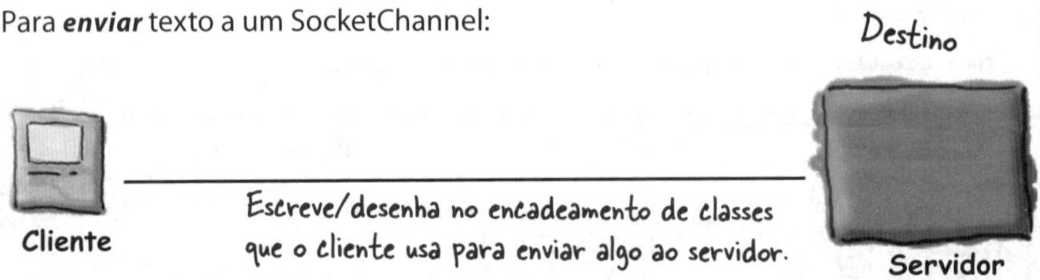

Aponte o seu lápis

→ Resolve aí.

Preencha os espaços em branco:

Quais são as duas informações de que o cliente precisa para estabelecer uma conexão com um servidor?

______________________ ______________________

Quais números de porta TCP são reservados para "serviços conhecidos", como HTTP e FTP? ______________________

VERDADEIRO ou FALSO: o intervalo de números válidos de porta TCP pode ser representado por um tipo primitivo short. ______________________

Escrevendo uma simples aplicação de servidor

O que é necessário para escrever uma aplicação de servidor? Apenas dois canais. Sim, dois. Um ServerSocketChannel, que aguarda requisições do cliente (quando um cliente se conecta) e um SocketChannel para usar na comunicação com o cliente. Se houver mais de um cliente, precisaremos de mais de um canal. Falaremos sobre isso mais tarde.

Como funciona:

1. A aplicação de servidor cria um ServerSocketChannel e o vincula a uma porta específica.

```
ServerSocketChannel serverChannel = ServerSocketChannel.
open(); serverChannel.bind(new InetSocketAddress(5000));
```

Isso inicia a aplicação de servidor ao ouvir as requisições do cliente que chegam pela porta 5000.

2. O cliente cria um SocketChannel conectado à aplicação de servidor.

```
SocketChannel svr = SocketChannel.open(new InetSocketAddress("190.165.1.103", 5000));
```

O cliente sabe o endereço de IP e o número da porta (publicado ou fornecido a ele por quem configura a aplicação de servidor para estar nesta porta).

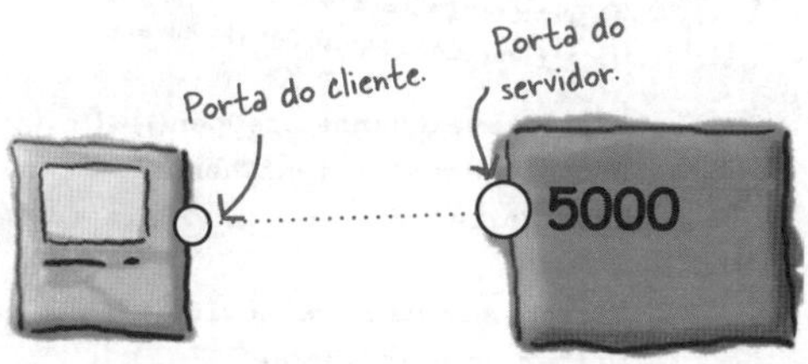

3. O servidor cria um novo SocketChannel para se comunicar com este cliente.

```
SocketChannel clientChannel = serverChannel.accept();
```

O método accept() bloqueia (simplesmente fica aguardando) enquanto está esperando por uma conexão de cliente. Quando um cliente finalmente se conecta, o método retorna um SocketChannel que sabe como se comunicar com este cliente.
O ServerSocketChannel pode voltar a aguardar outros clientes. O servidor tem apenas um ServerSocketChannel e um SocketChannel por cliente.

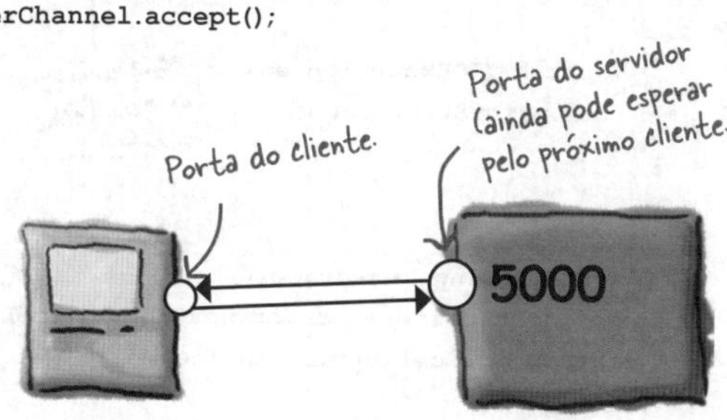

Código da DailyAdviceServer

Este programa cria um ServerSocketChannel e aguarda as requisições do cliente. Quando recebe uma requisição do cliente (ou seja, o cliente criou um novo SocketChannel para este servidor), o servidor cria um novo SocketChannel para este cliente. O servidor cria um PrintWriter (usando um Writer criado a partir do SocketChannel) e envia uma mensagem ao cliente.

```
import java.io.*;
import java.net.InetSocketAddress;
import java.nio.channels.*;
import java.util.Random;
```

Não se esqueça dos imports.

```
public class DailyAdviceServer {
  final private String[] adviceList = {
          "Take smaller bites",
          "Go for the tight jeans. No they do NOT make you look fat.",
          "One word: inappropriate",
          "Just for today, be honest. Tell your boss what you *really* think",
          "You might want to rethink that haircut."};
  private final Random random = new Random();
```

Os conselhos diários vêm deste array aqui.

```
  public void go() {

    try (ServerSocketChannel serverChannel = ServerSocketChannel.open()) {
      serverChannel.bind(new InetSocketAddress(5000));
```

ServerSocketChannel faz com que esta aplicação de servidor "ouça" as requisições do cliente na porta à qual está vinculada.

Você deve vincular o ServerSocketChannel à porta na qual deseja executar a aplicação.

O servidor entra em loop permanente, aguardando (e atendendo) requisições do cliente.

O método accept é bloqueado (apenas fica aguardando) até que uma requisição chegue e em seguida, retorna um SocketChannel para comunicação com o cliente.

```
      while (serverChannel.isOpen()) {
        SocketChannel clientChannel = serverChannel.accept();
        PrintWriter writer = new PrintWriter(Channels.newOutputStream(clientChannel));

        String advice = getAdvice();
        writer.println(advice);
        writer.close();
        System.out.println(advice);
      }
    } catch (IOException ex) {
      ex.printStackTrace();
    }
  }
```

Cria um stream de saída para o canal do cliente e o envolve em um PrintWriter. Você pode usar newOutputStream ou newWriter aqui.

Envia ao cliente uma mensagem com conselho sobre String.

Fecha o writer, que também fechará o cliente SocketChannel.

Exibe no console do servidor, para que possamos ver o que está acontecendo.

```
  private String getAdvice() {
    int nextAdvice = random.nextInt(adviceList.length);
    return adviceList[nextAdvice];
  }

  public static void main(String[] args) {
    new DailyAdviceServer().go();
  }
}
```

Supino Mental

Como o servidor sabe como se comunicar com o cliente? Pense em como/quando/onde o servidor obtém conhecimento sobre o cliente.

O código do servidor advice da outra página tem uma limitação GRAVE: aparentemente, ele pode lidar com apenas um cliente por vez! Existe uma forma de criar um servidor que consiga lidar com múltiplos clientes simultaneamente? Isso nunca daria certo para um Servidor de Chat, por exemplo.

Sim, isso mesmo, **o servidor não pode aceitar uma requisição de um cliente até que termine de processar a requisição do cliente atual**. Nesse ponto, ele inicia a próxima iteração do loop infinito, parado, aguardando, na chamada accept(), até que uma requisição nova chegue, momento em que cria um SocketChannel para enviar dados ao cliente novo e inicia o processo novamente.

Para que isso funcione com múltiplos clientes ao *mesmo tempo*, precisamos usar threads separadas.

Basta fornecermos o SocketChannel de cada cliente novo a uma thread nova, e cada thread pode funcionar de forma independente.

Vamos aprender isso em um instante!

PONTOS DE BALA

- As aplicações de cliente e de servidor se comunicam usando canais.
- Um canal representa uma conexão entre duas aplicações que podem (ou não) estar sendo executadas em duas máquinas físicas diferentes.
- Um cliente deve saber o endereço de IP (ou nome do host) e o número da porta TCP da aplicação do servidor.
- Uma porta TCP é um número não sinalidado (somente números positivos) de 16 bits atribuído a uma aplicação específica de servidor. Os números de porta TCP possibilitam que diferentes aplicações de servidor sejam executadas na mesma máquina; os clientes se conectam a uma aplicação específica usando seu número de porta.
- Os números de porta de 0 a 1023 são reservados para "serviços conhecidos", incluindo HTTP, FTP, SMTP etc.
- Um cliente se conecta a um servidor abrindo um SocketChannel:

```
SocketChannel.open(
 new InetSocketAddress("127.0.0.1", 4200))
```

- Uma vez conectado, um cliente pode criar readers (para ler dados do servidor) e writers (para enviar dados ao servidor) para o canal:

```
Reader reader = Channels.
newReader(sockCh,
 StandardCharsets.UTF_8);
Writer writer = Channels.newWriter(sockCh,
 StandardCharsets.UTF_8);
```

- Para ler dados de texto do servidor, crie um BufferedReader, encadeado ao Reader. O Reader é uma "ponte" que recebe bytes e os converte em dados de texto (caracteres). É usado principalmente para atuar como encadeamento intermediário entre o BufferedReader de alto nível e a conexão de baixo nível.
- Para escrever dados de texto no servidor, crie um PrintWriter encadeado ao Writer. Chame os métodos print() ou println() para enviar Strings ao servidor.
- Os servidores usam um ServerSocketChannel que aguarda requisições de clientes em um número específico de porta.
- Ao receber uma requisição, o ServerSocketChannel "aceita" a requisição criando um SocketChannel para o cliente.

Escrevendo um Cliente de Chat

Desenvolveremos a aplicação do Cliente de Chat em duas etapas. Na primeira etapa, criaremos uma versão somente para envio, que envia mensagens para o servidor, mas não consegue ler nenhuma das mensagens de outros participantes (uma reviravolta interessante e misteriosa em relação ao conceito de chat. Imagine ir a um karaokê e só cantar, sem ouvir ninguém...)

Na segunda etapa, criaremos o chat completo, fazendo com que envie *e* receba mensagens.

Versão Um: apenas envio

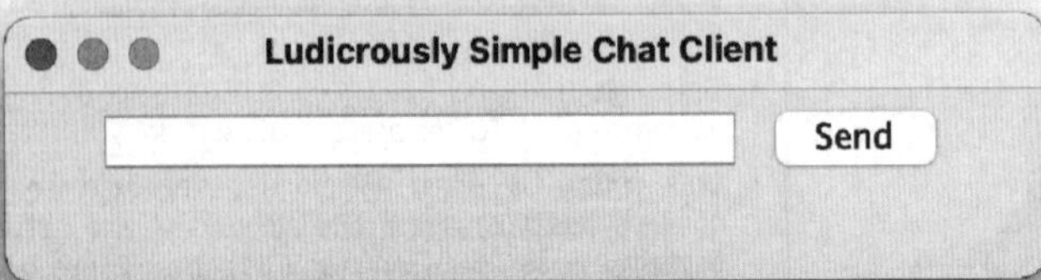

Digite uma mensagem e pressione 'Send' para enviá-la ao servidor. Como não receberemos nenhuma mensagem do servidor nesta versão, não há área de texto de rolagem.

Esboço do código

Vejamos um esboço das principais funcionalidades que o cliente de chat precisa fornecer. O código completo está na próxima página.

```
public class SimpleChatClientA {
  private JTextField outgoing;
  private PrintWriter writer;

  public void go() {
    // Chama o método setUpNetworking().
    // Cria uma gui e registra um listener com o botão send.
  }

  private void setUpNetworking() {
    // Abre um SocketChannel para o servidor.
    // Cria um PrintWriter e atribui à variável de instância do writer.
  }

  private void sendMessage() {
    // Captura o texto do campo de texto e o envia para
    // o servidor usando o writer (um PrintWriter).
  }
}
```

Se liga! No código, a primeira versão do nosso Cliente de Chat é SimpleChatClientA.

```java
import javax.swing.*;
import java.awt.*;
import java.io.*;
import java.net.InetSocketAddress;
import java.nio.channels.*;
import static java.nio.charset.StandardCharsets.UTF_8;

public class SimpleChatClientA {
  private JTextField outgoing;
  private PrintWriter writer;

  public void go() {
    setUpNetworking();

    outgoing = new JTextField(20);

    JButton sendButton = new JButton("Send");
    sendButton.addActionListener(e -> sendMessage());

    JPanel mainPanel = new JPanel();
    mainPanel.add(outgoing);
    mainPanel.add(sendButton);
    JFrame frame = new JFrame("Ludicrously Simple Chat Client");
    frame.getContentPane().add(BorderLayout.CENTER, mainPanel);
    frame.setSize(400, 100);
    frame.setVisible(true);
    frame.setDefaultCloseOperation(WindowConstants.EXIT_ON_CLOSE);
  }

  private void setUpNetworking() {
    try {
      InetSocketAddress serverAddress = new InetSocketAddress("127.0.0.1", 5000);

      SocketChannel socketChannel = SocketChannel.open(serverAddress);
      writer = new PrintWriter(Channels.newWriter(socketChannel, UTF_8));
      System.out.println("Networking established.");
    } catch (IOException e) {
      e.printStackTrace();
    }
  }

  private void sendMessage() {
    writer.println(outgoing.getText());
    writer.flush();
    outgoing.setText("");
    outgoing.requestFocus();
  }

  public static void main(String[] args) {
    new SimpleChatClientA().go();
  }
}
```

Imports para escrita (java.io), conexões de rede (java.nio.channels) e material GUI (awt e swing).

Isso aqui é um import estático; vimos os imports estáticos no Capítulo 10.

Chama o método que se conectará ao servidor.

Cria a GUI, nada de novo e nada relacionado a rede ou E/S.

Estamos usando localhost para que consiga testar o cliente e servidor em uma máquina.

Abre um SocketChannel que se conecta ao servidor.

É aqui que criamos o PrintWriter a partir de um writer que escreve no SocketChannel.

Agora efetivamente escrevemos. Lembre-se, como writer está encadeado ao writer do SocketChannel, sempre que criamos um println(), ele passa pela rede até o servidor!

Se quiser testar isso agora, digite o código do Servidor de Chat do Código Predefinido da próxima página. Primeiro, inicie o servidor em um terminal. Depois, use outro terminal para iniciar este cliente.

Código Predefinido

Um Servidor de Chat ridiculamente simples

Você pode usar esse código de servidor para todas as versões do Cliente de Chat. Todos os alertas possíveis e imagináveis estão valendo aqui! Para deixar o código enxuto ao extremo, omitimos muitas partes que o transformariam em um servidor de verdade. Em outras palavras, funciona, mas existem, pelo menos, cem maneiras de quebrá-lo. Caso queria aprimorar suas habilidades depois de concluir a leitura deste livro, volte aqui e faça com que esse código de servidor fique mais robusto.

Após terminar este capítulo, você mesmo poderá comentar o código. Ao comentá-lo, além de descobrir o que está rolando, você ainda entende melhor os conceitos, melhor do que se explicássemos. Mais uma vez, este código aqui é o Código Predefinido: não é necessário entendê-lo, o propósito é auxiliar as duas versões do nosso Chat de Cliente.

Para executar o Chat de Cliente, precisamos de dois terminais. Primeiro, inicie este servidor a partir de um terminal e, em seguida, inicie o cliente a partir de outro terminal.

```
import java.io.*;
import java.net.InetSocketAddress;
import java.nio.channels.*;
import java.util.*;
import java.util.concurrent.*;

import static java.nio.charset.StandardCharsets.UTF_8;

public class SimpleChatServer {
  private final List<PrintWriter> clientWriters = new ArrayList<>();

  public static void main(String[] args) {
    new SimpleChatServer().go();
  }

  public void go() {
    ExecutorService threadPool = Executors.newCachedThreadPool();
    try {
      ServerSocketChannel serverSocketChannel = ServerSocketChannel.open();
      serverSocketChannel.bind(new InetSocketAddress(5000));

      while (serverSocketChannel.isOpen()) {
        SocketChannel clientSocket = serverSocketChannel.accept();
        PrintWriter writer = new PrintWriter(Channels.newWriter(clientSocket, UTF_8));
        clientWriters.add(writer);
        threadPool.submit(new ClientHandler(clientSocket));
        System.out.println("got a connection");
      }
    } catch (IOException ex) {
      ex.printStackTrace();
    }
  }
```

```
  private void tellEveryone(String message) {
    for (PrintWriter writer : clientWriters) {
      writer.println(message);
      writer.flush();
    }
  }

  public class ClientHandler implements Runnable {
    BufferedReader reader;
    SocketChannel socket;

    public ClientHandler(SocketChannel clientSocket) {
      socket = clientSocket;
      reader = new BufferedReader(Channels.newReader(socket, UTF _ 8));
    }

    public void run() {
      String message;
      try {
        while ((message = reader.readLine()) != null) {
          System.out.println("read " + message);
          tellEveryone(message);
        }
      } catch (IOException ex) {
        ex.printStackTrace();
      }
    }
  }
}
```

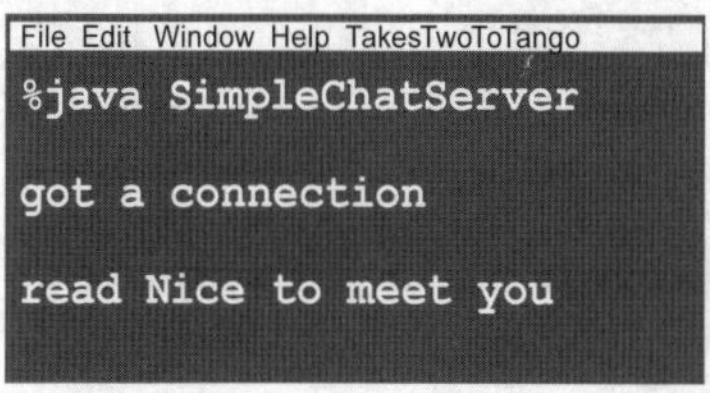

Executado em segundo plano.

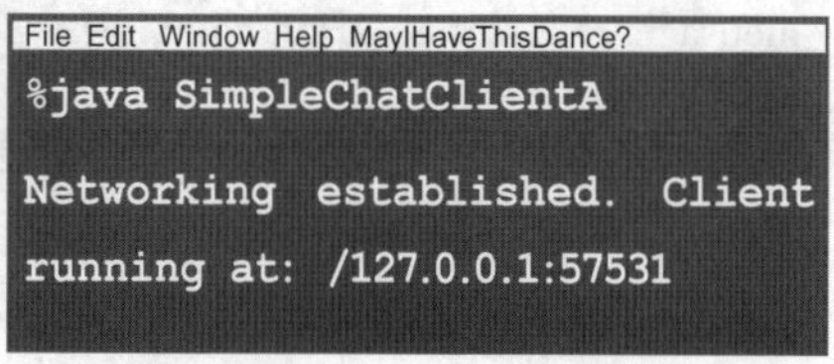

Conecta-se ao servidor e inicia a GUI.

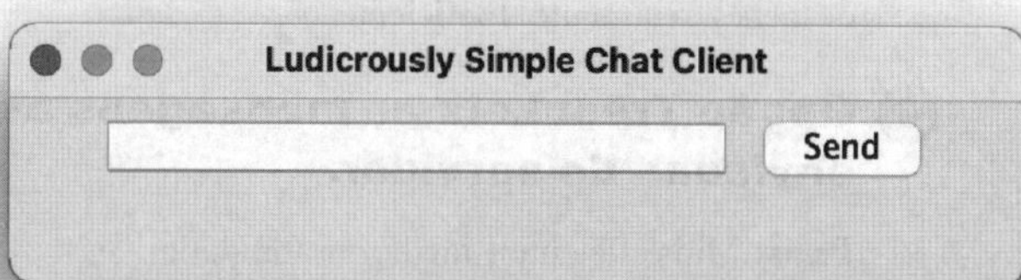

Versão Dois: enviar e receber

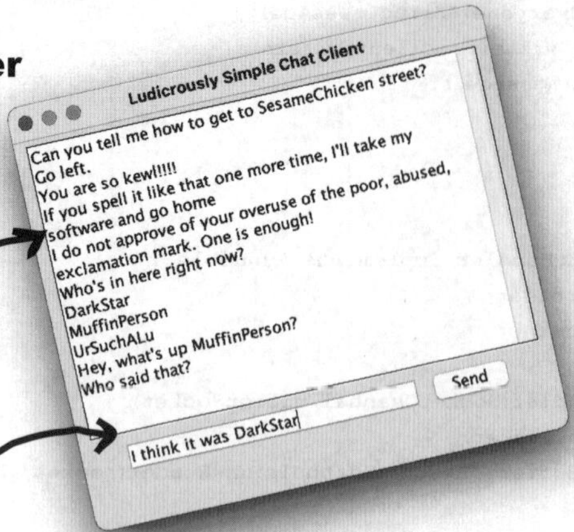

Mensagens recebidas (entrada).

Mensagens enviadas (saída).

O servidor envia uma mensagem a todos os participantes-clientes, assim que a mensagem é recebida pelo servidor. Quando um cliente envia uma mensagem, ela não aparece na área de exibição de mensagens recebidas até que o servidor a envie para todos.

Pergunta Importante: *COMO* recebo mensagens do servidor?

Deve ser fácil; ao configurar a rede, crie um Reader também. Em seguida, leia as mensagens usando `readLine`.

Pergunta Importantíssima: *Quando* recebo mensagens do servidor?

Pensei um pouco. Quais são as opções?

① Opção Um: Ler algo do servidor sempre que o usuário enviar uma mensagem.

Prós: Possível, muito fácil.

Contras: Vacilo. Por que escolher um momento tão aleatório para verificar mensagens? E se o usuário for um lurker e nunca envia nada?

② Opção Dois: Consulte o servidor a cada 20 segundos.

Prós: É possível, e resolve o problema do lurker.

Contras: Como o servidor sabe o que vimos e o que não vimos? O servidor teria que armazenar as mensagens, em vez de apenas distribuir e esquecer tudo sempre que recebesse uma. E por que 20 segundos? Um atraso desse afeta a usabilidade, mas ao reduzi-lo, corremos o risco de sobrecarregar o servidor desnecessariamente. Ineficiente.

③ Opção Três: Leia as mensagens assim que forem enviadas do servidor.

Prós: Mais eficiente e melhor usabilidade.

Contras: Como faz duas coisas ao mesmo tempo? Onde inserir esse código? Seria necessário um loop em algum lugar que estivesse sempre esperando para ser lido no servidor. Mas onde inserir esse loop? Depois de iniciar a GUI, nada acontece até que um evento seja disparado por um componente dela.

No Java, você literalmente PODE programar e mascar chiclete ao mesmo tempo.

Você já sabe que recorreremos à Opção Três

Queremos que algo seja executado continuamente, verificando mensagens do servidor, mas *sem interromper a capacidade do usuário de interagir com a GUI!* Ou seja, enquanto o usuário digita alegremente mensagens novas ou vê as mensagens recebidas, queremos que algo *nos bastidores* continue lendo as novas entradas do servidor.

Isso significa que finalmente precisamos de uma thread nova. Uma pilha nova e separada.

Queremos que tudo o que fizemos na versão apenas envio (Versão Um) funcione da mesma forma, enquanto um novo *processo* é executado simultaneamente, lendo as informações do servidor e exibindo-as na área de mensagens recebidas.

Não exatamente. Cada thread nova do Java não é bem um processo separado em execução no SO. Mas chega a *parecer* que é.

Faremos uma pausa para explorar como a aplicação do chat funciona. Depois disso, vamos retomar as coisas, adicionando essa aplicação ao nosso cliente de chat, no final do capítulo.

Multithreading em Java

O Java suporta múltiplas threads integradas à estrutura da linguagem. E é muito fácil criar um nova thread de execução:

```
Thread t = new Thread();
t.start();
```

É só isso. Ao criar um novo *objeto* Thread, basta iniciar uma *thread separada de execução*, com sua própria pilha de chamadas.

Exceto por um problema.

Na verdade, como *não* faz nada, essa thread "morre" praticamente no instante em que é criada. Quando uma thread morre, sua nova pilha é descartada novamente. Fim da história.

Ou seja, falta um componente-chave: a *tarefa* da thread. Em outras palavras, precisamos do código que você quer que seja executado em uma thread separada.

No Java, threading múltipla significa que temos que observar tanto a *thread* quanto a *tarefa* que é *executada* pela thread. Na verdade, **existe mais de um forma de executar múltiplas tarefas em Java**, não apenas com a *classe* Thread no pacote java.lang. (Lembre-se, java.lang é o pacote importado automática e implicitamente, e é onde as classes mais fundamentais da linguagem estão, incluindo String e System.)

O Java tem múltiplas threads, mas apenas uma classe Thread

Podemos falar sobre *thread* com "t" minúsculo e **Thread** com "T" maiúsculo. Quando tratamos de *thread*, estamos falando de uma thread separada de execução. Em outras palavras, uma pilha de chamadas separadas. Quando vir **Thread**, lembre-se da convenção de nomenclatura Java. No Java, o que começa com letra maiúscula? Classes e interfaces. Neste caso, **Thread** é uma classe do pacote java.lang. Um objeto **Thread** representa uma *thread de execução*. Nas versões mais antigas do Java, sempre era necessário criar uma instância da classe **Thread** cada vez que iniciássemos uma nova *thread* de execução. Com o tempo, o Java evoluiu. Agora, usar a classe **Thread** diretamente não é a única maneira. À medida que avançamos neste capítulo, estudaremos isso mais detalhadamente.

Uma *thread* é uma "*thread* de execução" separada, uma pilha de chamadas separadas. Uma Thread é uma classe Java que representa uma *thread*.

Usar a classe Thread não é a única maneira de fazer multi*thread*ing em Java.

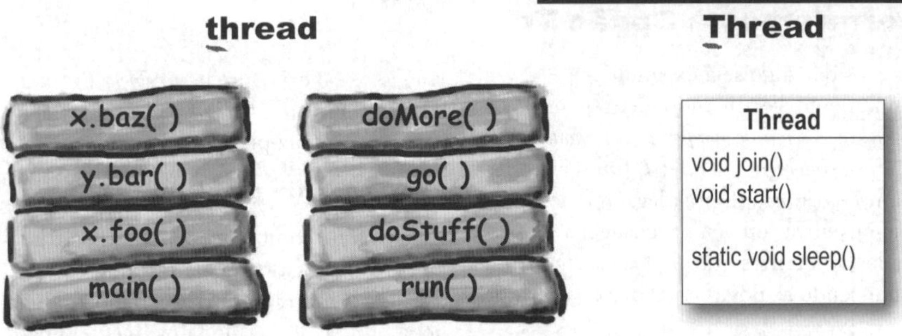

main thread | **Outra thread iniciada pelo código** | **Classe java.lang.Thread**

Uma *thread* ("t" minúsculo) é uma thread de execução separada. Ou seja, uma pilha ou stack de chamadas separadas. Cada aplicação Java inicia uma main thread — a thread que insere o método main() na parte inferior da pilha. A JVM é responsável por iniciar a main thread (e outras threads, conforme sua escolha, incluindo a thread do garbage collection). Como programador, você pode escrever código para iniciar as próprias threads.

Thread ("T" maiúsculo) é uma classe que representa uma thread de execução, com métodos para iniciar uma thread, fazer o join de uma thread com outra, colocar uma thread em suspensão, e muito mais.

O que significa ter mais de uma pilha de chamadas?

Com mais de uma pilha de chamadas, é possível fazer diversas coisas ao mesmo tempo. Se estiver executando um sistema multiprocessador (como a maioria dos computadores e celulares modernos), poderá fazer mais de uma coisa ao mesmo tempo. Com as threads do Java, mesmo que não esteja executando um sistema multiprocessador ou se estiver executando mais processos do que núcleos disponíveis, talvez *pareça* que você está fazendo todas essas coisas simultaneamente. Dito de outro modo, a execução pode alternar entre pilhas tão rápido que ficamos com a impressão de que todas as pilhas estão sendo executadas ao mesmo tempo. Lembre-se, o Java é apenas um processo em execução no seu sistema operacional subjacente. Ou seja, primeiro, o *próprio* Java deve ser "o processo atualmente em execução" no sistema operacional. Mas quando o Java chega a ser executado *o que* exatamente a JVM *executa*? Quais bytecodes são executados? Qualquer coisa que esteja no topo da pilha em execução! E em 100 milissegundos, o código atualmente em execução pode mudar para um método *diferente* em uma pilha *diferente*.

Uma das coisas que uma thread deve fazer é controlar qual instrução (de qual método) está sendo executada atualmente na pilha da thread. É mais ou menos assim:

1 A JVM chama o método main().

```
public static void main(String[] args) {
...
}
```

---

2 O main() inicia uma thread nova. A main thread pode ser temporariamente congelada enquanto a thread nova começa a ser executada.

```
Runnable r = new MyThreadJob();
Thread t = new Thread(r);
t.start();
Dog d = new Dog();
```

Daqui a pouco, você aprenderá o que é isto.

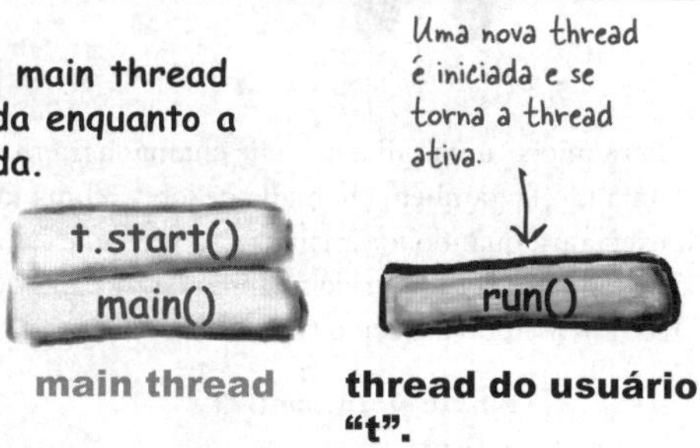

---

3 A JVM alterna entre a nova thread (thread do usuário A) e a main thread original, até que ambas sejam concluídas.

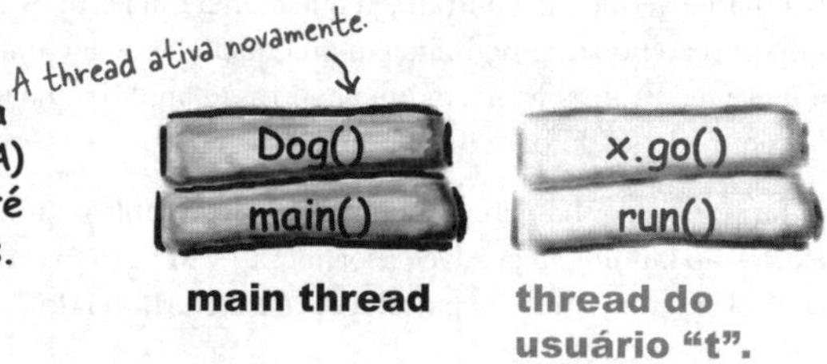

Para criar uma nova pilha de chamadas, precisamos de uma tarefa para executar

Assim como um trabalhador tem um trabalho específico, uma *thread* tem uma Runnable. Uma Runnable é a tarefa que uma *thread* deve executar.

Uma Runnable armazena o método que fica na parte inferior da pilha nova de chamadas: run().

Para iniciar uma pilha nova de chamadas, a thread precisa de uma tarefa (também chamada de job) — uma tarefa que a thread executará quando for iniciada. Na verdade, essa tarefa é o primeiro método que será inserido na pilha da thread nova e deve sempre ser um método parecido com este daqui:

```
public void run() {
// Código que será executado pela nova thread
}
```

A interface Runnable define apenas um método, public void run(). Como tem somente um método, do tipo SAM, uma Functional Interface, você pode usar uma lambda em vez de criar uma classe inteira que implemente Runnable, se quiser.

Como a thread sabe qual método inserir no final da pilha? A Runnable define um contrato, já que é uma interface. A tarefa de uma thread pode ser definida em qualquer classe que implemente a interface Runnable ou em uma expressão lambda que tenha o formato adequado para o método de execução.

Uma vez que tenha definido uma classe Runnable ou uma expressão lambda, é possível informar à JVM para executar esse código em uma thread separada; você está fornecendo à thread sua tarefa.

Para criar uma tarefa para sua thread, implemente a interface Runnable

Como Runnable está no pacote java.lang, não precisa importá-la.

```
public class MyRunnable implements Runnable {

   public void run() {
      go();
   }

   public void go() {
      doMore();
   }

   public void doMore() {
      System.out.println(Thread.currentThread().getName() +
                          ": top o' the stack");
      Thread.dumpStack();
   }
}
```

Runnable tem apenas um método para implementar: public void run() (sem argumentos). É aqui que inserimos a TAREFA que a thread deve executar. Este é o método que fica na parte inferior da nova pilha.

2

Veremos a pilha desta thread na próxima página. Sim, fomos direto para "2", você verá o porquê...

Esta Runnable não precisa de três métodos pequenos, que se chamam mutuamente; estamos usando isso para demonstrar como é a pilha de chamadas que executa este código.

dumpStack gerará a pilha atual de chamadas, assim como um trace de pilha de exceções. Usá-lo aqui nos mostrará a pilha atual, mas só devemos usá-lo para debugging (isso pode deixar o código real mais lento.)

Como NÃO executar a Runnable

Podemos ficar tentados a criar uma nova instância de Runnable e chamar o método run(), mas isso **não é suficiente para criar uma pilha nova de chamadas**.

```
class RunTester {
  public static void main(String[] args) {
    MyRunnable runnable = new MyRunnable();
    runnable.run();
    System.out.println(Thread.currentThread().getName() +
                       ": back in main");
    Thread.dumpStack();
  }
}
```

Isso NÃO fará o que queremos!

O método run() foi chamado diretamente de dentro do método main(), por isso, faz parte da pilha de chamadas da main thread.

Como costumávamos iniciar uma thread nova

A forma mais simples de iniciar uma thread nova é com a classe Thread que mencionamos anteriormente. Apesar de ser um método que existe em Java desde os primórdios, **não se recomenda mais usá-lo como abordagem**. Vamos mostrá-lo aqui, porque, primeiro, é simples, segundo, você o verá no mundão aí fora. Mais adiante, explicaremos por que esta abordagem não é mais recomendada.

```
class ThreadTester {

  public static void main(String[] args) {

    Runnable threadJob = new MyRunnable();
    Thread myThread = new Thread(threadJob);

    myThread.start();

    System.out.println(
      Thread.currentThread().getName() +
        ": back in main");
    Thread.dumpStack();
  }
}
```

Passe a nova instância Runnable para o novo construtor Thread. Isso informa à thread qual tarefa executar. Ou seja, o método run() de Runnable será o primeiro método que a thread nova executará.

Não obteremos uma thread nova de execução até chamar start() na instância Thread. Na verdade, uma thread não é uma thread até que a iniciemos. Antes disso, é apenas uma instância de Thread, como qualquer outro objeto, mas não terá nenhuma "threadness" real.

1 A pilha desta thread está embaixo.

Pilha de chamadas para a "main" thread da aplicação (iniciada pelo método "public static void main".)

Pilha de chamadas para a thread nova que iniciamos com a tarefa MyRunnable.

```
File Edit Window Help Duo
%java ThreadTester

main: back in main
Thread-0: top o' the stack
java.lang.Exception: Stack trace
        at java.base/java.lang.Thread.dumpStack(Thread.java:1383)
        at ThreadTester.main(MyRunnable.java:38)
java.lang.Exception: Stack trace
        at java.base/java.lang.Thread.dumpStack(Thread.java:1383)
        at MyRunnable.doMore(MyRunnable.java:15)
        at MyRunnable.go(MyRunnable.java:10)
        at MyRunnable.run(MyRunnable.java:6)
        at java.base/java.lang.Thread.run(Thread.java:829)
```

dumpStack() chamado de doMore() em MyRunnable.

dumpStack() chamado do método main().

Observe que o método main NÃO está na parte inferior da pilha de chamadas da Runnable.

Uma alternativa melhor: não lide com as Threads de forma alguma

Criar e iniciar uma nova Thread nos possibilita controlá-la. A desvantagem é justamente essa: o controle. Teríamos que rastrear todas as Threads e garantir que fossem encerradas no final. Não seria melhor ter um tipo de mecanismo que iniciasse, parasse e até reutilizasse as Threads para que não precisássemos fazer isso?

Permita-nos apresentar uma interface do java.util.concurrent, **`ExecutorService`**. Implementações desta interface *executarão* tarefas (Runnables). Nos bastidores, a ExecutorService criará, reutilizará e eliminará threads para executar essas tarefas. A classe**`java.util.concurrent.Executors`** tem *métodos factory* para criar as instâncias de ExecutorService de que precisaremos.

As Executors existem desde o Java 5 e, portanto, devem estar disponíveis, mesmo se estiver trabalhando com uma versão bastante antiga do Java. Hoje em dia, não existe necessidade real de usar a Thread diretamente.

Podemos usar <u>métodos factory</u> estáticos em vez de construtores.

Os métodos factory retornam exatamente a implementação de uma interface de que necessitamos. Não precisamos conhecer as classes concretas ou como criá-las.

Executando uma tarefa

Para os casos simples com os quais começaremos, rodaremos apenas uma tarefa além da nossa classe principal. Usaremos um *único executor de thread*:

```
class ExecutorTester {

  public static void main(String[] args) {
    Runnable job = new MyRunnable();

    ExecutorService executor = Executors.newSingleThreadExecutor();
    executor.execute(job);

    System.out.println(Thread.currentThread().getName() +
                             ": back in main");
    Thread.dumpStack();
    executor.shutdown();
  }
}
```

Em vez de criar uma instância Thread, use um método na classe Executors a fim de criar uma ExecutorService.

No nosso caso, queremos iniciar uma única tarefa, por isso, faz sentido criar um único executor de thread.

Instrui a ExecutorService a executar a tarefa. Ela se encarregará de iniciar uma thread nova para a tarefa, se necessário.

Lembre-se de encerrar a ExecutorService quando terminar. Se não encerrá-la, o programa ficará esperando por mais tarefas.

Mais tarde, retomaremos os métodos factory das Executors. Veremos por que pode ser melhor usar ExecutorServices em vez de lidar com a Thread em si.

Os três estados de uma nova thread

Independentemente de criar uma Thread nova, passando-lhe a Runnable, ou usar uma Executor para executar Runnable, a tarefa ainda rodará em uma Thread. Ao longo de sua vida, uma Thread passará por diversos estados diferentes e entender esses estados, bem como as transições entre eles, nos ajuda a compreender melhor a programação multithreaded.

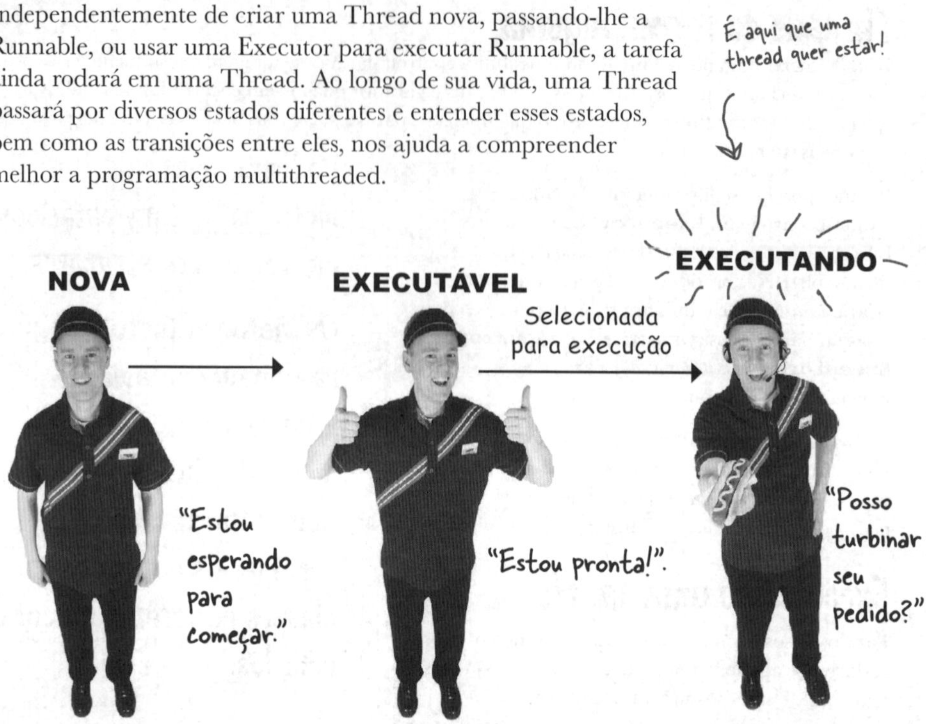

Uma instância Thread foi criada, mas não foi iniciada. Em outras palavras, existe um objeto Thread, mas nenhuma *thread de execução.*

Quando iniciamos a thread, ela passa para o estado executável. Isso significa que a thread está pronta para ser executada, apenas aguardando a chance de ser selecionada para execução. Neste ponto, existe uma pilha nova de chamadas para esta thread.

Este é o estado que todas as threads desejam alcançar: Ativas e Executando! Apenas o scheduler de threads da JVM pode tomar essa decisão. Às vezes, podemos *influenciar* essa decisão, mas não podemos forçar uma thread a passar do estado executável para executando. No estado de execução, uma thread (e SOMENTE esta thread) tem uma pilha de chamadas ativas e o método no topo da pilha está sendo executado.

E tem mais. Depois que se torna executável, a thread pode alternar entre executável, em execução e um estado adicional: *temporariamente não executável.*

Típico loop executável/em execução

Normalmente, uma thread alterna entre os estados executável e executando, à medida que o scheduler de threads da JVM seleciona uma thread para executar e, em seguida, a interrompe para que outra thread tenha uma chance.

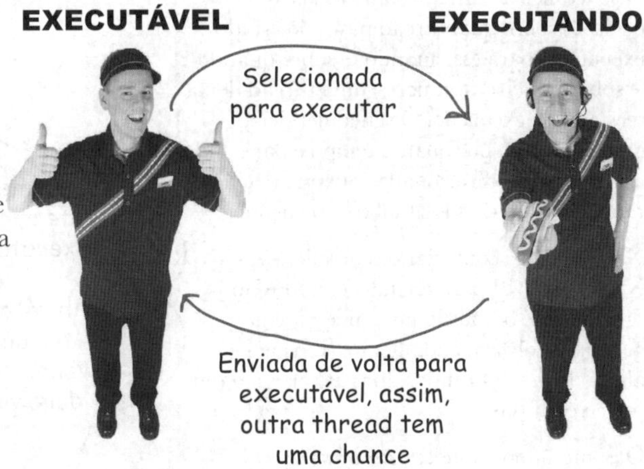

Uma thread pode se tornar temporariamente não executável

O scheduler de threads pode mover uma thread em execução para um estado bloqueado, por diversos motivos. Por exemplo, a thread pode estar executando código para ler um stream de entrada, só que não existem dados para ler. O scheduler então retira a thread do estado de execução até que algum dado esteja disponível. Ou o código em execução pode ter instruído a thread a se colocar em modo de espera (sleep()). Ou a thread pode estar aguardando, pois tentou chamar um método em um objeto e esse objeto estava "bloqueado". Nesse caso, a thread não pode continuar até que o lock do objeto seja liberado pela thread que o tem.

Todas essas condições (e outras mais) fazem com que uma thread se torne temporariamente não executável.

O scheduler de threads

O scheduler de threads toma todas as decisões sobre qual thread passa do estado executável para executando, e sobre quando (e sob quais circunstâncias) uma thread deixa o estado de execução. O scheduler decide quem executa, por quanto tempo e para onde as threads são direcionadas quando decide removê-las do estado atual de execução.

Não podemos controlar o scheduler. Não existe API para chamar métodos no scheduler. E o mais importante, não há garantias sobre agendamento! (Existem algumas *quase* garantias, mas até elas são um pouco confusas.)

O ponto importante é: ***não baseie a correção do seu programa no funcionamento do scheduler de forma específica!*** As implementações do scheduler variam para diferentes JVMs, e até executar o mesmo programa na mesma máquina pode gerar resultados diferentes. Um dos piores erros que programadores novatos de Java cometem é testar o programa multithread em uma única máquina, pressupondo que o scheduler de threads sempre funcionará desse jeito, independentemente de onde o programa é executado.

O que isso significa para a ideia de "escreva uma vez, execute em qualquer lugar"? Significa que, para escrever código Java que seja independente de plataforma, seu programa multithread precisa operar *independentemente* do comportamento do scheduler de threads. Por exemplo, você não pode depender do scheduler para garantir que todas as threads tenham oportunidades justas, perfeitamente equitativas, para entrar no estado de execução. Embora bem improvável hoje em dia, seu programa pode acabar rodando em uma JVM cujo scheduler decida: "OK, thread cinco, é a sua vez, e por mim, pode ficar aqui até finalizar, quando seu método run() for concluído".

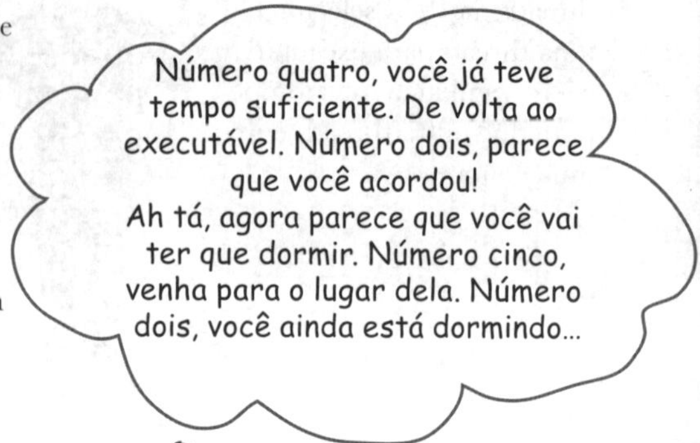

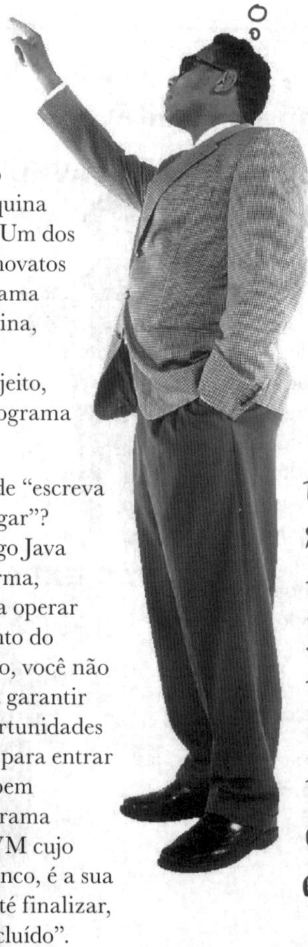

O scheduler de threads toma todas as decisões sobre quem executa e quem não executa. Em geral, faz com que as threads perfeitamente se revezem. Mas não temos garantias. Ele pode deixar uma thread executar o quanto quiser, como também deixar outras "esperando eternamente".

Um exemplo de como o scheduler pode ser imprevisível...

Executando este código em uma máquina:

Runnable é uma Functional Interface e pode ser representada como uma expressão lambda. Como precisamos escrever apenas uma linha de código, uma expressão lambda faz sentido aqui.

```
class ExecutorTestDrive {
  public static void main (String[] args) {
    ExecutorService executor =
      Executors.newSingleThreadExecutor();

    executor.execute(() ->
      System.out.println("top o' the stack"));

    System.out.println("back in main");
    executor.shutdown();
  }
}
```

Observe como a ordem muda aleatoriamente. Às vezes, a nova thread termina primeiro e às vezes a main thread termina primeiro.

A saída gerada:

```
File Edit Window Help PickMe
% java ExecutorTestDrive
back in main
top o' the stack
% java ExecutorTestDrive
top o' the stack
back in main
% java ExecutorTestDrive
top o' the stack
back in main
% java ExecutorTestDrive
back in main
top o' the stack
% java ExecutorTestDrive
top o' the stack
back in main
% java ExecutorTestDrive
top o' the stack
back in main
% java ExecutorTestDrive
back in main
top o' the stack
```

Não importa se você executa isso com uma ExecutorService, como no código acima, ou diretamente com Threads, como no código abaixo; ambos apresentam os mesmos sintomas.

```
class ThreadTestDrive {
  public static void main (String[] args) {
    Thread myThread = new Thread(() ->
      System.out.println("top o' the stack"));
    myThread.start();
    System.out.println("back in main");
  }
}
```

Como chegamos a resultados diferentes?

Os programas multithread *não são determinísticos*; não funcionam da mesma forma todas as vezes. O scheduler de threads pode agendar cada thread de maneira diferente cada vez que o programa é executado.

Às vezes, executa assim:

O main() inicia a execução de uma nova tarefa.

O scheduler envia a main thread para fora da execução e de volta para o executável, de modo que a nova thread possa ser executada.

O scheduler permite que a nova thread seja executada até o fim, printando o "topo da pilha".

A nova thread desaparece porque concluiu a tarefa. A main thread mais uma vez se torna a thread em execução e exibe "de volta ao main".

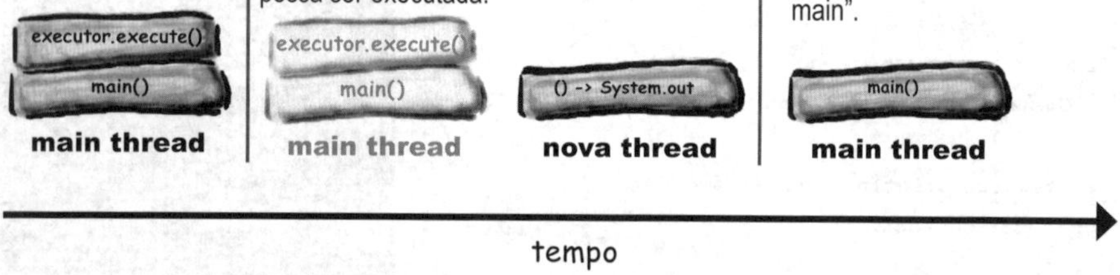

E, outras vezes, executa assim:

O main() inicia a nova thread.

O scheduler envia a main thread para fora da execução e de volta para o executável, de modo que a nova thread possa ser executada.

O scheduler permite que a nova thread seja executada, mas não o suficiente para concluir tudo.

O scheduler envia a nova thread de volta para o executável.

O scheduler seleciona a main thread para ser a thread em execução novamente. O main exibe "de volta a main".

A nova thread retorna ao estado de execução e exibe "no topo da pilha".

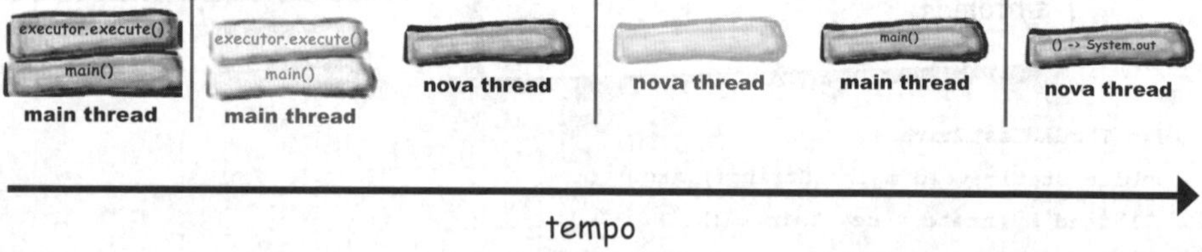

Mesmo que a nova thread seja minúscula, se tiver apenas uma linha de código para executar como nossa expressão lambda, ela ainda poderá ser interrompida pelo scheduler de threads.

não existem Perguntas Idiotas

P: Devo usar uma expressão lambda para minha Runnable ou criar uma classe nova que implemente Runnable?

R: Depende da complexidade de sua tarefa e também se você considera mais fácil compreendê-la como uma expressão lambda ou como uma classe. Expressões lambda são ideais para tarefas minúsculas, como o nosso exemplo que exibe somente uma linha. Expressões lambda (ou referências de método) também podem funcionar caso tenha algumas linhas de código em outro método que você queira transformar em uma tarefa:

```
executor.execute(() -> printMsg());
```

Provavelmente será melhor usar uma classe Runnable completa caso sua tarefa precise armazenar coisas em campos e/ou se for composta com diversos métodos. Quando as tarefas são mais complexas, a probabilidade disso acontecer é maior.

P: Qual é a vantagem de usar uma ExecutorService? Até agora, funciona da mesma forma que criar uma Thread e iniciá-la.

R: É verdade que, nesses exemplos simples, em que iniciamos apenas uma thread, deixando-a executar e depois encerrar nossa aplicação, as duas abordagens são meio que parecidas. As ExecutorServices se tornam úteis quando estamos iniciando muitas tarefas independentes. Não queremos necessariamente criar uma nova Thread para cada uma dessas tarefas, nem queremos acompanhar todas essas Threads. Existem diferentes implementações de ExecutorService dependendo de quantas threads queremos iniciar (ou, principalmente, se não sabemos de quantas Threads precisaremos), incluindo ExecutorServices, que criam pools de Threads. Pools de Threads nos permitem reutilizar instâncias de Thread, assim não precisamos arcar com o custo de iniciar novas Threads para cada tarefa. Mais adiante, exploraremos isso com mais detalhes.

PONTOS DE BALA

- No Java, uma thread com “t” minúsculo é uma thread separada de execução.
- No Java, cada thread tem a própria pilha de chamadas.
- Thread com “T” maiúsculo se refere à classe java.lang.Thread. Um objeto Thread representa uma thread de execução.
- Uma thread precisa de uma tarefa para executar. Essa tarefa pode ser a instância de algo que implementa a interface Runnable.
- A interface Runnable tem apenas um método, run(). É o método que se situa na base da nova pilha de chamadas. Em outras palavras, é o primeiro método a ser executado na nova thread.
- Como a interface Runnable tem apenas um método, é possível usar expressões lambda onde uma Runnable é esperada.
- Usar a classe Thread a fim de executar tarefas separadas não é a prática mais recomendada para criar aplicações multithreaded em Java. Em vez disso, use uma Executor ou uma ExecutorService.
- A classe Executors tem métodos auxiliares que podem criar ExecutorServices padrão para iniciar tarefas novas.
- Uma thread fica no estado NEW [NOVO] quando ainda não foi iniciada.
- Quando uma thread é iniciada, uma nova pilha de chamadas é criada, com o método run() de Runnable na base da pilha. A thread agora fica no estado RUNNABLE [EXECUTÁVEL], esperando ser escolhida para execução.
- Diz-se que uma thread está executando (RUNNING) quando o scheduler de threads da JVM a selecionou como thread em execução no momento. Em uma máquina com um único processador, só pode haver uma thread em execução por vez.
- Às vezes, uma thread pode passar do estado RUNNING [EXECUTANDO] para o estado temporariamente NON-RUNNABLE [NÃO EXECUTÁVEL]. Uma thread pode ser bloqueada porque está esperando dados de um stream, porque foi colocada em modo de espera (sleep), ou porque está esperando pelo lock de um objeto. Veremos locks no próximo capítulo.
- Como não temos garantia de como o agendamento de threads funcionará, não podemos ter certeza de que elas se alternarão de maneira harmoniosa.

Modo de espera: colocando uma thread para dormir

Uma forma de ajudar o revezamento de suas threads é colocá-las periodicamente para dormir. Basta chamar o método estático sleep(), passando-lhe o período de tempo que você deseja que a thread durma, em milissegundos. Por exemplo:

```
Thread.sleep(2000);
```

tirará uma thread do estado executando e a manterá fora do estado executável por dois segundos. A thread *não pode* se tornar a thread em execução novamente até que tenham passado, pelo menos, dois segundos.

Infelizmente, o método sleep() lança uma InterruptedException, uma exceção verificada. Por isso, todas as chamadas para sleep devem ser envolvidas em um wrapper, em um try/catch (ou declaradas). Vejamos uma chamada para o método sleep():

```
try {
     Thread.sleep(2000);
}    catch(InterruptedException ex) {
     ex.printStackTrace();
}
```

Colocar uma thread no modo de espera (para dormir) dá a outras threads a chance de serem executadas.

Ao "acordar", a thread sempre volta ao estado executável e espera que o scheduler de thread a escolha para ser executada novamente.

Agora que já sabe que sua thread não acordará *antes* do tempo especificado, é possível que ela acorde *depois* que o "tempo" expirar? Efetivamente, sim. A thread não "acordará" automaticamente no tempo designado e se tornará a thread em execução no momento. Ao "acordar", uma thread fica novamente à mercê do scheduler de threads; por isso, não há garantias sobre quanto tempo a thread ficará fora de ação.

Pode ser difícil entender quanto tempo representa um número de milissegundos. Existe um método conveniente no java.util.concurrent.TimeUnit que podemos usar para que o tempo do sleep fique mais legível:

```
TimeUnit.MINUTES.sleep(2);
```

pode ser mais fácil de entender do que:

```
Thread.sleep(120000);
```

(Ainda é necessário envolver ambos em um try-catch.)

Usando sleep para tornar nosso programa mais previsível

Lembra do nosso exemplo anterior, que nos fornecia resultados diferentes cada vez que o executávamos? Reveja, estude o código e a saída. Às vezes, o main tinha que esperar até que a thread nova terminasse (e fosse exibida "no topo da pilha"), enquanto, outras vezes, a thread nova era enviada de volta para o executável antes de ser concluída, permitindo que a main thread voltasse e fosse exibida como "de volta ao main". Como podemos consertar isso? Faça uma pausa e responda a pergunta: "Onde posso inserir uma chamada sleep() para garantir que "back in main" sempre seja exibido antes de "top o' the stack"?

Isso é o que queremos: uma ordem consistente de instruções exibidas.

```
File Edit Window Help SnoozeButton
% java PredictableSleep
back in main
top o' the stack
% java PredictableSleep
back in main
top o' the stack
% java PredictableSleep
back in main
top o' the stack
% java PredictableSleep
back in main
top o' the stack
% java PredictableSleep
back in main
top o' the stack
```

```
class PredictableSleep {
  public static void main (String[] args) {
    ExecutorService executor =
      Executors.newSingleThreadExecutor();
    executor.execute(() -> sleepThenPrint());
    System.out.println("back in main");
    executor.shutdown();
  }

  private static void sleepThenPrint() {
    try {
      TimeUnit.SECONDS.sleep(2);
    } catch (InterruptedException e) {
      e.printStackTrace();
    }
    System.out.println("top o' the stack");
  }
}
```

Em vez de colocar uma lambda com um try-catch horroroso dentro, inserimos o código da tarefa em um método. Estamos chamando o método desta expressão lambda.

Chamar sleep aqui forçará a nova thread a deixar o estado de execução atual. A main thread terá a chance de exibir "back in main."

Haverá uma pausa (de cerca de dois segundos) antes de chegarmos a esta linha, que printará "top o' the stack".

Thread.sleep() lança uma exceção verificada que precisamos capturar ou declarar. Como capturar a exceção deixa o código da tarefa maior, nós a inserimos em seu próprio método.

Supino Mental

Consegue imaginar algum problema em forçar suas threads a "dormir" por um determinado período de tempo? Quanto tempo levará para executar esse código dez vezes?

Existem desvantagens em forçar a thread a dormir

① O programa tem que esperar, pelo menos, determinado período de tempo.

Se colocarmos a thread para dormir por dois segundos, ela não poderá ser executada durante esse tempo. Ao "acordar", ela não se tornará automaticamente a thread em execução no momento — quando acorda, a thread fica novamente à mercê do scheduler de threads. Nosssa aplicação ficará esperando por, pelo menos, dois segundos, provavelmente mais. Aparentemente, não é um problema, mas imagine um programa maior, cheio dessas pausas, desacelerando *intencionalmente* a aplicação.

② Como sabemos que a outra tarefa terminará nesse período?

Colocamos a nova thread para dormir por dois segundos, assumindo que a main thread seria a thread em execução, e concluímos sua tarefa nesse tempo. Mas e se a main thread demorasse mais tempo? E se outra thread, executando uma tarefa, fosse agendada? Uma das formas de lidar com isso é definir períodos maiores de tempo de sleep do que uma tarefa pode durar. Só que assim, nosso primeiro problema se tornaria ainda mais complicado.

Existe um jeito de uma thread dizer à outra que concluiu o que estava fazendo? Assim, a main thread poderia apenas esperar por esse sinal verde e prosseguir quando fosse seguro.

Uma alternativa melhor: espere o momento perfeito.

Em nosso exemplo, queríamos mesmo esperar até que algo específico acontecesse em nossa main thread antes de continuar com a nova thread. O Java suporta diversos mecanismos diferentes para fazer isso, como Future, CyclicBarrier, Semaphore e CountDownLatch.

Para coordenar eventos que acontecem em múltiplas threads, talvez uma thread precise aguardar um sinal específico de outra antes de prosseguir.

Contagem regressiva até estar pronta

Podemos fazer uma contagem regressiva, *count down*, das threads quando eventos significativos ocorrerem. Uma thread (ou threads) pode(m) esperar que todos os eventos sejam concluídos antes de prosseguir. Podemos usar o count down até que um número mínimo de clientes tenha se conectado ou diversos serviços tenham sido iniciados. É para isso que serve o **java.util.concurrent.CountDownLatch**. Basta definir um número e, em seguida, qualquer thread pode dizer ao latch para fazer um count down quando um evento relevante ocorrer. Em nosso exemplo, temos apenas uma coisa que queremos contar: nossa nova thread deve esperar até que a main thread exiba "back in main" antes de prosseguir.

CountDownLatch é um sincronizador de barreira. Barreiras são mecanismos que possibilitam que threads se coordenem entre si. Outros exemplos são CyclicBarrier e Phaser.

```
import java.util.concurrent.*;
class PredictableLatch {
  public static void main (String[] args) {
    ExecutorService executor = Executors.newSingleThreadExecutor();
    CountDownLatch latch = new CountDownLatch(1);

    executor.execute(() -> waitForLatchThenPrint(latch));

    System.out.println("back in main");
    latch.countDown();

    executor.shutdown();
  }

  private static void waitForLatchThenPrint(CountDownLatch latch) {
    try {
      latch.await();
    } catch (InterruptedException e) {
      e.printStackTrace();
    }
    System.out.println("top o' the stack");
  }
}
```

Cria um novo CountDownLatch. Essa latch nos permite "esperar pelo sinal". Como temos um evento que queremos esperar (a main thread exibe sua mensagem), configuramos isso com o valor "1".

Passa o CountDownLatch para a tarefa que será executada na nova thread.

Diz ao latch para fazer uma contagem regressiva quando o método main printar sua mensagem.

Aguarda até que main thread exiba sua mensagem. Esta thread estará em um estado não executável enquanto espera.

wait() pode lançar uma InterruptedException, que precisa ser capturada ou declarada.

O código é bem parecido com o código que executa um sleep; a principal diferença é o latch.countDown no método main. No entanto, a diferença de desempenho é significativa. Em vez de esperar *pelo menos* dois segundos para ter certeza de que main exibiu sua mensagem, a nova thread espera apenas até que o método main printe sua mensagem "back in main".

Para termos uma ideia da diferença de desempenho em um sistema do mundo real, quando esse código latch foi executado 100 vezes em um MacBook, demorou cerca de 50 milissegundos para concluir *todas* as cem execuções, e a saída estava *sempre* na ordem correta. Se executar somente a versão sleep() uma vez leva mais de 2 segundos (2.000 milissegundos), imagine quanto tempo demorou para executar 100 vezes*...

Criando e começando com duas threads (ou mais!)

O que acontece se quisermos iniciar mais de uma tarefa além da nossa main thread? Claramente não podemos usar Executors.newSingleThreadExecutor() se quisermos executar mais de uma thread. O que mais está disponível?

(Apenas alguns dos métodos factory.)

java.util.concurrent.Executors

ExecutorService newCachedThreadPool()

Cria um pool de threads que cria novas threads conforme necessário, mas reutilizará threads construídas anteriormente quando estiverem disponíveis.

ExecutorService newFixedThreadPool(int nThreads)

Cria um pool de threads que reutiliza um número fixo de threads operando em uma fila ilimitada e compartilhada.

ScheduledExecutorService newScheduledThreadPool(int corePoolSize)

Cria um pool de threads que pode agendar comandos para execução após determinado atraso ou para execução periódica.

ExecutorService newSingleThreadExecutor()

Cria uma Executor que usa uma única thread de tarefa operando em uma fila ilimitada.

ScheduledExecutorService newSingleThreadScheduledExecutor()

Cria uma Executor de thread única que pode agendar comandos para execução após determinado atraso ou para execução periódica.

ExecutorService newWorkStealingPool()

Cria um pool de threads que "rouba" tarefas, usando o número de processadores disponíveis como nível de paralelismo de destino.

ExecutorServices usam certa forma de Thread Pool. Esta é uma coleção de instâncias de Thread que podem ser usadas (e reutilizadas) para realizar tarefas.

O número de threads no pool e a ação a tomar quando há mais tarefas do que threads disponíveis são determinados pela implementação de ExecutorService.

Pool (conjunto) de Threads

Usar um pool de recursos, sobretudo aqueles cuja criação é pesada, como Threads ou conexões de banco de dados, é um padrão comum no código da aplicação.

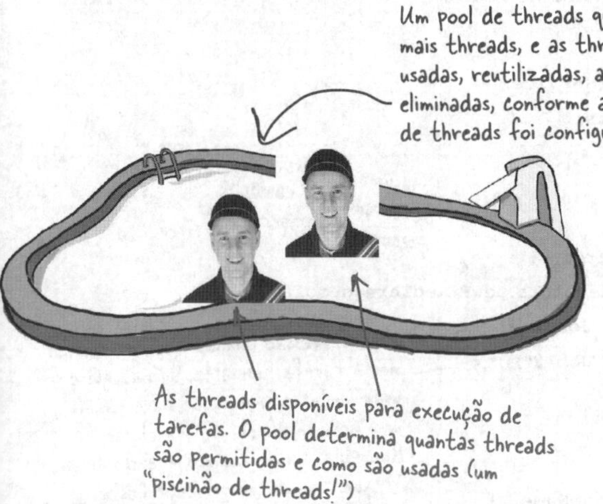

Quando criamos uma nova ExecutorService, o pool pode ser iniciado com algumas threads ou pode estar vazio.

É possível criar uma ExecutorService com um pool de threads usando um dos métodos auxiliares da classe Executors.

```
ExecutorService threadPool =
    Executors.newCachedThreadPool();
```

Podemos usar as threads do pool para executar uma tarefa, passando-a à ExecutorService. Desse modo, ExecutorService pode descobrir se há uma Thread ociosa para executar a tarefa:

```
threadPool.execute(() -> run("Job 1"));
```

Ou seja, ExecutorService pode **reutilizar** threads; não apenas criá-las e destruí-las;

À medida que fornecemos mais tarefas à ExecutorService para executar, ela pode criar e iniciar Threads novas para lidar com essas tarefas. Pode armazenar as tarefas em uma fila se houver mais tarefas que Threads. A forma como uma ExecutorService lida com tarefas adicionais depende de sua configuração.

```
threadPool.execute(() -> run("Job 324"));
```

A ExecutorService também pode **encerrar** Threads que ficaram ociosas por um período de tempo. Isso pode ajudar a minimizar a quantidade de recursos de hardware (CPU, memória) de que sua aplicação precisa.

Executando múltiplas threads

O exemplo a seguir executa duas tarefas (lembre-se, jobs no código) e usa um pool de threads de tamanho fixo para criar duas threads visando executar essas tarefas. Cada thread faz a mesma coisa: executa em um loop e exibe o nome da thread atual em execução a cada iteração.

```
import java.util.concurrent.ExecutorService;
import java.util.concurrent.Executors;

public class RunThreads {

  public static void main(String[] args) {
    ExecutorService threadPool = Executors.newFixedThreadPool(2);
    threadPool.execute(() -> runJob("Job 1"));
    threadPool.execute(() -> runJob("Job 2"));
    threadPool.shutdown();
  }

  public static void runJob(String jobName) {
    for (int i = 0; i < 25; i++) {
      String threadName = Thread.currentThread().getName();
      System.out.println(jobName + " is running on " + threadName);
    }
  }
}
```

Cria uma ExecutorService com um pool de threads de tamanho fixo (sabemos que executaremos apenas dois jobs.)

Uma expressão lambda que representa nossa tarefa Runnable. Se não quiser usar lambdas, aqui, você deve passar uma nova instância de sua classe Runnable, como fizemos quando criamos MyRunnable anteriormente neste capítulo.

A tarefa é percorrer este loop, exibindo o nome da thread a cada vez.

Parte da saída quando o loop itera 25 vezes.

```
File Edit Window Help Globetrotter
% java RunThreads
Job 1 is running on pool-1-thread-1
Job 2 is running on pool-1-thread-2
Job 2 is running on pool-1-thread-2
Job 1 is running on pool-1-thread-1
Job 2 is running on pool-1-thread-2
Job 1 is running on pool-1-thread-1
Job 2 is running on pool-1-thread-2
Job 1 is running on pool-1-thread-1
Job 2 is running on pool-1-thread-2
Job 1 is running on pool-1-thread-1
Job 1 is running on pool-1-thread-1
Job 1 is running on pool-1-thread-1
Job 1 is running on pool-1-thread-1
Job 1 is running on pool-1-thread-1
Job 1 is running on pool-1-thread-1
Job 1 is running on pool-1-thread-1
```

O que acontecerá?

As threads se revezarão? Veremos os nomes das threads alternados? Com que frequência mudarão? A cada iteração? Depois de cinco iterações?

Você já sabe a resposta: *não sabemos*! Depende do scheduler. E do seu sistema operacional, com sua JVM específica, na sua CPU. Podemos obter resultados completamente diferentes.

Se executarmos este código em um sistema multicore moderno, provavelmente as duas tarefas serão executadas em paralelo, mas não temos garantia de que serão concluídas no mesmo período de tempo ou gerarão os valores de saída na mesma velocidade.

Encerrando o pool de thread

Talvez você tenha percebido que nossos exemplos têm um **`threadPool.shutdown()`** no final dos métodos main. Mesmo que os pools de threads se encarreguem de nossas threads individuais, precisamos ser adultos responsáveis e fechar o pool quando terminarmos. Assim, ele pode esvaziar sua fila de tarefas e encerrar todos as suas threads para liberar recursos do sistema. ExecutorService tem dois métodos de shut down. Você pode usar qualquer um, mas por segurança usaremos os dois:

① ExecutorService.shutdown()

Chamar shutdown() pergunta gentilmente a ExecutorService se ela não se importaria de liberar a galera para que todos possam ir para casa. Todas as Threads que estão executando tarefas no momento têm permissão para finalizá-las, e quaisquer tarefas que estejam aguardando na fila também serão finalizadas. A ExecutorService também rejeitará quaisquer tarefas novas.

Se precisar que seu código espere até que todas essas coisas sejam concluídas, você pode usar um **`awaitTermination`**. Basta fornecer ao awaitTermination um tempo máximo para esperar que tudo termine, então o awaitTermination permanecerá aguardando até que a ExecutorService termine tudo ou até que o tempo limite seja atingido, o que ocorrer primeiro.

② ExecutorService.shutdownNow()

Todo mundo pra fora! Ao chamar isso, a ExecutorService tentará parar qualquer thread que esteja rodando, definitivamente não vai dar bola para as tarefas esperando, e nem permitir que mais ninguém entre no pool.

Use se precisar parar tudo. Às vezes, é usado após a primeira chamada de shutdown() para dar às tarefas a chance de terminar antes da interrupção total.

Cria um pool de threads com apenas duas threads.

```
public class ClosingTime {
  public static void main(String[] args) {
    ExecutorService threadPool = Executors.newFixedThreadPool(2);

    threadPool.execute(new LongJob("Long Job"));
    threadPool.execute(new ShortJob("Short Job"));

    threadPool.shutdown();

    try {
      boolean finished = threadPool.awaitTermination(5, TimeUnit.SECONDS);
      System.out.println("Finished? " + finished);
    } catch (InterruptedException e) {
      e.printStackTrace();
    }
    threadPool.shutdownNow();
  }
}
```

Inicia duas tarefas: uma short, que apenas exibe o nome, e um "long", que usa sleep para fingir ser uma tarefa de longa duração (LongJob e ShortJob são classes que implementam Runnable).

de à ExecutorService ra fazer o shut down. e chamarmos execute() om uma tarefa depois isso, receberemos uma RejectedExecutionException. A ExecutorService continuará a executar todas as tarefas em execução e também a executar todas as tarefas em espera.

Aguarda até 5 segundos para que a ExecutorService termine tudo. Se este método atingir o tempo limite antes de tudo terminar, retornará "false".

Neste ponto, dizemos a ExecutorService para parar tudo agora. Se tudo já estava encerrado, tudo bem; isso não fará nada.

Hum... Veja bem, existe um lado sombrio. Multithreading pode levar a "problemas" de concorrência.

Problemas de concorrência resultam nas famosas race conditions (condições de corrida). Race conditions levam à corrupção de dados. A corrupção de dados leva ao medo… você sabe o que vem depois. Tudo se resume a um cenário potencialmente perigoso: duas ou mais threads têm acesso aos *dados* de um único objeto. Em outras palavras, métodos sendo executados em duas pilhas diferentes estão ambos chamando, por exemplo, getters ou setters de um único objeto na heap.

É como se as threads estivessem "andando no escuro", sem saber nada uma da outra. Duas threads, despreocupadas, avançando na execução de seus métodos, cada uma pensando que é a Única Thread Verdadeira. A única que importa. Afinal, quando uma thread não está executando e está em estado executável (ou bloqueado), ela fica essencialmente "suspensa". Quando entra no estado executando novamente, a thread não sabe que já havia parado antes.

PONTOS DE BALA

- O método estático Thread.sleep() obriga uma thread a deixar o estado executando por, *pelo menos*, a duração passada ao método sleep. Thread.sleep(200) faz com que uma thread durma por 200 milissegundos.
- Podemos também usar o método sleep em java.util.concurrent.TimeUnit, por exemplo, TimeUnit.SECONDS.sleep(2).
- O método sleep() lança uma exceção verificada (InterruptedException), então todas as chamadas para sleep() devem estar envoltas em um wrapper try/catch ou serem declaradas.
- Existem mecanismos diferentes para permitir que as threads tenham a chance de esperar umas pelas outras. Podemos usar sleep(), mas também podemos usar CountDownLatch para aguardar que o número correto de eventos tenha ocorrido antes de prosseguir.
- Lidar com threads diretamente pode dar muito trabalho. Use os métodos factory em Executors para criar uma ExecutorService e utilize esse serviço para executar tarefas Runnable.
- Pools de threads podem gerenciar a criação, reutilização e destruição de threads, para que não precisemos fazer isso.
- ExecutorServices devem ser encerradas corretamente para que as tarefas sejam concluídas e as threads terminadas. Use shutdown() para um encerramento elegante e shutdownNow() para finalizar tudo imediatamente.

Estamos na corda bamba!

Um lado sombrio? Condições da corrida?? Corrupção de dados?! Mas o que podemos FAZER a respeito? Não nos deixe na corda bamba!

Fique ligado no próximo capítulo, responderemos a essas perguntas e muito mais...

Quem sou eu?

Um grupo de termos de rede em Java, vestidos a caráter, estão jogando um jogo em uma festa, "Quem sou eu?" Eles lhe dão uma pista e você tenta adivinhar quem são, com base no que dizem. Suponha que sempre digam a verdade sobre si mesmos. Caso digam algo que possa ser verdade para mais de um deles, selecione a frase que se aplica a todos. Preencha os espaços em branco ao lado da frase com os nomes de um ou mais participantes.

Participantes desta noite:

InetSocketAddress, SocketChannel, IP address, host name, port, Socket, ServerSocketChannel, Thread, thread pool, Executors, ExecutorService, CountDownLatch, Runnable, InterruptedException, Thread.sleep()

Preciso ser encerrada ou posso viver para sempre. ____________

Deixei você falar com uma máquina remota. ____________

Posso ser lançada pelos métodos sleep() e await(). ____________

Se quiser reutilizar Threads, deve me usar. ____________

Precisa me conhecer se quiser se conectar a outra máquina. ____________

Sou como um processo separado rodando na máquina. ____________

Posso fornecer a ExecutorService de que precisa. ____________

Precisa de um de mim se quiser que os clientes se conectem a mim. ____________

Posso ajudá-lo a deixar seu código multithread mais previsível. ____________

Represento uma tarefa para executar. ____________

Armazeno o endereço de IP e a porta do servidor ____________

→ Respostas na página 634.

Um simples Cliente de Chat novo e aprimorado

No início do capítulo, criamos um simples Cliente de Chat que podia *enviar* mensagens (de entrada) para o servidor, mas não recebia nada. Lembra? Foi assim que chegamos ao assunto de threads, pois precisávamos fazer duas coisas ao mesmo tempo: enviar mensagens *para* o servidor (interagindo com a GUI) e, simultaneamente, ler as mensagens recebidas *a partir do* servidor, exibindo-as na área de texto de rolagem.

Vejamos o Cliente de Chat novo e aprimorado, que pode enviar e receber mensagens, graças ao poder do multithreading! Lembre-se, primeiro, é necessário executar o Servidor de Chat para executar este código.

Sim, este capítulo ESTÁ realmente acabando, mas senta que ainda tem história!

```
import javax.swing.*;
import java.awt.*;
import java.awt.event.*;
import java.io.*;
import java.net.InetSocketAddress;
import java.nio.channels.*;
import java.util.concurrent.*;

import static java.nio.charset.StandardCharsets.UTF_8;

public class SimpleChatClient {
  private JTextArea incoming;
  private JTextField outgoing;
  private BufferedReader reader;
  private PrintWriter writer;

  public void go() {
    setUpNetworking();

    JScrollPane scroller = createScrollableTextArea();

    outgoing = new JTextField(20);

    JButton sendButton = new JButton("Send");
    sendButton.addActionListener(e -> sendMessage());

    JPanel mainPanel = new JPanel();
    mainPanel.add(scroller);
    mainPanel.add(outgoing);
    mainPanel.add(sendButton);

    ExecutorService executor = Executors.newSingleThreadExecutor();
    executor.execute(new IncomingReader());

    JFrame frame = new JFrame("Ludicrously Simple Chat Client");
    frame.getContentPane().add(BorderLayout.CENTER, mainPanel);
    frame.setSize(400, 350);
    frame.setVisible(true);
    frame.setDefaultCloseOperation(WindowConstants.EXIT_ON_CLOSE);
  }
```

Este é, na maior parte, o código GUI que já vimos antes. Nada de especial, exceto a parte destacada em que iniciamos a nova thread do "reader".

Temos uma tarefa nova, uma classe interna, que é Runnable. A tarefa é ler o stream do socket do servidor, exibindo todas as mensagens recebidas na área de texto de rolagem. Iniciamos esta tarefa com um único executor de thread, pois sabemos que queremos executar apenas ela.

```
private JScrollPane createScrollableTextArea() {
  incoming = new JTextArea(15, 30);
  incoming.setLineWrap(true);
  incoming.setWrapStyleWord(true);
  incoming.setEditable(false);
  JScrollPane scroller = new JScrollPane(incoming);
  scroller.setVerticalScrollBarPolicy(ScrollPaneConstants.VERTICAL _ SCROLLBAR _
  ALWAYS);
  scroller.setHorizontalScrollBarPolicy(ScrollPaneConstants.HORIZONTAL _
  SCROLLBAR _    NEVER);
  return scroller;
}
```

Um método auxiliar, como vimos no Capítulo 16, para criar uma área de texto de rolagem.

```
private void setUpNetworking() {
  try {
    InetSocketAddress serverAddress = new InetSocketAddress("127.0.0.1", 5000);
    SocketChannel socketChannel = SocketChannel.open(serverAddress);

    reader = new BufferedReader(Channels.newReader(socketChannel, UTF _ 8));
    writer = new PrintWriter(Channels.newWriter(socketChannel, UTF _ 8));

    System.out.println("Networking established.");
  } catch (IOException ex) {
    ex.printStackTrace();
  }
}
```

Estamos usando Channels a fim de criar um novo reader e writer para o SocketChannel que está conectado ao servidor. O writer envia mensagens para o servidor e agora estamos usando um reader, de modo que a tarefa do reader possa receber mensagens do servidor.

```
private void sendMessage() {
  writer.println(outgoing.getText());
  writer.flush();
  outgoing.setText("");
  outgoing.requestFocus();
}
```

Nada de novo aqui. Quando o usuário clica no botão "send", este método envia o conteúdo do campo de texto para o servidor.

```
public class IncomingReader implements Runnable {
  public void run() {
    String message;
    try {
      while ((message = reader.readLine()) != null) {
        System.out.println("read " + message);
        incoming.append(message + "\n");
      }
    } catch (IOException ex) {
      ex.printStackTrace();
    }
  }
}
```

Isso é o que a thread faz!!

No método run(), ela permanece em um loop (desde que o que obtém do servidor não seja null), lendo uma linha por vez e adicionando cada linha à área de texto de rolagem (com um caractere de nova linha).

```
  public static void main(String[] args) {
    new SimpleChatClient().go();
  }
}
```

Lembre-se, o código do Servidor de Chat era o Código Predefinido da página 604.

Ímãs de Código

Um programa funcional Java está todo embaralhado na porta da geladeira (veja a próxima página). Você consegue reconstruir os trechos de código da próxima página para criar um programa Java funcional que gere a saída listada abaixo?

Para que funcione, você precisa executar o **`SimpleChatServer`** (página 604).

```
File  Edit  Window  Help  StillThere
% java PingingClient
Networking established
09:27:06 Sent ping 0
09:27:07 Sent ping 1
09:27:08 Sent ping 2
09:27:09 Sent ping 3
09:27:10 Sent ping 4
09:27:11 Sent ping 5
09:27:12 Sent ping 6
09:27:13 Sent ping 7
09:27:14 Sent ping 8
09:27:15 Sent ping 9
```

Respostas na página 634.

Ímãs de Código (continuação)

```
String message = "ping " + i;
```

```
try (SocketChannel channel = SocketChannel.open(server)) {
```

```
import static java.nio.charset.StandardCharsets.UTF_8;
import static java.time.LocalDateTime.now;
import static java.time.format.DateTimeFormatter.ofLocalizedTime;
```

```
}
```

```
e.printStackTrace();
```

```
} catch (IOException | InterruptedException e) {
```

```
public class PingingClient {
```

```
}
```

```
writer.println(message);
```

```
PrintWriter writer = new PrintWriter(Channels.newWriter(channel, UTF_8));
```

```
import java.io.*;
import java.net.InetSocketAddress;
import java.nio.channels.*;
import java.time.format.FormatStyle;
import java.util.concurrent.TimeUnit;
```

```
for (int i = 0; i < 10; i++) {
```

```
}
```

```
System.out.println(currentTime + " Sent " + message);
```

```
writer.flush();
```

```
InetSocketAddress server = new InetSocketAddress("127.0.0.1", 5000);
```

```
}
```

```
System.out.println("Networking established");
```

```
TimeUnit.SECONDS.sleep(1);
```

```
public static void main(String [] args) {
```

```
String currentTime = now().format(ofLocalizedTime(FormatStyle.MEDIUM));
```

Soluções dos Exercícios

Quem Sou eu? (página 629)

Preciso ser encerrada ou posso viver para sempre.	ExecutorService
Deixei você falar com uma máquina remota.	SocketChannel, Socket
Posso ser lançada pelos métodos sleep() e await()	InterruptedException
Se quiser reutilizar Threads, deve me usar.	Pool de thread, ExecutorService
Precisa me conhecer se quiser se conectar a outra máquina.	Endereço de IP, nome do host, porta
Sou como um processo separado rodando na máquina.	Thread
Posso fornecer a ExecutorService de que precisa.	Executors
Precisa de um de mim se quiser que os clientes se conectem a mim.	ServerSocketChannel
Posso ajudá-lo a deixar seu código multithread mais previsível.	Thread.sleep(), CountDownLatch
Represento uma tarefa para executar.	Runnable
Armazeno o endereço de IP e a porta do servidor.	InetSocketAddress

Ímãs de Código
(páginas 632–633)

```
import java.io.*;
import java.net.InetSocketAddress;
import java.nio.channels.*;
import java.time.format.FormatStyle;
import java.util.concurrent.TimeUnit;

import static java.nio.charset.StandardCharsets.UTF_8;
import static java.time.LocalDateTime.now;
import static java.time.format.DateTimeFormatter.ofLocalizedTime;

public class PingingClient {

  public static void main(String[] args) {
    InetSocketAddress server = new InetSocketAddress("127.0.0.1", 5000);
    try (SocketChannel channel = SocketChannel.open(server)) {
      PrintWriter writer = new PrintWriter(Channels.newWriter(channel, UTF_8));
      System.out.println("Networking established");

      for (int i = 0; i < 10; i++) {
        String message = "ping " + i;
        writer.println(message);
        writer.flush();
        String currentTime = now().format(ofLocalizedTime(FormatStyle.MEDIUM));
        System.out.println(currentTime + " Sent " + message);
        TimeUnit.SECONDS.sleep(1);
      }
    } catch (IOException | InterruptedException e) {
      e.printStackTrace();
    }
  }
}
```

Você deve obter a mesma saída mesmo se mover sleep() para algum outro lugar dentro deste loop for.

Uma forma de obter a hora atual e transformá-la em uma String no formato Horas:Minutos:Segundos.

Você pode capturar a InterruptedException lançada por sleep() dentro do loop for ou pode capturar todas as exceções no final do método.

Capturando todas as exceções no final, pois fazemos a mesma coisa com todas elas.

Receita de Código

Sua mensagem é enviada aos outros jogadores, com seu padrão de batida atual, quando clica em "sendIt".

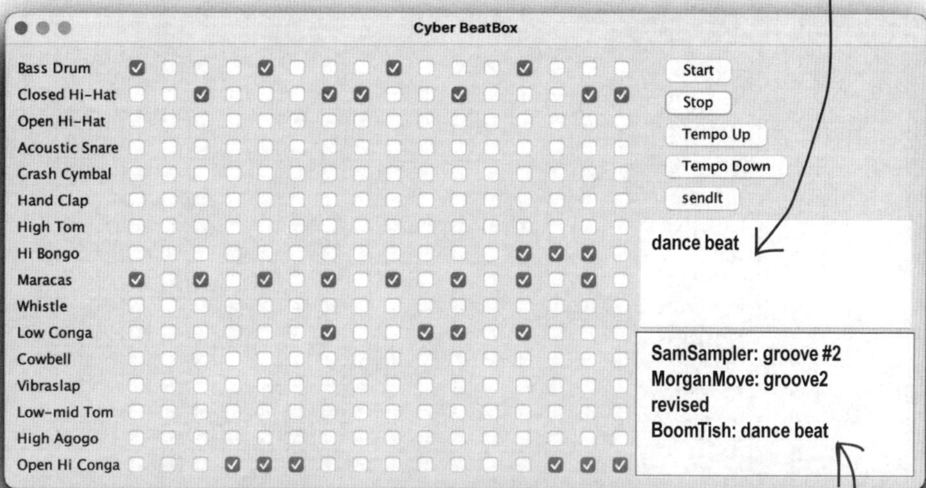

Mensagens recebidas de jogadores. Clique em uma para carregar o padrão que a acompanha e clique em "Start" para reproduzi-lo. Lembre-se, crie suas mensagens, no código elas estão em inglês.

Agora que você viu como desenvolver um Cliente de Chat, temos a última versão do BeatBox!

Esta versão se conecta a um MusicServer simples, de modo que possa enviar e receber padrões de batida com outros clientes.

Como o código é gigante, a listagem completa está no Apêndice A.

18 race conditions e dados imutáveis

Lidando Com Problemas de Concorrência

Fazer duas ou mais coisas ao mesmo tempo é difícil. Escrever código multithread é fácil. Mas escrever código multithread que rode como se espera pode ser mais desafiador. Neste último capítulo, veremos algumas das complicações que podem surgir quando duas ou mais threads estão trabalhando simultaneamente. Você conhecerá algumas das ferramentas em java.util.concurrent que podem ajudá-lo a escrever código multithread que execute adequadamente. Além disso, aprenderá como criar objetos imutáveis, que são seguros para uso por múltiplas threads. Ao final do capítulo, você terá uma variedade de ferramentas à disposição para lidar com a concorrência.

O que poderia dar errado?

No final do capítulo anterior, sugerimos que nem tudo pode ser uma mar de rosas com unicórnios marinhos quando estamos lidando com código multithread. Aliás, foi mais que uma sugestão. Deixamos bem claro que:

"Tudo se resume a um cenário potencialmente perigoso: duas ou mais threads têm acesso aos dados de um único objeto."

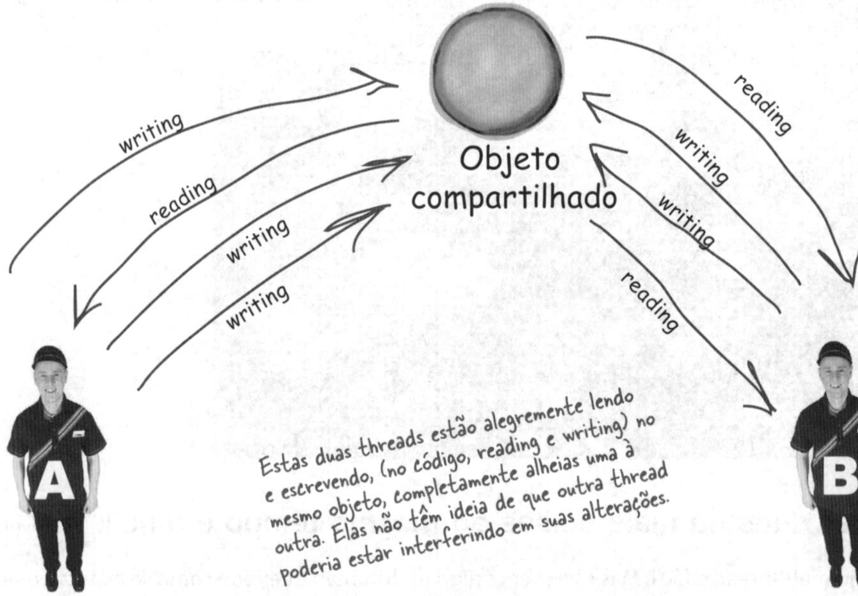

Supino Mental

Por que é um problema se duas threads estão lendo e escrevendo?

Se uma thread lê os dados do objeto antes de alterá-lo, por que é um problema outra thread também estar escrevendo neste objeto ao mesmo tempo?

Casamento em Crise.

Este casal tem salvação?

A seguir, em um episódio pra lá de especial do Dr. Steve Show

[Transcrição do episódio #42]

Bem-vindos ao Dr. Steve Show!

Na história de hoje, veremos uma das principais razões pelas quais os casais se separam: grana.

Nosso casal problemático, Ryan e Monica, tem uma conta conjunta. Mas isso pode acabar logo se não encontrarmos uma solução. O problema? O clássico "dois corações, uma só conta bancária". Vejamos o lado de Monica:

"Ryan e eu tínhamos um acordo sagrado: nunca, de forma alguma, deixaríamos nossa conta no vermelho. A regra era clara: quer gastar? *Verifica* o saldo *antes* de usar o cartão ou sacar dinheiro vivo. Parecia tão simples! Mas aí, do nada, começamos a ter que pagar juros do cheque especial!

Eu fiquei, tipo, 'como assim?!'. Achei que nosso acordo era inquebrável. Mas daí, veja *o que* aconteceu:

Ryan e Monica: vítimas do problema "dois corações e uma conta bancária".

O Ryan, em um frenesi de compras, tinha um carrinho cheio, totalizando US$50. Ele checou o saldo e viu que tinha US$100. Tudo certo, né? Então foi finalizar a compra. E é aí que a *coisa* fica engraçada; enquanto o Ryan estava preenchendo os detalhes de entrega, eu queria gastar US$100. Verifiquei o saldo, e estava lá, US$100 (porque o Ryan ainda não tinha apertado o botão "Pagar"), então pensei: tranquilo! E gastei sem pensar duas vezes. Mas daí o Ryan finalmente pagou, e pronto! Caímos direto no cheque especial! Ele não fazia ideia de que eu estava gastando ao mesmo tempo, então foi lá e finalizou a compra dele sem verificar o saldo de novo. Dr. Steve, você precisa nos ajudar!"

Existe solução? O casal está fadado ao fracasso financeiro? Não podemos curar a compulsão deles por compras online, mas podemos garantir que um não comece a gastar enquanto o outro está comprando? Pensei nisso por um momento, enquanto vamos para o intervalo comercial.

O problema de Ryan e de Monica, em código

O exemplo a seguir mostra o que pode acontecer quando *duas* threads (Ryan e Monica) compartilham um *único* objeto (a conta bancária).

O código tem duas classes, BankAccount e RyanAndMonicaJob. Tem também um RyanAndMonicaTest, com um método main para executar tudo. A classe RyanAndMonicaJob implementa Runnable e representa o comportamento que Ryan e Monica têm: verificar o saldo e gastar dinheiro.

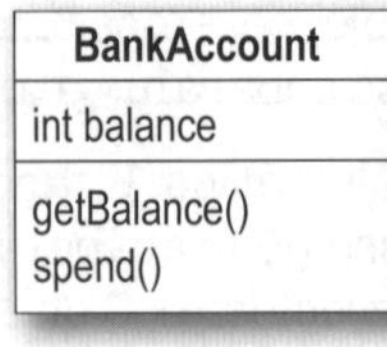

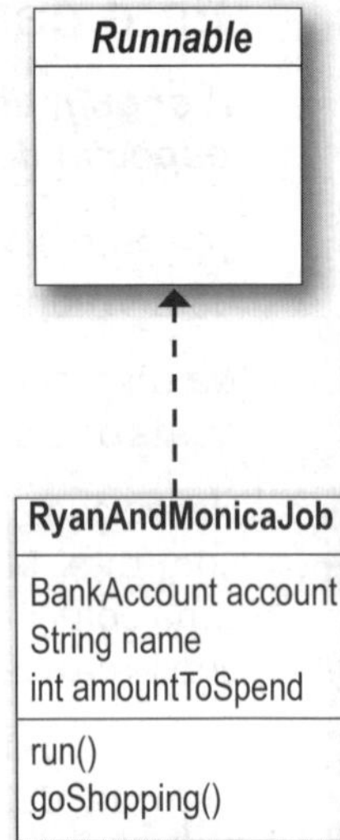

A classe RyanAndMonicaJob tem variáveis de instância para a BankAccount compartilhada, o nome da pessoa e o valor que deseja gastar. O código funciona assim:

1. **Cria uma instância da conta bancária compartilhada**

   Criar uma nova definirá corretamente todos os padrões.

   ```
   BankAccount account = new BankAccount();
   ```

2. **Cria uma instância de RyanAndMonicaJob para cada pessoa.**

   Precisamos de uma tarefa para cada pessoa. Precisamos também lhes dar acesso à conta bancária e informá-los quanto gastar.

   ```
   RyanAndMonicaJob ryan = new RyanAndMonicaJob("Ryan", account, 50);
   RyanAndMonicaJob monica = new RyanAndMonicaJob("Monica", account, 100);
   ```

3. **Cria uma ExecutorService e atribua a ela as duas tarefas.**

   Como sabemos que temos duas tarefas, uma para Ryan e outra para Monica, podemos criar um pool de threads de tamanho fixo com duas threads.

   ```
   ExecutorService executor = Executors.newFixedThreadPool(2);
   executor.execute(ryan);
   executor.execute(monica);
   ```

4. **Observe a execução de ambas as tarefas**

   Uma thread representa o Ryan, a outra, a Monica. Ambas verificam o saldo antes de gastar dinheiro. Lembre-se de que, quando mais de uma thread está executando ao mesmo tempo, não podemos pressupor que nossa thread é a única fazendo mudanças em um objeto compartilhado (por exemplo, BankAccount). Mesmo que o código tenha só duas linhas relacionadas ao objeto, e elas estejam uma ao lado da outra.

   ```
   if (account.getBalance() >= amount) {
     account.spend(amount);
   } else {
     System.out.println("Sorry, not enough money");
   }
   ```

No método goShopping(), faça exatamente o que Ryan e Monica fariam: verifique o saldo e, se houver dinheiro suficiente, gaste. Isso deve protegê-lo de entrar no limite especial.

A não ser que... se Ryan e Monica estiverem gastando dinheiro ao mesmo tempo, o dinheiro da conta bancária pode acabar antes que o outro possa gastá-lo!

O exemplo de Ryan e de Monica

```
import java.util.concurrent.*;

public class RyanAndMonicaTest {
  public static void main(String[] args) {
    BankAccount account = new BankAccount();
    RyanAndMonicaJob ryan = new RyanAndMonicaJob("Ryan", account, 50);
    RyanAndMonicaJob monica = new RyanAndMonicaJob("Monica", account, 100);
    ExecutorService executor = Executors.newFixedThreadPool(2);
    executor.execute(ryan);
    executor.execute(monica);
    executor.shutdown();
  }
}

class RyanAndMonicaJob implements Runnable {
  private final String name;
  private final BankAccount account;
  private final int amountToSpend;
  RyanAndMonicaJob(String name, BankAccount account, int amountToSpend) {
    this.name = name;
    this.account = account;
    this.amountToSpend = amountToSpend;
  }

  public void run() {
    goShopping(amountToSpend);
  }

  private void goShopping(int amount) {
    if (account.getBalance() >= amount) {
      System.out.println(name + " is about to spend");
      account.spend(amount);
      System.out.println(name + " finishes spending");
    } else {
      System.out.println("Sorry, not enough for " + name);
    }
  }
}

class BankAccount {
  private int balance = 100;
  public int getBalance() {
    return balance;
  }
  public void spend(int amount) {
    balance = balance - amount;
    if (balance < 0) {
      System.out.println("Overdrawn!");
    }
  }
}
```

Teremos somente UMA instância de BankAccount. Ou seja, ambas as threads acessarão esta conta.

Cria duas tarefas que farão o saque da conta bancária compartilhada, um para Monica e outro para Ryan, repassando o valor que vão gastar.

Cria um novo pool de threads com duas threads para nossas duas tarefas.

Inicia a execução das duas tarefas.

Não se esqueça de dar um shut down no pool.

O método run() apenas chama goShopping() com o valor que eles precisam gastar.

Verifica o saldo da conta e, se houver dinheiro suficiente, prosseguimos e gastamos o dinheiro, assim como Ryan e Monica fizeram.

Inserimos um monte de instruções print para que possamos ver o que está acontecendo durante a execução.

A conta começa com um saldo de US$100.

Como isso aconteceu?

```
File Edit Window Help Visa
% java RyanAndMonicaTest
Ryan is about to spend
Monica is about to spend
Overdrawn!
Ryan finishes spending
Monica finishes spending
```

Se liga:

Ryan e Monica sacaram dinheiro. Caíram no limite!

O método goShopping() sempre verifica o saldo antes de fazer um saque, mas ainda assim ficamos com saldo negativo. Vejamos o cenário:

Ryan verifica o saldo, vê se há dinheiro suficiente e vai finalizar a compra.

Neste ínterim, Monica verifica o saldo. Ela também vê que há dinheiro suficiente, mas não tem ideia de que Ryan está prestes a comprar algo.

Ryan conclui sua compra.

Monica conclui sua compra. Deu ruim! Entre o momento em que ela verificou o saldo e gastou o dinheiro, Ryan já havia gasto dinheiro!

A verificação da conta de Monica não era válida, pois Ryan já havia verificado e ainda estava no meio de uma compra.

Monica deve ser impedida de entrar na conta até que Ryan termine e vice-versa.

Este código não é determinístico; nem sempre gera o mesmo resultado todas as vezes. Talvez seja necessário executá-lo algumas vezes antes de verificar o problema.

Isso é comum com código multithread, pois o código depende de quais threads iniciam primeiro e de quando cada thread atinge seu tempo no núcleo da CPU.

Às vezes, o código funciona corretamente e não entramos no limite.

Se liga:

Ryan está prestes a comprar.

Ryan finalizou a compra.

Desculpe, não tem dinheiro suficiente para Monica.

```
File Edit Window Help WorksOnMyMachine
% java RyanAndMonicaTest
Ryan is about to spend
Ryan finishes spending
Sorry, not enough for Monica
```

É necessário um bloqueio/lock de acesso à conta!

O lock funciona como um cadeado:

1. Existe um lock associado à transação da conta bancária (verificar o saldo e sacar dinheiro). Só existe uma chave e ela fica na fechadura até que alguém queira acessar a conta.

A transação da conta bancária é desbloqueada quando ninguém está usando a conta.

2. Quando quer acessar a conta bancária (para verificar o saldo e sacar dinheiro), Ryan tranca a fechadura e coloca a chave no bolso. Agora ninguém mais pode acessar a conta, pois a chave desapareceu.

Quando quer acessar a conta, Ryan tranca a fechadura e guarda a chave.

3. **Ryan guarda a chave no bolso até terminar a transação.** Como ele tem a única chave, Monica não pode acessar a conta até que Ryan a desbloqueie e devolva a chave.

   Agora, mesmo que se distraia depois de verificar o saldo, Ryan tem a garantia de que o saldo será o mesmo quando gastar o dinheiro, pois guardou a chave enquanto fazia outra coisa!

Quando termina, Ryan destranca a fechadura e devolve a chave. Agora a chave está disponível para Monica (ou para Ryan novamente) acessar a conta.

Verificar o saldo e gastar o dinheiro em uma única operação atômica

Precisamos ter certeza de que, uma vez iniciada a transação de compra, uma thread *deve ter permissão para terminar* antes que qualquer outra faça mudanças na conta bancária.

Em outras palavras, precisamos ter certeza de que, depois que tiver verificado o saldo da conta, essa thread terá a garantia de que pode gastar o dinheiro *antes que qualquer outra thread possa verificar o saldo da conta*! Usamos a palavra-chave **synchronized** em um método ou com um objeto para bloqueá-lo. Desse modo, apenas uma thread pode usar o objeto por vez.

A palavra-chave synchronized significa que uma thread precisa de uma chave para acessar o código sincronizado.

Para proteger seus *dados* (como a conta bancária), sincronize o código que opera sobre esses dados.

É assim que protegemos a conta! Podemos inserir um lock na conta bancária, dentro do método que faz a transação bancária. Dessa forma, uma thread consegue completar toda a transação, do início ao fim, mesmo que seja retirada do estado "executando" pelo scheduler de threads ou mesmo que outra thread esteja tentando fazer alterações exatamente ao mesmo tempo.

Nas próximas páginas, veremos as diferentes coisas que podemos bloquear. Com o exemplo de Ryan e Monica, é bastante simples: queremos envolver nossa transação de compras em um bloco que insira um lock na conta bancária:

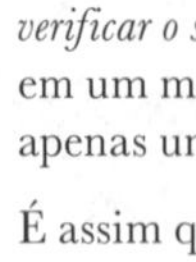

```
private void goShopping(int amount) {
  synchronized (account) {
    if (account.getBalance() >= amount) {
      System.out.println(name + " is about to spend");
      account.spend(amount);
      System.out.println(name + " finishes spending");
      else {
      System.out.println("Sorry, not enough for " + name);
    }
  }
}
```

(Observação para os leitores versados em física: sim, a convenção de usar a palavra "atômico" aqui não retrata todo conceito de partícula subatômica. Pense em Newton, não em Einstein, quando ouvir a palavra "atômico" no contexto de threads ou de transações. Essa não é NOSSA convenção. Se FÔSSEMOS os responsáveis, aplicaríamos o Princípio da Incerteza de Heisenberg a praticamente tudo relacionado a threads.)

não existem Perguntas Idiotas

P: Por que não sincronizamos todos os getters e os setters da classe com os dados que estamos tentando proteger?

R: Sincronizar os getters e os setters não é suficiente. Lembre-se de que o objetivo da sincronização é fazer com que uma seção específica do código funcione ATOMICAMENTE. Ou seja, não nos preocupamos somente com os métodos individuais; são métodos que exigem ***mais de uma etapa para serem concluídos!*** Pense nisso. Adicionamos um bloco sincronizado dentro do método goShopping(). Se getBalance() e gastar() estivessem sincronizados, isso não ajudaria em nada — Ryan (ou Monica) teria verificado o saldo e retornado a chave! O objetivo é manter a chave até que ***ambas*** as operações sejam concluídas.

Usando o lock de um objeto

Todo objeto tem um lock. Na maioria das vezes, esse lock está desbloqueado, e podemos imaginar uma chave virtual ao lado dele. Locks de objetos só entram em cena quando existe um **bloco synchronized** para um objeto (como vimos na última página) ou quando uma classe tem **métodos synchronized**. Um método é sincronizado se tiver a palavra-chave **synchronized** em sua declaração.

Quando um objeto tem um ou mais métodos sincronizados, ***uma thread só pode entrar em um método sincronizado se obtiver a chave do lock do objeto!***

Os locks não são por *método*, mas sim por *objeto*. Se um objeto tiver dois métodos sincronizados, não significa que *somente* duas threads sejam impedidas de acessar o mesmo método. Significa que não podemos ter duas threads acessando *qualquer* um dos métodos sincronizados. Caso tenha dois métodos sincronizados no mesmo objeto, method1() e method2(), e se uma thread está no method1(), uma segunda thread não pode entrar no method1(), obviamente, *mas também não pode entrar no method2()* ou em qualquer outro método sincronizado deste objeto.

Pense nisso. Se tiver múltiplos métodos que podem potencialmente operar nas variáveis de instância de um objeto, todos esses métodos precisam ser protegidos com sincronização. O objetivo da sincronização é proteger dados críticos. Mas se lembre de que não colocamos um lock em nossos dados; sincronizamos os métodos que *acessam* esses dados.

Mas o que acontece quando uma thread está processando sua pilha de chamadas (começando com o método run()) e, de repente, encontra um método sincronizado? A thread reconhece que precisa de uma chave para aquele objeto antes de poder entrar no método. Ela então procura pela chave (tudo isso é gerenciado pela JVM; não há uma API do Java para acessar locks de objetos), e se a chave estiver disponível, pega a chave e entra no método. A partir desse momento, a thread se agarra àquela chave como se a vida dela dependesse disso. A thread não soltará a chave até que complete o método ou o bloco sincronizado. Assim, enquanto essa thread estiver com a chave, nenhuma outra poderá entrar em qualquer dos métodos sincronizados desse objeto, pois a única chave para aquele objeto não estará disponível.

Todo objeto Java tem um lock. Um lock tem somente uma chave. Na maioria das vezes, o lock está desbloqueado e ninguém se importa.

Mas se um objeto tiver métodos sincronizados, uma thread poderá entrar em um dos métodos sincronizados SOMENTE se a chave para o lock do objeto estiver disponível. Ou seja, somente se outra thread ainda não tiver pegado a chave.

Usando métodos sincronizados

Será que conseguimos sincronizar o método goShopping() para corrigir o problema de Ryan e Monica?

```
private synchronized void goShopping(int amount) {
  if (account.getBalance() >= amount) {
    System.out.println(name + " is about to spend");
    account.spend(amount);
    System.out.println(name + " finishes spending");
  } else {
    System.out.println("Sorry, not enough for " + name);
  }
}
```

File Edit Window Help WaitWhat

```
% java RyanAndMonicaTest
Ryan is about to spend
Ryan finishes spending
Monica is about to spend
Overdrawn!
Monica finishes spending
```

NÃO funciona!

A palavra-chave synchronized bloqueia um objeto, ou seja, insere um lock em um objeto. O método goShopping() está na classe RyanAndMonicaJob. Sincronizar um método de instância significa "inserir um lock *nesta* instância de RyanAndMonicaJob". No entanto, existem *duas* instâncias de RyanAndMonicaJob; uma é "ryan" e a outra é "monica". Se "ryan" estiver bloqueado, "monica" ainda pode fazer alterações na conta bancária; ela não se importa que a tarefa "ryan" tenha um lock.

O objeto que precisa de um lock, o objeto pelo qual essas duas threads estão concorrendo, é o BankAccount. Inserir "synchronized" em um método em RyanAndMonicaJob (e bloquear uma instância de RyanAndMonicaJob) não resolverá o problema.

É importante inserir o lock no objeto correto

Como é um objeto compartilhado, poderíamos argumentar que BankAccount deveria ser responsável por sua segurança para uso de múltiplas threads. O método spend() em BankAccount pode garantir que haja dinheiro suficiente *e* debitar a conta em uma única transação.

```
class RyanAndMonicaJob implements Runnable {
  // ... Resto da classe RyanAndMonicaJob
  // O mesmo que antes...

  private void goShopping(int amount) {
    System.out.println(name + " is about to spend");
    account.spend(name, amount);
    System.out.println(name + " finishes spending");
  }
}
```

Não seria mais necessário verificar o saldo antes de gastar se soubéssemos que o método spend() de BankAccount verifica isso para a gente.

```
class BankAccount {
  // Outros métodos em BankAccount...

  public synchronized void spend(String name, int amount) {
    if (balance >= amount) {
      balance = balance - amount;
      if (balance < 0) {
        System.out.println("Overdrawn!");
      }
    } else {
      System.out.println("Sorry, not enough for " + name);
    }
  }
}
```

Insere um lock na instância de BankAccount, que as duas threads estão usando.

Ryan e Monica NÃO DEVERIAM ficar com saldo negativo agora; isso nunca deveria acontecer.

Faz a verificação do saldo e a redução do saldo no próprio BankAccount. Se for sincronizado, este método se torna uma transação atômica que pode ser executada integralmente por apenas uma thread de cada vez.

não existem Perguntas Idiotas

P: Que tal proteger o estado da variável estática? Se tivermos métodos estáticos que alteram o estado da variável estática, ainda podemos usar a sincronização?

R: Sim! Lembre-se de que os métodos estáticos são executados na classe e não em uma instância individual desta. Talvez você esteja se perguntando qual lock do objeto seria usado em um método estático. Afinal, esta classe pode até não *ter* nenhuma instância. Felizmente, assim como cada *objeto* tem o próprio lock, cada *classe* carregada tem um lock. Ou seja, se tivermos três objetos Dog na heap, teremos quatro locks relacionados a Dog; três pertencentes às três instâncias de Dog e um pertencente à própria classe Dog. Quando sincronizamos um método estático, o Java usa o lock da própria classe. Se sincronizar dois métodos estáticos em uma única classe, uma thread precisará do lock da classe para entrar em qualquer um dos métodos.

O temido problema de "atualização perdida"

Vejamos outro problema clássico de concorrência. Não raro, você ouvirá as pessoas chamando este problema de "race conditions", em que duas ou mais threads alteram os mesmos dados ao mesmo tempo, e está estritamente relacionado com a história de Ryan e Monica. Por isso, exemplificaremos alguns pontos.

A atualização perdida foca um único um processo:

Etapa 1: Obter o saldo da conta

```
int i = balance;
```

Etapa 2: adiciona 1 a esse saldo

```
balance = i + 1;
```

Provavelmente não é um processo atômico.

Mesmo se usássemos a sintaxe mais comum de **balance++**, não há garantia de que o bytecode compilado será um "processo atômico". Na verdade, provavelmente não será, pois são múltiplas operações: ler o valor atual e, em seguida, adicionar um valor a esse valor e inseri-lo de volta na variável original.

No problema da "atualização perdida", temos muitas threads tentando incrementar o saldo. Vejamos o código para identificar o problema:

```
public class LostUpdate {
  public static void main(String[] args) throws InterruptedException {
    ExecutorService pool = Executors.newFixedThreadPool(6);

    Balance balance = new Balance();
    for (int i = 0; i < 1000; i++) {
      pool.execute(() -> balance.increment());
    }
    pool.shutdown();
    if (pool.awaitTermination(1, TimeUnit.MINUTES)) {
      System.out.println("balance = " + balance.balance);
    }
  }
}

class Balance {
  int balance = 0;

  public void increment() {
    balance++;
  }
}
```

Cria um pool de threads para executar todas as tarefas. Se adicionarmos mais threads aqui, poderemos ver ainda mais atualizações ausentes.

Executa 1.000 tentativas de atualização do saldo em threads diferentes.

Garante que o pool concluiu todas as atualizações antes de printar o saldo final. Em teoria, deveria ser 1.000. Se for menos que isso, perdemos uma atualização!

Aqui, é a parte crucial! Aumentamos o saldo adicionando 1 a qualquer que seja o valor do saldo NO MOMENTO EM QUE O LEMOS (em vez de adicionar 1 a qualquer que seja o valor ATUAL). Talvez você pense que "++" é uma operação atômica, só que não!

Bora executar e estudar o algoritmo deste código...

1. A thread A é executada por um tempo:

Lê o saldo: 0.
Define o valor do saldo como 0 + 1.
Agora, o saldo é 1.

Esta é a explicação em português. No código, saldo é balance!

Lê o saldo: 1.
Define o valor do saldo para 1 + 1.
Agora, o saldo é 2.

2. A thread B é executada por um tempo:

Lê o saldo: 2.
Define o valor do saldo para 2 + 1.
Agora, o saldo é 3.

Lê o saldo: 3

*[Agora, a thread B é enviada de volta para o executável **antes** de definir o valor do saldo para 4.]*

3. A thread A é executada novamente, retomando de onde parou:

Lê o saldo: 3
Define o valor do saldo para 3 + 1.
Agora, o saldo é 4.

Lê o saldo: 4
Define o valor do saldo para 4 + 1.
Agora, o saldo é 5.

4. A thread B é executada novamente e continua exatamente de onde parou!

Define o valor do saldo para 3 + 1.
Agora, o saldo é 4.

Grave!!

A thread A atualizou para 5, mas agora B voltou e sobrescreveu a atualização que A fez, como se a atualização de A nunca tivesse acontecido.

Perdemos as últimas atualizações que a Thread A fez! A Thread B já havia feito uma "leitura" do valor de balance e, quando B acordou, continuou sem hesitar.

Torne o método increment() atômico. Sincronize-o!

Sincronizar o método increment() resolve o problema de "atualização perdida", pois mantém as etapas do método (leitura de saldo e incremento de saldo) como uma unidade inquebrável.

Depois que uma thread entra no método, temos que garantir que todas as etapas do método sejam concluídas (como um processo atômico) antes que qualquer outra thread possa entrar no método.

```
public synchronized void increment() {
  balance++;
}
```

Pegadinha clássica de concorrência: isso parece uma única operação, mas na verdade é mais do que uma — é uma leitura de balance, um incremento e uma atualização de balance.

não existem Perguntas Idiotas

P: Parece uma boa ideia sincronizar tudo, apenas para garantir a segurança da thread.

R: Não, não é uma boa ideia. A sincronização tem seu preço.

Primeiro, um método sincronizado carrega consigo uma sobrecarga considerável. Ou seja, quando o código encontra um método sincronizado, ocorrerá uma queda de desempenho (ainda que, normalmente, nunca percebemos) enquanto se resolve a questão "a chave está disponível?" Segundo, um método sincronizado pode desacelerar seu programa, já que a sincronização limita a concorrência. Em outras palavras, um método sincronizado força outras threads a entrarem em fila e esperar sua vez. Talvez não seja um problema no seu código, mas você deve considerar isso. Terceiro, e mais assustador, métodos sincronizados podem levar a deadlocks! (Daqui a pouco, veremos o que é isso.)

A regra prática é sincronizar apenas o estritamente necessário. De fato, é possível sincronizar com granularidade menor que a de um método. Lembre-se, podemos usar a palavra-chave synchronized para sincronizar em nível mais detalhado uma ou mais instruções, em vez de em nível do método inteiro (usamos isso em nossa primeira solução para o problema de Ryan e Monica).

doStuff() não precisa ser sincronizado, então não sincronizamos todo o método.

```
public void go() {
   doStuff();

   synchronized(this) {
      criticalStuff();
      moreCriticalStuff();
   }
}
```

Embora existam outras maneiras de fazer isso, quase sempre sincronizaremos no objeto atual (this). Este é o mesmo objeto em que colocaríamos um lock se todo o método fosse sincronizado.

Agora, apenas essas duas chamadas de método são agrupadas em uma unidade atômica. Quando usamos a palavra-chave synchronized DENTRO de um método, em vez de em uma declaração de método, devemos fornecer um argumento que seja o objeto cuja chave a thread precisa obter.

1 A thread A é executada por um tempo:

Tentativa de acessar o método increment().

Como o método está sincronizado, **obtém a chave** para este objeto.

Lê o saldo: 0.

Define o valor do saldo para 0 + 1.

Agora, o saldo é 1.

Retorna a chave (concluiu o método increment().

Acessa novamente o método increment() e **obtém a chave**.

Lê o saldo: 1.

[Agora, a thread A é retornada ao estado executável, mas como não concluiu o método sincronizado, a Thread A mantém a chave.]

2 A thread B é selecionada para execução:

Tentativa de acessar o método increment(). Como o método está sincronizado, precisamos obter a chave.

A chave não está disponível.

[Agora, a thread B é enviada para uma sala de "lock de objeto não disponível".]

3 A thread A é executada novamente, retomando de onde parou (lembre-se, ela ainda tem a chave):

Define o valor do saldo 1 + 1.

Agora, o saldo é 2.

Retorna a chave.

[Agora, a thread A é enviada de volta para o executável, mas como completou o método increment(), a thread NÃO retém a chave.]

4 A thread B é selecionada para execução:

Tentativa de acessar o método increment(). Como o método está sincronizado, precisamos obter a chave.

Desta vez, a chave ESTÁ disponível; obtemos a chave.

Lê o saldo: 2

[continua a executar...]

Deadlock: O lado trevoso da sincronização

A sincronização impediu Ryan e Monica de usar a conta bancária simultaneamente e nos protegeu de perder atualizações. No entanto, também mencionamos que não devemos sincronizar tudo, pois a sincronização pode desacelerar a velocidade dos programas.

Existe outro aspecto fundamental: precisamos ter cautela ao usar código sincronizado, pois nada prejudicará mais seu programa como um deadlock de threads. O deadlock de threads ocorre quando temos duas threads: cada uma delas segura uma chave que a outra quer. Nesse cenário, como não temos escapatória, as duas threads simplesmente ficam paradas esperando. E esperando. E esperando.

Para o deadlock, bastam dois objetos e duas threads.

Caso esteja familiarizado com bancos de dados ou com outros servidores de aplicação, talvez conheça este problema; em geral, bancos de dados têm um mecanismo de lock semelhante à sincronização. E ainda que, às vezes, possa lidar com deadlock, um sistema real de gerenciamento de transações pode supor, por exemplo, que um deadlock tenha ocorrido quando duas transações estão demorando muito para serem concluídas. Mas, ao contrário do Java, o servidor de aplicação pode realizar um "rollback de transação", que retorna o estado da transação revertida para onde estava antes do início da transação (a parte atômica).

O Java não tem mecanismo para lidar com deadlock, nem mesmo *saberá* que um deadlock ocorreu. Ou seja, cabe a você programar com cuidado. Como não analisaremos com detalhes o deadlock, caso esteja escrevendo código multithread, leia o livro *Java Concurrency in Practice* de Brian Goetz, et al. O livro aborda detalhadamente os tipos de problemas que podemos enfrentar com concorrência (como deadlock) e abordagens para resolvê-los.

Um cenário simples de deadlock:

1

A thread A entra em um método sincronizado do objeto *foo* e obtém a chave.

A thread A vai "dormir", segurando a chave *foo*.

2

A thread B entra em um método sincronizado do objeto *bar* e obtém a chave.

A thread B tenta entrar em um método do objeto *foo*, mas não consegue obter ***esta*** chave (porque A está com ela). B fica na sala de espera até que a chave *foo* esteja disponível. B mantém a chave *bar*.

3

A thread A "acorda" (ainda segurando a chave *foo*) e tenta entrar em um método sincronizado no objeto *bar*, mas não consegue obter ***esta*** chave porque B está com ela. A fica na sala de espera até que a chave *bar* esteja disponível (nunca estará!).

A thread A não pode ser executada até obter a chave *bar*, mas B está segurando a chave *bar* e não pode ser executada até obter a chave *foo*, que A está segurando e...

Nem sempre precisamos usar synchronized

Como a sincronização pode acarretar alguns custos (como desempenho e potenciais deadlocks), devemos conhecer outras formas de gerenciar dados compartilhados entre threads. O pacote java.util.concurrent tem muitas classes e utilitários para código multithreaded.

Variáveis atômicas

Se os dados compartilhados forem do tipo int, long ou booleano, talvez possamos substituí-los por uma *variável atômica*. São classes que disponibilizam métodos que são atômicos, ou seja, podem ser usados com segurança por uma thread sem a preocupação de outra thread alterar os valores do objeto ao mesmo tempo. Existem alguns tipos de variáveis atômicas, como **AtomicInteger**, **AtomicLong**, **AtomicBoolean** e **AtomicReference**.

Podemos resolver nosso problema de "atualização perdida" com um **AtomicInteger** em vez de sincronizar o método de incremento.

```
class Balance {
  AtomicInteger balance = new AtomicInteger(0);

  public void increment() {
    balance.incrementAndGet();
  }
}
```

Use um AtomicInteger inicializado em zero em vez de um valor int.

incrementAndGet adiciona atomicamente 1 ao valor, ou seja, mesmo que seja usado por múltiplas threads, aumentará com segurança o valor em uma única operação. O método incrementAndGet retorna o valor novo e atualizado, mas não precisamos disso em nosso exemplo; não vamos usar o valor retornado.

Não há necessidade de adicionar "synchronized" ao usar operações atômicas.

Então, posso usar AtomicInteger só pra fazer um incrementozinho básico? E se eu quiser fazer coisas normais, como cálculos complexos, como isso me ajuda?

As variáveis atômicas ficam mais interessantes quando utilizamos suas operações de *comparação e troca* (**CAS**). CAS é mais um modo de efetuar uma mudança atômica em um valor. Podemos usar o CAS em variáveis atômicas por meio do método **`compareAndSet`**. Sim, tem um nome ligeiramente diferente! Ah, a programação… em que nomes e termos são as coisas mais difíceis de resolver.

O método compareAndSet recebe um valor, que *esperamos* que seja o valor da variável atômica, compara-o ao valor *atual* e, se coincidirem, a *operação* será concluída. Na verdade, podemos usar isso para resolver nosso problema com Ryan e Monica em vez de inserirmos um lock em toda a conta bancária com **`synchronized`**.

Compare e troque com variáveis atômicas

Como usaríamos as variáveis atômicas e CAS (via **compareAndSet**) para resolver o problema de Ryan e Monica?

Como Ryan e Monica estavam tentando acessar um valor int, o saldo da conta, poderíamos usar um AtomicInteger para armazenar esse saldo. Em seguida, poderíamos usar **compareAndSet** para atualizar o saldo quando alguém quiser gastar dinheiro.

```
private AtomicInteger balance = new AtomicInteger(100);
...
boolean success = balance.compareAndSet(expectedValue, newValue)
```

Este é o valor que ACHAMOS que o balance é.

Este é o valor que queremos que o balance tenha.

True, se balance foi atualizado para o novo valor. Se for false, balance não foi alterado e VOCÊ decide o que precisa fazer.

Se o balance (saldo) atual for igual ao valor esperado, atualiza-o para o novo valor.

Em bom português, lembre-se, no código, *balance* é saldo:

"Define o saldo para esse valor novo apenas se o saldo atual for igual ao valor esperado e informa se o saldo foi efetivamente alterado."

Operações de comparação e troca usam o *lock otimista* (ou *bloqueio otimista*). Lock otimista significa que não conseguimos impedir que todas as threads acessem o objeto; *tentamos* efetuar a mudança, mas aceitamos o fato de que essa mudança ***pode não ocorrer***. Se ela não der certo, você decide o que fazer. Talvez decida tentar novamente ou enviar uma mensagem informando ao usuário que não funcionou.

Isso pode dar mais trabalho do que simplesmente inserir um lock em todas as outras threads do objeto. No entanto, pode ser mais rápido do que inserir lock em tudo. Por exemplo, quando a probabilidade de múltiplas escritas ocorrerem ao mesmo tempo é muito baixa ou caso tenha muitas threads lendo e poucas escrevendo, talvez você não queira arcar com o custo de um lock em cada escrita.

Ao usar operações CAS, precisamos lidar com situações em que essas operações NÃO são bem-sucedidas.

Ryan e Monica, o casal com um saldo atômico

Vejamos como tudo funciona na conta bancária de Ryan e de Monica. Vamos inserir o saldo em AtomicInteger e usaremos compareAndSet para fazer uma mudança *atômica* no saldo.

```
import java.util.concurrent.atomic.AtomicInteger;

class BankAccount {
  private final AtomicInteger balance = new AtomicInteger(100);

  public int getBalance() {
    return balance.get();
  }

  public void spend(String name, int amount) {

    int initialBalance = balance.get();
    if (initialBalance >= amount) {

      boolean success = balance.compareAndSet(initialBalance, initialBalance - amount);

      if (!success) {
        System.out.println("Sorry " + name + ", you haven't spent the money.");
      }
    } else {
      System.out.println("Sorry, not enough for " + name);
    }
  }
}
```

Armazena o saldo [balance] em um AtomicInteger com o mesmo valor inicial (US$100) de antes.

Usa o método get() para obter o valor int do AtomicInteger.

Sem synchronized.

Como antes, verifica se tem dinheiro suficiente. Desta vez, mantém um registro do saldo.

O saldo NÃO será alterado se o saldo inicial não corresponder ao saldo real no momento.

Passa o saldo de quando verificamos se tinha dinheiro suficiente.

Este é o "gasto", subtraindo o valor gasto do saldo da conta.

Se success for false, o dinheiro NÃO foi gasto. Informa a Ryan ou Monica que não funcionou e eles que se resolvam.

```
File Edit Window Help SorryMonica
% java RyanAndMonicaTest
Ryan is about to spend
Monica is about to spend
Ryan finishes spending
Sorry Monica, you can't buy this
Monica finishes spending
```

Mônica conseguiu fazer compras, mas na hora de pagar o banco disse não. Pelo menos o casal não ficou com saldo negativo!

O java.util.concurrent tem muitas classes e utilitários bons para trabalhar com código multithread. Confira o que mais ele tem!

Como todos esses problemas são causados por escrever em um objeto compartilhado, que tal impedirmos que as threads alterem os dados nesses objetos? Tem como fazer isso?

Torne um objeto imutável se você for compartilhá-lo entre threads e não quiser que as threads alterem seus dados.

A melhor forma de saber *com certeza* se outra thread não está mudando os dados é impossibilitar a alteração dos dados no objeto. Quando os dados de um objeto não podem ser alterados, o chamamos de **objeto imutável**.

Escrevendo uma classe para dados imutáveis

Como não queremos permitir subclasses que possam adicionar valores mutáveis, tornamos esta classe imutável e final.

```
public final class ImmutableData {
  private final String name;
  private final int value;

  public ImmutableData(String name, int value) {
    this.name = name;
    this.value = value;
  }

  public String getName() { return name; }

  public int getValue() { return value; }
}
```

Todos os campos devem ser FINAL. O valor será definido uma vez, na declaração do campo ou no construtor e não poderá ser alterado mais tarde.

Todos os campos precisam ser inicializados uma vez, geralmente no construtor.

Objetos imutáveis podem ter getters, mas não setters. Os valores dentro do objeto não devem ser alterados em nenhum método.

Supino Mental

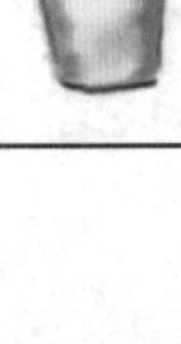

Existem situações em que adicionar a palavra-chave final não é suficiente para evitar alterações. Consegue imaginar uma situação em que isso pode ocorrer? Nós vamos lhe dar uma pista...

Usando objetos imutáveis

É extremamente conveniente conseguir alterar dados em um objeto compartilhado e assumir que todas as outras threads serão capazes de ver essas alterações.

No entanto, também vimos que, embora seja *conveniente*, não é muito *seguro*.

Em contrapartida, quando está trabalhando com um objeto que não pode ser alterado, uma thread pode fazer suposições sobre os dados desse objeto; por exemplo, depois que lê um valor do objeto, a thread sabe que os dados não podem ser alterados.

Não é necessário usarmos a sincronização ou outros mecanismos para controlar quem altera os dados porque eles não podem ser alterados.

Trabalhar com objetos imutáveis significa pensar fora da caixa.

Em vez de fazer mudanças no *mesmo* objeto, *substituímos* o objeto antigo por um novo. O objeto novo tem os valores atualizados e quaisquer threads que precisem dos valores novos precisarão usá-lo.

O que acontece com o objeto antigo? Se ainda estiver sendo usado por alguma coisa (e pode estar — às vezes é perfeitamente válido trabalhar com dados mais antigos), ficará na heap. Se não estiver sendo utilizado, será coletado pelo garbage collection e não precisamos mais nos preocupar com ele.

Alterando objetos imutáveis

Imagine um sistema que tenha clientes e que cada objeto Customer tem um Address, que representa o endereço de um cliente. Se o endereço do cliente é um objeto imutável (todos os seus campos são *final* e os dados não podem ser alterados), como alterar o endereço do cliente quando ele se muda?

1. Customer tem uma referência ao objeto original Address, que armazena os dados de endereço do cliente.

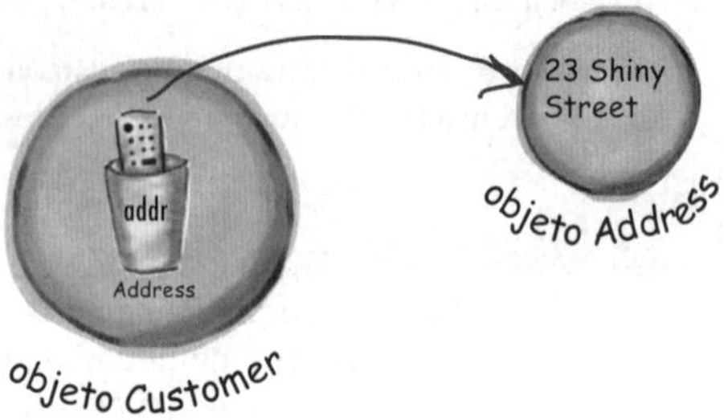

2. Quando o cliente se muda, um novo objeto Address é criado com o novo endereço do cliente.

3. A referência do objeto Customer ao seu endereço é alterada a fim de apontar para o novo objeto Address.

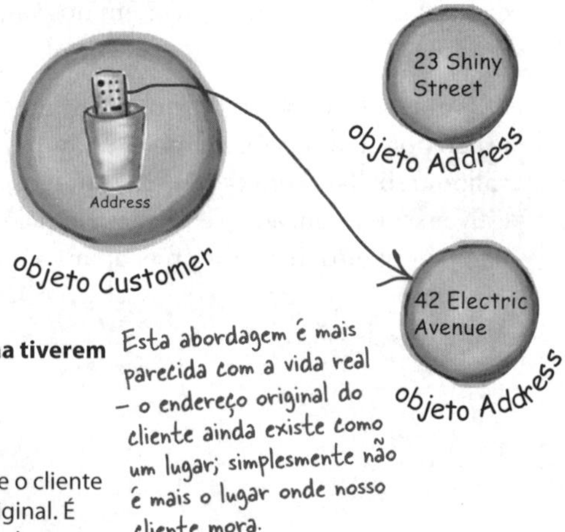

não existem Perguntas Idiotas

P: O que acontece se outras partes do programa tiverem uma referência ao objeto antigo Address?

R: Na verdade, às vezes isso é o ideal. Imagine que o cliente fez um pedido para ser entregue em seu endereço original. É bom que os detalhes desse pedido ainda tenham o endereço original, que não seja alterado para armazenar os detalhes do novo endereço.

Depois que o cliente alterar seu endereço (e Customer contiver uma referência ao novo objeto de endereço), novos pedidos devem usar o novo objeto Address.

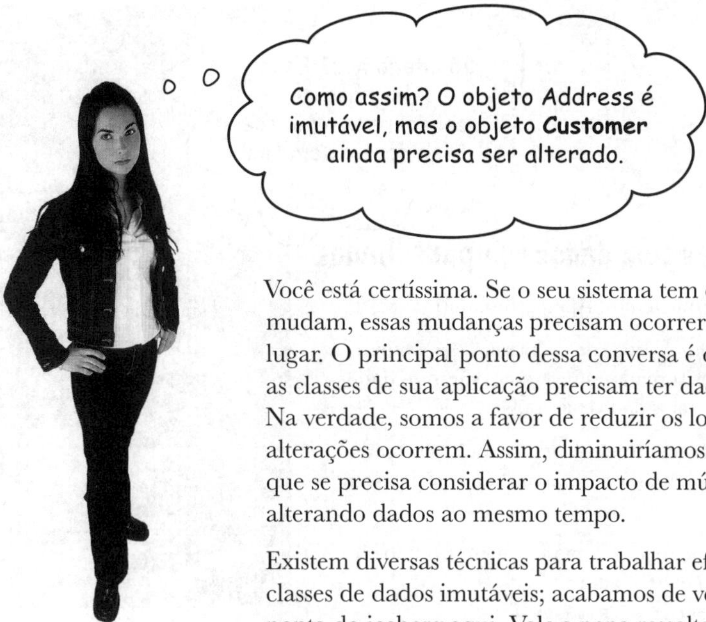

Você está certíssima. Se o seu sistema tem dados que mudam, essas mudanças precisam ocorrer em algum lugar. O principal ponto dessa conversa é que nem todas as classes de sua aplicação precisam ter dados que mudam. Na verdade, somos a favor de reduzir os locais em que as alterações ocorrem. Assim, diminuiríamos as ocasiões em que se precisa considerar o impacto de múltiplas threads alterando dados ao mesmo tempo.

Existem diversas técnicas para trabalhar efetivamente com classes de dados imutáveis; acabamos de ver somente a ponta do iceberg aqui. Vale a pena ressaltar que o Java 16 introduziu os *registros [records]*, que são classes de dados imutáveis, fornecidas diretamente pela linguagem.

Use classes de dados imutáveis sempre que possível.

Limite o número de locais em que os dados podem ser alterados por múltiplas threads.

Mais problemas com dados compartilhados

Estamos quase lá, prometemos! Apenas uma última coisa.

Até agora, vimos todos os tipos de problemas que podem surgir quando muitas threads escrevem nos mesmos dados. Isso também se aplica aos dados nas Collections.

Podemos até ter problemas quando temos muitas threads *lendo* os mesmos dados, ainda que apenas uma esteja fazendo alterações neles.

O código a seguir tem apenas uma thread escrevendo em uma Collection, mas duas a lendo.

```
public class ConcurrentReaders {
  public static void main(String[] args) {
    List<Chat> chatHistory = new ArrayList<>();
    ExecutorService executor = Executors.newFixedThreadPool(3);
    for (int i = 0; i < 5; i++) {
      executor.execute(() -> chatHistory.add(new Chat("Hi there!")));
      executor.execute(() -> System.out.println(chatHistory));
      executor.execute(() -> System.out.println(chatHistory));
    }
    executor.shutdown();
  }
}
```

Armazena os objetos Chat em um ArrayList, que NÃO é thread-safe

Cria uma thread de escrita que adiciona à List, e duas threads que leem a partir da lista. Percorre o loop algumas vezes para tentar provocar o problema.

```
final class Chat {
  private final String message;
  private final LocalDateTime timestamp;

  public Chat(String message) {
    this.message = message;
    timestamp = LocalDateTime.now();
  }

  public String toString() {
    String time = timestamp.format(ofLocalizedTime(MEDIUM));
    return time + " " + message;
  }
}
```

Tornar um campo Object "final" não garante que os dados dentro desse objeto não serão alterados, apenas que a referência não será alterada. String e LocalDateTime são imutáveis, então isso é seguro.

As instâncias de Chat são imutáveis.

A leitura de uma estrutura de dados em mudança lança uma exceção

Executar o código da última página faz com que uma exceção seja lançada, às vezes. Agora você sabe que esses tipos de problemas dependem muito dos caprichos do hardware, do sistema operacional e da JVM.

```
File Edit Window Help PoorBrunonono
% java ConcurrentReaders
[]
[]
[18:43:59 Hi there!, 18:43:59 Hi there!]
[18:43:59 Hi there!, 18:43:59 Hi there!]
[18:43:59 Hi there!, 18:43:59 Hi there!, 18:43:59 Hi there!]
[18:43:59 Hi there!, 18:43:59 Hi there!, 18:43:59 Hi there!]
Exception in thread "pool-1-thread-2" Exception in thread "pool-1-thread-1" java.util.
ConcurrentModificationException
        at java.base/java.util.ArrayList$Itr.checkForComodification(ArrayList.java:1043)
        at java.base/java.util.ArrayList$Itr.next(ArrayList.java:997)
        at java.base/java.util.AbstractCollection.toString(AbstractCollection.java:472)
        at java.base/java.lang.String.valueOf(String.java:2951)
        at java.base/java.io.PrintStream.println(PrintStream.java:897)
        at ConcurrentReaders.lambda$main$2(ConcurrentReaders.java:17)
```

Uma ConcurrentModificationException é lançada pela thread de leitura quando a List que ela está lendo é alterada DURANTE a operação de leitura.

Se uma coleção for alterada por uma thread enquanto outra thread estiver lendo essa coleção, podemos receber uma ConcurrentModificationException.

Use uma estrutura de dados thread-safe

Fica evidente que o bom e velho ArrayList não funcionará se tivermos threads lendo dados que estão sendo alterados simultaneamente. Felizmente para nós, existem outras opções. Precisamos de uma estrutura de dados thread-safe, uma que possa ser escrita e ser lida por múltiplas threads ao mesmo tempo.

O pacote java.util.concurrent disponibiliza várias estruturas de dados thread-safe e vamos examinar o **`CopyOnWriteArrayList`** para resolver esse problema específico. CopyOnWriteArrayList é uma escolha adequada quando se tem uma List que é lida **frequentemente, mas não sofre muitas alterações**.
Mais adiante, veremos o porquê.

CopyOnWriteArrayList implementa a interface List para que possamos usá-la como um substituto imediato para qualquer List.

```
public class ConcurrentReaders {
  public static void main(String[] args) {
    List<Chat> chatHistory = new CopyOnWriteArrayList<>();
    ExecutorService executor = Executors.newFixedThreadPool(3);
    for (int i = 0; i < 5; i++) {
      executor.execute(() -> chatHistory.add(new Chat("Hi there!")));
      executor.execute(() -> System.out.println(chatHistory));
      executor.execute(() -> System.out.println(chatHistory));
    }
    executor.shutdown();
  }
}
```

O resto do código é exatamente igual ao anterior.

```
File Edit Window Help AyMariposa
% java ConcurrentReaders
[]
[]
[]
[]
[10:26:22 Hi there!, 10:26:22 Hi there!]
[10:26:22 Hi there!, 10:26:22 Hi there!, 10:26:22 Hi there!, 10:26:22 Hi there!]
[10:26:22 Hi there!, 10:26:22 Hi there!, 10:26:22 Hi there!]
[10:26:22 Hi there!, 10:26:22 Hi there!, 10:26:22 Hi there!, 10:26:22 Hi there!]
[10:26:22 Hi there!, 10:26:22 Hi there!, 10:26:22 Hi there!, 10:26:22 Hi there!,
10:26:22 Hi there!]
[10:26:22 Hi there!, 10:26:22 Hi there!, 10:26:22 Hi there!, 10:26:22 Hi there!,
10:26:22 Hi there!]

Process finished with exit code 0
```

Nada de exceção!

CopyOnWriteArrayList

CopyOnWriteArrayList usa a imutabilidade para fornecer acesso seguro à leitura de threads enquanto outras estão escrevendo. Como funciona? Ele faz exatamente o que parece: quando uma thread está escrevendo na lista, na verdade, está escrevendo em uma *cópia* da lista. Quando as alterações forem feitas, a nova cópia substitui a original. Enquanto isso, todas as outras threads que estavam lendo a lista antes da mudança estão lendo a original com tranquilidade e segurança!

1. Uma instância de CopyOnWriteArrayList contém um conjunto ordenado de dados, como um array.

2. Quando lê CopyOnWriteArrayList, a Thread A obtém um Iterator que permite ler um **snapshot** dos dados da lista naquele momento.

3. A Thread B escreve os dados em CopyOnWriteArrayList adicionando um novo elemento, e CopyOnWriteArray cria uma **cópia** dos dados da lista antes de qualquer alteração ser feita. Isso fica invisível para qualquer uma das threads de leitura ou de escrita.

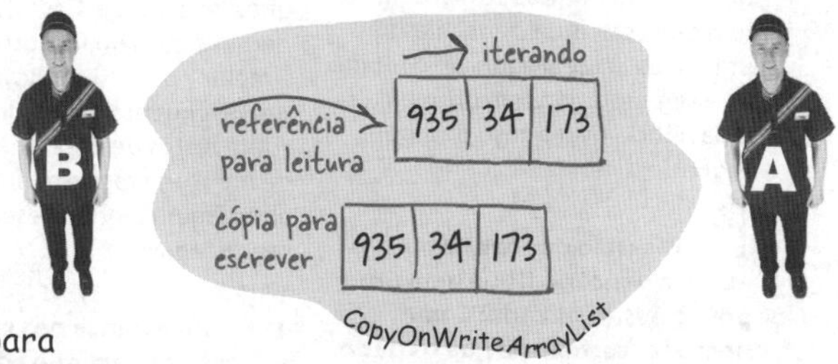

4. Quando a Thread B faz alterações na "lista", na verdade está fazendo alterações na cópia. É bom saber que as mudanças estão sendo feitas. As threads de leitura, como a Thread A, não são afetadas de forma alguma; elas estão iterando no snapshot dos dados originais.

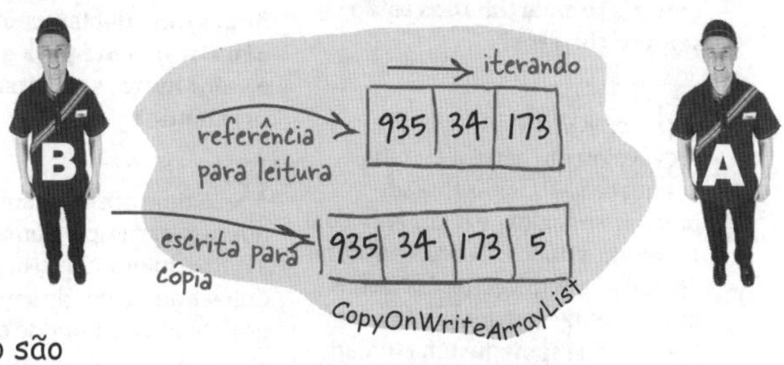

5. Depois que a Thread B terminar suas atualizações, os dados originais serão substituídos pelos dados novos. Se ainda estiver lendo, a Thread A estará lendo os dados antigos com segurança. Se alguma outra thread começar a ler após a alteração, obterá os dados novos.

não existem Perguntas Idiotas

P: Se eu usar CopyOnWriteArrayList, algumas threads de leitura estarão lendo os dados antigos?

R: Sim, as threads de leitura sempre trabalharão com dados que são um snapshot dos dados de quando começaram a ler. Ou seja, os dados podem estar potencialmente desatualizados em algum momento, mas, pelo menos, não lançarão uma ConcurrentModificationException.

P: Não é perigoso usar dados desatualizados?

R: Não necessariamente. Em muitos sistemas eles são "bons o suficiente". Por exemplo, imagine um site com notícias ao vivo. Sim, ele tem que estar atualizado, mas não precisa estar atualizado até o último milissegundo; não tem problema se uma notícia tiver atraso de alguns segundos.

P: Mas não quero que meu extrato bancário fique nem um pouco desatualizado! Como posso ter certeza de que os dados cruciais compartilhados estão sempre corretos?

R: CopyOnWriteArrayList provavelmente não é a escolha adequada se todas as threads precisam trabalhar exatamente com os mesmos dados. Outras estruturas de dados, como Vector, fornecem thread-safety com locks a fim de garantir que somente uma thread por vez tenha acesso aos dados. Apesar de ser seguro, pode ser lento — não temos nenhuma vantagem multithreading se nossas threads precisarem esperar a sua vez para acessar os dados.

P: Então CopyOnWriteArrayList é uma estrutura de dados rápida e thread-safe?

R: Depende! É rápida (em comparação a uma Collection com locks) se tivermos muitas threads de leitura e poucas de escrita. No entanto, se tivermos muitas operações de escrita, pode não ser a melhor estrutura de dados. O custo de se criar uma nova cópia dos dados sempre que uma única escrita é feita pode ser muito alto para algumas aplicações.

P: Por que não temos uma resposta fácil para todos esses problemas de concorrência?

R: A programação concorrente envolve trade-offs. É necessário entender bem o que sua aplicação está fazendo, como deve funcionar, e o hardware e o ambiente em que é executada. Caso esteja se perguntando qual abordagem é melhor para sua aplicação, provavelmente é hora de aprender sobre testes de desempenho a fim de mensurar exatamente como cada abordagem afeta o desempenho do seu sistema.

P: Você nunca nos contou sobre o caso em que adicionar final a uma declaração de campo não é suficiente para garantir que o valor nunca seja alterado. O que tá rolando?

R: Ótima observação! O "ponto" é que se seu campo é uma referência a outro objeto, como uma Collection ou um de seus objetos, usar 'final' não impede que outra thread altere os valores dentro desse objeto. A única forma de garantir que isso não aconteça é assegurando que todos os seus campos, que são referências, apontem para objetos imutáveis. Caso contrário, seu objeto imutável pode ter dados que mudam.

Consulte o caso LocalDateTime, na página 660.

As coleções thread-safe nas primeiras versões do Java se tornaram seguras por meio de locks. Por exemplo, java.util.Vector.

O Java 5 introduziu estruturas concorrentes de dados no java.util.concurrent. Essas NÃO usam lock.

PONTOS DE BALA

- Podemos enfrentar problemas graves com threads se duas ou mais tentarem mudar os mesmos dados.
- Duas ou mais threads acessando o mesmo objeto podem levar à corrupção de dados se uma delas, por exemplo, sair do estado "executando" enquanto ainda estiver no meio da manipulação de um estado crítico do objeto.
- Para tornar seus objetos thread-safe, determine quais instruções devem ser tratadas como processo atômico. Em outras palavras, decida quais métodos devem ser executados até o fim antes que outra thread entre no mesmo método no mesmo objeto.
- Use a palavra-chave `synchronized` para modificar uma declaração de método quando quiser impedir que duas threads entrem nesse método.
- Todo objeto tem um único lock, com única chave. Na maioria das vezes, não nos preocupamos com esse lock; locks entram em jogo apenas quando um objeto tem métodos sincronizados ou usa a palavra-chave `synchronized` com um objeto especificado.
- Quando tenta entrar em um método sincronizado, uma thread deve obter a chave do objeto (o objeto cujo método a thread está tentando executar). Se a chave não estiver disponível (porque outra thread já está com ela), a thread entra em uma espécie de sala de espera até que esteja.
- Mesmo se um objeto tiver mais de um método sincronizado, ainda haverá apenas uma chave. Uma vez que qualquer thread tenha entrado em um método sincronizado nesse objeto, nenhuma outra thread pode entrar em qualquer outro método sincronizado no mesmo objeto. Essa restrição permite proteger seus dados sincronizando qualquer método que os manipule.
- A palavra-chave `synchronized` não é a única maneira de proteger dados de alterações multithread. Variáveis atômicas, com operações CAS, podem ser adequadas se for apenas um valor que está sendo alterado por múltiplas threads.
- É a escrita de dados a partir de múltiplas threads que causa a maioria dos problemas, não a leitura. Portanto, avalie se seus dados precisam ser alterados ou se podem ser imutáveis.
- Tornar uma classe imutável envolve declarar a classe como final, marcar todos os campos como final, definir os valores uma única vez no construtor ou na declaração do campo e não ter setters ou outros métodos que possam mudar os dados.
- Utilizar objetos imutáveis em sua aplicação não significa que nada jamais muda; significa que limitar as partes de sua aplicação em que precisa se preocupar com múltiplas threads alterando os dados.
- Existem estruturas de dados thread-safe que permitem que múltiplas threads leiam os dados enquanto uma (ou mais) threads alteram os dados. Algumas delas estão em java.util.concurrent.
- Programação concorrente é difícil! Mas há inúmeras ferramentas para ajudá-lo.

SEJA a JVM

Nesta página, cada um dos arquivos representa um arquivo-fonte completo. Sua tarefa é desempenhar o papel da JVM e determinar qual seria a saída quando o programa for executado.

Como você pode corrigir isso, assegurando que a saída esteja sempre correta?

Respostas na página 668.

```
import java.util.*;
import java.util.concurrent.*;

public class TwoThreadsWriting {
  public static void main(String[] args) {
    ExecutorService threadPool = Executors.newFixedThreadPool(2);
    Data data = new Data();
    threadPool.execute(() -> addLetterToData('a', data));
    threadPool.execute(() -> addLetterToData('A', data));
    threadPool.shutdown();
  }

  private static void addLetterToData(char letter, Data data) {
    for (int i = 0; i < 26; i++) {
      data.addLetter(letter++);
      try {
        Thread.sleep(50);
      } catch (InterruptedException ignored) {}
    }
    System.out.println(Thread.currentThread().getName() + data.getLetters());
    System.out.println(Thread.currentThread().getName()
                              + " size = " + data.getLetters().size());
  }
}

final class Data {
  private final List<String> letters = new ArrayList<>();

  public List<String> getLetters() {return letters;}

  public void addLetter(char letter) {
    letters.add(String.valueOf(letter));
  }
}
```

Quase acidente na câmara de descompressão

Enquanto entrava na reunião de revisão de design da equipe de desenvolvimento a bordo, Sarah olhava pela janelinha e contemplava o nascer do sol sobre o Oceano Índico. Mesmo que a sala de conferências da espaçonave fosse claustrofóbica, como uma lata de sardinha, a visão do crescente celeste de azuis e brancos desvanecendo a noite do planeta abaixo inundava Sarah com um profundo assombro e gratidão.

Sherlock Holmes por Cinco Minutos

A reunião daquela manhã focava os sistemas de controle das câmaras de descompressão do orbitador. Como as fases finais de construção estavam chegando ao fim, o número de caminhadas espaciais estava prestes a aumentar e parecia uma promoção de Black Friday, com trânsito pra lá e pra cá nas câmaras de descompressão da espaçonave. "Bom dia, Sarah", disse Tom, "Você chegou na hora! Estamos quase começando a revisão detalhada."

"Como todos sabem", começou Tom, "Cada câmara de descompressão tem terminais GUI resistentes ao espaço sideral, dentro e fora. Sempre que entram ou saem do orbitador, os astronautas vão usar esses terminais para iniciar as sequências das câmaras de descompressão." Sarah concordou e perguntou: "Tom, pode nos explicar quais são as sequências dos métodos de entrada e saída?" Tom se levantou e flutuou até o quadro branco, "Primeiro, vejamos o pseudocódigo do método de sequência de saída". E Tom começou a desenhar no quadro:

```
orbiterAirlockExitSequence()
    verifyPortalStatus();
    pressurizeAirlock();
    openInnerHatch();
    confirmAirlockOccupied();
    closeInnerHatch();
    decompressAirlock();
    openOuterHatch();
    confirmAirlockVacated();
    closeOuterHatch();
```

"Para garantir que a sequência não seja interrompida, sincronizamos todos os métodos chamados pelo método orbiterAirlockExitSequence()", explicou Tom. "Seria um fiasco se um astronauta voltando inadvertidamente pegasse um colega despreparado ou de surpresa!"

Todos deram risadas enquanto Tom apagava o quadro branco, mas algo não parecia certo para Sarah. E tudo fez sentido quando Tom começou a escrever o pseudocódigo da sequência de entrada no quadro. "Espere um minuto, Tom!", exclamou Sarah, "Acho que temos uma falha grave no design da sequência de saída. Vamos reavaliar isso; pode ser fatal!"

Por que Sarah interrompeu a reunião? Do que ela suspeitava?

→ **Respostas na página 669.**

SEJA a JVM (página 666)

Solução dos Exercícios

A resposta é que o resultado não será sempre o mesmo. Em teoria, seria de esperar que o tamanho fosse sempre 52 (2 × 26 letras do alfabeto), mas, na verdade, este é um daqueles problemas de atualização perdida.

File Edit Window Help ZeCount

```
% java TwoThreadsWriting
pool-1-thread-2[a, A, b, B, c, C, d, D, E, F, g, G, h, H, i, j, K, k,
pool-1-thread-1[a, A, b, B, c, C, d, D, E, F, g, G, h, H, i, j, K, k,
pool-1-thread-1 size = 40
pool-1-thread-2 size = 40
```

Exemplo de saída. Sua saída provavelmente não será exatamente igual a esta, mas se você previu que o tamanho seria menor que 52, ganhará um chocolate.

Pode ser resolvido de duas formas diferentes; ambas são válidas.

Sincronize o método de escrita:

```
public synchronized void addLetter(char letter) {
  letters.add(String.valueOf(letter));
}
```

Se esse método for sincronizado, apenas uma thread por vez poderá escrever nos dados e, portanto, nenhuma atualização será perdida. Isso não funcionará se houver uma leitura de thread DIFERENTE ao mesmo tempo em que uma dessas threads estiver escrevendo.

Use uma coleção thread-safe:

```
private final List<String> letters = new CopyOnWriteArrayList<>();
```

Usar CopyOnWriteArrayList permitirá que as threads escrevam com segurança nas letters da List.

Use qualquer uma das soluções, NÃO precisa fazer as duas!!

Com uma coleção thread-safe, não é preciso sincronizar o método de escrita.

Sherlock Holmes por Cinco Minutos

(página 667)

Do que Sarah suspeitava?

Sarah percebeu que, para garantir que toda a sequência de saída fosse executada sem interrupção, o método `orbiterAirlockExitSequence()` precisava ser sincronizado. Do jeito que estava o design, um astronauta que retornasse poderia interromper a Sequência de Saída! A thread Exit Sequence não pode ser interrompida no meio de nenhuma chamada de método de baixo nível, mas entre essas chamadas, sim. Sarah sabia que toda a sequência deveria ser executada como uma unidade atômica e, se o método `orbiterAirlockExitSequence()` fosse sincronizado, não poderia ser interrompido em nenhum momento.

Apêndice A:

Receita Final de Código

Sua mensagem é enviada aos outros jogadores, com seu padrão de batida atual, quando você clica em "sendIt".

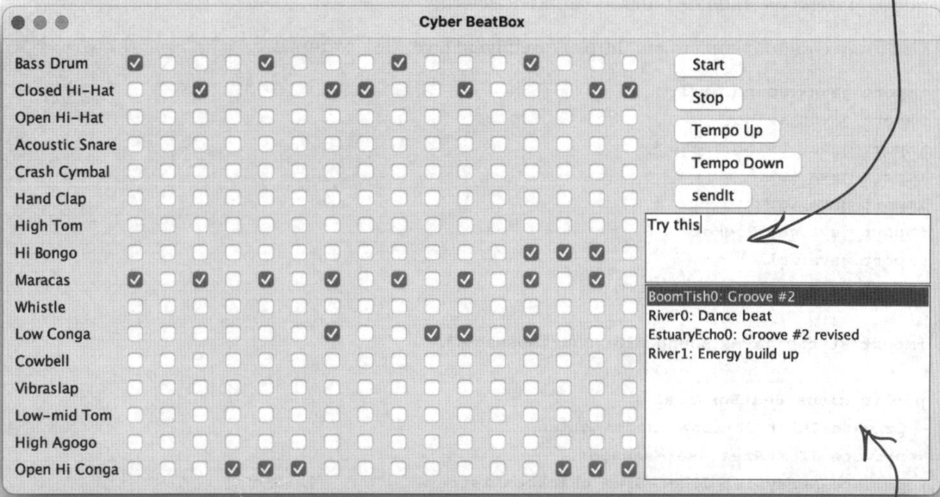

Mensagens recebidas de jogadores. Clique em uma para carregar o padrão que a acompanha e clique em 'Start' para reproduzi-la.

Finalmente, a versão completa do BeatBox! Ele se conecta a um MusicServer simples para que você possa enviar e receber padrões de batida com outros clientes.

Programa final do cliente de BeatBox

A maior parte deste código é igual ao código da Receita de Código dos capítulos anteriores, por isso, não comentaremos tudo de novo. Vejamos os trechos novos:

GUI: Dois componentes novos foram adicionados à área de texto que exibe as mensagens recebidas (na verdade, uma lista de rolagem) e ao campo de texto.

REDE: Assim como o Chat de Cliente (no código, Chat SimpleChatClient), o BeatBox agora se conecta ao servidor e obtém um stream de entrada e de saída.

Mais uma vez, assim como o SimpleChatClient, iniciamos uma tarefa de "reader" que continua procurando mensagens recebidas do servidor. Mas em vez de apenas texto, as mensagens recebidas incluem DOIS objetos: a mensagem String e o array serializado (aquele que armazena o estado de todas as caixas de seleção).

Confira o código completo em: https://oreil.ly/hfJava_3e_examples.

```
import javax.sound.midi.*;
import javax.swing.*;
import javax.swing.event.*;
import java.awt.*;
import java.io.*;
import java.net.Socket;
import java.util.*;
import java.util.concurrent.*;

import static javax.sound.midi.ShortMessage.*;

public class BeatBoxFinal {
  private JList<String> incomingList;
  private JTextArea userMessage;
  private ArrayList<JCheckBox> checkboxList;

  private Vector<String> listVector = new Vector<>();
  private HashMap<String, boolean[]> otherSeqsMap = new HashMap<>();

  private String userName;
  private int nextNum;

  private ObjectOutputStream out;
  private ObjectInputStream in;

  private Sequencer sequencer;
  private Sequence sequence;
  private Track track;

  String[] instrumentNames = {"Bass Drum", "Closed Hi-Hat",
          "Open Hi-Hat", "Acoustic Snare", "Crash Cymbal", "Hand Clap",
          "High Tom", "Hi Bongo", "Maracas", "Whistle", "Low Conga",
          "Cowbell", "Vibraslap", "Low-mid Tom", "High Agogo",
          "Open Hi Conga"};
  int[] instruments = {35, 42, 46, 38, 49, 39, 50, 60, 70, 72, 64, 56, 58, 47, 67, 63};
```

Os nomes dos instrumentos, como um array String, a fim de criar os rótulos da GUI (em cada linha).

Representam as "tecla reais da bateria. O canal de bateria é como um piano, mas cada "tecla" do piano uma bateria diferente. Portanto, o número '35' é a tecla para o Bass drum, 42 é o Closed Hi-Hat etc...

```
public static void main(String[] args) {
  new BeatBoxFinal().startUp(args[0]);
}

public void startUp(String name) {
  userName = name;
  // Conexão aberta com o servidor
  try {
    Socket socket = new Socket("127.0.0.1", 4242);
    out = new ObjectOutputStream(socket.getOutputStream());
    in = new ObjectInputStream(socket.getInputStream());
    ExecutorService executor = Executors.newSingleThreadExecutor();
    executor.submit(new RemoteReader());
  } catch (Exception ex) {
    System.out.println("Couldn't connect-you'll have to play alone.");
  }
  setUpMidi();
  buildGUI();
}
```

Adiciona um argumento de linha de comando para seu nome de tela. Exemplo: % java BeatBoxFinal theFlash

Define a rede, a E/S e cria (e inicia) a thread do reader. Estamos usando Sockets em vez de Channels porque funcionam melhor com os streams Input/Output de Objects.

```
public void buildGUI() {
  JFrame frame = new JFrame("Cyber BeatBox");
  frame.setDefaultCloseOperation(JFrame.EXIT_ON_CLOSE);
  BorderLayout layout = new BorderLayout();
  JPanel background = new JPanel(layout);
  background.setBorder(BorderFactory.createEmptyBorder(10, 10, 10, 10));

  Box buttonBox = new Box(BoxLayout.Y_AXIS);
  JButton start = new JButton("Start");
  start.addActionListener(e -> buildTrackAndStart());
  buttonBox.add(start);

  JButton stop = new JButton("Stop");
  stop.addActionListener(e -> sequencer.stop());
  buttonBox.add(stop);

  JButton upTempo = new JButton("Tempo Up");
  upTempo.addActionListener(e -> changeTempo(1.03f));
  buttonBox.add(upTempo);

  JButton downTempo = new JButton("Tempo Down");
  downTempo.addActionListener(e -> changeTempo(0.97f));
  buttonBox.add(downTempo);

  JButton sendIt = new JButton("sendIt");
  sendIt.addActionListener(e -> sendMessageAndTracks());
  buttonBox.add(sendIt);

  userMessage = new JTextArea();
  userMessage.setLineWrap(true);
  userMessage.setWrapStyleWord(true);
  JScrollPane messageScroller = new JScrollPane(userMessage);
  buttonBox.add(messageScroller);
```

Você já viu este código da GUI antes, no Capítulo 15.

Um "empty border" nos dá uma margem entre as bordas do painel e onde os componentes são inseridos. (Puramente estético.)

As expressões lambda chamam um método específico nesta classe quando o botão é pressionado.

O Tempo padrão é 1.0, então estamos ajustando +/- 3% por clique.

Isto é novo; envia a mensagem e a sequência de batidas atual para o servidor de música.

Cria uma área de texto para o usuário digitar sua mensagem.

Vimos JList de forma breve no Capítulo 15. É aqui que as mensagens recebidas são exibidas. Só que em vez de um chat normal em que somente OLHAMOS as mensagens, nesta aplicação, podemos SELECIONAR uma mensagem da lista para carregar e reproduzir o padrão de batida anexado.

```
    incomingList = new JList<>();
    incomingList.addListSelectionListener(new MyListSelectionListener());
    incomingList.setSelectionMode(ListSelectionModel.SINGLE _ SELECTION);
    JScrollPane theList = new JScrollPane(incomingList);
    buttonBox.add(theList);
    incomingList.setListData(listVector);

    Box nameBox = new Box(BoxLayout.Y _ AXIS);
    for (String instrumentName : instrumentNames) {
      JLabel instrumentLabel = new JLabel(instrumentName);
      instrumentLabel.setBorder(BorderFactory.createEmptyBorder(4, 1, 4, 1));
      nameBox.add(instrumentLabel);
    }

    background.add(BorderLayout.EAST, buttonBox);
    background.add(BorderLayout.WEST, nameBox);

    frame.getContentPane().add(background);
    GridLayout grid = new GridLayout(16, 16);
    grid.setVgap(1);
    grid.setHgap(2);

    JPanel mainPanel = new JPanel(grid);
    background.add(BorderLayout.CENTER, mainPanel);

    checkboxList = new ArrayList<>();
    for (int i = 0; i < 256; i++) {
      JCheckBox c = new JCheckBox();
      c.setSelected(false);
      checkboxList.add(c);
      mainPanel.add(c);
    }

    frame.setBounds(50, 50, 300, 300);
    frame.pack();
    frame.setVisible(true);
  }

  private void setUpMidi() {
    try {
      sequencer = MidiSystem.getSequencer();
      sequencer.open();
      sequence = new Sequence(Sequence.PPQ, 4);
      track = sequence.createTrack();
      sequencer.setTempoInBPM(120);
    } catch (Exception e) {
      e.printStackTrace();
    }
  }
```

Esta borda no nome de cada instrumento os ajuda a se alinhar com as caixas de seleção.

Este gerenciador de layout permite inserir os componentes em uma grade com linhas e colunas.

Marca as caixas de seleção, define-as como "false" (para que não sejam marcadas) e as adiciona ao ArrayList E ao painel da GUI.

Obtém o Sequencer, cria uma Sequence e uma Track.

```
private void buildTrackAndStart() {
  ArrayList<Integer> trackList; // Armazenará os instrumentos para cada track.
  sequence.deleteTrack(track);
  track = sequence.createTrack();
  for (int i = 0; i < 16; i++) {
    trackList = new ArrayList<>();
    int key = instruments[i];
    for (int j = 0; j < 16; j++) {
      JCheckBox jc = checkboxList.get(j + (16 * i));
      if (jc.isSelected()) {
        trackList.add(key);
      } else {
        trackList.add(null);  // Este slot deve estar vazio na track.
      }
    }
    makeTracks(trackList);
    track.add(makeEvent(CONTROL_CHANGE, 1, 127, 0, 16));
  }
  track.add(makeEvent(PROGRAM_CHANGE, 9, 1, 0, 15)); // Sempre vamos para 16 batidas.
  try {
    sequencer.setSequence(sequence);
    sequencer.setLoopCount(sequencer.LOOP_CONTINUOUSLY);
    sequencer.setTempoInBPM(120);
    sequencer.start();
  } catch (Exception e) {
    e.printStackTrace();
  }
}
```

Cria uma faixa percorrendo as caixas de seleção para obter o seu estado, mapeando isso para um instrumento (e criando o MidiEvent para ele). É bem complexo, mas é EXATAMENTE como nos capítulos anteriores. Ou seja, confira a "Receita de Código", no Capítulo 15, para obter a explicação completa de novo.

```
private void changeTempo(float tempoMultiplier) {
  float tempoFactor = sequencer.getTempoFactor();
  sequencer.setTempoFactor(tempoFactor * tempoMultiplier);
}
```

Tempo Factor dimensiona o ritmo do sequenciador de acordo com o fator fornecido, desacelerando ou acelerando a batida.

```
private void sendMessageAndTracks() {
  boolean[] checkboxState = new boolean[256];
  for (int i = 0; i < 256; i++) {
    JCheckBox check = checkboxList.get(i);
    if (check.isSelected()) {
      checkboxState[i] = true;
    }
  }
  try {
    out.writeObject(userName + nextNum++ + ": " + userMessage.getText());
    out.writeObject(checkboxState);
  } catch (IOException e) {
    System.out.println("Terribly sorry. Could not send it to the server.");
    e.printStackTrace();
  }
  userMessage.setText("");
}
```

Novidade... É muito parecido com o SimpleChatClient, mas em vez de enviar uma mensagem String, serializamos dois objetos (a mensagem String e o padrão de batida) e escrevemos esses dois objetos no stream de saída do socket (para o servidor).

```
public class MyListSelectionListener implements ListSelectionListener {
  public void valueChanged(ListSelectionEvent lse) {
    if (!lse.getValueIsAdjusting()) {
      String selected = incomingList.getSelectedValue();
      if (selected != null) {
        // Vai para map, a fim de mudar sequence.
        boolean[] selectedState = otherSeqsMap.get(selected);
        changeSequence(selectedState);
        sequencer.stop();
        buildTrackAndStart();
      }
    }
  }
}
```

Isto é novidade também: uma ListSelectionListener que nos informa quando o usuário fez uma seleção na lista de mensagens. Quando o usuário seleciona uma mensagem, carregamos IMEDIATAMENTE o padrão de batida associado (está no HashMap chamado otherSeqsMap) e começamos a reproduzi-lo. Realizamos alguns testes if devido a umas coisinhas inusitadas sobre como obter ListSelectionEvents.

```
private void changeSequence(boolean[] checkboxState) {
  for (int i = 0; i < 256; i++) {
    JCheckBox check = checkboxList.get(i);
    check.setSelected(checkboxState[i]);
  }
}
```

Este método é chamado quando o usuário seleciona algo da lista. Mudamos IMEDIATAMENTE o padrão, conforme selecionado pelo usuário.

```
public void makeTracks(ArrayList<Integer> list) {
  for (int i = 0; i < list.size(); i++) {
    Integer instrumentKey = list.get(i);
    if (instrumentKey != null) {
      track.add(makeEvent(NOTE_ON, 9, instrumentKey, 100, i));
      track.add(makeEvent(NOTE_OFF, 9, instrumentKey, 100, i + 1));
    }
  }
}
```

Todo o código MIDI é exatamente igual ao das versões anteriores.

```
public static MidiEvent makeEvent(int cmd, int chnl, int one, int two, int tick) {
  MidiEvent event = null;
  try {
    ShortMessage msg = new ShortMessage();
    msg.setMessage(cmd, chnl, one, two);
    event = new MidiEvent(msg, tick);
  } catch (Exception e) {
    e.printStackTrace();
  }
  return event;
}
```

```
public class RemoteReader implements Runnable {
  public void run() {
    try {
      Object obj;
      while ((obj = in.readObject()) != null) {
        System.out.println("got an object from server");
        System.out.println(obj.getClass());

        String nameToShow = (String) obj;
        boolean[] checkboxState = (boolean[]) in.readObject();
        otherSeqsMap.put(nameToShow, checkboxState);

        listVector.add(nameToShow);
        incomingList.setListData(listVector);
      }
    } catch (IOException | ClassNotFoundException e) {
      e.printStackTrace();
    }
  }
}
}
```

Esta é a tarefa da thread – ler os dados a partir de um servidor. Neste código, "dados" sempre serão dois objetos serializados: a mensagem String e o padrão de batida (um array booleano de valores de estado da caixa de seleção).

Quando uma mensagem chega, lemos (desserializamos) os dois objetos (a mensagem e o array de valores de estado da caixa de seleção booleana) que queremos adicionar ao componente JList.

Adicionar a uma JList é uma tarefa de duas etapas: mantemos um Vector dos dados da lista (Vector é um ArrayList das antigas) e, em seguida, informamos ao JList para usar esse Vector como fonte do que exibir na lista.

Multi-catch: se você quiser capturar duas exceções diferentes, mas fazer a mesma coisa com elas (como aqui, queremos apenas exibi-las), pode separar as duas classes Exception com um pipe.

Aponte o seu lápis

→ Resolve aí.

De quais formas você pode melhorar esse programa?

Vejamos algumas ideias para começar:

1. Após selecionar um padrão, qualquer padrão atual que esteja sendo reproduzido será eliminado. Se você estava trabalhando com esse padrão novo (ou com uma modificação de outro), deu azar. Talvez seja bom abrir uma caixa de diálogo perguntando ao usuário se ele quer salvar o padrão atual.

2. Caso não digite um argumento de linha de comando, receberá uma exceção ao executar! Inclua algo no método main que verifique se você passou um argumento de linha de comando. Se o usuário não fornecer um, escolha um padrão ou mostre uma mensagem informando que ele precisa executar novamente, mas, desta vez, com um argumento para o nome de usuário na tela.

3. Seria interessante ter um recurso em que possamos clicar em um botão que gera um padrão aleatório. Talvez encontre um que goste. Melhor ainda, crie outro recurso que permita carregar padrões "base" existentes, como para jazz, rock, reggae etc., que o usuário pode incrementar.

Não é necessário digitar o código todo! É possível cloná-lo do repositório em https://oreil.ly/hfJava_3e_examples.

Você também verá uma solução alternativa do BeatBox que usa Maps e Lists em vez dos arrays usados nesta solução. Temos sempre mais de uma maneira de resolver um problema!

Programa final do servidor de BeatBox

A maior parte deste código é idêntica ao Servidor de Chat (SimpleChatServer, no código) que desenvolvemos no Capítulo 17, *Faça uma Conexão*. A única diferença, na prática, é que este servidor recebe e depois reenvia dois objetos serializados em vez de uma String simples (embora um dos objetos serializados *seja* uma String).

```
import java.io.*;
import java.net.*;
import java.util.*;
import java.util.concurrent.*;

public class MusicServer {
  final List<ObjectOutputStream> clientOutputStreams = new ArrayList<>();

  public static void main(String[] args) {
    new MusicServer().go();
  }

  public void go() {
    try {
      ServerSocket serverSock = new ServerSocket(4242);
      ExecutorService threadPool = Executors.newCachedThreadPool();

      while (!serverSock.isClosed()) {
        Socket clientSocket = serverSock.accept();
        ObjectOutputStream out = new ObjectOutputStream(clientSocket.getOutputStream());
        clientOutputStreams.add(out);

        ClientHandler clientHandler = new ClientHandler(clientSocket);
        threadPool.execute(clientHandler);
        System.out.println("Got a connection");
      }

    } catch (IOException e) {
      e.printStackTrace();
    }
  }

  public void tellEveryone(Object one, Object two) {
    for (ObjectOutputStream clientOutputStream : clientOutputStreams) {
      try {
        clientOutputStream.writeObject(one);
        clientOutputStream.writeObject(two);
      } catch (IOException e) {
        e.printStackTrace();
      }
    }
  }
```

Lista de todos os streams de saída do cliente para os quais enviar mensagens quando uma mensagem é recebida.

Abre um socket de servidor na porta 4242.

Continua ouvindo as conexões do cliente; cria um novo Socket e um novo ClientHandler para cada cliente conectado.

Envia a mensagem e o padrão de batida para todos os clientes.

```
public class ClientHandler implements Runnable {
  private ObjectInputStream in;

  public ClientHandler(Socket socket) {
    try {
      in = new ObjectInputStream(socket.getInputStream());
    } catch (IOException e) {
      e.printStackTrace();
    }
  }

  public void run() {
    Object userName;
    Object beatSequence;
    try {
      while ((userName = in.readObject()) != null) {
        beatSequence = in.readObject();

        System.out.println("read two objects");
        tellEveryone(userName, beatSequence);
      }
    } catch (IOException | ClassNotFoundException e) {
      e.printStackTrace();
    }
  }
}

}
```

Cria um ObjectInputStream para ler mensagens deste cliente.

Quando o cliente envia uma mensagem, ela é composta por duas partes: uma String, que contém o nome de usuário e sua mensagem; e um Object, que representa a sequência de batidas (na verdade, é um array booleano, mas o servidor pouco se importa com isso).

Assim que recebermos a mensagem e a sequência de batidas, as envia para todos os clientes (incluindo este).

Apêndice B:

A volta dos que não foram: os Onze Principais Tópicos que não apareceram no livro...

Abordamos muitos conceitos Java, e você está quase no final deste livro! Vamos sentir sua falta, viu? Mas antes de deixá-lo, não é legal mandá-lo para o JavaVerso sem você estar mais preparado. Seria impossível encaixar tudo o que você precisa saber neste apêndice relativamente pequeno. Na verdade, de início, incluímos *tudo que é necessário* sobre o Java (e não abordado nos outros capítulos), reduzindo a fonte para um tamanho minúsculo, mas ninguém conseguiria ler. Por isso, descartamos a maior parte e mantivemos apenas os Onze Principais Tópicos. Sim, existem mais de dez tópicos que você precisa saber.

Este *é* efetivamente o fim do livro, salvo pelo índice (leitura obrigatória!).

Java 9+

#11 JShell (REPL do Java)

E eu com isso?

Um REPL (Read Eval Print Loop [Loop de Leitura, Execução e Exibição, em tradução livre]) possibilita executar trechos de código sem a necessidade de uma aplicação ou de um framework. É uma ótima forma de testar ideias e recursos novos e obter feedback imediato. Já estamos falando sobre o REPL no início deste apêndice caso queira usar o JShell para testar alguns dos recursos sobre os quais falaremos nas próximas páginas.

Começando com o REPL

JShell é uma ferramenta de linha de comando que faz parte do JDK. Se JAVA_HOME/bin estiver no path do seu sistema, basta digitar "jshell" na linha de comando (confira os detalhes sobre como começar na Introdução ao JShell da Oracle (*https://oreil.ly/Ei3Df*)).

File Edit Window Help Ammonite

```
%jshell
|  Welcome to JShell -- Version 17.0.2
|  For an introduction type: /help intro

jshell>
```

O JShell está disponível apenas no **JDK 9** ou **superior,** mas o bom é que mesmo se estiver executando código e aplicações em uma versão mais antiga do Java, ainda poderá usar o JShell de uma versão mais recente, já que ele é completamente independente do seu "JAVA_HOME" ou versão do Java do IDE. Basta executá-lo diretamente a partir do diretório *bin* de qualquer versão do Java que queira usar.

Execute código Java sem classe

Teste o Java no prompt:

File Edit Window Help LookMumNoSemiColons

```
jshell> System.out.println("Hello")
Hello

jshell>
```

Observações:

- Sem necessidade de classes
- Sem necessidade de um método *main público e estático*
- Sem necessidade de ponto e vírgula no final da linha

Basta começar a programar em Java!

Mais do que apenas linhas de código

Defina variáveis e métodos:

File Edit Window Help RealJava

```
jshell> String message = "Hello there "
message ==> "Hello there "

jshell> void greet(String name) {
   ...>   System.out.println(message+name);
   ...> }
|  created method greet(String)

jshell> greet("you")
Hello there you
```

Ponto e vírgula são necessários dentro de blocos de código como métodos.

Ele suporta *forward references*, para que possa esboçar a forma do seu código sem ter que definir tudo imediatamente.

File Edit Window Help ForwardLooking

```
jshell> void doSomething() {
   ...>   doSomethingElse();
   ...> }
|  created method doSomething(), however,
it cannot be invoked until method
doSomethingElse() is declared
```

Sugestões de código

Caso você pressione Tab enquanto estiver digitando, receberá sugestões de código. Também é possível usar as setas para cima e para baixo a fim de percorrer as linhas digitadas.

File Edit Window Help YouCompleteMe

```
jshell> System.out.pr
print(     printf(    println(
jshell> System.out.print
```

Comandos

Muitos comandos úteis fazem parte do JShell e não do Java. Por exemplo, digite **`/vars`** para ver todas as variáveis que você declarou. Digite **`/exit`** para sair. Use **`/help`** para ver uma lista de comandos e obter mais informações.

A Oracle disponibiliza o JShell User Guide [Guia do Usuário JShell], muito útil (*https://oreil.ly/Ei3Df*), que também mostra como criar e executar scripts com JShell.

#10 Pacotes

Pacotes evitam conflitos de nomes de classes

Ainda que os pacotes não sirvam apenas para evitar conflitos de nomes, é um recurso fundamental. Se parte do objetivo da OO é escrever componentes reutilizáveis, os desenvolvedores precisam ser capazes de integrar componentes de uma variedade de fontes e desenvolver programas novos a partir deles. Seus componentes devem "funcionar bem com os outros", incluindo aqueles que você não escreveu ou que não conhece.

Lembre-se do Capítulo 6, *Usando a Biblioteca Java*, em que analisamos como o nome de um pacote é semelhante ao nome completo de uma classe, tecnicamente conhecido como *nome totalmente qualificado*. A classe List é ***java.util.List***, uma lista GUI é ***java.awt.List*** e Socket é ***java.net.Socket***. Vejamos como os nomes dos pacotes podem ajudar a prevenir conflitos de nomes: temos uma List que é uma estrutura de dados e uma List que é um elemento da GUI. Logo, podemos usar os nomes dos pacotes para diferenciá-las. Repare que essas classes têm *java* como "primeiro nome". Ou seja, a primeira parte de seus nomes totalmente qualificados é "java"; imagine uma hierarquia quando pensar em estruturas de pacotes e organize suas classes de acordo.

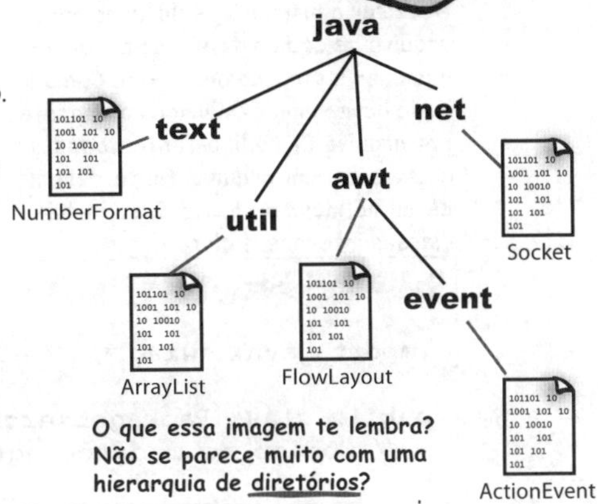

Evitando conflitos com nomes de pacotes

A convenção padrão de nomenclatura de pacotes é anteceder cada classe com o nome de domínio invertido. Lembre-se, os nomes de domínio são exclusivos. Duas pessoas diferentes podem ser chamadas de Bartholomew Simpson, mas dois domínios diferentes não podem ser chamados de *doh.com*.

O nome da classe começa sempre com letra maiúscula.

Os pacotes podem evitar conflitos de nome, mas somente se escolhermos um nome de pacote que seja garantido como exclusivo. O melhor modo de fazer isso é começar seus pacotes com seu nome de domínio inverso.

Nomes de pacotes com domínio invertido

```
com.headfirstjava.projects.Chart
```

Inicie o pacote com seu domínio invertido, separado por um ponto (.), e depois adicione sua estrutura organizacional. Os pacotes ficam em letras minúsculas.

projects.Chart pode ser um nome comum, mas adicionar com.headfirstjava significa que precisamos nos preocupar somente com desenvolvedores internos.

```
com.headfirstbooks.Book
```

Nome do pacote.

Nome da classe.

Nos exemplos de código em *https://oreil.ly/hfJava_3e_examples*, você verá que inserimos as classes em pacotes nomeados após cada capítulo para diferenciar claramente os exemplos.

#10 Pacotes (cont.)

Como inserir sua classe em um pacote:

① Escolha um nome de pacote

Estamos usando **com.headfirstjava** como exemplo. Como o nome da classe é PackageExercise, o nome totalmente qualificado da classe agora é **com.headfirstjava.PackageExercise.**

② Insira uma declaração de pacote na sua classe

Deve ser a primeira declaração no arquivo de código-fonte, acima de qualquer instrução de import. Como só pode haver uma declaração de pacote por arquivo de código-fonte, **todas as classes em um arquivo-fonte devem estar no mesmo pacote**. Isso inclui classes internas, é claro.

```
package com.headfirstjava;

import javax.swing.*;

public class PackageExercise {
  // Código de mudança aqui
}
```

③ Defina uma estrutura de diretório correspondente

Não basta ***informar*** que sua classe está em um pacote inserindo uma declaração de pacote no código. Sua classe não está *verdadeiramente* em um pacote até que você a insira em uma estrutura correspondente de diretórios. Ou seja, se o nome totalmente qualificado da classe é com.headfirstjava.PackageExercise, ***é necessário*** inserir o código-fonte de PackageExercise em um diretório chamado **headfirstjava**, que ***deve*** estar em um diretório **com**.

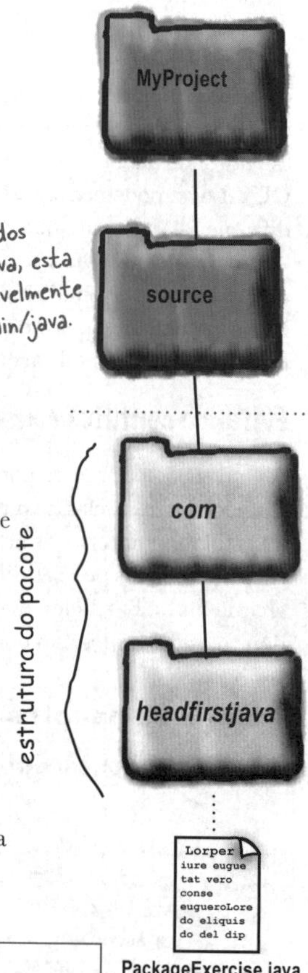

Observação sobre diretórios

No mundo cotidiano, os arquivos-fonte e os arquivos de classe geralmente são mantidos em diretórios separados: não queremos copiar o código-fonte para onde quer que esteja em execução (no computador de um cliente ou na nuvem), apenas os arquivos da classe. A estrutura mais comum para projetos Java é baseada na convenção do Maven*:

MyProject/src/main/java	Fontes de aplicação
MyProject/src/test/java	Fontes de teste

Os arquivos da classe ficam em outro lugar. Em geral, sistemas corporativos usam uma ferramenta de build como Maven ou Gradle para compilar e a fazer o build (nosso código de exemplo usa Gradle). Cada ferramenta de build insere as classes em pastas diferentes:

	Maven	**Gradle**
Application classes	MyProject/target/classes	MyProject/out/production/classes
Test classes	MyProject/target/test-classes	MyProject/out/test/classes

Maven e Gradle são as ferramentas de build mais comuns para projetos Java.

#10 Pacotes, cont.

Compilando e executando com pacotes

Não precisamos usar uma ferramenta de build para separar nossas classes e arquivos-fonte. Ao usar a flag **-d**, *você* decide em qual ***diretório*** o código compilado ficará, em vez de aceitar o padrão de arquivos da classe que chegam ao mesmo diretório do código-fonte.

Compilar com a flag **-d** não somente possibilita enviar seus arquivos compilados da classe para um diretório diferente daquele em que está o arquivo-fonte, mas também possibilita saber como inserir a classe na estrutura correta de diretório para o pacote ao qual a classe pertence. Além disso, compilar com **-d** instrui o compilador a *criar* os diretórios se eles não existirem.

A flag -d diz ao compilador: "Insira a classe em sua estrutura de diretório de pacote, usando a classe especificada após -d como o diretório raiz. Mas se os diretórios não estiverem lá, crie-os primeiro e, *em seguida*, insira a classe no local correto!"

Compilando com a flag -d (diretório):

```
%cd MyProject/source
```

Fique no diretório de origem! NÃO navegue até o diretório em que o arquivo .java está localizado!

```
%javac -d ../classes com/headfirstjava/PackageExercise.java
```

Diz ao compilador para inserir o código compilado (arquivos da classe) no diretório de classes, dentro da estrutura correta do pacote!! Sim, ele sabe.

Agora, você deve especificar o PATH para chegar ao arquivo-fonte real.

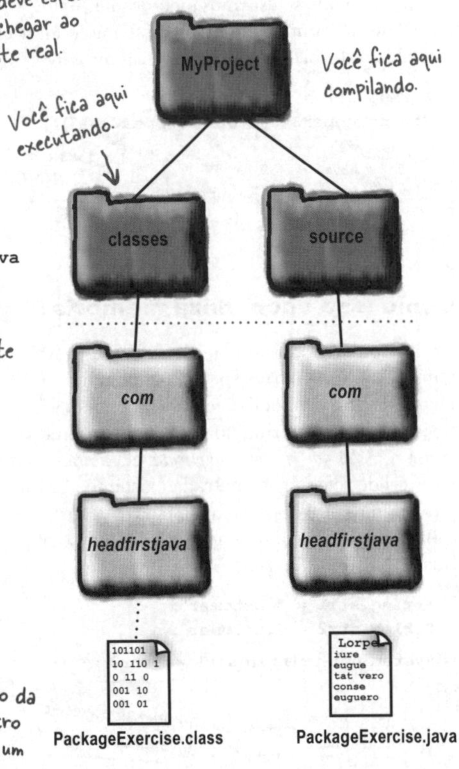

Para compilar todos os arquivos .java do pacote com.headfirstjava, use:

```
%javac -d ../classes com/headfirstjava/*.java
```

Compila todos os arquivos-fonte (.java) neste diretório.

Executando seu código:

```
%cd MyProject/classes
```

Execute seu programa a partir do diretório "classes".

```
%java com.headfirstjava.PackageExercise
```

Você DEVE fornecer o nome totalmente qualificado da classe! A JVM verá e imediatamente procurará dentro de seu diretório atual (classes) esperando encontrar um diretório chamado "com", em que espera encontrar um diretório chamado "headfirstjava", e lá espera encontrar a classe. Se a classe estiver no diretório "com" ou até mesmo em "classes", não funcionará!

#9 Imutabilidade com Strings e com Wrappers

Falamos da imutabilidade no Capítulo 18 e mencionaremos a imutabilidade no último item deste apêndice. Nesta seção, falaremos especificamente sobre a imutabilidade com dois tipos importantes Java: Strings e Wrappers.

E daí que Strings são imutáveis?

Por questões de segurança e para conservar memória (esteja você executando em celulares, dispositivos IoT ou na nuvem, a memória é importante), Strings em Java são imutáveis. Ou seja, quando escrevemos

```
String s = "0";
for (int i = 1; i < 10; i++) {
  s = s + i;
}
```

o que ocorre é que estamos criando dez objetos String (com valores "0," "01," "012," até "0123456789"). No final, *s* está referenciando a String com o valor "0123456789", mas neste ponto existem *dez* Strings *diferentes*!

Do mesmo jeito, se usarmos métodos na String para "alterar" um objeto String, isso não mudará esse objeto de forma alguma; ele cria um novo:

```
String str = "the text";
String upperStr = str.toUpperCase();
```

Referência à nova String maiúscula "THE TEXT".

A variável "str" não é alterada; ainda é the text".

Cria e retorna um NOVO objeto String.

Como isso economiza memória?

Sempre que criamos uma nova String, a JVM a insere em uma parte especial da memória chamada "String Pool" (reconfortante, não é?). Se já existir uma String no pool com o mesmo valor, a JVM *não cria uma duplicata*; ela associa sua variável de referência à entrada existente. Assim, não teremos 500 objetos com a palavra "customer" (por exemplo), mas 500 referências ao único objeto String "customer".

```
String str1 = "customer";
String str2 = "customer";
System.out.println(str1 == str2);
```

Estes não são apenas o mesmo valor; eles são o mesmo objeto.

A imutabilidade possibilita a reutilização

A JVM pode fazer isso porque as Strings são ***imutáveis***; uma variável de referência não pode alterar o valor de uma String sem afetar outra variável de referência que referencia a mesma String.

O que acontece com Strings não utilizadas?

Nosso primeiro exemplo criou muitas Strings intermediárias que não foram usadas ("01," "012," etc.). Elas foram inseridas no String Pool, que está na heap e, portanto, são elegíveis para o Garbage Collection (consulte o Capítulo 9). Strings que não são usadas serão posteriormente coletadas pelo Garbage Collection. No entanto, se você tiver que fazer muitas manipulações de String (como concatenações etc.), poderá evitar criar strings desnecessárias usando um *StringBuilder*:

```
StringBuilder s = new StringBuilder("0");
for (int i = 1; i < 10; i++) {
  s.append(i);
}
String finalString = s.toString();
```

Dessa forma, o único StringBuilder *mutável* é atualizado toda vez para representar os estados intermediários, em vez de dez instâncias *imutáveis* de String serem criadas e as nove Strings intermediárias serem descartadas.

E daí que Wrappers são imutáveis?

No Capítulo 10, falamos sobre os dois principais usos das classes wrapper:

- Envolver um primitivo em um wrapper para que possa se comportar como um objeto.
- Usar métodos utilitários estáticos (por exemplo, Integer.parseInt()).

É importante lembrar que quando criamos um objeto wrapper como:

```
Integer iWrap = new Integer(42);
```

Isso é tudo para o objeto wrapper. Seu valor *sempre* será 42. ***Não existe um método setter para um objeto wrapper***. Claro, podemos referenciar *iWrap* para *outro* objeto wrapper, mas aí ficamos com dois objetos. Uma vez que você cria um objeto wrapper, não existe uma maneira de mudar o *valor* desse objeto!

#8 Níveis de acesso e modificadores de acesso (quem vê o que)

O Java tem quatro níveis de acesso e três modificadores de acesso. Existem apenas três modificadores porque o default (o que obtemos quando não usamos nenhum modificador de acesso) é um dos quatro níveis de acesso.

Níveis de acesso (em ordem de restrição, do menos ao mais restritivo)

public ← public significa que qualquer código em qualquer lugar pode acessar algo público (por "algo" queremos dizer classe, variável, método, construtor etc.).

protected ← protected funciona exatamente como o default (o código no mesmo pacote tem acesso), EXCETO que também permite que subclasses fora do pacote herdem a coisa protegida.

default ← acesso default significa que somente o código dentro do mesmo pacote da classe com a coisa default pode acessar a coisa default.

private ← private significa que apenas o código dentro da mesma classe pode acessar o item privado. Não se esqueça de que isso significa privado para a classe, não para o objeto. Uma classe Dog pode ver as coisas privadas de outro objeto Dog, mas um objeto Cat não pode ver os itens privados de uma classe Dog.

Modificadores de acesso

```
public
protected
private
```

Na maioria das vezes, você usará apenas níveis de acesso public e private.

public

Use public para classes, constantes (variáveis final e static), e métodos que você está expondo a outros códigos (por exemplo, getters e setters) e para a maioria dos construtores.

private

Use private para praticamente todas as variáveis de instância e para métodos que você não quer que o código externo chame (em outras palavras, métodos usados pelos métodos public da sua classe).

Embora possa não usar muito os outros dois (protected e default), você ainda precisa saber o que eles fazem porque os verá em outro código.

#8 Níveis de acesso e modificadores de acesso, cont.

default e protected

default

O níveis de acesso protected e default estão relacionados a pacotes. O acesso default é simples: significa que somente o código *dentro do mesmo pacote* pode acessar o código com acesso default. Assim, uma classe default (ou seja, uma classe que não é explicitamente declarada como *public*) só pode ser acessada por classes dentro do mesmo pacote que a classe default.

O que efetivamente significa *acessar* uma classe? O código que não tem acesso a uma classe não tem permissão para sequer *considerar* a classe. E por "considerar", queremos dizer *usar* a classe no código. Por exemplo, caso não tenhamos acesso a uma classe devido à restrição de acesso, não temos autorização para instanciar a classe ou até mesmo declará-la como um tipo para uma variável, argumento ou valor de retorno. Simplesmente não podemos inseri-la no código de jeito nenhum! Se fizermos isso, o compilador reclamará.

Imagine as consequências: uma classe default com métodos public significa que os métodos public não são públicos de forma alguma. Não podemos acessar um método se não pudermos *ver* a classe. Mas por que alguém restringe o acesso ao código dentro do mesmo pacote? Em geral, pacotes são projetados como um grupo de classes que trabalham juntas como um conjunto relacionado. Logo, pode fazer sentido que classes dentro do mesmo pacote precisem acessar o código uma das outras, enquanto, como pacote, apenas um pequeno número de classes e métodos são expostos ao mundo exterior (ou seja, código fora do pacote).

Mas isso é o default. É simples — se algo tem acesso default (que, lembre-se, significa nenhum modificador de acesso explícito!), apenas o código dentro do mesmo pacote que o *elemento* default (classe, variável, método, classe interna) pode acessar esse *elemento*. Mas então para que serve o *protected*?

Desenvolvedores experientes, que criam bibliotecas para outros desenvolvedores usarem, acharão muito úteis os níveis de acesso default e protected. Esses níveis de acesso podem separar os detalhes técnicos de uma biblioteca da API, que outros desenvolvedores chamarão a partir de seu código.

protected

O acesso protected é quase idêntico ao acesso default, com uma exceção: permite que subclasses *herdem* o elemento protected, *mesmo que estejam fora do pacote da superclasse que elas estendem*. É só isso. É *tudo* o que o protected oferece: permitir que suas subclasses estejam fora do pacote de sua superclasse e ainda assim *herdem* partes da classe, incluindo métodos e construtores.

Ainda que muitos desenvolvedores tenham poucas razões para utilizá-lo, o protected é usado em alguns designs. Talvez, um dia, seja exatamente do que você precise. O interessante sobre o protected é que, ao contrário de outros níveis de acesso, ele se aplica somente à *herança*. Se uma subclasse fora do pacote tem uma referência a uma instância da superclasse (por exemplo, uma superclasse com um método protected), a subclasse não pode acessar o método protected usando essa referência da superclasse! A única forma de a subclasse acessar esse método é *herdá-lo*. Em outras palavras, a subclasse fora do pacote não tem *acesso* ao método protected; ela apenas *tem* o método, por meio da herança.

#7 Varargs

Vimos os varargs brevemente no Capítulo 10, *Os Números Importam*, quando examinamos o método String.format(). Além disso, os vimos no Capítulo 11, *Estruturas de Dados*, quando analisamos os *Métodos Factory Convenientes Para Coleções*. Varargs permite que um método receba quantos argumentos quiser, desde que sejam do mesmo tipo.

E eu com isso?

Provavelmente, você não escreverá muitos (ou nenhum!) métodos com um parâmetro vararg. No entanto, é provável que os utilize, passando varargs, já que as bibliotecas Java fornecem métodos úteis, como os que acabamos de mencionar, que podem receber quantos argumentos quiserem.

Como saber se um método aceita varargs?

Vejamos a documentação da API para String.format():

```
static String format(String format, Object... args)
```

Os três pontos (...) informam que este método aceita um número arbitrário de objetos após o argumento String, ***incluindo zero***. Por exemplo:

```
String msg = String.format("Message");
String msgName = String.format("Message for %s", name);
String msgNumName = String.format("%d, messages for %s", number, name);
```

Desnecessário para o método format(), mas válido.

Um argumento varargs, "name".

Dois argumentos varargs "number" e "name".

Métodos que aceitam varargs geralmente não se preocupam com a quantidade de argumentos; não faz muita diferença. Por exemplo, o List.of() não se preocupa com quantos itens queremos em uma List; simplesmente adiciona todos os argumentos à nova lista.

Criando um método que aceita varargs

Em geral, não criamos um método que aceita varargs, basta chamá-lo. Vamos conferir um de qualquer forma. Caso quisesse definir o próprio método que, por exemplo, printasse tudo que lhe fosse passado, você faria mais ou menos assim:

```
void printAllObjects(Object... elements) {
  for (Object element : elements) {
    System.out.println(element);
  }
}
```

Os *elementos* dos parâmetros não são mágicos; na verdade, são um array de Objects. Portanto, podemos iterar sobre ele da mesma forma, como se tivéssemos criado a assinatura do método:

```
void printAllObjects(Object[] elements) {
```

O código de chamada parece diferente. Em vez de termos que criar um array de objetos para passar, temos a conveniência de passar um número arbitrário de parâmetros.

Regras

- Um método pode ter apenas um parâmetro varargs.
- O parâmetro varargs deve ser o último.

#6 Anotações

E eu com isso?

Mencionamos rapidamente as anotações no Capítulo 12, *Lambdas e Streams: O Quê, Não Como*, quando vimos que interfaces que podem ser implementadas como uma expressão lambda podem ser marcadas com a anotação "@FunctionalInterface".

Adicionar uma anotação ao seu código pode agregar comportamento extra, ou uma anotação pode ser um tipo de documentação amigável ao compilador; ou seja, você está simplesmente marcando o código com algumas informações adicionais que poderiam, opcionalmente, ser usadas pelo compilador. Definitivamente, você verá anotações no mundão aí fora e, muito provavelmente, as utilizará.

Onde você verá as anotações?

Você verá anotações em códigos que usam bibliotecas e frameworks como Java EE/Jakarta EE, Spring/Spring Boot, Hibernate e Jackson, comumente usados no mundão Java para desenvolver aplicações grandes e pequenas.

```
@SpringBootApplication      ← Anotação em nível de classe.
public class HelloSpringApplication {
```

Agora, definitivamente, você verá anotações em códigos de teste. No Capítulo 5, *Métodos ExtraFortes*, apresentamos a ideia de testar seu código, mas o que não mostramos são os frameworks que facilitam isso. O mais comum é o JUnit. Caso acesse os exemplos de código em *https://oreil.ly/hfJava_3e_examples*, verá alguns exemplos de classes de teste na pasta "test".

```
@Test      ← Anotação em nível de método.
void shouldReturnAMessage() {
```

As anotações podem ser aplicadas a classes e métodos, a variáveis (locais e de instância) e a parâmetros, e até mesmo a alguns outros locais do código.

Anotações podem ter elementos

Algumas anotações incluem elementos, que são como parâmetros com nomes:

```
@Table(name="cust")
public class Customer {
```

Se a anotação tiver apenas um elemento, não é necessário fornecer o nome:

```
@Disabled("This test isn't finished")
void thisTestIsForIgnoring() {
```

Como visto nos exemplos anteriores, não é necessário adicionar parênteses a uma anotação que não tem elementos. É possível adicionar mais de uma anotação à classe, método ou à variável que está anotando.

O que elas fazem?

Depende! Algumas podem ser usadas como uma espécie de documentação segura para o compilador. Se adicionarmos @FunctionalInterface a uma interface com mais de um método abstrato, receberemos um erro do compilador.

Outras anotações (como @NotNull) podem ser usadas pela IDE ou por ferramentas de análise para verificar se o código está correto.

Muitas bibliotecas fornecem anotações para marcarmos partes do código, assim, o framework sabe o que fazer com ele. Por exemplo, a anotação @Test marca métodos que precisam ser executados como testes individuais pelo JUnit; @SpringBootApplication marca a classe com o método *main*, que é o ponto de entrada de uma aplicação Spring Boot; @Entity marca uma classe Java como um objeto de dados que precisa ser salvo em um banco de dados pelo Hibernate.

Algumas anotações disponibilizam comportamento além do seu código. Por exemplo, o Lombok pode usar anotações para gerar código comum: adicione @Data ao topo da classe, e o Lombok gerará construtores, getters e (se necessário) setters, e métodos hashCode, toString e equals.

Às vezes, as anotações parecem mágica! O código que faz o trabalho pesado fica oculto. Se usar anotações bem documentadas, terá melhor compreensão do que fazem e como funcionam. Isso o ajudará a corrigir quaisquer problemas com os quais possa se deparar.

#5 Lambdas e Maps

Java 8+

E eu com isso?

O Java 8 adicionou lambdas e streams, porém, algo menos conhecido é que a java.util. Map também tem alguns métodos novos que usam expressões lambda como argumentos. Esses métodos facilitam e muito realizar operações comuns na Maps, poupando tempo e capacidade intelectual.

Crie um novo valor se não houver um para a chave

Imagine que queira acompanhar o que um cliente faz em seu site, e você faz isso com um objeto Actions. É possível ter um nome de usuário Map of String para Actions. Quando um cliente executa alguma ação que queira adicionar ao objeto Actions, você deseja:

- Criar um novo objeto Actions para este cliente e adicioná-la à Map
- Obter o objeto Actions existente para este cliente

É comum usar uma instrução *if* e uma verificação *null* para fazer isso (na era pré-Java 8):

```
Map<String, Actions> custActs = new HashMap<>();
// Provavelmente outras coisas acontecem aqui...

Actions actions = custActs.get(usr);
if (actions == null) {

  actions = new Actions(usr);
  custActs.put(usr, actions);
}
// Faz algo com actions.
```

Verifica se existe um objeto Actions para o nome de usuário.

O valor não existe...

Então, cria um novo Action e o adiciona à Map com o nome de usuário como chave.

Não tem muito código, mas é um padrão usado continuamente. Se estiver usando o Java 8 ou superior, não precisará fazer isso. Use **computeIfAbsent** e forneça uma expressão lambda que informe como "calcular" o valor que deve entrar na Map, se não houver uma entrada para a chave fornecida:

Este é OU o objeto Actions existente OU o objeto Actions criado pela lambda se o nome de usuário não estivesse na Map.

```
Actions actions =
  custActs.computeIfAbsent(usr, name -> new Actions(name));
```

Esta lambda diz como criar um novo valor (um Action) se o nome de usuário ainda não tiver um Action na Map.

Esta é a chave que estamos procurando na Map.

#5 Lambdas e Maps (cont.)

Java 8+

Atualize o valor somente se ele já existir

Talvez existam outros cenários em que queira atualizar um valor na Map somente se ele existir. Por exemplo, talvez você tenha uma Map de coisas que está contabilizando, como métricas, e queira atualizar apenas aquelas de seu interesse. Não se deve adicionar nenhuma nova métrica arbitrária à Map. Antes do Java 8, usaríamos uma combinação de *contains*, *get* e *put* para verificar se a map tem um valor para esta métrica e para atualizá-la, se tiver.

```
Map<String, Integer> metrics = new HashMap<>();
// Provavelmente outras coisas acontecem aqui...

if (metrics.containsKey(metric)) {
  Integer integer = metrics.get(metric);
  metrics.put(metric, ++integer);
}
```

Verifica se a métrica existe como chave na map. Como alternativa, você poderia fazer um "get" e ver se o resultado é null ou não.

Se estiver na map, obtém o valor.

Incrementa o valor e o insere de volta na map.

Java 8 adicionou **computeIfPresent**, que obtém a chave que estamos procurando e uma expressão lambda, que pode ser usada para descrever como calcular o valor atualizado para a map. Com isso, o código acima pode ser simplificado para:

```
metrics.computeIfPresent(metric, (key, value) -> ++value);
```

Isto aqui também retorna o novo valor se a chave estiver na map (ou null, se não estiver), mas não precisamos disso em nosso exemplo.

Esta é a chave que procuramos.

Os parâmetros lambda são key e o value, e podemos usá-los para calcular o novo valor SE a chave existir na map.

Outros métodos

A Map tem outros métodos mais avançados que podem ser úteis quando queremos "adicionar um valor novo OU fazer algo com o valor existente" (ou até mesmo remover um valor), como *merge* e *compute*. Tem também o *replaceAll*, ao qual podemos fornecer uma expressão lambda que calcula um novo valor para todos os valores na map (poderíamos usá-lo, por exemplo, para incrementar TODAS as métricas em nosso exemplo anterior, se necessário). E, como todas as coleções, tem um *forEach* que nos possibilita iterar sobre todos os pares chave/valor na Map.

Como as bibliotecas Java evoluem de modo constante, ainda que possamos achar que compreendemos algo que já usamos bastante, como List ou Map, sempre vale a pena ficar atento a mudanças que podem facilitar nossa vida.

Lembre-se, a documentação da Java API (*https://oreil.ly/ln5xn*) é um excelente começo, caso queira conferir quais métodos estão disponíveis em uma classe e o que eles fazem.

#4 Streams Paralelas

Java 8+

Retomando o Capítulo 12, *Lambdas e Streams: O Quê, Não Como*, estudamos bastante a Streams API, mas não examinamos um dos recursos mais interessantes dos streams: podemos usá-los para aproveitar as vantagens do hardware moderno multicore e multi-CPU e executar operações de stream paralelas. Vamos ver como agora.

Até então, usamos a Streams API para "consultar" efetivamente nossas estruturas de dados. Agora, imagine que essas estruturas de dados podem ficar grandes. Tipo, GIGANTESCAS. Como todos os dados de um banco de dados ou como um fluxo de dados em tempo real de uma API de mídia social. *Poderíamos* examinar minuciosamente cada um desses itens um por um, em ***série***, até obter os resultados desejados. Ou poderíamos dividir o trabalho em múltiplas operações e executá-las ao mesmo tempo, em ***paralelo***, em diferentes CPUs. Após os capítulos 17 e 18, talvez você fique tentado a escrever uma aplicação multithread para fazer isso, mas *não é necessário!*

Bora paralelizar

É possível instruir a Streams API a executar seu pipeline de stream em múltiplos núcleos de CPU. Podemos fazer isso de dois jeitos:

1. Iniciar um parallelStream

Lembra o nosso mock de dados do Capítulo 12?

```
List<Song> songs = getSongs();
Stream<Song> par = songs.parallelStream();
```

2. Adicionar parallel() ao pipeline de stream

```
List<Song> songs = getSongs();
Stream<Song> par = songs.stream()
                        .parallel();
```

Ambos fazem a mesma coisa. Escolha a abordagem que preferir.

E agora?

Agora, basta escrever um pipeline de stream, como no Capítulo 12, adicionando as operações desejadas e finalizando com um terminador. As bibliotecas Java se encarregarão de:

- Dividir os dados para executar o pipeline de stream em múltiplos núcleos de CPU
- Quantas operações paralelas executar
- Como fazer o merge dos resultados das múltiplas operações

Multithreading é gerenciado

Nos bastidores, as streams paralelas usam o framework Fork-Join (que não abordamos neste livro; confira *https://oreil.ly/XJ6eH*), outro tipo de pool de threads (sobre o qual falamos no Capítulo 17, *Faça uma Conexão*). Com as streams paralelas, descobrimos que o número de threads é igual ao número de núcleos disponíveis, independentemente do local em que a aplicação esteja sendo executada. Podemos alterar essa configuração, mas se recomenda manter os padrões, a menos que você saiba *realmente* o que está fazendo.

Não paralelize tudo!

Antes de agir por impulso e tornar todas as suas chamadas de stream paralelas, **se acalme**! Lembra o Capítulo 18, *Lidando com Problemas de Concorrência*, no qual a programação multithreaded era difícil porque as soluções que escolhemos dependem muito da aplicação, dos dados e do ambiente? O mesmo vale para as streams paralelas. Paralelizar tudo, com múltiplos núcleos de CPU tem um ***preço***. Não significa que sua aplicação ***será*** executada mais rápido.

É necessário dividir os dados, executar as operações em cada bit de dados e em threads separadas e, por último, precisamos combinar de alguma forma os resultados de cada operação parelela separada a fim de termos um resultado final, e isso leva tempo. Se os dados que vão para seu pipeline de stream forem uma coleção simples, como os exemplos do Capítulo 12 (*quase* todo mundo usa streams hoje), usar streams seriais certamente será mais rápido. Sim, é isso mesmo que você leu: para a maioria dos casos comuns de uso, ***não*** usamos streams paralelas.

Streams paralelas podem melhorar o desempenho quando:

- A coleção de entrada é GRANDE (centenas de milhares de elementos, pelo menos)
- O pipeline de stream está executando operações complicadas e de longa duração
- A decomposição (divisão) dos dados/operações e o merge dos resultados não são muito dispendiosos.

Antes de usar streams paralelas, é necessário medir o desempenho com ou sem elas. Se quiser saber mais, o livro *Java 8 Lambdas* de Richard Warburton tem uma excelente seção sobre paralelismo de dados.

#3 Enumerações (também chamadas de tipos enumerados ou enums)

Já falamos sobre constantes definidas na API, como por exemplo, **`JFrame.EXIT_ON_CLOSE`**. Também podemos criar nossas próprias constantes marcando uma variável como **`static final`**. Mas, às vezes, queremos criar um conjunto de valores constantes para representar os ***únicos*** valores válidos de uma variável. Esse conjunto de valores válidos normalmente é chamado de enumeração. As enumerações completas foram introduzidas lá no Java 5.

Quem faz parte da banda?

Imagine que você está desenvolvendo um site para sua banda favorita e quer garantir que todos os comentários sejam direcionados a um membro específico da banda.

Vejamos a forma antiga de simular uma "enum":

```
public static final int KEVIN = 1;
public static final int BOB = 2;
public static final int STUART = 3;

// Mais tarde no código

if (selectedBandMember == KEVIN) {
  // Faz coisas que têm a ver com o KEVIN.
}
```

Esperamos que quando chegarmos aqui "selectedBandMember" tenha um valor válido!

O bom é que esta técnica REALMENTE facilita a leitura do código. Outra coisa boa é que nunca podemos alterar o valor das "enums" fake que criamos; `KEVIN` sempre será `1`. O ruim é que não temos uma forma fácil ou adequada de garantir que o valor de `selectedBandMember` sempre seja `1`, `2` ou `3`. Se algum trecho de código difícil de identificar definir `selectedBandMember` como `812`, é bem provável que o código quebre.

Esta É a forma ANTIGA de simular uma enumeração, mas você verá códigos como este na vida real (por exemplo, as bibliotecas Java mais antigas, como a AWT).

No entanto, caso tenha um pouco de controle sobre o código, tente usar enums em vez de constantes como esta. Veja a próxima página...

#3 Enumerações (cont.)

Vejamos como seriam os membros da banda com uma enum "real". Embora seja uma enumeração muito básica, a maioria das enumerações é simples assim.

Uma "enum" oficial

```
public enum Member { KEVIN, BOB, STUART };

public class SomeClass {
  public Member selectedBandMember;

  // Mais tarde no código...
  void someMethod() {
    if (selectedBandMember == Member.KEVIN) {
      // Faz coisas que tem a ver com o Kevin
    }
  }
}
```

Parece uma definição de classe simples, não é? Acontece que enums SÃO um tipo especial de classe. Aqui, criamos um novo tipo enumerado chamado "Member".

A variável "selectedBandMember" é do tipo "Member" e SOMENTE pode ter um valor de "KEVIN", "BOB" ou "STUART".

Não precisamos nos preocupar com o valor desta variável!

A sintaxe para referenciar uma "instância" de enum.

Esta enum estende java.lang.Enum

Ao criar uma enum, estamos criando uma classe nova e ***estendendo implicitamente*** `java.lang.Enum`. Podemos declarar uma enum como classe autônoma, no arquivo-fonte ou como membro de outra classe.

Usando "if" e "switch" com enums

Com a enum que acabamos de criar, podemos fazer branches (ramificações) em nosso código usando a instrução `if` ou `switch`. Observe que podemos comparar instâncias de enum usando == ou o método `.iguals()`. Normalmente, == é considerado o melhor estilo.

```
Member member = Member.BOB;
 if (member.equals(Member.KEVIN))
   System.out.println("Bellloooo!");
 if (member == Member.BOB)
   System.out.println("Poochy");

 switch (member) {
   case KEVIN: System.out.print("Uh... la cucaracha?");
   case BOB: System.out.println("King Bob");
   case STUART: System.out.print("Banana!");
 }
```

Atribuindo um valor enum a uma variável.

Ambos funcionam bem! "Poochy" é exibido.

Qual é o resultado?

Podemos adicionar um monte de coisas à nossa enum, como um construtor, métodos, variáveis e o chamado corpo de classe específico de constante. Eles não são comuns, mas você pode vê-los nos códigos Java.

Resposta: King Bob Banana!

#2 Inferência de Tipo de Variável Local (var) Java 10+

Caso esteja usando o Java 10 ou superior, você pode usar **`var`** ao declarar suas variáveis *locais* (ou seja, variáveis dentro de métodos, **não** parâmetros de método ou variáveis de instância).

```
var name = "A Name";
```

name é uma String.

Este é outro exemplo de *inferência de tipos*, em que o compilador pode usar o que já sabe sobre os tipos para evitar que escrevamos mais. O compilador sabe que *name* é uma String porque foi declarado como String ao lado direito do sinal de igual.

Um ArrayList

```
var names = new ArrayList<>();

var customers = getCustomers();
```

Se getCustomers() retornar List<Customer>, este é um List<Customer>.

Inferência de tipo, NÃO tipos dinâmicos

Ao declararmos a variável com *var*, ***ela ainda tem um tipo.*** Não se trata de uma forma de adicionar tipos dinâmicos ou opcionais ao Java (**não** é como o *def* do Groovy). É simplesmente uma forma de evitar escrever esse tipo duas vezes. Precisamos informar ao compilador qual é o tipo quando declaramos a variável. Não podemos atribuí-lo mais tarde. ***Não podemos*** escrever:

```
var name;
```

NÃO compila!!!

porque o compilador não tem ideia de qual é o *name* do tipo. Significa também que não podemos alterar o tipo posteriormente:

```
var someValue = 1;
someValue = "String";
```

NÃO compila!!!

Alguém tem que ler seu código

Usar *var* deixa o código mais curto, e como um IDE pode informar exatamente qual é o tipo de sua variável, talvez você fique tentado a usar var em tudo quanto é lugar. No entanto, se alguém ler seu código, esse alguém pode não usar um IDE ou não ter o mesmo conhecimento do código que você.

Neste livro, não usamos *var* (mesmo que fosse mais fácil ajustar o código nas páginas), porque queríamos ser explícitos para você, leitor, sobre o que o código estava fazendo.

Dica: use nomes úteis de variáveis

Se não tiver as informações visíveis de tipo no código, nomes descritivos de variáveis e métodos serão extremamente úteis para o reader:

Podemos descobrir o que é isto e para que usá-lo.

```
var reader = newBufferedReader(get("/"));

var stuff = doTheThing();
```

NÃO temos IDEIA do que seja isto.

Dica: A variável será o tipo concreto

No Capítulo 1, começamos a "programação para interfaces"; ou seja, declaramos nossas variáveis como o tipo de interface, não como a implementação:

```
List<String> list = new ArrayList<>();
```

Se estiver usando var, não poderá fazer isso. O tipo será o tipo ao lado direito:

```
var list = new ArrayList<String>();
```

Este é um ArrayList<String>.

Dica: não use var com o operador diamante

Vejamos o exemplo anterior. Declaramos list primeiro como List<String> e usamos o operador diamante (<>) ao lado direito. O compilador sabe que o tipo do elemento da lista é uma String ao lado esquerdo.

Se você usar var, como fizemos no segundo exemplo, o compilador não terá mais essa informação. Se quiser que a lista ainda seja uma lista de Strings, você precisa declará-la do lado direito; caso contrário, ela conterá Objects.

```
var list = new ArrayList<>();
```

Este é um ArrayList<Object>, provavelmente não é o que você queria.

Leia todas as diretrizes de estilo dos desenvolvedores do OpenJDK (*https://oreil.ly/eVfSd*).

#1 Record

Java 16+

E eu com isso?

Em geral, um objeto de dados Java "simples" não é nada simples. Mesmo uma classe de dados (às vezes chamada de Java Bean, por razões históricas) com apenas alguns campos exige muito mais código do que podemos imaginar.

Uma classe de dados Java, antes do Java 16

Imagine uma classe Customer básica, com um nome e um ID:

```
public final class Customer {
  private final int id;
  private final String name;

  public Customer(int id, String name) {
    this.id = id;
    this.name = name;
  }

  public int getId() {
    return id;
  }

  public String getName() {
    return name;
  }

  public boolean equals(Object o) { }

  public int hashCode() { }

  public String toString() { }
}
```

Omitimos os detalhes dos métodos equals, hashCode e toString, mas é bem provável que você queira implementar estes métodos, sobretudo se for usar esse objeto em qualquer coleção. Também abrimos mão dos "setters"; este é um objeto imutável com campos final, mas em alguns casos, talvez você queira usar setters.

É código pra caramba! É uma classe simples com dois campos, e o código completo, incluindo implementação, tem 41 linhas!!

E se houvesse uma sintaxe especial para classes de dados?

Ah, moleque, adivinha? Se estiver usando **Java 16** ou superior, existe! Em vez de criar uma *classe*, você cria um *record*.

Não use "class," use "record".

Estes daqui são os componentes do record. Eles se traduzem em variáveis de instância e em um método acessor para a variável.

```
public record Customer(int id, String name){}
```

Este cabeçalho do record também define como será o construtor (a ordem dos parâmetros do construtor).

É isso. Isso é tudo o que precisamos fazer para substituir as 42 linhas de código da "antiga" classe de dados Customer.

Um record como esse tem variáveis de instância, um construtor, métodos acessores e métodos equals, hashCode e toString.

Usando um record

Ao usarmos um record que já foi definido, ele parece exatamente igual ao que seria se a classe de record fosse uma classe padrão de dados:

```
Customer customer = new Customer(7, "me");
System.out.println(customer);
System.out.println(customer.name());
```

Repare que isso NÃO é getName().

Vejamos a saída:

```
File Edit Window Help Vinyl
%java UsingRecords

Customer[id=7, name=me]
me
```

Records têm um toString bonitão por padrão.

Adeus "get"

Percebeu alguma coisa? Os records não usam o clássico prefixo "get" para os métodos que permitem ler as variáveis de instância (por isso, cuidadosamente os chamamos de "acessores" e não de "getters"). Eles apenas usam o nome do componente de record como nome do método.

Java 16+

#1 Records (cont.)

Podemos sobrescrever construtores

Os métodos construtores, acessores e equals, hashCode e toString são fornecidos por padrão, mas ainda podemos sobrescrever o comportamento deles se precisarmos de algo específico. Na maioria das vezes, não precisaremos fazer isso. Mas caso queira, por exemplo, adicionar validação ao criar o record, é possível fazer isso sobrescrevendo o construtor:

```
public record Customer(int id, String name)
{
  public Customer(int id, String name) {
    if (id < 0) {
      throw new ValidationException();
    }
    this.id = id;
    this.name = name;
  }
}
```

Na verdade, é mais fácil ainda. O exemplo acima é um ***construtor canônico***, ou seja, o tipo normal de construtor que sempre usamos. No entanto, os records também têm um ***construtor compacto***. Este construtor compacto assume que todas as coisas normais foram resolvidas (tendo o número certo de parâmetros na ordem adequada e todos atribuídos às variáveis de instância) e permite definir as coisas importantes, como validação:

O cabeçalho de record define a aparência do construtor quando o chamamos.

```
public record Customer(int id, String name)
{

  public Customer {

    if (id < 0) {
      throw new ValidationException();
    }
  }
}
```

Não precisamos definir o parâmetro do construtor.

Ainda pode acessar os parâmetros.

Não precisamos atribuir nada às variáveis de instância.

Ao chamar o construtor de Customer, ainda precisamos passar um ID e um nome para ele, que serão atribuídos às variáveis de instância (tudo definido pelo cabeçalho de record). Tudo o que precisamos fazer para adicionar validação ao construtor é usar o formato compacto e deixar o compilador cuidar do resto.

```
Customer customer = new Customer(7, "me");
```

Mesmo com um construtor compacto, devemos passar argumentos para todos os componentes de record.

Podemos sobrescrever ou adicionar métodos

Podemos sobrescrever qualquer um dos métodos e adicionar nossos próprios métodos (public, default ou private). Se estiver migrando classes de dados existentes para usar records, convém manter seus antigos métodos equals, hashCode e toString.

```
public record Customer(int id, String name)
{

  public boolean equals(Object o) {
    return id == ((Customer) o).id;
  }

  private boolean isValidName(String name)
{
    // Um pouco de implementação
  }
}
```

Sobrescreve o método equals para fornecer comportamento customizado.

Records também podem ter métodos "normais".

Podemos criar um método protected; o compilador não vai nos impedir, porém não faz sentido — os records são sempre classes *final* e não podem ser subclasseados.

Records são imutáveis

No Capítulo 18, falamos sobre objetos de dados imutáveis. Objetos *imutáveis* são mais seguros para uso em aplicações concorrentes, pois sabemos que é impossível mais de uma thread alterar os dados.

E outra: é mais fácil entender o que está acontecendo em nossa aplicação quando sabemos que as classes de dados não podem ser alteradas; portanto, mesmo em aplicações que não sejam multithread, podemos encontrar objetos de dados imutáveis sendo usados. E no item #9 deste apêndice, vimos como a imutabilidade com Strings pode economizar memória.

Records são imutáveis. Não podemos alterar os valores em um Object record depois de criá-lo; não temos "setters" e nenhuma maneira de alterar as variáveis de instância. Não podemos acessá-las diretamente de fora de record, apenas lê-las por meio do método acessor. Caso tente alterar uma das variáveis de instância de record dentro de record, o compilador lançará uma exceção. As variáveis de instância de um record são *final*.

Saiba mais sobre records na documentação Record Classes da Oracle (*https://oreil.ly/D7fh3*). Lá, também é possível ficar por dentro de outros novos recursos de linguagem disponíveis no Java 17, que não tivemos a chance de abordar, como correspondência de padrões, classes seladas, expressões de comutação e os blocos de texto, muito úteis.

Índice

Símbolos

A

B

C

R

S

T

U

V

W